CNB 520 마태복음에 대한 구속사 강해
성경신학 관점의 체계적 해설

마태복음

이 광 호

2012년

칼빈아카데미

지은이 | 이광호

영남대학교와 경북대학교대학원에서 법학과 서양사학을 공부했으며, 고려신학대학원(M.Div.)과 ACTS(Th.M.)에서 신학일반 및 조직신학을 공부한 후 대구 가톨릭대학교(Ph.D.)에서 선교학을 위한 비교종교학을 연구하였다.
'홍은개혁신학연구원' 에서 성경신학 담당교수를 비롯해 고신대학교, 고려신학대학원, 영남신학대학교, 브니엘신학교, 대구가톨릭대학교, 숭실대학교 등에서 학생들을 가르쳤으며, 이슬람 전문선교단체인 국제 WIN선교회 한국대표를 지냈다.
현재는 실로암교회에서 담임목회를 하며 조에성경신학연구원, 부경신학연구원 등에서 강의하며, 달구벌기독학술연구회 회장으로 봉사하고 있다.

저서

- 성경에 나타난 성도의 사회참여(1990)
- 갈라디아서 강해(1990)
- 더불어 나누는 즐거움(1995)
- 기독교관점에서 본 세계문화사(1998)
- 세계 선교의 새로운 과제들(1998)
- 이슬람과 한국의 민간신앙(1998)
- 아빠, 교회 그만하고 슈퍼하자요(1995)
- 교회와 신앙(2002)
- 한국교회 무엇을 개혁할 것인가(2004)
- CNB 501 에세이 산상수훈(2005)
- CNB 502 예수님 생애 마지막 7일(2006)
- CNB 503 구약신학의 구속사적 이해(2006)
- CNB 504 신약신학의 구속사적 이해(2006)
- CNB 505 창세기(2007)
- CNB 506 바울의 생애와 바울서신(2007)
- CNB 507 손에 잡히는 신앙생활(2007)
- CNB 508 아름다운 신앙생활(2007)
- CNB 509 열매 맺는 신앙생활(2007)
- CNB 510 웨스트민스터 신앙고백(2008)
- CNB 511 사무엘서(2010)
- CNB 512 요한복음(2009)
- CNB 513 요한계시록(2009)
- CNB 514 로마서(2010)
- CNB 515 야고보서(2010)
- CNB 516 다니엘서(2011)
- CNB 517 열왕기상하(2011)
- CNB 518 고린도전후서(2012)

역서

- 모슬렘 세계에 예수 그리스도를 심자(Charles R. Marsh, 1985년, CLC)
- 예수님의 수제자들(F. F. Bruce, 1988년, CLC)
- 치유함을 받으라(Colin Urquhart, 1988년, CLC)

홈페이지 http://siloam-church.org

마태복음

CNB 520

마태복음 강해

A Study on the Matthew
by Kwangho Lee

Published by Calvinacademy Publishing House

초판 인쇄 | 2012년 6월 11일
초판 발행 | 2012년 6월 21일

발행처 | 칼빈아카데미
주소 | 서울시 구로구 구로5동 26번지 신도림 포스빌 1702호
전화 | 02-865-9120
등록번호 | 제12-614호
등록일자 | 2008년 12월 17일

발행인 | 장수민
지은이 | 이광호
편집주간 | 송영찬
편집 | 신명기
디자인 | 조혜진

총판 | (주) 비전북출판유통
주소 | 경기도 고양시 일산서구 덕2동 134-7호
전화 | 031-907-3927(대) 팩스 031-905-3927

값은 표지에 있습니다.
파손된 책은 구입처나 출판사에서 교환해 드립니다.
ISBN 89-91650-59-6 93230

Printed in Korea

마태복음

A Study on the Matthew

칼빈아카데미

CNB 시리즈
서 문

CNB The Church and The Bible 시리즈는 개혁신앙의 교회관과 성경신학적 구속사 해석에 근거한 신 · 구약 성경 연구 시리즈이다.

이 시리즈는 보다 정확한 성경 본문 해석을 바탕으로 역사적 개혁 교회의 면모를 조명하고 우리 시대의 교회가 마땅히 추구해야 할 방향을 제시함으로써 교회의 삶과 문화를 창달하는 것을 그 목적으로 하고 있다.

따라서 이 시리즈는 진지하게 성경을 연구하며 본문이 제시하는 메시지에 충실하고 있다. 그렇다고 이 시리즈가 다분히 학문적이거나 또는 적용이라는 의미에 국한되지 않는다. 학구적인 자세는 변함 없지만 궁극적으로 하나님의 나라를 지향함에 있어 개혁주의 교회관을 분명히 하기 위해 보다 더 관심을 가진다는 의미이다.

본 시리즈의 집필자들은 이미 신 · 구약 계시로써 말씀하셨던 하나님께서 지금도 말씀하고 계시며, 몸된 교회의 머리이자 영원한 왕이신 그리스도께서 지금도 통치하시며, 태초부터 모든 성도들을 부르시어 복음으로 성장하게 하시는 성령께서 지금도 구원 사역을 성취하심으로써 창세로부터 종말에 이르기까지 거룩한 나라로서 교회가 여전히 존재하고 있음을 그 무엇보다도 중요히게 여기고 있나.

아무쪼록 이 시리즈를 통해 계시에 근거한 바른 교회관과 성경관을 가지고 이 땅에 진정한 그리스도인의 삶과 문화가 확장되기를 바라는 바이다.

시리즈 편집인

김영철 목사, 미문(美聞)교회 목사, Th.M.
송영찬 목사, 기독교개혁신보 편집국장, M.Div.
오광만 목사, 대한신학대학원대학교 교수, Ph.D.
이광호 목사, 실로암교회 목사, Ph.D.

머리말

성경을 올바르게 이해하기 위해서는 우선 마태복음에 대한 올바른 깨달음이 절실히 요구된다. 신약성경 가운데 맨 앞부분에 위치한 마태복음은 구약과 신약의 연결고리와 같은 역할을 하고 있다 해도 과언이 아니다. 그렇다고 해서 마태복음이 신약성경 27권 가운데 가장 먼저 기록된 것은 아니다.

이 복음서는 다른 세 복음서들과 마찬가지로 사건이 발생한 연대순으로 기록되지 않았다. 하나님께서는 계시 자체를 통해 교회와 성도들을 위해 허락하시고자 한 풍성한 교훈을 제공하고 있다. 즉 복음서는 발생한 사건의 순서 자체를 알려주고자 하는 것을 목적으로 삼지 않았다.

그럼에도 불구하고 마태복음은 전체적으로 예수님의 족보와 탄생으로부터 시작하여 십자가와 부활사건으로 마무리되어 있다. 본문에 기록된 모든 내용들이 사건의 순서에 따라 기록된 것은 아니라 할지라도 어느 정도의 관계성이 나타난다. 특히 앞부분의 내용들은 일어난 일들의 순서에 상당부분 맞추어져 있는 것으로 보인다.

이 책을 접하게 되는 믿음의 형제들은 기록된 성경말씀을 직접 확인하는 가운데 필자의 해석을 함께 살펴보기를 바란다. 그렇게 하면 하나님의 뜻을 깨달아 가는데 많은 도움이 되리라 확신한다.

부족한 점이 많은 필자임에도 불구하고 여러모로 힘이 되어준 실로암교회 모든 성도들에게 깊은 감사의 마음을 전한다.

2012년 여름
실로암교회 서재에서
이광호 목사

차 례

제4부 _ 천상의 왕의 권세와 증거

제5부 _ 예수님과 제자들의 복음선포 사역

제6부 _ 천국비유

제7부 _ 구속사와 메시아 사역

제10부 _ 예수 그리스도의 고난과 십자가 사역

제11부 _ 그리스도의 부활과 교회의 설립 예고

제1부

왕으로 오신 예수 그리스도

제1장
예수 그리스도의 족보

(마 1:1-17)

1. 아브라함과 다윗의 자손 예수 그리스도(1)

신약성경의 첫 번째 책인 마태복음의 맨 앞부분은 예수 그리스도께서 아브라함과 다윗의 자손으로 이땅에 오셨음을 선포하고 있다. 아브라함과 다윗이 도대체 어떤 인물이기에 인간의 몸을 입으신 하나님의 아들이 그들의 자손으로 오셔야 했는가? 우리가 잘 알고 있는 바와 같이 아브라함은 자기의 아들을 하나님께 제물로 바친 제사장으로서 믿음의 조상이었으며 다윗은 이스라엘 왕국의 초대 왕이었다.

하나님께서는 자신의 영원한 작정을 구체화하시기 위해 갈대아 우르에 있던 아브라함을 부르시고 그와 중요한 언약을 맺으셨다. 아직 아무것도 가지지 못한 그에게 땅과 자손을 약속함으로써 자신의 고유한 왕국을 설립하실 의도를 보이셨던 것이다(창 12:1-3; 17:4-6). 거기에는 하나님의 왕국을 통해, 인간을 파멸의 구렁텅이로 몰아간 사탄의 세력을 응징하며 심판하시고자 하는 하나님의 뜻(창 3:15)이 드러나고 있다.

우리가 특별히 관심을 기울여야 할 바는 아브라함이 하나님께서 자기에게 주신 약속의 자녀 이삭을 앞으로 얻게 될 땅의 중심에 위치한 모리아 산에서 하나님께 제물로 바쳤다는 사실이다. 하나님은 아브라함에게 그것을 요구하심으로써 나중에 오실 메시아가 친히 하나님의 거룩한 제물이 되어 바쳐지게 될 것을 보여주셨다. 그가 영원한 화목제물이 되어 하나님과 타락한 인간 사이에 막힌 담을 허물게 되는 것이다.

하나님의 구속사역을 이어가는 역사상의 모든 과정에는 매우 소중한 언약적 의미들이 담겨 있다. 아브라함이 모리아 산에서 하나님께서 특별히 허락하신 독자 이삭(창 22:2; 히 11:17)을 희생 제물로 바친 사건은 나중 예루살렘에서 하나님께 바쳐지게 될 예수 그리스도를 직접 예표한다. 그리고 거기에는 그리스도가 바쳐지게 될 예루살렘 성전의 의미가 내포되어 있다. 그러므로 예수 그리스도가 아브라함의 자손으로 오신 것은 십자가 사역에 연관된 하나님의 섭리에 따른 것이다.

또한 예수께서 다윗의 자손으로 오시게 된 것은 그가 왕위王位를 계승할 자라는 사실을 보여주고 있다. 다윗은 땅과 자손에 관한 아브라함 언약과, 율법에 연관된 적용을 통해 모세언약을 일차적으로 성취한 인물이다. 그는 가나안 땅에 아브라함을 통해 약속하신 하나님의 언약의 왕국을 세웠던 것이다.

다윗은 헤브론에서 왕위에 올라 아브라함이 이삭을 바쳤던 모리아 산이 위치한 예루살렘을 최종적으로 정복했다. 그가 하나님께서 아브라함에게 약속하신 땅을 완전히 정복하여 모세를 통해 주신 하나님의 율법을 그 왕국에 적용하게 함으로써 완벽한 나라를 세우게 되었던 것이다. 또한 그는 솔로몬 왕으로 하여금 자기가 정복한 예루살렘의 모리아 산 위에 돌로 된 성전을 건립해 모세에게 허락한 성막을 정착하도록 했다.

이렇게 하여 다윗은 예루살렘 성전을 이스라엘 민족의 중앙에 둔 언약의 나라를 확립하여 나중 예수 그리스도를 통해 세우게 될 그림자로서 다윗왕국을 세웠다. 그러므로 예수께서 다윗의 자손으로 이땅에 오신 것은, 구약시대 이스라엘 왕국의 실체에 대한 그림자로서 그의 왕국과 왕위에 연관되는 언약적 의미를 지니고 있다.

2. 아브라함의 혈통(2-6)

마태복음 1장의 앞부분에는 아브라함으로부터 다윗까지의 족보가 기록되어 있다. 이 족보는 구약성경에 기록된 내용과 일치한다.[1] 아브라함과 이삭과 야곱은 믿음의 조상이자 하나님의 언약을 구체적으로 드러내는 기초가 된다. 그들을 통해 이스라엘 열두 지파의 조상들이 출생했다.

그런데 거룩한 하나님의 아들이 출생하게 되는 혈통을 밝히면서 상식적으로는 결코 이해할 수 없는 심상치 않은 선조들의 내력이 나타나고 있다. 일반 윤리적인 측면에서 본다면 도저히 받아들이기 어려운 조상들의 부끄러운 과거가 기술되어 있기 때문이다.

그 가운데 가장 눈길을 끄는 대목은 유다의 자식들에 관한 기록이다(창 38장). 야곱의 자식들 가운데 한 사람인 유다는 다말이라는 여성에게서 베레스와 세라를 낳았다. 본문에 소개된 베레스와 세라는 유다가 자신과 다말 사이에 있었던 특별한 성관계를 통해 낳은 쌍둥이 자녀들이다(창 38:27; 대상 2:4). 그런데 유다와 다말 사이는 정상적인 부부가 아니라 시아버지와 며느리 관계였다.

창세기에 보면 유다는 자신의 성적인 욕구를 채우기 위해 몰래 창녀를 찾아가게 된다. 유다가 딤나(Timnah)에 방문했을 때 발생한 일이었다(창 38:12). 그런 때가 오기를 기다리고 있던 그의 며느리 다말은 아는 사람으로

1) 마태복음에 기록된 내용과 동일 시기의 족보는 구약성경의 역대상과 룻기에서 나타나고 있다: "유다의 며느리 다말이 유다로 말미암아 베레스와 세라를 낳았으니 ... 베레스의 세계는 이러하니라 베레스는 헤스론을 낳았고 헤스론은 람을 낳았고 람은 암미나답을 낳았고 암미나답은 나손을 낳았고 나손은 살몬을 낳았고 살몬은 보아스를 낳았고 보아스는 오벳을 낳았고 오벳은 이새를 낳았고 이새는 다윗을 낳았더라"(대상 2:4; 룻 4:18-22).

부터 자기 시아버지가 온다는 정보를 듣고 창녀로 가장해 시아버지와 동침하게 된다. 그로 인해 다말은 시아버지 유다로부터 쌍둥이 아들인 베레스와 세라를 임신하여 출산하게 되었던 것이다.

우리가 여기서 분명히 이해해야 할 바는 유다는 간음을 저지름으로써 하나님의 뜻을 벗어난 악행을 저질렀지만 그의 며느리 다말은 가업을 상속하기 위한 목적이었으므로 당시는 합법적인 행동이 될 수 있었다는 사실이다.[2)] 즉 유다와 다말의 성적인 관계는 단순히 천인공노天人共怒할 불륜으로 이해할 문제가 아니었다. 당시에는 남편이 자식을 두지 않고 죽을 경우 그 형제를 통해 대를 잇는 상속이 가능한 형사취수제도(兄死取嫂制度, the law of levirate marriage)가 허용되었기 때문이다.

그러나 다말의 남편이자 유다의 장남이었던 엘이 하나님 앞에서 악을 행함으로써 죽게 되었을 때 그녀의 시동생들이자 유다의 다른 자식들인 오난과 셀라는 죽은 형을 대신하여 가업이 상속되는 것을 용납하지 않았다(창 38:6-11). 그로 인해 하나님의 심판을 받게 되지만 시아버지 유다도 그에 대해 적극성을 띠지 않고 묵인했으므로 다말의 입장에서는 힘이 들 수밖에 없었다. 그런 상황 가운데서 가업을 잇기 위한 불가피한 방편으로 다말이 그 방법을 택했던 것은 궁여지책이었다.

그렇지만 분명한 사실은 그것이 매우 부끄러운 일이었다는 점이다. 예수 그리스도의 직접 조상이 될 유다는 결코 행하지 말아야 할 일을 저질렀던 것이 틀림없다. 유다의 형제들 가운데는 그런 엄청난 흠을 가지지 않은 훌륭한 형제들도 있었다. 나중 르우벤을 대신해 장자長子의 명분을 얻게 되는 요셉(대상 5:1,2)은 그 대표적인 인물이었다. 일반적인 경우라면 문제가 많은 유다가 아니라 흠잡을 것이 별로 없는 아들을 통해 메시아 계보를 이어갈 수 있었다. 그러나 하나님께서는 허물투성이인 유다의 혈통을 택하셨던 것이다.

---

2) 이광호, 창세기, 서울: 도서출판 깔뱅, 2007. pp.377-385 참조.

또한 살몬의 아내 라합의 경우에 있어서도 심각한 문제를 볼 수 있다. 이방 여성인 라합은 뭇 남성들에게 몸을 파는 부끄러운 일을 행했던 창녀였다. 또한 여리고성의 입장에서 본다면 그녀는 자기 민족을 배신하여 멸망에 빠뜨린 매국노였다. 분명한 사실은 기생 라합이 결코 윤리적이거나 정숙한 여인이 아니었다는 점이다.

보아스의 아내 룻의 경우도 그와 별반 다르지 않다. 이스라엘 민족의 입장에서는 모압 여인 룻이 본래 자기 남편의 민족인 이스라엘 민족을 선택한 충직한 여성이었을지 모르지만 여전히 모압 족속의 피를 이어받고 있었다. 그녀는 부정한 이방종족 출신의 여인으로서 남편이 죽은 후 원래의 자기 남편이 아니라 나중에 만난 보아스를 통해 다윗의 할아버지인 오벳을 출산했다.

다윗의 조부 오벳은 이방종족 출신의 어머니와 창녀 경력을 지닌 할머니를 두고 있었던 셈이다. 이처럼 아브라함으로부터 다윗 왕에까지 이르는 선조들의 족보 가운데는 심각한 문제들로 얼룩져 있다. 이런 일들은 평범한 가정이라 할지라도 결코 흔한 예가 아니다. 따라서 다윗 왕의 조상들의 족보는 전혀 자랑스러울 것이 없었다.

하나님께서는 왜 그런 심각한 문제와 허물이 가득 차있는 조상들을 통해 메시아가 오게 하셨을까? 그 근본적인 이유는 명백하다. 하나님은 인간들의 선하고 윤리적인 면에 의존하는 분이 아님을 보여주셨나. 그들의 심각한 문제에도 불구하고 하나님께서는 특별한 경륜 가운데 그들을 통해 메시아가 오시는 족보를 이어가셨다. 즉 하나님께서는 전적으로 홀로 메시아를 통한 구원사역을 이루어 가셨던 것이다.

3. 다윗 왕의 혈통(6-11)

다윗 왕으로부터 바벨론 이거 곧 다윗 왕조의 패망까지의 족보는 왕위

계승에 연관된 혈통을 보여주고 있다. 그런데 아브라함의 자손으로서 이스라엘 민족의 왕위에 오른 다윗의 경우에 있어서도 그 족보는 처음부터 이해할 수 없는 내용으로 시작된다. 다윗은 자기의 아내가 아니라 '우리야의 아내' 에게서 솔로몬을 낳았다는 기록을 하고 있기 때문이다.

이는 다윗 왕이 저질렀던 과거의 치부를 그대로 드러내는 것이다. 구약성경에는 다윗이 '우리야의 아내' 밧세바를 빼앗기 위해 얼마나 야비한 행동을 했는지 분명하게 폭로되어 있다(삼하 11:1-27). 일반적인 족보라면 결코 자기 조상들의 악행이나 비리에 대해 그런 식으로 기술하지 않는다. 사람들은 오히려 없던 일도 그럴 듯하게 만들어 조상들의 업적을 미화하는 것이 일반적이다.

그러나 다윗 가문의 족보는 그렇게 기록되지 않았다. 즉 일부러 꾸며서 좋게 기록하지 않는다 할지라도 '다윗의 아들 솔로몬' 이라 하든지, 굳이 양보한다 할지라도 '다윗은 밧세바에게서 솔로몬을 낳았다' 고 하면 될 일이다. 그런데 구태여 다윗이 자기 신하였던 '우리야의 아내로부터 솔로몬을 낳았음' 을 밝히고 있다. 이는 다윗 왕의 부끄러운 과거의 치부를 공개적으로 드러내는 것과 같다. 복음서는 솔로몬의 아버지 다윗왕과 그의 어머니 밧세바의 부끄러운 과거를 노골적으로 드러내고 있는 것이다.

이스라엘 민족의 초대 왕 다윗의 윤리적인 결함은 그 이후의 모든 왕들의 명예에 심각한 영향을 끼칠 수밖에 없다. 그럼에도 불구하고 메시아의 조상이 되는 가장 중요한 인물의 족보를 그렇게 기록했던 것은 그의 조상들의 경우와 마찬가지로 하나님께서 인간들의 미덕과 탁월한 윤리성에 의존하지 않는다는 사실을 보여주고 있다. 따라서 이스라엘 백성들 가운데 감히 하나님 앞에서 교만하거나 자부심을 가질 만한 인물은 아무도 없었다.

4. 패망한 왕국에서 왕의 혈통만 계승(12-16)

BC 586년, 솔로몬 왕이 건립한 예루살렘 성전은 바벨론의 느부갓네살에 의해 완전히 파괴되었다. 그로 말미암아 다윗 왕이 세운 유다 왕국은 끝내 멸망하게 된다. 따라서 그후에는 이스라엘 민족 가운데 더 이상 통치권을 소유한 현실적인 왕이 존재하지 않았다.

예레미야 선지자는 이스라엘의 멸망이 배도에 빠진 백성들에 대한 하나님의 심판으로 인한 것이었음을 분명히 밝혔다(렘 24,25장). 그러나 하나님께서는 그들을 영원히 버리는 것이 아니라 남은 자들(remnants)을 본토로 불러들일 것을 말씀하셨다. 이는 다윗의 혈통 가운데서 메시아를 보내시고자 하는 하나님의 뜻을 보여주고 있다.

> "내가 내 양 무리의 남은 자를 그 몰려갔던 모든 지방에서 모아내어 다시 그 우리로 돌아오게 하리니 그들의 생육이 번성할 것이며 내가 그들을 기르는 목자들을 그들 위에 세우리니 그들이 다시는 두려워하거나 놀라거나 축이 나지 아니하리라 여호와의 말이니라 나 여호와가 말하노라 보라 때가 이르리니 내가 다윗에게 한 의로운 가지를 일으킬 것이라 그가 왕이 되어 지혜롭게 행사하며 세상에서 공평과 정의를 행할 것이며 그의 날에 유다는 구원을 얻겠고 이스라엘은 평안히 거할 것이며 그 이름은 여호와 우리의 의라 일컬음을 받으리라" (렘 23:3-6)

하나님께서는 배도한 이스라엘 백성으로 인해 다윗왕국을 멸망에 내어주셨지만 그전부터 있었던 약속을 파기하신 것은 아니었다. 그는 이방에 사로잡혀 간 언약 백성들을 다시금 본토로 불러들여 다윗의 자손 가운데서 '한 의로운 가지' 를 일으킬 것이라 말씀하셨다. 그가 이스라엘의 영원한 왕이 되어 공평과 정의를 행할 것이며 그 날에 하나님의 자녀들이 구원을 얻어 평강을 누리게 되리라는 것이었다.

그러므로 하나님의 약속을 소유한 이스라엘 백성들은 무너진 다윗왕국의 재건에 대한 기대를 하지 않을 수 없었다. 그들은 이방의 바벨론 지역에 포로로 잡혀가 있으면서도 항상 하나님께서 저들의 왕국을 다시금 일으켜 세워주실 것을 기대하며 믿고 있었다. 그러나 이미 뼈아픈 멸망을 맛본 백성들은 국력이 제한적인 다윗왕국보다 훨씬 강력한 세력을 지닌 왕국을 원했으며 다윗 왕과 비교가 되지 않는 절대적인 왕을 기다렸다.

이것이 곧 이스라엘 민족이 역사 가운데 소유했던 메시아 대망 사상이다. 그들은 구약성경에 약속된 메시아가 이땅에 와서 그의 고유한 왕국을 건립하기를 기대했다. 그러므로 다윗 왕조가 끝이 나고 예수 그리스도가 이땅에 오시기까지 저들을 통치하는 왕이 없는 상태에 놓인 백성들은 더러운 이방인들의 세력으로부터 저들을 구원해 줄 메시아를 간절히 기다렸던 것이다.

그런 암울한 역사적 형편 가운데서 하나님께서는 이스라엘 백성을 아브라함에게 약속하셨던 본토本土로 인도하시고자 했다. 하나님께서 친히 세우신 언약의 왕국을 능멸한 거대한 바벨론 제국을 페르시아 왕국을 도구로 사용해 심판하셨다. 그리하여 페르시아의 고레스왕의 칙령(스 5:13-15)으로 인해 전면적인 본토 귀환이 허용되었던 것이다.

그때 패망한 다윗 왕조의 혈통을 잇고 있던 스룹바벨을 비롯한 지도자들의 영도아래 이스라엘 민족이 고국의 영토로 돌아왔다. 그로 말미암아 점차 예루살렘 성전 재건과 성곽 보수공사가 진행되어 갔던 것이다. 이는 이땅에 메시아를 보내시고자 하는 하나님의 뜻으로 말미암는 것이었다.

다윗왕국이 완전히 패망함으로써 바벨론 제국의 통치영역에 포로로 사로잡혀갔던 이스라엘 백성들은 이방의 처참한 환경 가운데서도 하나님께서 세우시는 메시아 왕국을 간절히 기다렸다. 즉 성경에 기록된 약속과 교훈을 기억하는 구약시대의 성도들이 이스라엘 민족의 완벽한 회복을 기다리고 있었던 것이다.

이는 곧 메시아 대망 사상과 밀접하게 연관되며 장래 세워지게 될 메시아 왕국과 연관되어 있었다. 그에 대한 기대가 마리아의 남편 요셉의 때가 되어 비로소 이루어졌다. 예수님의 육신의 아버지였던 요셉은 족보상 결코 평범한 인물이 아니었다. 만일 다윗왕국이 BC 586년 바벨론에 의해 멸망당하지 않고 지속되었다면 그는 왕위에 오를 인물이었다. 물론 그 당시에는 멸망한 왕족이 특별한 관심의 대상이 되지 않았으며 일반 사람들의 눈에 두드러지게 나타나지 않았다.

그러나 하나님께서는 다윗 왕의 혈통을 잇고 있는 요셉과 마리아를 통해 예수 그리스도를 이 세상에 보내셨다. 하지만 예수님은 다윗 왕의 혈통을 이어받은 요셉의 아들이면서 요셉의 육적인 혈통과 상관이 없었으며, 마리아의 몸을 통해 이 세상에 오셨지만 그녀의 오염된 피와 살은 이어받지 않은 거룩한 분으로 오셨던 것이다.

5. 하나님의 섭리와 '열네(14) 대'의 언약적 의미(17)

아브라함으로부터 다윗까지 14대, 다윗에서부터 유다 왕국의 패망과 바벨론 이거까지 14대, 그때부터 예수 그리스도까지 14대이다. 그러나 아브라함에서 다윗까지가 산술적으로 14대인지 잘 알기 어렵다. 그 사이의 연대는 대략 1000년에 이른다. 아브라함이 백 세 때 이삭을 낳고, 이삭이 예순 살 때 야곱을 출산했다(창 25:26).

또한 야곱은 쉰 살이 넘어 유다를 낳았을 것으로 보인다. 야곱의 쌍둥이 형제 에서가 마흔 살 때 혼인(창 26:34)했으며 야곱은 그보다 늦은 나이에 혼인했다. 그리고 유다는 야곱과 레아 사이에서 출생한 네 번째 아들이었다. 나아가 유다는 혼인하여 자녀들을 얻고 나서 그 자녀들이 성장해 혼인을 한 후 그 자녀들이 죽은 다음 자기의 며느리 다말을 통해 베레스를 낳았다. 그때는 아마도 그의 나이가 예순 살이 넘었을 때일 것이다.

아브라함은 175세에 죽었으며(창 25:7) 이삭은 180세까지 살았다(창 35:28). 그리고 야곱은 147세까지 생존했었다(창 47:28). 이스라엘 백성이 출애굽할 때 하나님의 말씀에 수종들었던 모세도 120살까지 살았다(신 34:7). 모세의 형 아론과 누이 미리암도 건강한 몸으로 장수했다. 이는 모세의 가족만 특별히 오래 생존했던 것이 아니라 당시 그 정도의 수명을 살았던 사람들이 상당수 있었을 것으로 여겨진다.

이를 봐서 애굽에 살던 이스라엘 백성들은 백 살 이상 살았던 것으로 이해할 수 있다. 그 당시에는 지금에 비해 평균 수명이 훨씬 길었던 것이다. 이런 점을 감안하면 당시 아버지와 상속자인 아들 사이의 연령 차이가 상당히 컸으리라는 사실을 어느 정도 짐작할 수 있다. 이 모든 점들을 종합해 볼 때 아브라함에서 다윗까지를 실제적인 14대가 되는 것이 전혀 불가능한 일은 아니다.

또한 다윗 왕으로부터 바벨론 이거移居까지는 대략 400여 년이 넘는 기간이 된다.[3] 그런데 그 혈통 가운데는 많은 이름들이 생략되어 있다. 왕위를 이어가는 혈통이기 때문에 성경의 기록을 통해 쉽게 그에 대해 알 수 있다. 그리고 바벨론 이거 때부터 예수님의 탄생까지는 500여 년이 넘는 기간이다. 하지만 그 족보에는 요셉의 조상들의 이름이 어느 정도 빠짐없이 기록되었는지 잘 알 수 없다. 그럼에도 불구하고 분명한 사실은 아브라함에서 다윗 왕과 바벨론 이거를 거쳐 예수 그리스도에 이르는 각각의 대수가 셋으로 나누어 14대로 언급되고 있다는 점이다.

마태복음에 14대로 특별히 정의되어 기록된 그 대수가 실제적인 대수와

---

3) 마태복음 1:8-11에 기록된 요람에서부터 여고냐 사이에는 여러 이름들이 빠져 있다. 그 족보에 대한 기록은 역대상에 소상히 기록되어 있다: "그 아들은 요람이요 그 아들은 아하시야요 그 아들은 요아스요 그 아들은 아마샤요 그 아들은 아사랴요 그 아들은 요담이요 그 아들은 아하스요 그 아들은 히스기야요 그 아들은 므낫세요 그 아들은 아몬이요 그 아들은 요시야며 요시야의 아들들은 맏아들 요하난과 둘째 여호야김과 셋째 시드기야와 넷째 살룸이요 여호야김의 아들들은 그 아들 여고냐, 그 아들 시드기야요"(대상 3:11-16).

연관되어 있든 혹은 상징적인 대수로 계산되었든 간에 그것이 언약적인 의미를 지니고 있음은 분명하다. 따라서 우리는 예수님의 조상에 관한 대수가 세부분으로 나누어져 각각 14대로 분류된 점을 통해 언약적 의미를 깨달아야 한다. 그것을 통해 얻게 되는 근본적인 교훈은 하나님의 특별한 간섭 아래 메시아 혈통이 역사 가운데 이어졌다는 사실이다.

6. 누가복음 3장 24-38절의 족보와의 관계

누가복음에도 예수님의 족보가 상세하게 기록되어 있다. 거기에는 맨 처음 사람이자 모든 인간들의 조상인 아담으로부터 시작된다. 즉 아담, 셋으로부터 아브라함과 다윗을 거쳐 예수 그리스도까지 기록되어 있는 것이다. 특히 아담에서 아브라함까지의 족보는 창세기 5장 1-32절과 11장 10-27절에 기록된 내용과 전반적으로 일치한다.[4)]

그러나 누가복음과 마태복음에 나타난 예수 그리스도의 족보는 상이한 면을 보인다. 누가복음에는 '요셉의 바로 위 조상' 을 헬리라고 언급했다. 이 말은 요셉의 직접적인 혈통의 조상을 지칭하는 것이 아니라 마리아의 남편으로서 마리아의 혈통을 소개하고 있다.

이는 또한 마리아 가문의 혈통이 요셉 가문의 혈통에 예속됨을 의미하고 있다. 당시의 여성들은 직접 가계를 잇는 자로서 족보에 이름을 올릴 수 없었다. 마태복음 1장에서 다말, 라합, 룻, 우리야의 아내가 기록된 것은 직접적인 혈통을 잇는 자로서가 아니라 그 남편의 형편에 대한 보조적 설명을 해주고 있다.

---

4) 유일하게 차이가 나는 것은 아르박삿의 아들 '가이난' 이 누가복음의 예수님 족보에는 기록되어 있으나(눅 3:36) 창세기 52장의 족보에는 빠져있다는 점이다. 이에 대해서는 본문비평을 통해 확인될 필요가 있는 부분이다. 하지만 오랫동안 필사를 통해 전승된 성경 내용을 쉽사리 손을 댈 수는 없다. 그러므로 모든 성경 번역본들은 특별한 해설 없이 그대로 기록하고 있다.

또한 누가복음에서 요셉으로부터 다윗까지 이어지는 족보는 마태복음과 전혀 상이한 기록으로 나타나고 있다. 그렇지만 다윗으로부터 아브라함에 이르는 그 위의 조상들은 마태복음과 누가복음에 나오는 족보가 동일하다. 마태복음에 나오는 헤스론의 아들 람(대상 2:9)은 누가복음의 아니(Ani)[5]와 같은 인물이다. 즉 아브라함으로부터 다윗까지는 마태복음과 누가복음 공히 14대로 기록되어 있다.

하지만 다윗으로부터 예수님까지의 대수는 양 복음서 사이에서 많은 차이가 난다. 마태복음에는 다윗으로부터 예수님까지가 28대로 나타난다. 그러나 누가복음에서는 동일한 기간에 43대가 이어지고 있다. 물론 우리는 마태복음의 족보에는 많은 이름들이 생략되었음을 기억한다.

우리가 여기서 특별히 관심을 기울여야 할 바는 누가복음의 족보에는 다윗의 혈통이 왕위를 이어받은 솔로몬이 아니라 그의 다른 아들 나단(대상 3:5)으로 이어지고 있다는 사실이다. 그러나 나단 이후 맛다다, 멘나, 요림, 엘리에서, 엘마담, 고삼, 앗디, 멜기, 네리, 레사, 요아난, 요다, 요섹, 서머인, 마앗, 낙개, 에슬리, 맛다디아, 얀나, 멜기, 맛닷, 요림, 헬리 등은 구약성경에 그와 동일한 이름조차 나타나지 않는다. 예수님의 아버지 '요셉의 이상'이라 일컬어진 마리아의 부친 헬리에 대해서도 달리 알려진 바가 없다.

또한 누가복음의 족보 가운데는 유다, 시므온, 레위, 스룹바벨, 엘리아김, 나훔, 아모스 등의 이름이 나타나지만 우리가 익히 알고 있는 인물들과는 다른 동명이인同名異人 것으로 보인다. 즉 구약성경에 나오는 이름이라 할지라도 그들이 성경에 기록된 인물과 동일인물일 가능성은 거의 없는

---

5) NIV에서는 마태복음과 마찬가지로 Ram(람)으로 기록되어 있으며, KJV에서는 Aram(아람)으로 기록되어 있다. 따라서 헤스론의 아들 '람'(마 1:3)과 헤스론의 아들 '아니'(눅 3:33)가 동일 인물이라는 사실이 명백하게 드러나고 있다.

것이다. 이는 마태복음의 족보에 나타나는 사람들이 대개 널리 알려진 인물들이라는 사실과 매우 대조적이다.

누가복음의 족보는 다윗 왕으로부터 예수님의 어머니 마리아의 족보와 연관되는 것으로 이해하는 것이 자연스럽다. 요셉의 혈통이 다윗의 위位로부터 왕통을 잇고 있는데 반해 마리아의 혈통에 속한 인물들은 거의 무명인無名人들이었다. 하나님께서는 다윗의 혈통 가운데 왕의 가문家門을 잇는 가계의 후손인 요셉과, 다윗의 혈통을 잇고 있으면서 미천하고 보잘것없는 가문이 된 마리아의 족보 가운데서 예수께서 출생하게 하신 것이다. 이는 위엄을 가진 영광의 왕으로 오신 예수님과 미천한 종의 모습을 지닌 예수님의 모습을 동시에 나타내고 있는 것이다.

제2장
인간의 몸을 입으신 예수 그리스도
(마 1:18-25)

1. 요셉과 마리아의 정혼과 아우구스투스 황제의 호적령(18)

요셉과 마리아가 정혼을 한 것은 하나님의 특별한 섭리에 의한 것이었다. 예수님이 잉태될 당시 두 사람은 아직 정식으로 혼인한 부부관계는 아니었지만 장래 혼인을 약속한 사이였다. 그들은 로마제국의 아우구스투스 황제가 호적령戶籍令을 반포함에 따라 호적을 하기 위해 함께 고향인 베들레헴을 방문하게 되었다(눅 2:1-5).

요셉과 마리아가 베들레헴으로 갔던 까닭은 저들이 둘 다 다윗 왕의 직계자손들로서 그곳이 본적지本籍地였기 때문이다. 아우구스투스 황제가 로마제국의 통치영역에 속한 모든 지역에 살고 있는 백성들에게 호적을 정리하도록 명령한 데는 나름대로의 정치적 목적이 있었겠지만 그 가운데는 하나님의 놀라운 경륜이 작용하고 있었다.

하나님께서는 로마제국의 특별한 인구정책을 통해 요셉과 마리아를 베들레헴으로 인도하시고자 했다. 거기에는 인간들이 전혀 인식할 수 없었던 하나님의 놀라운 섭리가 개입되어 있었다. 이방인인 로마 황제가 그에 연관된 의미를 상상조차 하지 못했던 것은 지극히 명백하다. 하지만 황제의 의도와는 아무런 상관없이 그것을 통해 하나님의 뜻이 점차적으로 이루어져갔다.

요셉과 마리아가 호적정리를 하기 위해 베들레헴에 가있는 동안 동정녀 마리아가 예수 그리스도를 출산하게 된다. 이는 하나님의 거룩한 뜻을 이루기 위해 허락된 특별한 경륜에 따른 것이었다. 앞에서 살펴본 것처럼 요셉과 마리아는 공히 다윗 왕의 직계후손이었다. 그들은 구약의 예언대로 다윗의 고향 베들레헴에서 예수 그리스도를 출산하기 위해 그곳에 왔던 것이다.

2. 성령으로 인한 동정녀 마리아의 잉태(18-20)

마리아는 요셉과 정혼한 사이였지만, 아직 동거同居하기 전이었으므로 성적인 관계가 없었다. 그런데 남자를 알지 못하는 그녀가 아기를 임신했다. 마리아가 임신한 태중의 아기는 남자의 씨와 아무런 연관이 없었지만, 인간의 이성과 경험에 비추어 본다면 여간 심각한 문제가 아니었다.

따라서 요셉은 자기와 정혼한 여성인 마리아의 임신 사실을 알고는 드러내지 않고 조용히 파혼하고자 했다. 성경은 요셉이 의로운 사람이었다는 사실을 증거하고 있다(마 1:19). 그가 의로웠던 것은 단순히 그의 유순한 성품을 두고 하는 말이 아니다. 요셉은 진정으로 하나님을 경외하는 인물로서 기록된 성경말씀을 절대적으로 믿고 있었다. 그는 하나님의 율법에 순종하는 자세를 마땅한 것으로 받아들이고 있었던 것이다.

그러므로 요셉은 자기와 정혼한 여인인 마리아가 자신이 모르는 아기를 잉태한 사실을 알고 나서 그녀와의 관계를 가만히 끊고자 했다. 그것이 '요셉의 의' 를 증거하는 본질적인 근거가 된다. 하지만 우리가 유념해야 할 사실은, 요셉이 마리아와 파혼하여 헤어지려고 했던 것이 자기와 성性적인 관계가 없는 상태에서 아기를 잉태한 정혼한 여인에게 관용을 베풀기 위한 것으로 볼 수 없다는 사실이다.

오히려 우리는 그와 정반대로 이해해야 한다. 만일 마리아가 아기를 잉태한 것이 성적인 부정으로 말미암는 것이라면 그녀는 돌에 맞아 죽게 되는 무서운 형벌을 피할 수 없다. 모세의 율법은 간음한 여인에 대한 형벌이 얼마나 엄격해야 하는지 분명히 기록하고 있다. 간음한 여인에 대해서는 공개된 법정에서 많은 사람들이 지켜보는 가운데 돌로 쳐 죽여야 한다. 더구나 처녀가 저지른 성적으로 부도덕한 문제에 관해서는 특별한 규정으로 명시되어 있다.

> "그 처녀에게 처녀인 표적이 없거든 처녀를 그 아비집 문에서 끌어내고 그 성읍 사람들이 그를 돌로 쳐 죽일지니 이는 그가 그 아비집에서 창기의 행동을 하여 이스라엘 중에서 악을 행하였음이라 너는 이와 같이 하여 너의 중에 악을 제할지니라"(신 22:20,21)

요셉이 마리아와 파혼하고자 했던 까닭은 단순히 자기와 정혼한 여인에게 관대함을 베풀려고 했던 것이 아니었다. 도리어 그는 자기를 포함한 모든 이스라엘 백성들에게는 구약의 율법이 적용되어야 함을 기억하고 있었을 것이 틀림없다. 혼인하지 않은 처녀가 아기를 가져 임신하게 되어 배가 불러오면 저절로 외부로 드러날 수밖에 없다. 이제 그 일이 하나님으로부터 의로운 자로 인정받는 요셉 자신에게 연관되어 일어나고 있었던 것이다.

마리아의 임신이 요셉과 아무런 상관이 없다는 사실이 입증되면 그녀는 돌에 맞아 죽어야 한다. 만일 요셉이 자기와 정혼한 마리아의 생명을 살리려 한다면 파혼해서는 안 된다. 정혼한 상태에서 배가 불러오는 여성과 파혼한다면, 잉태된 아기가 다른 남성의 자식이라는 사실이 밝혀져 그녀의 부정을 입증하는 역할을 하게 될 것이기 때문이다.

그렇지만 하나님을 경외하는 요셉은 자기와 성관계 없이 아기를 잉태한 여성을 데려와 혼인할 수 없었다. 그것은 하나님의 율법을 어기는 부정한 행위가 되기 때문이었다. 요셉에게 있어서 그 일은 단순히 개인적인 사건이 아니라 이스라엘 민족의 정결에 연관되는 심각한 문제였다. 그녀의 악한 죄를 모르는 채 묻어두고 율법에 언급된 형벌을 면하게 해준다면 이스라엘 민족 전체를 부정하게 만드는 더러운 죄에 참여하는 것이 되고 만다. 따라서 그는 마리아와 파혼함으로써 그녀로 하여금 형벌을 감당하도록 할 수 밖에 없었다.

요셉이 그런 마음을 먹고 있을 때 하나님의 사자가 그의 꿈에 나타나 파혼에 대한 실행을 저지했다. 마리아와의 관계를 끊지 말도록 요구했던 것이다. "다윗의 자손 요셉아 네 아내 마리아 데려오기를 무서워하지 말라 잉태된 자는 성령으로 된 것이라"(마 1:20).

요셉이 마리아를 법적인 아내로 맞는 것을 무서워했던 까닭은 그것이 하나님의 율법을 어기는 일이었기 때문이다. 그러나 의로운 자였던 요셉은 이제 하나님의 사자의 음성을 알아들을 수 있었다. 이를 통해 마리아의 잉태가 그녀의 부정으로 인한 것이 아니라 하나님의 역사라는 점이 밝혀지게 되었다.

우리가 여기서 특별히 관심을 기울여야 할 바는 '다윗의 자손 요셉' 이라는 용어이다. 이는 요셉이 왕위를 이어야 할 다윗의 자손임을 시사하고 있기 때문이다. 다윗 왕의 직계 자손이었던 요셉은 마리아의 잉태와 연관된 하나님의 사자의 그 말을 귀담아 들었을 것이 틀림없다.

성경이 명백하게 증거하고 있는 바와 같이 마리아의 태중에 있는 아기는 성령으로 말미암아 잉태된 이스라엘의 왕이 될 인물이다. 이는 곧 그가 구약성경에서 줄곧 계시되어 온 하나님의 아들 메시아라는 사실을 말해주고 있다. 요셉은 하나님의 계시를 듣고는 마리아를 자기의 법적인 아내로 맞아들이기를 주저하지 않았다. 그렇게 함으로써 요셉은 자기 아내 마리아가 부정한 여인이 아님을 입증했다. 물론 요셉은 마리아가 출산할 때까지는 동침하지 않았다(마 1:25).

한편 하나님께서는 마리아의 몸을 통해 이땅에 예수 그리스도를 보내시고자 하면서 동시에 당시 제사장이었던 사가랴와 그의 아내 엘리사벳을 통해 세례자 요한을 보내시고자 했다. 우리는 여기서 세례자 요한의 아버지 사가랴가 이스라엘 민족의 제사장이었다는 사실을 기억해야 한다(눅 1:5). 이는 사가랴가 자기의 아들 세례자 요한과 예수 그리스도에 관해 예언하는 내용이 이스라엘을 향한 공적인 선포의 의미를 지니고 있기 때문이다.

그러므로 요한이 출생했을 때 제사장 사가랴는 성령 하나님의 능력을 힘입어 구약성경을 인용해 분명한 메시아 예언을 했다. 누가복음 1장에 기록된 '사가랴의 노래' 에는 예수 그리스도와 그의 길을 예비할 요한에 관한 예언이 나타나고 있다.

> "찬송하리로다 주 이스라엘의 하나님이여 그 백성을 돌아보사 속량하시며 우리를 위하여 구원의 뿔을 그 종 다윗의 집에 일으키셨으니 이것은 주께서 예로부터 거룩한 선지자의 입으로 말씀하신 바와 같이 우리 원수에게서와 우리를 미워하는 모든 자의 손에서 구원하시는 구원이라 ... 이 아이여 네가 지극히 높으신 이의 선지자라 일컬음을 받고 주 앞에 앞서 가서 그 길을 예비하여 주의 백성에게 그 죄 사함으로 말미암는 구원을 알게 하리니 이는 우리 하나님의 긍휼을 인함이라 이로써 돋는 해가 위로부터 우리에게 임하여 어두움과 죽음의 그늘에 앉은 자에게 비취고 우리 발을 평강의 길로 인도하시리로다 하니라" (눅 1:68-79)

하나님께서는 동정녀 마리아의 몸을 통해 이땅에 예수 그리스도를 보내시면서 그의 길을 예비하는 사자로서 세례자 요한을 동시에 예비하셨다. 이 의미는 이스라엘 민족 가운데 왕으로 오실 메시아에 연관된 공적인 절차와도 같다. 이는 예수 그리스도께서 정통 왕족의 가문을 통해 오실 때, 세례자 요한은 왕의 길을 평탄케 하는 자로서 제사장 가문을 통해 오게 됨을 말해준다. 따라서 그것은 구속사적인 성격을 내포하는 매우 중요한 의미를 지니고 있다.

예수께서 출생할 당시 이스라엘에는 어렵고 힘든 정치, 경제, 사회적 형편 가운데서 메시아를 손꼽아 기다리는 사람들이 많이 있었다. 요셉도 그들 가운데 한 사람이었다. 그러나 하나님의 이름을 핑계대며 자신을 위한 이기적인 종교 생활에 얽매여 있는 지도자들이 적잖았다. 그들 중 다수는 영적으로 매우 피폐한 상태에 놓여 있었다. 그 사람들은 입술로 하나님을 찬양하는 듯 했지만 실상은 자기 인생 꾸리기에 여념이 없었던 것이다.

그런 불안정한 형편 가운데 예수 그리스도께서 요셉과 마리아의 집안을 통해 이땅에 탄생하셨다. 그는 이스라엘의 영원한 왕이 되어 자기 백성을 구원할 자로 세상에 오셨던 것이다. 이리하여 다윗의 자손 요셉과 마리아는 저들의 몸을 통해 완벽한 인간이 되신 아기 예수님을 양육하는 소중한 책무를 담당하게 되었던 것이다.

3. '예수' 라는 이름(21)

하나님께서는 요셉에게 마리아의 몸에서 태어나게 될 아기의 이름을 '예수' 라 짓도록 지시하셨다. 그의 이름은 인간들이 임의로 짓거나 붙일 수 없었다. 이는 그가 '거룩한 하나님의 특별한 사람' 임을 밝히는 의미를 지니고 있다. 요셉은 그 아기를 양육하게 되겠지만 그는 전적으로 하나님께 속한 인물이었던 것이다.

하나님께서 직접 지어주신 '예수' 라는 이름은 '여호와는 구원' 이라는 뜻으로 '자기 백성을 죄로부터 구원할 자' 라는 의미를 지니고 있다. 그 이름은 구약성경의 '여호수아'와 동일한 이름이다.[6] 구약시대에 여호수아라는 이름을 가진 대표적인 인물들은 이스라엘 민족을 구원하는 사역을 감당했던 매우 중요한 위치에 있던 사람들이었다.

구약의 구속사 가운데 동명이인同名異人인 걸출한 두 명의 여호수아가 있었는데 그들은 각기 다른 시대에 매우 중요한 역할을 감당했던 것이다. 한 사람은 애굽에서 억압받던 이스라엘 민족을 모세가 시내광야로 인도해낸 후 그 자손들과 함께 가나안 땅에 입성할 때의 지도자였던 여호수아이며, 다른 한 사람은 바벨론으로부터 귀환할 때 대제사장이었던 여호수아이다. 그들은 공히 나중에 오시게 될 예수 그리스도를 어느 정도 예표하고 있었다.

이스라엘 민족을 애굽으로부터 인도해 낸 모세의 후계자였던 여호수아는 군사적인 직무를 감당했던 인물이다. 그는 시내광야에서 새롭게 무장된 이스라엘 민족을 약속의 땅 가나안으로 인도했다. 여호수아가 이스라엘 민족을, 하나님께서 아브라함에게 약속하셨던 젖과 꿀이 흐르는 땅으로 인도하는 임무를 수행했던 것이다.

그러나 이스라엘 백성이 그 땅에 들어갔을 때는 피 흘리는 전쟁과 더불어 긴장상태가 끊이지 않았다. 그것을 통해 가나안 땅에서는 하나님의 말씀을 기준으로 한 피아彼我가 선명하게 구분지어졌다. 즉 하나님께 속한 백성들과 그렇지 않은 자들에 대한 뚜렷한 구분이 약속의 땅에서 이루어졌던 것이다.

그리고 다윗왕국이 바벨론에 의해 패망당하고 예루살렘 성전이 파괴됨으로써 이방 족속의 포로가 된 이스라엘 민족은 원치 않은 낯선 지역에 억류될 수밖에 없었다. 그러나 하나님께서는 그들을 그곳에 영원히 버려두시지 않고 원래의 땅으로 인도하시고자 했다. 이스라엘 백성이 가나안 땅

6) 히브리어 '여호수아'라는 이름은 '예수'라는 단어와 같은 말이다. 70인역(LXX)에는 여호수아가 예수라 번역되어 있다.

본토로 귀환할 때 대제사장은 여호수아였다.

당시 대제사장은 이스라엘 민족 전체에 대한 대표성을 띠고 있었다. 하나님께서는 선지자 스가랴를 통해 대제사장 여호수아에게 특별한 단장을 해주시면서 앞으로 보내시게 될 메시아에 관한 예언을 하셨다. 이는 하나님으로부터 얻은 약속의 땅을 상실한 이스라엘 민족에게 유일한 소망이 되었다. 구약성경에는 그에 대한 분명한 기록이 나타나고 있다.

> "대제사장 여호수아는 여호와의 사자 앞에 섰고 사단은 그의 우편에 서서 그를 대적하는 것을 여호와께서 내게 보이시니라 ... 여호와께서 자기 앞에 선자들에게 명하사 그 더러운 옷을 벗기라 하시고 또 여호수아에게 이르시되 내가 네 죄과를 제하여 버렸으니 네게 아름다운 옷을 입히리라 하시기로 내가 말하되 정한 관을 그 머리에 씌우소서 하매 곧 정한 관을 그 머리에 씌우며 옷을 입히고 여호와의 사자는 곁에 섰더라 ... 대제사장 여호수아야 너와 네 앞에 앉은 네 동료들은 내 말을 들을 것이니라 이들은 예표의 사람이라 내가 내 종 순을 나게 하리라" (슥 3:1-8)

선지자 스가랴가 대제사장 여호수아를 통해 '하나님이 종 순' (Servant the Branch)을 나게 하리라는 메시아 예언을 한 것은 이스라엘 민족의 구원에 직접 연관되어 있었다. 그것은 바벨론에 의해 패망당한 채 이방인들의 통치를 경험한 그들에게 진정한 소망이 되었다. 이에 연관된 모든 사실들에 대해서는 학개서와 스가랴서에 소상하게 기록되어 있다(학 1,2장; 슥 3,6장).

사실 이스라엘 민족이 이방의 포로로 잡혀가 있을 때는, 제사장이 자신의 역할을 제대로 수행할 수 없었던 시기였다. 그때는 예루살렘 성전이 완전히 파괴되고 성전기물들마저 바벨론에 빼앗긴 상태였기 때문이다. 그렇다고 해서 이스라엘 백성에게 제사와 제사장의 모든 기능이 완전히 폐기되었던 것은 아니다.

도리어 그때에도 여전히 제사장들의 직무는 존재했다. 즉 성전이 없던 시기에 하나님께 온전한 제사를 드릴 수는 없었지만 제사장들의 사역이 필요했다. 그들은 단순히 형식적인 이름만 가지고 있었던 것이 아니라 이스라엘 백성들의 신앙을 가늠하는 중요한 역할을 감당하고 있었다. 이는 그들이 의미상 메시아를 기다리는 영적인 제사의 중심 자리에 서 있었음을 말해주고 있다. 제사장들은 백성들 가운데서 어린 양을 성전에 바치는 의미를 되새김으로써 이스라엘 민족이 메시아를 기다리고 있음을 끊임없이 선포하고 있었던 것이다.

이처럼 하나님께서 요셉과 마리아의 몸을 통해 태어나게 될 그리스도의 이름을 '예수'라 짓도록 명하신 것은 그가 세상 가운데서 감당해야만 할 중요한 역할을 보여주고 있다. 태어나게 될 아기의 이름이 '예수'라는 말을 들었을 때 그의 육신의 부모들은 구약시대 이스라엘 민족을 구출했던 두 명의 여호수아를 머리에 떠올렸을 것이다.

4. 구약의 예언 성취(22)

이땅에 인간의 몸을 입으신 예수 그리스도께서 강림하신 것은 우연히 발생한 사건이 아니며 갑작스럽게 일어난 일도 아니다. 구약성경에는 메시아가 오시게 될 것이 지속적으로 예언되어 왔다. 이는 아담을 유혹한 사탄을 응징하기 위해 '여자의 후손'을 보내시겠노라고 약속하신 창세기 3장 15절에 기록된 말씀을 기초로 한다. 그후부터 메시아 강림에 대한 예언이 구약시대 전반에 걸쳐 줄곧 이어져 왔다.

그러므로 구약시대의 선지자들을 비롯한 특별히 선택받은 믿음의 선배들의 중심에는 항상 이땅에 오실 메시아에 대한 진정한 소망이 들어 있었다. 따라서 그들을 통해 장래 임하시게 될 메시아에 대한 선포가 지속되었던 것이다. 이 놀라운 일이 로마제국이 이스라엘 민족을 통치하던 시기에 일어나게 되었다. 사도 바울은 갈라디아 교회에 보내는 편지에서 하나님의 섭리에 따른 예수 그리스도의 동정녀 탄생에 대해 언급하고 있다.

> "때가 차매 하나님이 그 아들을 보내사 여자에게서 나게 하시고 율법 아래 나게 하신 것은 율법 아래 있는 자들을 속량하시고 우리로 아들의 명분을 얻게 하려 하심이라" (갈 4:4-6)

바울은 이 본문에서 예수 그리스도가 이 세상에 오신 것은 하나님의 작정에 따른 것임을 밝히고 있다. '때가 차매' 하나님께서 자기의 독생자를 보내셨다는 사실은 바로 그점을 말해준다. 또한 하나님께서 그를 '여자' 에게서 나게 하셨다는 말은 동정녀로부터의 출생을 의미한다. 그렇게 함으로써 구약성경에 기록된 예언들이 성취되었다.

그 모든 과정들을 통해 율법 아래 태어나신 하나님의 아들은 자기 백성들을 죄의 굴레로부터 구원하셨다. 그렇게 함으로써 저들로 하여금 하나님의 아들의 명분을 얻게 하셨던 것이다. 사도 바울의 진술 가운데는 하나님께서 독생자 예수 그리스도를 이땅에 보내신 본질적인 의미가 선명하게 드러나고 있다.

5. 임마누엘의 의미(23)

예수 그리스도께서는 '임마누엘' (Immanuel) 하나님으로 이 세상에 오셨다. 그가 임마누엘로 일컬음을 받게 된다는 사실은 그가 하나님의 아들이라는 점을 환하게 밝혀주고 있다. 조물주이신 하나님께서 친히 피조물인 인간의 몸을 입고 성육신(incarnation)하시게 된 것이다.

신앙이 어린 교인들 가운데는 '임마누엘' 이라는 말의 뜻을 단순한 영적인 의미 정도로 생각하는 자들이 있다. 그렇지만 그것은 올바른 해석에 따른 것이라 할 수 없다. 그들은 '임마누엘' 이라는 말을, 우리가 언제 어디에 있든지 하나님께서는 항상 우리와 함께 계신다는 의미로 생각하고 있으나 성경에서 밝히고 있는 의미는 그런 것이 아니다.

전지전능하신 하나님으로서 인간의 몸을 입고 이땅에 오신 예수 그리스도는 아담으로부터 죄를 상속하고 있는 보통 인간들처럼 출생한 것이 아니라 일반 상식을 초월한 특별한 방법으로 태어나셨다. 그는 통상적인 남녀의 성관계를 통해 잉태되지 않으셨다. 남자를 알지 못하는 처녀의 몸에서 완벽한 인간으로 태어난다는 사실은 결코 상식적일 수 없다. 하지만 구약시대의 이사야 선지자는 이미 오래전에 그에 대한 분명한 예언을 했다.

> "이사야가 가로되 다윗의 집이여 청컨대 들을지어다 너희가 사람을 괴롭게 하고 그것을 작은 일로 여겨서 또 나의 하나님을 괴로우시게 하려느냐 그러므로 주께서 친히 징조로 너희에게 주실 것이라 보라 처녀가 잉태하여 아들을 낳을 것이요 그 이름을 임마누엘이라 하리라" (사 7:13,14)

배도에 빠진 이스라엘 민족의 지도자들은 순전한 백성들뿐 아니라 심지어 하나님마저도 괴롭혔다. 그들은 저들의 목적을 달성하기 위해서는 모든 유형의 수단을 다 동원했던 것이다. 그것을 보신 하나님께서는 그들을 엄히 심판하게 될 왕을 세상에 보내시리라는 사실을 말씀하셨다. 인간의 몸을 입고 오시게 될 그 메시아는 표징으로써 '처녀의 몸' 에 잉태되어 출생하시게 된다.

남자와 아무런 상관이 없는 동정녀의 몸에서 한 인간이 태어난다는 사실은 매우 중요한 예언이다. 즉 하나님을 믿는 성도들은 그에 대한 진정한 소망을 두겠지만 그렇지 않은 자들은 도리어 그 말을 비웃을 것이다. 이는 처녀의 몸에서 태어나는 메시아에 대한 신앙여부에 따라 하나님의 궁극적인 구원과 심판이 달려있음을 선포하는 것과 마찬가지다.

선지자 이사야가 예언한 대로 나중에 오시게 될 메시아가 처녀의 몸에서 출생하게 된다는 것은 그가 범죄한 아담의 자손이 아니라는 사실을 시사하고 있다. 그는 보통 인간들처럼 눈 코 입을 가지고 있으며 손과 발, 팔과 다리를 가지신 분으로 오시게 된다. 하지만 그는 남자의 씨와 아무런 상관이 없으므로 아담의 피와 살을 이어받지 않는다.7)

그럼에도 불구하고 하나님의 뜻을 알지 못하는 무지한 인간들은 사람의 몸을 입고 이 세상에 강림하신 메시아를 감히 자기와 같은 존재로 여겼다. 따라서 그들은 거룩한 하나님의 아들을 향해 온갖 무례한 악행들을 서슴지 않았다. 그러나 그는 삼위일체 하나님께서 창세전에 선택하신 자기 백성을 죄 가운데서 구원하시기 위해 이땅에 특별히 보내신 성자 하나님이시다.

6. 요셉과 마리아의 경건한 자세(24,25)

요셉과 마리아는 저들을 통해 이 세상에 출생하게 될 아기가 누구인지 잘 알고 있었다. 마리아의 태중에 잉태된 그는 구약성경에서 줄곧 예언되어 오던 메시아 곧 하나님의 아들이었다. 따라서 의롭고 경건했던 그들은 거룩한 하나님 앞에서 겸손함을 유지할 수 있었다. 그것은 물론 전적인 하나님의 은혜로 말미암는 것이었다.

그러므로 마리아의 잉태사실을 알고 파혼하려고 했던 요셉은 하나님의 사자의 말씀을 듣고 아기 예수님을 임신한 마리아를 아내로 맞아들였다(마 1:24). 이는 사실 매우 중요한 의미를 지닌다. 앞에서 언급한 것처럼, 요셉이 마리아를 아내로 받아들였기 때문에 그녀는 돌에 맞아죽는 형벌을 면할 수 있었다. 하지만 요셉 부부는 혼인을 했음에도 불구하고 예수님이 출

7) 예수 그리스도는 요셉의 피와 살을 이어받지 않았듯이 죄로 오염된 마리아의 피와 살을 이어받지도 않았다; 이광호, 웨스트민스터신앙고백서, 서울: 도서출판 깔뱅, 2007, pp.165-167 참조; 이광호, "예수님의 성령에 의한 잉태와 동정녀 탄생", 크리스챤한국신문, 2010년 5월 1일자, 제5면 참조.

생하실 때까지 동침하지 않았다.

그렇지만 주변의 많은 사람들은 마리아의 태중에 있는 아기가 요셉의 피를 이어받은 것으로 생각했을 것이다. 물론 예수 그리스도는 그의 피와 살을 전혀 이어받지 않았다. 그에 대한 사실은 당시 일반 백성들에게 아무렇게나 공개되지는 않았다. 일부러 그것을 비밀에 감추어 둔 것이 아니라 구약성경에 이미 예언되어 온 그에 관한 신비한 내용은 점차 선포될 일이었다.

물론 하나님을 알지 못하는 불신자들은 그 사실을 알려준다고 해도 전혀 알아듣지 못했을 것이 틀림없다. 그러나 기록된 성경 말씀을 믿고 있는 성도들은 마땅히 그에 대한 참된 깨달음을 가지게 된다. 다윗 왕가의 핵심 혈통을 잇고 있던 왕족인 요셉과 동정녀 마리아를 통해 태어난 예수 그리스도는 타락한 세상을 심판하고 자기 백성들을 구원하시기 위해 친히 인간의 몸을 입고 이땅에 강림하시게 되었던 것이다.

제3장
왕으로 경배 받으시는 아기 예수님

(마 2:1-12)

1. 동방박사들의 예루살렘 방문(1-3)

(1) 베들레헴에서 출생하여 의례를 행하신 예수 그리스도

요셉과 마리아는 원래 저들이 살고 있던 지역으로부터 베들레헴에 도착했지만 머물 만한 적절한 숙소를 찾지 못했다. 그러므로 그곳에서 아기 예수를 출산했으나 태어난 아기를 강보에 싸서 구유에 눕힐 수밖에 없었다. 낭시에도 나그네를 위한 여관이 있어서 여행객들은 거기서 기숙했다. 따라서 일반적인 경우라면 아기가 태어날 때 산모는 마땅히 안정된 방 안에서 출산을 준비하는 것이 자연스러웠다.

그러나 하나님의 아들 메시아를 잉태한 마리아에게는 그럴 만한 장소가 허락되지 않았다. 경제적인 형편 때문이었는지 혹은 다른 특별한 사정이 있었는지 모르지만 그녀는 방이 아닌 바깥에서 예수님을 분만한 것이 분명하다. 성경은 당시 그들을 위한 여관의 빈 방이 없었다는 사실을 말해주고 있다. 그리하여 아기 예수는 동물의 먹이를 담는 구유에 뉘어지게 되었던 것이다(눅 2:7).

이는 우주만물을 창조하신 하나님의 아들이 이 세상에 오셨을 때 인간들은 처음부터 그에게 단 한 평의 공간도 내어주지 않았다는 의미가 된다. 사실 그것이 예수님이 인간의 몸을 입으신 메시아라는 중요한 표징이 되었다. 하나님의 형상을 닮은 아담을 유혹해 공중권세를 장악한 사탄의 세력을 심판하기 위해 오신 왕에게 세상으로부터 호의가 베풀어질 리 만무했던 것이다.

이땅에 출생하신 아기 예수께서는 팔일이 되어 할례를 받으셨다(눅 2:21). 그는 결례의 날이 차게 되자 예루살렘을 방문하여 율법에 따른 의례를 행했다(눅 2:22). 이는 매우 중요한 의미를 지닌다. 죄가 없는 하나님의 아들임에도 불구하고 그가 할례를 받고 율법에 기록된 의례를 행했다는 사실은 스스로 자신을 죄인의 자리에 놓으셨다는 뜻이다. 이 말은 죄인들을 구원하시기 위해 하나님께서 죄인의 자리에 놓이게 되었음을 말해준다.

아기 예수께서는 예루살렘을 방문하셨다가 다시 베들레헴으로 돌아 오셨다. 아마도 고향의 친근함과 더불어 요셉과 마리아의 호적 문제와 이제 갓 출생한 아기 예수님의 호적 정리를 위한 시간이 필요했던 것으로 보인다. 물론 거기에는 하나님의 섭리와 경륜이 따르고 있었다. 분명한 사실은 어린 예수께서 베들레헴과 예루살렘을 동시에 오가시면서 그 지역들이 자기와 연관된 구속사역을 위한 소중한 전초기지가 된다는 사실을 무언중에 선포하셨다는 점이다.

(2) 동방박사들

베들레헴에서 출생하신 예수님이 예루살렘에서 의례를 행하며 자신을 선포하고 계시는 동안 동방에서는 한 무리의 박사들이 그를 향해 먼 길을 오고 있었다. 하나님께서는 예수님의 출생을 준비하시는 동안 멀리 이방 지역에 있는 동방박사들에게 자신이 진행하시는 놀라운 일을 계시하셨던 것이다.

그렇다면 동방박사들이란 과연 누구였는가? 많은 사람들이 동방박사들이 무엇을 하는 어떤 사람들이었는지 관심을 기울인다. 사람들은 대개 그들을 별을 연구하는 천문학자로 생각하거나 심지어는 점성술가라 여기는 자들도 없지 않다.[8] 그러나 그런 주장은 근본적으로 잘못된 것들이다. 우리는 그에 대한 분명한 이해를 하기 위해 이스라엘 민족의 역사를 거슬러 올라가야 한다.

BC 586년 다윗왕국은 바벨론의 느부갓네살에 의해 멸망당했다. 예루살렘은 점령당하고 솔로몬이 지은 성전은 완전히 파괴되었다. 또한 유대인들은 포로가 되어 바벨론 지역으로 사로잡혀갔다. 그들은 낯선 이방 지역의 여러 곳에 분산되어 거주할 수밖에 없었다. 그러나 하나님께서는 다윗왕국과 가나안 땅을 짓밟고 언약 백성들을 무참하게 유린한 바벨론을 그냥 좌시하지 않으셨다. 신흥 페르시아 왕국을 들어 바벨론을 심판하는 도구로 사용하셨던 것이다.

페르시아가 바벨론 제국을 멸망시키고 승리한 후 고레스 왕은 유대인들의 본토귀환을 허락했다. 그로 말미암아 이스라엘 백성들은 가나안 땅 본토로 돌아와 무너진 성곽을 세우고 파괴된 성전을 다시금 건립했다. 한편 페르시아에 남은 자들은 이방인들과 혼합되어 뒤섞이지 말아야 했다. 하나님께서는 그것을 위해 적극적인 관여를 하셨다. 구약성경의 에스더와 연관된 역사적 사건들과 부림절은 그것을 대변해주고 있다.

나중 페르시아 제국이 멸망하고 헬라인들과 로마인들이 차례로 그 지역

---

8) 그들은 헬라어 마기(magi)를 두고 점성술가와 천문학자에 연관지어 생각한다. 우리가 관심을 기울여야 할 바는 페르시아에 바벨론의 '마기'(박사)와 같은 제사장 계층이 존재했다는 사실이다. 다니엘은 '바벨론 모든 박사의 최고 책임자'가 되었다(단 2:48). 다니엘서에서 말하는 박사란 종교적 의미를 지니는 지혜로운 자라는 뜻을 담고 있다. 따라서 '동방박사'라는 말은 유대인으로서 종교적 직무를 맡은 자들에게도 붙여졌던 것으로 이해할 수 있다.

을 지배하게 된다. 그러나 하나님께서 이방 지역에 남겨두신 백성들(remnants)은 유대인들의 혈통과 신앙정신을 이어가며 살아갔다. 그들은 구약성경을 가지고 하나님을 경외하는 가운데 회당예배를 지속하고 있었던 것이다.

예수께서 세상에 탄생하셨을 때 예루살렘을 방문해 헤롯왕에게 '유대인의 왕'이 오셨음을 선포하고 베들레헴을 방문해 아기 예수께 경배했던 동방박사들은 바로 그들의 후손들이었다. 그들은 계시된 성경을 상고하며 이방에 거주하는 유대인들에게 거룩한 말씀을 선포하며 하나님을 예배하는 일을 주관하던 서기관들이었다. 하나님께서는 배도에 빠진 가나안 땅 본토의 예루살렘에서 종교 활동을 하던 제사장들과 서기관들이 아니라 이방지역에 있던 서기관들[9]에게 메시아가 오셨음을 알리셨던 것이다.

(3) 하나님의 특별한 별(2)

이땅에 메시아가 출생하셨을 때 하나님께서는 구약성경에 기록된 예언에 대한 성취를 우주적 계시를 통해 확인하셨다. 특별한 별을 통해 이방의 서기관들에게 메시아 탄생을 알리셨던 것이다. 물론 우리는 처음 그 계시가 어떤 방식으로 전달되었는지에 대해 명확하게 알 수 없다. 하지만 분명한 사실은 이방의 서기관들에게 하나님으로부터 별을 통한 특별계시가 이루어졌다는 사실이다.

---

9) 예루살렘 성전이 완전히 파괴되었을 때도 이방지역에 거주하는 이스라엘 백성들 가운데는 제사장과 서기관들이 있었다. 대제사장 여호수아와 제사장 에스라가 대표적인 인물들이다. 그러나 예루살렘 성전이 재건되어 회복된 후에는 이방지역에 제사장이 있을 필요가 없었다. 한편 제사장이었던 에스라는 학사를 겸하고 있던 인물이다. 학사는 서기관과 동일한 성격의 직분으로 성경으로써 백성들을 가르치는 역할을 했다. 그와 같은 직분은 예루살렘 성전이 회복되고 난 후에도 여전히 이방지역에서 지속적으로 계승되었다. 동방박사들은 바로 그런 직분을 가진 자들이었던 것이다.

유대인의 혈통을 지니고 이방에 살던 성도들은 항상 예루살렘과 약속의 땅 가나안을 바라보며 살았다. 과거 애굽에 있던 이스라엘 백성들이 그랬으며 바벨론에 포로로 잡혀갔던 이스라엘 백성들이 그랬다. 이방 지역에 살고 있던 다니엘이 날마다 예루살렘을 향해 기도했던 것은 그점을 명확히 보여준다.

그런데 여기서 우리는 몇 가지 중요한 점을 생각해 볼 필요가 있다. 그것은 우선 그 특별한 별이 나타나 동방박사들을 인도하지 않았다고 할지라도 그들은 가나안 땅으로 갔으리라는 사실이다. 메시아가 탄생한 사실을 알고 간다면 그들은 예루살렘과 베들레헴을 향해 갈 것이 지극히 당연하다. 즉 그 사람들은 결코 예루살렘이 있는 가나안 땅의 반대쪽으로 가게 될 리는 없었다.

또한 그 별이 감당했던 매우 중요한 역할 가운데 하나는 동방박사들을 베들레헴이 아니라 헤롯 왕궁이 있는 예루살렘으로 인도했다는 사실이다. 당시 성경을 믿고 연구하던 박사들은 메시아가 베들레헴을 통해 오신다는 사실을 알았을 것이 틀림없다. 예루살렘에 거주하던 서기관들이 알고 있는 사실을 이방의 서기관들이 모를 리 없을 것이기 때문이다. 그 특별한 별은 동방박사들을 우선 베들레헴이 아닌 예루살렘으로 인도해 메시아가 오셨음을 헤롯왕에게 선포하도록 했던 것이다.

그리고 우리가 기억해야 할 바는 그 별은 모든 사람들의 육안으로 볼 수 있었던 것이 아니라는 점이다. 즉 천체질서에 따라 나타나는 일반적인 별과는 같지 않았다. 사람들 가운데는 예수님이 출생할 당시를 기점으로 하여 천체이변의 특이한 현상이 있었는지 관심을 가지는 자들이 있다. 그래서 어떤 학자들은 동방박사들을 천문학자나 점성술에 관심을 가진 자들이었을 것으로 상상한다.

만일 그랬다면 동방박사들뿐 아니라 그 별을 보는 모든 사람들이 떠들

썩했을 것이 분명하다. 그러나 우리는 성경에서 그에 대한 증거를 전혀 찾아볼 수 없다. 따라서 그 별은 보통 사람들의 눈에는 띄지 않는, 단회적으로 운행되었던 하나님의 특별한 별로 이해해야 한다. 성경에는 실체적 현실에 직면하고 있으면서도 사람들이 그것을 전혀 인식하지 못했던 사건들에 관한 기록이 종종 나타나고 있다.[10)]

(4) "유대인의 왕으로 나신 이가 어디 계시뇨?"

하나님께서 베들레헴이 아니라 예루살렘으로 동방박사들을 인도했던 이유는 메시아가 오셨음을 그곳에서 선포하도록 하기 위해서였다. 이는 이스라엘 민족 전체를 향한 선언적 의미를 지닌다. 박사들은 헤롯왕에게 '유대인의 왕으로 나신 이가 어디 계시뇨?' 라고 말했는데 이는 그들이 메시아가 나신 곳을 몰라서 물었던 것이 아니다.

그들은 이미 그에 대해 잘 알고 있었을 것이지만 그 말을 함으로써 메시아 강림을 선언했다. 이는 사실 매우 중요한 의미를 지닌다. 동방박사들이 메시아 강림사실을 알리면서 '유대인의 왕' 에 대한 선포를 한 것은 헤롯왕을 '찬탈 왕' 으로 규정한 것과 같기 때문이다.

원래 헤롯은 이스라엘 민족 가운데 왕위에 오를 수 있는 인물이 아니었다. 그가 왕이 된 것은 로마제국의 권력자들에게 아부함으로써 저들과 정치적 친분관계를 유지하고 있었기 때문이다. 따라서 그는 유대인들의 환심을 사기 위해 온갖 부정을 다 저질렀다. 그에게 있어서 중요한 것은 언약 백성들이 지켜야 할 율법이 아니라 정권을 유지할 수 있는 배경이었던

10) 사도 바울이 다메섹으로 가는 도상에서 예수 그리스도를 만났지만 그와 함께 있던 자들은 그에 대해 전혀 감지할 수 없었다. 그리고 엠마오로 가는 길에 부활하신 예수님을 만난 제자들은 그와 함께 길을 가면서도 그를 전혀 알아보지 못했다. 이처럼 예수님의 탄생을 알리고 길을 인도했던 특별한 별도 그런 관점에서 설명되어야 한다.

것이다.

동방박사들이 그런 입장에 놓인 헤롯왕을 향해 '유대인의 왕' 이 출생했노라고 말한 것은 청천벽력青天霹靂과도 같은 선포가 아닐 수 없었다. 헤롯과 산헤드린 공회의 당국자들은 이로 말미암아 이스라엘 백성들 사이에 상당한 소동이 일어나게 되리라는 사실을 쉽게 예견할 수 있었다.

(5) 예루살렘에서 일어난 소동(3)

'유대인의 왕' 이 출생했다는 소문은 삽시간에 온 이스라엘 지경으로 퍼져나갔을 것이 틀림없다. 그것은 이스라엘 백성들이 그토록 갈망해오던 메시아와 직접 연관되는 문제였다. 당시 피폐한 형편 가운데 메시아가 왔다는 사실은 유대인 지도자들은 물론 일반 백성들에게 엄청난 사건이 아닐 수 없었다.

이에 대한 반응은 크게 몇 가지로 대별된다. 우선 기득권자들은 메시아의 도래를 싫어했지만 힘없는 민중은 기대에 부풀게 되었다. 메시아 탄생이 알려졌을 때 기득권자들은 저들의 사리를 상실할 위기에 처했다는 판단을 했을 것이다. 따라서 헤롯왕의 정부에 빌붙어 권력과 부를 누리던 자들은 메시아의 등장을 막아야만 했다.

그러나 일반 민중들의 입장에서는 메시아가 한시 바삐 등장하기를 기대하지 않을 수 없었다. 그가 저들의 고통스런 삶을 해결해 줄 수 있을 것이라 기대했기 때문이다. 당시 로마제국에서는 과중한 세금을 매겨 늑탈해 갔으며 그에 아부하는 유대인 관리들은 사람들을 못살게 굴었다. 거기다가 독립운동을 하는 열성당원들(zealots) 역시 사회적 혼란을 부추기고 있었다.

그러므로 정치, 경제, 사회 등 모든 분야에 심각한 문제들이 발생했다. 거기다가 귀신들린 자들과 질병으로 인해 신음하는 자들도 많았다. 그런 어려운 형편 가운데 모든 역경을 일시에 되돌릴 수 있는 존재는 메시아밖에 없다고 믿었던 것이다.

이처럼 자기중심적인 무지한 백성들은 저들의 삶에 놀라운 변화를 줄 수 있는 메시아를 원했다. 그렇지만 올바른 신앙고백을 하고 있던 백성들은 영원한 하나님의 뜻을 이룩하실 메시아를 기대했다. 그런 온전한 믿음을 가진 자들이 많지는 않았지만 당시에도 참된 성도들이 상당수 있었다.

어쨌거나 일반 백성들은 헤롯이 통치하는 나라와는 다른 '새로운 나라'를 기대했다. 물론 과거에 다윗 왕조가 통치하던 왕국보다 막강한 나라가 메시아를 통해 세워지기를 원했다. 그럼에도 불구하고 그 메시아 왕국의 역할에 대한 기대는 상이했다. 하지만 분명한 사실은 메시아가 오셨다는 소문이 백성들 가운데 소동을 유발했으며 온 나라를 떠들썩하게 만들었다는 점이다. 그 와중에서 세력을 가지고 있던 기득권자들은 어떻게든 그 문제를 해결해야만 했다.

2. 헤롯왕의 대책 : 대제사장과 서기관들의 회의소집(4-6)

헤롯왕이 소집한 제사장들과 서기관들의 공식회의는 일종의 비상대책회의와 같은 성격을 띠고 있었다. 새로운 '유대인의 왕'이 탄생했다고 하는데 결코 그냥 넘어갈 수 있는 일이 아니었다. 거기 모인 사람들은 이스라엘 민족의 지도자들로서 헤롯 왕국에서 기득권을 누리던 자들이었다.

그들의 입장에서 본다면 동방에서 온 박사들은 이미 '전쟁'을 선포한 후 베들레헴으로 떠난 상태였다. 그런데 그들은 메시아의 강림을 성경에서 그 근거를 찾고자 했다. 이는 그들이 성경에 기록된 예언이 일어날 것이라 여기면서도 하나님을 거역하는 배도에 빠진 자들이라는 사실을 말해준다.

헤롯왕은 자신이 회집한 서기관 곧 율법사들에게 메시아가 어디서 태어나겠느냐는 질문을 했다. 이는 성경에는 그에 대해 어떻게 기록되어 있는지 묻는 것이다. 이 말은 거기 모인 자들이 성경의 예언이 실제로 일어나리라는 사실을 어느 정도 믿고 있었음을 보여준다. 하여튼 서기관들은 왕의 질문에 대해 구약성경 미가서에 기록된 말씀을 인용하며 다윗의 고향 베들레헴을 언급했다.

> "베들레헴 에브라다야 너는 유다 족속 중에 작을지라도 이스라엘을 다스릴 자가 네게서 내게로 나올 것이라 그의 근본은 상고에, 태초에니라"(미 5:2)

이스라엘의 통치자이자 참 목자이신 메시아가 어디서 출생하게 되리라는 사실은 성경을 읽고 묵상하는 자들이라면 누구나 쉽게 알 수 있는 내용이었다. 즉 그들이 갑작스럽게 베들레헴을 지목했던 것이 아니라 이미 알고 있는 사실을 확인한 것에 지나지 않았다. 그렇다면 동방박사들 역시 그에 대해 잘 알고 있었다는 의미가 된다. 그들 역시 이방지역에 살면서 성경을 연구하는 서기관 곧 율법사들이었기 때문이다.

여기서 우리는 아기 예수를 죽이기 위해 혈안이 된 헤롯이 공적인 석상에서 성경의 예언을 공개적으로 받아들이는 모습을 보게 된다. 물론 그는 성경을 진리로 믿어 하나님을 경배했던 것이 아니라 자기의 정치적인 목적을 위해 그것을 이용하고자 했다. 즉 헤롯은 성경을 통해 하나님을 올바르게 신앙했던 것이 아니라 그것을 종교적 이념서理念書로 받아들이고 있었던 것이다.[11)]

그러나 그들이 구약의 예언을 확인하며 그에 대처하려 했던 것은 부지

---

11) 이는 마치 우리 시대 이방 종교인들이 저들의 경전을 인격을 배제한 채 무모하게 믿고 있는 것과 마찬가지다. 그것은 인격적인 신앙이 아니라 종교적인 세뇌에 의한 것이다. 헤롯은 구약성경의 예언이 이루어질 것이라 어느 정도 믿었지만 일반적인 종교 신념에 따른 것이었다.

중에 성경의 성취를 선언하는 의미를 지니고 있다. 이는 특별히 당시 이스라엘 민족의 신앙의 중심지였던 예루살렘에서 이루어졌으며 제사장들과 서기관들을 통해 확인함으로써 성전과 밀접한 관계가 있었다. 즉 그들은 저들의 의도와는 무관하게 성경대로 이땅에 메시아가 오셨다는 사실을 백성들 가운데 선포하고 있었던 것이다.

3. 헤롯왕의 간교한 행동(7,8)

악한 인간들은 자기 목적을 달성하기 위해서는 수단과 방법을 가리지 않는다. 그들은 교만한 성품과 비굴한 성품의 양면성을 동시에 가지고 있다. 강한 자들에게는 한없이 비굴해지면서 약한 자들 앞에서는 군림하려 든다. 헤롯왕은 그런 사람들 가운데 전형적인 인물이다. 그는 로마제국의 권력 앞에서는 고양이 앞의 쥐 같은 모습을 하고 있으면서도 백성들과 부하들에게는 무서운 호랑이 행세를 했던 것이다.

헤롯왕은 이 세상에 오신 메시아를 죽이기 위해 음모를 계획하면서도 동방박사들 앞에서 더러운 미소를 머금고 있었다. 순박한 박사들은 그의 거짓된 얼굴에 속아 넘어갈 수밖에 없었다. 그는 겉과 속이 전혀 다른 간교한 인물이었다.

이런 경향은 역사상의 모든 시대에 일어났던 일이며 지금도 여전하다. 그러므로 예수께서는 양의 탈을 쓴 이리에 대한 교훈을 주셨던 것이다. 따라서 신앙이 성숙한 성도들은 항상 하나님의 이름을 이용하려는 악한 자들의 속내를 살펴 저들의 본성을 미리 알아차릴 수 있도록 경계심을 늦추지 말아야 한다.

하여튼 헤롯왕은 동방박사들에게 별이 처음 나타난 때를 자세히 물었다. 거기에는 출생한 아기가 어느 정도 성장했는지 정보를 캐내려는 무서운 음모가 도사리고 있었다. 그는 자신의 속내를 감추면서 나중에 자기도

가서 그 아기에게 경배하리라는 거짓말을 했다. 이는 그가 유대인의 왕으로 출생하신 아기에게 경배할 의사가 있다고 공언한 것이다.

헤롯의 말 가운데는 유대인의 왕으로 온 그 아기에게 자신의 왕위를 넘겨줄 의사가 있음이 표명되고 있다. 하지만 그에게는 그럴 생각이 추호도 없었다. 그는 자기의 권력과 명예를 유지하여 후일 그것을 자식들에게 세습하려 했으며, 마치 영원토록 왕좌를 유지하기라도 할 것 같은 욕심을 버리지 못하고 있었다. 따라서 다윗왕의 혈통을 잇는 왕족 가운데 새로운 왕이 태어나서는 안 되었다. 그렇게 되면 자신의 왕국은 패망하게 된다는 의미를 지니고 있기 때문이다.

헤롯은 자신의 혈통에 대해 심한 열등감을 가지고 있었다. 그에게는 순수 유대인이 아닌 이방인의 피가 흐르고 있었기 때문이다. 이는 그로 하여금 정통 유대인이 아니라는 결점으로 인한 열등감을 가지게 했다. 따라서 그는 자신의 왕좌를 지키기 위해 정통 유대인의 혈통을 지닌 새로운 왕의 등장을 강력하게 저지하지 않을 수 없었던 것이다.

4. 베들레헴에 도착한 박사들이 아기 예수께 경배함(9-11)

헤롯왕을 만나 유대인의 참 왕이 세상에 오셨다는 사실을 그에게 선포한 동방박사들은 예루살렘을 떠나 베들레헴으로 향했다. 형식적으로는 메시아 출생에 관한 헤롯의 덕담을 들은 가운데 그곳을 떠났으며, 내용적으로는 구약성경에 기록된 예언이 성취되었음이 드러나고 있다.

그러나 동방박사들은 헤롯왕과 예루살렘에 회집한 서기관들의 지침에 따라 베들레헴으로 갔던 것이 아니라 동방에서부터 앞서왔던 별의 인도를 받았다. 이는 저들을 다윗 왕의 고향인 베들레헴으로 인도하신 분은 하나님이란 사실을 밝혀주고 있다.

그 특별한 별이 감당했던 중요한 역할 가운데 하나는 동방박사들을 아기 예수가 머물고 있던 장소로 인도하였다는 사실이다. 하늘의 별이 아기 예수님이 계시는 곳 위에 멈추어 섰으므로 굳이 그가 어디 있는지 사람들에게 물어 보거나 수소문할 필요가 없었다. 그점에 대해서는 동방박사들이 별을 통해 분명히 알 수 있었다.

그러므로 박사들은 별이 앞서 진행하다가 멈추어 선 것을 보고 크게 기뻐했다. 별이 멈춘 곳이 곧 메시아가 계신 장소였기 때문이다. 만일 그 특이한 별을 다른 보통 사람들이 볼 수 있었다면 훨씬 분주하고 복잡한 일들이 발생했을 것이다.

따라서 우리가 기억해야 할 바는 그 별이 인간들의 육안을 통해 아무에게나 보이는 그런 별은 아니었을 것이라는 사실이다. 이는 그것이 천체의 현상적인 조화나 변화로 말미암는 것이 아니란 점을 말해주고 있다. 그러나 동방박사들은 그 별을 통해 이땅에 강림하신 메시아를 순조로이 만날 수 있게 되었다.

동방박사들은 아기 예수를 보게 되자 그 앞에 알현謁見하여 엎드려 경배했다. 그리고는 준비해온 황금과 유향과 몰약을 그에게 예물로 바쳤다. 이는 출생한 아기를 축하하기 위해 제공하는 일반적인 선물이 아니라, 구약성경을 연구하는 율법사들의 메시아로 오신 왕에 대한 언약적 예우였다. 이 말은 구약의 예언대로 이 세상에 오신 메시아를 향해 드리는 말씀 사역자들의 구속사적인 행위로 이해해야 한다는 것을 의미하고 있다.

5. 동방박사들의 귀향(歸鄕)(12)

동방박사들이 베들레헴에서 아기 예수께 경배한 후 본국으로 돌아갈 때가 되었다. 아마도 그들은 예루살렘을 방문해 헤롯을 만나고 갈 생각을 하고 있었던 것 같다. 헤롯의 요구도 있었지만 멀리 이방에서 온 그들은 거룩한 성전이 있는 예루살렘을 한 번 더 방문하고 싶은 마음이 간절했을 것은 자연스럽다.

그들은 메시아를 만나게 되면 자기에게도 꼭 알려 달라고 당부했던 헤롯의 악한 계략을 감지하지 못했을 것으로 보인다. 그러나 하나님께서는 저들에게 예루살렘에 있는 헤롯을 만나지 말고 돌아가도록 지시했다. 그래서 그들은 예루살렘을 거치지 않고 다른 길을 통해 본국으로 돌아갔다.

그런데 우리가 여기서 주의 깊게 생각해 보아야 할 일이 있다. 그것은 동방박사들이 헤롯왕에게 가지 말라는 하나님의 지시를 들었을 때 이땅에 인간의 몸을 입고 왕으로 오신 아기 예수가 위기에 처하게 될 사실을 감지했으리라는 점이다. 실제로 그것은 여간 심각한 문제가 아니었다.

아기 예수님과 그의 육신의 부모였던 요셉과 마리아에게는 헤롯왕의 해코지를 방어할 만한 아무런 능력이 없었다. 더구나 헤롯 왕국의 공권력 앞에서는 어떤 일을 당한다고 할지라도 속수무책일 수밖에 없었던 것이다. 그렇다면 아기 예수를 보호하기 위한 누군가의 도움이 절실히 필요한 형편이었다.

그 일을 감당하기 위한 가장 적임자는 동방박사들이다. 그들은 멀리 이방지역을 출발해 오랜 여행 끝에 예루살렘을 거쳐 베들레헴에 도착한 자들이다. 그들은 그후 또다시 먼 길을 걸어 본국으로 돌아갈 수 있을 만큼 건장한 자들이었다. 그들이 저들의 왕으로 알고 경배했던 아기 예수가 극한 위기에 처하게 될지 모른다면 만사를 제치고 그를 보호하거나 피신시켜야 하는 것 아니었던가?

하지만 동방박사들은 왕으로 오신 아기 예수를 보호하지 않고 그냥 고국으로 되돌아갔다. 왜 하나님께서는 그들이 돌아가도록 내버려 두었으며 그들은 그냥 돌아갔을까? 우리는 여기서 인간들의 보호에 전혀 의존하지 않는 하나님을 볼 수 있다. 예수 그리스도는 근본적으로 인간들의 도움이나 보호를 필요로 하시는 분이 아니었던 것이다.

본국으로 돌아간 동방박사들은 그후 메시아가 어디 계시는지 알지 못하게 된다. 즉 아기 예수를 잃어버리게 된 것이다. 그들은 어린 예수께서 애굽으로 피신한 사실과 나중 나사렛에 가서 성장한 사실을 몰랐을 것이 분명하다. 그러나 그 가운데 하나님의 놀라운 섭리가 작용하고 있었으며 저들에게는 그에 대한 믿음이 존재했을 것이 틀림없다.

우리가 또한 주의 깊게 생각해야 할 바는 동방박사들이 고향으로 돌아가서 그곳 성도들에게 예수 그리스도의 탄생을 전파했을 것이란 사실이다. 이방 지역에 살고 있던 성도들은 저들의 말을 듣고 구약성경에 예언된 메시아를 그대로 믿었을 것이 분명하다. 이는 유대 땅에서 복잡한 상황들이 전개되는 것과 크게 비교된다.

제4장
유대인들에 의해 배척당하시는 예수 그리스도

(마 2:13-23)

1. 배척당하는 아기 예수(13-15)

(1) 헤롯 정부의 메시아 살해 의도

베들레헴에서 출생한 아기 예수는 다윗 왕조 계승과 연관된 유대인의 왕이었다. 헤롯왕에게 있어서 그것은 여간 심각한 일이 아니었다. 한 하늘 아래 두 명의 왕이 존재할 수는 없었다. 만일 그가 이스라엘의 왕이 된다면 헤롯은 자신의 왕위를 넘겨주어야만 한다. 그렇게 되면 불법으로 왕위에 올랐던 그는 어떤 처벌을 받게 될지 모를 일이다.

그러므로 헤롯은 그 아기가 성인으로 성장하기 전에 살해해 버리는 것이 최선의 방책이라는 어리석은 생각을 했다. 그는 일시적인 감정으로 임했던 것이 아니라 조직적인 정책을 통해 아기 예수를 죽이려는 마음을 먹었다. 그러나 하나님께서는 비밀리에 아기 예수를 애굽으로 인도하여 피신시키셨다.

(2) 애굽으로 피신하신 아기 예수

애굽은 역사적으로 이스라엘 민족과 매우 특별한 관계에 놓여 있던 국가였다. 애굽과 이스라엘 민족 사이에는 조상 때부터 특별한 연관성을 이어왔다. 아브라함과 이삭과 야곱 그리고 이스라엘 민족이 출애굽할 때까지 두 나라와 민족 사이에는 서로간 밀접하게 연관되어 있었던 것이다.

아브라함은 가나안 땅의 기근을 피해 애굽으로 내려갔었다. 요셉은 형들에 의해 애굽 땅으로 팔려갔으며 그로 인해 야곱은 70여 명이나 되는 가족들을 이끌고 애굽으로 내려갔다. 그렇게 함으로써 이스라엘 자손은 약 400여 년 동안 애굽에 거하면서 커다란 민족을 이루게 되었다. 때가 되어 그들 가운데 이스라엘 민족의 영도자 모세가 출생했다. 그가 애굽에서 종살이하던 백성들을 홍해를 건너 시내광야로 인도해냈다.

우리는 옛날 이스라엘 민족이 시내광야에서 약속의 땅 가나안에 들어가기 전 백성들에게 전했던 모세의 말을 기억한다. 그는 나중 하나님께서 '자기와 같은 선지자' 하나를 세우시게 될 것이라 언급했다. 모세는 자기 자신과 연관지어 앞으로 이 세상에 오실 메시아에 대한 선포를 했던 것이다.

> "네 하나님 여호와께서 너희 형제 가운데 나와 같은 선지자 하나를 너를 위하여 일으키시리니 너희는 그의 말을 들을지니라" (신 18:15);
> "이스라엘 자손을 대하여 하나님이 너희 형제 가운데서 나와 같은 선지자를 세우리라 하던 자가 곧 이 모세라" (행 7:37)

위의 본문에서 모세가 하나님이 '자기와 같은 선지자 하나' 를 세우시리라고 한 말 가운데는 복합적인 의미가 들어 있는 것으로 보인다. 그 가운데 가장 중요한 것은 모세가 하나님의 율법을 이스라엘 백성들에게 전한 것처럼 나중에 오시게 될 메시아께서 자기 백성들에게 진리의 말씀을 선포하게 되리라는 사실을 예언(prophecy)하고 있다는 점이다.

또한 우리는 모세가 언급한 '나와 같은 선지자' 라는 말 가운데 영아살해와 상당한 연관이 있을 것이란 점을 주의 깊게 생각해 본다. 본문에서 모세가 '나와 같은 선지자' 라고 표현한 말이 나중에 오실 메시아가 적어도 '자기처럼' 훌륭한 선지자라고 말하는 것은 아니다. 즉 모세는 자기를 훌륭한 선지자로 인식하고 있지 않았다. 그럼에도 불구하고 모세는 '나와 같은 선지자' 라는 말을 쓰고 있다.

물론 우리가 알고 있는 바대로 그것은 일차적으로 율법과 관련된 의미를 지니고 있다. 그점을 염두에 두고 우리가 생각해 볼 수 있는 것이 곧 어린 모세가 남아男兒들에 대한 애굽의 집단 영아살해를 피했던 자라는 사실이다. 모세가 태어날 당시 애굽 정부는 이스라엘 민족에 대한 영아살해 정책을 펼치고 있었다. 물론 애굽 정부는 모세를 죽이기 위해 다른 영아들을 희생양으로 택했던 것은 아니다. 그렇지만 그것이 이스라엘 민족의 율법을 차단하는 방편이 되고 있었다는 점은 이해할 수 있다.

그런 참혹한 애굽의 영아살해 정책이 진행되는 동안 하나님께서는 모세를 원수들의 본거지인 애굽의 왕궁으로 피신시키셨다. 그 끔찍한 죽음을 피한 모세가 애굽으로부터 이스라엘 민족을 구출해 내게 되었다. 하나님께서는 그를 양육하여 이스라엘을 애굽에서 이끌어내는 영도자로 삼으셨던 것이다. 이스라엘 민족을 시내광야로 인도하여 낸 후에는 하나님께서 그를 통해 율법을 주시고 성막을 건립함으로써 작정된 구속사를 진척시켜 나가셨다.

모세가 애굽의 영아살해 정책을 피해 왕궁으로 피신했듯이, 아기 예수께서는 유대인 당국의 영아살해 정책을 피해 애굽으로 피신하셨다. 이는 하나님의 놀라운 경륜에 의한 것이었다. 성경은 그 사실을 분명히 증거하고 있다.

> "요셉이 일어나서 밤에 아기와 그의 모친을 데리고 애굽으로 떠나가 헤롯이 죽기까지 거기 있었으니 이는 주께서 선지자로 말씀하신바 애굽에서 내

아들을 불렀다 함을 이루려 하심이니라"(마 2:14,15)

우리는 모세 때의 애굽 정부의 악행과 예수님 당시 유대인 당국이 저지른 악행이 동일한 수법을 취하고 있었음을 보게 된다. 분명한 사실은 아기 예수께서 애굽으로 피신하신 것은 하나님의 인도하심으로 인한 것이었으며 구약성경의 예언 성취였다는 점이다. 그것은 주변의 종교와 정치적인 상황에 따라 발생한 일이 아니라 하나님의 놀라운 경륜 가운데 이루어진 사건이었다.

하나님께서는 이방지역인 애굽을 메시아의 은신처로 삼으셨다. 그것은 언약 백성인 이스라엘 민족에게 부끄러움을 주고 있다. 하나님께서 택하신 이스라엘 민족은 하나님의 아들 그리스도를 죽이려 한 반면 이방민족인 애굽이 부지중에 그를 보호하게 되었다. 이는 하나님의 아들이 이스라엘 민족에게 의존하시는 분이 아님을 분명히 드러내고 있다.

하나님께서는 사탄의 지배를 받고 있던 유대인 당국의 살해를 피해 애굽으로 피신하신 예수님을 통해 택하신 자기 백성을 죄와 사망의 세계로부터 구출하시게 된다. 애굽 정부의 살해를 피한 모세가 이스라엘 민족을 구출했듯이, 유대인 당국의 살해를 피한 예수께서 자기 백성을 구출하게 되는 것이다.

우리는 여기서 하나님 홀로 자신의 신실한 사역을 이루어 가시는 거룩한 분임을 보게 된다. 이는 전적으로 하나님의 작정과 언약에 따른 것이다. 그것으로 인해 이스라엘 민족이 달리 특권의식을 가지거나 교만할 수 없도록 만드셨다. 도리어 그들은 심한 부끄러움을 느껴야만 했다. 우리는 당시 하나님을 배도하고 사탄의 편에 서서 악행을 저지르던 무리들 가운데 있으면서 주님의 사역을 묵묵히 지켜보았던 믿음의 선배들을 기억하게 된다.

2. 배도에 빠진 유대인들의 배척(16-18)

(1) 영아살해 정책과 초상집이 된 베들레헴 인근 지역

이땅에 메시아가 탄생했다는 동방박사들의 엄청난 메시지는 유대인 당국으로 하여금 초비상超非常이 걸리게 했다. 그들은 자신의 기득권을 빼앗기지 않기 위해 이스라엘의 왕으로 오신 메시아를 제거해야만 하는 것으로 여겼다. 그것이 자신의 정치 종교적 욕망을 지속적으로 유지할 수 있는 유일한 길이라 판단했던 것이다.

그러므로 악한 유대인 지도자들은 메시아만 죽일 수 있다면 무슨 행동이라도 할 수 있었다. 그들은 왕으로 오신 거룩한 하나님의 아들을 죽이려 하면서 스스로는 '타락한 종교 신앙' 으로 살아가고 있었다. 그들 가운데 다수는 사탄의 지배를 받으면서도 하나님을 섬기고 있는 것으로 착각하는 어리석은 자들이었던 것이다.

사탄의 지배를 받던 그들은 형식상 언약 백성들 가운데 존재했지만 실상은 아벨을 죽인 가인에게 속한 자손들이었나. 가인은 이땅에 '여자의 후손' 이 오는 통로를 차단하기 위해 아벨을 죽였다.[12] 예수께서 이 세상에 오셨을 때 그를 무참히 살해하려 했던 자들은 가인의 소행을 되풀이 하던 자들이었다.

메시아가 탄생했을 때, 당시 이스라엘 백성들의 일반적인 기대와는 전혀 다른 양상이 드러났다. 그런 사람들은 메시아가 오게 되면 즉시 평화롭고 살기 좋은 나라가 도래할 것이라 기대했다. 물론 하나님 나라가 완성되는 궁극적인 측면에서 본다면 그 말이 옳다. 그러나 이땅에 초림하신 예수께서는 인간들이 이 세상에서 누릴 만한 평화와 기쁨을 제공하지 않으셨다. 예수께서 인간의 몸을 입고 탄생하셨을 때 사람들은 평화를 얻었던 것

12) 이광호, 구약신학의 구속사적 이해, 서울: 도서출판 깔뱅, 2006, pp.79-81.

이 아니라 도리어 곡哭소리 나는 끔찍한 고통을 겪어야 했다. 그것은 한두 명의 개인적인 사정이 아니라 유대인 당국의 영아살해 정책에 의한 집단적인 고통이었다.

동방박사들에게 유대인의 왕으로 온 아기를 만나게 되면 그의 거처를 알려달라고 요청했지만 그들이 그냥 돌아간 것을 알게 된 헤롯은 매우 분개하여 두 살 아래 남아 살해를 명령했다.

> "이에 헤롯이 박사들에게 속은 줄을 알고 심히 노하여 사람을 보내어 베들레헴과 그 모든 지경 안에 있는 사내아이를 박사들에게 자세히 알아본 그 때를 표준하여 두 살부터 그 아래로 다 죽이니"(마 2:16)

동방박사들의 경배와 더불어, 양치는 목자들을 통해 세상에 기쁜 소식이 전해지고 천상으로부터 평화가 선포되었다(눅 2:8-13). 그러나 그 선포와는 달리 실제 베들레헴 인근에는 그와는 정반대로 슬픔의 곡소리가 울려 퍼졌다. 헤롯왕이 이끄는 유대인 당국은 메시아를 죽이기 위해 집단 영아살해를 명령했기 때문이다. 당시 영아살해는 개인이 주도한 단순한 사건이 아니라 유대인 당국에 의한 치밀한 정책이었다. 그것은 로마제국의 묵인하에 이루어진 것으로 보인다.

베들레헴에서 일어난 영아살해 정책이 가져온 결과와 의미에 관해 올바른 이해를 하는 것은 매우 중요하다. 그 사건으로 인해 많은 이스라엘 백성들의 마음에 깊은 원한이 쌓이게 되었을 것은 분명하다. 아무런 잘못도 없는 상태에서 사랑하는 자식을 잃게 된 사람들의 마음이 어떠했을까? 더구나 순진무구한 어린 영아들에게 무슨 죄가 있는가?

그런 형편에서 자녀를 잃게 된 당사자들은 유대인 당국에 대해 엄청난 원한을 가졌을 것이 분명하다. 나아가 설령 집안에 영아가 없으므로 인해 자기 자식이 죽지 않았다 할지라도 이웃 주민들이 가지는 감정은 저들과 크게 다르지 않았을 것이다. 무참한 악행을 저지르는 그런 유대인 당국을 좋아할 사람은 아무도 없었을 것이기 때문이다.

그런데 우리가 여기서 신중하게 생각해 보아야 할 점은 그보다 훨씬 더 중대한 문제이다. 그것은 그 살해사건으로 인해 베들레헴 인근에서 자녀를 잃은 사람들이 메시아에 대해 적대감을 가지게 되었을 것이라는 사실이다. 사랑하는 자녀를 잃게 된 근본적인 이유는 유대인의 왕으로 왔다는 메시아에게 있었다. 즉 그들은 예수 그리스도 때문에 사랑하는 자녀를 처참한 죽음에 내줄 수밖에 없었다. 만일 아기 예수가 베들레헴에서 출생하지 않았더라면 자기 자식을 잃게 될 하등의 이유가 없었을 것이다.

그들의 주변에 이웃하여 살고 있던 사람들도 적잖은 충격을 받았을 것이 분명하다. 그들이 기다려왔던 이스라엘의 왕은 평화를 제공하고 고통을 제거하는 평화의 메시아였다. 그런데 예수 그리스도로 인해 그와 같은 고통이 주어졌다면 그를 수용하기 어렵다. 더구나 메시아가 오기 전에도 있지 않았던 엄청난 고통이 메시아 도래 소식과 함께 들이닥쳤을 때 그들은 엄청난 혼란에 빠지게 될 수밖에 없었다.

베들레헴 인근에서 시행되었던 유대왕국의 영아살해 정책과 그로 인한 곡소리는 처음부터 이스라엘 백성으로 하여금 예수님에게 적대감을 가지게 했다. 메시아라는 인물 때문에 자신의 사랑하는 자녀를 잃게 된 사람들이 그 예수를 반기며 좋아할 리 없을 것 아닌가! 성경의 교훈을 좇아 진정한 메시아를 소망하는 사람이 아니라면 도저히 그것을 수용할 수 없다.

또한 우리가 생각해야 하는 것은 그 소문이 삽시간에 전 유대 땅으로 퍼져나갔을 것이란 사실이다. 이땅에 메시아가 강림하심으로 인해 엄청난 고통과 눈물이 동반되었다는 사실은 온 유대인들을 혼란스럽게 했을 것이 확실하다. 그들이 그토록 갈망하며 기대해 왔던 메시아는 그런 메시아가 아니었기 때문이다.

여기서 우리가 분명히 깨달아야 할 점은 예수 그리스도께서 이 세상에 왕으로 오신 것은 엄청난 '전쟁'을 예고하고 있다는 사실이다. 베들레헴에서 일어났던 유대인 당국의 영아살해 정책도 그와 동일한 관점에서 이해되어야 한다. 예수께서는 후에, 자신은 이 세상에 평화를 주기 위해 오신 것이 아니라 도리어 검을 주기 위해 오셨음을 스스로 밝히셨다.

> "내가 세상에 화평을 주러온 줄로 생각지 말라 화평이 아니요 검을 주러 왔노라"(마 10:34);
>
> "내가 세상에 화평을 주려고 온 줄로 아느냐 내가 너희에게 이르노니 아니라 도리어 분쟁케 하려 함이로라"(눅 12:51)

우리는 예수께서 이 세상에 오신 근본적인 목적을 분명히 깨달아야 한다. 그는 세상 가운데서 일반적인 평화를 도모하기 위해 오시지 않았다. 예수 그리스도께서는 죄악 세상에서 고난당하고 있는 자기 백성을 구원하시고자 저들을 유혹한 사탄을 심판하시기 위해 인간의 몸을 입고 이땅에 강림하셨다.

그러므로 예수 그리스도가 오신 것이 모든 사람들에게 허락되는 보편적 의미에서의 기쁜 소식은 아니다. 도리어 많은 사람들에게는 기쁨이 아니라 두려움이 될 수 있다. 베들레헴 인근에 살면서 어린 자녀를 잃은 사람들의 곡소리를 오늘날 우리도 들을 수 있어야 한다. 그러나 하나님의 뜻에 저항하는 배도자들은 그 곡소리를 애써 외면하거나 은폐하려 한다. 지금도 기독교 내의 악한 세력은 하나님의 이름을 입에 달고 다니지만 실상은 사탄에게 속한 자들이기 때문이다.

사탄의 세력은 하나님의 뜻을 능가하여 함부로 아기 예수를 죽일 수 없었다. 그렇지만 메시아를 죽이기 위해 베들레헴 인근 지역의 영아들을 살해하던 유대인 공직자들은 호적 장부를 들고 하나하나씩 확인하며 어린 남자아기를 찾아 저들의 생명줄을 끊었다. 우리는 당시 로마황제의 명령에 의해 호적이 정리되고 있었던 사실을 기억한다.

악한 헤롯왕의 권력에 빌붙어 있던 자들은 그것을 근거로 하여 공권력을 동원해 조직적으로 그 만행蠻行을 저질렀다. 따라서 유대인 당국은 그 정책을 통해 이땅에 유대인의 왕으로 온 메시아를 제거한 것으로 판단했다. 그러나 그때는 아직 예수 그리스도께서 죽을 시기가 아니었다. 유대인들은 그에 대한 하나님의 섭리를 전혀 깨닫지 못하고 있었던 것이다.

하지만 유대인 당국의 영아살해는 도리어 예수님이 왕이요 메시아라는 증거 역할을 하게 된다. 사탄에게 속한 헤롯을 비롯한 배도자들이 아기 예수를 죽이려했던 것은 그가 저들과 같은 편에 속하지 않았기 때문이다. 만일 그 아기가 저들과 한 편이었다면 쌍수를 들어 환영했을 것이다. 따라서 영아살해로 인한 베들레헴의 슬픈 곡소리는 구약성경에 이미 예언되어온 내용의 성취였다. 선지자 예레미야는 그에 대한 예언을 하고 있다.

> "나 여호와가 이같이 말하노라 라마[13]에서 슬퍼하며 통곡하는 소리가 들리니 라헬이 그 자식을 위하여 애곡하는 것이라 그가 자식이 없으므로 위로 받기를 거절하는도다" (렘 31:15)

이 말씀은 다윗 왕조가 바벨론에 의해 패망해 가던 시기에 주어졌다. 라마에서 슬퍼하며 통곡하는 소리는 '요셉의 친어머니 라헬' (창 30:22-24)의

---

13) 라마(Ramah)란 '높은 곳' 이라는 뜻으로서 높은 지역에 대한 지명으로 사용되기도 했다. 예레미야 31:15에서 '라마에서 슬퍼하며 크게 통곡하는 소리가 들린다' 고 했던 것은 모든 사람이 그 슬픈 통곡소리를 듣게 될 것을 말해주고 있다. 그리고 라헬이 '그 자식을 위해 애곡한다' 는 말은 그녀의 무덤이 베들레헴에 있었던 사실과 연관되는 것으로 이해해야 한다. 따라서 우리는 성경본문의 '라마' 를 구체적인 지명이 아니라 상징적인 의미로 받아들이는 것이 바람직하다. 이는 베들레헴이 '라마' 라 불린 적이 없으며 실제 가장 잘 알려진 '라마' 는 예루살렘 북쪽 지역에 위치해 있었다.

애곡이다. 요셉의 동생 베냐민을 출산하면서 라헬이 죽었기 때문에 베냐민이 태어나기 전까지 요셉은 그녀의 유일한 아들이었다(창 35:18). 그러므로 애굽에 팔려간 아들 곧 나중에 이스라엘 민족의 장자가 될 요셉을 위한 라헬의 애곡은 애절할 수밖에 없었다. 이는 이스라엘 민족의 바벨론 유수幽囚와 관련되는 예언인 동시에 예수 그리스도의 애굽 피신에 대한 사건에 연관되어 있다.

복음서 기자는 구약시대 예레미야를 통해 주어졌던 이 예언을 베들레헴에서 일어났던 영아살해와 아기 예수의 애굽 피신에 직접 연관지어 설명하고 있다. 그 예언은 조용하게 진행되는 것이 아니라 모든 사람들이 알 수 있도록 드러나게 진행되었다. 베들레헴의 영아살해를 직 · 간접적으로 목격한 사람들 가운데 하나님의 성도들은 구약의 예언에 비추어 그 통곡의 의미를 마음에 받아들일 수 있었다. 물론 그것은 인간의 죄로 말미암는 것이긴 하지만 매우 슬픈 일이 아닐 수 없었다.

그러나 자기의 목적을 위해 메시아를 필요로 하던 자들은 아기 예수를 받아들이지 않았다. 비록 당국자들처럼 그를 죽이려고 하지는 않았을지라도 그에 대해 배척하는 마음을 품게 되었다. 이는 인간적인 욕망을 채우기 위해 메시아를 기다리던 자들과 성경에 계시된 메시아를 소망하던 성도들 사이의 상이한 신앙관을 보여준다.

우리가 여기서 매우 주의 깊게 이해해야 할 점은 베들레헴의 슬픔에 대한 근본적인 이유이다. 참 하나님의 자녀들은 베들레헴에서 죽은 영아들 때문이 아니라 언약의 왕국으로부터 배척당해 애굽으로 피신해 가야만 했던 아기 예수로 인해 통곡하게 되었다.

즉 형제들에 의해 배척당했으나 나중 야곱의 가족을 구원하고 형제들 가운데 장자長子가 될 요셉으로 인해 라헬이 슬퍼했듯이 하나님의 백성들을 구원하게 될 메시아가 유대 지도자들에 의해 배척당하는 사실이 본질적인 슬픔이 되는 것이다. 우리는 베들레헴 인근에서 어린 자녀들을 잃은 사람들의 곡소리와 더불어, 배척당한 아기 예수로 인한 하나님의 백성들의 통곡과 슬픔을 기억해야 한다.

3. 예수님의 나사렛 정착(19-23)

(1) 예수님의 본국 귀환

예수께서 이땅에 오신 목적은 확실하며 그가 오신 나라도 명확하다. 그는 자기 백성들을 죄로부터 구원하시기 위해 예루살렘 성전이 있는 언약의 왕국인 이스라엘에 오셨다. 즉 그는 세상에 존재하는 모든 인간들을 위해 오신 것이 아니었으며 지구상 아무데나 거하실 분이 아니었던 것이다.

아기 예수께서 유대인들의 만행을 피해 잠시 애굽에 피신하셨지만 그곳은 그가 궁극적으로 거하실 나라가 아니었다. 따라서 하나님께서는 때가 되어 아기 예수를 약속의 땅 가나안 본토로 불러 올리셨다. 앞에서 이미 언급한 것처럼, 복음서 기자는 구약성경을 인용해 하나님께서 자신의 사랑하는 아들을 애굽에서 불러내셨음을 말했다. 호세아 선지자는 그에 대한 구체적인 예언을 기록을 하고 있다.

> "이스라엘이 어렸을 때에 내가 사랑하여 내 아들을 애굽에서 불러냈거늘 선지자들이 그들을 부를수록 그들은 점점 더 멀어져 갔다" (호 11:1,2)

하나님께서는 예언대로 애굽에 있는 사랑하는 자기 아들을 약속의 땅으로 불러내셨다. 호세아는 장래 발생하게 될 하나님의 구속사역을 미리 예언하셨던 것이다. 위 본문 가운데 '이스라엘이 어렸을 때' 라는 말은 아직 성숙하지 못해 때가 이르지 않았던 시기를 의미한다. 그때 하나님은 어린 이스라엘로 말미암아 애굽에 머물고 있던 사랑하는 자기 아들을 가나안 본토로 불러 올리셨다.

우리는 여기서 이스라엘 민족의 역사적 출애굽 사건을 기억하게 된다. 하나님께서 이스라엘 민족을 불러내 출애굽시킨 것도 근본적으로는 메시아를 위한 사역이었다. 형식상 이스라엘 민족을 위한 하나님의 사역이었지만 그 가운데는 이 세상에 오실 메시아가 중심에 자리잡고 있었다. 그러므로 하나님께서는 불순종하는 이스라엘 백성들을 시내광야에서 심판하셨으며 성막제사를 통해 이땅에 오실 메시아를 계시하셨던 것이다.

이처럼 아기 예수께서 애굽으로 피신하셨던 사실과 그가 가나안 본토로 돌아오신 일은 구속사적인 의미를 지닌다. 이는 그 모든 일들이 역사적 환경으로 말미암아 우연히 발생한 사건이 아니라 하나님의 섭리와 경륜 가운데 진행되었음을 말해준다. 즉 구약성경의 예언이 여러 과정들을 통해 점차적으로 이루어져 갔다. 따라서 예수님이 나사렛으로 돌아오신 것은 필연적인 귀결이었던 것이다.

(2) 나사렛에 은거隱居하신 하나님의 아들

예수님을 찾아 죽이려 했던 헤롯왕이 사망한 후 요셉과 마리아는 아기 예수님을 모시고 이스라엘 땅으로 되돌아왔다. 그러나 헤롯의 아들 아켈라오(Archelaus)가 유대 땅에서 왕위를 계승한 사실을 알고 하나님의 인도하심에 따라 나사렛(Nazareth)으로 가서 은거하게 되었다. 그것은 구약성경에 계시된 예언에 따른 것이었다.

예수께서 나사렛에서 성장하며 살게 되었던 것은 구약의 예언 성취이다. 이는 그가 베들레헴에서 출생하신 것이 구약의 성취였던 사실과 동일하다. 어떤 사람들은 '나사렛 예수'에 관한 그 내용이 구약성경에 직접 기록되지 않았다고 생각하여 엉뚱한 주장을 하는 것을 보게 되지만 그것은 하등의 문제가 될 것이 없다.

예를 들어 사도행전 20장 35절에는, 사도 바울이 밀레도(Miletus)에서 에베소 교회 장로들을 불러모으고 "주 예수의 친히 말씀하신 바 주는 것이 받는 것보다 복이 있다 하심을 기억하여야 할지니라" 고 말한 기록이 나온다. 그런데 복음서에는 '주는 것이 받는 것보다 복이 있다' 고 하신 주님의 말씀이 기록되어 있지 않다. 그럼에도 불구하고 예수께서 그 말씀을 하셨음에 대해서는 추호도 의심할 여지가 없다.

이처럼 구약성경의 선지자가 앞으로 오실 메시아는 '나사렛 사람' 으로 일컬어지리라고 예언한 사실에 대해 의구심을 가질 필요가 없다. 비록 그 내용이 기록계시인 구약성경에 명시되지 않았다 할지라도 선지자의 입을 통해 예언된 바 있음이 분명하다. 하나님께서는 자신의 작정에 따라 총체적인 역사 가운데 메시아 사역을 이루어 가셨던 것이다.

한편 학자들 가운데는 예수께서 '나사렛 사람' (Nazarene)으로 일컬어진다는 말을 '나실인' (Nazarite)과 연관지어 이해하는 사람들이 많이 있다. 즉 나실인의 의미가 나사렛 사람이란 말과 언어 발음상 유사한 점이 있다는 것이다.

그리고 또 다른 어떤 학자들은 그 의미를 이사야 선지사의 글과 연관지어 이해하기도 한다. 이사야서 11장 1절에 기록된 'Netzer' 가 'Nazareth' 과 발음이 비슷할 뿐 아니라 메시아와 관련된 의미를 내포하고 있다는 것이다.

> "이새의 줄기에서 한 싹이 나며 그 뿌리에서 한 가지가 나서 결실할 것이요" (사 11:1)

이사야서 11장 1절에 기록된 원래의 단어 'netzer' 는 이새의 뿌리에서 나게 되는 '한 가지' 이다. 이새의 줄기, 즉 비천한 집으로 몰락한 왕가의 남은 자로부터 몸통에 연관된 '한 가지' 가 나오게 되어 결실하게 되리라는 것이다. 말하자면 이땅에 메시아로 오게 될 자는 처음에는 비천하고 하찮은 'netzer' 이며, 그는 곧 멸시받는 나사렛 사람(Nazarene)인 예수 그리스도라는 것이다.[14)]

분명한 것은 이땅에 오신 메시아가 '나사렛 사람' 으로 불렸다는 엄연한 사실이다. 그리고 우리가 분명히 알아야 할 점은 예수께서 나사렛에서 성장하셨다는 사실과 그렇게 불린 것이 하나님의 경륜에 의한 것이라는 점이다. 예수님의 모든 사역은 우연히 발생하거나 주변의 환경에 따른 것이 아니라 하나님의 놀라운 뜻에 따라 이루어졌다.

그런데 나사렛은 사람들이 부러워할 만큼 부유하고 화려한 지역이 아니라 도리어 매우 가난하고 천박한 지역으로 인식되었다. 예수께서 성장하신 나사렛은 다른 사람들로부터 좋게 인정받지 못하는 지역이었다. 즉 그곳은 이스라엘의 소외된 지역이었던 것이다.

나사렛 지역은 소위 성공한 인물들이 많이 배출되는 곳이 아니었으며 그곳에 사는 사람들 중 이스라엘 백성들 가운데 상당한 영향력을 행사할 수 있는 인물이 많았던 것도 아니다. 도리어 그 인근 지역 사람들은 극도의 가난에 처해 있었으며 질병으로 인해 고통받는 자들이 많았다. 그곳은 이스라엘 민족의 혈통을 지니고 있었으나 남 보기에 성공하거나 소위 복을 받은 사람들은 거의 없는 형편이었다.

예수 그리스도께서 그런 지역에 살게 되어 '나사렛 사람' 으로 일컬어진 것은 하나님의 경륜에 따른 것이었다. 그것은 메시아에 대한 중요한 표징이었으며 그를 보호하기 위한 하나님의 섭리였다. 즉 구약성경에 그 내용이 구체적으로 기록되지 않은 이유는 악한 자들에게 숨기기 위해서였다. 그에 관한 사실은 그리스도의 공 사역이 시작될 때까지는 비밀의 영역으로 남아 있었다.

---

14) C. F. Keil and F. Delitzsch, Commentary on the Old Testament, Ish.11:1.

제2부

그리스도의 공 사역 시작

제5장 세례자 요한의 천국선포와 예수 그리스도

(마 3:1-17)

1. "회개하라 천국이 가까웠느니라" (1-4)

세례자 요한이 광야에서 천국의 도래를 외쳤던 사역은 왕으로 오시는 메시아의 길을 예비하는 성격을 지니고 있었다. 그는 이스라엘 백성을 향해 이땅에 오실 영원한 왕이신 예수 그리스도의 사자使者로서 그가 곧 임하시게 될 사실을 선포했다. 구약의 마지막 선지자이자 제사장의 아들로서 세례자 요한은 사탄과 그의 유혹에 빠진 인간들을 심판하기 위해 오시기로 예언된 메시아의 오심을 미리 선포했던 것이다.

이는 구약시대 이사야 선지자에 의해 예언된 내용이 성취되고 있음을 보여준다. 여호와 하나님의 궁극적인 심판 사역에 대한 선포는 이스라엘 민족의 중심이자 종교지도자들이 살고 있는 예루살렘이 아니라 인적이 드문 광야에서 이루어져야 했다. 이러한 사실은 사람들의 일반적인 상식과는 완전히 어긋나는 일이다. 하지만 그렇게 함으로써 인간의 몸을 입으신 하나님의 길이 예비되었던 것이다.

이사야 선지자는 광야에서 '외치는 자'의 소리를 통해 골짜기가 돋우어지고 높은 산이 낮아져 왕이 오시게 될 평탄한 대로大路가 마련된다는 사실을 예언했다. 이는 상징적인 의미를 지니는 동시에 하나님의 말씀을 듣는 성도들에게 허락하시는 본질적인 깨달음을 요구하고 있다.

> "외치는 자의 소리여 가로되 너희는 광야에서 여호와의 길을 예비하라 사막에서 우리 하나님의 대로를 평탄케 하라 골짜기마다 돋우어지며 산마다, 작은 산마다 낮아지며 고르지 않은 곳이 평탄케 되며 험한 곳이 평지가 될 것이요 여호와의 영광이 나타나고 모든 육체가 그것을 함께 보리라 대저 여호와의 입이 말씀하셨느니라"(사 40:3-5)

이땅에 메시아가 강림하시게 되면 이스라엘 민족으로부터 시작하여 온 세상에 엄청난 변화가 일어나게 된다. 산들이 깎이고 골짜기가 돋우어져 험난한 지역이 평탄한 대로大路로 변한다. 광야에서 '외치는 자'의 선포가 그 놀라운 역할을 감당한다. 그것을 통해 여호와 하나님의 영광이 나타나게 되며 모든 인간들이 함께 그것을 보게 된다. 즉 그 사실은 비밀리에 일어나는 것이 아니라 만천하에 드러나게 공개적으로 이루어진다.

이제 때가 되어 세례자 요한은 유대광야에서 이스라엘 백성들이 그토록 기다려 왔던 천국이 가까이 도래했음을 선포했다. 하나님께서는 왜 그 중요한 사실을 예루살렘이 아니라 유대광야에서 외치도록 하셨을까? 도시에는 수많은 사람들이 살아가고 있지만 광야에는 그렇지 않다. 나아가 이스라엘 민족의 수도首都인 예루살렘에는 지식인들과 부자들과 성공한 자들이 많이 있었는데 반해 광야에 거주하는 사람들은 그와 정반대의 형편이었다.

일반적으로 생각하면 인적이 드문 광야가 아니라 대도시, 특히 예루살렘에서 천국의 도래를 외치는 것이 당연한 것으로 여겨진다. 그러나 세례자 요한은 인적이 드물 뿐 아니라 척박한 지역에서 삶을 이어가고 있는 가난하고 소외된 자들을 향해 천국이 가까이 왔다는 사실을 먼저 선포했다.

요한이 유대광야에서 천국의 도래를 외쳤던 외견상의 이유 가운데 하나는 도시에 살면서 자기 욕망추구에 바쁜 자들이 아니라 진정으로 천국을 갈망하는 자들을 가려내기 위해서였다. 하나님의 복음은 유능하고 똑똑한 자들에게 주어지는 것이 아니다. 도리어 세상에 기댈 만한 모든 것들을 포기한 자들이 하나님의 도움을 적극적으로 바란다. 그에 대한 확인을 하기 위해 요한은 예루살렘이 아닌 광야에서 천국의 도래를 외쳤던 것이다.

유대광야에서 천국을 선포하던 세례자 요한은 낙타털옷을 입고 허리에 가죽띠를 띤 복장을 한 채 메시아의 도래를 외쳤다. 요한의 아버지가 제사장이었으므로 그는 아버지의 직책을 상속받아 제사장의 복장을 할 수 있었던 인물이다. 그러나 그는 제사장들이 입는 화려한 옷을 입고 있었던 것이 아니라 일반 사람들에게조차 익숙하지 않은 복장을 하고 배도에 빠진 당시의 세상을 거부하는 태도를 보이고 있었다. 또한 그는 메뚜기와 석청을 먹으며 생활했다. 이는 부유한 사람들의 다채로운 식탁과 달랐을 뿐 아니라 일반 사람들이 먹는 평범한 음식도 아니었다. 즉 그가 먹은 음식은 시장에서 구입할 수 있는 값비싼 것들이 아니었다. 나아가 노동을 통해 재배함으로써 생산한 곡식이 아닌 자연 가운데서 채취하는 식물食物이었다. 이에 대한 그의 태도 역시 배도한 이스라엘이 생산한 것을 거부하는 성격을 지니고 있다.

이 모든 사실은 구약성경의 예언이 그대로 이루어진 사실을 증거한다. 요한이 광야에서 하고 있던 복장은 엘리야의 의상과 유사한 모습을 보여주고 있다. 구약시대 이스라엘의 악한 왕 아합은 백성들을 향해 하나님의 진리를 선포하는 엘리야를 극도로 경계했다. 급기야는 아합이 그를 잡아들이기 위해 그의 행색行色을 물어봤을 때 그 신하들은 엘리야의 모습에 대해 설명했다.

> "왕이 저희에게 이르되 올라와서 너희를 만나 이 말을 너희에게 고한 그 사람의 모양이 어떠하더냐 저희가 대답하되 그는 털이 많은 사람인데 허리

에 가죽띠를 띠었더이다 왕이 가로되 그는 디셉 사람 엘리야로다"(왕하 1:7,8)

세례자 요한은 구속사 가운데서 선지자 엘리야의 사역을 계승한 인물이었다. 그는 엘리야와 같은 복장과 삶의 모습을 보여줌으로써 백성들에게 외형적인 메시지를 던져주고 있었다. 엘리야와 같은 복장을 한 요한은 행위예언을 통해 자신이 엘리야의 이름으로 온 선지자임을 드러냈던 것이다.

세례자 요한은 자신의 모든 것들을 통해 본인이 구약성경에서 오리라고 예언된 엘리야임을 선포했다(마 11:14). 그러나 기록된 하나님의 말씀을 멀리하고 진리를 멸시하는 자들은 그 사실을 받아들이지 않고 오히려 그를 향해 제멋대로 대하며 행동했다(막 9:11-13). 그것은 하나님을 욕되게 하는 행위였지만 어리석은 자들은 전혀 깨닫지 못하고 있었다.

그런데 요한이 외쳤던 '천국'(Kingdom of God)은 과연 어떤 성격을 지니고 있었을까? 우리는 성경에서 '천국'에 관련된 다양한 용어들을 접하게 된다. 천국은 영원한 천상의 나라와 연관되며 지상의 교회와도 밀접하게 연관되는 개념이다. 그렇지만 의미상의 유사성에도 불구하고 그 내용적인 측면에 있어서는 상당한 차이가 난다.

사람들은 흔히 천국을 성도들이 죽어서 가게 되는 영원한 영역으로 이해하고 있다. 물론 넓은 의미에서 본다면 천국의 의미를 그렇게 생각할 수도 있다. 하지만 요한이 선포한 천국은 하나님의 백성들이 죽어서 가는 영원한 나라가 아니라 도리어 이 세상에 침투해 들어오는 왕국으로 이해되어야 한다. 그러므로 요한은 "회개하라 천국이 가까웠느니라"(마 3:2)고 외쳤던 것이다.

'영원한 천상의 나라'가 타락한 이 세상에 존재하는 영역이 아닌 반면, 요한이 선포한 '천국'은 이 세상에 관련되어 있다. 따라서 천국은 성도들이 죽어서 가는 왕국이 아니라 이 세상에 들어와 세상을 심판하는 권세를 가진 지상 왕국의 성격을 지닌다. 이는 물론 예수 그리스도를 왕으로 하는 지상의 교회와 밀접하게 연관되어 있다.

2. 요한의 세례와 '독사의 자식들' (5-9)

세례자 요한이 유대광야에서 천국선포와 더불어 회개를 촉구했을 때 예루살렘을 비롯한 전국각지에서 메시아의 도래를 갈망하는 사람들이 그에게로 몰려들었다. 그들은 지나는 길에 우연히 요한의 선포를 들었던 자들이 아니라 일부러 멀리서 찾아와 저들의 죄를 자복하며 회개했다. 이는 소극적이 아니라 매우 적극적인 저들의 신앙적 행동을 보여주고 있다. 즉 그들이 찾아간 곳은 아무나 쉽게 찾아갈 수 있는 가까운 지역이 아니라 거칠고 먼 길을 걸어야만 하는 곳이었다.

당시 요한이 이스라엘 백성들에게 촉구했던 회개는 개인적인 죄에 국한되는 것이 아니었다. 그것은 이스라엘 민족에 대한 집단적인 의미를 지니고 있었다. 즉 그것은 구약의 예언과 더불어 구속사적 의미를 띠는 것이었다. 따라서 이 세상에 천국이 도래했음을 선포하는 말을 듣고자 하는 백성들은 이스라엘 민족의 구성원으로서 적극적인 자세를 보이지 않으면 안되었다.

요한이 이스라엘 민족의 중심지였던 예루살렘이 아니라 유대광야에서 천국의 도래를 외쳤던 이유 가운데는 성도들의 적극적인 신앙자세를 요구하는 의미가 내포되어 있었을 것이 틀림없다. 그러므로 백성들은 험한 광야로 찾아와 하나님을 떠나 배도의 자리에 서있는 저들의 죄를 자복하고 요한으로부터 요단강에서 세례를 받았던 것이다.

한편 이스라엘의 지도계층 인사들 가운데는 요한이 선포하고 행하는 활동이 궁금하여 찾아온 자들이 있었다. 거기에 온 바리새인과 사두개인들은 자신의 죄를 뉘우침으로써 세례를 받고자 하는 마음이 없이 요한으로 인해 진행되는 상황을 주시했다. 그들은 눈치를 보아 그 대열에 참여하고자 하는 태도를 가지고 있었던 것 같다. 하지만 요한은 종교적 분위기를 저울질하는 저들의 속마음을 꿰뚫어 보고 심한 책망을 아끼지 않았다.

그는 이스라엘 민족의 지도계층에 있던 인물들을 향해 '독사의 자식' 이라는 극단적인 용어를 사용하며 "누가 너희를 가르쳐 임박한 진노를 피하라고 하더냐"(마 3:7)며 강하게 책망했다. 그러면서 회개에 합당한 열매를 맺도록 요구하며 마음속으로 아브라함을 저들의 조상으로 생각지 말라고 했다. 하나님께서는 여기저기 굴러다니는 돌들로도 능히 아브라함의 자손이 되게 하실 수 있다는 것이었다. 요한의 단호한 태도와 언사는 저들의 자존심을 크게 상하게 했을 것이 분명하다.

이스라엘 민족에 있어서 '독사의 자식' 이란 말은 단순한 욕설에 그치는 것이 아니다. 그것은 하나님의 저주를 비는 것과 마찬가지이다. 나아가 그들은 하나님에게 속한 자가 아니라 아담을 유혹한 사탄에게 속한 자식이라는 말과도 같다. 이는 일반적으로 내뱉는 욕설들 가운데 특정 동물의 이름을 들먹이며 하는 문화적 욕설에 비할 수 없이 큰 것이다.

그런 모든 사실을 익히 알고 있던 세례자 요한이 이스라엘의 지도계층에 있는 자들을 향해 '독사의 자식들' 이라 몰아붙였다. 저들의 입장에서 볼 때 이는 실로 엄청난 충격이 아닐 수 없었다. 요한의 그 말로 인해 예루살렘과 그리스도를 따르게 될 백성들 사이는 서로 맞서 싸워야 할 대적관계에 놓이게 된다는 사실이 확인된 셈이었다.

오늘날 우리 같았으면 '독사의 자식' 이란 과격한 용어를 사용하며 이스라엘의 기득권자들을 향해 책망하는 요한을 간곡하게 만류하지 않았을까? 아브라함의 혈통을 이어받은 것에 대한 커다란 자부심을 가지고 있던 그들의 자존심을 그렇게 짓밟는 요한에게 심하다는 생각을 하지 않았을까? 그러나 요한은 물론 주변의 성도들 가운데 하나님의 진리를 멀리하는 저들에 대한 단호한 태도를 버리거나 나무라는 자들이 아무도 없었다.

3. 심판선언과 물세례(10-12)

세례자 요한이 이스라엘 백성을 향해 선포한 천국은 타락한 세상에 대한 종말론적인 심판을 예고하고 있었다. 이땅에 오신 메시아는 하나님의 영광을 파괴하고 선택된 백성들을 배신의 자리로 몰아간 사탄에 대해 엄중한 심판을 하시게 된다. 그분은 요한 자신으로서는 그의 신발을 들기도 감당할 수 없을 만큼 위엄을 갖춘 영화로운 분이시다.

요한이 선포하고 있는 천국의 왕이신 메시아는 성령과 불로써 세례를 베푸시게 된다. 물로 베푸는 요한의 세례는 회개를 촉구하는 성격을 지니고 있는데 반해 뒤에 오시는 예수 그리스도께서 베푸시는 세례는 심판을 선언하는 의미를 지니게 된다.

요한은 그에 관한 사실을 언급하면서 이스라엘에 대한 심판과 연관하여 날카로운 도끼가 이미 나무뿌리에 놓여있다는 사실을 언급했다. 좋은 열매를 맺은 나무는 하나님께서 보존하시겠지만 나쁜 열매를 맺은 나무는 찍어 불에 던져버린다는 것이었나. 여기서 좋은 열매를 맺느냐 혹은 나쁜 열매를 맺느냐 하는 것은 인간들의 노력이 아니라 나무 자체에 달려 있다(눅 6:43).

그리고 농부가 타작마당에서 키를 들고 곡식을 타작하듯이 하나님께서는 알곡을 모아 곡간에 들이고 쭉정이는 꺼지지 않는 불에 던져 태워버린다고 했다. 타작하는 농부는 마당에 있는 모든 것들을 구분 없이 끌어모아 곡간에 들이지 않는다. 농부는 알곡과 쭉정이를 분명히 분리하여 자기의 소유를 따로 모으게 된다.

요한은 하나님의 심판을 선언하면서 세례에 관한 언급을 하고 있다. 세례는 언약적 의미를 지니는 성례로서 지상교회에 속한 성도들에게 매우 중요한 의미를 지니고 있다. 따라서 우리는 성경에 언급된 다양한 형태의 세례에 관해 올바른 이해를 하지 않으면 안 된다.

신약성경에는 세례에 관한 여러 형태들이 기록되어 있다. 하지만 그것들은 제각각 독특하면서도 상이한 성격과 의미들을 지닌다. 그것은 기본적으로 요한의 세례와 성령세례, 개별적인 회개와 연관된 사도들의 세례, 그리고 보편교회 시대에 행해지는 성례로서의 세례로 구분할 수 있다.

우선 요한의 세례와 성령세례는 구속사적인 의미를 지닌다. 이는 역사상 되풀이 되는 성격을 지니는 것이 아니라 단회적인 특별한 성격을 띠고 있다. 또한 그와는 별개로 사도교회 시대에 특별히 베풀어진 세례들이 있었다. 빌립의 세례(행 8:38), 베드로의 세례(행 10:48) 등이 곧 그런 것들이다. 하지만 그러한 세례들은 사도교회의 독특한 시대적인 성격을 띠고 있으며 구속사적인 의미를 지닌다.

이에 반해 교회의 성례로서의 세례는 보편적인 의미를 지닌다. 신약시대의 교회에서 일반적으로 베풀어지는 세례는 매우 중요한 기능을 한다. 하나님의 자녀들의 세상에 대한 죽음과 중생에 연관된 의미를 내포하고 있기 때문이다. 즉 보편교회 시대의 성례로서의 세례는 교회의 영적인 울타리로서 안과 밖을 분명히 구분짓는 역할을 하고 있다. 따라서 세례를 받은 성도들만이 교회의 신령한 음식인 성찬을 나누며 천국에 연관된 신령한 잔치에 참여할 수 있게 된다.

물론 지상교회에서 베풀어지는 성례로서의 세례는 요한의 세례와 오순절 성령세례에 그 바탕을 두고 있다. 즉 우리 시대에 교회가 성도들에게 베푸는 세례는 역사 가운데 발생한 종교적 관행이 아니라 구속사적 의미를 지니고 있는 것이다. 따라서 예수 그리스도와 함께 십자가에 못박혔음을 고백하는 성도들은 교회가 베푸는 세례를 통해 역사적 보편교회 안으로 진입해 들어가게 되는 것이다.

4. 예수께서 세례를 받으심(13-15)

죄와 전혀 무관한 거룩한 하나님의 아들이신 메시아는 근본적으로 세례를 받을 필요가 없는 분이었다. 세례는 죄에 빠진 타락한 인간들이 받아야 할 의례이다. 그것을 잘 알고 있던 요한은 예수께서 자기로부터 세례를 받고자 하셨을 때, 감히 그에게 세례를 베풀 수 없다며 완강하게 거절할 수밖에 없었다. 요한은 죄인인 자신이 거룩한 메시아로부터 세례를 받아야 하며, 타락한 인간에 지나지 않는 자로서 감히 하나님의 아들인 예수님께 그렇게 할 수 없다는 것이었다.

그럼에도 불구하고 예수께서는 십자가를 향한 공 사역을 앞두고 요한으로부터 세례를 받고자 하셨다. 예수님은 자기에게 세례 베풀기를 거절하는 요한에게 명령하듯 단호하게 말씀하셨다. 요한의 사사로운 판단과는 달리 예수께서는 친히 세례를 받음으로써 하나님의 구속사적인 모든 의를 이루고자 하셨던 것이다.

이는 예수께서 태어난 지 팔일 만에 구약성경의 규례에 따라 할례를 받으셨던 사실과 함께 생각해야 한다. 아기 예수께서는 할례를 받을 필요가 전혀 없는 분이었지만 다른 일반 이스라엘 백성들처럼 할례를 받으셨다(눅 2:21). 그는 처음부터 자신을 스스로 죄인의 자리에 놓으심으로써 구약의 언약 가운데서 '하나님의 모든 의'를 이루기를 원하셨다. 예수께서 자신의 공 사역을 앞두고 요한으로부터 세례를 받으셨던 사실은 그와 밀접하게 연관되어 있었던 것이다.

5. 하나님의 아들 예수 그리스도에 대한 천상의 선포(16-17)

예수님이 요단강에서 요한으로부터 세례를 받으시고 물 위로 올라오실 때 하늘 문이 열렸다. 그리고는 성령님이 비둘기같이 그 위에 임하셨다. 그와 동시에 하늘에서부터 소리가 들렸다. 그것은 천상의 나라에서 발하시는 하나님의 음성이었다. "이는 내 사랑하는 아들이요 내 기뻐하는 자라"(마 3:17).

죄가 없는 거룩한 예수 그리스도께서 요한으로부터 세례를 받으신 것은 장래 자기가 구원하시게 될 백성들에 대한 대표성을 띠고 있었다. 즉 그가 세례를 받으심으로써 자기에게 속한 모든 백성들이 받게 되는 세례가 구체적인 효력을 발생할 수 있게 된 것이다. 이는 절대 배타적인 의미를 지니고 있다. 이 말은 예수 그리스도의 세례와 상관이 없는 자들에게는 어떤 경우라 할지라도 진정한 생명이 공급될 수 없음을 뜻한다.

성경은 세례를 받고 물에서 올라오는 예수님께 성령이 비둘기처럼 임하셨음을 증언하고 있다. 그런데 세례를 받으신 예수님 위에 성령이 비둘기같이 임했다는 사실은 무엇을 의미하는가? 사람들이 흔히 생각하듯 이것이 모든 사람들이 볼 수 있도록 성령께서 비둘기 같은 모양으로 날아와서 사뿐히 임했다는 말인가?

우리가 여기서 깨달아야 할 바는 하나님의 아들이신 예수님과 세례를 베푸는 요한이 그것을 보았다는 사실이다(막 1:10; 요 1:32). 그것은 부근에 있던 모든 사람들이 목격할 수 있는 일반적인 사건은 아니었던 것으로 생각된다. 따라서 이는 구약성경에 기록된 언약이 가시적으로 성취되는 일과 연관되어 있는 것으로 이해되어야 한다.

다시 말해 성령이 비둘기 같이 임했다는 사실은 그것이 단순한 상징이 아니라 성령께서 구체적으로 임했음을 말해주고 있다. 이것은 나중에 오순절 성령께서 임하실 때 '불의 혀같이 갈라지는 것이 보인 사실' (행 2:2)과 유사하다. 성경은 그런 내용을 통해 성령의 임하심이 구체적이며 실질적이라는 사실을 분명히 말해주고 있는 것이다.

우리가 본문에 기록된 말씀 가운데서 분명히 깨달아야 할 점은 삼위일체 하나님의 사역에 관한 실체적인 의미이다. 천국의 도래에 대한 세례자 요한의 선포에 뒤이어 삼위 하나님의 활동이 귀로 들을 수 있는 소리와 눈으로 볼 수 있는 가시적인 형태로 드러났다. 즉 세례자 요한의 선포와 더불어 성부 성자 성령 하나님의 사역이 구체적으로 역사하게 된 것이다.

제6장
사탄의 시험을 당하시는 하나님의 아들

(마 4:1-11)

1. 성령에 이끌려 광야에서 금식하신 예수 그리스도(1,2)

하나님께서 친히 인간의 몸을 입고 이 세상에 오신 궁극적인 목적은 인간의 모든 나약한 것들을 친히 체휼하심으로써 자기 백성을 구원하시기 위해서였다. 성자 하나님이신 예수 그리스도께서 공 사역을 앞두고 반드시 거쳐야 할 첫 관문은 아담이 시험을 받은 것처럼 사탄의 시험을 받는 일이었다. 물론 두 번째 아담이신 그리스도께서는 첫 번째 아담과는 달리 본질상 그 시험을 능히 이기실 분이었다.

따라서 예수께서는 공 사역을 시작하시면서 사탄으로부터 엄청난 시험을 당하셨다. 우리가 기억해야 할 바는 그것이 하나님의 성령에 의해 이루어진 사역이라는 점이다(마 4:1). 이는 예수님의 광야 시험이 메시아 사역을 위한 필수적인 과정이라는 사실을 말해주고 있다. 그러나 그 사역의 내용이 인간의 언어로 묘사되어 있기는 하지만, 실상은 우주적인 사건이 진행되는 것이었다.

맨 처음 인간인 아담과 하와를 유혹하여 죄악에 빠뜨린 사탄은 이제 메시아의 사역을 가로막기 위해, 요한으로부터 세례를 받음으로써 세상 죄를 짊어지신 예수 그리스도를 시험하고자 했다. 사탄은 에덴동산에 있던 하와를 유혹하여 하나님을 배반하게 하고 자기편으로 끌어들였다. 그로 말미암아 하나님께서는 아담과 하와가 범죄한 후 메시아를 통해 사탄을 심판하시려는 뜻을 계시하셨다.

창세기 3장 15절에는 '여자의 후손' 인 메시아를 보내 사탄의 세력을 심판하시고자 하는 하나님의 강력한 뜻이 드러나고 있다. 예수께서 사십 일 동안 금식하신 후 사탄으로부터 시험을 당하신 사건은, 창세기에 예언된 '여자의 후손' 과 사탄 사이에 구체적인 싸움이 시작되었음을 보여주고 있다. 물론 엄밀한 의미에서 볼 때 그것은 싸움이 아니라 하나님의 심판에 해당된다.

우리는 예수님의 사십 일간의 금식을 통해 사탄이 지배하는 세상을 거부하는 메시아의 결연한 의지를 볼 수 있다. 그 기간 동안의 금식은 참된 생명을 제공하기 위해 완벽한 인간으로 오신 메시아의 거룩한 투쟁이었다. 사탄은 배가 고파 기진맥진한 상태에 처한 예수님을 다양한 방법으로 시험하고 있었기 때문이다.

사탄의 시험은 전체적으로 보아 인간의 몸을 입은 예수님에게 하나님의 뜻을 배척하고 떠나도록 유혹하는 것이었다. 이는 예수님으로 하여금 인간으로서 쉬운 방법을 사용해 나름대로의 목적을 이루하라는 사탄의 유혹이었다. 물론 그것은 결코 있을 수 없는 일이었지만 사탄은 감히 하나님의 아들을 그런 식으로 유혹했다.

사탄의 그러한 계략은 처음 사람 아담과 하와를 유혹하던 때와 동일한 악한 모습을 보여준다. 사탄은 예수님을 향해 천상의 하나님을 전적으로 믿지 말도록 주문하고 있다. 나약한 인간의 몸을 입고 사십 일간 금식한 후 극도로 쇠약해진 상태에 놓여있는 예수님께 사탄은 그런 태도로 접근했던 것이다. 사탄은 감히 하나님의 아들인 예수 그리스도를 향해 세 가지의 무모한 시험을 했다.

2. 허기진 하나님의 아들과 육신의 식량(3,4)

사탄은 인간의 몸을 입고 성육(incarnation)하신 예수 그리스도의 신분을 누구보다 잘 알고 있었다. 그가 거룩한 하나님의 아들이란 사실을 정확하게 인식하고 있었던 것이다. 메시아를 기다리던 이스라엘 백성들이 미처 깨닫지 못하고 있을 때 사악한 사탄이 모든 것을 알았다는 사실은 서로간 극명한 대조를 이룬다. 따라서 사탄은 예수 그리스도를 시험함으로써 그가 이스라엘 민족 전면에 등장하는 것을 방해하고자 했다.

우선 사탄은 금식한 후 허기진 예수님께 나아와 그가 '하나님의 아들' 이라는 사실을 언급하며 시험하고 있다. 사탄은 예수님이 성자 하나님이라는 점을 분명히 알았다. 그리고 동시에 그가 완벽한 '하나님의 형상' 을 입은 인간임을 잘 알고 있었다. 따라서 사탄은 사십 일 동안이나 굶주려 심한 고통 가운데 빠져있는 예수님께 하나님의 아들이라는 지위에 있으면서 무엇 때문에 그런 고생을 하고 있느냐는 듯 비아냥거렸다.

사탄은 굶주려 배가 고픈 예수님께 음식으로써 시험하며 돌들로 떡덩이를 만들어 보도록 유혹했다(마 4:3). 이는 선악과로써 아담과 하와를 유혹했던 사탄의 행동을 기억나게 한다. 사탄은 맨 처음 아담과 하와에게 선악과를 따먹도록 유혹함으로써 검은 마수魔手를 뻗쳤듯이 당시와 유사한 계략을 세웠다. 전능한 하나님의 아들이면서 무엇 때문에 하나님을 두려워하며 굳이 그 힘든 고통을 참느냐며 충동질했던 것이다.

그래서 사탄은 거기 있는 돌들로써 떡덩이가 되도록 해보라고 부추겼다. 배가 매우 고파 굶주리면서 괜한 고통을 당하지 말고 돌로써 음식을 만들어 먹으면 될 것 아니냐며 비아냥댔다. 이는 사실 마태복음 3장 9절에서 세례자 요한이 바리새인들과 사두개인들을 향해 '하나님은 돌들로도 능히 아브라함의 자손이 되게 할 수 있다' 고 말했던 사실과 전체적인 의미상 연관되어 있다.

즉 하나님이 돌들로 하여금 아브라함의 자손을 만들 수 있다면 하나님의 아들인 예수 그리스도가 돌로써 떡을 만드는 일은 아무것도 아니지 않느냐는 문맥적인 의미가 담겨 있다. 물론 하나님의 아들에게 있어서 그 정도는 아무 것도 아님이 틀림없다. 그러나 예수께서는 악의에 가득 찬 사탄의 요구에 일절 응하지 않으셨다. 사탄의 악한 요구에 응해 그것을 행할 하등의 이유가 없었던 것이다.

그러므로 예수께서는 사망에 갇힌 세상 가운데서 사람들이 입으로 먹는 음식이 아니라 하나님의 입에서 나오는 모든 말씀에 생명과 삶의 의미가 달려 있음을 선포하셨다(마 4:4). 이 말씀은 시내광야에 있던 이스라엘 백성들에게 주어진 모세의 율법에 근거한 것이었다.

> "네 하나님 여호와께서 이 사십년 동안에 너로 광야의 길을 걷게 하신 것을 기억하라 이는 너를 낮추시며 너를 시험하사 네 마음이 어떠한지 그 명령을 지키는지 아니 지키는지 알려하심이라 너를 낮추시며 너로 주리게 하시며 또 너도 알지 못하며 네 열조도 알지 못하던 만나를 네게 먹이신 것은 사람이 떡으로만 사는 것이 아니요 여호와의 입에서 나오는 모든 말씀으로 사는 줄을 너로 알게 하려 하심이니라" (신 8:2,3)

예수께서는 시내광야 사십 년 동안 이스라엘 백성들을 인노하신 하나님께서 모세를 통해 하신 말씀을 인용하며 사탄에게 대응하셨다. 사람의 생명은 입으로 먹는 육신의 음식이 아니라 신령한 하나님의 말씀에 달려 있다. 따라서 예수님은 배고픔의 고통을 당하는 중에도 사탄의 유혹에 따라 그 문제를 해결하고자 하지 않으셨다. 그는 도리어 성경말씀을 인용해 악한 자의 시험을 강하게 책망하며 멀리하셨다. 이에 대해서는 오늘날 우리 역시 그와 동일한 자세를 가져야만 한다.

예수님의 교훈 가운데는 성도들은 하나님의 말씀을 통해 참 생명을 유지하게 되며 타락한 세상에서 생산되는 양식으로 진정한 삶을 이어가는 것이 아니라는 사실이 선포되고 있다.[15] 예수께서 우선 그에 대한 분명한 본을 보여주셨다. 아담과 하와는 하나님의 말씀에 의지하지 않고 자기의 욕망에 따라 사탄의 제안을 추구했지만 메시아이신 예수님은 그렇지 않았다. 하나님의 말씀을 의존하지 않는 자들은 세상의 양식을 추구하다가 결국 영원한 멸망에 이를 수밖에 없다.

3. 성전과 사탄의 시험(5-7)

예수께서 돌로 떡덩이를 만들어 먹고 허기를 면하라는 사탄의 유혹을 물리치자 사탄은 성경말씀을 인용하며 예수님께 접근했다. 그는 이제 하나님의 거룩한 성전을 이용하여 예수님을 시험하고자 했던 것이다. 사탄은 처음부터 완벽한 신성을 소유한 예수님의 존재와 거룩한 예루살렘 성전의 의미를 알고 있었을 뿐 아니라 성경에 계시된 모든 내용이 하나님의 말씀이라는 사실도 잘 알고 있었다.

그런 사탄이 예수님을 성전으로 데리고 가서 구약성경을 인용하며 시험했다. 물론 우리는 광야에 계신 예수께서 어떻게 예루살렘 성전으로 이동하셨는지에 대해서는 잘 알 수 없다. 그러나 분명한 사실은 인간의 몸을 입으신 하나님의 아들과 사탄 사이에 시공時空을 초월하는 영적이며 실제적인 싸움이 진행되고 있다는 사실이다.

하여튼 사탄은 성전의 주인인 예수님으로 하여금 성전 꼭대기에서 뛰어내리도록 요구했다(마 4:5,6). 성전의 주인인 하나님의 아들이라면 그 꼭대기에서 뛰어내려도 아무 문제가 없을 것 아니냐고 비아냥댔던 것이다. 사

15) 예수께서는 십자가 사역 이후 자신의 몸을 교회에 속한 성도들이 먹을 신령한 양식으로 제공하셨다. 그러므로 지상의 교회는 매주일 그리스도의 피와 살을 마시고 먹는 '성찬의례'를 행하게 되는 것이다.

탄은 시편의 예언을 인용하며 그런 행동을 통해 예수님이 하나님의 아들임을 증거해 보인다면 얼마나 효과적이겠느냐며 시험했다. 시편기자는 메시아 사역이 중단되지 않으리라는 사실을 노래한 적이 있다.

> "저가 너를 위하여 그 사자들을 명하사 네 모든 길에 너를 지키게 하심이라 저희가 그 손으로 너를 붙들어 발이 돌에 부딪히지 않게 하리로다"(시 91:11,12)

우리는 여기서 하나님께 저항하는 사탄이 구약성경의 내용을 훤히 알고 있다는 사실에 놀라게 된다. 예수께서는 그 과정에서 사탄의 간교한 계략을 꿰뚫어보고 계셨다. 예수님이 하나님의 아들이라는 사실은 곧 거룩한 예루살렘 성전의 주인이라는 사실을 의미한다. 사탄은 구약성경에 대한 모든 것을 알고 있으면서 시편을 악의적으로 해석하며 예수 그리스도를 시험하고 있다. 진정한 하나님의 아들이라면 자기의 말을 들음으로써 그 사실을 입증하면 될 것이 아니냐는 억지 논리를 펴고 있었던 것이다.

이처럼 사탄은 성자 하나님으로 하여금 자기의 말에 순종하도록 만들기 위해 성경말씀을 인용하기를 주저하지 않았다. 악한 사탄이 감히 거룩한 하나님의 말씀을 악한 목적을 위해 인용하고 있다는 사실 가운데 그의 간교함이 그대로 드러나고 있다. 그러나 예수께서는 사탄에게 미혹되지 않고 그의 간교한 요구에 응하지 않는 단호한 태도를 보이셨다. 예수께서는 도리어 감히 하나님을 시험하는 사탄을 엄히 꾸짖으셨다. 예수께서는 여호와 하나님에 대한 시험을 금하는 신명기의 말씀을 인용하며 사탄의 요구를 물리치셨다.

> '너희 중에 계신 너희 하나님 여호와는 질투하시는 하나님이신즉 너희 하나님 여호와께서 네게 진노하사 너를 지면에서 멸절시키실까 두려워하노라 너희가 맛사에서 시험한 것 같이 너희의 하나님 여호와를 시험하지 말고 너

희의 하나님 여호와께서 너희에게 명하신 명령과 증거하신 것과 규례를 삼가 지키며 여호와의 보시기에 정직하고 선량한 일을 행하라 그리하면 네가 복을 얻고 여호와께서 네 열조에게 맹세하사 네 대적을 몰수히 네 앞에서 쫓아내리라 하신 아름다운 땅을 들어가서 얻으리니 여호와의 말씀과 같으리라" (신 6:15-18)

예수께서는 신명기에 기록된 말씀을 인용하며 전능하신 하나님을 시험하지 말도록 했다. 그러나 간교한 사탄은 감히 하나님의 아들을 시험하고자 했다. 따라서 예수님은 시내광야 사십 년 동안 이스라엘 민족을 인도하신 하나님께서 질투하시는 자신의 성품과 더불어 자신에 대한 시험을 금하는 명령을 인용하셨다. 하나님은 자신을 시험하는 자들에게 진노하시는 반면 순종하는 자들에게 은혜를 베푸신다는 것이다.

이러한 내용을 잘 알고 있던 사탄이 성자聖子이신 그리스도를 시험하고자 했지만 예수께서는 그것을 단호히 물리치셨다. 우리가 여기서 기억해야 할 바는 하나님의 아들을 시험하는 존재인 사탄이 예수 그리스도께 속한 모든 자들을 유혹하고자 할 것이 분명하다는 사실이다. 그러므로 사탄의 지배로 인해 시험거리가 가득한 세상에 살아가는 하나님의 자녀들은 항상 깨어 있지 않으면 안 된다.

4. 높은 산과 천하만국(8-10)

아담이 범죄한 후 죄로 오염된 세상은 전적으로 사탄이 지배하는 영역이 되어버렸다. 하나님께서 자신의 형상을 닮은 인간이 타락하므로 인해 더럽혀진 세상을 버리셨기 때문이다. 그러자 사탄은 자기 영역이 된 피조세계 가운데 온갖 악행을 저지르며 제멋대로 통치하기에 이르렀다. 사도 바울은 공중권세를 잡은 사탄에 관한 기록을 하고 있다.

> "그때에 너희가 그 가운데서 행하여 이 세상 풍속을 좇고 공중의 권세 잡은 자를 따랐으니 곧 지금 불순종의 아들들 가운데서 역사하는 영이라"(엡 2:2)

여기서 사탄이 공중권세를 잡았다는 말은 그가 타락한 피조세계를 다스리는 주권자가 되었다는 의미를 내포하고 있다. 그러므로 두 번에 걸쳐 예수님을 시험했음에도 불구하고 실패한 사탄은 마지막으로 천하만국을 미끼로 그를 유혹했다. 아담과 하와를 유혹함으로써 세상의 공중권세를 잡은 사탄은 온 세상이 자기에게 속한 영역임을 잘 알고 있었다. 이제 사탄은 높은 산으로 예수님을 데리고 올라가 만일 자기에게 엎드려 경배하면 천하만국을 넘겨주겠노라고 말했다(마 4:8,9).

우리가 여기서 눈여겨보아야 할 점은 오만방자한 마귀의 간교함이다. 사탄은 하나님께서 창조하신 세계를 원래부터 자기의 것인 양 주장하고 있다. 그러면서 감히 하나님의 아들에게 더러운 자기를 향해 경배하라는 요구를 했다. 그렇게 하면 그리스도가 원하는 '나라'를 쉽게 세울 수 있으리라 속이고 있는 것이다.

우리는 여기서 사탄이 얼마나 간교하고 사악한 존재인가 하는 점을 여실히 보게 된다. 어떻게 감히 하나님으로부터 경배를 받으려는 그런 참람한 생각을 할 수 있던 말인가? 사탄은 성자 하나님을 향해 결코 있을 수 없는 요구를 했던 것이나. 그러자 예수께서는 두려운 심판을 앞두고 제멋대로 지껄이는 사탄을 향해 구약성경을 인용하며 진노하셨다. 모세는 율법을 통해 여호와 하나님 이외에 어느 누구도 경배의 대상이 될 수 없음을 분명히 기록하고 있다.

> "너는 조심하여 너를 애굽 땅 종 되었던 집에서 인도하여 내신 여호와를 잊지 말고 네 하나님 여호와를 경외하며 섬기며 그 이름으로 맹세할 것이니라 너희는 다른 신들 곧 네 사면에 있는 백성의 신들을 좇지 말라"(신 6:12-14)

모세는 오직 하나님 한 분만이 섬김의 대상이 될 수 있다는 사실을 말했다. 인간의 본분은 이기적인 삶이 아니라 하나님을 경배하며 그에게 영광을 돌리는 것이다. 하나님께서는 맨 처음 인간을 지으실 때 자신의 영광을 위해 창조하셨다. 이는 인간의 종교적인 행위에 연관되기 전에 원래의 존재存在 자체를 의미한다.

이 말은 인간이 하나님께 영광을 돌리는 행위를 되풀이하며 살아가야 할 존재라는 현상을 두고 언급하는 것과 다르다. 이 말의 진정한 의미는 인간 자체가 하나님의 영광을 위해 존재한다는 사실을 의미한다. 그런데 사탄은 하나님을 경배해야 할 아담과 하와를 유혹해 자기를 섬기는 존재로 탈바꿈시켜버리고 말았다. 따라서 아담의 후손인 모든 인간들은 사탄에게 예속된 타락한 본성을 소유하게 되었다. 이제 오만의 극치에 이른 사탄은 인간의 몸을 입고 세상에 오신 하나님의 아들인 예수님에게조차 자기를 경배하며 섬기도록 요구했던 것이다.

그러나 예수께서는 천하만국에 대한 통치권을 자기에게 이양하겠다는 말도 안 되는 조건을 제시하며 악한 요구를 하는 사탄을 심하게 꾸짖으셨다. 인간은 당연히 하나님 한 분만을 경배하며 섬길 수 있을 따름이다. 질투의 하나님께서는 결코 자기 이외의 다른 존재에 대한 경배를 용납하시지 않는다. 하나님께서 택하신 모든 백성들의 대표성을 띤 예수님은 구약성경 신명기에 기록된 말씀을 인용하며 하나님의 형상을 입은 인간으로서 기본적인 의미를 설명하셨던 것이다.

5. 예수 그리스도의 승리와 천사들의 수종(11)

예수님의 사십 일 동안의 금식과 광야시험은 전반적으로 구약시대 이스라엘 민족의 시내광야생활 사십 년과 밀접하게 연관되어 있다. 이스라엘 민족이 험준한 광야에서 세상의 일반적인 삶으로부터 완전히 분리된 삶을 살았듯이, 구원받을 모든 백성들에 대한 대표성을 띤 예수께서 공 사역을 시작하시기 전 사십 일간 광야에서 금식함으로써 세상을 거부하는 모습을 보여주셨다.

금식이 끝난 후 사탄이 시험하는 간교한 요구들에 대해 구약성경 신명기의 기록을 통해 보여주신 예수님의 대응에서 그것이 분명히 드러나고 있다. 예수께서는 사탄의 세 가지 시험에 대해, 시내광야에서 주어졌던 모세의 율법을 근거로 하여 사탄을 책망하며 하나님의 승리를 선포하셨다. 이는 모세를 통해 애굽의 속박에서 이스라엘 민족을 이끌어내신 하나님께서 이제 예수 그리스도를 통해 자기 백성들을 구원하시게 될 구속사적 사실을 선포하신 의미를 지니게 된다.

우리는 또한 악한 사탄이 하나님의 아들인 예수님의 존재와 신분을 정확하게 알아보면서도 그에게 이 정도의 시험을 했다면 오늘날 우리에게는 얼마나 더 간교한 시험을 하고 있을지 심각하게 생각해 보아야 한다. 그러나 거룩한 하나님의 아들로서 완벽한 하나님의 형상을 입은 예수 그리스도는 결코 사탄의 더러운 유혹에 넘어가지 않으셨다. 예수께서 사탄의 모든 시험을 이겨내시고 그를 단호히 물리치셨던 것이다. 그 대신 하나님의 천사들이 나아와 그에게 수종들었다(마 4:11).

우리가 여기서 볼 수 있는 사탄의 교활한 특성은 자기의 악한 목적을 달성하기 위해 하나님의 말씀을 직질히 핑계내고 있나는 사실이다. 또한 사탄은 하나님의 아들이자 메시아로 오신 예수님께 자기를 향해 경배하라는 망발妄發을 했다. 사탄은 예수님께 하나님을 섬김으로써 하나님과 한 편이 될 것이 아니라, 자기에게 경배하며 자기와 한 편이 되자며 유혹하고 있다. 그렇게 하면 금식으로 인한 고통이 아니라 장래 얻을 영광이 훨씬 더 크다며 유혹하고 있는 것이다. 사탄이 예수님께 감히 그렇게 접근할 수 있었던 것은 예수께서 인간의 몸을 입고 있었기 때문이었다.

사탄은 오늘날 하나님의 형상을 회복한 성도들에게도 그와 동일한 성격의 시험을 지속하고 있다. 하나님께만 모든 영광을 돌릴 것이 아니라 그 영광의 일부를 스스로 나누어 가져도 된다며 미혹한다. 또한 자기에게 가까이 다가오면 원하는 모든 영광을 다 주겠다고 유혹했다. 하나님의 아들이신 예수님께 그 정도의 끈질긴 유혹을 할 수 있었다면, 여전히 죄의 본성을 버리지 못하고 있는 연약한 인간들은 사탄이 제시하는 그 더러운 영광에 미혹되기 십상이다.

이는 사탄이 맨 처음 아담과 하와를 유혹할 때 취했던 행동과 동일한 태도이다. 그는 에덴동산에 살고 있던 하와에게 선악과를 가지고 유혹하면서 하나님의 편에 서있지 말고 자기의 편에 들어오라고 했으며 결과적으로 그에 성공했다. 그것을 경험한 사탄은 감히 인간의 몸을 입으신 하나님의 아들께 그와 동일한 수법을 사용하고 있는 것이다. 그러나 주님께서는 사탄의 시험을 물리치시고 그의 공 사역을 시작하셨다.

처음 사람 아담과 하와는 사탄의 유혹에 넘어가 죄에 빠지게 되었지만 완벽한 하나님의 형상을 지닌 두 번째 아담이신 예수 그리스도는 그 유혹에 넘어가지 않으셨다. 그는 본질상 그런 유혹에 넘어갈 수 없는 분이시다. 사탄은 하나님의 형상을 닮은 아담과 하와를 유혹하여 죄의 구렁텅이에 빠뜨렸지만 완벽한 하나님의 형상을 입은 인간 예수님을 유혹할 수는 없었다. 예수 그리스도께서는 그 시험을 통해 완벽한 승리와 더불어 사탄에 대한 심판을 세상 가운데 선포하셨던 것이다.

이와 관련하여 우리는 사탄이 유혹하는 대상은 과연 누구인가 하는 점을 주의 깊게 생각해 보아야 한다. 사탄은 결코 아무나 유혹하지 않는다. 사탄은 항상 하나님의 형상과 연관된 자들만 유혹하고 있다.[16] 아담과 하와는 물론 하나님으로서 인간의 몸을 입으신 예수님까지도 그의 유혹의

16) 이광호, "창세전 선택과 하나님의 형상에 관한 소고", 구약신학의 구속사적 이해, 서울: 도서출판 깔뱅, 2006, pp.40-71 참조.

대상이었다. 하나님의 형상과 무관한 자들은 이미 사탄의 편에 서있으므로 더 이상 그들을 유혹할 하등의 이유가 없다. 그들에게는 사탄의 공장에서 제조되는 달콤한 사탕만으로 족하기 때문이다.

제7장
제자들을 부르심과 왕의 능력을 보여주심
(마 4:12-25)

1. 세례자 요한의 체포(12)

이스라엘의 헤롯 분봉왕은 다윗왕국을 계승할 메시아의 특별한 사신使臣으로 보냄받은 세례자 요한을 체포해 구금했다. 배도에 빠진 인간들은 자기의 목적 추구에 방해가 된다고 판단하면 하나님께 저항하는 무서운 악행마저도 서슴지 않는다. 요한이 체포되었던 까닭은 이스라엘 민족의 지도자로 자처하는 헤롯의 더러운 간음과 악행들을 신랄하게 책망했기 때문이다.

> "분봉왕 헤롯은 그 동생의 아내 헤로디아의 일과 또 그의 행한 모든 악한 일을 인하여 요한에게 책망을 받고 이 위에 한 가지 악을 더하여 요한을 옥에 가두니라" (눅 3:19,20)

이스라엘 백성은 순결과 정의를 유지해야 할 민족이다. 그들은 하나님의 언약을 소유한 공동체로서 메시아를 기다려야만 했다. 그것이 이스라엘 민족의 본질적인 존재이유가 된다. 그럼에도 불구하고 배도자들은 하나님을 두려워하지 않고 더러운 죄에 빠져 있었다. 그것을 본 세례자 요한은 저들의 악행을 강력하게 지적하며 책망했다. 그러자 유대당국은 백성

들로부터 참된 선지자로 인정받는 가운데 메시아 왕국의 도래를 선포한 요한을 체포하기에 이르렀다.[17]

일반적인 경우라 할지라도 왕의 공적인 행차에 앞서 먼저 보낸 사신을 체포해 구금한다는 사실은 평화를 거부하는 성격을 띠고 있다. 이는 체포한 사신의 생명을 비롯한 모든 것을 통제함으로써 그 뒤에 행차하는 왕을 받아들이지 않겠다는 공적인 선언과 같다. 따라서 이스라엘 왕국의 헤롯 분봉왕이 천상의 왕이 보낸 사신인 세례자 요한을 체포한 사실은 곧 전쟁 선포를 의미한다.

그 모든 정황을 잘 파악하고 계시던 예수께서는 배도에 빠진 이스라엘의 민족 지도자들의 사악한 행동을 보신 후 갈릴리 지역으로 가셨다. 예수님은 그곳에 머물면서 그에 대한 구체적인 대응 방편을 준비하시게 된다. 거기서 열두 제자들을 부르시고 앞으로 어떤 방식으로 저들을 대항해 싸우며 심판하실 것인지에 대해 교훈하셨다.

2. 새로운 '임시본부' 설립(13-16)

예수께서는 유대 지역에서 갈릴리로 돌아오신 후 새로운 일을 진행시켜 나가셨다. 그 사역을 위해 어린 시절부터 줄곧 생활해 오셨던 나사렛과 부모 형제를 떠나 갈릴리 호수 북단에 위치한 가버나움으로 거처를 옮기셨다. 이는 예수님의 공 사역이 시작되었음을 알리는 신호탄 역할을 하게 된다.

그가 나사렛에서 갈릴리로 이사하신 것은 구약의 예언 성취와 관련이 있다. 즉 그것은 이미 구약성경에 예언된 중요한 구속사적 의미를 지니고 있었던 것이다. 오래전 이사야 선지자는 이스라엘 민족을 향해 갈릴리와 연관된 메시아 예언을 했다.

17) 마태복음 14:1-12와 마가복음 6:17-29에는 세례자 요한이 분봉왕 헤롯에 의해 얼마나 처참한 죽음을 당했는가에 대한 상세한 내용이 기록되어 있다.

> "전에 고통하던 자에게는 흑암이 없으리로다 옛적에는 여호와께서 스불론 땅과 납달리 땅으로 멸시를 당케 하셨더니 후에는 해변 길과 요단 저편 이방의 갈릴리를 영화롭게 하셨느니라 흑암에 행하던 백성이 큰 빛을 보고 사망의 그늘진 땅에 거하던 자에게 빛이 비취도다"(사 9:1,2)

선지자 이사야의 예언은 앞으로 오시게 될 메시아를 중심으로 전개될 갈릴리 주변의 정황을 말해주고 있다. 예수님 당시 갈릴리 주변은 예루살렘에 거주하던 기득권층 유대인들에 의해 멸시당하던 지역이었다. 하나님의 성전을 중심에 둔 예루살렘은 종교와 정치적인 수도首都 역할을 했다.

그러므로 사람들은 예루살렘을 거룩한 도성으로 이해했으며 항상 각양각지에서 찾아오는 많은 사람들로 붐볐다. 특히 유월절, 오순절, 초막절, 부림절, 수전절 등 민족의 절기 때가 되면 국내의 흩어진 여러 지역들에서뿐 아니라 멀리 떨어진 외국에서 오는 자들도 많이 있었다.

그에 비해 갈릴리 주변은 기득권층의 인사들이 그다지 관심을 가지지 않는 소외된 지역이었다. 더군다나 예루살렘에서 볼 때 천박한 사마리아인들이 살고 있는 지역 너머에 위치한 갈릴리를 달리 특별하게 예우할 이유가 없었다. 그러므로 이사야 선지자는 갈릴리 지역의 스불론 땅과 납달리 땅이 멸시를 당하게 된 사실을 언급하고 있다. 그런데 우리가 위의 본문 말씀 가운데서 눈여겨보아야 할 점은 그 지역이 멸시를 당하게 된 원인이 하나님의 경륜에 따른 것이었다는 사실이다. 즉 여호와 하나님께서 그 지역으로 하여금 멸시를 당하도록 하셨다. 그렇다면 하나님께서 갈릴리 지역으로 하여금 굳이 멸시를 당하도록 해야만 할 이유는 무엇이었을까?

우리는 심한 멸시를 당하던 갈릴리 지역이 하나님에 의해 영화롭게 됨으로써 교만에 빠져 있다가 비참한 자리에 놓이게 된 예루살렘과 서로 극명한 대비를 이루고 있음을 본다. 또한 흑암에 살면서 아무런 소망이 없어 보이던 백성들에게 하나님의 놀라운 은혜가 베풀어짐으로써 활기찬 분위기로 전환되는 사실을 보게 된다. 이러한 사실은 당시 일반 백성들이 기대하고 있던 것과는 완전히 배치된다.

즉 대다수 이스라엘 백성들은 예루살렘이 하나님의 큰 영화를 입게 될 것이며, 그곳에 눈부시게 화려한 빛이 비춰지게 될 날이 올 것이라 기대하고 있었다. 그렇게 생각하고 있던 자들은 교만에 빠져 소외된 이방 지역에 살고 있던 힘없는 백성들을 비하卑下하며 멸시할 수밖에 없었다.

메시아가 갈릴리 지역에서 활동을 시작하게 된다는 사실은 예루살렘에 살고 있던 거민들의 입장에서는 이해할 수 없는 노릇이었다. 예루살렘의 자부심은 결코 그것을 쉽게 용납하지 못했다. 그러나 예수께서는 갈릴리 나사렛에서 살았으며 메시아 사역을 위해 갈릴리 호숫가의 가버나움에 정착하셨다. 이것은 이땅에 하나님 나라를 세우기 위한 첫 임시본부를 세운 것과 같은 의미를 지닌다.

이렇게 하여 세상의 빛이신 예수 그리스도께서 구약성경에 기록된 예언에 따라 갈릴리에 자리를 잡으셨다. 그로 말미암아 어두움과 사망의 땅에 거하는 백성들에게 영원한 참 빛이 비춰지게 되었다. 이는 하나님께서 이스라엘 민족의 일반적인 종교적 기대와 상식을 파괴하고 계심을 보여준다. 이를 통해 예루살렘은 극도로 낮아지게 되었으며 그곳에 살고 있던 거민들의 자존심이 크게 상할 수밖에 없었다. 이 모든 일들은 하나님의 놀라운 경륜에 따른 것이었다.

3. 예수 그리스도의 천국선포(17)

예수께서는 헤롯 분봉왕에 의해 세례자 요한이 체포된 후 갈릴리에 오셔서 하나님의 천국 복음을 전파하셨다(막 1:14). 요한의 체포와 더불어 예수께서는 '회개하라 천국이 가까웠느니라' 는 복음을 선포하셨던 것이다. 이는 요한이 광야에서 선포했던 내용과 동일한 성격을 지닌다. 그러나 요한은 뒤에 오실 왕국과 왕에 대한 선포를 했다면, 이번에는 왕이 친히 자신의 왕국에 대한 선포를 하고 계신다.

이는 창세기 3장 15절에 예언된 '여자의 후손' 을 통한 심판에 직접 연관되며, 아브라함에게 약속된 왕국이 실현되고 있음을 보여준다. 그리고 다윗왕국의 구체적인 의미가 드러나게 된다. 즉 예수님의 천국선포는 아담과 하와가 타락한 이후부터 인간역사 가운데 줄곧 선포되어 온 내용이었다. 이제 그 왕국의 통치자가 직접 인간들을 향해 그때가 이르렀음을 알리고 있는 것이다.

예수께서는 배도에 빠진 이스라엘 민족을 향해 회개를 촉구하셨다. 이는 언약 백성인 이스라엘 민족이 하나님의 길을 떠나 잘못된 방향으로 가고 있음을 지적하는 의미를 지니고 있다. 하지만 어리석은 백성들은 이기적인 종교 심성으로 말미암아 실상을 오인한 채 멸망을 향해 질주하고 있었다. 그러므로 예수께서는 저들을 향해 회개를 촉구하는 엄위한 음성을 발하셨던 것이다.

이스라엘 민족의 회개를 촉구하는 예수 그리스도의 천국 선포는 형식상 세례자 요한의 선포와 동일하지만 그것이 지니고 있는 본질적 의미는 사뭇 다르다. 요한은 뒤에 천국이 도래하리라는 사실을 예언한 데 반해 예수께서는 그 나라의 왕의 입장에서 천국을 선포하셨기 때문이다. 왕이 친히 선포하는 영원한 왕국에 대한 메시지를 듣고도 아무런 두려움이 없다면 하나님의 은혜 안에 있는 자라 할 수 없다.

4. 주님께서 제자들을 부르심(18-22)

(1) 선한 군대의 기초가 되는 열두 제자들을 부르심

예수께서는 공 사역 초기에 친히 열두 명의 제자들을 부르셨다. 즉 그는 공 사역 삼년 기간 동안에 걸쳐 천천히 한 명씩 불러모으신 것이 아니라 사역 초기단계의 단 시간에 열두 제자 모두를 부르셨던 것이다. 그들이 열두 명이었던 까닭은 구약성경의 열두 지파에 근거한 것으로서 언약적 의미를 지니고 있다.

하나님께서 아브라함과 이삭의 자손인 야곱의 자녀들 가운데 열두 지파의 조상을 세움으로써 그들은 나중 민족적 전투를 위한 기초를 형성하게 된다. 나중 이스라엘 백성이 출애굽한 후 시내광야에서 생활할 때 저들을 파수하는 군대의 역할을 하게 되는 것이다. 그리고 광야 사십 년 후 가나안 땅에 들어가서는 약속에 따라 가나안 땅을 분배받게 된다. 이는 이스라엘 열두 지파가 군사적 성격을 띠고 있음을 보여준다.

이와 같이 신약시대의 열두 제자들도 구약시대의 열두 지파의 조상들이 군사적 성격을 지니고 있었던 것과 동일하다. 예수님의 열두 제자들이 기본적인 진용을 갖추게 됨으로써 역사상의 모든 교회들과 오늘날의 성도들 역시 천상의 왕이신 그리스도께 속한 병사가 되어 있다.[18)]

마태복음 4장에는 베드로와 안드레 형제, 그리고 야고보와 요한 형제를 부르신 것이 기록되어 있다(마 4:18-21). 그런데 누가복음 6장에는 예수께서 열두 제자들을 부르신 일과 그들 모두의 이름이 기록되어 있다.[19)] 우리가

18) 마귀에게 속한 가룟 유다가 예수님을 팔아 십자가에 못박혀 죽게 한 후 새로운 진용이 확립되었다. 부활하신 주님께서 맛디아를 뽑아 열두 명의 제자들의 수를 채우게 했던 것은 그런 의미를 지니고 있다(행 1:16-26 참조). 그 열두 명의 제자들을 중심으로 하여 모인 성도들 가운데 오순절 성령께서 강림하셨다. 우리는 이를 통해 전투하는 교회의 기초에 관한 하나님의 뜻을 알게 된다.

19) "이때에 예수께서 기도하시러 산으로 가사 밤이 맞도록 하나님께 기도하시고 밝으매 그 제자들을 부르사 그 중에서 열둘을 택하여 사도라 칭하셨으니 곧 베드로라고도 이름 주신 시몬과 및 그 형제 안드레와 및 야고보와 요한과 빌립과 바돌로매와 마태와 도마와 및 알패오의 아들 야고보와 및 셀롯이라 하는 시몬과 및 야고보의 아들 유다와 및 예수를 파는 자 될 가룟 유다라"(눅 6:12-16); 예수님의 제자들 가운데는 나중에 그를 팔게 될 가룟 유다가 끼어 있다. 유다는 처음부터 사탄에게 속한 자인 것을 알면서도 그를 부르셨던 것은 전체적인 구속사역을 위한 하나님의 특별한 섭리 가운데 이루어진 것으로 이해해야 한다.

여기서 눈여겨보아야 할 점은 마태복음 4장에 기록된 제자들의 이름과 예수님의 병 고치는 사역에 뒤이어 산상수훈이 나오는 점과 누가복음 6장에 기록된 열두 제자들의 이름 뒤에 예수님의 병 고치는 사역과 산상수훈에서 언급된 특별한 교훈이 나온다는 사실이다.[20]

우리는 예수께서 열두 제자들을 불러 모으실 때, 세례자 요한을 체포한 예루살렘의 배도한 세력과 전투를 치를 준비를 하고 계셨다는 사실을 기억해야 한다. 이는 하나님의 형상을 입은 아담을 유혹하여 타락하게 한 사탄과 그에 속한 자들을 심판하시기 위함이었다. 따라서 주님께서는 바로 그 제자들에게 교회가 간직해야 할 중요한 전투교범이 되는 산상수훈을 주셨던 것이다.[21]

(2) '사람을 낚는 어부'

예수께서는 갈릴리 호수에서 물고기를 잡던 베드로를 비롯한 여러 제자들에게 이제부터 저들로 하여금 사람을 낚는 어부가 되게 하리라는 말씀을 하셨다. 이 말은 적진敵陣에 있는 하나님의 자녀들을 구출하는 작전에 연관된 의미를 지니고 있다.

이는 사탄의 세력에 억눌리고 있는 하나님의 자녀들을 구출하는 사역에 저들을 동참시키겠다는 주님의 의도를 보여준다. 이제 모든 제자들은 예수 그리스도와 더불어 영적인 전투상황에 돌입하게 된다. 그렇게 되면 복음을 소유한 영적인 군인으로서 인내심을 갖추어야 하며 피 흘릴 각오도 해야만 한다. 악한 자들이 그냥 순순히 하나님의 자녀들을 내어놓으려 하

20) 누가복음 6:17의 '평지'와 마태복음 5:1의 '산'은 상치되는 개념으로 볼 필요가 없다. 누가복음의 '평지'는 산 위의 평지로 이해하는 것은 자연스럽기 때문이다. 그리고 이 부분에 있어서는 마태복음은 사건의 일어난 순서와 연관되어 있는데 반해 누가복음은 의미상 특성을 살려 기록하고 있다.

21) 이광호, 에세이 산상수훈, 서울: 칼빈 아카데미, 2005 참조.

지 않을 것이기 때문이다.

사탄에게 속한 자들은 도리어 저들의 통치 아래 있는 하나님의 자녀들을 돌려보내지 않기 위해 안간힘을 쓸 것이다. 그들은 저들을 향한 경계의 끈을 늦추지 않을 것이 분명하다. 나아가 그들은 그리스도에 의해 제자리를 찾아간 성도들을 미혹하기 위해 더욱 간교한 꾀를 부리게 된다.

예수님의 제자들과 그들로 인해 설립된 지상의 모든 교회가 사람을 낚는 어부가 되어야 하는 것은 단순히 많은 종교인들을 확보하기 위함이 아니다. 즉 일반적인 포교 수준을 넘어서 죄의 굴레를 타파하고 그곳에서 신음하고 있는 선택된 백성들을 구원의 자리로 불러들이는 사역을 의미한다. 이를 위해서는 복음에 대한 명확한 깨달음을 소유하지 않으면 안 된다.

(3) 가족을 비롯한 모든 것을 포기함

예수님의 부르심을 입은 제자들은 옛날의 모든 것들을 일시에 포기했다. 그들은 가족을 비롯한 저들의 모든 중요한 것들을 버리고 주님을 따랐다. 이제 예수님이 저들의 유일한 왕이 되었기 때문이다. 참된 군인이라면 결코 개인의 유익을 추구하며 살아가지 않는다. 군인은 적군과 맞서 싸워야 하며 그 일을 위해 자신의 생명까지 내어놓을 각오가 되어 있어야 한다.

특히 성경 본문에서 제자들이 부모와 직업을 버렸다는 것은 저들이 주님의 나라를 위한 온전한 군인이 되었음을 말해주고 있다(마 4:22). 그렇다고 해서 그들이 이제부터 부모를 남으로 생각한다거나 저들에 대한 관심을 완전히 거두었다는 뜻이 아니다. 그것이 의미하는 바는 저들은 이제 복음의 왕국을 위한 용사로서 개인의 사사로운 목적을 위한 삶을 살지 않게 되었다는 뜻이다. 그들은 더 이상 세상에 소망을 두고 살아가는 자들이 아니지만 여전히 부모 형제의 가족으로서 원만한 관계를 유지해야만 했다.

그렇지만 예수 그리스도의 용사가 된 그들의 삶은 이제 자신의 가족과 지상의 행복을 위해 살아갈 수는 없었다. 그들에게는 오직 하나님의 말씀에 순종함으로써 하나님과 그의 나라를 위해 살아가야 할 의무가 부여되었다. 이에 대해서는 지상의 참된 교회에 속한 모든 성도들이 가져야 할 기본적인 자세이다. 이 사명은 목회자들과 기독교 전담사역자들뿐 아니라 모든 성도들에게 부과되어 있다.

5. 그리스도께서 감당하실 사역의 내용과 왕의 능력을 보여주심(23-25)

(1) 회당에서의 가르침과 천국복음 전파

예수께서는 가버나움에 머물면서 갈릴리 주변의 회당에서 가르치기 시작하셨다. 그가 유대인 회당에서 가르치셨다는 것은 매우 놀라운 사실이다. 회당에서 구약성경을 가르친다는 것은 아무나 할 수 있는 일이 아니었다. 회당에 모여든 자들을 가르치기 위해서는 랍비 곧 선생으로서의 객관성 있는 충분한 자격을 갖추어야만 했다.

당시에도 회당에서 가르치는 율법교사가 되기 위해서는 나름대로의 교육과정이 있었다. 유능한 율법사와 회당을 통해 율법을 배워 익혀야 회당에서 가르칠 수 있는 교사 자격을 취득할 수 있었다. 사도 바울이 가말리엘의 문하생이 되어 율법을 공부했던 것도 그 한 예라 할 수 있다(행 22:3 참조).

그러나 예수님의 경우에는 그 사정이 전혀 달랐다. 우선 그는 사람들로부터 율법을 배울 필요가 없는 분이었다. 아무리 유능한 율법사라 할지라도 하나님의 아들인 예수님을 가르칠 수는 없었다. 그래서 예수님은 일반교육을 받지 않으셨으며(요 7:15), 아직 나이 어릴 때에도 예루살렘 성전에서 신학적 논쟁을 통해 서기관들을 가르치셨다(눅 2:42-47).

랍비가 되기 위한 특별한 교육과정을 거치지 않고 회당에서 가르치는 것이 불가능하다는 점을 감안하면 예수께서 회당에서 가르치셨다는 사실은 놀랍지 않을 수 없다. 하여튼 예수께서는 공 사역을 시작하시며 유대인 회당에서 하나님 나라 복음을 선포하며 가르치셨음이 분명하다. 우리는 이 사실을 어떻게 이해해야 할 것인가?

예수께서 유대인 회당에서 가르칠 수 있었던 배경에는 세례자 요한이 있었다. 즉 일반 백성들이 예수님을 랍비로 받아들일 수 있었던 근거는 요한의 보증으로 말미암는 것으로 이해된다. 당시 이스라엘 민족 가운데 가장 중요한 선지자로 인정받고 있던 요한이 예수님을 이스라엘 민족을 구원할 자로 확증했기 때문에 그것이 가능했던 것이다.

물론 예수께서 예루살렘과 유대 지역의 회당에서 가르친다는 것은 어림없는 일이었다. 하지만 소외받는 갈릴리 지역의 백성들은 예루살렘과 유대 지역의 기득권자들에 대해 상당한 불만을 품고 있었다. 그러므로 갈릴리의 유대인들은 세례자 요한이 보증하는 예수님을 회당의 교사로 받아들이게 되었던 것이다.

(2) 질병 치유를 통한 '왕의 신분' 증거

예수께서는 공 사역을 시작하시면서 많은 이적들을 베푸셨다.[22] 갈릴리 가나에서 있었던 혼인잔치에서 물로 포도주를 만드신 첫 번째 이적(요 2장)과 더불어 귀신을 쫓아내며 많은 병자들을 고치셨다. 그가 공 사역을 시작하면서 그런 기적을 베푸셨던 것은 일차적으로 자기를 따르는 제자들을

22) 예수께서 베푸신 다양한 이적들은 대상과 상황에 따라 차이나는 목적과 의미를 지니고 있다. 마태복음4:23,24에 기록된 질병을 고치신 주님의 사역은 이제 막 십자가의 군사가 된 제자들에게 자신의 왕적인 능력을 보여주신 것이다.

위한 것이었다. 즉 단순히 질병을 치유함으로써 병자들에게 혜택을 베풀고자 하는 것 이상의 의미를 지니고 있다.

예수께서는 그런 놀라운 이적을 제자들에게 보여주심으로써 왕으로 오신 자신의 신분을 공개적으로 드러내셨다. 세상의 악한 세력을 심판하시게 될 우주의 왕이신 주님께서 저들에게 천상의 능력을 보여주신 것이다. 그후 예수님은 제자들에게 전투를 위해 필요한 교범이 되는 산상수훈을 말씀하셨다.

예수님의 제자들은 다양한 이적들을 통해 그의 신분을 알아보고 예루살렘의 배도한 무리들에 대항하는 선한 전의戰意를 불태웠다. 그리고 적진敵陣의 막강한 세력에도 불구하고 안심할 수 있게 되었다. 하나님께서 베푸신 이와 같은 내용들은 성경에 종종 기록되어 나타난다.

하나님께서 모세를 불러 애굽에 있는 이스라엘 백성들을 인도해 내도록 요구했을 때(출 3:10)도 그랬었다. 처음 하나님께서 그 요구를 하시자 모세는 선뜻 받아들이지 못했다. 그는 애굽의 막강한 병력兵力과 저들의 품성에 대해 누구보다 잘 알고 있었다. 그러한 애굽의 통치로부터 이스라엘 백성을 인도해내기 위해서는 자기와 같이 힘없는 자가 할 수 있는 일이 그다지 많지 않으리라 생각했던 것이다.

그러므로 모세는 애굽인들의 손아귀에서 이스라엘 백성을 이끌어내기 위해서는 자기와 같이 모든 세력을 상실한 개인적인 인물이 아니라 막강한 전력戰力을 갖춘 군대를 보내야 할 일이라 생각했을지도 모른다. 하지만 그 일을 진행하시는 분은 여호와 하나님이었다. 따라서 하나님께서는 먼저 부담감을 떨치지 못하고 있던 모세에게 기적을 통해 자신의 놀라운 능력을 보여주셨다.

> "모세가 대답하여 가로되 그러나 그들이 나를 믿지 아니하며 내 말을 듣지 아니하고 이르기를 여호와께서 네게 나타나지 아니하셨다 하리이다 여

호와께서 그에게 이르시되 네 손에 있는 것이 무엇이냐 그가 가로되 지팡이니이다 여호와께서 가라사대 그것을 땅에 던지라 곧 땅에 던지니 그것이 뱀이 된지라 모세가 뱀 앞에서 피하매 여호와께서 모세에게 이르시되 네 손을 내밀어 그 꼬리를 잡으라 그가 손을 내밀어 잡으니 그 손에서 지팡이가 된지라 ... 여호와께서 또 가라사대 네 손을 품에 넣으라 하시매 손을 품에 넣었다가 내어보니 그 손에 문둥병이 발하여 눈 같이 흰지라 가라사대 네 손을 다시 품에 넣으라 하시매 그가 다시 손을 품에 넣었다가 내어보니 손이 여상하더라" (출 4:1-7)

모세가 애굽의 압제로부터 이스라엘 민족을 인도해내라는 하나님의 명령을 받은 후 자기의 부족한 능력을 핑계대고 있을 때 하나님께서는 친히 자신의 능력을 보여주셨다. 지팡이가 뱀이 되는 광경과 그의 손이 문둥병에 걸렸다가 낫는 기적을 되풀이하여 행하셨다. 보이지 않는 하나님께서 가시적인 기적으로써 모세에게 자신의 능력을 입증하셨던 것이다. 이는 애굽에 맞서 싸워 이스라엘 백성을 인도해내실 분은 하나님 자신이라는 사실을 증언하신 것과 같다.

모세에게는 애굽에서 신음하는 이스라엘 민족을 가나안 땅으로 인도해낼 수 있는 별다른 능력이 없었던 것이 사실이다. 따라서 모세가 하나님의 요구에 대해 부담스럽게 여겼던 것은 당연한 일이라 할 수 있다. 그런데 하나님께서는 모세에게 기적을 보여주시며 그 일을 행하는 이는 하나님 자신이라는 사실을 보증하셨던 것이다.

이와 마찬가지로 예수께서 이제 막 불러모은 제자들에게 놀라운 기적들을 보여주신 것은 그와 유사한 의미를 지니고 있다. 예수님과 제자들이 이스라엘 백성에게 하나님의 보내심을 받아 천국을 선포할 때 많은 사람들이 받아들이지 않을 것이다. 나아가 그들에게 강력하게 저항하는 세력마저 만만치 않았을 것이 분명하다. 일반적인 교육 정도가 높지 않을 뿐 아니라 대수롭잖게 보이는 평범한 청년들이 천국복음을 전파할 때 되돌아오게 될 반응을 쉽게 짐작할 수 있다.

그들의 마음과 모든 정황을 꿰뚫어 보시던 예수께서 공 사역을 시작하시면서 다양한 이적들을 베푸셨던 것은 일차적으로 이제 막 부르심을 받은 제자들을 위해서였다. 그것을 통해 이제부터 본격적으로 시작되는 악한 세력들에 대한 심판과 싸움이 하나님의 능력에 달려있음을 보여주신 것이다. 이로써 제자들은 영원한 왕이신 예수님의 신분과 능력을 확실히 알게 되었다.

(3) 허다한 무리가 예수님을 좇음

예수 그리스도의 공 사역의 시작으로 인해 이스라엘 민족의 기득권층인 유대주의자들과 하나님의 백성들 사이에 분리가 이루어지기 시작했다. 예수께서 다양한 이적들을 베푸시자 이스라엘 전역으로부터 사람들이 몰려들었다. 그에 관한 소문이 온 나라에 퍼져나갔던 것이다. 따라서 갈릴리 인근뿐 아니라 예루살렘과 유대 지역에서도 적지 않은 사람들이 몰려 왔다.

예수님을 찾은 무리 가운데는 메시아를 기다리던 사람들도 있었지만 상이한 목적을 가진 자들이 많이 있었다. 어떤 사람들은 병 고침을 받기 위한 목적을 가지고 있었으며, 또 다른 어떤 사람들은 그 광경을 구경하기 위해 온 자들도 있었다. 그리고 예수님을 해롭게 하기 위해 모여든 사람들도 없지 않았을 것이다.

어쨌거나 분명한 사실은 그에게 많은 사람들이 몰려들게 됨으로써 이스라엘 백성들 가운데 커다란 관심거리가 되기 시작했다는 사실이다. 하지만 백성들이 예수님께로 모이는 것은 예루살렘의 지도층 인사들이 원하는 바가 아니었다. 이는 세례자 요한이 사람들이 많지 않은 광야에서 천국복음을 외쳤던 사실과 대비된다. 이제 예수께서는 언약 백성들에게 천국의 도래를 선포하며 천상의 메시지에 귀를 기울이도록 촉구하고 있다.

제3부

교회를 위한 전투교범 : 산상수훈

제8장
'참된 복' 과 성도의 정체성
(마 5:1-16)

1. 산상수훈의 배경(1,2)

산상수훈의 도입부분은 "예수께서 무리를 보시고 산에 올라가 앉으시니 제자들이 나아온지라 입을 열어 가르쳐 가라사대"로 시작된다. 우리는 평범하게 보이는 이 구절을 결코 가볍게 넘길 수 없다. 이에 대한 올바른 이해를 하는 것이 뒤에 따라 나오는 산상수훈 전체를 이해하는 중요한 관건이 된다.

위 본문에 나타난 인물들과 그 부류는 크게 보아 '예수님' '무리' '제자들' 이다. 또한 산상수훈이 주어졌던 이름이 밝혀지지 않은 갈릴리의 한 '산' 이 소개되고 있다. 우리는 그 사람들과 장소에 연관된 의미를 잘 이해해야 할 필요가 있다. 예수께서 산상수훈을 전하시기 전에 보신 무리란 아브라함의 자손으로서 모세의 율법을 가지고 있던 언약 백성들이다. 그들은 예루살렘의 권위 있는 지도자들이 아니라 힘없는 민중들이었다.

당시 예루살렘에 거주하던 제사장들, 장로들, 서기관들, 바리새인들, 사두개인들 등 지도자들은 종교적인 일에 심혈을 기울였지만 실상은 마귀에 속해 자기만족에 도취해 있었다. 그들은 입술로 메시아를 언급했으나 참 메시아에 대해서는 별 관심이 없었다. 도리어 예수 그리스도에 대해 강한 적대감을 가지고 저항했다. 그들은 자신의 종교적 취향에 맞는 메시아를 원했을 뿐 성경에 약속된 메시아를 원하지 않았다.

그런 상황에서 예수님을 따르던 갈릴리 지역의 주민들은 이스라엘 민족 가운데 소외된 계층의 평범한 자들이었다. 물론 그들이 소외당하고 있는 계층이라는 사실 자체가 진정한 신앙을 가졌다는 것을 의미하지 않는다. 그럼에도 불구하고 현실적 삶의 희망을 상실한 백성들은 사회적 변혁을 가져오게 될 것으로 기대되는 예수님을 따르고자 했다.

예수님의 열두 제자들은 그의 십자가와 부활사역 이후 세워지게 될 교회의 기둥이 되는 바탕 틀이다. 주님께서는 바로 그들에게 복음의 본질적인 기초가 되는 산상수훈을 가르치셨다. 그 자리에 있던 제자들은 하나님의 진리를 통해 교회의 기초가 되는 교훈을 배우게 되었다. 그것은 구속사 가운데서 이루어지는 지상에 강림하신 하나님의 경륜적 선포였다.

예수께서 이땅에 메시아로 오셨을 당시 이스라엘 백성들은 전반적으로 메시아를 대망하고 있었다. 오랜 세월 동안 이어졌던 이스라엘의 피폐한 상황이 모든 소망을 상실하게 했으며, 그들을 고통 가운데서 구출할 참 메시아를 필요로 했다. 그렇지만 실제로 메시아가 오셨을 때 죄에 물든 이스라엘 백성들은 그를 알아보지 못했다.

하나님의 아들 예수 그리스도께서 가르치신 산상수훈은 단순한 윤리적 교훈이 아니다. 그를 통해 영원한 천국이 소개되었으며, 그로 말미암아 이 땅에 세워질 교회를 위한 진리의 교훈이 제시되었다. 예수님은 산상수훈을 통해 열두 제자들에게 천국복음의 본질과 더불어 세워지게 될 교회의 기초적인 가르침을 베푸셨던 것이다.

우리는 또한 산상수훈이 주어졌던 갈릴리의 어느 산과 예루살렘의 차이에 대한 이해를 해야만 한다. 예루살렘은 성경에서 매우 특별한 의미를 지닌다. 메시아 사역이 완성될 예루살렘은 나중 세상과의 전투를 위한 본부와 교두보 역할을 하게 된다. 하나님께서는 아브라함에게 약속으로 허락하신 '독자 이삭' (창 22:2; 히 11:17)을 모리아 산에서 바치도록 요구하셨다. 그 산이 예루살렘이었으며 솔로몬은 그 자리에 거룩한 성전을 세우게 되었다.

그러나 예루살렘은 주님이 오셨을 때 타락한 음녀淫女의 모습을 띠고 있으면서 인간의 몸을 입으신 하나님을 거부했다. 우리는 예수께서 종교적으로 화려한 도성 예루살렘이 아닌 소외받는 시골 갈릴리의 한 산에서 산상수훈을 주신 그 이유를 기억해야만 한다.

하나님 나라와 세상 왕국이 전투적 상황에 돌입한 상태에서 산상수훈을 말씀하시는 주님과 그것을 듣는 제자들은 진지할 수밖에 없었다. 따라서 우리는 세상과 전투가 막 시작된 형편에서 그후 세워지게 될 지상교회에 주어진 기본 교범으로써 산상수훈을 신중한 마음자세로 살펴보아야 한다.

2. '참된 복' 이란 무엇인가?(3)

우리는 산상수훈에 기록된 '복' 을 생각하며 이땅에 살아가는 하나님의 자녀로서 복에 대한 올바른 깨달음을 가져야 한다. '천상의 복' 과 '세상의 복' 은 동일한 본질을 소유하고 있지 않으며, 서로 반대 방향에 존재하고 있다. 따라서 세상에서 부러워하거나 자랑스러워하는 일반적인 복은 진정한 복이 아니라 도리어 저주에 더 가깝다. 이는 그런 것들이 하나님을 절실히 찾거나 알아가고자 하는 마음을 가리게 되기 때문이다.

성경에는 복에 대한 본질적인 개념들이 소개되어 있다. 그 복은 세상 사람들이 보편적으로 소유하기 위해 추구하는 것들과 거리가 멀다. 성경에 기록된 복에 대한 개념을 올바르게 깨닫게 될 때 비로소 그리스도께서 말씀하시는 복에 대한 이해를 할 수 있다. 성경에는 지상의 복에 연관된 것으로 보이는 내용이 더러 나타나지만 그것은 어디까지나 메시아를 배태胚胎하고 있는 이스라엘 민족 가운데 허락된 언약적 의미를 지니고 있다.

그러므로 하나님을 알지 못하는 세상 사람들이 복이라고 주장하는 것들은 더 이상 진정한 복이 될 수 없다. 그것은 영원한 천상의 복이 아니라 도리어 저주가 될 수 있음을 깨달아야 한다. 따라서 그런 류의 복을 추구하는 것은 어리석은 행위이다. 만일 성도라 하면서 세상의 복을 최상의 가치로 여긴다면 이미 허락된 하나님의 복을 하찮은 것으로 판단해 자기의 욕망에 열중하는 사람 이상이 아니다.

사도 바울은 세상에서 좋아 보이는 모든 것들을 해로 여기며 배설물로 여긴다는 사실을 고백했다(빌 3:7-9). 하지만 어리석은 자들은 바울이 배설물로 여긴 것들을 더 많이 끌어모으기 위해 안간힘을 쓴다. 교회에 속한 성도들은 산상수훈의 복을 이해하기에 앞서 성경에 기록된 참된 복의 의미를 깨닫지 않으면 안 된다. 이를 위해 성경에 기록된 복에 관한 몇 구절을 살펴볼 필요가 있다. 그 모든 것들은 예수 그리스도와 그의 나라에 귀착된다.

첫째, 하나님께서는 세상에 죄가 들어오기 전 자신의 형상을 닮은 인간들에게 참된 복을 허락하셨다: "하나님이 자기 형상 곧 하나님의 형상대로 사람을 창조하시되 남자와 여자를 창조하시고 하나님이 그들에게 〈복〉을 주시며 그들에게 이르시되 생육하고 번성하여 땅에 충만하라 땅을 정복하라 바다의 고기와 공중의 새와 땅에 움직이는 모든 생물을 다스리라 하시니라"(창 1:27,28). 이 복은 인간들이 저주를 경험하기 전에 주어진 하나님과 택하신 백성 사이의 확증된 관계를 의미한다. 이는 저주와 고통을 경험한 인간들이 기대하는 상대적 개념의 복과는 본질상 차이가 난다.

둘째, 하나님께서는 믿음의 조상 아브라함을 부르시면서 복에 대한 언약을 말씀하셨다: "너는 〈복〉의 근원이 될 것이라"(창 12:2). 여기서 아브라함을 통해 약속된 복은 타락한 세상에서의 부와 성공에 연관되는 것이 아니다. 본문에 언급된 복은, 아브라함이 '복의 근원' 즉 '예수 그리스도의 조상' 이 된다는 사실을 말해 주고 있다.

셋째, 모세를 통해 율법을 허락하신 하나님께서는 아론의 자손 제사장들로 하여금 성전제사와 더불어 여호와 하나님의 복을 선포하도록 요구하셨다: "여호와는 네게 〈복〉을 주시고 너를 지키시기를 원하며 여호와는 그 얼굴로 네게 비취사 은혜 베푸시기를 원하며 여호와는 그 얼굴을 네게로 향하여 드사 평강 주시기를 원하노라 할지니라 하라 그들은 이같이 내 이름으로 이스라엘 자손에게 축복할지니 내가 그들에게 〈복〉을 주리라" (민 6:24-27). 이 복은 장래 이스라엘 민족 가운데 오시게 될 메시아와 밀접하게 연관되어 있다.

넷째, 시편의 맨 앞에 기록된 노래 가운데 참된 복이 언급되고 있다: "〈복〉 있는 사람은 악인의 꾀를 좇지 아니하며 죄인의 길에 서지 아니하며 오만한 자의 자리에 앉지 아니하고 오직 여호와의 율법을 즐거워하여 그 율법을 주야로 묵상하는 자로다" (시 1:1,2). 이는 전체 시편에 대한 선언적 의미를 지닌다. 복 있는 자는 세상에서 성공하는 것이 아니라 여호와의 율법을 즐거워하며 여호와로부터 인정을 받게 된다. 이는 죄악 세상 가운데 살면서 율법을 통해 계시된 메시아를 소망하는 성도가 복된 자임을 말해주고 있다.

3. 산상수훈의 강령(3-16)

산상수훈에 언급된 복에 관한 내용들은 본질상 각기 분리될 성격이 아니라 한 덩어리이다. 그리고 그 복은 인간들의 만족을 위해 누릴 수 있는 현상적인 것이 아니다. 그 모든 내용들은 궁극적으로 이땅에 오신 예수님께 밀접하게 연관되어 있다. 그럼에도 불구하고 우리는 각각의 의미를 생각해 보아야 한다.

(1) 천국 백성의 내면적 실체(3-6)

① 마태복음 5장 3절에 기록된, "심령이 가난한 자는 복이 있나니 천국이 저희 것임이요"라는 말씀의 의미는 무엇일까? 학자들은 이에 대해 다양한 설명들을 하고 있다. 물질적 가난에 대한 것이라 주장하는 학자들이 있는가 하면, 의도적 가난을 추구하는 자를 말한다는 견해도 있다. 그리고 겸손한 삶의 자세를 의미하는 것으로 주장하는 자들도 있다. 그러나 이러한 견해들은 온당한 해석이 될 수 없다.

그렇다면 '심령이 가난한 자' 라는 말을 어떻게 이해해야 할까? 가난한 자는 누군가의 도움을 필요로 하는 사람이다. 즉 스스로 살아갈 수 없는 자들이다. 여기서 말하는 심령이란 사람의 영혼으로 이해할 수 있다. 심령이 가난하지 않은 자는 외부의 도움을 필요로 하지 않으며 그 필요성을 느끼지 못한다. 그들은 자기의 능력과 세상적인 형편으로 말미암아 하나님 없이도 스스로 만족을 느끼며 살아갈 수 있다.

이런 관점에서 이해한다면 심령이 가난한 자가 되어야만 성경이 말하는 메시아를 필요로 하게 된다. 우리는 예수님 당시 메시아를 소망하던 일반적인 환경을 잘 이해하고 있다. 그러므로 산상수훈 맨 앞부분에서 말하는 '심령이 가난한 자' 란 '메시아를 필요로 하는 자' 를 의미한다.[23] 성도에게 있어서 메시아가 없는 삶은 아무런 의미가 없다. 따라서 심령이 가난해 진정한 메시아를 영접하게 된 성도들이 곧 복 있는 자들이다.

② 마태복음 5장 4절에는, "애통하는 자는 복이 있나니 저희가 위로를

23) J. Calvin, The Commentary of the Gospel of Matthew 5:3 참조.

받을 것임이요"라 기록되어 있다. 여기서 '애통하는 자' 란 무슨 의미인가? 애통한다는 말 자체는 심하게 슬퍼한다는 뜻이다. 그렇다면 무엇 때문에 그렇게 애통해야 하는지 그 의미를 생각해 보아야 한다. 이것이 일반 윤리적인 의미가 아님은 명확하다. 즉 슬퍼해야 할 만한 명백한 이유가 없다면 애통하는 그 자체로서 의미가 있을 수는 없다. 학자들은 대개 이 말씀을 언급하며 세상에서 당하는 슬픔을 겪어내는 것이 곧 복의 조건이 된다고 설명한다.

그런데 문제가 되는 것은 이 세상에 살아가는 성도들 가운데 그런 류의 깊은 슬픔을 가지지 않는 자들이 많이 있다는 사실이다. 사도 바울은 데살로니가 교회에 편지하면서 "항상 기뻐하라"(살전 5:16)고 요구했다. 그 진정한 의미 해석은 차치하더라도 항상 기뻐하는 것과 애통해 하는 것은 상호 조화될 수 없다. 우리는 산상수훈을 읽을 때는 애통하는 삶을 살기로 작정하고 데살로니가 전서를 읽을 때는 기뻐하는 삶을 살도록 애써야 하는가?

산상수훈에서 말하는 '애통하는 자' 란 세상의 오만함과 그리스도를 욕되게 하는 처참한 형편을 보며 애통하라는 의미이다. 구약성경에 약속된 메시아가 오셨음에도 불구하고 그를 알아보지 못하고 도리어 저항하며 핍박하는 인간들 가운데서 애통해 할 수밖에 없다. 그것은 예수님의 고난이 끝난 우리 시대에 와서도 마찬가지이다. 여전히 하나님의 아들이신 그를 멸시하며 조롱하는 자들이 수없이 많다. 그로 말미암아 이 세상에서 신성으로 애통하는 성도들에게 천상의 위로가 임하게 된다.

③ 마태복음 5장 5절에는, "온유한 자는 복이 있나니 저희가 땅을 기업으로 받을 것임이요"라 기록하고 있다. 온유한 자는 부드러우면서 완력을 쓰지 않는 사람이다. 우리는 교회가 세상과 전투하는 위치에 놓여 있음을 확인했는데, 여기서 '온유한 자' 가 복이 있다고 하신 주님의 말씀을 어떻게 이해해야 할까? 주님께서 산상수훈을 말씀하시는 그 시간에도 전운戰雲

이 감돌고 있었다. 그런데도 주님께서는 온유한 자가 복이 있다고 말씀하셨다.

하지만 성경에 나타나는 신앙의 선배들 가운데는 진리로 인해 과격한 태도를 보인 인물들이 많이 있다. 그렇다면 성도는 어떨 때 온유해야 하며, 또 다른 어떨 때 과격해야 하는가? 나아가 그 기준에 대한 판단은 누가 어떻게 해야 하는가? 다수의 학자들은 성도들은 성품이 온유해야 한다고 가르치지만 그것은 윤리화된 개념으로 본질적으로 잘못되었다.

성경에 기록된 믿음의 선배들은 일반적으로 생각하는 온유한 성품을 가지고 있지 않았다. 엘리야, 아모스, 호세아, 이사야 같은 선지자들이 그런 류의 온유한 삶을 살았는가? 세례자 요한이나 베드로, 바울 같은 믿음의 선배들이 온유한 모습의 삶을 보였는가? 그들은 온유하기는커녕 진리를 위해 생명을 내어놓을 만큼 강한 성품을 지닌 자들이었다.

그러므로 교회와 그에 속한 성도들은 세상에 저항하는 자로서 강인한 자세와 더불어 주님께서 요구하시는 온유함을 견지해야 한다. 그것은 인간의 성품을 말하는 것이 아니며 예수 그리스도와 그의 사역에 대한 의미와 더불어 이해해야 한다. 예수께서는 하나님의 아들이자 천상의 왕이시면서 더러운 인간들에 의해 모진 박해를 받고 십자가 처형을 당하신 사실은 그의 온유한 모습을 그대로 보여주는 대목이다.

교회 곧 하나님의 백성은 예수 그리스도의 온유함에 참여하고 있다. 그는 교회의 기초가 되는 제자들에게 그점을 말씀하셨다. 세상에서는 힘 있고 유능한 자가 땅을 차지하게 된다. 그러나 하나님의 나라에는 자기 능력으로 땅을 확보하려는 인간들에게 돌아갈 몫이 없다. 그들이 취할 수 있는 세상의 땅은 잠시 취했다가 버리게 될 허망한 영역에 불과하다.

우리가 여기서 깨달아야 할 점은, 세상 사람들은 자기 능력을 통해 땅을 쟁취하게 되지만 하나님의 자녀는 땅을 하나님으로부터 상속받는다는 사실이다. 하나님께서 말씀하시는 온유한 성도들에게는 영원한 천상의 땅이

유업으로 약속되어 있다. 예수님의 말씀을 듣고 있던 제자들과 그 기초 위에 세워지게 될 교회와 성도들에게는 영원한 땅이 약속되어 있으며 그것이 곧 참된 복이다.

④ 마태복음 5장 6절에는, "의에 주리고 목마른 자는 복이 있나니 저희가 배부를 것임이요"라고 기록되어 있다. 학자들 중에는 이 본문이 마치 '사회정의' 를 말하고 있는 양 주장하는 자들이 상당수 있다. 그러나 그것은 잘못된 생각이다. 성경에는 일반 사회정의를 목적으로 삼아 투쟁에 나선 믿음의 사람이 없다.

성경은 오직 예수 그리스도 한 분만 의로운 자라 가르치고 있다. 노아를 비롯한 많은 믿음의 선배들이 의로운 자로 인정받은 것은 그들의 행동 때문이 아니라 '의로운 자' 에게 온전히 속해 있었기 때문이다. 따라서 '의에 주리고 목마른 자' 란 '의로운 하나님의 뜻을 갈망하는 자' 라는 뜻이다. 자기가 의롭다고 여기는 자들은 참된 의에 목말라 할 까닭이 없다. 자기가 불의한 자라는 사실을 깨닫는 자라야만 진정한 의를 갈망하게 된다.

그러므로 '의에 주리고 목마른 자' 는 인간이 얼마나 불의한 존재인가 하는 점을 분명히 인식한다. 자신의 불의가 무서운 심판의 대상이 됨을 깨달을 때 '의에 주리고 목말라' 할 수 있다. 죄에 빠진 인간들의 행위는 영원한 생명이 아니라 죽음의 길로 이끌어갈 따름이다. 주님의 제자들과 그 후에 세워지게 될 교회는 그 가르침을 삶의 중심에 두어야 한다. 하나님께서는 의에 주리고 목말라 하는 자들에게 풍성한 삶을 보장하신다.

(2) 천국 백성의 외면적 실체(7-9)

① 마태복음 5장 7절에는, "긍휼히 여기는 자는 복이 있나니 저희가 긍휼히 여김을 받을 것임이요"라고 기록되어 있다. 다수의 학자들은 이 말씀

또한 윤리적 관점에서 해석하고 있다. 이웃에게 긍휼을 베풀면서 살아가는 것이 성도의 윤리적 덕목이라는 것이다. 하지만 우리는, 이웃에게 긍휼을 베풀 만한 형편이 되지 않는 성도들이 많음을 기억한다. 그들은 긍휼을 베풀기는커녕 도리어 긍휼히 여김을 받아야 할 형편에 놓여 있다.

지금 예수님 앞에 앉아있는 제자들은 사실 남에게 긍휼을 베풀 만큼 여유 있는 형편이 되지 못한다. 그리고 성경에 나타나는 많은 성도들이 그와 유사한 열악한 형편에 처해 있었으며, 모진 박해를 받던 초대교회의 성도들이 그러했던 것을 우리가 기억하고 있다. 그렇다면 '긍휼히 여기라' 는 주님의 말씀은 무슨 의미를 지니고 있는가?

인간들 가운데 자기를 자랑할 만한 존재는 아무도 없다. 하나님의 백성은 그점을 올바르게 알아야만 한다. 그것을 깨닫지 못하면 다른 인간들에게 뿐 아니라 하나님 앞에서마저 교만하게 될 수밖에 없다. 따라서 철저하게 부패하고 무능한 인간의 한계를 깨달아 인간이 멸망에 빠질 수밖에 없는 존재임을 알 때 하나님 앞에서 겸손해질 수 있다.

물론 그 겸손마저도 인간의 미덕으로서의 겸손이 아니라 진리 앞에 처참한 인간의 모습을 발견하는 본질적 겸손이다. 그러므로 '긍휼히 여기는 자가 복이 있다' 는 말씀은 결코 교만할 수 없는 인간의 존재를 깨달아야 함을 의미한다. 그런 자여야만 예수 그리스도의 긍휼을 바라게 되며 하나님으로부터 긍휼을 입게 된다는 사실을 가르치고 있다.

② 마태복음 5장 8절은, "마음이 청결한 자는 복이 있나니 저희가 하나님을 볼 것임이요"라 말하고 있다. 마음이 청결한 자들이란 어떤 자들인가? 이 가르침을 오해하는 자들은 이 말씀을 종교적인 수양에 연관짓는 것을 보게 된다. 즉 욕심을 버리고 청결한 마음을 가지라는 것이다. 그것은 엄청난 오해를 불러오기 십상이다. 이는 불교나 도교에서 도나 선을 수행하는 것과 다르지 않을 수 있기 때문이다.

우리는 인간이 전적으로 부패했으므로 결코 스스로 청결하게 될 수 없는 존재임을 잘 알고 있다. 따라서 개혁주의 신학에서는 '인간의 전적 부패' 에 대한 의미를 매우 중요시한다. 성숙한 성도들은 천상의 나라와 세상에 대한 탐욕으로 인해 두 마음을 품지 않는다.

죄에 빠진 모든 인간은 본질상 세상을 탐하는 존재이다. 그러나 회개하여 그리스도를 따르는 자들은 그 욕망을 버리게 된다. 예수께서는 제자들에게 세상을 포기하도록 요구하셨다(마 16:24,25). 이는 세상의 모든 욕망을 포기하고 이기적인 삶을 추구하지 말라는 뜻이다. 따라서 '마음이 청결한 자' 란 '세상에 대한 탐욕을 포기하고 천상의 왕이신 주님을 따르는 자' 를 의미한다. 그로 인해 성도들은 세상이 아니라 하나님을 볼 수 있게 된다.

③ 마태복음 5장 9절에는, "화평케 하는 자는 복이 있나니 저희가 하나님의 아들이라 일컬음을 받을 것임이요"라 기록하고 있다. 이에 대해서도 많은 학자들이 '화평케 하는 자' 를 윤리적인 관점에서 이해한다. 사람들은 종종 'peace-maker' 라는 말과 그와 반대되는 의미를 지닌 'trouble-maker' 라는 용어를 사용한다.

본문에 언급된 '화평케 하는 자' 를 오해하는 자들은 그 의미를 일상적으로 사용되는 'peace-maker' 로 생각한다. 그러나 본질적인 측면에서 볼 때 하나님께서는 성도들에게 그런 식의 'peace-maker' 가 될 것을 요구하지 않으신다. 도리어 성경에 기록된 믿음의 선배들은 'peace-maker' 가 아니라 'trouble-maker' 였다.

우선 예수님 자신이 지도계층의 유대인들을 향해 '독사의 자식' 이라 비판하면서 전혀 화평의 제스처를 보이지 않으셨다. 예수께서 모진 핍박을 받고 십자가에 달리신 것은 그들의 잘못된 평화주의에 화답하지 않으셨기 때문이다. 구약시대의 여러 선지자들과 예수님의 제자들 가운데 우리가 일상적으로 생각하는 'peace-maker' 는 없었다.

그렇지만 믿음의 선배들은 하나님 안에서 진정한 'peace-maker' 였다. 그들은 일반 윤리적 개념에서가 아니라 하나님과 진리의 편에서 참된 화평을 추구한 자들이었다. 그 화평의 중심에는 인간의 몸을 입고 오신 예수 그리스도가 존재하고 계셨다. 중보자로서 그리스도가 없다면 영원하고 참된 화평이란 있을 수 없다. 그리스도가 없이 전개되는 화평은 진정한 화평이 아니라 도리어 저주가 됨을 기억해야 한다.

따라서 산상수훈에서 말하는 '화평케 하는 자' 들은 그리스도 안에서 하나님의 참된 화평을 선포하게 된다. 오늘날 교회와 그에 속한 성도들 역시 그와 동일한 교훈 아래 존재한다. 그들이 예수 그리스도로 인해 의롭게 되어 하나님의 아들로 인정받는 것이다.

(3) 하나님 나라의 본질적 실체(10-16)

① 마태복음 5장 10절에는, "의를 위하여 핍박을 받은 자는 복이 있나니 천국이 저희 것임이라" 고 기록되어 있다. 앞에서 언급한 바와 같이 참으로 의로운 자는 예수 그리스도 한 분밖에 없다. 그 의로운 예수님을 통해, 우리는 세상의 부와 권력을 얻게 되는 것이 아니라 도리어 핍박을 받게 됨을 시사하고 있다.

당시 대다수 이스라엘 백성들은 메시아가 오시면 로마제국 위에 군림할 것으로 생각했다. 즉 정치적이며 경제적인 메시아를 기대했다. 하지만 예수 그리스도가 오셨을 때 그는 일반 유대인들이 기대하던 정치적이며 경제적인 개혁을 시도하지 않으셨다. 따라서 전혀 다른 시각을 가지고 있던 사람들이 그를 알아볼 수 없었던 것은 당연하다.

예수께서는 제자들에게 '의로운 자로 오신 메시아' 를 통해 성도들이 세력을 얻게 되는 것이 아니라 도리어 핍박을 받게 된다고 가르치셨다. 주님께서는 멸망을 향해 나아가는 세상이 아니라 영원한 천국의 왕에 대해 말씀하셨다. 주님께서는 자기 백성이 아닌 세상에 속한 자들의 왕으로 인정받기를 원하지 않으셨다.

예수님과 그의 제자들, 그리고 하나님의 몸된 교회가 마귀의 권세 아래 있는 세상으로부터 핍박을 당하는 것은 마땅하다. 또한 그것은 교회에 속한 성도들이 타락한 왕국에 속하지 않았다는 세상으로부터의 증거가 된다. 그들에게 영원한 천국이 약속된 것은 그 어떤 것과도 비교가 될 수 없는 참된 복이다.

② 하나님의 의에 연결된 복(11,12) : 산상수훈에는 열두 제자와 그 이후에 설립될 교회가 욕과 핍박을 당하리라는 사실이 언급되어 있다. 성도들은 주님으로 인해 세상에서 칭찬과 명예를 얻는 것이 아니라 더욱 힘든 삶을 살게 된다. 예수께서는 자신이 하나님의 아들임에도 불구하고 세상으로부터 핍박을 받게 됨을 분명히 말씀하셨다.

그러므로 예수님의 모든 제자들은 세상에 살면서 인정을 받아 성공하여 영예를 누린 것이 아니라 도리어 견디기 어려운 고통을 당했다. 오늘날 우리 시대에도 이 교훈은 동일한 의미를 지니고 있다. 교회에 속한 하나님의 자녀들은 세속적인 부와 권력을 추구하지 않으며 세상으로부터 주어지는 영화를 기대하지 않는다.

그런데 현실적으로 보아 우리는 세상으로부터 주님께서 받으셨던 그런 핍박을 받고 있는가? 많은 사람들이 그렇지 않다고 생각할 것이다. 현재 우리는 예수님을 믿는다고 해서 세상권력으로부터 직접적인 핍박을 당하거나 그로 인해 생명을 잃을 염려가 전혀 없다.

그렇다면 이 말씀은 시대와 지역적 형편에 따라 차등적으로 주어진 교훈인가? 그것은 결코 그렇지 않다. 이 가르침의 내용은 예수 그리스도를 따르는 모든 교회에 공히 주어졌다. 그렇다면 우리는 이 말씀을 어떻게 이해해야 할까?

이 말씀의 본질은 세상이 가진 상이한 가치관에 연관되어 있다. 예수님과 그의 제자들이 신체적인 핍박을 받은 것은 천상의 가치와 대립하는 이 세상의 가치를 본질적으로 비판했기 때문이다. 즉 어떤 시대에는 마귀의 통치 아래 놓인 세상의 가치를 비판했을 때 신체적인 박해가 따랐으며 또 다른 어떤 시대에는 상이한 방식으로 핍박이 따르게 된다.

오늘날 우리 시대에도 예수 그리스도와 연관된 의를 절대적으로 추구하게 되면 그와 다른 가치관을 가진 자들로 말미암는 심한 핍박이 따를 수밖에 없다. 그런 성도들에게는 이 세상이 아니라 그리스도가 왕이신 영원한 천국이 허락되었다. 그것이 열두 제자를 기초로 하여 세워질 교회에 허락된 궁극적인 복이다.

우리는 가치관을 달리하는 세상의 인정을 받고 칭찬 듣는 것을 자랑스러워할 것이 아니라 도리어 견제해야 한다. 세상으로부터 칭찬을 듣고 좋은 말을 들을 때 결코 기뻐할 일이 아니다. 그것은 곧 주님의 몸된 교회가 마귀의 통치를 받고 있는 세상과 상통하는 가치관을 가지고 있음을 말해주고 있다. 세상이 교회를 칭찬한다면, 그것은 교회가 그리스도께서 요구하는 바 온전한 모습이 아니라 죄악된 세상과 조화되는 모습을 가지고 있기 때문임을 기억해야 한다. 누가복음에는 이에 관한 분명한 기록을 하고 있다.

> "모든 사람이 너희를 칭찬하면 화가 있도다 저희 조상들이 거짓 선지자들에게 이와 같이 하였느니라" (눅 6:26).

교회와 성도들은 타락한 세상과 결코 조화될 수 없는 가치관으로 인해 세상으로부터 욕을 당하고 핍박을 받을 때 기뻐하고 즐거워해야 한다. 물론 우리 시대처럼 교회가 세상 사람들보다 차라리 못한 윤리적 수준으로 인해 욕을 먹는 데 대해서는 땅을 치며 통탄할 일이다. 우리는 선지자들과 사도들이 그러했던 것처럼 세상으로부터 욕을 당하고 핍박을 당할 때는 그리스도 안에서 기뻐해야 한다.

우리가 여기서 주의를 기울여야 할 것은 구약시대 선지자들이 누구로부터 핍박을 당했는가 하는 점이다. 그들은 이방인이 아니라 이스라엘 민족 가운데 있는 거짓 지도자들로부터 핍박을 받았다. 예수님의 제자들을 비롯한 성도들 역시 유대인들로부터 심한 고난을 당했다. 주님께서는 오늘날도 그와 같을 것이라 말씀하셨다. 우리가 경계해야 할 자들은 교회 밖의 인물들이 아니라 하나님을 핑계대며 교회를 어지럽히는 기독교 내부의 불신자들이다.

교회 안의 거짓 지도자들이 세상에 추파를 던지며 영적 간음을 시도할 때 참된 주님의 자녀들이 그것을 강하게 비판하면 어떻게 될까? 그런 과정에서 핍박을 당하고 어려움을 당하는 자들은 역시 하나님의 자녀들이다. 하지만 참된 성도들은 그것을 통해 저들과 다른 천상의 가치관을 소유하고 있음을 확인하게 되며 그로 인해 약속된 천국을 보장받게 된다. 그러므로 주님께서는 산상수훈에서 천국에서 이루어질 보상에 대해 말씀하셨다.

마대복음 5장 12절의 '상' 은 일반적인 상(prize)이 아니라 보상(reward)을 의미한다. 이 세상에서 당하는 성도들의 고통은 나중에 받게 될 보상과는 비교가 되지 않는다. 따라서 성도가 기뻐하고 즐거워하는 것은 세상의 칭찬 때문이 아니라 도리어 그들로부터 욕을 당하기 때문이다. 성도는 세상의 가치관에 의해 칭찬받고 인정받는 것을 주의하며 경계해야 한다. 교회는 예수님의 제자들처럼 영원한 하늘나라에서 있을 보상을 소망하는 자들이다.

그럼에도 불구하고 우리는 세상으로부터 칭찬을 들으려 하고 좋은 말을 듣기 원하며 그로부터 얻게 되는 기쁨을 추구하지는 않는가? 기독교 내부의 배도자들로부터 인정받고자 추파를 던지지는 않는가? 우리는 주님께서 제자들과 교회에 허락하신 진정한 복에 관한 산상수훈의 교훈을 우리 시대 교회의 군건한 기초로 삼아야 한다.

③ '세상의 소금과 빛'으로서의 교회(13-16) : 예수께서는 제자들에게 "너희는 세상의 소금과 빛"이라고 말씀하셨다. 상당수 학자들은 이 교훈을 윤리적으로 해석하여 기독교인들이 세상에서 일반적인 선행을 행해야 하는 것으로 생각하고 있다. 그러나 성경본문의 소금과 빛이란 존재적 의미이며 현상적인 측면에 주안점을 두고 있지 않다.

그리고 우리는 주님께서 말씀하시는 소금과 빛이 구체적으로 무엇을 의미하는지 잘 생각해 볼 필요가 있다. 소금과 빛은 이미 교회 가운데 존재하고 있으므로 온전히 기능해야만 한다. 우리가 살고 있는 이 세상은 과연 어떤 곳인가? 하나님께서 보시기에 이 세상은 어떤 공간인가?

성경은 처음 사람 아담이 하나님께 범죄한 사건으로 인해 인간들뿐 아니라 이 세상(땅)도 함께 심판을 받았음을 말해 주고 있다(창 3:17-19). 우리가 명백히 알 수 있는 사실은, 아담의 범죄로 인해 당사자인 인간뿐 아니라 땅이 인간과 함께 저주를 받았다는 점이다. 그후부터 땅은 척박하여져 인간을 위한 음식물 공급을 방해하는 가시덤불과 엉겅퀴를 내게 되었다.

원래는 인간의 생명을 위한 공급원이었던 식물이, 하나님의 은혜에 따라 땅(자연)으로부터 선물로 주어졌었다. 하지만 인간이 사탄의 유혹을 받아 범죄하여 땅이 저주를 받음으로써 땀 흘리는 인간의 수고가 요구되었다. 이것은 하나님으로부터 공급되는 생명선生命線에 문제가 발생했음을 의미한다.

경험적 이성을 소유한 인간들은 땅이 하나님으로부터 저주받은 사실을 인식하지 못하고 살아가는 것이 일반적이다. 그들은 땅을 죄와 결부짓지 않고 가치중립적 상태에서 이해한다. 따라서 현대인들은 인간이 땅(자연)을 어떻게 대하느냐에 따라 인간에게 유익을 끼치기도 하고 그에 상응하는 재앙을 가져오기도 한다는 자연환경주의자들의 논리에 빠져 있다.

예수께서 열두 제자들에게 "너희는 세상의 소금과 빛이라" 고 말씀하실 때, '세상' 은 저주아래 있는 영역이었으며 제자들은 그 저주에서 벗어나 있었다. 즉 사탄이 지배하는 영역에 살아가는 모든 인간들은 저주 아래 놓여 있었지만, 젖과 꿀이 흐르는 약속의 땅인 복의 영역에서는 예수 그리스도로 말미암아 하나님의 백성이 태동되고 있었다.

따라서 우리가 이해해야 할 점은 '소금' 과 '빛' 이 존재하는 곳은 교회의 기초가 되는 열두 사도인 '너희' 라는 사실이다. 그리고 저주 아래 놓인 '세상' 은 주님께서 말씀하시는 '그 소금과 빛' 이 전혀 없는 저주의 공간이라는 점이다.

우리가 주님께서 교훈하시는 말씀의 문맥에서 얻을 수 있는 중요한 의미 가운데 하나는 소금이 없으므로 인해 이 세상에는 진정한 맛이 존재하지 않으며, 빛이 없으므로 인해 세상의 모든 인간들이 흑암에 빠져있다는 사실이다. 주님께서는 타락한 세상에 진정한 맛을 내는 소금이 없고 어두움을 밝히는 참 빛이 없어 모든 인간들이 생명을 상실한 채 흑암의 처참한 저주 아래 놓여있음을 말씀하고 계신다.

예수께서는 타락한 세상에 살고 있는 인간들이 보다 나은 삶을 유시할 수 있도록 교인들이 선행을 베풀어야 한다는 윤리적 교훈을 주시지 않았다. 오히려 사망 가운데서 신음하고 있는 처참한 인간들에게 선포되어야 할 생명과 관련된 교회의 기능에 대해 말씀하고 계신다. 즉, 본문에서 말하는 '선한 행실' (마 5:16)은 인간들의 윤리적 행위가 아니라 하나님의 선하신 사역에 연결되어 있다.

그러므로 교회는 생명의 근원이신 예수 그리스도를 세상에 드러내는 기능을 하게 된다. 그 생명의 공급자이신 예수 그리스도를 중심에 두고 있으므로 열두 제자들 또한 소금이 되어 있다. 예수께서는 결코 이를 통해 윤리적 교훈을 강조하지 않으셨다. 즉 제자들이 올바른 윤리를 실천함으로써 이웃의 칭찬을 듣도록 요구하셨던 것이 아니다.

만일 그렇게 되면 바로 앞의 구절에 기록된 "나를 인하여 너희를 욕하고 핍박하고 거짓으로 너희를 거스려 모든 악한 말을 들을 것이라"(11)는 말씀과 조화를 이룰 수 없다. 제자들이 세상 가운데서 예수 그리스도로 인해 욕을 당하고 핍박을 받게 되는 것은 이미 기정사실화 되어 있었다.

'너희는 세상의 소금'이라는 말씀이 윤리적 개념[24]이 아니라 진리에 관련되어 있음을 우리는 분명히 이해해야 한다. 다수의 학자들이 주장하는 것처럼, 그 소금이 세상의 부패를 억제하는 방부제 역할을 한다는 생각은 윤리적 해석을 하기 때문이다. 이미 저주를 받아 완전히 부패한 세상을 더 이상 부패하지 못하도록 한다는 것은 진리의 관점에서 볼 때 아무런 타당성이 없다.

예수께서는 사탄으로 말미암아 죄 가운데 빠져 완전히 부패한 '세상'(the world) 가운데는 '참 소금'(the salt)이 없으므로 인간들이 '참된 음식'[25]을 먹지 못하여 아사지경餓死之境에 놓여 있음을 지적하셨다. 그것은 단순한 윤리가 아니라 생명에 관련된 교훈이다. 따라서 '[나](예수 그리스도)를 중심에 두고 있는 [너희](교회)가 세상의 [소금]'이므로 맛을 내어 아사지경에 있는 죄악 세상에 생명을 공급하는 근원이 되라고 말씀하셨다. 주님의 제자들이 생명의 근원이 될 수 있었던 것은 그들의 윤리적인 선한 행동 때문이 아니라 진리이신 예수 그리스도 때문임이 명백하다.

---

24) 다수 신학자들은 '너희는 세상의 소금'이라는 의미를 윤리적으로 해석하고 있다. 그들은 소금을 방부제, 즉 세상의 부패를 막는 역할을 하는 것으로 보는 것이다; G. Cambell Morgan, The Gospel According to Matthew, 마태복음 강해(상), 5:13-16. 그러나 교회가 세상의 방부제 역할을 하는 것은 아니다. 세상은 하나님을 배반하여 떠난 자체로서 이미 부패한 상태에 놓여 있으며, 세상의 윤리적 부패에 대해 교회가 가져야 할 책임의 분량은 없다.

25) 예수께서는 자신을 가리켜 생명의 떡(요 6:48)이라고 말씀하신다. 그러므로 누구든지 그 떡을 먹어야만 생명을 얻어 유지할 수 있다. 따라서 오늘 우리의 시대에 이르기까지 교회는 매 주일 주님의 살과 피를 상징하는 떡과 포도주를 먹고 마심으로써 우리의 생명의 근원이 어디 있는지 은혜의 확인을 하게 되는 것이다.

교회가 감당해야 할 빛의 역할은 산상수훈의 직접 배경이 되는 마태복음 4장에서 "회개하라 천국이 가까웠느니라"는 주님의 선포를 위한 구약의 기록에서 명확히 드러나고 있다. 우리는, 예수께서 산상수훈을 말씀하시기에 앞서 이사야 선지자의 예언을 통해, 그리스도가 곧 '흑암의 빛' 이라는 사실이 선포되고 있음을 기억해야 한다(마 4:15,16).

주님께서는 '너희가 세상의 빛' 이라는 말씀을 통해 이 세상(the world)은 빛이 전혀 없는 흑암에 놓여있음을 강조하셨다. 즉 예수 그리스도와 제자들이 없는 '세상' 은 흑암에 싸여 아무것도 분별할 수 없는 죄와 사망의 구렁텅이었다. 이는 참 빛인 그리스도의 몸을 이루는 '교회' 가 세상 가운데 빛을 비추어 분별력을 제공하게 된다는 사실을 말해주고 있다.

우리가 다시금 명확히 깨달아야 할 점은 본문의 소금과 빛이 일반적인 것이 아니라 '특별한 소금' (the salt)과 '특별한 빛' (the light)이라는 사실이다. 그 특별한 소금과 빛은 천상에서 오신 예수 그리스도에 연관되며, 이제 그를 중심에 두고 있는 '교회' 가 세상의 진정한 소금과 빛의 역할을 감당하게 된다. 즉 교회가 참된 소금과 참된 빛을 소유하고 있으며 그리스도의 몸이 되었으니 그에 속한 성도들이 세상의 소금과 빛이라는 것이다.

열두 제자들이 기초가 되어 나중 예수 그리스도의 십자가 및 부활사역과 오순절 성령강림을 통해 설립되는 교회는 다락한 세상 가운데 존재하는 소금과 빛이다. 따라서 교회는 예수 그리스도와 영원한 진리를 소유하고 있는 생명공동체로 존재해야 한다. 그리하여 하나님께서 피로 값 주고 사신 교회의 본질을 명확하게 세움으로써 교회는 하나님의 영광에 참여하는 대상이 된다.

제9장
율법과 그리스도
(마 5:17-48)

1. 율법의 성취(5:17-20)

율법(the Law)에 관한 문제는 매우 중요하다. 이에 대한 올바른 깨달음 없이는 복음을 온전히 이해할 수 없다. 구약성경의 율법은 오실 메시아에 대한 길을 제시하고 있다. 따라서 율법을 지킴으로써 인간의 책임을 다하는 것이 아니라, 율법을 통해 오시게 될 메시아에 관한 하나님의 은혜를 깨달아야 한다.

율법의 의미를 오해하게 되면 위험한 율법주의에 빠지게 된다. 율법주의자들은 율법을 지킴으로써 의에 이르는 것처럼 주장한다. 그들은 인간이 율법을 잘 지킬 수 있을 것으로 여긴다. 사도 바울은 갈라디아 교회에 편지하면서 율법주의자들의 교훈은 경계해야 할 거짓 가르침임을 분명히 말하고 있다. 인간이 율법을 지킴으로써 구원에 이른다는 주장은 하나님의 은혜를 모르는 자들의 소치에서 발생하는 문제이다.

모세가 이스라엘 백성을 시내광야로 인도해 들어갔을 때 하나님께서는 특별한 율법을 주셨다. 하나님의 율법은 애굽의 법과 달랐으며, 그것을 통해 이스라엘 민족이 하나님께 속했음이 구체적으로 확증되었다. 그 율법은 인간들의 합의에 의해 제정된 것이 아니라 하나님으로부터 주어진 절대적인 법이었다.

하나님의 거룩한 율법을 소유한 백성들은 이방인들의 왕국과 대치관계에 놓여있었다. 하나님께서 특별히 세우신 나라와 공중권세 잡은 자의 관할 아래 있는 세상나라는 상호 적대관계일 수밖에 없다. 구약시대 이스라엘 왕국은 예수 그리스도로 말미암아 세워질 하나님 나라의 모형이 된다.

구약의 율법 아래 있던 백성들은 항상 예수 그리스도로 말미암는 영원한 나라를 바라보며 살아야 했다. 하나님께서는 백성들이 그 율법을 완벽하게 지키는 것 자체를 주된 목적으로 삼지 않으셨다. 오히려 그것을 통해 죄악을 깨닫고 세상에 오실 그리스도와 그의 왕국을 소망하는 것이 중요한 목적이었다(롬 3:20,21 참조).

그러므로 예수님은 자신이 율법이나 선지자를 폐하기 위해서가 아니라 완전케 하기 위해 오셨음을 밝혔다(마 5:17). 하지만 그 당시 대다수 이스라엘의 지도자들은 율법의 의미를 오해하고 있었다. 그들은 성경을 읽으면서도 기록된 말씀의 진정한 의미를 깨닫지 못했다. 즉 하나님은 성경을 통해 그리스도에 대해 증거하셨지만 무지몽매한 인간들은 율법이 자기를 위한 것이라 착각했다. 따라서 예수님은 성경을 오해하는 자들에게 분명히 말씀하셨다.

> "너희가 성경에서 영생을 얻는 줄 생각하고 성경을 상고하거니와 이 성경이 곧 내게 대하여 증거하는 것이로다"(요 5:39).

이 말씀은 성경에 기록된 율법을 통해 자기 의義를 확보함으로써 구원에 이르려고 하던 유대인들의 잘못에 대한 주님의 지적이다. 그것은 참된 신앙이 아니라 도리어 하나님에 대한 불신앙에 기인한다. 그들은 율법 가운데 약속된 메시아를 보지 못한 채, 단지 그것을 지킴으로써 종교적 의무를 다하고자 했던 것이다.

주님께서 "진실로 너희에게 이르노니 천지가 없어지기 전에는 율법의 일점일획이라도 반드시 없어지지 아니하고 다 이루리라"(마 5:18)고 말씀하신 것은 구약성경이 언약의 궁극적인 완성을 위해 언제나 효력이 있음을 말해준다. 즉 구약의 언약이 오신 메시아를 통해 일차적으로 성취되었지만 그 교훈은 여전히 교회 가운데 살아 존재한다. 따라서 오늘날의 교회도 구약을 통해 하나님의 놀라운 경륜과 진리를 알아가게 된다.

구약의 모든 율법은 예수 그리스도와 밀접하게 연관되어 있다. 즉 메시아에 대한 목적과 무관한 율법은 없다. 그런 차원에서 볼 때 율법은 그것이 어떤 형태이건 완벽하게 예수 그리스도를 지향하고 있다. 즉 모든 율법은 이스라엘 민족 가운데 오시게 되는 예수 그리스도께 초점이 맞추어져 있는 것이다.

그럼에도 불구하고 성경을 해석하던 다수의 서기관들과 바리새인들은 율법의 의미를 깨닫지 못하고 있었다. 그들은 율법을 지킴으로써 하나님에 대한 자기 의무를 다해 의로워지고자 했다. 그러나 율법을 주신 하나님의 의도는 그렇지 않았다. 하나님께서 특별히 택하신 언약 백성들에게 율법을 주신 것은 그들 가운데 메시아를 보내시기 위해서였다.

그러므로 어느 누구도 율법의 일부를 제하여 버릴 수 없으며 그렇게 가르쳐서는 안 된다. 그런 자들은 천국에서 하나님의 인정을 받지 못한다. 따라서 성숙한 성도라면 반드시 기록된 모든 율법에 순종하는 자세를 유지해야 한다. 하나님께서는 그런 성도들을 인정하시며 그것을 통해 교회의 상속이 이루어지기를 원하신다.

예수께서는 또한 제자들에게 '의'를 요구하셨다. 그러면서 서기관과 바리새인들의 신앙을 능가해야 함을 언급하셨는데 주의를 기울이지 않으면 저들에게 '어떤 의'가 있는 것으로 들릴 수 있다. 그러나 저들에게는 아무런 의가 존재하지 않는다. 그럼에도 불구하고 예수께서 그렇게 말씀하신 까닭은 제자들의 깨달음을 위해서였다.

예수님의 제자들의 신앙은 마땅히 서기관과 바리새인들을 능가한다. 이는 결코 윤리적인 것을 의미하지 않는다. 주님의 제자들은 서기관들을 능가하는 윤리적 삶을 살아야 한다거나 그들보다 더욱 철저하게 율법을 지켜야 한다는 뜻이 아니다. 우리는 성경을 통해 유대인들의 윤리주의나 율법주의가 인본적인 종교사상이라는 사실을 잘 알고 있다.

죄를 범한 인간들에게는 어떠한 의義도 존재하지 않으며 스스로 선善을 행할 만한 아무런 능력도 남아 있지 않다. 인간의 선행이나 노력을 통해 하나님의 영광에 도달할 자는 아무도 없다(롬 3:23). 하나님의 영광에 이를 수 있는 유일한 길은 철저한 율법준수가 아니라 하나님께서 예비하신 예수 그리스도로 말미암는 참된 믿음에 근거한다.

2. 형제에 대한 성도의 자세(5:21-26)

예수께서는 구약성경이 살인을 무서운 죄로 규정하지만 형제에게 화내고 욕하며 멸시하는 자들 역시 그와 마찬가지라고 말씀하셨다(22). 살인자가 심판을 받아 영멸에 빠지듯이 형제에게 그런 태도를 지니는 자들 역시 그와 동일한 심판의 대상이 된다. 이 말씀의 의미는 형제의 생명을 적극적으로 보호해야 함을 시사한다. 형제를 미워하고 증오하면 저의 생명을 존귀하게 여기는 마음을 가질 수 없다.

현대인들은 살인죄에 대해 지극히 둔감하다. 일반적인 살인은 금지되지만 특별한 경우에는 용납될 수 있는 것처럼 여긴다. 태중에 있는 아기의 생명을 경시한다든지 국가의 사형집행, 그리고 전쟁 중에 적군의 생명을 빼앗는 행위는 가능하다고 생각한다.[26] 그러나 어떤 경우라 할지라도 인

26) 이광호, "낙태 절대불가에 대하여", 손에 잡히는 신앙생활, 서울: 도서출판 깔뱅, 2007, pp.211-216; 이광호, "사형제도에 관한 기독교 윤리적 고찰", 철학논총 제26집, 제4권, 새한철학회, 2001. pp.321-334; 이광호, "국가의 전쟁수행권", 아름다운 신앙생활, 서울: 도서출판 깔뱅, 2007, pp.146-150 참조.

간에게는 타인의 생명을 박탈할 수 있는 권리가 주어져있지 않다.

예수님 당시 유대인들은 살인죄에 대해 매우 엄격했다. 그렇지만 구약성경이 언급하고 있는 살인에 관한 율법 자체에 대해서는 오해하고 있었다. 그들은 다른 사람의 생명을 해치지 않았으니 그점에 있어서는 스스로 의인이라 믿고 있었다. 그러나 예수께서는 예루살렘의 지도자들을 살인자와 동등한 범인으로 만들어 버리셨다.

산상수훈은 '형제' 에게 화내고 욕하며 멸시하는 행위를 살인과 동일한 것이라 규정짓고 있다. 본문에 언급된 '형제' 란 과연 누구를 지칭하고 있는가? 여기서 형제란 혈통적 관계가 아닌 하나님의 택한 백성을 의미하며 앞으로 세워질 교회와 그 성도들을 포함한다.

그러므로 '형제' 에게 화를 내는 것은 주님의 몸된 교회를 향해 화를 내는 것이며, '형제' 에게 욕을 하는 것은 신앙공동체인 교회를 향해 욕하는 것이 된다. 그리고 '형제' 를 멸시하는 것은 주님의 거룩한 교회를 멸시하는 것과 마찬가지다.

우리는 여기서 예수님과 그의 제자들의 그와 관련된 성품과 자세를 살펴볼 필요가 있다. 그들은 과연 아무에게도 화내지 않고 능멸하거나 미련한 자라 일컫지 않았는가? 그들은 진리를 훼손하는 자들을 향해 저주와 더불어 강도 높은 비난을 서슴지 않았다.

예수께서는 바리새인들에게 '독사의 자식' '회칠한 무덤' 등의 극언을 사용하며 책망하셨다. 또한 성전에서 봉사한다는 핑계를 대며 하나님을 우롱하던 유대인들의 상床을 뒤엎으시며 진노하셨다. 우리는 구약시대의 많은 선지자들이 불의한 종교지도자들에게 화를 발하며 하나님의 심판을 선포하던 사실을 생생히 기억하고 있다.

우리는 이러한 내용들을 통해 주님께서는 화를 내고 욕하며 질책하는 것 자체를 금하신 것이 아님을 알게 된다. 따라서 그가 가르치신 내용을 일반화해서 적용하려 해서는 안 된다. 즉 성도는 어떤 경우에도 남에게 화를 내거나 욕하고 비난하지 말아야 한다고 주장하는 것은 잘못이다. 우리가 깨달아야 할 바는 누구를 향해 무엇 때문에 화를 내고 책망하느냐 하는 점이다.

우리는 신앙공동체인 교회에 속한 성도인 '형제' 에 대해 성경의 정당한 근거 없이 화를 내고 욕하며 멸시하는 행위를 극히 조심해야 한다. 만일 그것이 자기의 욕망을 채우고자 하는 이기심으로 말미암는 것이라면 결코 행해서는 안 된다. 그 '형제' 는 주님의 몸 된 교회를 이루고 있는 구성원으로서 하나님의 피로 값 주고 사신 지체이기 때문이다. 따라서 주님께서는 그에 뒤이어 예배하는 자의 기본적인 조건에 관해 말씀하셨다.

> "그러므로 예물을 제단에 드리다가 거기서 네 형제에게 원망 들을 만한 일이 있는 줄 생각나거든 예물을 제단 앞에 두고 먼저 가서 형제와 화목하고 그 후에 와서 예물을 드리라" (마 5:23,24)

여기서 '형제로부터 원망들을 만한 일' 이란 과연 무엇일까? 이는 막연한 일상생활에 관한 말씀이 아니라 교회와 연관되는 의미이다. 하나님을 온전히 예배하기 위해서는 신앙공동체인 교회로서 온전한 상태가 유지되어야 한다. 성도들간의 진정한 화목 없이 행해지는 예배행위는 단순한 종교 활동에 지나지 않는다.

또한 주님께서는 자신을 소송하는 자에 대한 문제를 재판관의 판결이 있기 전에 해결하도록 요구하셨다(마 5:25). 이는 이웃에게 마땅히 갚아야 할 것에 관련된 문제이다. 신앙공동체인 교회에 속한 성도들간에는 소송[27]으로 발전될 만한 문제가 발생하지 말아야 한다. 세상법정의 판단을 기다린다는 것은 믿음의 관계가 파괴되었다는 의미이다. 따라서 성도들은 소송을 통한 판결이 내려지기 전에 그 문제를 해결하지 않으면 안 된다.

---

27) 고린도전서 6장 1절 이하 참조.

우리가 여기서 특히 관심을 기울여야 할 점은 소송에 관한 교훈이 살인 문제와 더불어 예배에 연관지어 기록되었다는 사실이다. 주님께서 주신 이 말씀은 교회론적 관점에서 이해되어야 한다. 개인의 유익을 도모하기 위해 신앙공동체인 교회의 구성원들을 상하게 하는 일은 있을 수 없으며, 하나님을 올바로 예배하는 자로서 그와 같은 행태가 발생해서는 안 된다.

그러므로 주님께서는 이웃을 상하게 한 것들을 머리털만큼이라도 남김없이 다 갚지 않는다면 그에 대한 모든 책임을 져야 할 것을 말씀하셨다(5:26). 따라서 하나님의 백성은 자신의 욕망으로 인해 이웃에게 부당한 피해를 끼쳐서는 안 된다. 성도들에게 행한 어떤 유형의 악행일지라도 그것을 해결하지 않는다면 하나님과의 신실한 관계를 유지할 수 없다.

3. 자신과 가정을 파괴하는 간음죄(5:27-32)

예수께서는 살인에 관한 율법해석에 이어 간음에 관한 율법과 그 의미를 말씀하셨다. 많은 사람들은 살인은 매우 중한 범죄인데 반해 간음은 그다지 중한 범죄행위가 아니라고 생각한다. 현대국가에서는 대개 간음을 법적인 죄악으로 보지 않는다. 이런 사회적 분위기 가운데 살고 있는 우리마저도 간음을 중죄重罪가 아닌 것으로 여길 우려가 있다.

우리는 간음이 살인보다 더 악한 범죄일 수 있다는 사실을 기억해야 한다. 살인은 한 개인의 생명을 박탈하는 행위지만 간음은 한 가정의 생명을 박탈하는 역할을 한다. 우리 시대에 만연하고 있는 간음행위는 가장 무서운 범죄임을 기억하지 않으면 안 된다.

예수께서는 산상수훈에서 간음에 관련된 율법의 의미를 밝히셨다. 예수님 당시 바리새인을 비롯한 율법주의자들은 육체적인 간음을 범하지 않는 것을 자신의 의로 내세웠다(눅 18:11). 그러나 여자를 보고 음욕을 품는 것 자체가 간음행위와 동일하다. 이와 같이 산상수훈은 모든 인간들을 간음자로 규정하고 있다.

사악한 유대인들이 간음 중에 현장에서 잡힌 여인을 데려와 예수님을 시험한 적이 있다(요 8:3-8). 성경을 연구하는 서기관들과 율법적 윤리주의에 빠진 바리새인들이 그것을 빌미로 예수님을 궁지로 몰아넣으려 했던 것이다. 그때 예수께서는 저들에게 '너희 가운데 과연 간음하지 않는 자가 하나라도 있느냐?' 고 반문하시며 모든 인간들이 간음자임을 천명하셨다. 그는, 간음하다가 현장에서 잡힌 여자뿐 아니라 마음속으로 간음하고 있으면서 자기는 아닌 척 하는 윤리주의자들을 더욱 심하게 책망하셨다.

나아가 예수님은 산상수훈에서 간음과 연관된 교훈을 주시면서 가히 충격적인 말씀을 하셨다. 만일 오른쪽 눈이 실족케 하거든 빼어 내버리고 오른손이 실족케 한다면 찍어버리라(마 5:29,30)는 것이었다. 이는 인간의 신체는 자신의 욕망을 위해 있는 것이 아니라 하나님의 뜻에 순종하기 위해 존재함을 강변하고 있는 것이다.

어리석은 인간들은 일시적인 욕망을 즐거움으로 삼지만 하나님의 자녀들은 영원한 천국에 속해 하나님을 찬양하는 것을 진정한 소망으로 삼는다. 따라서 자신의 지체가 실족케 한다면 그것을 찍어 내버리는 것이 도리어 참된 유익이 된다. 그렇다면 주님께서는 우리가 정말 그렇게 실행하도록 요구하신 것일까? 우리는 그 교훈을 주신 예수님의 근본적인 의도를 정확하게 깨달아야만 한다.

우리 시대의 또 다른 심각한 문제 가운데 하나는 이혼으로 인한 가정파괴에 대한 둔감성이다. 이혼은 간음을 유발하는 악행이다. 원리적인 측면에서 볼 때 이혼은 어떤 경우에도 허용되어서는 안 된다.[28] 혼인은 개인과

28) 이광호, "성경은 이혼을 허용하는가". 교회를 위한 신학적 관심들, pp.50-53; 같은 책, "이혼불능", pp.115-118; 같은 책, "이혼, 이런 경우는 어떻게 합니까?", pp.421-424 참조: Augustine은 "음행한 아내까지 용서하지 못하면 참 그리스도인이 될 수 없다"고 말했다(이상근, 신약주해 마태복음 5:32 참조).

개인의 사적인 관계가 아니라 집안과 집안의 공적인 관계이다. 나아가 부부 사이에 출생한 자녀와 사회에 연관된 문제이다.

또한 성도들에게 있어서 혼인은 하나님의 섭리와 경륜에 따른 신앙공동체인 교회에 연관되어 있다. 따라서 하나님의 자녀들에게는 이혼이 허용될 수 없다. 이혼은 결국 하나님의 경륜을 신뢰하는 마음이 아니라 자기의 이기적인 욕망으로 말미암는 것이기 때문이다.

그런데 구약의 율법은 아내를 버리려거든 이혼증서를 써 주라고 기록하고 있다(신 24:1). 하나님께서 이스라엘 백성에게 이혼을 허용한 것은 메시아를 배태胚胎한 민족의 순결을 유지하기 위해서였다. 음행은 이스라엘을 더럽히는 것이기에 그것을 방지하기 위해 모세의 율법을 통해 이혼이 허용되었던 것이다.

그럼에도 불구하고 예수께서는 아내가 음행을 저지를 경우 이혼을 허용하는 듯한 언급을 하셨다(마 5:32 참조). 그러나 주님의 본 뜻은 그렇지 않다. 우리는 '음행한 연고 없이는 ...' 이라는 말씀을 앞에 기록된 내용과 더불어 이해해야 한다. 즉 '여자를 보고 음욕을 품는 자마다 이미 간음한 것'이라 했다. 음행은 육체적 행위뿐 아니라 마음속으로 음욕을 품는 것 자체가 문제이다. 그렇다면 모든 사람은 음행을 범하고 있으므로 누구나 이혼의 조건을 가지게 된다.

그러므로 우리는 음행이 이혼의 조건으로 제시되고 있는 것이 아님을 알 수 있다. 하지만 오늘날 기독교에서는 그에 대해 많은 오해를 하고 있다. 현대 기독교에서는 일반적으로 두 가지 이혼조건을 인정한다. 하나는 배우자가 간음했을 경우이며 다른 하나는 배우자가 이단사상에 빠질 경우이다. 그럴 경우에는 교회가 합법적으로 이혼을 인정하고 있다.[29]

그러나 교회는 그에 대해 매우 조심스럽게 다시금 고려해 보아야 한다. 우리는 배우자가 아닌 다른 가족이 간음을 범했거나 이단사상에 빠지게

29) The Westminster Confession of Faith, 24.

되었다고 해서 그와 가족관계를 완전히 단절하지 않는다. 하나님의 자녀들은 주님께서 주신 이 말씀을 통해 한 없이 교만한 자신의 모습을 돌아볼 수 있어야 한다.

혼인과 가정은 개인의 욕망이 아니라 배우자와 가족, 나아가 교회를 위한 것임을 깨닫는 것은 매우 중요하다. 하나님의 거룩한 교회에 속한 성도들은 순결에 대한 올바른 깨달음을 가져야 한다. 주님께서는 이기심과 자기욕망에 사로잡혀 있는 인간들을 잘 아시기에 제자들에게 그점을 일컬어 교훈하셨던 것이다.

4. 인간의 한계와 맹세(5:33-37)

앞에 언급된 살인과 간음은 매우 악한 일인데 반해 '맹세'는 좋은 것이라 생각될 수도 있다. 살인, 간음은 타인에 대한 범죄에 해당하지만 '맹세'는 도리어 그와 반대되는 개념으로 보이기 때문이다. 그런데 주님께서는 그것들을 동일한 맥락에서 말씀하신다.

구약성경은 이스라엘 백성들에게 맹세한 것을 '주께 지키라'고 요구했다. 하나님에 대한 맹세의 핵심에는 하나님과 그의 백성 사이의 관계가 드러난다. 이스라엘 민족이 아닌 이방인들은 하나님께 어떠한 맹세도 할 수 없다. 이는 하나님과 이방 민족 사이에 아무런 관계가 없을 뿐더러 그들은 하나님을 알지 못하기 때문이다.

구약성경에는 맹세와 관련된 기록들이 전체적으로 많이 나온다. 이는 하나님 앞에서 이기적인 삶을 살지 않겠다는 고백적 의미를 지니고 있다. 그러나 악한 자들은 여호와 하나님께 맹세하면서 동시에 이방신에게 맹세하기도 했다. 그런 자들은 이기심에 가득 차 헛맹세하는 자들이었다(습 1:5). 그런 맹세는 하나님에 대한 진정한 순종의 표시가 아니라 욕망을 위한 종교적 악행에 지나지 않는다.

"너희는 내 이름으로 거짓 맹세함으로 네 하나님의 이름을 욕되게 하지 말라 나는 여호와니라"(레 19:12);

"그들이 여호와의 사심으로 맹세할지라도 실상은 거짓 맹세니라"(렘 5:2)

예수님 당시에도 예루살렘의 지도자들은 헛맹세나 거짓 맹세를 하는 일이 빈번했다. 그들은 땅이나 예루살렘 혹은 자신의 신체를 두고 맹세하며 종교적 만족을 누렸다. 그러나 주님께서는 자기 제자들에게 하나님을 욕되게 하는 그런 악행을 용납해서는 안 된다고 말씀하셨다. 성도들은 하나님의 뜻에 온전히 순종하고자 하는 마음을 가지게 될 따름이다.

그러므로 예수께서는 산상수훈에서 '도무지 맹세하지 말라' 고 하셨다. 이는 인간의 나약성과 그리스도의 온전성에 연관된 말씀이다. 인간에게는 하나님 앞에서 맹세한 것을 지킬 만한 능력이 없다. 인간은 자기의 머리카락 한 올도 희고 검게 할 수 없는 존재이다. 하지만 무능한 인간들은 하나님을 멀리한 상태에서 자신을 유능한 존재로 착각하고 있다.

그런데 사도교회 시대에도 '서원' 을 행한 기록이 나온다. 사도 바울은 서원을 한 후 머리를 깎았으며 예루살렘에서 형제들과 함께 서원을 지켰다(행 18:18; 21:23). 신약성경에서 보여주는 바울이 행한 서원의 의미는 무엇인가? 주님께서 산상수훈에서 이 말씀을 하셨음에도 불구하고 바울은 서원을 하고 그것을 지켰다.

우리는 신약성경에 나타나는 사도들의 서원에서 구약과 사도교회의 특별한 관계를 보게 된다. 예수님의 사역 이후 AD 70년 예루살렘 성전이 파괴되고 신약성경의 계시가 완성되기까지 구약의 구속사적 율법의 의미가 교회 가운데 효력을 발생했다.[30] 사도들이 서원을 하고 그것을 지킨 것은 개인적인 목적을 위해서가 아니라 구속사적 의미 가운데서 주님의 몸된

30) 이광호, "요한계시록의 기록을 통해 드러나는 하나님의 영광 -계시록 2,3장의 소아시아 일곱 교회를 중심으로 한 서언적 논술", 정통신학, 제1집, 해서신학연구원, pp.127-163.

교회가 확립됨을 염두에 둔 행위였다.

그럼에도 불구하고 우리 시대에는 잘못된 맹세와 서원이 넘쳐난다. 어린 교인들은 맹세하지 말라고 하신 주님의 말씀을 선별적으로 적용한다. 특히 신앙심이 돈독하다고 여기는 자들이 헌신獻身과 헌금獻金에 연관된 서원을 빈번히 한다. 주님께서 맹세하지 말라고 하셨지만 자기의 종교적 충성심을 나타내기 위해 그런 행위를 하는 것이다.

성숙한 성도들은 그런 식의 맹세를 하지 않는다. 우리 시대에 행해지는 서원이나 맹세는 자기 의를 위한 욕망에 기인한다. 개인의 결단에 따라 하나님의 목적을 달성할 수 있는 것처럼 만용을 부리는 것은 참 신앙이 아니라 불신앙이다.[31] 우리는 하나님의 크고 놀라우심과 인간의 나약함을 깨닫는 가운데 '옳은 것은 옳다, 아닌 것은 아니라' 할 수 있을 뿐이다.

5. '동해보복' 과 성도의 자세(5:38-42)

구약의 율법은 동해보복의 원칙(출 21:24; 레 24:20; 신 19:21)을 허용한다. 한 개인이 다른 사람으로부터 피해를 당했을 때 당한 만큼 그에게 보복할 수 있는 법적인 제도를 허용한 것이다. 율법주의에 충실하던 자들은 그것을 문자적으로 이해하여 그렇게 이행하는 것이 당연한 것이라 생각했다.

구약에서 동해보복이 허용된 것은 단순히 개인의 권리를 옹호하거나 일반적인 적법성을 보여주고자 하는 것이 그 일차적인 목적이 아니었다. 하나님께서 동해보복을 허용하신 것은 메시아를 위해 선택된 민족의 언약과 관련된 것이며, 이스라엘 왕국에는 절대 그런 악한 죄가 존재해서는 안 된다는 것을 말씀하시고자 함이었다.

---

31) 개인적인 맹세와 서원은 신약교회에서 행하는 '서약' 과 다른 개념이다. '서약' 은 세례나 유아세례를 받을 때와 직분을 받을 때 다짐하는 교회의 공적이며 고백적인 성격을 지니고 있다.

예수께서는 이제 그 율법에 관해 언급하시면서 제자들에게 그에 대한 진정한 의미를 가르쳐 주셨다. 예루살렘에는 개인의 종교적 권익을 추구하며 하나님을 떠난 악한 자들이 많았다. 그들은 스스로 하나님을 믿는다고 주장하면서 온갖 종교적 행위들을 다했지만 사실은 하나님을 대적하며 욕되게 하는 악한 무리들이었다.

그런데 주님께서는 제자들에게 그 악한 자들과 맞서 싸워 권리를 찾을 것이 아니라 그들이 원하는 대로 양보하며 포기하라고 가르치셨다. 예수님은 저들을 '악하지 않다' 고 말씀하신 것이 아니라 '악한 자들' 이라고 명백하게 규정하셨다. 그들은 하나님 보시기에 악했지만, 제자들은 저들의 부당한 요구에 대해 물리적으로 대응하지 말아야 했다.

예수께서는 본문 가운데서 억울한 폭행과 소송에서 성도들이 취해야 할 자세에 대해 말씀하셨다. 하나님의 자녀들은 폭행을 당할 때 저들과 맞서 싸우며 권리행사를 하지 않는다. 대신 진리를 모르는 채 욕망을 추구하는 저들의 원하는 바를 들어줄 수밖에 없다. 그것이 신체적인 문제이건 재산상의 소송에 관련된 문제이건 마찬가지다.

그렇지만 이 문제를 사회적인 입장에서 본다면 그리 간단하지 않다. 누가 오른편 뺨을 때려 폭행하는데 왼편을 돌려대는 것은 그로 하여금 더 많은 죄를 범하게 하는 것이 될지도 모른다. 즉 폭행에 대해 적절하게 대처하지 않고 방치하거나 회피하게 되면 자칫 악행을 조장하는 분위기를 형성할 수도 있다.

하지만 그런 자들과 법정소송을 통해 옳고 그름을 따져 가리는 것은 아무런 의미가 없다. 일단 자기의 고집을 내세워 욕망을 추구하는 자에게는 그가 원하는 대로 다 들어주는 것이 복음을 아는 자들의 자세이다. 이는 하나님의 자녀들은 이 세상이 아니라 영원한 천국에 소망을 두고 있음을 분명히 말해 주고 있다.

또한 주님께서는 제자들에게 연약한 자들의 요구를 거절하지 말라고 하셨다. 여기에는 복음을 모르는 유대인이라 할지라도 저들을 외면하지 말라는 의미가 포함되어 있다. 따라서 나약한 상태에서 혼자 갈 수 없어 오리까지 함께 가줄 것을 요구하거든 십리까지 동행해 주고, 먹을 양식이 없어 꾸고자 하거든 그들에게 먹을 양식을 나눠 주라는 것이었다.

주님께서는 왜 그점을 강조하여 말씀하셨을까? 이 말씀이 과연 단순히 가난한 이웃을 도와주는 차원에서 말하는 윤리적 교훈일까? 우리는 예수님과 그의 제자들이 과연 악한 자들을 전혀 대적하지 않으셨는지 생각해 보아야 한다.

예수께서는 예루살렘의 유대인들과 끊임없이 대적해 싸우시면서 천국 복음을 선포하셨다. 그것은 생명을 담보로 하는 전쟁과 같은 싸움이었다. 그가 그런 싸움을 지속하신 것은 택하신 자기 백성을 죄의 굴레로부터 인도해 내시려는 사랑 때문이었다.

우리는 주님께서 '악한 자들' 에 대해 말씀하시지만 실상은 그들 가운데 살아가는 '성도들' 곧 교회를 위해 말씀하고 계신다는 사실을 깨달아야 한다. 즉 성도들은 항상 하나님을 알지 못하는 악한 자들 가운데서 부대끼며 살아간다. 하지만 성도들에게 중요한 것은 하나님과 그의 영원한 나라이다.

6. 성도의 진정한 사랑(5:43-48)

본문에서 말하는 '이웃' (neighbour)과 '원수' (enemy)는 과연 누구를 지칭하는가? 여기서 이웃과 원수란 인간의 감정적인 이해관계가 아니라 하나님을 중심으로 하여 드러난다. 하나님의 자녀와 불신자들 사이에는 항상 뚜렷한 경계선이 놓여 있다. 이는 언약백성으로서의 신분과 특별히 조성된 구속사 가운데 존재하는 왕국개념과 연관된다.

그렇다면 성경이 말하고 있는 원수란 구체적으로 어떤 사람들을 일컬을까? 구약성경에서 말하는 원수란 우선 하나님의 선민인 이스라엘 백성을 적대시하는 이방민족이었다. 또한 구약시대 하나님의 자녀들에게 있어서 직접 부딪치는 적대적인 원수는 이스라엘 내부에 있는 불신자들이었다. 그들은 종교적인 욕망을 달성하기 위해 선지자들의 가르침을 좇아 살아가는 백성들을 핍박했다.

그러므로 예수님 당시의 원수는 로마제국과 예루살렘에 거주하는 종교지도자들이었다. 특히 제사장들과 장로들, 서기관들, 바리새인들 등이 직접적인 원수(enemy)였다. 그들은 예수께서 인간의 몸을 입고 세상에 오셨을 때 처음부터 그를 적대시했으며 살해를 시도했다(마 2:16). 그들은 또한 예수님의 공 사역 기간 중 그를 나사렛 이단으로 몰아갔었다.

그런데 주님께서는 산상수훈에서 '원수(enemy)를 사랑하라' 고 말씀하셨다. 우리는 주님께서 제자들에게 원수를 사랑하라고 요구하신 의미를 잘 파악해야 한다. 하나님은 선악간의 모든 인간들에게 자연을 통한 일반은총을 베푸셨다. 이는 하나님의 은총을 함부로 파괴하지 말라는 의미가 담겨 있다.

우리가 여기서 이와 더불어 생각해 보아야 할 점은 예수님과 그의 제자들의 사랑의 범위이다. 예수님과 그의 제자들은 과연 바리새인과 서기관을 비롯한 유대인들을 마음으로부터 사랑했었는가? 예수께서는 예루살렘에 있는 유대인 지도자들에게 강한 분노를 표하셨다. 그럼에도 불구하고 원수를 사랑하고 핍박하는 자를 위하여 기도하라고 요구하셨다. 그렇게 함으로써 하나님의 자녀가 되었음을 확인하게 된다는 것이었다.

우리가 여기서 주의 깊게 깨달아야 할 바는 원수를 사랑하고 그들을 위해 기도하라는 예수님의 말씀이 예루살렘과 이스라엘 민족의 역할에 연관되어 있다는 사실이다. 주님의 제자들이 예루살렘에 살고 있는 하나님의 대적자들을 자기중심적 증오가 아니라 사랑으로 대해야 했던 것은 그 가운데 하나님의 경륜이 들어있기 때문이며 그들을 위해 기도하도록 요구하신 것은 아직 그들의 역할이 남아있었기 때문이다.

그렇다면 사도시대의 모든 역할이 성취된 우리 시대의 교회에도 여전히 그 말씀은 적용되어야 하는가? 우리는 그렇다고 대답해야 한다. 이는 구약시대의 율법이 이미 완성되었음에도 불구하고 여전히 우리에게 그 의미가 유효하게 발생하고 있는 것과 동일하다.

그러므로 '원수를 사랑하는 것' 과 '핍박하는 자를 위해 기도해야 하는 것' 에 대한 교회적 의미를 확인하게 된다. 여기서 원수를 사랑하고 핍박하는 자들을 위해 기도하는 것은 결코 그것이 구원의 조건이 된다는 말이 아니다. 이는 하나님의 자녀가 소유한 구속사적 의미를 분명히 깨달아야 함을 말해주고 있다.

예수께서는 산상수훈에서 다른 사람들에 대한 사랑을 표현할 때 자신의 욕망과 자기만족을 추구하지 말도록 요구하셨다. 교회에 속한 성도들의 사랑은 세상의 것과 본질적으로 차이가 난다. 하나님을 알지 못하는 자들의 사랑은 전적으로 개인적인 취향과 조건에 기인한다.

그러나 하나님의 자녀들에게 있어서 진정한 사랑의 기초는 예수 그리스도와의 관계에서 발생한다. 주님의 사역에 기인한 사랑이 아니라면 어떠한 모양을 띠고 있다할지라도 진정한 사랑이 될 수 없다. 우리는 그리스도로 말미암는 참된 사랑을 알게 될 때 그 사랑을 성도의 삶 속에 누리게 된다.

산상수훈에 기록된 '원수를 사랑하라' 는 말씀과 '너희를 핍박하는 자를 위하여 기도하라' 는 말씀은 결코 종교 윤리적인 교훈이 아니다. 이는 교회가 구속사 가운데서 이해해야 할 말씀이며 그 의미가 오늘날 우리에게 여전히 강력한 효력을 지니고 있다. 우리 역시 교회에 속한 성도로서 그에 온전히 순종할 때 하나님의 온전함에 참여할 수 있게 된다.

제10장
하나님 앞에서의 신앙

(마 6:1-18)

1. 의義와 구제에 관한 교훈(1-4)

인간들은 항상 타인과 비교하여 상대적 우위를 점하려는 속성을 가진다. 그것이 무형적이든 유형적이든 혹은 적극적이든 소극적이든 간에 그런 속성을 지니고 있다. 따라서 사람들은 서로간 경쟁관계에 놓이게 되며 비교를 통해 삶의 의미를 확인하게 된다.

주님께서는 자신의 상대적 의를 자랑거리로 삼는 자들을 엄하게 책망하셨다. 특히 그것을 개인의 종교적인 자부심으로 여기는 행위에 대해 경고하셨다. 그는 제자들에게 사람들의 눈을 의식해 의를 행하지 않도록 가르치셨던 것이다.

하나님으로 말미암는 진정한 '의' 는 인간들의 인정認定과 상관이 없다. 사람들에게 보이기 위해 의를 행하는 것은 하나님을 경외하는 삶과 정면으로 배치된다. 성도들이 가져야 할 신앙자세는 '하나님 앞에서' 사는 고백적인 삶이다. 따라서 인간들을 의식한 종교적 선행이 신앙의 주된 목적이 될 수 없다.

성도의 참된 삶의 의미는 그리스도 안에서만 드러난다. 하지만 잘못된 종교인들은 하나님을 관념적으로 사고하며 사람들 앞에서 자신의 의를 드러내려 한다. 그럴 경우 설령 입술로 하나님의 영광을 언급하며 선을 행할지라도 실상은 종교적 욕망을 추구하는 것에 지나지 않는다.

예수님 당시 지도계층에 있던 유대인들은 그런 잘못된 의식을 가지고 있었다. 그들은 종교적 의무로써 율법을 지키며 구제에 열중했다. 그들은 가난한 자들에게 무엇인가 베풀 만한 경제적 형편이 되는 것을 하나님께서 주시는 복이라 믿었다. 불쌍한 자들에게 선행을 베풀 수 있는 풍요로움이 하나님의 복이며, 그것을 최선의 덕목이라 여겼던 것이다.

우리는 여기서 겉으로 드러나게 '의'를 행하는 것은 자신을 포함한 인간을 의식한 결과라는 사실을 알게 된다. 하나님을 배신한 인간은 참된 의를 행할 수 있는 존재가 되지 못한다. 의로우신 분은 오직 하나님 한 분밖에 없다. 따라서 인간들이 의라고 여기는 것은 죄 가운데 발생하는 윤리적인 기준에 근거한다.

그럼에도 불구하고 사람들 앞에서 선을 행하는 자들은 자기에게 그럴 만한 능력이 있는 듯이 착각한다. 하지만 타인의 이목耳目을 의식한 행위는 자신을 드러내기 위한 방편에 지나지 않는다. 그것은 이웃을 기억하는 진정한 고백적 삶이 아니라 개인의 내밀한 욕망을 추구하는 종교적인 방편으로 활용될 따름이다.

예수님 당시의 많은 유대인들은 자신의 의를 드러내는 것에 대해 상당한 자부심을 가지고 있었다. 그것은 주변 사람들과의 비교를 통해 얻게 되는 종교적 만족감에 기인한다. 그들은 자신의 윤리적인 행위를 통해 하나님으로부터 대단한 상을 받을 것으로 믿었다. 그러나 의를 행한다는 명분을 앞세워 욕망을 추구하는 자들에게 주어질 상은 없다.

위선적인 유대인들은 회당과 길거리에서 많은 사람들이 보는 가운데 나팔을 불며 구제운동을 벌였다. 그들은 큰소리로 구제를 외치면서 가난한 자들을 위한 자신의 모습을 외부에 드러냈다. 대다수 사람들은 그런 구제운동이 종교적인 덕목이라 믿었다. 유대인 지도자들은 가난한 이웃을 위한 구제에 앞장섬으로써 백성들로부터 존경을 받았을 것이 분명하다.

그들은 가난한 자들을 위한 구제운동을 통해 모금한 돈을 횡령하거나 그것을 아무렇게나 사용하지 않았을 것이다. 그럼에도 불구하고 주님께서 저들을 책망하셨던 것은 종교적인 의를 드러내고자 하는 저들의 잘못된 태도 때문이었다.

성경에서 말하는 구제는 '교회적 구제' 이다. 이는 단순히 가난한 사람에게 자선을 베푸는 것 이상의 의미를 지닌다. 즉 '교회적 구제' 란 성도들 간의 생존문제에 있어서 '평균한' 삶을 살아가는 것을 의미한다(고후 8:13-15). 교회 가운데 부자는 넉넉하여 넘치도록 먹고 가난한 자는 먹을 것이 없어 굶주리는 일이 있어서는 안 된다.

따라서 우리는 구제와 연관된 성경의 원리를 잘 이해해야 한다. 구제가 가난한 자들에 대한 부자의 자선행위라 생각한다면 성도들 중 가난한 자는 구제에 참여할 수 없게 된다. 그렇게 되면 부자는 의를 행할 기회가 많지만 가난한 성도는 그럴 기회를 가지기 어렵다.

그러나 그런 사고는 성경의 교훈과 거리가 먼 인간의 경험과 이성에 기초한다. 이에 대해 오해하게 되면 의를 행하기 위해서는 부자가 되어야 하며 부자가 되는 것이 더 많은 의를 행하기 위한 조건이 되는 것처럼 되어버린다. 그것은 결국 부자가 되어야만 하나님의 은혜를 더 풍족하게 누릴 수 있다는 잘못된 논리를 성립케 한다.

하지만 성도들이 깨달아야 할 '교회적 구제' 란 그렇지 않다. 부유한 성도이건 가난한 성도이건 하나님 앞에서 교만하거나 비굴하지 않은 겸손한 자세를 유지해야 한다. 교회 안에는 부자와 가난한 자 사이에 하나님께서 주시는 복의 차이가 나지 않는다. 이는 비단 물질에 관련된 문제뿐 아니라 모든 면에서 동일하다. 건강, 명예, 능력, 직업, 외모 등에 있어서도 그 의미는 동일하게 적용되어야 한다.

그런데 우리는 자신을 드러내기 위해 세상적인 것들을 앞세우지 않는가? 모든 성도들은 이에 대해 깊은 주의를 기울여야 한다. 자기가 다른 사람들보다 상대적 우위에 선 것으로 판단하여 자부심을 느끼며 가난한 자들에게 약간의 선행을 행함으로써 만족을 누리려 한다면 그것은 매우 위험한 자세가 아닐 수 없다.

주님께서는 구제할 때 아무도 모르게 하라고 강조해 말씀하셨다. 그러나 조용히 구제해야만 그것이 자신의 의가 된다고 여겨 그렇게 한다면 사람들 앞에서 떠벌리며 행하는 것과 다를 바 없다. 아무도 모르게 구제함으로써 하나님 앞에서 자기 의를 세우려는 것은 더욱 교묘한 악이 될지도 모른다. 따라서 주님께서는 구제를 하면서 오른손이 하는 것을 왼손이 모르게 하라고 요구하셨다(마 6:3,4).

그런데 '오른손이 하는 것을 왼손이 모르게 하라'는 말씀은 무슨 의미인가? 이 교훈의 실천이 과연 가능한가? 그렇지 않다면 불가능한 일을 요구하신 주님의 의도는 무엇일까? 이는 비밀리에 구제하라는 의미와 함께 자신의 선행을 기억하지 말 것을 요구하는 것이다.

그러면 자기가 직접 행한 일을 어떻게 기억하지 않을 수 있는가? 이 말은 가난한 자에게 실천한 구제를 특별히 의로운 행위로 여기지 말라는 뜻이다. 그것은 성도의 삶 가운데 마땅히 드러나는 자연스런 고백적 표현일 뿐이기 때문이다.

이는 결코 윤리적으로 겸손한 자세를 가지라는 말이 아니다. 이웃을 위한 성도들의 교회적 구제는 특별한 일이 될 수 없다.[32] 그것은 자기의 소유를 가지고 이웃에게 인심을 쓰는 것이 아니라 하나님께서 자기에게 맡

32) 이는 가정에서 부유한 가족 구성원이 궁핍한 가족을 돌보는 것과 유사하다. 우리는 가정 내부에서는 일반적인 개념의 '구제'와 '선행'이 존재하지 않는다는 사실을 기억해야 한다.

기신 물질을 가난한 이웃과 자연스럽게 나누는 것이다. 사도행전에는 교회의 공산 사회적 성격을 분명하게 보여주고 있다.

> "믿는 무리가 한 마음과 한 뜻이 되어 모든 물건을 서로 통용하고 제 재물을 조금이라도 제 것이라 하는 이가 하나도 없더라 사도들이 큰 권능으로 주 예수의 부활을 증거하니 무리가 큰 은혜를 얻어 그 중에 핍절한 사람이 없으니 이는 밭과 집 있는 자는 팔아 그 판 것의 값을 가져다가 사도들의 발 앞에 두매 저희가 각 사람의 필요를 따라 나눠줌이러라" (행 4:32-35)

'교회적 구제' 에 참여하는 성도들이라면 자신의 소유가 임의로 사용할 수 있는 것이 아님에도 불구하고 그런 식으로 착각하는 자신에 대해 반성적 자세를 가지게 된다. 성숙한 부자라면 가난한 성도들에 대한 염려로 인해 여유로운 자신의 형편이 도리어 부담이 될 수도 있다. 설령 주변의 이웃들과 어느 정도 물질을 나눈다 할지라도 여전히 부유한 자로 남아있는 자신에 대해 상당한 부담을 느낄 수 있는 것이다.

구제는 하나님 앞에서 영원한 천상을 바라보며 살아가는 신자의 삶의 표현이다. 그것은 단순히 부자가 가난한 자들을 찾아 도와주는 선행이 아니라 하나님의 자녀로서 당연한 순종이다. 성경은 구제에 참여하는 삶이 자랑거리가 될 수 없다는 사실과 더불어 그 말씀에 순종하는 성도들에게 천상의 보상을 약속하고 있다.

2. 하나님께 드리는 기도(5-8)

교회에 속한 성도들에게 있어서 기도는 매우 중요하다.[33] 기도의 본질

---

33) 이광호, "기도에 대한 성경신학적 고찰", 교회와 문화, 제13호, 한국성경신학회, 2004, pp.9-31 참조.

은 인간의 종교적 심성이 아니라 하나님께 달려 있다. 아무리 순수한 마음으로 성심껏 기도한다 할지라도 성경이 가르치는 바가 아니라면 그것은 인간의 종교행위일 뿐 진정한 기도가 아니다.

참된 기도는 기록된 말씀과 성령을 통해 드러나게 된다. 즉 기도는 하나님과 그의 백성 사이에 말씀으로 인해 발생하는 신령한 교제이다. 하나님께 원하는 바를 도와 달라거나 요구하는 것은 기도의 내용 중 지극히 작은 일부분을 차지할 뿐이다.

성숙한 성도는 자기의 주장을 하나님 앞에 일방적으로 늘어놓지 않는다.[34] 성도의 기도는 성경말씀을 경청하여 듣는 것이 위주가 되어야 한다. 그래야만 그에 반응하여 온전히 기도할 수 있다. 기록된 말씀을 통해 하나님의 음성을 들으려 하지 않고 자기 욕망대로 기도하는 것은 하나님께서 원하시는 기도가 아닐 뿐더러 도리어 가증한 것이다. 구약의 잠언은 그에 대해 분명히 기록하고 있다.

> "사람이 귀를 돌이키고 율법을 듣지 아니하면 그의 기도도 가증하니라" (잠 28:9)

부자父子간의 대화에서 자식이 아버지의 말씀을 외면하고 혼자 떠들어대서는 안 된다. 눈물을 흘리며 혼자 큰소리로 일방적인 요구를 한 후 아버지가 그것을 꼭 들어주리라 믿는다며 한마디하고 되돌아 나오는 행위는 있을 수 없다. 나아가 날마다 그런 행동을 되풀이하면서 자기의 요구를 관철시키게 될 것이라 믿는다면 여간 심각한 문제가 아니다.

---

34) 기도에 대한 기본적인 이해를 돕기 위해 지극히 상식적인 예를 들 수 있다. 어떤 사람이 아버지를 만날 때마다 무엇인가 자기의 부족한 것을 채워 달라고만 요구한다면 우리는 그것을 어떻게 이해해야 할까? 그런 사람은 자기 목적을 위해 아버지를 필요로 할 뿐이지 부자간(父子間)의 진정한 교제를 원하는 것은 아니다. 아버지를 욕망을 채워주는 존재로만 생각한다면 결코 성숙한 사람이 될 수 없다.

그럼에도 불구하고 오늘날 한국교회의 기도는 대개 그와 흡사하다. 성령의 도우심과 성경을 통해 말씀하시는 하나님의 세미한 음성을 들으려 하지 않고 자기의 욕망을 늘어놓으며 '믿습니다'를 되풀이하는 것은 참된 기도가 될 수 없다. 새벽마다 밤마다 기도한다 할지라도 그것은 자기를 위한 종교적 푸념에 지나지 않는다.

예수께서는 개인의 욕망을 위해 '기도'를 이용하는 자들을 엄하게 질책하셨다(마 6:5). 그런 자들은 하나님과의 관계가 아니라 주변의 인간들을 의식하며 기도했다. 그들은 자기가 열심히 기도하는 자임을 겉으로 드러내기를 좋아했던 것이다.

기독교인들 가운데는 자기가 얼마나 많은 기도응답을 받았는가를 두고 자랑하는 자들이 많다. 그런 자들은 그것을 통해 자기의 의를 드러내고자 한다. 하지만 자기의 기도가 다른 사람들의 기도보다 효력이 있는 것처럼 주장한다면 신앙이 없거나 어리석은 자의 종교적 과시에 지나지 않는다.

주님께서는 또한 기도할 때 골방에 들어가 은밀한 중에 기도하라고 당부하셨다(마 6:6). 골방에서 기도하라는 말의 의미는 조용한 골방 기도실을 따로 만들라는 요구가 아니다. 누구든지 특별한 기도실을 만들게 되면 기도를 많이 하는 자로 인정받게 될 것이다.

요즘은 신학교나 일반 교회당에서도 별도의 기도실을 만드는 경우가 있다. 그렇게 함으로써 기도를 강조하는 학교, 기도를 많이 하는 교회로 알려지고자 한다. 그러나 기도하기 위해 별도의 공간을 만든다는 것은 결코 자연스럽지 않다. 기도는 방이나 길에서 할 수도 있으며 식사 중에나 친구와 교제하는 중에도 할 수 있다.

기도하는 시간은 언제든지 마련할 수 있다. 그것은 장소가 아니라 신앙 자세의 문제이다. 누구든지 하루 중 혼자 있는 시간은 얼마든지 많다. 나아가 여러 사람들 가운데 섞여 있지만 마음으로 말씀을 묵상하며 주님을 찬양할 수 있다. 우리는 언제 어디서 무슨 일을 하든지 주님의 말씀을 기억하며 하나님께 기도하는 자리에 있어야 한다.

골방 기도실을 만들어 두는 것은 외식하는 유대인들이 회당이나 거리 어귀에서 다른 사람들에게 보이고자 기도하는 것과 다를 바 없다. 우리는 자기가 만든 기도실 앞에 신발을 벗어 둠으로써 기도를 많이 하는 사람으로 인정받으려 해서는 안 된다. 열심히 기도해야 함을 강조하면서 은연중 자기를 과시하는 것은 유치한 발상이다. 기도응답을 자랑하면서 남에게 많이 기도하는 자로 비춰지게 하는 것은 성숙한 성도의 자세가 아니다.

이방인들은 자기가 원하는 바를 얻기 위해 중언부언重言復言하며 많은 말들을 한다. 이미 모든 것을 알고 계시는 하나님께 인격적으로 간구하는 하나님의 자녀들과는 달리, 하나님을 모르는 이방인들은 그런 식으로 기도하는 것을 자신의 공로로 여긴다. 그리고 신앙이 어린 신앙인들은 자기가 원하는 바를 위해 얼마나 간절하고 애절하게 기도했느냐에 따라 하나님께서 응답하실 것이라 믿는다.[35]

그렇게 기도하는 것은 불신앙의 표현인데도 그것이 신앙을 보증하게 되는 양 여기고 있다. 예수께서는 교회의 기초가 되는 제자들에게 저들의 헛

---

35) 우리는 성경에서 그와 관련된 내용들을 보게 된다. 엘리야와 거짓 선지자들의 갈멜산 대결에서 그점이 명확하게 드러난다. 바알 선지자들은 거짓 신을 향해 오랫동안 애절히 부르짖었지만 그에 대한 응답이 있을 리 만무했다. 그러나 엘리야가 인격적으로 기도했을 때 하나님께서는 그의 올바른 기도에 응답하셨다. 또한 신약성경의 '바리새인과 세리의 기도 비유'(눅 18장)에서도 그점이 드러난다. 바리새인은 격식을 갖추어 그럴듯하게 기도했지만 하나님은 그것을 듣지 않으셨다. 그 스스로는 정성을 다해 열심히 기도했지만 하나님은 도리어 역겹게 여기셨다. 이에 반해 세리의 기도는 세련되지 못했지만 하나님은 그것을 들으셨다. 한편 신약 성경에는 "기도하기를 전혀 힘쓰니라"(행 1:14; 2:42)는 말씀이 나온다. 오늘날 우리가 사사로운 목적을 달성하기 위해 기도하면서 이를 아무렇게나 인용해서는 안 된다. 사도교회 시대 성도들이 기도에 힘쓴 것은 자신의 목적을 포기하고 주님의 뜻이 이루어지기를 바랐기 때문이다. 따라서 오늘날 우리도 신앙의 선배들처럼 기도에 힘써야 하지만 그것이 우리의 욕망을 위한 방편이 되어서는 안 된다.

된 기도를 본받지 말라고 하셨다. 그런 기도는 하나님께 영광이 아니라 도리어 욕이 된다는 것이다. 성도들은 미사여구美辭麗句를 섞어 기도하지 않아도 이미 모든 것을 아시는 주님께서 친히 응답하신다.

우리 시대에 경계해야 할 점은 기도와 관련된 성경구절에 대한 잘못된 해석과 적용이다. 사도 바울이 데살로니가 교회를 향해 '쉬지 말고 기도하라' (살전 5:17)고 한 교훈은 기도를 되풀이 하라는 의미를 넘어 하나님과의 교제가 끊어지지 말아야 함을 강조한 것이다. 우리는 교회의 기초가 되는 제자들에게 기도에 관해 교훈하시는 주님의 의도를 깨달아야 한다.

3. 주기도문(9-15)

기독교인들 가운데 주기도문을 외우지 못하는 사람들은 거의 없다. 우리는 예배시간이나 집회가 있을 때 자주 주기도문을 암송暗誦한다. 그렇다면 주님께서 가르치신 기도는 공적인 모임에서 성도들이 함께 외우도록 주신 것인가?

우리는 주기도문에 관한 올바른 이해를 하지 않으면 안 된다. 그 진정한 뜻을 모른 채 아무리 외워 봐야 별 의미가 없다. 그것은 마치 이방 종교인들이 '주문' 을 외우는 것과 다르지 않을 수 있다. 주님께서 열두 제자들에게 기도를 가르치신 것은 그 이후에 설립될 교회를 위한 것이었다.

우리는 주기도문을 교회를 위한 구속사적 경륜 가운데서 이해해야 한다. 그 기도는 신약시대 교회의 기도에 대한 지침일 뿐 아니라 기독교 초기부터 교회적 고백이 되어 왔다. 따라서 오늘날 우리의 모든 기도 내용은 주님께서 가르치신 기도와 조화되어야 한다.

주기도문의 서두에서 "하늘에 계신 우리 아버지여 이름이 거룩히 여김을 받으시오며"라고 한 말씀에는 하나님에 대한 성도의 관계적 고백이 담겨 있다. '하늘에 계신' (in Heaven)이라는 문구에서 우리는 천지를 창조하신 하나님의 현재적 존재위치를 보게 된다. 하나님은 피조 세계가 아니라 원상(천상)의 나라에 계심이 선포되고 있는 것이다.

그리고 천상에 계신 하나님과 성도들 사이의 부자父子 관계가 확인됨으로써 교회와 하늘이 직접 연결되어 있음을 보여준다. 본문에 기록된 '우리 아버지' 에서 '우리' 란 주님의 제자들을 비롯한 지상교회에 속한 모든 성도들을 총괄한다. 또한 '하늘에 계신 우리 아버지' 라는 말 가운데는 교회가 타락한 세상이 아니라 하늘(heaven)에 속했음이 확인되고 있다. 사도 바울은 이에 대해 분명히 말했다.

> "오직 우리의 시민권은 하늘에 있는지라 거기로서 구원하는 자 곧 주 예수 그리스도를 기다리노니" (빌 3:20)

이 말씀 가운데 천국시민권을 소유한 하나님의 자녀들에게 영원한 나라가 약속되어 있다. 이는 아버지이신 하나님으로 인해 하나로 결속된 교회와 성도들에 대한 언급이다. 따라서 지상교회에 속한 성도들은 이미 천상의 나라에 속한 상태에 놓여 있는 것이다.

또한 '이름이 거룩히 여김을 받으시오며' 라는 말씀 속에서 그 '이름' 은 우리로 하여금 경외감을 가지게 한다. 더러운 인간들은 거룩한 하나님의 이름에 감히 범접할 수 없다. 죄에 물든 인간들이 그리스도로 인해 거룩한 하나님을 '아버지' 로 부를 수 있다는 사실은 성도들에게 베풀어진 놀라운 은혜이다.

나아가 주님께서는 제자들에게 '하나님 나라가 임하도록' 기도할 것을 가르치셨다. 우리는 이를 이해하기 위해 구약성경의 왕국에 관련된 개념을 깨달아야 한다. 하나님께서 아브라함에게 땅과 자손을 약속하시고 다윗 왕을 통해 언약의 왕국을 허락하신 것은, 하나님의 특별한 메시아 왕국의 존재를 보여주신 것이다.

하나님은 그 왕국을 위해 이땅에 예수 그리스도를 보내시고, 그로 말미암는 나라를 세워 친히 통치하신다. 그 나라는 세상의 나라들과 달리 하늘로부터 세워졌다. 천상으로 말미암아 설립된 그 나라는 세상에서 형성된 나라들과 대치관계에 놓여있다. 바울은 세상이 인간의 타락한 이후 사탄에게 넘겨진 영역이라는 사실을 분명히 밝히고 있다.

> "그때에 너희가 그 가운데서 행하여 이 세상 풍속을 좇고 공중의 권세 잡은 자를 따랐으니 곧 지금 불순종의 아들들 가운데서 역사하는 영이라"(엡 2:2)

하나님께서 이 세상에 그의 나라를 세우신 것은 사탄의 세력을 응징하기 위해서였다. 하나님의 창조세계에 침범해 공중권세를 잡아 하나님의 택하신 자녀들을 장악하고 있는 사탄을 심판하시기 위해 공의의 나라를 세우신 것이다. 따라서 '하나님 나라의 임함' 은 세상과의 일전一戰을 앞둔 긴장관계 속에서 이해되어야 한다.

우리 시대 교회 역시 하나님 왕국의 성격과 기능을 그대로 보유하고 있다. 예수님을 교회의 왕으로 모시고 있다는 사실 자체가 그 왕국의 의미를 말해준다. 따라서 교회에 속한 성도들은 세상이 아니라 하나님의 나라에 속해 있으면서 사탄의 세력과 대치하고 있는 것이다.

그리고 '(하나님의) 뜻이 하늘에서 이루어진 것 같이 땅에서도 이루어지이다' 는 말씀은 하늘에는 이미 그의 뜻이 이루어진 상태이지만 세상에는 아직 그것이 이루어지지 않았다는 사실을 시사한다. 이땅에서 하나님의 뜻이 이루어지기 위해서는 생명을 건 한바탕 전투를 치러야 할 수밖에 없다.

천상의 나라에는 하나님의 영광이 충만한데 반해 이 세상에는 대적자들이 활개를 치고 있다. 세상은 인간의 범죄로 인해 하나님의 영광이 파괴된 상태에 놓여 있으나 예수 그리스도를 통해 그 영광이 회복되어야 할 영역이다. 교회의 소망은 죄악 세상에 빠져있는 하나님의 자녀들을 불러내어 그의 영광이 드러나게 하는 것이다.

또한 예수께서는 제자들에게 오늘 먹을 양식을 위해 기도하도록 하셨다. 본문에 기록된 '오늘날' 은 예수님 당시뿐 아니라 이 세상의 모든 때를 포함한다. 즉 아직 회복이 이루어지지 않아 세상과 대치관계에 놓인 신약교회 시대를 일컫고 있다. 그런 상황 가운데 처한 교회와 성도들에게 '일용할 양식' 을 위해 기도하도록 가르치셨다.

현대에 살고 있는 교인들은 이 말의 진정한 의미를 간과한 채 주기도문을 되풀이해 암송할 우려가 있다. 우리 시대의 절대 다수는 날마다 양식을 달라고 기도하지 않아도 될 만큼 풍요롭다. 굳이 그렇게 기도하지 않아도 집에 양식이 있으며 그것을 살 만한 충분한 돈이 있다. 그럼에도 불구하고 우리가 그렇게 기도해야 하는 이유는 무엇일까?

어떤 사람들은 예수님 당시 먹을 것이 없어 굶주리던 사람들에게 그런 기도가 요구되었던 것으로 생각한다. 그러나 그것은 올바른 설명이 될 수 없다. 당시에도 집안에 양식이 풍족한 사람들이 얼마든지 많이 있었다. 이 말씀이 양식이 부족한 사람들에게만 주어졌다거나 가난한 시대의 교회에 주어진 것이라 주장하는 것은 옳지 않다.

이 기도 내용의 본질적인 의미는 성도들의 생명이 하나님께 속해 있음을 고백하는 것이다. 따라서 식량의 많고 적음에 상관없이 성도들은 자신의 생명이 하나님께 달려 있음을 고백해야 한다. 일용할 양식을 위해 기도하라는 요구는 적대적인 세상 가운데 살아가는 성도들의 생명을 하나님께 맡기는 의미를 지닌다.

예수께서는 또한 우리에게 죄 지은 자를 용서해 준 것같이 우리 죄를 용서해 주시도록 기도하라고 하셨다. 이 말씀은 조건부 용서를 의미하지 않는다. 즉 타인을 용서하는 것이 하나님으로부터 용서받을 수 있는 조건이 될 수 없다.

예수님은 여기서 죄의 문제에 대한 해결이 피해 당사자에게 달려 있음을 말씀하셨다. 즉 가해자가 아니라 피해자의 용서가 있을 때 비로소 그 문제가 해결될 수 있다. 이처럼 하나님을 배반한 인간의 죄를 용서하는 일도 전적으로 하나님께 달려 있다. 인간의 타락으로 인해 자신의 영광을 파괴당한 하나님께서 친히 그 죄를 용서하실 수 있는 것이다.

그리고 주님께서는 우리가 시험에 들지 않도록 악에서 구해 달라는 기도를 하라고 요구하셨다. 여기서 말하는 시험이란 악한 세상의 유혹(temptation)을 의미한다. 우리 주변에는 물질, 명예, 성적인 문제 등 수많은 종류의 유혹들이 산재해 있다.

하지만 그런 종류의 유혹은 쉽게 분별될 수 있으나 정말 위험한 것은 사람들이 별로 위험하지 않다고 여기는 유혹들이다. 어쩌면 많은 사람들이 '세상에서의 복' 이라 여기는 것들이 도리어 유혹이 될 수 있다. 세상의 성공과 물질적 풍요로움이 사람들의 부러움의 대상이 되지만 그런 것들이 도리어 위험한 유혹거리를 제공하게 된다.

교회는 세상을 영원한 의미를 담고 있는 영역으로 인식하지 않는다. 세상은 잠시 지나갈 뿐이며 성도들에게는 영원한 천국이 기다리고 있다. 따라서 성도는 세상의 복을 추구하는 것이 아니라 오염된 세상의 가치를 말씀으로 해석하며 영원한 천국을 소망하게 된다.

따라서 우리는 항상 영원한 '나라와 권세와 영광' 이 하나님께 있음을 고백하며 기도할 수 있어야 한다. 세상에서 하나님의 백성이 누릴 만한 복락은 없다. 주기도문을 가르치신 예수께서는 교회의 기초가 되는 제자들에게 다시금 하나님과 교회의 관계를 확인하셨다.

4. 하나님 앞에서의 금식(16-18)

하나님께서는 왜 구약시대의 성도들에게 금식을 요구하셨을까? 종교심을 배경으로 식음食飮을 전폐하는 것 자체가 하나님께 영광이 되는가? 구약성경은 금식에 관한 중요한 교훈을 주고 있다. 참된 금식이 아니라면 하나님께 영광은커녕 도리어 욕이 된다고 가르친다.

구약의 율법은 절기에 따른 금식을 요구했다. 예수께서 세상에 오셨을 때도 이스라엘 가운데는 금식하는 자들이 많았다. 특히 종교적인 열성을 가진 지도계층의 사람들은 즐겨 금식했다(눅 18:12 참조). 자기의 신앙을 남으로부터 인정받으려는 마음 때문이었다.

그러나 예수께서는 저들의 잘못된 신앙행위를 지적하셨다. 금식의 진정한 의미를 모른 채 그것을 통해 자신의 의를 드러내려 하는 자들을 질책하셨던 것이다. 그들은 금식을 하면서 주변을 의식해 슬픈 기색과 더불어 얼굴을 흉하게 했다. 다른 사람들에게 자기들이 금식중인 것을 쉽게 알아볼 수 있도록 하기 위해서였다.

그러므로 주님께서는 제자들에게 그런 의미 없는 금식을 하지 말도록 당부하셨다. 이스라엘 민족에 있어서 금식은 메시아와 연관된 구속사적 의미를 지니고 있었다. 구약시대의 금식은 개별적이기에 앞서 민족과 절기와 연관되었다. 우리는 금식에 관한 이사야서의 기록을 눈여겨볼 필요가 있다.

> "나의 기뻐하는 금식은 흉악의 결박을 풀어 주며 멍에의 줄을 끌러주며 압제 당하는 자를 자유케 하며 모든 멍에를 꺾는 것이 아니겠느냐 또 주린 자에게 네 식물을 나눠 주며 유리하는 빈민을 네 집에 들이며 벗은 자를 보면 입히며 또 네 골육을 피하여 스스로 숨지 아니하는 것이 아니겠느냐"(사 58:6,7)

성경은 금식 자체를 의미가 있는 것으로 말하지 않는다. 음식을 먹지 않고 배고픔을 참을지라도 하나님은 그것 자체를 기뻐하시지 않는다. 도리어 금식을 하면서도 여전히 자기 욕망을 추구하는 것은 종교적 위선이다. 하나님의 뜻을 벗어난 채 식음食飮을 멀리하고 종교적 열정을 다하는 것은 무의미한 것이다.

위의 본문은 금식의 본질에 관한 매우 중요한 의미를 보여준다. 하나님께서 기뻐하시는 금식은 '부당한 결박을 풀어 주는 것, 멍에의 줄을 끌러 주는 것, 압제받는 사람을 자유케 하는 것, 모든 멍에를 꺾어 버리는 것' 에 연관되어 있다.

또한 '굶주린 사람에게 음식을 나누어 주는 것, 불쌍한 사람을 집에 맞아들이는 것, 헐벗은 사람에게 옷을 입혀 주는 것, 골육을 피하여 숨지 않는 것' 을 하나님이 기뻐하시는 금식이라고 했다. 이 역시 개인이 행하는 자선적 구제에 관한 것이 아니라 이스라엘의 민족적 배려와 관련된 의미를 지니고 있다.

여기서 우리가 분명히 깨달아야 할 점은 금식이 메시아 사역에 직접 연관되는 개념이라는 사실이다. '부당한 결박을 풀어 주며, 멍에의 줄을 끌러 주며, 압제받는 사람을 놓아주며, 모든 멍에를 꺾어 버리는 일' 과 '굶주린 사람에게 음식을 나누어 주며, 불쌍한 사람을 집에 맞아들이며, 헐벗은 사람에게 옷을 입혀 주며, 고통받는 골육에게 평강을 주는 일' 을 진정으로 실현하는 사역은 메시아만이 하실 수 있다.

구약시대 이스라엘 민족은 금식을 통해 인간의 나약함과 더불어 그 모든 문제를 해결해 주실 메시아를 소망했다. 하나님께서 그들에게 금식을 요구하신 이유는 바로 그것 때문이었다. 그 진정한 의미를 도외시한 금식은 개인적인 종교생활일 뿐 별다른 의미가 없다.

따라서 예수께서는 산상수훈에서 유대인들의 잘못된 금식을 지적하셨다. 그는 제자들에게 금식할 때 머리에 기름을 바르고 얼굴을 씻으라는 지침을 주신 것이 아니라 유대인들의 잘못된 금식이 하나님께 얼마나 역겨운 것인가 말씀하셨던 것이다. 우리는 당시 유대인들과 예수님의 제자들 사이에 금식에 관한 논란이 있었던 사실을 기억한다.

> "요한의 제자들과 바리새인들이 금식하고 있는지라 혹이 예수께 와서 말하되 요한의 제자들과 바리새인의 제자들은 금식하는데 어찌하여 당신의 제자들은 금식하지 아니하나이까 예수께서 저희에게 이르시되 혼인집 손님들이 신랑과 함께 있을 때에 금식할 수 있느냐 신랑과 함께 있을 동안에는 금식할 수 없나니 그러나 신랑을 빼앗길 날이 이르리니 그 날에는 금식할 것이니라" (막 2:18-20)

예수님 당시 이스라엘 백성의 금식은 언약적 개념 가운데서 이루어졌다. 여기서 우리가 명확히 알아야 할 점은, 세례자 요한의 제자들의 금식은 언약적 의미를 동반한 참된 금식이었지만 바리새인들의 금식은 잘못되었다는 사실이다. 그 두 부류의 사람들이 동일한 형식의 금식을 했는데, 왜 한 쪽은 올바른 금식으로 인정받고 다른 한 쪽은 그렇지 못했을까?

우리는 이를 이해하기 위해 금식의 초점이 그리스도께 맞추어져야 함을 이해해야 한다. 즉 금식하는 사람이나 가난한 이웃에게 일차적인 의미가 있지 않다. 요한의 제자들의 금식은 하나님의 구속사역을 기억하는 것이었던데 반해 바리새인들의 금식은 자기만족을 위한 종교행위에 지나지 않았다. 메시아를 소망하는 구속사적 의미가 동반되지 않은 금식은 아무런 의미가 없었다.

위의 본문에서 금식하지 않는 예수님의 제자들이 비난당한 이유를 깨달아야 한다. 이는 일상적인 금식이 아니라 절기와 연관된 금식기간에 있었던 일로 보인다. 즉 이스라엘의 모든 사람들이 금식할 때 유독 예수님과 그의 제자들은 그 규례를 파기하고 있었다. 이는 율법을 완성하신 주님께서 그 완성된 의미를 보여준 것이었다.

예수께서는 자기와 함께 있는 사람이라면 금식할 필요가 없음을 언급하셨다. 이는 구약에서 요구된 금식이 메시아와 연관되어 있으며 이제 메시아가 도래한 상황에서는 더 이상 금식이 필요하지 않음을 말씀하신 것이다. 예수님은 그것을 설명하기 위해 신랑을 축하하는 잔칫집에서는 금식할 필요가 없음을 예를 들어 말씀하셨다.

우리가 또한 관심을 기울여야 할 바는 사도교회 시대의 특별한 금식이다. 신약성경에는 주님께서 부활 승천하신 후 사도들과 교회의 지도자들이 금식한 내용이 기록되어 있다. 안디옥 교회가 바울과 바나바에게 주님의 일을 맡길 때 금식했으며(행 13:2,3), 그들이 복음전파를 위해 비시디아 지역을 여행할 때 그곳 장로들과 함께 금식했다(행 14:21-23).

예루살렘 성전이 파괴되기 전까지는 사도들과 교회가 율법에 연관된 구속사적 특별한 위치에 놓여 있었다. 주님께서 십자가 사역을 완성하시고 부활 승천하신 이후에도 사도들은 여전히 예루살렘 성전을 찾았다(행 3:1). 또한 성도들은 날마다 성전에 모이기를 힘썼으며(행 2:46) 필요에 따라 결례潔禮를 행하기도 했다(행 21:24-26).

그렇지만 그들은 구약의 규례들을 율법적으로 지킨 것이 아니었다. 하나님의 말씀과 교회의 온전한 설립을 위한 율법의 의미가 사도시대 교회 가운데 특별하게 존재하고 있었던 것이다. 우리는 사도교회의 지도자들과 성도들이 금식한 내용에 대해서도 이와 동일한 관점에서 이해해야 한다.

그렇다면 오늘날의 교회와 성도들은 금식할 필요가 있는가? 신랑이 우리와 함께 있는데 우리는 금식해야 하는가? 주님께서는 산상수훈에서 신약시대에 금식하라고 가르치신 것이 아니다.[36] 우리 시대에는 규례를 통해 법제화된 금식이 없다. 따라서 금식을 한다 할지라도 그것은 언약적 의미가 있는 것이 아니라 성도의 단순한 신앙행위일 따름이다.

---

36) Calvin은, "금식 자체는 좋지도 나쁘지도 않은 일이며, 하나님께서 요청한 것이나 인정하는 그런 일도 아니다"고 말한다(J. Calvin, The Commentary of the Gospel of Matthew 6:16-18 참조).

우리 시대에 많은 교인들이 금식하는 것을 종종 본다. 음식을 줄이고 돈을 아껴 이웃을 위해 사용하는 것은 괜찮은 일이다. 항상 배부르게 먹어 정신이 혼탁해질 때 몇 끼 금식함으로써 맑은 정신을 가질 수 있다면 그것도 괜찮다. 악행을 회개하기 위해 금식하며 자신을 되돌아보는 것도 괜찮은 일이다. 그러나 그것 자체로서 하나님을 기쁘게 해드리겠다는 생각은 옳지 않다. 우리 시대의 금식은 성경의 언약적 의미와는 아무런 상관이 없다.[37]

---

37) 우리 주변에 '7일 금식기도' '40일 금식기도' 등을 통해 종교적 의미를 찾으려는 자들이 종종 있다. 그러나 그것 자체가 하나님을 기쁘게 하는 의미를 지니지 않으며, 도리어 그것을 통해 자신의 의를 세우려는 위험에 빠질 우려가 있다. 우리 시대의 금식은 구속사적 의미 가운데서 행해진 금식과는 전혀 다르다.

제11장
교회와 성도의 관심
(마 6:19-34)

1. "보물을 하늘에 쌓아두라" (19-21)

예수께서는 제자들에게 땅이 아니라 하늘에 보물을 쌓아두라고 말씀하셨다. 땅에는 좀과 동록銅綠이 있을 뿐 아니라 도적들이 들끓고 있다. 그곳은 결코 안전지대가 되지 못한다. 그에 비해 하늘은 아무도 넘볼 수 없는 안전한 영역이다.

그러므로 예수께서 보물을 하늘에 쌓아두라고 하신 것은 제자들을 위해서였다. 저들의 보물이 하늘에 있으면 마음도 그곳에 가 있게 된다. 그런데 그들에게는 과연 어떤 보물이 있었는가? 우리가 알기로 산상수훈을 듣고 있던 예수님의 제자들에게는 보물이라 할 만한 것들이 없었다. 우선 예수님 자신이 값비싼 보물을 소유하지 않으셨다.

예수님과 그의 제자들에게는 금이나 은 같은 보물이 없었다(행 3:6 참조). 그런데도 주님께서는 그들에게 보물을 땅이 아니라 하늘에 쌓아두라고 말씀하신다. 그렇다면 소유하지도 않은 보물을 땅에 두지 말고 하늘에 쌓으라고 말씀하신 것일까?

예수께서는 열두 제자들뿐 아니라 앞으로 설립될 교회와 그에 속할 모든 성도들에게 동일한 교훈을 주셨다. 주님께서 보물을 하늘에 쌓아두라고 말씀하신 것을 보면, 제자들에게 어떤 보물이 있었음이 분명하다. 그렇다면 주님께 속한 성도들에게는 어떤 보물이 있었을까? 혹은 앞으로 혹 보물이 생기게 되면 그렇게 하라는 말씀인가?

예수님은 이 세상에 계실 때 부자가 아니라 매우 가난한 삶을 사셨다. 나사렛에 거주했던 그의 가족은 가난했다. 예수께서는 공 사역 기간 중에도 항상 가난하게 생활하셨다. 그에게는 금이나 은 같은 보물은 물론 당시 보통 사람들이 가지고 있던 변변한 집조차 없었다. 그는 공생애 중 제자들과 함께 이스라엘 여러 지역을 유리하며 어려운 생활을 하셨던 것이다. 그러므로 주님께서는 이스라엘 민족 가운데서 그점을 말씀하셨다.

> "예수께서 이르시되 여우도 굴이 있고 공중의 새도 거처가 있으되 오직 인자는 머리 둘 곳이 없다 하시더라"(마 8:20)

천지만물을 창조하신 만물의 주인이신 예수께서는 자기가 지은 세상 가운데서 가진 것이 별로 없는 가난한 자로 사셨다. 예수님의 제자들 역시 그와 마찬가지였다. 주님께서는 그런 제자들에게 보물을 땅이 아닌 하늘에 쌓아두라고 말씀하셨다.

우리가 잘 이해해야 할 점은 예수님의 의도이다. 주님께서는 욕망을 추구하는 모든 노력이 헛된 것임을 말씀하고 계신다. 세상에서 무엇인가 이룩하기를 애쓰는 사람들의 주된 관심은 이땅에 있을 수밖에 없다. 그들의 가치는 땅위에서 남부럽지 않은 삶을 사는 것이지만 성도들은 영원한 천국에 소망을 두고 있다.

진정한 삶의 값어치를 천국에서 찾는다는 것은 단순한 종교생활을 의미하지 않는다. 인간들의 이기적인 신앙활동은 천국이 아니라 이땅에 보물을 쌓는 것과 다르지 않다. 예수님 당시 예루살렘에 살고 있던 많은 유대인들은 세상에 관심을 기울이고 이땅에 보물을 쌓기 위해 애쓰던 자들이었다.

예수께서는 제자들에게 이땅에 보물을 쌓기 위해 노력하는 어리석은 유대인 지도자들처럼 되지 말라고 당부하셨다. 그것은 성경을 통해 검증되지 않은 일반적인 신앙 활동을 포함한다. 종교를 위한 인본주의적 열정은 자기 의를 쌓으려는 욕망에 기인하기 때문이다.

오늘날 우리는 과연 어떤가? 이 세상에서 남부럽지 않게 잘 살고 싶어하며 더 많은 복을 받아 누리는 것을 목적으로 삼는 것은 땅에 보물을 쌓으려는 것과 마찬가지다. 만일 우리 가운데 이땅에서 영화를 누리며 사는 것을 인생의 목적으로 삼는 자가 있다면 그것은 참된 신앙을 떠난 행위이다.

어리석은 교인들 가운데는 부자가 되어 성공하는 것을 복이라고 여기는 경우가 많이 있다. 그것은 아무런 보장성이 없는 것으로서 인생의 궁극적인 목적이 될 수 없다. 그것은 도리어 세상을 탐닉하게 만드는 위험한 요소가 될 수 있다.

그러나 잘못된 신앙을 가진 자들은 세상에서의 성공이 곧 복이라 믿는다. 그들은 그것을 통해 자신이 원하는 바를 땅위에 세워나가려 한다. 그들은 세상에서 공로를 쌓음으로써 인생의 의미를 확립하고자 하지만 주님께서는 그것이 어리석은 행동이라 말씀하신다.

하나님의 칭찬을 기대하며 열심히 노력한다 할지라도 그것은 참된 의가 될 수 없다. 보물이 녹쓸어 못쓰게 되거나 도둑맞아 잃어버리는 것처럼 세상에 쌓는 모든 것들은 결국 아무런 쓸모가 없게 된다. 하나님의 말씀을 통해 예수 그리스도께 소망을 두고 살아가는 것이 보물을 천국에 쌓는 것이다.

우리는 성경에서 인간의 이기적인 노력이 헛될 수밖에 없다는 교훈을 본다. 이스라엘 백성이 애굽을 탈출하여 광야에 있을 때 하나님께서는 만나와 메추라기로 먹이셨다. 그들은 노동이 아니라 날마다 공급하시는 하나님의 은혜로 살아갔다. 그러나 이기적인 자들은 과다한 식량을 모았지만 벌레가 생겨 부패했을 뿐 아니라 하나님의 진노의 대상이 되었다.

> "모세가 그들에게 이르기를 아무든지 아침까지 그것을 남겨 두지 말라 하였으나 그들이 모세의 말을 청종치 아니하고 더러는 아침까지 두었더니 벌레가 생기고 냄새가 난지라 모세가 그들에게 노하니라" (출 16:19,20)

이스라엘 백성들 가운데 양식을 따로 챙기던 자들은 왜 그렇게 했을까? 그들은 양식을 따로 남겨 둠으로써 비상시를 대비하는 것이 지혜로운 처신이라 생각했을지 모른다. 그러나 그들의 행위는 하나님에 대한 불신에 근거했다. 그들은 날마다 양식을 예비하시는 하나님을 신뢰하지 않았던 것이다.

오늘날의 성도들은 이를 통해 자신의 모습을 되돌아볼 수 있어야 한다. 우리는 곧 썩어버릴 것들을 모아두고 그것을 보물이라 여기지는 않는가? 모든 사람들이 고통에 빠진다 해도 따로 쌓아둔 그 보물로 인해 자신은 안전할 것이라 착각하고 있지는 않은가?

이스라엘 백성이 만나를 따로 챙겨두고 다음날 아침 그것이 부패하여 벌레가 생긴 사실을 확인하기 전까지는 그것으로 인해 마음이 푸근했을지 모른다. 그러나 그 양식은 벌레가 생겨 부패했으며, 그로 인해 하나님의 진노를 샀을 뿐이다. 하나님께서 그런 자들에게 진노하신 것은 하나님 보다 저들의 눈앞에 있는 것들을 더 신뢰했기 때문이다.

우리 시대에 가장 위험한 주장 가운데 하나는 천국에 보물을 쌓아두라는 의미를 헌금과 연관짓는 것이다. 천국에 보물을 쌓아둔다는 의미는 헌금과 아무런 상관이 없다. 나아가 말씀을 배경으로 하지 않는 봉사나 헌신 역시 이와 동일한 관점에서 이해되어야 한다.

교회나 기독교적 사업을 위해 물질을 바치라고 강요하는 것은 말씀의 의미를 굴절시키는 행위이다. 만일 그런 식으로 말하게 되면 돈 많은 부자는 하늘에 쌓아둘 보물이 많은 반면 가난한 자는 그럴 만한 보물이 없는 것처럼 되고 만다.

과연 가난하며 병약한 성도들에게는 하늘에 쌓아둘 보물이 없다는 것인가? 그런 논리라면 성경에 기록된 많은 믿음의 선배들은 보물을 하늘에 쌓지 못했다. 우리가 알기로 성경에 나타나는 믿음의 선배들 중에는 가난한 사람들이 많았다. 구약시대의 선지자들과 신약시대의 사도들은 대개 가난했다.

이와 반대로 성경에는 왜곡된 신앙을 가진 자들 중에 부자가 많았다. 예수님 당시 예루살렘의 유대인들은 많은 십일조를 바쳤으며 성전을 위해 거액의 돈을 바쳤다. 그렇다면 많은 연보[38]를 한 바리새인들, 제사장들, 장로들, 서기관들은 과연 하늘에 보물을 많이 쌓아 둔 자들이었는가? 그렇게 되면 주님을 대적한 유대인들은 많은 보물을 하늘에 쌓고 가난한 예수님의 제자들은 하늘에 보물을 쌓지 못한 것이 된다.

하지만 주님께서는 연보를 강요하기 위해 보물을 하늘에 쌓아두라고 말씀하지 않으셨다. 그 말씀을 연보에 연관짓는다면 그것이 도리어 하늘이 아니라 세상에 보물을 쌓는 것에 지나지 않는다. 보물을 하늘에 쌓아두라는 진정한 의미는 타락한 세상에 값어치를 둔 삶을 포기하고 영원한 천국에 소망을 두고 살라는 뜻이다. 이는 삶의 가장 중요한 것 곧 생명을 하나님께 맡기라는 의미를 포함하고 있다(마 6:25).

38) 우리는 공 예배시간을 통해 삶의 고백을 동반한 연보를 하게 된다. 이는 교회의 사명을 감당하기 위한 방편과 더불어 성도들의 평균케 하는 삶의 원리를 따르는 의미를 지니고 있다. 이광호, 개혁조직신학, 서울: 도서출판 칼빈아카데미, 2012, p.303.

2. 눈은 몸의 등불(22,23)

'눈은 몸의 등불' 이라는 말씀은 앞에서 말한 하늘에 보물을 쌓아두라는 주님의 교훈과 직접 연관되어 있다. 이는 인간의 영적인 시력視力과 시각視覺에 관한 것이다. 성도의 올바른 시력과 시각은 몸의 등불이 되어 천국을 선명하게 보도록 하지만, 그것이 잘못되면 땅에 관심을 가지고 흑암 가운데 헤매게 된다.

사람은 누구나 이 세상을 살아가면서 나름대로 시각을 가지고 생활한다. 일반적으로는 이성과 경험을 통해 현실적 시각을 소유하게 된다. 그것은 외부의 모든 것을 판단하는 판단력의 기준이 되어 가치관을 형성한다.

하나님의 자녀들은 세상에서 경험한 죄인의 시각이 아니라 하나님의 시각에서 모든 것을 판단하는 분별력을 가져야만 한다. 하나님의 뜻을 벗어난 이성과 경험을 통한 시각은 결코 올바른 판단에 이르지 못한다.

하나님 없이 살아가는 모든 인생은 궁극적으로 멸망을 향해 나아가게 된다. 하나님은 성도들에게 참된 시각을 제공하심으로써 올바른 가치관을 소유하도록 은혜를 베푸신다. 따라서 하나님의 말씀만이 인간의 모든 삶을 가늠하는 유일한 기준이 될 수 있다. 우리는 하나님으로 말미암는 진정한 눈을 가지지 않으면 안 된다.

예수 그리스도로 인해 거듭나지 않은 자는 하나님과 그의 진리를 볼 수 있는 눈을 가질 수 없다. 세상에서 지혜롭고 유능한 자들이 하나님을 알아볼 수 있는 것이 아니다(고전 1:19,20). 타락한 인간 스스로 하나님을 보는 것은 불가능하다. 죄가 하나님과 인간 사이를 완전히 단절시키고 있기 때문이다.

우리는 예수님을 인간의 이성과 경험을 통해 알아갈 수 있는 대상으로 여겨서는 안 된다. 만일 그렇게 되면 예수님을 자신이 원하는 존재로 만들어 이기적인 욕망을 위해 믿으려는 위험이 따르게 된다. 그런 신앙은 하나님과 상관없는 종교적 틀에 가둬질 수밖에 없다.

개인이 원하는 변형된 하나님과 예수 그리스도를 뇌리 속에 고착시키게 되면 성경에 계시된 주님을 알아가지 못한다. 그럴 경우 하나님을 입술에 오르내린다고 해도 말씀을 통해 계시된 참 주님을 바라 볼 수 없다. 따라서 우리는 하나님의 말씀과 성령의 도우심으로 영적인 눈을 떠야만 한다. 그렇게 될 때 예수 그리스도를 통해 살아계신 하나님을 볼 수 있다.

3. 하나님과 돈(24)

인간들이 천국과 세상의 양 쪽을 추구하며 살아가고자 하는 근본적인 이유는 어디에 있는가? 천국에 소망을 두었다는 교인이 하나님과 세상을 동시에 섬기고자 하는 의도는 무엇인가? 그것은 순전히 인간의 욕망에 기인한다. 이것과 저것 양쪽 모두를 소유하고자 하는 욕심이 그런 태도를 가지게 하는 것이다.

주님께서는 여기서 재물(돈)에 관련하여 말씀하셨다. 인간에게 있어서 돈은 긍정적이든 부정적이든 중요한 삶의 방편이 된다. 돈이 있으면 무엇이든지 원하는 것을 할 수 있는 것이 현대사회의 실상이다. 돈을 통해 권력과 명예를 살 수 있을 뿐 아니라 일시적이나마 건강을 지켜 즐거운 삶을 누릴 수도 있다.

현대는 돈으로 얼룩진 물질주의 사회이다. 모든 인간들은 그에 대한 확실한 경험을 하고 있다. 그러므로 사람들은 돈 벌기를 원하고 부자들을 부러워하게 된다. 대다수가 삶의 질이 돈에 달려있는 듯 여기는 세속화된 환경 가운데 살아가고 있기 때문이다.

그런데 문제는 세상의 풍조 가운데 존재하는 교회와 성도들은 어떤 자세를 가져야 하는가 하는 점이다. 교회는 결코 세상의 천박한 가치관을 수용해서는 안 된다. 도리어 돈이 중요한 판단 기준이 된 세상을 직시하고 말씀을 통해 모든 것을 판단할 수 있어야 한다.

주님께서는 하나님과 돈을 양 편에 두고 둘 중 하나만 선택하도록 요구하셨다. 이는 세상과 하나님 중 하나를 선택하라는 요구이다. 참된 성도는 하나님과 돈을 동시에 섬길 수 없다. 즉 하나님과 돈은 같은 방향이 아니라 정반대편에 존재한다. 하나님을 섬기게 되면 돈은 그 반대편에 있게 되며 돈을 섬기게 되면 하나님이 반대편에 있게 된다. 이는 하나님과 돈을 동일한 편에 두고 둘 다 섬기는 것은 불가능함을 의미한다.

그럼에도 불구하고 미련한 자들은 돈과 하나님을 동일한 방향에 두고 동시에 섬기려는 어리석음을 범하고 있다. 나아가 돈을 방편으로 하나님을 섬기려고 한다. 타락한 기독교는 돈을 매개로 하여 하나님을 섬기려는 타협점을 마련하고 있다. 하지만 그것은 인간의 욕망을 위해 합리화를 꽤하는 행위이다. 돈을 매개로 하여 하나님을 섬기는 것은 영적 간음행위에 지나지 않는다.

우리는 가정에 속한 식구들과 교회에 속한 성도들을 사랑한다. 이는 인격적인 관계를 의미하며 돈을 매개로 하는 사랑을 의미하지 않는다. 만일 어떤 사람이 돈을 매개로 삼아 다른 사람을 사랑한다면 그것은 진정한 사랑이 될 수 없다.

하나님의 자녀들은 돈을 사용하지만 돈의 노예가 되어서는 안 된다. 돈의 노예가 된다는 것은 돈의 위력 앞에 자신을 굴복시키는 것을 의미한다. 그런 자들은 돈을 매개로 하여 억지로 자기가 원하는 종교적인 목적을 달성하고자 한다. 그것은 하나님의 능력을 멸시하는 행위와 다르지 않다.

그러므로 교회와 성도는 어떤 경우에도 돈 자체를 목적으로 삼거나 돈의 위력으로써 무엇을 이루고자 해서는 안 된다. 물론 돈 자체를 목적으로 삼는 교인은 없을 것이다. 하지만 돈의 능력을 동원하는 자들은 중간 단계의 돈을 목적으로 삼을 수밖에 없다.

따라서 성경은 부자가 되려고 애쓰는 것을 가리켜 어리석은 태도이며, 돈을 사랑하는 것은 일만 악의 뿌리라고 경고했다. 이는 비단 개인 성도들에게만 적용되는 것이 아니라 조직 교회에도 동일하게 적용된다. 사도 바울은 디모데에게 보낸 편지에서 그에 대해 말하고 있다.

> "부하려 하는 자들은 시험과 올무와 여러 가지 어리석고 해로운 정욕에 떨어지나니 곧 사람으로 침륜과 멸망에 빠지게 하는 것이라 돈을 사랑함이 일만 악의 뿌리가 되나니 이것을 사모하는 자들이 미혹을 받아 믿음에서 떠나 많은 근심으로써 자기를 찔렀도다" (딤전 6:9,10)

성경은 이와 같이 돈에 관한 분명한 교훈을 주고 있다. 부자가 되려는 것은 세상의 욕망에 빠져 세속적 즐거움을 누리려는 욕심에 기인한다. 그것은 일시적인 만족을 제공할지 모르지만 성도의 삶을 위협하는 해악이 될 수 있다. 그럼에도 불구하고 현대의 타락한 기독교인들은 그에 대해 다른 해석을 가함으로써 자기 생각을 합리화시키려는 시도를 끊임없이 되풀이한다. 돈을 많이 벌어 잘 사용하면 되지 않느냐는 것이다.

현대 교회 가운데 돈의 위력이 크게 발휘되고 있음은 심각한 문제이다. 돈이 있으면 직분자가 될 수도 있고 대단한 복을 받은 양 생색을 낼 수도 있다. 헌금을 많이 하면 그것만으로 신앙이 좋은 사람으로 인정을 받기도 한다. 교회가 성도들로부터 많은 돈을 거두어 그것을 매개로 종교적인 목적을 달성하려는 것은 위험하지 않을 수 없다.

돈이 없으면 주님을 위해 아무것도 할 수 없다는 생각이 우리 가운데 뿌리 깊게 자리잡고 있는 것은 안타까운 일이다. 사람들은 입술로는 성령을 의지한다고 말하면서 실상은 즉각적인 능력을 발휘하는 돈을 통해 하나님을 섬기려 한다. 우리는 그것이 곧 돈을 섬기는 행위임을 깨달아야 한다.

예수님 당시의 많은 유대인 지도자들은 돈을 섬기는 자들이었다. 그들은 일반 백성들에게 십일조와 헌금을 강조함으로써 그런 모습을 여실히 보여주었다. 또한 성전에서 매매하며 벌어들인 수입으로 하나님을 섬겼을 것이 분명하다. 그러나 그들의 실상은 하나님이 아니라 돈을 섬기고 있었다.

우리 시대의 세속화된 기독교는 하나님 대신 돈을 섬기면서도 그것을 전혀 인식하지 못하고 있다. 말로는 하나님의 전지전능하심을 이야기하면서 속으로는 돈의 위력을 앞세운다면 거짓 신앙의 우려를 떨쳐 버릴 수 없다. 오늘 밤에라도 주님이 오실지 모른다고 설교하면서 다른 한편으로는 교인들에게 보물을 천국에 쌓아놓으라며 연보를 요구하는 것은 거짓이요 위선적인 종교적 기만이다.

우리는 혹 예수님의 재림이 임박했다고 설교하면서 앞으로 천년만년 가게 될 화려한 교회당 건축물을 짓기 위해 성도들에게 헌금을 강요하거나 부담을 지우지는 않는가? 영원한 천국이 도래하게 되면 이땅에 존재하는 모든 것이 아무것도 아니라고 설교하면서 오랜 기간 남게 될 자기 이름을 위해 천박한 노력을 기울이지는 않는가?

이 모든 것은 하나님과 재물을 동시에 섬기는 행위이다. 우리는 하나님의 능력을 관념화 한 채 돈의 위력을 더 신뢰하는 것이 곧 돈을 섬기는 우상행위라는 사실을 기억해야 한다. 주님께서 제자들에게 말씀하신 그 진정한 의미를 교회와 성도들은 마음속 깊이 새기지 않으면 안 된다.

4. "먼저 그의 나라와 그의 의를 구하라" (25-34)

예수께서는 제자들에게 목숨을 위한 의식주 문제에 대해 염려하지 말라고 하셨다. 음식과 의복이 아니라 생명이 소중하기 때문이다. 사람들은 세상의 일로 인해 염려하지만 그것으로 영구한 삶을 보장받지 못한다. 인간은 염려 자체로써 자기의 키조차 더 자라게 할 수 없다. 그럼에도 불구하고 어리석은 자들은 염려로 인한 헛된 인생을 추구하고 있다.

성경은 하나님과 성도들 사이에 특별한 관계가 형성되어 있음을 증거한다. 농사하지 않는 공중의 새들을 먹이시며 수고와 길쌈을 하지 않는 백합화를 솔로몬보다 화려한 의상으로 입히시는 하나님께서 자기 자녀들에게 무관심할 리 없다. 하루살이 미물微物들에게 의식주를 공급하시는 하나님이 자기 자녀를 위해 모든 것을 예비하시는 것은 당연한 일이다.

이에 대한 교훈 역시 교회적 공 개념과 더불어 이해되어야 한다. 우리가 깨달아야 할 바는 이 말씀이 공교회와 그에 속한 성도들에게 주어졌다는 사실이다. 주님께서는 성도들로 하여금 세상의 것으로 인해 염려하지 말도록 가르치셨다. 설령 어려운 상황이 닥친다 할지라도 세상의 것들을 두고 간구하지 말라는 것이다.

그렇다면 성도들은 하나님께 무엇을 바라며 간구해야 할까? 주님께서는 의식주 문제마저도 염려하지 말라고 하셨지만 우리는 그보다 훨씬 더 사치스런 것을 바라며 구하고 있지는 않은가? 우리는 주님께서 구하지 말라고 명하신 것을 구하면서도 그것을 도리어 믿음이라 생각하고 있지는 않은가?

세상의 것들을 구하는 것은 하나님에 대한 진정한 믿음이 아니라 불신앙으로 인해 발생하는 문제이다. 성경은 그런 간구는 이방인들이 행하는 잘못된 종교행위라 규정한다. 보잘것없는 미물들마저 먹이고 입히시는 하나님께서 자기 자녀들에게 무엇이 필요한지 잘 알고 계실 것은 지극히 당연하다.

따라서 주님께서는 먼저 그의 나라와 의를 구하면 모든 것을 더하시리라 약속하셨다(33). 이 말의 진정한 의미는 무엇일까? '그의 나라'는 무엇이며 '그의 의'는 무엇인가? 앞에서도 언급했지만 '하나님의 나라'와 '세상 나라'는 정반대의 성격을 지니고 있다. 상이한 가치관을 소유한 두 나라 사이에 심각한 갈등이 발생하는 것은 당연하다.

그러므로 세상에 살고 있지만 세상의 통치를 거부하는 주님의 백성들은 괴로움 가운데 놓일 수밖에 없다. 그들은 그런 형편 가운데서 영원한 주님의 나라를 소망하며 세상이 알지 못하는 즐거움으로 살아가게 된다.

또한 예수께서 말씀하신 '의' 는 오염된 세상에 존재하지 않는다. 하나님의 의는 세상에서 스스로 생겨날 수 없다. 타락한 세상에서 생성되는 모든 것들은 하나님편에서 볼 때 '불의' 하다. 하나님의 의는 세상의 것과 본질적으로 다른 성격을 지니고 있기 때문이다.

이처럼 거룩한 하나님께 속한 모든 것들은 의로운 데 반해 타락한 세상에 속한 것들은 그렇지 않다. 설령 인간들의 눈에 달리 비쳐질지라도 하나님께 속한 것이라면 의로우며, 인간들이 보기에 아무리 그럴듯할지라도 하나님께 속하지 않았다면 불의할 수밖에 없다. 의와 불의에 대한 판단의 기준은 인간의 이성과 경험이 아니라 하나님의 말씀이다.

그러므로 우리는 '먼저 그의 나라와 그의 의를 구하라' 고 명하신 주님의 말씀을 상징화하는 오류에 빠져서는 안 된다. 그것은 결국 관념화로 이어지게 되며 자기와 상관없는 글귀로 만들어 버리게 된다.

성도들에게 '하나님의 나라와 그의 의' 보다 더 의미 있는 것은 없다. 우리가 깨달아야 할 점은 그 가운데 하나님의 다양한 속성이 들어있다는 사실이다. 거기에는 하나님의 영광과 사랑과 은혜가 존재하며 자기 백성을 구원코자 하시는 놀라운 섭리가 담겨 있다. 그 모든 내용은 오직 주님께 속해 있으며 이 세상에는 아예 존재하지 않는다.

그렇다면 그의 나라와 의를 구하는 자에게 '모든 것' 을 더하시겠다는 약속은 무슨 뜻인가? 분명한 사실은 주님께서는 일반적으로 일컫는 세상의 복을 약속하지 않으셨다는 점이다. 하나님께서는 그의 나라와 의를 구하는 자들에게 세상에서 덤으로 누릴 수 있는 복을 약속하신 것이 아니다. 이는 오직 하나님 나라와 그의 의를 구하는 자들의 삶을 전적으로 책임지시겠다는 약속과 연관된다.

또한 우리는, "내일 일을 위하여 염려하지 말라 내일 일은 내일 염려할 것이요 한 날 괴로움은 그 날에 족하니라"(34)고 하신 말씀에서 하나님께 속한 백성은 날마다 괴로움 가운데 살게 되리라는 사실을 감지하게 된다. 이는 성도들이 세상에서 평화와 안정된 삶이 아니라 그와는 정반대의 삶을 살게 될 것을 예고하고 있다.

그렇다면 과연 모든 성도들이 세상에서 날마다 괴로움에 빠져 살고 있는가? 일부 성도들은 모르지만 다수의 성도들은 그렇지 않다. 그럼에도 불구하고 주님께서는 마치 모든 성도들이 날마다 괴로움 가운데 살아가게 될 것처럼 말씀하고 계신다. 그러면 이 말씀이 일부 성도들에게만 주어진 말씀인가?

우리는 이 말씀을 공교회적 입장에서 이해해야 한다. 성도는 하나님께 속한 백성으로서 교회를 구성하고 있는 지체들이다. 교회는 예수 그리스도로 인한 참된 가치를 소유하고 있으므로 세상으로부터 배척당한다. 그러나 교회와 그에 속한 성도들은 가치가 다른 세상에서 괴로움을 당할지라도 영원한 천국에 대한 소망 가운데 살아간다.

주님께서는 이 말씀 가운데서 오늘의 괴로움에다 내일의 염려까지 더해 오늘의 괴로움을 가중시키지 말도록 요구하고 계신다. 천국에 속한 주님의 백성은 지나가는 이 세상에 지나친 가치를 부여하지 않는다. 하나님의 백성은 세상에서 나그네와 같은 존재이며, 인생은 마치 안개와 같이 잠시 지나가는 존재와 다르지 않기 때문이다.

제12장 복음을 소유한 교회와 성령과 그리스도

(마 7:1-14)

1. "비판하지 말라" (1-5)

'비판을 받지 아니하려거든 비판하지 말라.' 오늘날 많은 기독교인들이 마음에 새겨두고 있는 말씀이다. 다수의 성도들은 이에 진심으로 순종하고자 하지만 어떤 교인들은 이 말씀을 이용해 자신의 악한 행실을 덮으려 하기도 한다. 성경의 전체적인 문맥을 고려하지 않고 명시된 문장의 부분적 표현에 치중하게 되면 윤리주의에 빠지기 쉽다.

나아가 이 구절을 오용하는 자들은 도리어 교회를 혼란케 한다. 따라서 우리는 주님께서 이 말씀을 통해 교훈하고자 하신 진정한 의미를 깨닫지 않으면 안 된다. 주님께서는 과연 어떤 경우에도 다른 사람을 비판해서는 안 된다고 말씀하신 것일까?

성경은 불의와 거짓에 대해 매우 비판적이다. 이는 예수님을 비롯한 믿음의 선배들의 삶에서 그대로 드러나고 있다. 예수께서는 예루살렘에 있는 제사장들과 서기관, 장로들을 일반 윤리를 초월한 매우 강한 어조로 비판하셨다. 그는 바리새인들을 향해 '독사의 자식', '회칠한 무덤' 등의 극한 용어를 사용하시면서 엄중하게 비판하셨다. 산상수훈에서도 그들을 '외식하는 자'로 낙인찍고 계신다(마 6:2,5,16).

구약시대의 선지자들은 이스라엘의 거짓 종교인들을 신랄하게 비판했다. 그들은 제물祭物로 바쳐진 고기에 배부른 제사장들을 비판했으며 달콤한 포도주에 취해 있는 기득권층을 향한 극단적인 비판을 서슴지 않았다. 그것이 마치 하나님의 복인 양 생각하며 풍요를 누리는 지도자들을 강하게 책망했던 것이다.

엘리야는 하나님의 뜻을 멸시한 채 민족 부흥을 꿈꾸는 아합왕을 심하게 비판했으며, 아모스는 헛된 종교생활을 하는 이스라엘의 지도자들을 냉혹하게 비판했다. 구약의 선지자들은 하나같이 악한 지도자들에 대한 비판자였으며 그로 인해 그들은 그 기득권자들로부터 심한 핍박을 받아야만 했다.

예수님 당시 세례자 요한은 헤롯 분봉왕을 비판하다가 처참한 죽음을 당해야 했으며, 스데반 역시 이스라엘 지도자들의 잘못된 신앙을 비판하다가 목숨을 잃었다. 바울, 베드로, 요한 등이 이땅에서 고난의 삶을 살았던 것은 그들이 하나님의 말씀을 통한 강도 높은 비판을 중단하지 않았기 때문이다. 사도시대 이후 신앙의 선배들 역시 선지자들과 사도들의 건전한 비판정신을 이어받아 진리수호를 위해 생명을 건 투쟁을 했다.

현대를 살아가는 우리 또한 마찬가지다. 하나님의 백성은 구약의 선지자들과 신약시대 사도들의 신앙 자세를 그대로 상속받아야 한다. 따라서 진리를 떠나 주님의 몸된 교회를 어지럽히는 거짓 지도자들에 대한 비판을 서슴지 말아야 한다. 주님의 백성들을 짓밟고 기만하는 자들의 악한 행실을 그대로 묵과하며 용납해서는 안 되는 것이다.

물론 그것은 인본적인 종교체험과 이성 또는 감정을 기초로 하는 것이 아니라 하나님의 말씀에 따른 것이어야 한다. 악한 불의를 막연히 감싸는 것은 말씀에 순종하는 것이 아니라 도리어 악과 타협하는 행동이다. 진리를 떠나 인간의 윤리성을 기초로 하여 관용과 사랑을 들먹이는 것은 매우 주의해야 할 일이다. 선지자들과 사도들은 결코 그런 사고를 가지고 있지 않았으며 성도들에게 그렇게 가르치지 않았다.

그럼에도 불구하고 말씀에 대한 전반적인 이해가 부족한 자들은 마태복음 7장 1절을 언급하며 어떤 경우에도 남을 비판하지 말아야 한다고 주장한다. 그런 자들은 성경의 전체적인 문맥을 무시한 채 단편적 해석의 오류를 범하고 있다. 그들은 주님의 의도에 관심 없이 그 말씀을 윤리적으로 받아들이고 있는 것이다.

이 말씀을 올바르게 깨닫기 위해서는 우선 본문이 예루살렘의 지도자들을 향한 일종의 간접화법의 형태라는 점을 이해해야 한다. 그것은 "외식하는 자여 먼저 네 눈 속에서 들보를 빼어라"(5)는 말씀에서 분명히 드러나고 있다. 거기서 '외식하는 자'란 주님의 제자들을 지칭하는 것이 아니라 예루살렘의 지도자들을 일컫고 있다.

예수께서 제자들에게 비판하지 말라고 하신 말씀은 예루살렘의 외식하는 자들을 염두에 둔 것이었다. 산상에서 주님의 가르침을 듣고 있던 제자들이 과연 누구를 비판하고 헤아렸던가? 여기서 우리가 얻을 수 있는 교훈은 개인적인 판단과 경험으로 성도들을 비판하거나 헤아리는 것을 주의해야 한다는 사실이다.

우리는 교회의 중요한 표지 중 하나가 권징사역임을 기억한다. 이는 말씀을 근거로 한 올바른 판단과 헤아림이 교회가운데 있어야 함을 의미하고 있다. 벨직신앙고백서는 참된 권징이 없으면 거짓 교회라 규정한다.[39] 참 교회는 관용과 사랑을 아무렇게나 남용하지 않는다. 진정한 교회는 사람들의 악한 행실을 교정하기 위해 정당한 권징을 시행해야 한다.

성숙한 성도들은 하나님의 교회를 어지럽히며 진리를 훼손하는 자들에 대해 비판할 수 있어야 한다. 주님과 그의 제자들이 그렇게 했으며 또한

39) 벨직신앙고백서, 제29항, 참 교회와 거짓 교회의 표지들 참조.

그렇게 가르치고 있기 때문이다.[40] 그러나 경험과 감정에 따라 함부로 주님의 몸된 교회와 그에 속한 성도를 비판해서는 안 된다. 성숙한 성도들은 주님께서 세우신 교회의 공적인 입장을 항상 염두에 두어야 한다.

예수께서는 또한 자기의 눈 속에 있는 들보와 형제의 눈 속에 있는 티에 관한 말씀을 하셨다(3,4). 이는 우리가 매우 신중하게 이해해야 할 비유이다. 사람들은 자기 눈 속에 들보가 들어 있음에도 불구하고 그것을 인식하지 못하고 있다. 그 상태에 익숙해지면 스스로 그것을 자연스럽게 받아들일 수밖에 없다.

산상수훈이 선포될 당시 예루살렘의 지도자들은 눈 속에 들보를 담고 있으면서도 그것을 전혀 깨닫지 못한 채 도리어 예수님과 그의 제자들을 책망하며 비판했다. 그들은 자기 눈 속의 들보를 들보로 느끼지 않고 자기의 신체 일부로 인식했기 때문에 전혀 어색하거나 불편하지 않았다. 도리어 그것을 자랑으로 여겼을지도 모를 일이다.

그러므로 그들은 자기의 근본적인 문제는 전혀 깨닫지 못하고 있으면서 예수님을 이단으로 몰아붙였다. 예수께서는 이스라엘 종교지도자들의 신앙 행태를 보시면서, 제자들에게 그와 같은 오류를 범해서는 안 된다고 가르치셨다. 형제의 눈 속에서 티를 빼내려면 먼저 자기의 눈을 청결하게 해야 한다.

주님께서는 형제의 눈 속에 있는 티를 탓하지 않는 것이 아니다. 도리어 형제의 눈 속에 있는 티가 제거되어야 함을 말씀하신다. 그러나 그것을 제대로 빼내기 위해서는 자신의 시각이 올바를 때 가능하다. 이것이 앞서 말

40) 마태복음 16장에 기록된 것처럼 예수께서는 교회에 관한 약속을 하시면서, 교회가 판단할 권세뿐 아니라 심판할 권세까지 있다고 말씀하신다: "내가 천국 열쇠를 네게 주리니 네가 땅에서 무엇이든지 매면 하늘에서도 매일 것이요 네가 땅에서 무엇이든지 풀면 하늘에서도 풀리리라"(마 16:19).

한 권징사역의 중요한 기초가 된다. 예수께서는 진리를 멸시한 채 비판을 일삼는 이스라엘의 외식하는 지도자들을 책망하며 제자들을 일깨우셨던 것이다.

2. "거룩한 것을 개와 돼지에게 주지 말라"(6)

예수님 당시 유대인들에게 있어서 개와 돼지는 가장 부정한 동물들이었다.[41] 예수께서는 예루살렘에 살고 있는 이스라엘의 지도자들을 개와 돼지로 지칭하며 비유로 말씀하셨다. 바로 앞의 말씀에서 '비판을 받지 아니하려거든 비판하지 말라' 고 교훈하신 주님께서 곧바로 뒤이어 그들을 개와 돼지로 취급하며 신랄하게 비판하셨던 것이다.

주님께서는 이 말씀에서 성도와 불신자, 거룩한 것과 부정한 것 사이에는 본질적 조화가 이루어질 수 없음을 시사하고 계신다. 그들은 눈 속에는 들보가 들어있어 아무것도 보지 못한다. 그런 형편에서는 아무리 값비싼 보배라 할지라도 그것이 보배로 보이지 않는다.

그런데 제자들이 과연 그 '거룩한 것' 과 '진주' 를 가지고 있었는가? 혹 거룩한 것은 무형적인 것이라 할지라도 그들에게 진주가 있었을 리는 만무하다. 그럼에도 불구하고 주님께서는 제자들이 이미 그것을 가지고 있는 것으로 간주하고 말씀하셨다.

그렇다면 본문에서 언급된 '거룩한 것' 과 '진주' 는 무엇인가? 물론 여기서 말하는 '거룩한 것' 과 '진주' 는 각기 다른 것을 두고 하는 말이 아니라 '동일한 것' 을 지칭하고 있다. 그것은 지금 산상에 모여 앉은 제자들이 이미 소유하고 있는 것이며 이후 역사속의 교회가 가지게 될 귀중한 보배

41) 예수께서 유대인 지도자들을 '독사의 자식' 이라 부르신 것이 구원과 연관된 존재론적 사실을 보여주고 있다면, 그들을 '개와 돼지' 라 칭하신 것은 그들이야말로 부정하고 더러운 자들임을 드러내시고 있는 것이다.

이다.

예수께서는 제자들이 그것을 언제든지 남에게 주어도 될 만큼 풍성하게 소유하고 있음을 시사하고 계신다. 하나님의 백성은 아무런 값없이 그것을 소유할 수 있다. 이사야 선지자는 그점에 대해 분명하게 예언하고 있다. 그것은 메시아 예언으로서 주님의 백성들에게 주어진 영원한 복인 것이다.

주님의 부르심과 무관한 자들은 그 '거룩한 것' 을 눈으로 본다 할지라도 그것의 진가眞價를 알지 못한다. 도리어 그들은 그에 대해 적대감을 가지고 발로 짓밟는다. 또한 그 보배로운 것을 소유한 사람들을 찢어 상하게 하려고 한다. 그들은 성도들과는 본질상 상이한 가치관을 소유하고 있기 때문이다.

우리에게 보배로운 것이 저들에게는 아무것도 아닐 뿐 아니라 오히려 해로운 것으로 인식된다. 마찬가지로 그들에게 보배로운 것이 우리에게는 무익할 뿐더러 도리어 해롭다. 따라서 사도 바울은 빌립보 교회에 편지하면서 그 전에 값어치 있는 것이라 여기던 것들을 배설물이라 단언했다.

> "또한 모든 것을 해로 여김은 내 주 그리스도 예수를 아는 지식이 가장 고상함을 인함이라 내가 그를 위하여 모든 것을 잃어버리고 배설물로 여김은 그리스도를 얻고 그 안에서 발견되려 함이니 내가 가진 의는 율법에서 난 것이 아니요 오직 그리스도를 믿음으로 말미암는 것이니 곧 믿음으로 하나님께로서 난 의라" (빌 3:8.9)

여기서 사도 바울이 말하는 배설물이란 똥이다. 바울은 세상이 값어치 있다고 하는 것들뿐 아니라 하나님 앞에 의를 드러내고자 하는 종교적 행위가 배설물임을 말하고 있다. 예수 그리스도로 말미암아 그런 것들이 배설물이라는 사실을 알게 된 것이다.

우리는 세상의 탐나는 것들을 끌어모으며 종교적 의를 쌓음으로써 삶의 의미를 확보하지는 않는가? 그것들을 통해 종교적 만족과 즐거움을 취하려 하지는 않는가? 이는 개별 성도들뿐 아니라 전체 교회에 적용되어야 한다. 교회가 세속적인 선을 추구하게 되면 진리를 약화시키는 결과를 초래할 수밖에 없다.

그리스도로 인해 버려진 배설물들을 통해 기쁨을 추구한다면 어리석다. 종교적인 행위로써 공로를 세우려는 것은 부질없는 짓이다. 사람들이 세상의 번영과 종교적인 고상한 삶을 목표로 삼는 것은 세속적인 만족과 자기 의에 연관된다. 따라서 우리는 세상의 보배로 인식되는 것들에 대해 경계하는 마음을 가져야 한다.

마태복음 7장 6절에 언급된 '거룩한 것' 곧 '진주'는 예수 그리스도를 의미한다. 이 세상에 그보다 더 귀한 보배는 존재할 수 없다. 하나님의 백성만을 위한 그 거룩하고 보배로운 진주는 아무나 알아볼 수 있는 것이 아니며 누구에게나 주어지는 천박한 것이 아니다.

3. "구하라, 찾으라, 두드리라" (7-11)

마태복음 7장 7-11절에 대해서는 많은 성도들이 잘못 알고 있다. 성도가 소원을 두고 진심으로 구하면 하나님께서 다 들어주신다는 약속으로 생각하는 것이다. 그러므로 신앙이 어린 교인들은 이 말씀을 근거로 열심히 구하면서 그것을 믿음으로 여긴다. 하지만 주님의 의도에 반한다면 참 믿음이 아니라 미성숙의 표현에 지나지 않는다.

많은 교인들은 개인적인 간절한 기도를 통해 자기가 바라는 바를 얻게 될 것으로 믿는 것이 사실이다. 하지만 그들의 생각과 달리 산상수훈의 본문은 누구든지 열심히 구하고 찾으면 하나님께서 '무엇이든지' 들어주신다고 말씀하신 것이 아니다. 만일 그렇게 되면 이 말씀은 앞에 기록된 기도에 관련된 내용(마 6:25-34)과 완전히 상치된다.

그럼에도 불구하고 주님께서는 산상에 모인 제자들에게 '구하라, 찾으라, 두드리라' 고 요구하신 것이 분명하다. 그렇게 하면 얻게 될 것이고 찾게 될 것이며 열릴 것이라고 말씀하신 것이다.

그렇다면 우리는 이 본문을 어떻게 이해해야 할까? 여기서 '구하고 찾고 두드리는 것' 은 각기 다른 행위를 요구하고 있는 것이 아니라 하나의 의미를 지니고 있다. 하나님의 성도들은 가장 본질적이며 중요한 것을 위해 기도해야 한다. 그것이 곧 교회의 초석이 되는 주님의 제자들이 감당해야 할 마땅한 일이다.

우리는 구속사적 경륜 가운데 이 말씀을 깨달아야 한다. 즉 '구하고 찾으며 두드리는 신앙' 이 일반적인 상황이 아니라 구속사적 맥락에서 해석되어야 한다. 이 말씀과 관련하여 구약의 관련 본문을 살펴볼 필요가 있다. 예레미야 선지자는 이방의 포로가 된 이스라엘 백성들이 하나님을 찾고 부르짖으면 그가 응답하시리라는 약속을 기록하고 있다.

> "너희는 내게 부르짖으며 와서 내게 기도하면 내가 너희를 들을 것이요 너희가 전심으로 나를 찾고 찾으면 나를 만나리라 나 여호와가 말하노라 내가 너희에게 만나지겠고 너희를 포로된 중에서 다시 돌아오게 하되 내가 쫓아 보내었던 열방과 모든 곳에서 모아 사로잡혀 떠나게 하던 본 곳으로 돌아오게 하리라 여호와의 말이니라 하셨느니라" (렘 29:12-14).

하나님께서는 포로가 된 이스라엘 민족에게 친히 역사하여, 메시아를 잉태한 원래의 땅을 회복해 주시겠다고 약속하셨다. 그들은 가나안 땅과 예루살렘 성전을 상실했지만 하나님께 간절히 부르짖으면 자기 백성에게 그것을 되찾아 주시겠다고 약속하셨던 것이다.

예레미야서의 본문은 언약 백성이 하나님을 절실히 찾아야 할 것과 국가 상실 및 회복에 초점이 맞추어져 있다. 약속의 땅을 빼앗기고 예루살렘 성전이 파괴된 것은 절망이다. 그런 형편에서 이스라엘 민족이 자신의 연약함을 깨달아 하나님을 간절히 찾을 때 하나님께서 그 부르짖음에 응답하시게 된다. 이는 이스라엘 민족의 민족적 회복에 연관되어 있다.

이와 마찬가지로 산상수훈에서 주님께서 '구하고, 찾고, 두드리라' 고 하신 말씀은 구속사적 의미 가운데서 하나님의 도우심을 간절히 소망하라는 뜻이다. 그렇게 하기 위해서는 하나님의 전능하심과 더불어 처참한 인간의 무능함에 대한 깨달음이 있을 때 가능하다. 그것은 개별적인 결단이 아니라 교회의 기초가 되는 제자들의 공동체적 믿음을 요구한다. 그것이 메시아 소망과 연관될 때 하나님의 응답이 있게 되는 것이다.

그렇다면 주님의 제자들이 그렇게 구할 때 주님께서 응답하시겠다고 하신 구체적인 내용은 무엇인가? 하나님께서는 교회의 기초가 되는 열두 제자들에게 '좋은 것' 을 주실 것을 약속하고 계신다(11). 즉 하늘에 계신 하나님이 선하신 분임을 언급하시면서 '좋은 것' 을 주시리라 말씀하신 것이다.

여기서 인간의 악한 모습과 대비되는 하나님의 선하신 성품을 통해 그에 대한 구체적인 설명을 하고 있다. 악한 인간이라 할지라도 자기 자식이 먹을 것을 달라고 하면 먹지 못하는 것을 주는 법이 없나. 자식이 배가 고파 음식을 달라고 하는데 못 먹는 돌을 주며 생선을 달라고 하는데 뱀을 줄 아버지가 없다는 것이다.

그렇다면 하나님의 백성들은 무엇을 간구해야 하는가? 우리 시대에는 산상수훈의 '구하고 찾고 두드리라' 는 말씀을 근거로 하여 개인의 소원을 간구하는 것을 쉽게 볼 수 있다. 그런 자들은 직장, 재물, 건강, 혼인, 행복 등 자신이 원하는 것을 열심히 구하면 하나님께서 들어주실 것으로 믿는다. 악의에 찬 설교자들은 이 말씀을 빙대어 무엇이든지 구하기만 하면 하나님께서 다 들어주신다고 선전하고 있다.

그러나 주님께서 '구하고 찾으며 두드리라' 고 하신 것은 개인의 소원을 위해 그렇게 구하라는 뜻이 아니다. 자기에게 필요한 것들을 열심히 구하면 하나님께서 그 기도를 모두 들어주시겠다고 말씀하지 않으셨다. 그런 것은 이방인들이 구하는 것이므로 아예 구하지도 말라고 분명히 기록되어 있다(마 6:25-34).

하나님께서 약속하신 '가장 좋은 것' 은 이땅에 보내실 '성령' 이다. 하나님의 백성에게 진정 필요한 존재는 인간의 욕구충족의 방편이 되는 것들이 아니라 보혜사 성령 하나님이시다. 마태복음의 본문과 직접 관련된 누가복음의 기록을 보면 이점을 분명히 알 수 있다.

> "내가 또 너희에게 이르노니 구하라 그러면 너희에게 주실 것이요 찾으라 그러면 찾을 것이요 문을 두드리라 그러면 너희에게 열릴 것이니 구하는 이마다 받을 것이요 찾는 이가 찾을 것이요 두드리는 이에게 열릴 것이니라 너희 중에 아비된 자 누가 아들이 생선을 달라 하면 생선 대신에 뱀을 주며 알을 달라 하면 전갈을 주겠느냐 너희가 악할지라도 좋은 것을 자식에게 줄줄 알거든 하물며 너희 천부께서 구하는 자에게 [성령]을 주시지 않겠느냐 하시니라" (눅 11:9-13)

마태복음 7장 7-11절의 기록 내용과 조화되는 누가복음 11장 9-13절을 보면 주님께서 무엇을 구하라고 말씀하고 계시는지 더욱 명확하게 드러난다. 마태복음 7장 11절의 '좋은 것' 이 누가복음 11장 13절에서는 '성령' 으로 기록되어 있다. 주님께서는 교회에 진정 필요한 것은 [좋은 것] 곧 [하나님의 성령]임을 분명하게 말씀하고 계시는 것이다.

우리는 산상수훈의 "구하라 그러면 너희에게 주실 것이요 찾으라 그러면 찾을 것이요 문을 두드리라 그러면 너희에게 열릴 것이니 구하는 이마다 얻을 것이요 찾는 이가 찾을 것이요 두드리는 이에게 열릴 것이니라" 는 말씀을 결단코 일반적 관점에서 이해해서는 안 된다. 성경은 세상에서의 성공과 번영을 위해 기도하지 말도록 교훈하고 있다. 우리는 오직 '그의 나라와 의' (마 6:33)를 구할 수 있을 따름이다.

4. 소위 '황금률' (12)

우리가 일반적으로 가장 오해하고 있는 본문 중 하나가 '남에게 대접을 받고자 하는 대로 너희도 남을 대접하라' 는 말씀이다. 이 말씀은 일반적으로 소위 '황금률' 로 널리 알려져 있다. 이것이 인간이 가져야 할 최고의 도덕률이 된다는 것이다. 즉 우리는 자신의 이익을 추구하기 위해 이웃에 맞서는 자가 아니라 마치 자기의 이익을 추구하듯 이웃의 이익을 위해 살아가도록 부르심을 받은 자들이라는 것이다.[42)]

이처럼 이 본문은 여간 주의하지 않으면 엉뚱한 해석을 하게 될 우려가 있다.[43)] 기독교인은 남을 잘 대접해야 자기도 그에 상응하는 대접을 받을 수 있으며,[44)] 남을 잘 대접하는 것이 교인의 윤리적 덕목인양 말하고 있는 것이다. 그러나 이는 그런 윤리적 가르침과는 전혀 상관이 없다. 만일 그렇게 되면 본문이 의도하는 바와 다른 주장을 하게 된다.

---

42) Jakob van Bruggen, The Sermon On the Mount: a treval guide for Christians, Winnipeg: Premier Publishing, 1986, p.78.

43) John Calvin은 이 말씀이 앞의 구절들과 상관없는 독립적인 말씀으로 본다. 따라서 12절 초두의 '그러므로' 라는 접속사는 별 의미 없이 사용된 것으로 생각했다: John Calvin, The Commentary of Matthew 7:12; 한편 박윤선은 12절의 말씀이 앞 구절들의 말씀과 관계가 있으나 어떤 관계가 있는지 우리가 알지 못할 뿐이라고 생각한다: 박윤선, 마태복음 7:12 주석 참조.

44) 남을 잘 대접하면 자기도 잘 대접받게 되리라는 계산 가운데 어떤 선을 행한다는 것은 수준 높은 윤리실천이 되지 못한다. 물론 성경말씀에서 그렇게 가르치고 있는 것은 아니다. 일반 윤리학에서도 그점을 중시한다. Immanuel Kant는 인간이 조건 없이 마땅히 실천해야 하는 윤리를 정언명법(定言命法, categorical imperative)이라 했다. 이는 다른 목적을 성취하기 위한 수단으로써 윤리를 실천하는 가언명법(假言明法, hypothetical imperative)과 대비되는 개념이다.

우리가 유의해야 할 점은 마태복음 7장 12절의 번역에 관한 문제이다. 그것은 번역기술에 관한 것이라기보다 용어채택에 관련된다. 즉 대다수 한글 번역 성경들에는 '대접' 이라는 용어를 채택하고 있다(개역성경, 새번역, 표준 새번역, 현대인의 성경 등). 그러나 우리는 여기에 채택되고 있는 '대접' 이라는 단어를 분별력 있게 이해할 필요가 있다.

따라서 이 본문은 "그러므로 누군가 너희에게 해 주기를 원하는 대로 너희도 그들에게 그렇게 하라"(Therefore all things whatsoever ye would that men should do to you, do ye even so to them: KJV)라고 번역하는 것이 바람직하다.[45] 즉 이 말씀의 내용은 단순히 남에게 대접하는 문제에 관한 것이 아니라 성도의 본질적인 삶의 방식에 연관된다.

따라서 앞의 구절과 어떻게 연결되었기에 본문의 맨 앞부분에 '그러므로' 라는 접속사가 붙어있느냐는 점을 주의 깊게 고려해 보아야 한다. 이 접속사에 대한 분명한 이해가 없이는 결코 이 본문을 올바르게 깨달을 수 없다. 마태복음 7장 12절은, 앞의 7장 7-11절까지 하나의 문단을 이루고 있는 내용에 대한 결론적 언급이라 할 수 있다. 그 말씀은 앞에서 이미 설명한 것처럼 하나님의 성령과 관련된 구속사적인 의미를 지닌다.

따라서 '그러므로 누군가 너희에게 해 주기를 원하는 대로 너희도 그들에게 그렇게 하라' 는 말씀은 단순한 윤리적 교훈이 아니다. 예수님과 그의 제자들 가운데, 일반적으로 생각하는 그런 식의 대접을 잘했다거나, 그렇게 함으로써 남으로부터 더 나은 대접을 받았다는 성경기록을 찾아보기 어렵다. 예수님과 제자들은 당시 남을 대접할 만한 풍족한 물질을 소유하고 있지 않았다.

---

45) 한글 번역 성경들 이외 많은 다른 번역 성경들에서 '대접' 이라는 의미의 단어를 구체적으로 명시하지 않고 있음에도 불구하고, 위 구절을 소위 '황금률' 이라고 이해하는 것은 명백한 성경 해석상 오류이며 그 잘못된 해석이 언젠가부터 지속적으로 이어져 왔기 때문에 일어난 문제이다.

따라서 마태복음 7장 12절의 맨 앞부분에 '그러므로' 라고 하는 접속사가 쓰인 것은 앞 절에 기록된 '성령' 을 주시겠다는 하나님의 약속과 직접 연관되어 있다. 즉, 누군가 자기에게 해 주기를 원하는 대로 그들에게 그렇게 해야 한다고 하신 말씀은 '성령을 주시겠다는 주님의 약속' 과 '성도의 언약적 삶' 에 관련되는 것이다. 본문의 마지막 부분에 '이것이 곧 율법이요 선지자라' 고 하신 말씀은 '그 약속으로 인해 그리스도와 성령을 보내주신 하나님께 순종하며 사는 성도의 삶이 곧 성경의 가르침' 이라는 뜻이다.

하나님께서 교회를 위해 성령을 보내주시듯이 교회는 하나님의 뜻에 따라 살아가야 한다. '남에게 대접을 받고자 하는 대로 너희도 남을 대접하라' 는 말씀은 단순한 윤리적 제시가 아니라 성령을 받은 교회에 순종의 삶을 요구하는 것이다. 따라서 교회에 속한 성도들은 자기를 위한 인생이 아니라 하나님의 영광을 위해 살아야 한다. 그것이 곧 성경의 가르침, 즉 율법과 선지자들의 본질적인 교훈이기 때문이다.

5. "좁은 문으로 들어가라" (13,14)

우리에게 있어서 일반적으로 말하는 문은 무엇인가? 문은 집 안으로 들어가기 위해서 반드시 통과해야 할 관문이다. 문을 통하지 않고는 아무도 집 안으로 들어갈 수 없다. 또한 문이 있다는 말은 울타리 곧 담이 있다는 뜻이다. 그 울타리는 안과 밖을 명확하게 구분하는 표식이다. 그 문을 기점으로 하는 안과 밖은 전혀 다른 세상이다.

일반적인 관점에서 본다면 집과 문의 규모는 그 집 주인의 신분을 나타내기도 한다. 고관대작高官大爵의 집은 크고 화려하며 그 대문도 집 주인의 신분과 걸맞게 거창하다. 그러나 신분이 천하고 가난한 사람들의 집과 문은 초라하고 보잘것없다.

그런데 주님께서 제자들에게 좁은 문으로 들어가라고 하신 것은 무슨 의미일까? 문이 좁고 작은 만큼 그 내부도 형편이 없다는 말일까? 주님께서 제자들에게 사람들의 관심을 끌 만한 조건을 갖추지 못한 좁은 문을 택하도록 요구하신 것은 보잘것없어 보이는 그 문이 곧 참 생명을 향한 문이기 때문이다.

예수께서는 이 비유의 말씀에서 모든 인간이 그 문들(the Gates)을 통과해야 함을 시사하고 계신다. 그 문들은 인간들의 일반생활이 아니라 영원한 삶과 연관된다. 그것을 절제나 인내[46]와 연관짓는 자들이 많지만 이는 결코 그런 기독교 윤리에 대한 교훈이 아니다.[47]

우리는 성경원문을 통해 주님께서 말씀하신 '문'과 '길' 앞에 정관사가 붙어 있음을 알 수 있다. 이는 일반적인 문의 규모나 형태를 말씀하려는 것이 아니라 이미 성격이 규정된 '그 문'에 대해서 말씀하고 계시는 것이다. 즉 '좁은 문'이란 그냥 좁다란 문이 아니라 이미 규정된 '그 좁은 문'(the narrow gate)을 지칭하고 있으며, 동시에 '큰 문' 역시 막연하게 커다란 문이란 의미가 아니라 '그 큰 문'(the wide gate)을 지칭하고 있다.

주님께서는 세상 모든 사람들이 마땅히 통과해야만 할 두 개의 문이 있

---

46) Calvin은 '좁은 문으로 들어가라'는 말씀의 의미를 자신의 감정과 모든 욕망을 제어하는 것으로 본다: John Calvin, The Commentary of Matthew 7:13,14; 한편 박윤선 박사 역시 이 말씀이 교훈하는 의미를 절제로 보고 있다: 박윤선, 마태복음 7:13,14 주석 참조.

47) 만일 이 본문 말씀을 윤리적으로 해석하게 되면 복잡한 문제가 발생한다. 즉 '좁은 문으로 들어가라'는 주님의 말씀이 절제나 인내를 말하고 있는 것이라면 하나님을 알지 못하는 불신자들의 그런 윤리적 행동에 대해서는 어떻게 말할 것인가? 도를 닦는 사람들이나 불교의 승려들 가운데는 자기 절제에 익숙하며 철저하게 욕망을 버리고 사는 자들이 많이 있다. 그들은 아무리 절제하고 인내할지라도 주님께서 말씀하시는 '그 좁은 문'과는 아무런 상관이 없는 자들이다. 이와 마찬가지로 기독교 가운데서 그런 식으로 사는 사람들이 올바른 신앙을 가진 사람들인가 하는 점은 냉철하게 생각해 보아야 한다. 중세 수도사들이나 사제들 중에는 그런 삶을 살았던 자들이 많이 있었지만 우리는 그런 삶의 형태를 신앙의 본이 되는 것이라고 말하지 않는다.

음을 언급하셨다. 하나는 생명을 향한 문이며 다른 하나는 멸망을 향한 문이다. 생명을 향한 그 문과 길은 좁지만, 멸망으로 가는 그 문과 길은 크고 넓다. 주님을 알지 못하는 자들은 그 넓은 길을 거쳐 멸망에 이르는 과정에서 인생의 의미를 찾으려 하지만 주님의 자녀들은 그렇지 않다.

따라서 '그 좁은 문' 으로 들어가라는 주님의 요구는 거기 있는 제자들뿐 아니라 후에 설립될 교회와 그에 속한 모든 성도들에게 주어졌다. 이는 주님의 제자들과 그들로 말미암아 세워지게 될 교회는 그 생명의 문과 곧바로 연결되어 있음을 의미한다. 예수께서 '(그) 좁은 문으로 들어가라' 고 하셨을 때 '그 문' 은 의심의 여지없이 예수 그리스도 자신을 상징적으로 지칭하고 있다.

요한복음에도 자기를 '양의 문' 으로 묘사하신 주님의 말씀이 기록되어 있다(요 10:7-9). 우리는 '그 좁은 문' 으로 들어가라는 주님의 말씀이 단순한 기독교적 절제나 고행을 요구하는 것이 아니라, 십자가에 달리신 그리스도의 몸을 통해야만 하나님께로 나아갈 수 있음을 말씀하신다는 사실을 기억하지 않으면 안 된다.

> "예수께서 가라사대 내가 곧 길이요 진리요 생명이니 나로 말미암지 않고는 아버지께로 올 자가 없느니라" (요 14:6);
>
> "Jesus saith unto him, I am the way, the truth, and the life: no man cometh unto the Father, but by me" (John 14:6).

예수께서는 여기서 자신이 아버지께로 나아가는 유일한 통로(the way)임을 분명히 말씀하셨다. 따라서 예수 그리스도를 통하지 않고 하나님께 나아갈 자는 아무도 없다. 이는 생명의 배타성을 말하고 있다. 우리 시대에 기승을 부리고 있는 종교다원주의나 종교포용주의는 그것이 '멸망을 향하는 그 넓은 길' 에 지나지 않는다.

우리가 이 말씀과 더불어 생각해보아야 할 중요한 내용은 '그 좁은 문'과 '그 넓은 문'이 우리 앞에 나란히 서 있는 것이 아니라 서로 정반대 방향에 놓여 있다는 사실이다. 이는 '하나님과 재물'(마 6:24 참조)이 정반대편에 있다는 점과, 천국과 지옥이 정반대편에 놓여있는 것과 마찬가지이다. 우리는 결코 양자를 동시에 바라보며 동시에 선택할 수 없다. 하나에 속하게 되면 다른 하나는 버릴 수밖에 없는 것이다.

제13장 거짓 선지자들에 대한 경계와 교회

(마 7:15-29)

1. 거짓 선지자들(15-20)

예수께서 거짓 선지자들을 언급하시면서 제자들에게 교훈하고자 했던 진정한 의도는 무엇이었을까? 우리는 종교적 외형만을 보고 참 선지자와 거짓 선지자를 가리려는 태도를 주의해야 한다. 자칫 잘못하면 진리가 아닌 윤리적 잣대로 그에 접근할 우려가 있다.

교회는 거짓 선지자들을 찾아 구분하려는 노력을 기울여야 하지만 신중하지 않으면 예상 밖의 오류를 범하게 된다. 만일 잘못된 기준이 적용되면 도리어 거짓 선지자를 참 선지자로 둔갑시킴으로써 훨씬 심각한 혼란이 생겨난다. 그렇게 되면 양의 탈을 쓴 거짓 선지자를 마치 참 선지자인 양 공인함으로써 어린 성도들을 다치게 할 위험이 발생하게 되는 것이다.

사도교회 시대 주님의 제자들은 성도들에게 참 선지자이신 주님을 따르도록 가르쳤다. 하지만 거짓 선지자들은 백성들로 하여금 자기를 따르도록 유도했다. 만일 우리 시대의 어떤 자가 주님이 아니라 자기를 따르도록 요구한다면 그는 거짓 선지자라 할 수밖에 없다.

거짓 선지자들은 역사상 모든 시대에 존재했었다. 그들은 항상 하나님의 이름을 들먹이며 자신을 진정한 지도자인 양 위장했다. 거짓 선지자들은 결코 이마에 '거짓 선지자'라 쓴 표를 붙이고 다니지 않는다. 그리고 뿔이 달린 괴물처럼 보이지도 않는다.

도리어 거짓 선지자들은 대개 종교적 화려한 모습을 띠고 있다. 어쩌면 그들은 신실한 윤리주의자일 수 있으며 이웃을 위해 자신의 것을 아끼지 않는 헌신적인 박애주의자일 수도 있다. 오늘날 우리 주변에서 쉽게 만날 수 있는 유명하다는 천주교의 교황이나 추기경이나 주교들을 보면 쉽게 이해가 갈 것이다. 특히 그들은 마치 박애주의자들처럼 보일 정도이다. 뿐만 아니라 그들과 같은 권위와 권력을 앞세우는 목사들이나 장로들, 심지어 신자들 가운데서도 그런 자들을 얼마든지 찾을 수 있다. 그러므로 신앙이 어린 교인들이 저들의 속임수에 쉽게 넘어가게 된다. 사도 바울은 고린도 교회에 편지하면서 그점을 강조하고 있다.

> "저런 사람들은 거짓 사도요 궤휼의 역군이니 자기를 그리스도의 사도로 가장하는 자들이니라 이것이 이상한 일이 아니라 사단도 자기를 광명의 천사로 가장하나니 그러므로 사단의 일군들도 자기를 의의 일군으로 가장하는 것이 또한 큰 일이 아니라 저희의 결국은 그 행위대로 되리라"(고후 11:13-15)

주님의 교회를 어지럽히는 무리는 철저하게 위장되어 있다. 거짓 선지자나 거짓 사도들은 외관상 전혀 이상하게 보이지 않는다. 그들은 도리어 자신을 신앙이 탁월한 지도자로 내세워 선전한다. 오죽하면 사탄이 광명한 천사의 모습으로 위장하고 의의 일군인 것처럼 행세하며 주님의 백성들을 미혹한다고 말할까?

말씀을 통한 분별력이 없으면 참인지 거짓인지 도저히 구분할 수 없을 만큼 외견상 똑 같아 보일지 모른다. 어쩌면 참 선지자들이 꾸미지 않는 수수한 모습을 보이고 있는데 반해 거짓 선지자들은 종교적으로 더욱 경건한 모습을 보이고 있을지도 모른다. 윤리적으로 철저한 무장을 함으로써 많은 칭송을 받지만 실상은 거짓 선지자일 수 있다는 것이다.

그런데 문제는 거짓 선지자들 스스로 자신의 악한 본질을 인식하지 못할 수 있다는 점이다. 그들은 종교적 윤리를 배경으로 하여 자신의 종교세계를 구축한다. 구약시대의 거짓 선지자들과 신약시대의 진리를 알지 못하는 수많은 종교지도자들이 그러했다.

예수님 당시 예루살렘에 거주하던 많은 거짓 종교인들은 스스로 훌륭한 신앙인인 양 착각하고 있었다. 특히 율법사들은 구약성경을 연구하는 전문가들로서 자기가 마치 최고의 성경해석자인 양 행세했다. 그들은 천국에 가면 하나님으로부터 많은 상급을 받을 것이라 생각하며 종교적 만족감을 누렸을 것이다.

그러나 그들은 하나님의 뜻을 전혀 모르는 자들이었다. 예수께서 그들을 '독사의 자식' 이라 저주하며 책망한 것은 저들이 하나님을 알지 못했기 때문이다. 오늘날 우리는 주님과 사도들의 확증을 통해 그점을 분명히 알고 있지만, 당시의 많은 사람들은 그로 인해 엄청난 혼란을 겪었을 것이 틀림없다.

거짓 일군들은 화려한 자신의 행색行色을 드러내 보이며 그것이 하나님으로부터 온 축복이라도 되는 것처럼 주장할지도 모른다. 많은 종교적 성과물들을 제시하며 하나님이 아니면 어떻게 그런 일이 가능하겠느냐는 식으로 자랑할지 모르는 것이다. 그들의 종교심과 종교적 성과물들이 연약한 성도들을 더욱 큰 혼란에 빠뜨릴 수 있다.

산상수훈의 본문에서는 '나무에 관한 비유' 를 통해 참과 거짓을 분명히 구분하고 있다(16-18). 나무의 종種은 세월과 환경에 따라 변할 수 없다. 따라서 우리가 더 많은 관심을 기울여야 할 부분은 열매가 아니라 나무자체이다.

우리가 기억해야 할 바는 포도나무와 무화과나무가 좋은 나무라는 사실과, 가시나무와 엉겅퀴나무는 나쁜 나무라는 사실이다. 포도나무와 무화과나무가 그 나무의 열매를 맺는 것은 자연스런 이치다. 그러나 가시나무와 엉겅퀴나무가 포도와 무화과 열매를 맺는 것은 불가능하다. 이 비유의 말씀은 하나님과 창세전에 선택하신 그의 백성과 연관된다. 하나님께서 택하신 백성은 포도나무와 무화과나무에 해당된다. 그렇지만 하나님의 선택과 무관한 자들은 가시나무와 엉겅퀴나무에 해당된다.

이와 마찬가지로 본문 가운데 언급된 양과 이리는 본질상 서로 다르다. 아무리 화려하게 다듬고 위장해도 양은 양이고 이리는 이리일 따름이다. 양이 이리가 될 수 없고 이리가 양이 될 수 없는 것이다. 그런데 원래부터 양이 아닌 이리가 양 노릇을 하는 것이 문제다. 그들은 그렇게 함으로써 자기 욕망을 성취하려고 한다.

즉 이리는 양의 탈을 쓰고 양을 늑탈하여 자기 배를 채우려 하게 된다. 요한복음 10장의 '양과 목자의 비유' 에서 주님께서는 자신이 선한 목자라 말씀하신다. 선한 목자는 양을 위하지만 삯군은 자신을 위해 양을 늑탈하고 해치는 자임을 말하고 있는 것이다.

> "나는 선한 목자라 선한 목자는 양들을 위하여 목숨을 버리거니와 삯군은 목자도 아니요 양도 제 양이 아니라 이리가 오는 것을 보면 양을 버리고 달아나나니 이리가 양을 늑탈하고 또 헤치느니라 달아나는 것은 저가 삯군인 까닭에 양을 돌아보지 아니함이나 나는 선한 목자라 내가 내 양을 알고 양도 나를 아는 것이 아버지께서 나를 아시고 내가 아버지를 아는 것 같으니 나는 양을 위하여 목숨을 버리노라" (요 10:11-15)

이 비유의 말씀은 '좋은 나무 비유' 와 직접 연관된다. 좋은 나무 비유가 창세전 하나님의 선택과 관련되듯이 '목자와 양의 비유' 또한 창세전 하나님의 선택과 직접 연관된다. 목자와 양은 일시적으로 형성된 관계가 아니라 원래부터 형성된 뗄 수 없는 관계이다. 그러나 목자가 아닌 삯군 목자는 양과 원래부터 관계가 있는 것이 아니므로 노동력을 제공하고 임금만 받으면 그만이다.

주님께서는 또한 '좋은 나무 비유' 에서 열매를 통해 그 나무의 진실성을 알게 된다고 말씀하신다. 그렇다면 열매란 구체적으로 무엇을 의미하는가? 헌금을 많이 하고 전도를 많이 하는 것이 열매인가? 시간을 많이 드려 열심히 기도하고 열심히 구제하면 그것이 열매인가? 아니면 많은 사람들로부터 인정받고 칭찬을 듣는 것이 열매인가? 혹은 자기의 종교적 만족을 느끼는 것이 그 열매인가?

주님께서 말씀하시는 열매는 그런 것들이 아니다. 진정한 열매는 가지가 원 나무줄기에 온전히 붙어 있는 것과 연관된다. 그렇게 될 때 주님께서 선한 열매를 맺으시는 것이다. 열매는 인간들의 노력에 의해 맺혀지는 것이 아니라 우리가 주님께 온전히 붙어 있을 때 하나님께서 맺히게 하시는 것이다.

나무와 열매는 상호관계를 드러내 보여준다. 이는 존재론적인 의미를 지니고 있다. 나아가 그것은 집단적 의미를 지닌다. 즉 주님께서는 개인의 종교적 성과물이 아니라 택한 백성인 교회의 존재에 대해 말씀하고 계신다. 따라서 여기서 교훈하고 있는 바는 열매의 많고 적음이 아니라 나무와 열매 사이의 본질적인 관계의 중요성을 말해주고 있다.

아름다운 열매를 맺기 위해서는 좋은 나무에 붙어 있어서 그 나무의 일부가 되어야 한다. 그것은 인위적인 노력에 따른 결과가 아니다. 좋은 열매를 맺지 못하는 나무는 찍혀 영원한 불에 던져지게 된다. 그것은 열매의 양이 아니라 그 열매를 맺을 수 있는 조건에 관련되어 있다. 성도들 가운데는 종교적인 선행을 할 수 없는 어린이들과 그 능력을 상실한 병약한 자들 및 심각한 장애를 가진 이들도 있다.

그들은 과연 성경이 말하는 좋은 열매를 맺을 수 없는 자들인가? 그것은 결코 그렇지 않다. 그들 역시 좋은 나무인 그리스도께 온전히 붙어 있다면 아름다운 열매를 얼마든지 맺을 수 있다. 따라서 우리는 주님의 교훈을 현상적이 아니라 존재론적으로 이해해야 한다.

하나님의 백성은 창세전에 선택받아 그리스도의 사역을 통해 하나님께 붙어 있는 자들이다. 따라서 교회에 속한 성도들은 자연스럽게 하나님께서 원하시는 열매를 맺게 된다. 주님께서 본문을 통해 제자들에게 교훈하신 것은, 우리가 하나님께 온전히 붙어 있는 존재라는 사실과 진리를 방해하는 거짓 선지자들의 위장된 가르침을 조심해야 한다는 점이다.

2. 불법을 행하는 자들(21-23)

예수께서는 산상에 모인 열두 제자들에게 마지막 심판날이 되면 사람들의 예상과는 전혀 다른 일이 벌어진다는 사실을 말씀하셨다. 천국에 갈 것이라 기대했던 사람들이 지옥에 던져지게 되고, 엄청난 상급을 기다리던 자들에게 심판과 저주가 따르게 된다는 것이었다. 하나님의 뜻대로 행하지 않는 사람은 결단코 천국에 들어갈 수 없다.

본문에 기록된 내용은 앞에 기록된 거짓 선지자들과 직접 연관되어 있다. 그들은 못된 나무에 붙어 있으면서 그럴듯한 종교 활동을 하지만 도리어 교회를 어지럽힌다. 주님께서는 그들의 활동을 불법이라 규정하셨다.

그런데 주님의 이름으로 선지자 노릇하고 귀신을 쫓아내며 많은 권능을 행한 자들이 의도적인 악을 행했던 것이 아니다. 그들은 하나님의 요구와는 상관없이 분명한 불법을 저질렀지만, 그것을 불법이라 여기지 않고 도리어 적법한 것으로 착각했다. 그들은 거짓 선지자이면서 스스로는 하나님께 충성을 다하는 진짜 선지자인 것으로 착각하고 있었던 것이다.

우리는 흔히 거짓 없이 성심껏 신앙생활을 하면 잘하는 것이라 오해한다. 진심으로 하나님을 위해 무엇을 하면 그것 자체로서 하나님이 기뻐하시거나 영광을 받으실 것으로 생각하는 것이다. 그러나 사심 없는 종교생활 자체가 하나님께 영광이 되리라는 보장은 없다.

마태복음 7장 22절에 언급된 거짓 선지자들이 사심 없이 열심히 하나님을 섬겼다고 하면 어떻게 말할 것인가? 심판대 앞에 선 그들은 자신의 그런 점을 들어 주님께 항의하고 있다. 주의 이름으로 선지자 노릇하며 귀신을 쫓아내며 많은 권능을 행했다는 것이다.

그들은 많은 일을 하면서 자기 이름으로 하지 않고 주님의 이름으로 그렇게 했다는 점을 부각시켰다. 또한 그들은 하나님께 영광을 돌리기 위해 최선을 다했다고 말할 것이 분명하다. 저들의 활동으로 인해 많은 사람들이 하나님께 관심을 가지게 되었으며 그들이 증인이 될 수 있다고 항변했던 것이다.

그런데 예수께서는 저들을 알지 못한다고 말씀하셨다. 주님은 그들에게 그런 일을 맡기거나 시킨 적이 없었다. 도리어 자신의 종교적 욕망을 추구하면서 주님의 이름을 핑계삼은 저들을 강하게 책망하셨다. 결국 그들은 자신을 위한 종교 활동을 하면서 주님의 이름을 함부로 팔아먹은 불법을 행한 자들이었다.

우리가 알고 있는 것처럼 인간은 죄로 말미암아 완전히 부패한 존재이다. 그런 인간에게서 생성된 열정은 그 자체로서는 죄악의 표현일 수밖에 없다. 인간의 종교적인 열정이 아니라 계시된 말씀을 통해 드러나는 하나님의 뜻이 소중하다. 말씀의 확인이 없는 상태에서 이루어지는 모든 종교적인 성과나 의례적 선행은 아무런 의미가 없다.

그러므로 예수께서는 하나님의 이름을 제멋대로 도용한 자들을 심하게 책망하셨다. 그들은 주님께서 요구하거나 시키지 않은 일을 하면서 거룩한 이름을 들먹이며 어리석은 교인들을 속였다. 그런 자들은 자기의 욕망을 추구하면서 감히 하나님께 자기를 통해 영광을 취하도록 오만한 강요를 했던 것이다.

우리는 또한 '나 더러 주여 주여 하는 자마다 다 천국에 들어갈 것이 아니라' (21)고 하신 말씀과 더불어 생각해 보아야 할 성경구절이 있다. 그것은 곧 '누구든지 주의 이름을 부르는 자는 구원을 얻으리라' 는 말씀이다. 산상수훈과 달리 다른 성경에는 주님의 이름을 부르면 누구나 구원에 참여할 수 있는 것으로 기록되어 있다.

> "누구든지 여호와의 이름을 부르는 자는 구원을 얻으리니 이는 나 여호와의 말대로 시온산과 예루살렘에서 피할 자가 있을 것임이요 남은 자 중에 나 여호와의 부름을 받을 자가 있을 것임이니라" (욜 2:32);
> "누구든지 주의 이름을 부르는 자는 구원을 얻으리라 하였느니라" (행 2:21);
> "누구든지 주의 이름을 부르는 자는 구원을 얻으리라" (롬 10:13).

그렇다면 성경이 경우에 따라 서로 상반되는 교훈을 하고 있는가? 말씀을 듣는 대상과 시대적 형편에 따라 정반대의 다른 말씀을 하는 것인가? 우리가 깨달아야 할 점은 그 말씀이 서로 상충되지 않는다는 사실이다. 만일 구속사에 대한 깨달음이 없다면 성경을 자의적으로 해석하게 될 위험에 빠지게 된다.

구약성경 요엘서에 기록된, '누구든지 여호와의 이름을 부르는 자는 구원을 얻으리라' 는 기록은 오순절 사건에 관한 예언적 배경이 되는 말씀이다. 오순절 성령이 임함으로 말미암아 그 이전과는 다른 놀라운 변화가 일어나게 될 것을 예언했던 것이다. 따라서 오순절 성령사건이 일어났을 때 베드로는 여러 사도들을 대표해 요엘서의 말씀을 인용해 선포했던 것이다 (행 2:21).

그리고 로마서에서 말하는 '누구든지 주의 이름을 부르는 자는 구원을 얻으리라' 는 말씀은 주의 이름을 호칭하는 입술의 행위가 아니라 하나님의 선물인 '믿음' 을 배경으로 하고 있다. 즉 그것은 처참한 상태에 빠진 인간이 거룩하신 하나님을 간절히 찾고 부르는 것을 의미한다.

이에 반해 산상수훈에서 주님의 이름을 부르는 자들은 하나님의 선물인 믿음과 상관없이 자기 욕망을 위해 주님의 이름을 호칭하며 종교적 행위를 되풀이했다. 그들은 주님의 이름을 빗댄 종교 행위를 되풀이하면서도 그 악행에 대해 무지했으며 주변의 많은 사람들 역시 그에 속았다.

그들이 주님의 이름으로 선지자 노릇하며 귀신을 쫓아내며 많은 권능을 행했다고 주장하는 것을 보아 특이한 일들이 많이 벌어졌을 것이 틀림없다. 그로 인해 어리석은 자들은 그들을 '대단한 주의 종' 으로 알고 추종했을 것이다. 그들 스스로도 나중에 있을 엄청난 상급을 기대하며 자부심을 가지고 있었을 것이 분명하다.

그러므로 그들은 최종 심판대 앞에서 당황할 수밖에 없었다. 예수님은 그들의 일뿐 아니라 그들 자신에 대해 도무지 아는 바 없다고 말씀하셨기 때문이다. 하나님으로부터의 상급이 아니라 지옥행을 선고받게 되었으니 엄청난 불평이 쏟아지는 것은 차라리 당연하다.

그렇다면 우리는 여기서 무슨 교훈을 배우는가? 우리는 교회 가운데 들어와 있는 거짓 지도자들의 종교적 외양에 속지 말아야 한다. 그들이 충성을 다하는 화려한 모습을 보인다 할지라도 그것 자체가 중요하지 않다. 많은 사람들이 훌륭한 일군, 유능한 목회자라 인정할지라도 주님의 신성한 뜻에 참여하지 않는다면 거짓 선지자에 지나지 않는다.

3. 신앙의 유일한 기초: 반석 위에 지은 집(24-27)

인간들은 지혜로움과 어리석음 사이를 인간의 경험에 의존하여 판단한다. 그러나 진정한 지혜와 어리석음은 인간의 이성이 아니라 하나님의 말씀에 근거해야 한다. 세상의 지혜가 성도들의 눈에는 어리석게 보일 수 있고, 성도의 지혜가 세상의 관점에서는 미련하게 여겨질 수 있다. 사도 바울은 고린도 교회에 편지하면서 그점을 지적했다.

> "그러나 우리가 온전한 자들 중에서 지혜를 말하노니 이는 이 세상의 지혜가 아니요 또 이 세상의 없어질 관원의 지혜도 아니요 오직 비밀한 가운데 있는 하나님의 지혜를 말하는 것이니 곧 감취었던 것인데 하나님이 우리의 영광을 위하사 만세 전에 미리 정하신 것이라 이 지혜는 이 세대의 관원이 하나도 알지 못하였나니 만일 알았더면 영광의 주를 십자가에 못 박지 아니하였으리라"(고전 2:6-8).

바울은 하나님의 지혜와 세상의 지혜가 상이함을 언급하고 있다. 하나님의 지혜는 창세전에 정하신 것으로서 예수 그리스도를 지칭한다. 여기서 사도 바울은 '오직 비밀한 가운데 ... 감취었던 것' 이라는 구절에서 그 지혜는 계시되기 전까지 숨겨져 있던 것이며 계시된 후에도 아직 많은 사람들에게 숨겨진 채로 남아 있음을 밝히고 있다.[48]

그 지혜는 불신자들이 결코 알 수 없는 것으로서 역사 가운데 감추어져 왔다. 즉 진정한 지혜는 하나님을 떠나서는 있을 수 없으며 예수 그리스도와 연관될 때 드러나게 된다. 따라서 하나님을 모르는 세상의 지혜는 진정한 지혜가 아니라 도리어 어리석음일 따름이다.

'반석 위에 지은 집과 모래 위에 지은 집' 에 관한 예수님의 비유는 일반적인 교훈을 주시고자 하신 것이 아니다. 우리는 이 말씀이, 세상과의 전투상황에서 기본적인 규범으로 삼아야 할 산상수훈의 맨 마지막에 기록된 결론적인 교훈이라는 점을 염두에 두어야 한다.

본문의 초두인 마태복음 7장 24절의 맨 앞에 '그러므로' 라는 접속사가 사용된 것은 앞의 내용에 연관되어 있음을 말해주고 있다. 즉 이는 주님의 이름을 부지런히 부르고 열정적인 종교 활동을 펼친 거짓 선지자들과 직

---

48) Bengel's New Testament Commentary, 1 Corinthians 2:7.

접 연관되어 있다. 그들은 주님의 이름을 빗대 활동했지만 실상은 모래 위에 집을 지은 어리석은 자들이었다. 주님께서는 저들의 어리석음을 드러내시면서 '제자들' 이 반석 위에 집을 지은 지혜로운 자들이라 하셨다.

반석 위에 집을 지은 자와 모래 위에 집을 지은 자의 비유는 일차적으로 기독교 내부에 존재하는 참 성도와 거짓 교인 사이를 비교하고 있다. 즉 기독교인과 교회 밖의 불신자에 관해서가 아니라 겉보기에는 기독교인으로 보이지만 실상은 '반석' 과 '모래' 라는 그 기초가 전혀 다른 터 위에 세워진 자들의 최후 심판을 말씀하셨다.

우리는 이 교훈을 세상에 대한 전투적 개념에서 이해해야 한다. 여기에는 외부 환경에서 발생하는 파괴력을 가진 힘으로 인한 적대적 위기와, 기독교 내부에서 발생하는 인본주의적 긴장관계에 대한 설명이 동반되고 있기 때문이다. 비가 오고 창수가 나고 바람이 분다는 것은 세워진 건물을 외부에서 위협하며 뒤흔든다는 의미이다. 이는 하나님을 알지 못하는 외부의 세력이 강하게 미치게 된다는 뜻이다.

한편 기독교 내부의 거짓 선지자들의 교훈이 참 성도들을 혼란스럽게 하고 있음이 전후 문맥상 드러나고 있다. 그럴 때 주님께서 말씀하시는 반석 위에 지은 집은 그 반석으로 인해 무너지지 않고 영원히 보존된다. 그러나 모래 위에 지은 집은 겉으로 화려하게 보일지라도 건물터 자체의 문제점과 외부의 타격에 의해 힘없이 무너지게 된다.

나아가 종교적 열심과 헌신에도 불구하고 잘못된 기초 위에 세워진 자들은 교회를 어지럽히는 일에 참여한다. 외견상 열심과 성의를 다해 신앙생활을 하는 듯이 보이고 남에게 많은 칭찬을 듣고 부러움의 대상이 된다 할지라도 주님께서 말씀하신 그 반석 위에 놓여 있지 않으면 아무것도 아니다.

주님의 말씀을 듣고 그에 순종하는 자는 예수 그리스도의 터 위에 삶을 세워가지만, 불순종하는 자는 욕망의 터 위에 서 있는 것과 같다. 따라서 아무리 열심히 활동해도 예수 그리스도께서 참된 기초가 되어 있지 않다면 결국 멸망할 수밖에 없다. 화려한 종교적 집을 지어 모든 사람들이 부러워하고 칭찬한다 할지라도 기초가 잘못되어 있으면 그 집은 무너지게 되는 것이다.

본문 말씀 가운데 나타나는 말 가운데 다시 한번 신중하게 기억해야 할 단어는 '반석'과 '모래'이다.[49] 우리는 그 단어들의 구체적인 구성과 더불어 그와 관련된 의미를 잘 이해해야만 한다. 따라서 우리는 이 말씀을 예수 그리스도를 벗어나 일반적인 교훈으로 이해하거나 가르쳐서는 안 된다.

교회 안에 들어와 있는 거짓 종교인들은 무늬만 교인일 뿐 참된 성도가 아니다. 역사적 교회 주변에는 항상 그런 악한 자들이 존재했다. 따라서 우리는 '그 반석' 위에 온전히 집을 세움으로써 주님이 오실 때까지 기독교 안팎의 엄청난 파고波高 즉 음부의 권세(마 16:18)를 능히 견디고 이겨나가

49) 본문 24, 25절에 나타나는 '반석'이란 곧 'the rock'(NASB, NIV)이다. KJV에서 그것을 'a rock'으로 번역한 것은 'the rock'으로 번역하는 것이 옳다. 한편 26절의 '모래'는 NIV에서는 일반적인 'sand'로 번역하고 있으며, KJV와 NASB에서는 'the sand'로 번역하고 있다. 이때도 'the sand'로 번역되어야 한다. 우리가 여기서 알 수 있는 번역상 특이점 가운데 하나는 NASB는 '반석'과 '모래' 둘 다 정관사를 붙여 'the rock'과 'the sand'로 번역하고 있는데 반해, KJV는 '반석'에는 정관사를 붙이지 않고 'a rock'으로 번역하면서 반면 '모래'에는 'the sand'로 번역하고 있다는 점이다. 그리고 NIV는 '반석'을 'the rock'으로 번역하고 있으며 '모래'는 정관사나 부정관사 없이 그냥 단순히 'sand'로 번역하고 있다. 한글 번역 성경들에서는 그에 대한 의미가 전혀 살아나지 않고 있다. 우리가 분명히 알 수 있는 것은 권위 있는 헬라어 성경 원문에서는 '반석'과 '모래' 앞에 모두 정관사가 붙어 있어서 '그 반석' '그 모래'로 번역된다는 점이다. 반석 위에 지은 집과 모래 위에 지은 집에 각각 정관사가 붙어 있으므로 구체적인 것을 지칭하는 것은, 마태복음 7장 13, 14절의 좁은 문과 넓은 문의 비유에서 '그 좁은 문'(the narrow gate)과 '그 큰 문'(the wide gate)에 각각 정관사가 붙어 구체적인 문들을 지칭하는 것과 동일한 의미라고 볼 수 있다.

야 한다. 교회와 그에 속한 성도들은 항상 악의 세력에 대항하여 '피 흘리기까지 싸우는 영적 전투자세' (히12:4)를 견지해야만 한다.

4. 예수님의 말씀을 알아듣는 자들(28,29)

예수님의 말씀을 듣고 놀란 사람들은 일반 대중이 아니라 열두 제자들이었다. 그들은 산상수훈을 다 듣고 나서 주님의 가르침에 놀랐다. 이는 주님께서 이스라엘의 서기관들과 다른 차원의 메시아적 교훈을 주셨기 때문이다.

예수님 당시 이스라엘의 서기관들은 성경을 연구하는 전문가들이었다. 그들은 메시아에 대한 언급을 되풀이했지만 성경의 교훈을 깨닫지 못하고 있었다. 율법주의와 세속주의에 빠져 있던 서기관들은 종교적 목적을 달성하기 위한 방편으로 성경을 이용했을 따름이다.

나아가 그들은 당시 제사장들과 장로들, 그리고 바리새인들과 사두개인들의 틈바구니에서 성경을 이용한 인본주의적인 조정자 역할을 했다. 그들은 성경을 동한 하나님의 진정한 뜻을 밀리한 채 교권주의자들에게 아부하기에 급급했다. 그렇게 함으로써 예루살렘에서의 부와 명예를 누릴 수 있었다.

그런 서기관들의 가르침이 메시아를 기다리는 이스라엘 민족에게 진정한 소망을 주지 못했을 것은 자명하다. 예수님의 제자들 역시 그전에는 저들의 성경해석과 가르침을 들으면서 회의에 빠졌다. 하나님을 모르는 자들은 그것을 통해 종교적 욕망을 이루어 갔겠지만 참 메시아를 소망하는 사람들에게는 여간 힘들지 않았을 것이다.

그와 같은 시대적 분위기 가운데 처해 있던 예수님의 제자들이 신상수훈을 통해 메시아의 교훈을 생생하게 들을 수 있었다. 구약에 기록된 율법의 의미가 무엇인지 메시아를 통해 분명히 알게 되었으며, 예루살렘을 중심으로 한 이스라엘의 기득권층을 비롯한 세상 왕국과 생명을 건 전투에 임할 자세가 어떠해야 하는지를 명확하게 듣게 되었던 것이다.

제자들은 주님의 부르심을 통해 그를 메시아로 알고 있었다. 물론 십자가와 부활사건 및 오순절 사건이 있기 전이어서 하나님의 경륜을 온전히 깨달았던 것은 아니지만 그들은 메시아로서 주님을 알아보았다. 물론 그것은 인간의 지혜나 느낌 때문이 아니라 하나님의 경륜적 은혜로 말미암는 것이었다.

십자가 사역과 오순절 사건이 있기 전에도 주님의 제자들은 메시아에 대한 분명한 신앙을 소유하고 있었다. 그들은 주님을 만나기 전부터 이스라엘 백성으로서 일반 백성들보다 더욱 간절히 메시아를 기다리던 자들이었다.[50] 그들은 다양한 직업을 가진 사람들이었지만 가장 중요한 공통점은 참된 메시아를 진정으로 소망하는 것이었다.

주님께서 천국 도래의 임박성에 대한 메시지를 선포하셨을 때 그들은 비장한 각오를 했다. 그런 상황에서 주어진 산상수훈은 세상과 전투를 시작하는 하나님의 군사들에게 주어지는 규범적 의미를 지니고 있다. 따라서 제자들은 예수님의 선언적 의미를 충격으로 받아들이지 않을 수 없었다.

한편 예루살렘에 있는 이스라엘의 지도자들은 그들의 신앙을 전반적으로 서기관들에게 의존하고 있었다. 서기관들은 이스라엘 민족 가운데 신앙의 지침을 제공하고 있었다. 종교적인 문제가 발생하면 그들에게 질문

50) 예수님으로부터 부르심을 받기 전의 제자들은 메시아를 대망하던 자들이었다. 가룟 유다를 제외한 열한 제자들은 메시아를 통한 하나님의 나라를 간절하게 기다렸던 것이다. 흔히 잘못 생각하듯이 예수께서는 별 생각 없이 생업에 종사하던 제자들을 눈에 띄는 대로 불러 자기 제자로 삼으신 것은 아니다. 산상수훈의 말씀을 듣고 주님의 메시아적 가르침을 깨달으며 놀라워하는 모습에서도 우리는 그점을 잘 알 수 있다. 주님께서는 세상과의 전투를 위해 구속사적 경륜 가운데서 자기 제자들을 불러 모으셨던 것이다.

하여 성경에서 말하는 답변을 듣고자 했던 것이다.

물론 당시 서기관들은 성경을 올바르게 이해하지 못하고 있었다. 그들은 하나님의 경륜이 아니라 종교적인 목적에 따라 단편적인 성경연구를 했던 것으로 보인다. 즉 성경에 대한 상당한 지식을 가진 것 같았으나 실상은 성경의 의미를 거의 모르는 무지한 자들이었다. 결국 그들은 소경이 되어 소경을 인도하는 것과 같은 어리석은 자들이었던 것이다.

> "너희가 성경에서 영생을 얻는 줄 생각하고 성경을 상고하거니와 이 성경이 곧 내게 대하여 증거하는 것이로다 그러나 너희가 영생을 얻기 위하여 내게 오기를 원하지 아니하는도다"(요 5:39,40);
> "저희는 소경이 되어 소경을 인도하는 자로다 만일 소경이 소경을 인도하면 둘이 다 구덩이에 빠지리라"(마 15:14).

예수님 당시 서기관들은 성경을 통해 하나님의 진리를 알아가고자 한 것이 아니라 장로들의 유전, 즉 전통을 통해 이스라엘을 부흥케 하려던 자들이었다. 그들에게는 성경이 아니라 이스라엘 민족의 전통이 훨씬 소중했다. 그들은 전통에 따른 종교 활동을 했을 뿐 아니라 그것을 통해 옳고 그름을 판단하는 어리석음에 빠져 있었다.

그러므로 주님께서는 그들의 어리석음을 심하게 책망하셨다. 종교적 전통을 하나님의 말씀보다 더 중요시하는 풍조는 우리 시대에도 재현再現되고 있다. 그것은 계시된 말씀에 대한 이해가 없거나 부족하므로 인해 발생하는 문제이다. 지금도 다수의 기독교 지도자들은 종교 전통을 앞세워 세력을 갖춘 기독교 활성화를 도모하고 있다.

하나님의 말씀은 '오직 들을 귀 있는 자' 만 들을 수 있다(마 13:14; 막 4:12). 그것은 인간의 지혜가 아니라 하나님의 은혜로 말미암는다. 그러므로 말씀에 대한 진정한 깨달음 없이 억지로 성경을 해석하여 종교적 목적을 추구하려 해서는 안 된다. 그렇게 되면 인간들과 그들의 종교조직을 위해 그럴듯하고 좋은 말만 늘어놓을 수밖에 없다.

우리는 예수님 당시 예루살렘의 저명한 학자들보다 분별력 있는 갈릴리의 보통사람들인 제자들의 모습을 보며 우리 시대에도 그와 다르지 않음을 기억하게 된다. 성경을 대하면서 하나님의 말씀을 인간적인 연구의 대상으로 삼는 것만큼 위험한 일은 없다. 주님께 속한 교회는 성령의 도우심에 의해 경륜 가운데 말씀하시는 주님의 음성을 들으려는 겸손한 자세를 견지해야만 한다.

제4부

천상의 왕의 권세와 증거

제14장 메시아의 권세를 보여주신 예수님

(마 8:1-17)

1. 문둥병자를 정결케 하신 예수님(1-4)

(1) 구약시대의 문둥병과 이스라엘 민족

이스라엘 민족에게 있어서 문둥병은 결코 방치되거나 허용될 수 없는 부정한 질병이었다. 그것은 사람뿐 아니라 집안의 가재도구나 벽, 그리고 의복 등 주변의 모든 것들에 전염되는 무서운 병이었다(레 13:47-49; 14:33). 이는 그 질병이 전체 이스라엘에 퍼질 우려가 없지 않다는 사실을 시사하고 있다.

문둥병은 이스라엘 백성들을 부정하게 만듦으로써 하나님과의 교제를 단절시키는 악한 역할을 했다. 따라서 구약성경에는 문둥병에 관한 분명한 규례가 제정되어 있다. 만일 어떤 사람에게 피부병이 발생하면 먼저 제사장에게 가서 그것이 문둥병인지 일반 질병인지 확증해야만 했다.

제사장들은 그 환처를 면밀히 살펴 그에 대한 분명한 진단을 내리지 않으면 안 되었다. 물론 제사장은 단순한 의학적 지식과 경험을 통해서가 아니라 율법에 기록된 규례에 따라 정확한 진단을 하도록 되어 있었다.

"사람의 피부에 무엇이 돋거나 딱지가 앉거나 색점이 생겨서 그 피부에

> 문둥병 같이 되거든 곧 제사장 아론에게나 그 자손 중 한 제사장에게로 데리고 갈 것이요 제사장은 그 피부의 병을 진찰할지니 환처의 털이 희어졌고 환처가 피부보다 우묵하여졌으면 이는 문둥병의 환처라 제사장이 진단하여 그를 부정하다 할 것이요 ... 제사장은 진찰할지니 그 색점의 털이 희고 그 자리가 피부보다 우묵하면 이는 화상에서 발한 문둥병인즉 제사장은 그를 부정하다 할 것은 문둥병의 환처가 됨이니라"(레 13:2,3,25)

여기서 관심을 끄는 부분은 이스라엘 백성 가운데 피부병 환자가 발생하면 의사가 아니라 제사장에게 데리고 갔다는 사실이다. 구약시대의 제사장들은 제사에 관련된 직무와 더불어 정하고 부정한 것에 대한 판정을 했다. 문둥병을 진단하는 것도 그와 동일한 맥락에서 이해되어야 한다.

나아가 환자뿐 아니라 그의 소유물에 발생한 병색病色이 문둥병에 연관된 것이 확실하면 별도로 관리해 전염을 막았다. 문둥병을 진단하고 치료하는 일은 제사장들에게 맡겨진 중요한 직무였다. 따라서 제사장들은 규례에 따라 구체적인 조치를 취하는 가운데 정결례를 행했다(레 14장). 제사장들은 그렇게 함으로써 이스라엘 민족 가운데 악한 문둥병이 퍼지는 것을 방지해야만 했다.

우리가 기억해야 할 바는 문둥병에 관련된 문제는 제사장이 아닌 어느 누구도 그에 대한 진단과 치료를 할 수 없었다는 사실이다. 만일 제사장 직분과 아무런 상관없는 어떤 사람들이 그 문제를 해결하려 하게 되면 문둥병에 전염되어 그와 마찬가지로 부정하게 될 것이다. 우리는 문둥병에 관련된 모든 사역은 전적으로 제사장들의 고유한 직무에 해당된다는 사실을 기억해야 한다.

(2) 예수님과 문둥병자

마태복음 8장의 성경 본문에는 문둥병자가 예수님을 메시아로 알고 의

도적으로 그에게 찾아왔음을 보여주고 있다. 구약의 규례에 의하면 그는 예수님께 나아올 것이 아니라 성전에 있는 제사장을 찾아가야만 했다. 그럼에도 불구하고 그가 예수님을 찾아 온 것은 중요한 메시지를 주고 있다.

예수께서는 자기에게 문둥병을 치유해주기를 간청하는 자의 환부에 직접 손을 대고 그의 질병을 낫게 하셨다. 주님께서 그의 문둥병을 치유해 정결케 하신 사건은 자신이 곧 영원한 제사장임을 선포하는 의미를 지니고 있다. 다른 사람들은 전염이 두려워 그의 문둥병 환처에 손을 댈 수 없었다. 예수님이 그의 환부에 손을 대고 깨끗이 낫게 하신 것은 제사장 직분을 가진 자로서 문둥병을 낫게 하셨음을 말해준다.

예수께서는 이 사건을 통해 자신이 하나님을 위한 영원한 제사장이라는 사실을 예루살렘 성전 가운데 드러내고자 하셨다. 그러므로 그 환자의 문둥병을 치료하신 후 '삼가 아무에게도 이르지 말고' (마 8:4) 예루살렘 성전의 제사장을 찾아가 율법에 따른 예물을 바치도록 명하셨다. 그는 자신이 치료한 문둥병자로 하여금 제사장에게 환처를 보이고 완치完治를 확인한 후 모든 규례를 행하도록 했던 것이다.

예수께서 문둥병자였던 사람에게 그런 요구를 하신 근본적인 목적은 과연 무엇이었을까? 굳이 제사장에게 병자의 치유된 환처를 보이지 않는다 할지라도 이미 그 문둥병은 나았다. 우리가 여기서 이해해야 할 바는 그 사건이 매우 중요한 선언적 의미를 지니고 있다는 사실이다.

예수께서는 자기가 치유한 문둥병자를 통해 예루살렘 성전에 있는 제사장들에게 자신이 참 제사장이라는 사실을 선포하고 계신다. 구약의 율법에 따르면 제사장은 레위지파에 속한 사람들에게만 허용되는 직분이었다. 그런데 유다지파에 속한 예수께서 제사장들이 판정하고 규례에 따라 치료해야 할 문둥병을 고치심으로써 자신을 진정한 제사장으로 선포하신 것이다.

제사장만 감당할 수 있는 문둥병을 치료하신 예수님의 사역은 예루살렘 성전의 제사장들에게 엄청난 도전이 되었을 것이 틀림없다. 인간의 몸을 입고 이땅에 오신 예수 그리스도는 구약성경에 예언된 대로 유다지파 출신으로 멜기세덱의 반차를 좇아 제사장 직무를 감당하실 분이었다. 멜기세덱의 반차를 좇아 오시게 될 메시아에 관한 예언은 구약성경의 시편에 분명하게 기록되어 있다.

> "여호와께서 내 주에게 말씀하시기를 내가 네 원수로 네 발등상 되게 하기까지 너는 내 우편에 앉으라 하셨도다 여호와께서 시온에서부터 주의 권능의 홀을 내어 보내시리니 주는 원수 중에서 다스리소서 주의 권능의 날에 주의 백성이 거룩한 옷을 입고 즐거이 헌신하니 새벽이슬 같은 주의 청년들이 주께 나오는도다 여호와는 맹세하고 변치 아니하시리라 이르시기를 너는 멜기세덱의 반차를 좇아 영원한 제사장이라 하셨도다" (시 110:1-4)

유다 지파에 속해 멜기세덱의 반차를 좇아 메시아로 오신 예수께서는 악한 문둥병을 치유하심으로써 이스라엘 민족 가운데 자신의 제사장 신분을 드러내셨다. 그는 정하고 부정한 것을 완벽하게 구분하여 창세전에 택하신 자기 백성을 구원하시고 자기에게 대적하는 원수들을 심판하실 분이었다.

문둥병을 치료하신 주님께서 그 환자를 배도에 빠진 제사장들에게 보내신 것은 거룩한 예루살렘 성전을 더럽히고 있는 자들에 대한 경고의 메시지를 동반하고 있다. 문둥병이 완벽하게 치료된 그의 몸을 보이고 모세 율법에서 명하고 있는 예물을 드리게 함으로써 자기에게 맡겨진 영원한 제사장의 지위를 증거하게 되었다. 이는 하나님과 인간을 화목케 하는 제사장으로서의 메시아 선포와 직접 연관되어 있다.

우리는 문둥병자였던 사람에 대한 예수님의 요구가 이제 그 질병에서 해방되었으니 제사장을 찾아가 그에게 감사의 표시를 하라는 말이 아니었음을 안다. 예수께서 그로 하여금 굳이 그렇게 하도록 명하신 것은 자신의 메시아 신분을 예루살렘 성전을 장악하고 있던 제사장들에게 선포하기 위해서였다. 이는 그림자 사역으로서 구약의 모든 예언이 자신을 통해 성취된다는 사실을 내포하고 있다.

제사장들이 완벽하게 치유된 문둥병 환자의 형편을 보면 누가 어떻게 해서 치유하게 되었는지 소상히 물을 것이 분명하다. 그 문둥병자가 예수님께 나아와서 치유를 당부했을 때 그는 자기 앞에 서 계시는 예수님의 메시아 신분을 깨달아 알고 있었다. 따라서 그가 제사장들에게 예수님과 그의 사역에 관해 증거할 것은 틀림없는 일이다.

이와 같이 제자들에게 산상수훈을 전하신 예수께서 뒤이어 문둥병 환자를 치유하신 사건은 매우 중요한 의미를 지니고 있다. 특히 그 일을 행하신 후 '삼가 아무에게도 이르지 말라' (4)고 요구하신 것은 그의 메시아 신분과 사역이 예루살렘 성전의 제사장들에게 미리 선포되어야 할 것을 의미하고 있는 것이다.

2. 백부장과 하인의 중풍병(5-13)

(1) 이방인 백부장의 믿음

예수께서 문둥병자를 치료하신 후 갈릴리 호수 북단에 위치한 가버나움에 도착하셨을 때 로마군대의 고위 장교인 백부장 한 사람이 찾아왔다. 그 사람은 로마 군대의 지휘관으로서 유대민족을 억압하는 압제국의 군사 지도자였다. 따라서 그는 일반 유대인들의 눈에는 적군이자 원수로 비쳐지는 인물이었다.

당시에는 유대인으로서 로마인들과 교제하는 것을 적국敵國과 내통하는 것과 다르지 않게 보는 경향이 있었다. 특히 상대가 군대 장교일 경우에는 더욱 그렇다. 나아가 로마의 고위 장교인 군 지휘관이 피지배국인 유대의

한 종교인에 지나지 않는 예수님께 나아와 무언가 간청한다는 것은 놀라운 사실이다. 이는 그에게 하나님의 전적인 은혜가 베풀어졌음을 말해준다.

로마군의 백부장이 이스라엘 백성인 예수님을 찾아온 것은 그의 지위를 볼 때 체면에 어울리지 않을 뿐 아니라 로마인들의 자존심이 쉽게 허락하지 않을 일이다. 그런데 그가 예수님께 중대한 간청을 하기 위해 찾아왔다. 그것도 자신의 문제가 아니라 자기 부하의 중풍병을 치유하기 위해서였다. 그 백부장이 환자를 병원에 데려가지 않고 예수님을 찾아왔다는 사실은 범상치 않은 일이다.

당시에도 질병을 치료하는 병원들이 있었으며 많은 의사들이 있었다. 아마 백부장은 고통당하는 자기 부하의 중풍병을 치료하기 위해 여러 병원을 수소문하며 용하다는 모든 방법을 다 동원했을 것이 틀림없다. 그렇게 했음에도 불구하고 질병에 아무런 차도가 없자 예수님의 소문을 듣고 그를 찾아오게 되었다. 물론 그는 세상에서 불가능한 것이 유대인의 메시아로 오신 예수님께는 가능하다는 사실을 굳게 믿고 있었다.

백부장이 예수님을 찾아와 자기 부하가 병들어 누워있음을 말씀드렸을 때 예수께서는 그의 집을 직접 방문해 환자를 치유해주시고자 하셨다. 그때 그는 예수께서 자기 집을 방문할 필요 없이 질병이 떠나도록 말씀만 하셔도 된다는 사실을 고했다. 또한 그 백부장은 예수님이 누추한 자기의 집에 들어오는 것을 감당치 못하겠다는 말을 덧붙였다.

사실 당시 백부장의 집은 이스라엘의 보통 백성들과는 달리 부잣집이었을 것이 분명하다. 많은 부하를 거느리고 있던 로마군의 고위 장교의 집이 궁색할 리 없었다. 일반적인 관점에서 본다면 예수님은 매우 가난한 형편이었다. 따라서 가난한 예수님에게 로마군의 장교의 집은 결코 누추할 수 없었다.

그렇지만 백부장은 예수님을 받아들이기에 자기 집이 너무 부족하다는 사실을 고백했다. 그것은 결코 입술에 발린 헛말이 아니었다. 이는 도리어 그가 예수님이 하나님의 아들 메시아라는 사실을 잘 알고 있었음을 보여준다. 천박한 이방인 출신이자 이스라엘을 강점强占한 로마제국의 장교인 그가 감히 거룩한 하나님의 아들을 집으로 맞아들이기에는 너무 부족하다는 겸손함을 보였던 것이다.

그래서 백부장은 말씀만 하시면 자기의 부하가 즉시 낫게 되리라는 사실을 고백적으로 말했다. 자기에게도 많은 부하들이 있어서 말로 무엇을 지시하면 모든 것이 그대로 이루어지는데 하물며 하나님의 아들의 권위는 오죽하겠느냐는 것이었다. 그러자 예수께서는 백부장의 진정한 믿음을 보시고 그의 집을 방문하지 않은 채 말씀으로 그 부하의 질병을 치유해 주셨다.

하지만 로마인들의 입장에서 본다면 피지배국의 종교인에 지나지 않는 예수님을 방문한 백부장의 행동은 비난받을 만한 일이었다. 또한 로마군대의 고위 장교가 처한 어려움을 해결해 준 예수님의 사역은 유대 민족주의자들로부터 비난받을 만한 일이었다. 이에 대해서는 나중 베드로가 로마군대의 장교였던 이방인 고넬료와 교제할 때도 이와 같은 양상이 그대로 나타났다(행 10장).

(2) 이스라엘의 본本 자손과 이방인

예수께서는 백부장의 신하의 중풍병을 말씀으로 치료하신 그 사건을 통해 메시아이신 자신을 드러내심과 동시에 이방인을 위한 그의 사역을 보여주셨다. 이는 구약성경에 약속된 복음이 유대인을 넘어 이방인들에게 개방되고 있음을 의미한다. 언약의 자손인 이스라엘의 배도와 예수 그리스도를 통한 하나님의 새언약이 맞물려 드러나고 있는 것이다.

예수님을 찾아온 로마 군대의 백부장은 언약적 관점에서 볼 때 이스라엘 민족에 대한 도전적인 성격을 지니고 있었다. 그는 천박한 이방인으로서 이스라엘 백성이 가지지 않은 메시아에 대한 진정한 믿음을 소유하고 있었던 것이다. 그것은 하나님의 특별한 섭리로 인한 놀라운 일이었다.

그러므로 이방인인 백부장의 믿음을 보신 예수께서는 그의 믿음이 이스라엘 민족 가운데서 찾아볼 수 없는 놀라운 믿음이라는 사실을 증거하셨다. 그것을 근거로 하여 언약의 자손이라는 점을 앞세워 교만에 가득 찬 이스라엘 자손들에 관한 심판을 선언하셨다. 배도에 빠진 유대인들은 바깥 어두운 데로 쫓겨나 슬피 울며 이를 갈게 될 것이며 저들이 부정하다고 여기는 이방인들이 하나님편으로 나아오게 될 것이라는 말씀이었다.

예수님의 이 말씀은 배도의 길에 서 있던 유대 민족주의자들을 자극하기에 충분했다. 특히 예루살렘에 거주하던 지도계층 인사들에게는 참을 수 없는 말이었다. 따라서 스스로 하나님의 선민으로서 특별한 은총을 받고 있는 것으로 생각하던 유대인들은 예수님에게 강한 적대감을 가질 수 밖에 없었다.

그러나 예수께서는 그런 과정들을 통해 자신이 하나님의 진리를 기준으로 하는 영원한 심판주로 오셨음을 선포하셨다. 하나님께서는 창세전에 택하신 자기 백성들을 죄 가운데서 구속하시기 위한 언약적 도구로 이스라엘 민족을 사용하셨다. 이제 그리스도께서 오심으로 인해 이스라엘 민족에 연관된 구약의 언약적인 의미는 완성되었다.

3. 질병치유와 귀신을 쫓아내심(14-17)

(1) 베드로의 장모 열병 치료

예수께서는 가버나움에 거하시는 동안 베드로의 장모의 열병熱病을 치유하셨다. 여기서 우리의 관심을 끄는 점은 베드로가 예수님의 부르심을 받았을 때 이미 혼인을 한 상태였다는 사실이다. 어쩌면 그에게 여러 명의 자녀들이 있었을지도 모른다.

나아가 베드로뿐 아니라 다른 제자들 가운데도 혼인을 하여 가정을 꾸리고 있던 자들이 많이 있었을 것이다. 성경은 제자들의 혼인과 가족관계에 대해 그다지 많은 정보를 제공하지 않는다. 그러나 제자들 중 다수가 혼인을 해서 가정을 가졌을 것이란 점은 쉽게 짐작해 볼 수 있다.

가정을 책임져야 할 가장家長이 모든 것을 뒤로 한 채 예수님을 따라 나서는 일은 미혼의 청년이 그렇게 하는 것보다 훨씬 더 어렵다. 가족을 부양해야 할 남편이 자신의 직업을 비롯한 모든 것을 버림으로써 부양책임마저 포기한 채 예수님을 따른다는 것은 여간 어려운 일이 아님이 틀림없다. 예수님을 따르게 된 제자들에게 임금이 주어지거나 저들의 가족을 위한 적절한 생활비가 지급되었을 리 없다.

우리는 여기서 사사로운 삶을 뒤로 하고 오직 주님만을 삶의 중심에 둔 제자들의 결연한 모습을 보게 된다. 예수님을 따라다니며 주로 바깥에서 생활하던 제자들이 일반적인 생산성이 없는 사역에 매진할 때 그들의 가족은 다소 힘들었겠지만 하나님의 은혜로 말미암아 살아갈 수 있었다.

물론 제자들의 일반 생활이 외형적으로 윤택하거나 여유롭지 않았으리란 점은 쉽게 짐작할 수 있다. 우리는 또한 이 과정에서 제자들의 가족이 별다른 불평 없이, 주님의 사역에 참여하는 남편 혹은 아버지나 아들의 암묵적 지원자가 되었다는 점을 생각해 보게 된다. 이를 통해 그들 역시 가족 단위로 간접적인 사역자로 부름을 받은 것으로 이해할 수 있는 것이다.

하여튼 예수께서는 가버나움에서 열병을 앓고 있던 베드로의 장모를 말씀으로 치유해 주셨다. 주님께서 베드로의 가족에게 하나님의 아들로서 자신의 무한한 능력을 직접 보여주신 것이다. 즉 베드로의 장모가 질병으로부터 치유되었다는 사실보다 더욱 중요한 것은 그의 가족인 장모가 메시아의 능력을 직접 체험함으로써 제자로서의 베드로의 사역에 힘이 되었다는 점이다.

베드로의 장모는 질병이 나은 후 예수님께 수종들게 되었다. 이는 그녀가 메시아를 알고 따르는 신실한 성도가 되었음을 의미하고 있다. 이런 과정들을 통해 예수님이 하나님의 아들 메시아라는 사실이 이스라엘 민족 가운데 점차 전파되어 갔다.

(2) 귀신들린 자들과 병자들을 치유하심

예수께서 베드로의 집에 머물고 계실 때 많은 사람들이 귀신들린 자들과 병든 자들을 데리고 왔다. 예수께서는 저들을 괴롭히고 있는 귀신들을 말씀으로 쫓아내고 병자들을 치유하셨다. 그런 사건들을 통해 사람들은 메시아 사역을 눈으로 확인하게 되었다.

물론 그들이 예수님을 찾아 온 내면적인 목적은 다양했을 것이 분명하다. 즉 예수님이 메시아라는 사실을 믿었기 때문이 아니라 귀신이 들렸거나 질병으로 고통당하는 것 등 심각한 문제가 있는 자들의 온전함을 바랐기 때문이다. 즉 그들은 그리스도이신 예수님이 아니라 그의 능력을 통한 문제 해결에 관심을 두고 있었다.

그러나 예수님이 그들을 치유하신 것은 당사자들뿐 아니라 함께 있는 제자들과 주변의 다른 사람들을 위해서였다. 즉 예수님은 자신의 사역을 통해 구약의 모든 예언이 성취되고 있음을 이스라엘 백성들 가운데 선포하셨던 것이다. 마태는 이사야 선지자의 예언을 인용하며 그 사실을 기록하고 있다.

"우리 연약한 것을 친히 담당하시고 병을 짊어지셨도다" (마 8:17)

신체적 건강에 이상이 생기는 질병은 인간을 괴롭히는 기능을 한다. 그것은 아담이 타락한 후 죄로 말미암아 생성된 것이다. 따라서 예수께서 병자들의 질병을 치유하신 것은 단순한 치료에 국한되는 것이 아니라 죄로부터 발생한 질병에 대한 심판을 선언하는 의미를 지니고 있다.

또한 더러운 귀신은 사탄에게 속한 영물靈物로서 하나님의 일을 방해하는 역할을 하는 존재이다. 그런 귀신을 쫓아낸다는 것은 하나님과 사탄의 세력 사이에 실제적인 싸움이 시작되었음을 알리고 있다. 이는 물론 엄밀한 의미에서 볼 때 싸움이라기보다 사탄을 응징하시는 하나님의 심판이었다.

제15장
'하나님의 아들' 과 죽음에 빠진 배도자들

(마 8:18-34)

1. 세상으로부터 소외된 조물주(18-20)

예수께서 다양한 이적을 일으키시자 많은 사람들이 몰려들었다. 그들은 메시아이신 하나님의 아들을 보았기 때문이 아니라 신기한 사건들을 보고 자기를 위한 어떤 유익을 얻을 수 있을 것으로 판단했기 때문이다. 그런 상황을 파악한 예수께서는 제자들과 함께 거기서 배를 타고 다른 지방으로 건너가고자 하셨다.

그때 한 서기관이 예수님을 추종하겠다며 앞으로 나섰다. 그는 예수님이 어디로 가시든지 따르겠노라고 말했다. 이는 그의 제자가 되겠다는 자원의 표현과도 같다. 아마도 그 서기관은 자기가 예수님을 따르겠노라고 하면 쌍수를 들어 환영하리라 여겼을지도 모른다. 그는 평범한 백성이 아니라 이스라엘 민족의 선생 직분을 가지고 있었으므로 예수님을 위해서도 자신이 상당한 힘이 되리라 믿었을 것이기 때문이다.

그런데 예수께서는 그에게 자기를 따라 다녀보았자 이 세상에서 얻을 만한 아무런 유익이 없을 것이란 사실을 언급하셨다. 당시 많은 사람들의 눈에는 귀신을 쫓아내고 병자들을 고치며 신기한 기적을 행하는 예수님이 비범非凡한 인물로 보였다. 따라서 그를 따르게 되면 그에 상응하는 대가가 주어질 것으로 생각하고 있었다.

예수님은 자기가 세상에서 아무것도 가지지 않은 가난한 자임을 밝히셨다. '여우도 굴이 있고 공중의 새도 거처가 있지만 하나님의 아들로서 인간의 몸을 입은 자신에게는 평안하게 머리 둘 만한 곳도 없다' 는 사실을 말씀하셨던 것이다(마 8:20).

예수께서는 우주만물을 창조하신 하나님으로서, 창세전에 선택하신 자기 자녀들을 구원하시기 위해 친히 인간의 몸을 입고 피조세계에 들어오셨다. 그럼에도 불구하고 그는 이 세상에서 아무것도 소유하지 못했다. 사탄과 그에 속한 세력이 모든 것을 장악하고 있었기 때문이다.

이는 예수님을 따르려고 하는 모든 사람들이 분명히 깨달아야 할 내용이다. 세상에서 배척당하신 예수께서는 오염된 세상의 것들로써 자기 자녀들의 삶이 채워지기를 원하지 않으신다. 주님께서는 자기를 따르는 성도들에게 썩어 없어질 세상의 일시적인 것들이 아니라 영원한 천상의 것들로 가득 채워주신다.

2. 주님만을 따라야 할 세사도(21,22)

예수님을 따르던 제자들 가운데 한 사람이 부친상을 당하게 되었다. 아버지를 잃은 그가 깊은 슬픔에 잠겼을 것은 당연하다. 그래서 그는 예수님께 자기 부친의 장례를 치르고 돌아올 수 있도록 허락해 달라는 요구를 했다.

그런데 예수께서는 그의 요구를 허락지 않으셨다. 냉철하게 생각해보면 이는 우리가 쉽게 이해할 수 있는 내용이 아니다. 그가 죽은 부친을 장사지내고 돌아온다고 해도 그리 오랜 기간이 걸리지 않을 것이 틀림없다. 그저 며칠만 할애하면 자식의 도리를 다하며 모든 장례를 마칠 수 있었을 것이다.

나아가 일반적인 경우라면 슬픔을 당한 친구를 위로하기 위해 다른 친구들이 그의 집을 직접 방문하게 된다. 만일 그가 진정한 제자였다면 스승이 직접 그의 집을 찾는다 해도 매우 자연스럽다. 또한 다른 제자들이 그를 참 동료로 여긴다면 슬픔을 당한 그를 위로하는 것은 지극히 당연하다. 사람들은 대개 이웃이 어려운 일을 당하게 될 때 진정한 관계를 확인하게 된다.

그럼에도 불구하고 예수께서는 부친상을 당한 그 제자에게 매우 냉정하게 대하셨다. 그에게 위로의 자세 같은 것은 전혀 보이지 않는다. 말 한마디면 상당한 위로가 될 터인데 예수님은 아무런 위로의 말씀도 하시지 않았다. 그 대신 죽은 자들로 저희 죽은 자를 장사하도록 하고 그 제자에게는 오로지 자기를 따르도록 요구하셨다.

놀라운 사실은 그 제자가 아무런 원망 없이 주님의 말씀을 그대로 받아들였던 것으로 보인다는 점이다. 그가 아버지의 장례식에 참가하지 않았을 때 형제나 가족은 얼마나 서운했을까? 나아가 그에게 장례식을 치르는 일을 허락지 않은 예수님에 대해 얼마나 큰 반감을 가지게 되었을까? 그들은 예수님과 그를 따르는 자들이 근본적인 인륜을 저버린 것으로 여기지는 않았을까?

그런데 예수께서는 그렇게 명하셨으며 그 제자는 주님의 말씀을 따라 순종했다. 우리가 깨달아야 할 분명한 사실은 그들의 소망은 사망에 얽매인 이 세상이 아니라 영원한 천국에 있었다는 점이다. 제자들의 궁극적인 관심은 죽음에 처한 세상이 아니라 생명이 있는 영원한 천국에 있었던 것이다.

본문에서 예수께서 '죽은 자들로 하여금 죽은 자를 장사하게 하라' 고 말씀했을 때 죽은 자들이란 하나님의 아들 메시아를 알지 못하는 자들을 일컫는다. 그들은 영원한 천국에 소망을 두지 않고 세상의 것들에 집착하는 자들이었다.

그러므로 자기 제자가 부친의 장례에 참여하여 모든 일을 마무리하도록 허락하지 않은 예수님의 근본적인 의도는 제자들로 하여금 세상의 모든 인간적인 관계를 다시금 깨닫도록 하기 위해서였다. 비록 혈통을 나눈 가족이라 할지라도 반드시 근본적인 동질성을 소유하지는 않는다. 예수께서 다른 경우에 부모와 형제자매를 버리라고 말씀하신 의미도 이와 밀접하게 연관되어 있다.

> "무릇 내게 오는 자가 자기 부모와 처자와 형제와 자매와 및 자기 목숨까지 미워하지 아니하면 능히 나의 제자가 되지 못하고 누구든지 자기 십자가를 지고 나를 좇지 않는 자도 능히 나의 제자가 되지 못하리라" (눅 14:26,27)

우리는 부모父母, 처자妻子, 형제자매兄弟姉妹 심지어는 자기 목숨까지도 미워하지 않으면 안 된다. 주님께서 언급하신 이 말씀의 의미를 단순한 상징으로만 이해하려 해서는 곤란하다. 그것은 천국에 궁극적인 소망을 두고 살아가는 하나님의 자녀들의 실제적인 삶에서 드러나야 한다.

그런데 성경에는 일상적인 경우 초상집을 방문하는 문제에 관한 긍정적인 언급을 하고 있다. 예수께서는 제자에게 부모의 장례식에도 가지 말라고 하신데 반해, 구약의 전도서에는 도리어 초상집에서 배울 교훈이 있음을 말하고 있는 것이다.

> "아름다운 이름이 보배로운 기름보다 낫고 죽는 날이 출생하는 날보다 나으며 초상집에 가는 것이 잔칫집에 가는 것보다 나으니 모든 사람의 결국이 이와 같이 됨이라 산 자가 이것에 유심하리로다 슬픔이 웃음보다 나음은 얼굴에 근심함으로 마음이 좋게 됨이니라 지혜자의 마음은 초상집에 있으되 우매자의 마음은 연락하는 집에 있느니라" (전 7:1-4)

이처럼 성경은 슬픔에 가득 찬 초상집에 가는 것이 즐거운 노래가 있는 잔칫집에 가는 것보다 낫다는 사실을 말한다. 지혜로운 자의 마음은 인간의 한계를 보여주는 초상집에 있지만, 어리석은 자들의 마음은 인간들이 즐길 수 있는 잔칫집에 있다는 것이다. 그렇다면 예수님의 말씀이 구약성경의 내용과 조화되지 않는다는 말인가?

물론 그렇지 않다. 사람들은 이 세상에서 즐거움을 누리며 살아가고자 하지만 우리는 그것을 최상의 의미로 받아들이지 말아야 한다. 하지만 지혜로운 자들은 초상집을 통해 타락한 인간의 본질을 돌아보게 된다. 인간들이 세상의 것들에 집착하는 이유는 그곳에 최상의 가치를 두고 살아가기 때문이다.

그러나 모든 인간들은 생명의 끝남과 동시에 세상의 것들을 완전히 포기할 수밖에 없다. 따라서 지혜로운 자들은 세상의 허망한 것들에 대한 본질적인 파악을 할 수 있어야만 한다. 주님께서 자기 제자에게 부친의 장례에 집착하지 못하도록 하신 것은 그런 의도와 연관된다.

그렇다면 오늘날 우리는 과연 어디에 관심을 두고 살아가는가? 혹시 예수 그리스도를 통한 영원한 천국이 아니라 죽은 이 세상에 관심을 집중하고 있지는 않은가? 하나님의 자녀가 된 모든 성도들은 혈통적인 가족이라 할지라도 이 세상의 죽은 자들에게 지나친 의미를 두어서는 안 된다는 사실을 겸손한 자세로 기억해야만 한다.

3. 파도를 잠재우신 예수님(23-27)

예수께서 자기 주변에 몰려드는 사람들을 보며 배를 타고 다른 지방으로 가실 때 어려운 문제가 발생될 것이 벌써 예고되어 있었다. 그 날은 기후가 좋지 않아 적잖은 바람이 일고 있었던 것이다. 그 배에는 예수님뿐 아니라 그의 여러 제자들도 함께 타고 있었다.

예수님과 제자들을 태운 배가 갈릴리 바다 한 가운데로 운항하는 동안 큰 광풍이 몰아쳤다. 그로 말미암아 발생한 심한 파도로 인해 배 안에 물이 찰 만큼 급박한 상황이 되었다(막 4:37). 예기치 못한 갑작스런 일에 직면한 제자들은 불안에 빠질 수밖에 없었다. 배뿐만 아니라 그 안에 탄 모든 사람들의 생명이 위태롭게 되었기 때문이다.

그런데 예수께서는 그 위기로 말미암아 시끌벅적한 가운데서도 아무렇지 않은 듯 배 위에서 주무시고 계셨다. 모든 사람들에게 임한 불안감이 주님께는 전혀 미치지 않았던 것이다. 결국 제자들은 주무시는 예수님을 깨워 도움을 요청했다. 자기들이 바다에 빠져 죽게 되었으니 그 위기로부터 생명을 구해 달라는 것이었다.

제자들은 눈앞에 예수님을 모시고 있으면서도 극심한 불안감에 휩싸였다. 실상 예수님이 그 배에 타고 계시는 동안에는 아무런 염려를 할 필요가 없었다. 그들은 무섭게 몰아치는 광풍과 거대한 파도를 볼 것이 아니라 하나님의 아들이신 예수 그리스도를 바라보아야만 했다. 즉 그들의 눈이 고정되어야 할 대상은 외부의 상황이 아니라 이땅에 메시아로 오신 예수님이었다.

그렇지만 제자들은 예수님이 바로 옆에 계시는데도 그가 아닌 주변의 위태로운 상황을 해결하기 위해 모든 정신을 쏟아 붓고 있었다. 따라서 그들은 함께 계시는 주님이 아니라 저들을 위협하는 세찬 비람과 넘치는 파도를 보며 두려움에 빠지게 되었던 것이다.

그러자 잠에서 깨어나신 예수님은 제자들에게 어찌하여 무서워하느냐고 꾸짖으셨다. 그들이 무서워하는 것은 하나님과 하나님의 아들에 대한 진정한 믿음이 없기 때문이라는 것이었다. 그리고 난 후 예수께서는 바람과 바다를 꾸짖으시며 잠잠하도록 명령하셨다. 그러자 바다가 그 말씀에 순종해 즉시 잠잠하게 되었다. 죄에 빠진 인간들은 하나님의 아들에게 저항했지만 자연은 그의 명령에 복종했던 것이다.

그 모든 광경을 지켜본 제자들은 그 현상에 대해 기이하게 여겼다. 그들은 바람과 바다를 잠재우신 그 사건을 통해 예수님이 하나님으로부터 오신 메시아라는 사실을 다시금 확인하게 되었다. 예수께서는, 우주만물을 창조하신 조물주가 아니고는 어느 누구도 행할 수 없는 놀라운 기적을 일으킴으로써 제자들에게 자신의 존재를 분명히 확인시키셨던 것이다.

이 사건을 통해 우리는 자신에게 연관된 참된 지혜를 소유할 수 있어야 한다. 오늘날 우리는 과연 무엇에 집중하며 살아가고 있는가? 혹 주변의 불안한 상황에 몰두하고 있지는 않은가? 주변의 여건에 따라 인생을 만족스러워하거나 혹은 그로 인해 불필요한 두려움에 빠져 허우적거리지는 않는가? 우리는 갈릴리 바다에서 심한 파도에 직면한 제자들이, 주변의 상황이 아니라 예수님만을 바라보아야 했듯이 우리 역시 그와 동일하다는 사실을 깨달아야 한다.

4. 귀신들린 자들과 돼지 떼(28-34)

(1) 귀신들린 두 사람

무서운 파도를 잠재운 예수께서 탄 배가 갈릴리 호수 동남쪽에 위치한 가다라 지방[51]에 도착했다. 그때 귀신들린 두 사람이 무덤 사이에 있다가 나와 예수님을 보게 되었다. 그들은 너무 사나워 쇠사슬로 매거나 고랑을 채우지 못할 정도였다. 이는 그들이 그것조차 끊고 깨뜨려버렸기 때문이다. 따라서 아무도 그들을 제어할 수 없었으며 그들은 밤낮 무덤과 산을 뛰어다니며 소리지르는 가운데 자기 몸을 상하게 하고 있었다(막 5:4,5).

그런 귀신들린 자들이 예수님에게로 나아왔다. 예수께서는 그들 가운

51) 마가복음 5:1과 누가복음 8:26에는 '가다라 지방'이 '거라사인의 땅'(지방)으로 기록되어 있다.

데 있는 더러운 귀신들을 향해 저들의 몸에서 나오도록 명령하셨다. 그러자 귀신들은 "지극히 높으신 하나님의 아들 예수여 나와 당신과 무슨 상관이 있나이까 때가 이르기 전에 우리를 괴롭게 하려고 여기 오셨나이까?" 라고 큰소리로 부르짖었다(막 5:7,8; 눅 8:28,29).

그러자 예수께서는 그들을 괴롭히고 있는 귀신들의 이름이 무엇인지 물으셨다. 귀신들은 예수님의 말씀을 듣고 저들이 큰 무리를 이루고 있는 '군대' 라고 답변했다(막 5:9). 이는 예수께서 그 귀신들의 실체를 몰라서라기보다 저들의 실체를 외부로 드러내기 위해서였던 것으로 이해된다.

우리는 여기서 예수님을 만난 귀신들의 그에 대한 인지認知와 더불어 매우 중요한 상징성을 엿보게 된다. 우선 귀신들은 예수님이 누구인지 정확하게 인식하고 있었다. 그러므로 예수님을 보자마자 즉시 그를 메시아로 알아보았다. 그들이 예수님을 심판주인 '하나님의 아들' 로 불렀던 것은 그의 존재를 정확하게 알았다는 사실을 말해준다. 이는 배도에 빠진 유대인들이 그를 전혀 알아보지 못한 사실과 크게 대비된다.

그리고 우리의 관심을 끄는 대목은 귀신들이 죽은 시체들이 묻혀있는 무덤에 머물고 있었다는 점이다. 이는 귀신들이 산 자들이 아니라 죽은 자들 가운데 거한다는 사실을 말해주고 있다. 예수께서는 산 사람들과 함께 계시지만 사탄의 졸개인 귀신들은 죽은 자들과 함께 거한다. 이 사실은 마치 빛과 어두움이 서로 반대되는 영역 가운데 존재하고 있는 것과 동일하다. 이를 통해 악한 사탄의 세력에 대한 예수 그리스도의 영적 싸움이 시작되었음을 알려 준다.

(2) 돼지 떼와 귀신들

두 사람을 지배하고 있던 귀신들은 예수님께 그들의 몸에서 저들을 쫓아내되 '무저갱' 이 아니라 옆에 있던 돼지 떼로 들어가게 해 달라고 간청했다. 그리고 예수께서는 순순히 저들의 요구를 들어주셨다. 예수님은 왜 귀신들의 그 요구를 들어주셨을까?

귀신들은 마땅히 영원한 멸망에 빠지게 될 것이지만 예수님은 저들의 요구대로 하나의 과정을 더 거치도록 하셨다. 그것은 예수님이 귀신들에게 특별한 은혜를 베푼 것이 아니었다. 그리고 귀신들도 예수님께 은혜를 간구하지 않았다. 우리는 그 가운데 이스라엘 백성들에게 보여주는 중요한 상징적인 메시지가 들어있는 것으로 이해해야 한다.

예수께서 귀신들의 간청을 듣고 그것을 허락하시자 그 귀신들은 두 사람으로부터 나와 주변에 있던 2천 마리나 되는 돼지 떼 속으로 들어갔다(막 5:13). 귀신들이 돼지 떼 속으로 들어가게 되자 돼지들은 즉시 산비탈을 내리달려 갈릴리 바다로 뛰어 들어가 모두 몰사하게 되었다.

그러자 돼지 떼를 치던 자들은 갑작스런 일을 당해 사람들이 사는 시내로 부리나케 달아났다. 그것은 저들에게 두려운 일이 아닐 수 없었다. 그 동안 귀신이 들려 사납게 난리치던 사람들이 멀쩡하게 되고 저들이 치던 돼지 떼가 귀신으로 말미암아 바닷물에 빠져 몰사한 사건은 예사로운 일이 아니었다. 그들이 만일 돼지 떼의 주인에게 고용된 사람들이라면 매우 심각한 일이었다.

그런데 우리가 여기서 생각해 보아야 할 것은 그들이 왜 부정한 돼지 떼를 목축하듯이 쳤을까 하는 점이다. 당시 성실한 유대인들이라면 결코 율법이 부정한 것으로 규정한 돼지를 키우지 않았다(레 11:7,8; 신 14:8). 그런데 '가다라' 지방에는 돼지 떼를 키우는 자들이 있었다. 돼지를 2천 마리나 키운다는 것은 그냥 집에서 가축으로 키우는 정도가 아니라 상당한 기업企業의 규모였다.

우리가 짐작할 수 있는 점은 그들이 돈을 벌기 위해 돼지를 키웠을 것이라는 사실이다. 돼지는 식용食用을 위한 고기로 사용될 뿐 다른 별다른 용도가 없다. 예를 들어 돼지털을 사용한다든지 돼지가 인간의 노동력을 대행할 수 있는 것도 아니다. 나아가 이스라엘 가운데서는 제사를 위한 제물祭物로 사용될 수도 없었다.

그럼에도 불구하고 사람들이 부정한 돼지를 많이 키웠던 것은 당시 이스라엘에 들어와 있던 이방인들에게 돼지고기를 공급하기 위한 것이 아닐까 짐작해 볼 수 있다. 예를 들어 로마 군인들은 돼지고기를 먹었다. 유대인들 가운데는 로마인들에게 돼지고기를 제공하고 돈을 버는 자들이 있었던 것이다.

그러나 그것은 언약의 영역에 이방인들을 적극적으로 용납함으로써 하나님께서 택하신 이스라엘을 더럽히는 악한 행위이다. 배도에 빠진 이기주의자들은 가나안 땅에 부정한 돼지고기를 유통시킴으로써 하나님을 욕되게 했다. 그것은 하나님과 이스라엘 백성 사이를 분리시키는 일이다.

앞의 산상수훈 가운데서 예수께서는 예루살렘에 거하던 유대인 지도자들을 돼지에 비유해 말씀하신 적이 있다(마 7:6). 그들은 형식상 언약 백성에 속해 있었지만 실상은 배도에 빠진 자들이었다. 그들은 세상의 욕망에 익숙한 자들로서 이스라엘을 더럽히며 하나님을 욕되게 하고 있었던 것이다.

군대 귀신들이 두 사람으로부터 쫓겨날 처지가 되자 부정한 동물인 돼지 떼 가운데로 들어가게 해 달라고 간청한 것은 그와 연관된 상징성을 지니고 있다. 예수께서 그 귀신들을 돼지 떼에게 들어가게 허락하시고 갈릴리 바다에서 몰사하게 하신 것은 메시아인 자신을 통해 예루살렘을 장악하고 있는 배도자들을 심판하고 이스라엘을 정결케 할 것을 상징적으로 보여주고 계시는 것이다. 이는 물론 일반적인 의미가 아니라 매우 강한 상징적 의미를 지니고 있는 것으로 이해해야 한다.

(3) '사업'에 도움이 되지 않는 예수님

돼지 떼가 갈릴리 바다로 뛰어들어 몰사한 후 돼지를 치던 자들이 마을로 내려갔을 때 그에 관련된 사람들에게는 여간 충격적인 일이 아닐 수 없었다. 마을 사람들은 귀신 들렸던 사람들의 변화된 사실을 알고 예수님을 크게 두려워했다(눅 8:37). 또한 그 돼지의 주인들은 엄청난 재산상의 손실을 입었을 것이 분명하다.

그렇다고 해서 초월적인 막강한 능력을 소유한 예수님께 직접 대항해 싸울 수도 없는 노릇이었다. 돼지 떼 속에 귀신들이 들어감으로써 몰사한 사실을 알았지만 달리 그에 대처할 아무런 방도가 없었다. 그러므로 그들은 결국 예수님을 저들의 지방으로부터 떠나보내고자 했다.

그들에게 필요한 것은 영원한 생명을 공급하시는 예수님이 아니라 이 세상의 부를 제공하는 돈이었다. 그들은 인간들을 구원하시기 위해 이땅에 오신 메시아를 거부하고 저들에게 윤택한 삶을 제공하는 부정한 돼지에 관심을 기울였다. 그들에게는 언약의 나라와 민족 따위는 안중眼中에 없었으며 이 세상에서의 부유한 삶에만 관심이 있었을 따름이다. 그들의 몸은 이스라엘 민족 가운데 살아가고 있었지만 저들의 관심은 그 밖에 있었던 것이다.

오늘날 우리의 삶의 자세는 저들에게 비추어 볼 때 어떠한가? 우리는 하나님의 몸된 교회에 속해 있다고 생각하면서 실제로는 교회 밖의 세상에 더 많은 관심을 가지고 있지는 않은가? 세상에서의 부정한 유익을 추구하고자 예수님이 그 자리에서 비켜주기를 종용하지는 않는가? 우리는 이 교훈을 여간 정신 차려 이해하지 않으면 안 된다.

제16장
죄인을 구하러 오신 예수 그리스도

(마 9:1-17)

1. 중풍병자 치유와 죄를 사하시는 권능(1-8)

예수께서 다시 배를 타고 가버나움에 도착하셨다(막 2:1). 그 소문을 들은 많은 사람들이 그에게로 몰려들었다. 그리하여 예수께서는 어떤 사람의 집 안에서 하나님의 도道를 저들에게 전파하셨다.

거기 모인 인파人波 가운데는 가까운 갈릴리 지역뿐 아니라 멀리 유대와 예루살렘에서 온 사람들도 있었다. 무리 중에는 순수하게 예수님의 가르침을 듣고자 하는 사람들도 있었지만 그렇지 않은 자들도 있었다. 율법주의자들인 바리새인들과 서기관들도 그 자리에 함께 있었기 때문이다(눅 5:17). 각양각색의 사람들이 모인 그 집 내부는 몸을 움직일 수 없을 만큼 복잡했다.

그럴 때 한 중풍병자를 고치기 위해 예수님을 찾아온 사람들이 있었다. 그러나 너무 복잡했기 때문에 환자를 예수님 앞에 데리고 가 보일 수 없었다. 그러자 그를 침상에 메고 온 자들은 지붕 위에 올라가 지붕을 뜯어 커다란 구멍을 내고 중풍병자를 침상 체 밑으로 달아내렸다(막 2:4; 눅 5:19).

그 사람들의 의외의 행동을 통해 예수께서는 저들의 간절한 마음을 읽고 특별한 관심을 보이셨다. 그런데 우리가 주의 깊게 살펴야 할 점은 지붕을 뚫고 중풍병자를 달아내린 사람들이 아닌 중풍병자의 믿음에 예수님의 관심이 있었다는 사실이다. 이는 그 환자를 예수님 앞으로 데려간 사람들의 수고가 문제가 아니라, 자신의 몸을 치유받고자 하는 중풍병자의 믿음이 소중함을 말해준다.

그런데 예수께서는 중풍병의 치유를 원하는 사람을 앞에 둔 그 자리에서 마치 동문서답東問西答 같은 말씀을 하셨다. 그것은 환자의 고통스런 질병을 낫게 해주시겠다는 차원을 넘어 그 중풍병자의 죄를 용서하는 문제와 연관되어 있기 때문이다. 여기서 말하는 죄란 일상적인 죄가 아니라 아담으로 말미암는 원죄와 관련되어 있다. 이는 오직 여호와 하나님만 베풀 수 있는 선언적 말씀이다.

따라서 거기 있던 서기관들이 예수님에게 분노했다. 그들은 예수님을 거룩한 하나님에 대한 모독을 서슴지 않는 참람한 자로 간주하게 되었다. 감히 하나님 홀로 하실 수 있는 일을 인간인 예수님이 말했다는 이유 때문이었다(막 2:7; 눅 5:21). 그들은 인간의 죄를 용서할 수 있는 분은 오직 하나님 한 분밖에 없다는 사실을 잘 알고 있었지만 예수님이 곧 하나님이라는 사실을 모르고 있었던 것이다.

그러므로 저들의 마음을 꿰뚫어보신 예수께서는 하나님의 아들인 자신을 알아보지 못하는 그 악한 생각을 책망하셨다. 그러면서 그에 대한 사실을 입증해 보여주시고자 했다. 눈에 보이지 않는 말로써 죄를 용서한다고 선포하는 것과, 가시적으로 확인할 수 있는 중풍병자에게 눕혀서 들려 온 침상을 들고 걸어가라는 명령에 따라 발생하는 사건 가운데 어느 것이 쉽겠느냐는 것이었다.

그리고는 하나님의 아들로서 이 세상에 오신 '인자'(the Son of Man)에게 죄를 용서하는 권세가 있다는 사실을 말씀하셨다. 이는 구약성경에 예언된 메시아 사역과 직접 연관되어 있다. 이 말은 곧 유대인들의 말대로 하나님만 하실 수 있는 죄에 대한 용서가 인간의 몸을 입고 세상에 오신 하나님의 아들에게 맡겨진 것임을 말씀하시는 것이다. 그러므로 그에 대한 진리를 온전히 깨달아 아는 것은 매우 중요하다.

그 말씀을 마치신 후 예수께서는 치유된 중풍병자에게, 자신이 실려온 침상을 가지고 가라고 말씀하셨다. 그러자 그 환자는 자기가 눕혔던 그 침상을 손에 들고 하나님께 영광을 돌리며 집으로 돌아갔다(눅 5:25). 예수께서는 이를 통해 자기가 죄를 용서하시는 분이라는 사실을 이스라엘 백성 가운데 선포하셨다.

예수님을 통해 전개된 그 놀라운 사실을 목격한 사람들 역시 하나님께 영광을 돌렸다(막 2:12; 눅 5:26). 그러면서 그들은 하나님과 예수 그리스도에 대한 경외감을 가졌다. 그들은 그전에 볼 수 없었던 놀라운 일을 예수님을 통해 봄으로써 하나님의 능력을 깨달을 수 있었기 때문이다.

2. 예수님과 세리 마태(9-13)

예수께서 다른 제자들과 함께 길을 가시다가 세관에서 근무하는 마태를 보시게 되었다. 예수님이 그를 부르시자 곧바로 예수님의 제자가 되었다. 마태가 그의 제자가 된 것은 우연히 발생한 일이 아니었다. 거기에는 하나님의 작정과 더불어 놀라운 경륜이 작용하고 있었다.

우리가 여기서 생각해 보아야 할 점은 이 사건이 일어난 시기 문제이다. 복음서에 기록된 여러 사건들을 시간적 순서에 따라 파악하는 문제는 상당히 어렵다. 복음서에 기록된 예수님의 행적들은 전체적으로 보아 그의 초기 생애로부터 시작하여 점차 후기로 넘어가 그의 십자가 사역과 부활 사역에서 끝난다. 하지만 그 중간에 있었던 구체적인 사역들에 대해서는 발생순서에 따른 것이 아니라 내용의 특성과 연관되어 있는 경우가 많다.

예수께서 마태를 부르신 시기에 대해서도 이와 마찬가지다. 마태복음에 기록된 앞의 내용들과 비교해 볼 때 그를 세관에서 부르신 사건이 실제보다 뒷부분에 기록되어 있는 것으로 보여진다. 즉 우리는 그 시기를 예수님의 공 사역 초반에 이루어진 것으로 보는 것이 자연스럽다.

본문 가운데는 예수님이 마태를 제자로 부르셨을 때 마태가 예수님을 자기 집으로 초대했음이 기록되어 있다. 당시 마태의 집에서는 예수님과 마태뿐 아니라 많은 사람들이 함께 교제하며 식사를 나누게 되었다. 그 자리에는 예수님의 다른 제자들도 있었으며 마태의 친구들인 세리와 사회적으로 경건치 못한 자로 지목받는 자들도 상당수 있었다.

우리가 여기서 생각해 보아야 할 바는 세리였던 마태뿐 아니라 그와 함께 근무하던 다른 세관직원들과 경건치 못한 많은 사람들이 그 자리에 함께 있었다는 사실이다. 당시 세관에는 형식상 유대인들이 많이 있었지만 내용상으로는 로마인들의 강압적인 지배 아래 놓여 있었다. 로마제국은 세관을 통해 유대인들을 앞세워 이스라엘 민족을 경제적으로 착취했던 것이다.

그러므로 당시 세관에 근무하던 사람들은 일반 유대인들로부터 '친 로마 반 유대' 적인 인물로 낙인찍혀 있었다. 따라서 사람들은 로마인들의 앞잡이가 되어있는 그런 자들과 상종하기를 꺼렸다. 반민족주의자들로서 자기 민족인 유대인을 착취하는 일에 힘을 기울이고 있던 사람들을 좋아할 리 없었다.

그런 중에 예수님과 그의 제자들이 그들을 친구로 받아들였다. 그것은 일반 유대인들의 반감을 살 것이 뻔했다. 그러므로 바리새인들은 예수님과 그의 제자들이 세리의 집에서 저들과 함께 식사하는 것을 보고 문제를 삼았다. 이스라엘 민족을 위한다는 명분을 앞세운 자로서 어떻게 반민족주의적인 세리들과 식탁을 함께할 수 있느냐고 제자들에게 따져 물었던 것이다. 예수께서 저들의 악한 생각을 아시고 그에 답변하셨다.

> "예수께서 들으시고 이르시되 건강한 자에게는 의원이 쓸데없고 병든 자에게라야 쓸데 있느니라 너희는 가서 내가 긍휼을 원하고 제사를 원치 아니하노라 하신 뜻이 무엇인지 배우라 내가 의인을 부르러 온 것이 아니요 죄인을 부르러 왔노라 하시니라" (마 9:12,13)

예수님은 바리새인들에게 건강한 자와 병자에 관한 비유를 말씀하셨다. 건강한 자에게는 의사가 필요 없지만 병든 자에게는 그 질병을 치료해줄 의사가 필요하다는 것이다. 우리는 이 말씀을 주의 깊게 이해해야 한다.

예수님과 우호적인 관계를 가지기 위해 그 자리에 있던 세리들이 그로부터 병자와 죄인 취급을 받았을 때 저들의 마음이 어떠했을까? 자칫 잘못하면 세리와 바리새인들 양쪽 모두로부터 적대관계에 처하게 될지 모른다. 뿐만 아니라 주님의 말씀 가운데는 상당한 오해를 불러일으킬 소지가 없지 않다. 이는 마치 바리새인들이 건강한 자라고 말하는 것처럼 들릴 수도 있기 때문이다.

하지만 예수께서는 결코 바리새인들을 건강한 자로 보지 않으셨다. 그럼에도 불구하고 어리석은 바리새인들 가운데는 예수님이 세리들을 병자로 취급하고 자기들은 건강한 자로 착각하는 자들이 있었을지 모른다. 그런 사람들은 예수께서 말씀하신 근본적인 의도가 아니라 언어의 형식만 받아들이는 자들이다.

내용상으로 볼 때 세리들이 병자였던 것은 맞지만 바리새인들이 건강한 자들이었던 것은 아니다. 분명한 사실은 바리새인들을 비롯하여 예루살렘에서 지도력을 행사하던 유대민족의 지도자들이 본질적으로 건강하지 않았다는 점이다. 그들은 오히려 더욱 심각한 질병에 걸린 사람들이었다.

그럼에도 불구하고 예수님은 건강한 자들이 아니라 병자들에게 의사가 필요하다는 말씀을 하셨다. 이는 질병에 걸린 자기 자신의 병약한 상태를 알고 깨닫는 것과 연관된다. 진정으로 문제가 되는 것은 심각한 질병을 몸에 지니고 있으면서도 그에 대한 위험성을 전혀 깨닫지 못하는 자들이다.

바리새인들과 예루살렘의 지도자들은 영원히 죽을 수밖에 없는 심각한 질병에 걸려 있으면서도 스스로 건강한 자로 인식하고 있었다. 실상은 그것이 가장 무서운 질병이다. 이에 반해 세리들과 불경건한 자들은 남들이 그들을 병자로 보았지만 저들 스스로도 불편한 병자로 인식하고 있었다.

예수께서는 그 말씀을 하시면서 구약성경에 기록된 "나는 인애를 원하고 제사를 원치 아니하며 번제보다 하나님을 아는 것을 원하노라"(호 6:6)는 하나님의 교훈을 인용하셨다. 하나님은 열정적으로 종교생활을 하는 자들이 아니라 자기가 처참한 죄인이라는 사실을 깨달아 하나님의 도우심을 간절히 요구하는 자들에게 응답하신다. 스스로 죄인임을 인식하는 자들이 예수님을 가까이 했던 것은 저들의 악한 질병을 치유할 자를 필요로 하고 있었기 때문이다. 예수님과 함께 있던 자들 가운데 다수는 메시아에 대한 분명한 깨달음이 있었던 것으로 보인다.

그러므로 예수께서는 의인이 아니라 죄인을 부르기 위해서 친히 이 세상에 오셨다는 사실을 말씀하셨다. 이는 더러운 죄인이면서 자기를 의인으로 착각하는 자들은 결코 자기에게 나아오지 않으리라는 것을 의미하고 있다. 그와는 달리 자신이 죄인이라는 점을 올바르게 인식하는 자들은 누군가 자기를 도와주지 않으면 하나님께 나아갈 수 없다는 사실을 깨달을 수밖에 없다. 즉 죄의 문제를 진정으로 깨닫는 사람이어야만 자신을 죄로부터 구원해 주실 예수 그리스도를 찾게 된다.

오늘날 우리 역시 그와 동일한 신앙자세를 가져야만 한다. 하나님을 배반한 인간이 얼마나 처참하고 악한 상태에 놓여있는지 아는 사람은 거룩하신 하나님의 아들에게 의존하게 된다. 그러나 자신의 죄악된 형편을 깨닫지 못하고 열성적인 종교생활에 빠져있는 자들은 개인의 능력과 공로에 의지하려 하다가 결국 영원한 멸망에 빠지고 만다.

3. 금식에 관한 세례자 요한의 제자들의 질문과 예수님의 답변(14-17)

금식에 관련된 이 내용은 예수께서 마태를 부르신 앞의 본문에 기록된 사건이 그의 공 사역 초기 단계에 이루어진 사실이라는 가능성에 대한 어느 정도의 뒷받침이 되고 있다. 세례자 요한의 제자들이 예수님과 상이한 별도의 관점에서 질문한 사건은 공 사역 초창기의 일이었기 때문이다.

요한의 제자들은 예수님께 나아와 금식하는 문제에 관련된 질문을 했다. 저들과 바리새인들은 금식하는데 예수님의 제자들은 금식하지 않는 이유에 대한 것이었다. 당시 유대인들은 절기에 따라 금식하고 있었다. 그 규례는 구약의 율법과 연관되어 있었으며, 스스로 경건하다고 생각하는 모든 이스라엘 백성들이 참여해야만 했다.

그러므로 금식할 때가 되면 대다수 백성들이 그에 적극적으로 참여하게 되었다. 더구나 위선적인 지도자들은 자기의 신앙을 선전할 수 있는 기회라도 만난 듯 더욱 분주한 종교적 분위기를 만들어 갔다. 금식을 열심히 하는 것이 하나님을 더욱 사랑하며 구약의 율법을 잘 지키는 것처럼 인식되었기 때문이다.

하지만 그런 민족적인 금식행사에 예수님과 그의 제자들은 참여하지 않았다. 아마도 그것은 메시아에 대한 신포적 의미와 더불어 배도한 이스라엘 민족지도자들의 위선적인 모습에 저항하는 의미를 지니고 있었을 것이 분명하다. 그런 이유로 말미암아 예수님과 제자들은 금식하지 않았으며 그것을 본 요한의 제자들은 의아하게 생각했던 것이다.

그들의 질문을 받은 예수께서는 제자들이 금식하지 않는 이유를 메시아로 오신 자기 때문이라고 말씀하셨다. 신부인 교회를 위한 신랑으로 이땅에 오신 그리스도를 알고 있는 제자들은 신랑과 함께 있으면서 금식할 필요가 없었다. 예수님은 잔칫집에서 슬퍼하거나 금식할 자가 어디 있느냐며 비유의 말씀을 주셨다.

> "예수께서 저희에게 이르시되 혼인집 손님들이 신랑과 함께 있을 동안에 슬퍼할 수 있느뇨 그러나 신랑을 빼앗길 날이 이르리니 그때에는 금식할 것이니라" (마 9:15)

예수께서는 이 말씀을 통해 단순히 금식에 대해서 뿐 아니라 메시아의 십자가 사역에 연관된 예언을 하고 계신다. 지금은 자기 제자들이 신랑과 함께 있으면서 슬퍼하지 않지만 장래 그럴 때가 오게 된다는 것이었다. 예수님은 그것을 '신랑이 빼앗길 날' 이 이르게 되는 사건으로 묘사하셨다.

제자들이 신랑으로 믿고 따르는 예수님은 앞으로 십자가를 지고 처형당하시게 된다. 또한 '신랑을 빼앗기게 된다' 고 언급하신 것은 그를 빼앗는 악한 무리가 세력을 형성하게 될 것이라는 사실에 대한 말씀이다. 이는 하나님의 뜻을 떠난 상태에서 부지런히 금식하는 자들이, 나중에는 교회의 신랑으로 오신 자기를 일시적으로나마 제자들의 손에서 빼앗아 가게 되리라는 의미이다.

그렇게 되면 신랑을 빼앗긴 제자들이 잠시 슬픔에 빠져 금식할 수밖에 없다. 물론 그 금식이란 제도적인 금식을 지칭하는 것이 아니라 깊은 슬픔에 잠겨 음식을 입에 댈 생각조차 하지 못할 정도로 심한 괴로움에 빠지게 될 것을 의미하고 있다. 따라서 예수님의 제자들이 금식에 참여하지 않는 것은 저들과 함께 있는 신랑 때문이며 그들이 앞으로 잠시 슬픔에 빠져 금식하게 되는 것도 신랑 때문이다.

그러면서 예수께서는 또 다른 두 개의 비유를 통해 매우 중요한 교훈을 주셨다. 그 가운데 나타난 의미는 상호 연관성이 있는 내용이다. 즉 그 비유들은 구약시대가 끝나고 메시아로 말미암아 설립되는 새로운 왕국의 도래에 관련되어 있다.

> "생베 조각을 낡은 옷에 붙이는 자가 없나니 이는 기운 것이 그 옷을 당기어 해어짐이 더하게 됨이요" (마 9:16)

예수께서는 생베 조각을 낡은 옷에 붙이는 어리석은 자들에 대한 말씀을 하셨다. 만일 낡아 해어진 옷에 생베 조각을 붙여 깁게 되면, 낡은 옷을 수선해 잘 입게 만드는 것이 아니라 도리어 손질하여 입을 수 있는 옷마저 해어지게 만들어 버릴 수밖에 없게 된다는 것이었다.

이 비유는 구약 성경에 기록된 언약의 역할에 관한 내용을 보여주고 있다. 즉 하나님의 아들 메시아가 이땅에 오셨는데도 여전히 구약의 율법을 문자적으로 강조하여 지키는 것은 잘못이라는 것이었다. 메시아를 통해 지상에 하나님의 나라가 도래했는데도 불구하고 여전히 구약의 율법을 그대로 지키려 한다면 잘못된 문제들이 발생한다는 것이다.

또한 예수께서는 구약과 신약 사이의 언약적인 연관성에 관한 내용을 비유로 말씀하셨다. 하나님의 언약은 그리스도가 지상에 강림하시기 전과 후에 주어진 언약 둘 다 보전되어야 함을 강조하셨던 것이다. 그것을 설명하기 위해 예수님은 새 포도주는 새 부대에 담아야 한다는 사실을 예로 들어 언급하셨다.

> "새 포도주를 낡은 가죽 부대에 넣지 아니하나니 그렇게 하면 부대가 터져 포도주도 쏟아지고 부대도 버리게 됨이라 새 포도주는 새 부대에 넣어야 둘이 다 보전되느니라" (마 9:17)

예수께서 말씀하신 이 내용은 당시에 살던 사람들 누구나 알고 있던 사실이었다. 새 포도주를 담기 위해서는 반드시 새 가죽부대를 사용한다. 잘 익은 포도주를 만들기 위해서는 오랜 기간 묵혀야 하기 때문에 그럴 수밖에 없다. 만일 새 포도주를 낡은 부대에 담는다면 아무리 양질의 포도를 사용한다 할지라도 포도주가 잘 익을 만큼 오래둘 수 없다. 만일 그렇게 하면 포도주도 버리고 가죽부대도 버리게 된다. 새 포도주는 새 부대에 담아야 둘 다 온전히 보전할 수 있는 것이다.

예수님은 이 비유를 통해 구약과 신약의 관계를 말씀하고 계신다. 그리고 새로운 하나님 나라를 건립하기 위해 이 세상에 오신 메시아로서 자기로 말미암는 진리는 신약을 통해 새롭게 정립되어야 한다는 것이었다. 그것은 구약성경에 기록된 모든 예언의 완성과 연관되어 있다. 만일 예수 그리스도로 말미암는 복음을 구약의 그릇에 담고자 하면 구약의 율법이 그 내용을 제대로 담아낼 수 없다.

예수께서는 새 포도주를 새 부대에 담듯이 자기로 말미암는 천국 복음을 새로운 그릇에 담아야 구약과 신약 둘 다 원만하게 보존된다는 사실을 교훈하셨다. 이 말씀은 요한의 제자들에게 주신 교훈이지만 동시에 자기 제자들에게 주신 진리이다. 오늘날 하나님의 몸된 교회에 속한 우리도 이 교훈에 대한 분명한 깨달음을 가져야만 한다.

제17장
죽은 자를 살리신 예수님과 천국복음

(마 9:18-38)

1. 죽은 자를 살리신 예수님(18-26)

마태복음 9장 18절에 기록된 한 직원(a certain ruler)은 유대인의 지도계층에 속하는 회당장(a ruler of the synagogue)인 야이로(Jairus)였다(막 5:22). 그는 절박한 심정으로 예수님께 나아와 그의 발아래 엎드려 경배(worship)했다(KJV). 자기의 어린 딸이 방금 죽었으니 속히 가서 살려달라는 것이었다.[52)]

그 소녀는 나이가 겨우 열두 살 되는 철부지 어린이였다(막 5:42). 이스라엘 민족의 종교지도자인 회당장 신분을 가진 사람이 자기의 사랑하는 딸을 위해 예수님의 발 앞에 무릎을 꿇고 경배했다는 사실은 그것 자체로서 엄청난 사건이 아닐 수 없었다.

52) 마가복음 5:23과 누가복음 8:42에는 마태복음의 기록과 달리, 소녀가 죽은 것이 아니라 질병으로 인해 죽어가고 있을 당시 그녀의 부친 회당장 야이로가 예수님을 찾아온 것으로 기록되어 있다. 이에 대해서는 사본학을 통해 올바른 본문을 찾아내려는 건전한 노력이 필요할 것으로 보인다. 한편 자유주의 신학자들은 동일한 내용의 다른 기록에 대해 고등비평하려고 한다. 그러나 우리는 그런 상이한 기록들을 통해 성경이 하나님 말씀이라는 사실을 더욱 확고히 받아들인다. 인간들의 눈으로 봤을 때 명백한 모순이 존재하는 데도 성경을 필사하는 자들은 그것들을 조화시키려는 노력을 전혀 하지 않았던 것은 계시된 말씀에 대한 경외감을 가지고 있었기 때문이다. 오늘날 우리도 성경의 동일한 사건 가운데 모순되는 기록들을 보며 성경에 대한 신뢰가 더욱 확실하게 됨을 깨닫게 된다.

유대인 회당은 당시 여러 지역에 흩어져 살아가던 이스라엘 백성에게 있어서 신앙생활의 중심지 역할을 했으며 회당장은 그 지역의 최고 지도자였다. 대다수 백성들은 그런 종교인들을 공경했으며 하나님으로부터 특별히 세움을 받은 자라 믿고 있었다. 그런 회당장이 이단시되고 있던 젊은 예수님 앞에 부복했다는 것은 결코 일반적인 일이 아니었다.

또한 그 사건은 매우 중요한 상징적인 의미를 동반하고 있다. 야이로가 평범한 사람이 아니라 회당장이었다는 사실은 그가 예루살렘의 종교지도자들에게 저항하는 성격을 지니고 있었음을 말해준다. 따라서 이 사건 가운데는 회당에 속해 살아가는 이스라엘 민족이 예수 그리스도께 무릎을 꿇는 상징적인 의미를 지니고 있는 것이다.

예수께서는 애원하는 회당장의 말을 들었을 때 주저하지 않고 제자들과 함께 그를 따라나섰다. 그의 집으로 가시는 도중 주님은 혈루증 앓는 한 여인을 치유해 주시게 되었다. 그의 주변에는 항상 다양한 문제를 가진 사람들로 붐비고 있었다.

예수께서 야이로의 집에 도착했을 때는 사람들이 죽은 소녀의 장례를 준비하고 있었다. 따라서 장례를 위해 온 피리부는 자들과 각지에서 모여든 문상객들로 인해 분주했다. 그 광경을 본 예수님은 제자들 가운데 베드로와 요한을 데리고 그 집 안으로 들어가셨다(막 5:37). 그때 그곳에 모여든 많은 사람들이 죽은 아이로 인해 슬픔에 빠져 통곡했다(막 5:38; 눅 8:52).

그런데 예수께서는 울며 슬퍼하는 사람들과 장례를 준비하는 자들을 보고 뒤로 물러가라고 하시며, 회당장의 어린 딸이 죽은 것이 아니라 잔다고 말씀하셨다. 그 이야기를 들은 사람들은 예수님의 말씀을 받아들이지 않고 오히려 그를 비웃었다. 그 소녀가 죽은 것을 분명히 확인하고 이제 장례를 준비하는 마당에 자고 있을 뿐 죽은 것이 아니라고 하니 그럴 수밖에 없었다. 거기 모인 사람들은 그 아이가 잠을 자고 있는지 죽었는지 구별하지 못할 정도가 아니었다.

예수께서는 사람들을 밖으로 내보내고 난 후 두 제자들과 부모와 함께 소녀의 시신이 놓여있는 곳에서(막 5:40) 죽은 여자아이의 손을 잡고 '소녀야, 일어나라'는 뜻인 '달리다 굼'(Talitha kum!)이라고 말씀하셨다. 그러자 죽은 소녀가 마치 잠에서 깨어나듯 벌떡 일어났다. 그리하여 야이로의 딸은 죽은 상태에서 다시 살아나게 되었다. 예수님의 말씀에 따라 그녀에게 먹을 것을 주니 먹고 자리에서 일어났으며 그것을 본 아이의 부모를 비롯한 모든 사람들이 크게 놀라지 않을 수 없었다(막 5:42; 눅 8:56).

예수께서 죽은 사람을 살리신 그 사건은 삽시간에 온 땅에 퍼져 나갔다. 죽은 자를 살리신 그 특별한 사역은 인간의 생명이 궁극적으로 예수 그리스도께 달려 있음을 선포하는 것과도 같다. 예수 그리스도는 인간을 파멸에 빠뜨린 사탄의 세력을 꺾고 사망死亡을 심판하시는 분이다. 이로써 주님께서는 자기가 생명을 창조하신 하나님의 아들이라는 사실을 사람들에게 드러내셨다.

2. 혈루증을 앓던 여인의 구원(20-22)

예수께서 제자들과 함께 회당장 야이로의 집으로 가던 도중 열두 해 동안 혈루증(hemorrhage)을 앓던 한 여자가 예수님의 뒤로 와서 몰래 그의 겉옷에 손을 댔다. 그 여자가 예수님의 몸에 손을 댔던 것은 그가 하나님의 아들 메시아라는 사실에 대한 믿음을 소유하고 있었기 때문이다. 즉 그녀가 예수님께 몰래 접근했던 것은 고통스런 질병을 치유받고자 하는 기대 이상의 메시아와 관련된 이유가 있었던 것이다.

혈루증은 구약시대의 유출병과 연관되는 질병으로써 이스라엘 민족에 있어서 단순한 건강상의 문제가 아니라 율법이 규정하는 부정한 질병이었다. 그 질병은 구약성경에는 유출병으로 묘사되고 있으며 문둥병과 같이 부정한 질병이다(레 22:4; 민 5:2). 따라서 그것은 하나님과의 교제를 가로막는 악한 역할을 하고 있었다. 레위기 15장에는 유출병에 관한 규례가 기록되어 있다.

> "여호와께서 모세와 아론에게 일러 가라사대 이스라엘 자손에게 고하여 이르라 누구든지 몸에 유출병이 있으면 그 유출병을 인하여 부정한 자라 그 유출병으로 말미암아 부정함이 이러하니 곧 몸에서 흘러나오든지 그것이 엉겼든지 부정한즉 유출병 있는 자의 눕는 상은 다 부정하고 그의 앉았던 자리도 다 부정하니 그 침상에 접촉하는 자는 옷을 빨고 물로 몸을 씻을 것이며 저녁까지 부정하리라" (레 15:1-5)

구약시대의 유출병과 같은 혈루증에 걸린 그 여인은 자신이 부정하다는 사실을 잘 알고 있었음에 틀림없다. 그녀는 자신의 질병으로 인해 당하고 있는 육체적인 고통도 컸겠지만 주변 사람들로부터 부정한 여성으로 간주됨으로써 당하는 정신적, 신앙적 문제가 더욱 힘들었을 것이다.

그런데 그 여성이 길을 가시는 예수님의 몸에 아무도 알지 못하게 몰래 손을 댔다. 만일 그녀가 예수님이 아니라 다른 보통 사람의 몸에 손을 댔다면 그 사람도 자기와 같이 부정하게 되었을 것이다. 이처럼 부정한 사람이 다른 사람을 부정하게 만들 목적을 가지고 의도적으로 남에게 손을 댄다면 율법 아래에서는 살아남을 수 없었을 것이다.

그런데 혈루증으로 인해 부정하게 된 그 여인이 감히 예수님의 몸에 손을 댔다. 만일 그녀가 예수님이 거룩한 하나님의 아들이라는 확신을 가지지 않았다면 감히 그런 행동을 할 수 없었다. 하지만 모세의 율법이 금지하고 있음에도 불구하고 부정한 그녀가 예수님의 몸에 자신의 더러운 손을 댄 것은 그를 메시아로 믿고 있었기 때문이다.

그 여인이 예수님의 몸에 손을 댔을 때 예수께서는 즉시 그 사실을 알아채셨다. 그리하여 예수님은 자기에게서 능력이 빠져 나간 줄 아시고 뒤를 돌아보며 누가 자기 몸에 손을 댔느냐고 말씀하셨다. 그러자 몰래 그 행동을 한 여인은 떨며 예수님 앞에 나아와 무릎을 꿇었다. 그리고는 자기가 그의 몸에 손을 댄 연고와 그로 말미암아 즉시 질병으로부터 치유된 사실을 많은 사람들이 보는 앞에서 사실대로 고했다(눅 8:47).

자초지종自初至終을 들은 예수께서는 그 여인에게 "딸아 안심하라 네 믿음이 너를 구원하였노라"(마 9:22)고 말씀하셨다. 종교인의 삶을 자랑하던 예루살렘의 지도자들은 겉보기에 그럴 듯했으나 실상은 하나님 보시기에 부정한 인간들이었다. 그러나 모든 사람이 부정하다고 비난하던 그 여인은 마음속에 하나님에 대한 아름다운 믿음을 소유하고 있었다.

이렇게 하여 그녀는 부정한 질병에서 벗어나 온전한 몸을 가지게 되었다. 우리는 여기서 예수님의 사역으로 인해 그 여인이 건강을 회복한 것뿐 아니라 이스라엘 민족 가운데 정결하게 된 사실을 기억해야 한다. 이로써 그녀는 하나님 안에서 온전한 자유를 획득하게 되었다. 그녀는 예수 그리스도로 말미암아 정결케 되어 새로운 생명을 얻게 되었던 것이다.

3. 두 소경의 치유(27 31)

예수께서 길을 걸어가실 때 두 사람의 소경이 뒤 따라오며 '나윗의 자손이여 우리를 불쌍히 여기소서' 라고 부르짖었다. 눈을 뜬 사람도 알아보지 못하는 메시아를 앞을 보지 못하는 소경들이 알아보았다. 예수님은 그들의 부르짖음에 직접 반응을 하지 않고 집으로 들어가셨다. 하지만 소경들은 포기하지 않고 주님을 떠나지 않고 끝까지 따랐다. 그들은 예수님이 하나님의 아들 메시아라는 사실을 깨닫고 있었던 것이다.

그러자 예수님은 저들을 향해 자신에게 눈을 뜨게 하는 그런 능력이 있다는 사실을 믿느냐고 물어보셨다. 그 소경들은 그에 대한 믿음을 고백했다. 그후 예수께서는 저들의 눈을 만지시며 눈을 뜨게 해 주셨다.

우리가 여기서 주의를 기울여 생각해야 할 부분은 주님께서 '내가 너희의 눈을 뜨게 한다' 고 표현하시는 대신 '너희 믿음이 눈을 뜨게 한다' 고 말씀하셨다는 사실이다. 그들의 어두운 눈을 뜨게 한 것은 저들 가운데 있는 믿음이었던 것이다. 물론 그 믿음은 전적인 하나님의 선물이었다.

그 소경들이 눈을 떴을 때 예수께서는 저들을 엄히 경계하시면서 삼가 아무에게도 알리지 말도록 당부하셨다. 왜 주님께서 그렇게 요구하셨을까? 저들이 눈을 떴다는 사실이 널리 알려지게 됨으로써 질병을 치유받기 위해 자기에게 나아오는 것을 경계하시기 위해서였을 것이다. 즉 중요한 점은 그가 죄에 빠진 백성들을 구원하시기 위해 이땅에 오신 하나님의 아들 메시아라는 사실인데, 사람들이 자기 개인적인 목적을 이루기 위해 예수님께 나아오는 것은 바람직하지 않음을 말씀하셨던 것이다.

그런데 그들은 예수님의 그 명령을 따르지 않고 온 땅에 저들이 당한 일에 관하여 소문을 전파했다. 그들은 과연 주님의 명령을 거역했던 것인가? 그렇게 보이지는 않는다. 그들은 자신의 눈을 떴다는 사실이 아니라 예수님이 하나님의 아들 메시아라는 사실을 전파했던 것이다.

4. 귀신들린 벙어리의 치유(32-34)

그후 어떤 사람들이 귀신들려 말 못하는 벙어리가 된 자를 예수님께 데려왔다. 예수께서는 저를 괴롭히는 더러운 귀신을 쫓아내고 그의 말문을 틔워주셨다. 그 상황을 지켜본 많은 사람들은 크게 두 부류로 나뉘어졌다. 한 부류는 예수님의 사역을 보고 하나님의 아들 메시아로 받아들였다. 하지만 다른 한 부류의 사람들은 그것을 보고 하나님을 대적하는 자리에 서게 되었다.

하나님의 은혜를 입은 자들은 예수께서 이적을 행하시는 놀라운 광경을 보고, 전능하신 하나님의 아들이 아니고서는 결코 행할 수 없는 일을 행하시는 그가 성경이 예언한 메시아인 것으로 받아들였다. 그들은 이스라엘 민족 역사 가운데 그런 일이 일어난 적이 없다는 고백을 통해 저들의 신앙을 보였던 것이다.

그러나 그 사건을 목격한 바리새인들은 도리어 그것을 빌미로 예수님을 모독하기에 이르렀다. 그가 귀신의 왕인 사탄을 빙자해 귀신을 쫓아냈다고 주장했던 것이다. 그들도 그 기적은 인간의 능력으로 행할 수 있는 것이 아니라는 사실을 알고 있었다. 하지만 그들은 예수님의 기적을 메시아 사역으로 보지 않고 모독했던 것이다.

예수님을 메시아로 알고 받아들이는 사람들은 대개 평범한 백성들이었다. 그러나 그를 거부한 바리새인들은 이스라엘 민족의 지도계층에 있는 자들이었다. 어리석은 사람들 가운데는 평범한 백성들의 메시아 인정을 배척한 반면 민족 지도자들의 잘못된 주장을 귀담아 듣는 자들도 많았을 것이 틀림없다.

이러한 일은 오늘날 우리 시대에도 그대로 나타나고 있다. 성경에 계시된 예수님을 거룩한 하나님의 아들로 믿는 백성들이 많이 있는가 하면, 악한 기독교 지도자들과 배도에 빠진 신학자들 가운데는 그를 인간의 몸을 입고 이 세상에 오신 전능하신 하나님으로 믿지 않는 자들도 많이 있다.

어리석은 인간들 가운데는 세상에서 유능하고 학식이 있는 거짓 교사들의 말을 듣고 잘못된 길을 헤매는 자들이 많다. 그러므로 우리는 세상에서 아무리 잘나고 똑똑해 보이는 자들이라 할지라도 하나님의 뜻을 모독하고 폄하하는 자들을 민감한 자세로 경계하지 않으면 안 된다.

5. 천국복음과 추수할 일군(35-38)

예수께서는 이스라엘 전 지역에 있는 여러 성들과 촌에 두루 다니며 복음을 선포하셨다. 그는 유대인 회당에 들어가 성경의 진리를 가르치시며 하나님 나라를 전파하셨다. 그런데 예수께서 어떻게 회당에서 가르치실 수 있었을까?

당시 유대인 회당은 아무나 가르칠 수 있는 곳이 아니었다. 회당에서 가르치기 위해서는 절차에 따른 엄격한 자격을 갖추어야만 했다. 무자격자가 회당에서 공적으로 구약성경을 풀어 해석하며 가르친다는 것은 사실상 가능하지 않은 일이었다.

우리가 알기로 예수께서는 세상의 일반교육을 많이 받으신 분이 아니었다(요 7:15). 물론 여기서 말하는 교육이란 이스라엘 민족 가운데 행해지는 종교교육을 의미한다. 당시에도 사람들의 교육열은 대단했다. 다수의 사람들이 교육을 받기 원했으며 부모들은 자녀의 교육을 위해 많은 신경을 썼다. 교육을 받는 정도에 따라 삶의 질과 내용에 상당한 차이가 있을 것이라는 생각 때문이었다.

다수의 사람들은 살고 있는 지역 가까이 있는 교육기관을 통해 공부를 했다. 그러나 부유한 집안의 자녀들은 멀리 해외로 유학을 가기도 했다. 사도 바울의 경우 길리기아(Cilicia) 성의 다소(Tarsus)에서 부유한 집안의 자녀로 태어나 예루살렘으로 가서 학문을 익혔다. 그는 당대 최고의 학자라 할 수 있는 가말리엘의 제자가 되어 최고 수준의 공부를 할 수 있었다.

이에 반해 예수께서는 제도적 교육을 받지 않았다. 그는 하나님의 아들로서 학교를 통해 배울 것이 없는 분이었다. 하지만 분명한 사실은 정상적인 교육과정을 거치지 않고 회당에서 가르치는 것은 결코 쉽지 않은 일이라는 점이다.

그런데 예수께서는 유대인 회당에서 구약성경을 해석하며 백성들을 가르치셨다. 그가 회당에서 가르칠 수 있었던 것은 아마도 회당장 야이로의 특별한 배려 때문이었을 가능성이 높다. 영향력 있는 회당장이 그를 가르칠 수 있는 교사로 인정함으로써 주변에 있는 다른 회당장들의 지지를 받아 여러 회당에서 가르칠 수 있었던 것으로 보인다. 예수께서 그 이전부터 회당에서 가르치셨다면 그와 유사한 과정을 통해 기회를 얻었을 것이다.

예수께서는 여러 회당들에서 가르치시며 다양한 이적을 베풀며 말씀을 통해 천국복음을 증거하셨다. 그런 사역을 감당하는 가운데 무지한 백성들을 보며 민망히 여기시게 되었다. 저들에게 참된 진리를 가르치는 자가 없으므로 인해 목자 없는 양같이 신앙적으로 우왕좌왕右往左往하고 있었기 때문이다. 하나님의 진리에 관심을 가지고 있으면서도 정작 그 진리에 접근하지 못하는 자들이 애석하게 보였던 것은 지극히 당연한 일이다.

그래서 예수께서는 추수할 것은 많은데 반해 추수할 일군이 턱없이 부족하다는 사실을 말씀하셨다. 저들에게는 추수 때가 되어 익은 곡식을 거두어들일 일군들이 절대적으로 필요했다. 하지만 하나님께서 저들을 위해 특별히 일군들을 예비해주시지 않으면 아무것도 할 수 없다. 따라서 예수께서는 제자들에게 그것을 위해 하나님께 간구하도록 요구하셨다.

> "이에 제자들에게 이르시되 추수할 것은 많되 일군은 적으니 그러므로 추수하는 주인에게 청하여 추수할 일군들을 보내어 주소서 하라 하시니라"(마 9:37,38)

오늘날 많은 사람들은 이 말씀을 선교와 연관지어 해석하기를 좋아한다. 많은 사람들을 전도하여 교회로 불러들이자는 것이다. 즉 그들은 일반적인 종말론과 현대의 선교적인 관점에서 이 말씀을 이해하고 있다. 그러나 이 본문이 의미하는 바는 이스라엘 민족과 연관되는 것으로 이해해야 한다. 즉 메시아 사역이 구체화되었으므로 그에 참여하는 일군들을 보내주어서 더욱 강력한 사역이 이루어져야 할 것을 말하고 있다.

우리가 굳이 추수할 일군이 누구인가에 대해 말하자면 그들은 하나님의 말씀을 올바르게 선포하는 교사들을 지칭하는 것으로 보아야 한다. 당시 많은 백성들이 목자 없는 양같이 유리했던 것은 진리에 대한 참된 가르침이 없었기 때문이다. 예수께서 친히 저들에게 하나님의 진리를 증거했듯이 그와 더불어 이스라엘 백성들에게 올바른 진리를 선포해야 할 일군들이 필요했던 것이다.

이 말씀을 우리 시대에 적용한다면 우리 시대에도 교회의 진정한 교사들이 절대적으로 필요하다. 현대교회에 속한 교인들 중에도 목자 없는 양같이 고생하며 유리하는 자들이 많이 있다. 어린 교인들은 진리에 관한 올바른 가르침을 받지 못하고 잘못된 거짓 교사들의 달콤한 미사여구美辭麗句에 관심을 기울이고 있을 따름이다.

그러므로 우리 역시 추수할 일군들을 보내주시도록 하나님께 간구해야 할 필요가 있다. 하나님으로부터 선택받은 자녀들이면서 혼탁한 종교적 사고에 빠져 헤매는 자들에게 진리를 가르칠 교사가 필요한 것이다. 그렇지만 하나님의 은혜가 아니면 인간으로서는 어쩔 수 없는 형편이다. 그래서 우리는 그것을 위해 하나님께 간절히 구해야 한다.

제5부

예수님과 제자들의 복음선포 사역

제18장
복음전파와 하나님의 심판
(마 10:1-23)

1. 제자들에게 허락된 특별한 권능(1)

예수께서는 자신이 가진 권능을 열두 제자들에게 나누어 주셨다. 그는 제자들로 하여금 더러운 귀신들을 쫓아내며 모든 질병과 연약한 것들을 고치는 권세를 행하도록 하셨다. 이는 그들뿐 아니라 나중에 설립될 지상의 교회에 허락되는 권능과 연결되어 있다.

제자들에게 특별히 주어진 예수님의 권능은 단순히 더러운 귀신을 쫓아내고 병을 고치는 현실적인 형편에 국한되는 것이 아니었다. 진리를 대적하는 악한 세력은 더 이상 하나님께서 피로 값주고 사신 교회와 그의 자녀들을 궁극적인 고통에 빠뜨리지 못한다. 그런 권능들은 사람들이 모인 현장에서 발생하는 기석이기도 했지만 장래의 교회사역과 밀접하게 연관되어 있었던 것이다.

이 사실을 통해 예수님과 교회의 모체가 되는 제자들 사이에 특별한 관계가 확립되었다. 예수님의 능력이 교회에 허락되고 교회는 세상 가운데서 그 권능을 행사해야만 한다. 즉 교회는 세상에서 억압당하고 있는 하나님의 자녀들을 진리의 세계로 불러들이고, 하나님을 대적하는 사탄의 세력을 심판하는 권능을 소유하고 있다. 이는 예수 그리스도가 성도들의 공동체인 교회의 주인이요 머리가 된다는 사실을 선언하는 의미를 지닌다.

2. 예수님의 열두 제자들의 파송(2-6)

예수께서는 열두 제자들을 두 명씩 짝지어 이스라엘의 여러 지역으로 보내셨다(막 6:7). 하나님의 아들이 인간의 몸을 입고 이 세상에 오셨다는 사실을 백성들에게 선포하여 알리기 위해서였다. 그 가운데는 하나님을 대적하는 사탄에게 속해 있으면서도 겉보기에 예수님의 제자가 되어있는 가룟 유다도 끼어있었다. 어느 제자가 그와 함께 갔는지 알 수 없으나 유다는 위험천만한 인물임에 틀림없었다.

그럼에도 불구하고 유다를 제자들 가운데 둔 것은 이스라엘 열두 지파에 연관된 열두 제자들을 통한 언약을 드러내기 위해서였다. 우리가 또한 여기서 주의 깊게 마음에 새겨야 할 점은 복음을 증거하는 일에 있어서 잠시도 긴장을 늦추지 못한다는 사실이다. 우정을 통한 종교적 동료관계보다 복음의 본질을 지키는 것이 더욱 중요하기 때문이다.

겉보기에 아무리 유능해 보이고 헌신적인 모습을 보인다 할지라도 명확한 복음을 소유하고 있지 않다면 위험한 인물일 수밖에 없다. 기독교 역사 가운데는 인간적으로 두뇌가 뛰어나고 명철한 자들 가운데 입술로 주님의 이름을 들먹이면서 실상은 그의 반대편에 서있었던 자들이 무수히 많다.

예수께서는 열두 명의 제자들을 이스라엘 여러 지역으로 내보내시면서 특별한 당부를 하셨다. 그들에게 이방인의 길로도 가지 말고 사마리아인들의 고을로도 들어가지 말라고 하셨다. 그 대신 이스라엘 집의 잃어버린 양에게 가라고 명하셨는데 그들은 원래 하나님께 속한 자들이었다. 제자들은 하나님의 자녀로서 사탄의 세력 아래 신음하는 백성들을 불러 모아야 했던 것이다.

그런데 예수께서는 왜 제자들이 이방인과 사마리아인들의 지역으로 가는 것을 막고 오직 이스라엘 집의 잃어버린 자들의 집에만 찾아가도록 요구하셨을까? 주님께서는 직접 이방인들과 사마리아인들에게 하늘의 복음을 선포하시면서 제자들에게는 그와 달리 요구하신 까닭이 무엇이었을까?

아브라함과 이삭과 야곱의 혈통을 이어받은 이스라엘 민족은 하나님의 언약을 소유한 백성이었다. 따라서 제자들이 구약의 언약을 성취해가는 과정에서 언약의 자손에게 먼저 복음을 선포했으며, 특히 예수님의 십자가 사역을 준비하는 역할을 감당했다. 즉 예수님을 십자가에 못박게 될 유대인들에게 먼저 구원과 심판의 복음을 선포했던 것이다.

또한 우리는 여기서 예수님과 제자들의 지상에서의 특별한 사역관계를 보게 된다. 예수님과 제자들은 삼 년 동안 함께 생활하며 다니기도 했지만 동시에 형편에 따라서는 여러 지역으로 흩어져 활동하기도 했다. 그들은 함께 모여 있을 때나 잠시 떨어져 있을 때나 항상 계시된 하나님의 말씀으로 굳건하게 엮어져 있었다. 이는 예수님과 그의 제자들이 처음부터 이스라엘 가운데 단순히 어울려 몰려다녔던 것이 아니라 하나님의 언약 가운데 복음을 드러내는 사역에 공적으로 참여했음을 보여주고 있다.

3. 천국복음을 전파하는 사도들(7-10)

예수님의 보냄을 받은 제자들은 여러 곳을 다니며 천국복음을 전파했다. 그들은 예수께서 명하신 진리를 선포하며 전달하는 사람들일 뿐 자기들의 개인적인 생각과 주장을 선전하는 자들이 아니었다. 만일 그 가운데 주님의 말씀이 아닌 자신의 사상을 전파하는 자들이 있다면 그것은 근본적으로 잘못된 것이다.

그러나 영원한 진리에 대해 귀를 막음으로써 마음이 굳은 백성들은 저들이 선포하는 말을 쉽게 받아들일 리 만무했다. 그래서 예수께서는 제자들에게 질병을 고치고 죽은 자를 살리며 문둥병을 깨끗케 하고 귀신을 쫓아내는 특별한 권능을 허락하셨다. 그것은 몇몇 제자들에게만 허락된 것이 아니라 모든 제자들에게 주신 권능이었다.

예수께서는 제자들에게 단 하나의 목적만 마음속에 두도록 요구하셨다. 그것은 구약에서 예언된 그리스도로 오신 자신으로 말미암는 하나님의 복음을 온 백성에게 전파하는 일이었다. 따라서 복음 증거를 위해 사람들 앞에서 여러 가지 기적을 행하며 저들로부터 어떤 대가도 받지 말도록 명하셨다. 그 놀라운 능력은 제자들이 돈으로 산 것이 아니라 주님으로부터 거저 받은 것이다. 권능을 행하는 그 사역은 제자들을 돋보이게 하기 위한 것이 아니라 복음을 받아들여야 할 택한 백성들을 위한 것이었다.

그리고 여러 지역으로 다니면서 복음을 전할 때 금, 은, 동과 같은 돈을 몸에 지니고 가지 말도록 요구하셨다. 주님께서 그렇게 말씀하신 것은 제자들로 하여금 하나님의 도우심이 아닌 돈에 의지해서는 안 된다는 의미와 더불어 그것으로써 백성으로부터 환심을 사려하지 않도록 경계하는 의미가 담겨 있다.

따라서 제자들은 복음전파를 위한 여행을 할 때 돈 주머니뿐 아니라 두 벌 옷이나 여분의 신, 그리고 지팡이도 가지고 다닐 필요가 없었다. 날마다 먹고 마시는 음식이나 입는 옷과 같은 문제들은 제자들이 스스로 염려할 일이 아니었다. 하나님께서 친히 저들을 위해 모든 것을 예비하실 것이었기 때문이다.

이는 제자들의 복음선포를 듣고 하나님의 품으로 돌아오게 될 흩어진 성도들에 의해 저들의 일상적인 삶이 보장받게 되리라는 사실을 말해주고 있다. 복음사역은 곧 교회가 감당해야 할 공적인 사명이다. 사도 바울은 디모데에게 보내는 편지와 고린도 교회에 보내는 편지에서 구약성경을 인용하며 그와 연관된 언급을 했다.

> "성경에 일렀으되 곡식을 밟아 떠는 소의 입에 망을 씌우지 말라 하였고

또 일군이 그 삯을 받는 것이 마땅하다 하였느니라" (딤전 5:18);

"모세 율법에 곡식을 밟아 떠는 소에게 망을 씌우지 말라 기록하였으니 하나님께서 어찌 소들을 위하여 염려하심이냐 전혀 우리를 위하여 말씀하심이 아니냐 과연 우리를 위하여 기록된 것이니 밭가는 자는 소망을 가지고 갈며 곡식 떠는 자는 함께 얻을 소망을 가지고 떠는 것이라 우리가 너희에게 신령한 것을 뿌렸은즉 너희 육신의 것을 거두기로 과하다 하겠느냐" (고전 9:9-11)

하나님의 사역을 위해 특별히 세움을 받은 일군들은 자기가 일하는 복음의 터에서 일상적인 삶을 영위하게 된다. 이는 단순히 노동력에 대한 삯을 받는 것이 아니라 말씀사역에 연관된 소속을 말해주고 있다. 구약성경에 기록된 것처럼 복음을 선포하는 사역자들은 마치 곡식을 밟아 떠는 소가 일터에서 식량을 얻는 것과 같은 위치에 놓여 있다. 예수님의 제자들도 그와 같은 원리 가운데 복음전파 사역을 감당했다.

그러므로 제자들은 세상에서의 생존자체를 영위하기 위해 애쓰지 않아도 되었다. 그들이 마음속 깊이 새겨야 할 사실은 오로지 하나님께서 구약을 동해 약속하신 예수 그리스도가 이스라엘 민속 가운데 오셨다는 사실을 증언하는 일이었다. 그것 이외에 다른 것에 대해서는 신경 쓸 필요가 없었다. 예수께서는, 저들이 자신을 위한 일군이므로 모든 생활은 하나님의 은혜로 채워지게 될 것을 말씀하셨던 것이다.

4. 영접하는 자들과 배척하는 자들(11-15)

예수께서 자기 제자들에게 다양한 기적을 행할 수 있는 능력을 주신 까닭은 이스라엘 백성에게 하나님의 은혜를 베풀기 위해서였다. 그러나 어리석은 자들은 눈에 보이는 기적에만 관심을 가질 뿐 저들의 입술을 통해 선포되는 진리에는 별 관심을 보이지 않았다. 이는 예수님과 제자들을 답답하게 만들었을 것이 틀림없다. 만일 그런 기적을 보지 않고도 메시아와 그에 관한 진리를 깨달을 수 있다면 가장 좋은 일이다.

그러므로 예수님은 제자들에게 어느 성이나 마을에 들어가면 그 가운데 합당한 자를 찾아내어 그 집에 들어가라고 말씀하셨다. 즉 지나가는 사람들 가운데 아무나 붙잡고 종교적인 설파를 하라고 하지 않으셨던 것이다. 물론 하나님께서 친히 그들이 만나게 될 적절한 사람들을 예비하실 것이다.

또한 예수께서는 제자들이 어떤 사람의 집 안에 들어가면 먼저 저들에게 평안을 빌라고 당부하셨다. 만일 하나님의 구원에 속한 가정이라면 그들의 영접을 통해 제자들이 비는 평안이 그 집안사람들에게 임하게 된다. 하지만 저들을 배척한다면 그 평안이 제자들에게 되돌아오게 될 것이다.

제자들이 어떤 성이나 집에 들어갔음에도 불구하고 그들을 진정으로 영접하는 자가 아무도 없다면 발에 먼지를 떨고 그곳에서 나가라고 말씀하셨다. 이는 제자들을 배척하는 자들은 하나님의 복음과 본질적으로 아무런 상관이 없다는 사실을 의미하고 있다. 그런 자들은 제자들을 보내신 예수 그리스도뿐 아니라 하나님을 배격함으로써 영원한 저주에 빠지게 될 수밖에 없다.

그런 사람들이 세상이 끝나는 종말에 당하게 될 심판은 끔찍하다. 구약시대 하나님을 모독하며 그의 뜻을 거역했던 소돔과 고모라 성에 살았던 자들이 그보다 훨씬 견디기 쉬웠을 것이다. 이는 예수 그리스도로 말미암는 최종적인 심판이 얼마나 크고 두려울지를 시사해주고 있다.

소돔과 고모라 성의 사람들은 하나님과 그의 뜻을 받아들이지 않았다. 그들은 지상의 만족을 얻기 위한 욕망에 충실했을 따름이다. 예수님 당시 이스라엘 백성 가운데도 그런 자들이 많이 있었다. 그들은 인간들이 창안한 종교적 가치에 사로잡혀 있었으므로 참된 하나님의 뜻에 관심이 없었다.

그러므로 그들은 인간의 몸을 입고 세상에 오신 하나님의 아들을 배척했다. 동시에 그가 보내신 제자들을 핍박했다. 이와 같은 일은 우리 시대에도 동일한 양상으로 나타나고 있다. 그런 사람들에게는 세상의 일반적인 평가와 아무런 상관없이 종말의 때가 되면 하나님의 무서운 심판이 기다리고 있을 따름이다.

5. 복음의 길, 고난의 길(16-20)

예수께서는 이스라엘의 여러 지역으로 제자들을 보내시면서 그들에 대한 염려를 하지 않을 수 없었다. 이는 마치 순한 양을 무서운 이리떼 가운데로 보내는 것과 같았기 때문이다. 왜곡되고 잘못된 신앙적 사고를 가진 당시의 유대인들은 마치 사나운 늑대와도 같았다. 즉 그들은 자기가 원하는 목적을 달성하기 위해서는 무엇이라도 공격해 집어삼키는 무서운 동물과도 같았던 것이다.

그래서 예수께서는 저들을 무서운 이리 떼 가운데 보내는 것 같다고 말씀하시면서 뱀처럼 지혜롭고 비둘기 같이 순결하라는 요구를 하셨다. 우리는 여기서 비둘기 같이 순결하라고 하신 주님의 말씀은 충분히 이해할 만하다. 의로운 하나님의 복음을 증거하는 자들은 어떤 경우에도 더러운 불의와 타협해서 안 된다는 것이었다.

이에 반해 뱀처럼 지혜로우라고 하신 말씀은 이해하기 쉽지 않다. 뱀은 사탄을 상징하는 악하고 더러운 동물이기 때문이다. 그럼에도 불구하고 예수께서 여기서 뱀에 대해 긍정적인 표현을 하신 이유는 무엇일까?

우리는 이 말씀을 이해하는 데 상당한 어려움에 직면하게 된다. 하지만 굳이 뱀의 지혜로움을 이해하려 한다면 뱀은 자기 꾀에 매우 능숙하다는 사실이다. 상대에게 적극적으로 덤벼들다가도 위급한 상황에 처하게 되면 얼른 분위기를 파악해 그 자리를 피하는 속성이 있다. 따라서 주님의 이 말씀은 사나운 상대인 유대인들에게 무모한 태도로 맞서 값없는 싸움을 싸우지 말고 뱀처럼 지혜롭게 그 자리를 피하라는 말로 이해할 수 있다.

따라서 그 특별한 예수님의 교훈은 제자들이 악하고 영악한 유대인들을 조심하라는 의미를 지니고 있다. 배도에 빠진 악한 자들은 복음을 전파하는 제자들의 가르침이 자신의 생각과 다르면 쉽게 용납하지 않는다. 오히려 제자들을 공회에 넘겨 유대인 회당에서 채찍질하며 체벌할 것이다.

그렇게 되면 제자들은 예수 그리스도를 증거하며 선포한다는 단 하나의 이유만으로 세상의 관리들과 통치자들에게 끌려가는 고통을 당하게 된다. 세상 가운데 하나님의 복음을 전파하는 자들은 세상 사람들로부터 칭찬과 격려를 받지 못한다. 도리어 저들로부터 오는 심한 모욕과 모진 고통을 피할 수 없다. 성도들은 온전한 마음으로 하나님의 사역에 참여하고 있음에도 불구하고 세상에서는 강한 배척을 당하게 된다.

그런데 제자들이 그런 고통을 당하게 되는 것은 넓은 의미에서 볼 때 하나님의 경륜 가운데서 이루어진다. 하나님께서는 그것을 허용함으로써 제자들을 핍박하는 자들과 하나님을 알지 못하는 자들에게 증거가 되게 하신다. 이는 고통을 당하는 제자들을 통해 복음을 깨닫는 자가 있음과 동시에, 그들의 선포와 가르침을 배척하는 악한 자들의 행동은 하나님께 저항한 증거로 남게 된다. 즉 하나님의 권세가 부족해서 제자들로 하여금 심한 고통을 당하도록 하신 것이 아니라, 그 과정 가운데 하나님의 놀라운 경륜이 담겨 있었다.

따라서 하나님으로부터 특별한 임무를 부여받아 보냄을 받은 성도들은, 악한 무리가 자신을 공회에 넘길지라도 무엇을 말해야 할지 염려할 필요가 없다. 즉 자신을 변명하거나 변호하기 위해 긴장하지 않아도 된다. 특별한 경륜 가운데 모든 것을 인도하시는 하나님께서 마땅히 해야 할 말과 하늘의 지혜를 주실 것이기 때문이다. 즉 저들을 도우시는 성령 하나님께서 저들로 하여금 가장 적절하게 대처할 수 있도록 인도하시게 된다.

6. 평화가 아닌 갈등과 박해(21-23)

예수께서 이 세상에 오신 목적은 보통 사람들의 기대와 사뭇 달랐다. 당시 이스라엘 민족의 종교를 자기 욕망을 위해 이용하던 다수의 유대인들은 메시아가 오시면 '평화의 시대'가 시작되리라 기대했다. 그들은 메시아를 통해 로마제국의 압제에서 벗어나고 유대 지도자들의 학정으로부터 벗어나기를 원했다.

그리고 하나님을 온전히 믿는 자들 역시 메시아를 통해 참된 평화를 누리고자 했다. 하나님의 능력이 임하시면 당연히 평화로운 시대가 도래할 것으로 믿었던 것이다. 그러나 현실은 기대와 전혀 달랐다. 예수께서는 메시아로 오신 자기로 말미암아 장차 집 안에서부터 심각한 갈등이 발생하리라는 사실을 말씀하셨던 것이다. 누가복음에는 예수께서 하신 그 말씀이 더욱 구체적으로 기록되어 있다.

> "내가 세상에 화평을 주려고 온 줄로 아느냐 내가 너희에게 이르노니 아니라 도리어 분쟁케 하려 함이로라 이 후부터 한 집에 다섯 사람이 있어 분쟁하되 셋이 둘과, 둘이 셋과 하리니 아비가 아들과, 아들이 아비와, 어미가 딸과, 딸이 어미와, 시어미가 며느리와, 며느리가 시어미와 분쟁하리라 하시니라 평화가 아니라 검을 수러 왔노라" (눅 12:51-53)

예수께서는 자기로 인해 세상이 말하는 평화가 제공되는 것이 아니라 도리어 가정에서부터 심한 분쟁이 일어날 것이라 말씀하셨다. 한 가정에 여러 식구가 함께 살면서 서로 편이 나누이게 된다. 그렇게 되면 아버지와 아들, 어머니와 딸, 시어머니와 며느리 사이에 심각한 갈등과 분쟁이 일어난다. 이는 단순한 가정불화를 의미하는 것이 아니라 집안에서 메시아 논쟁이 일어나게 되리라는 사실을 의미한다.

예수님은 성도의 가정을 무조건 화목케 하시는 분이 아니다. 동일한 신앙으로 인해 가족 사이에 화목할 수도 있지만 그렇지 않아 서로 분쟁하며 갈등할 수도 있다. 한 집안에서 생활하는 식구로 살아가면서 복음의 본질에 관한 중대한 차이가 나면 결코 가정이 평안할 수 없는 것이다.

심지어는 그것이 육체적 생명에 직접 연관되기도 한다. 부모와 자식을 비롯한 가족이 단순히 대적할 뿐 아니라 서로 죽음에 내어주기까지 하는 처절한 갈등을 겪어야 한다. 그렇게 하다보면 하나님의 자녀들은 예수 그리스도의 이름으로 인해 모든 사람들로부터 미움을 받을 수도 있다. 그러나 참된 성도라면 끝까지 그 어려움을 극복해야만 한다. 그것이 궁극적인 구원을 이루게 될 것이기 때문이다.

하지만 그런 이유로 인해 하나님의 복음을 증거하는 제자들은 더욱 큰 고통과 핍박을 당하게 된다. 그래서 하나님을 경외하는 성도들은 타락한 세상에 살아가면서 안정된 삶을 누리기가 쉽지 않다. 따라서 주님께서는 자기로 말미암아 심한 고통을 당하는 제자들에게 멀지 않은 장래에 하나님의 구체적인 은혜가 임하게 되리라는 사실을 말씀하셨다.

예수 그리스도로 인해 발생하는 분쟁에 대해서는 오늘날 우리 시대에도 동일한 양상으로 나타난다. 진리로 말미암아 가정생활에서 엄청난 대가를 치루는 자들이 많다. 하나님의 은혜로 소유하게 된 진리를 지키기 위해 심각한 갈등이 생긴다 할지라도 참된 믿음을 가진 성도들은 그 분쟁과 갈등을 견뎌내야 한다. 이는 하나님의 복음을 지키는 것이 가정의 화목을 도모하는 것보다 우선되며 본질적으로 소중하다는 사실을 말해주고 있다.

누가 하나님을 잘 믿으면 이 세상에서 행복한 가정생활을 보장받을 수 있는 것처럼 쉽게 말하는가? 온 가족이 계시된 하나님의 말씀을 통해 동일한 신앙을 소유하고 있다면 원만한 가정을 꾸려나갈 수 있다. 하지만 그렇지 못할 경우에는 상상을 초월하는 엄청난 희생을 동반할 수밖에 없다.

우리가 기억해야 할 바는 모든 성도들이 가정에서 동일한 신앙을 소유하는 것이 쉽지 않다는 사실이다. 어떤 가정은 온 가족이 올바른 신앙을 가지기도 하지만 그렇지 못한 성도의 가정도 많이 있을 수 있다. 따라서 동일한 신앙을 소유한 가정에 속한 성도들은 하나님께 더 감사한 마음을 가지고 살아가는데 반해 그렇지 못한 성도들은 덜 감사한 마음으로 살아가야 하는 것이 아니다. 궁극적으로는 어떤 가정 형편에 놓이게 된다 할지라도 우리는 동일한 감사의 마음을 가져야 한다. 이는 성도들의 참된 기쁨과 감사는 개인이나 가정에서 발생하는 것이 아니라 우리를 구원하신 하나님께 달려 있기 때문이다.

뿐만 아니라 예수님의 제자들이 가는 앞길에는 항상 힘겨운 핍박이 기다리고 있었다. 만일 한 동네에서 하나님께 저항하는 악한 자들이 저들을 핍박하게 되면 다른 동네로 피해야만 했다. 즉 제자들은 핍박으로 인해 여러 동네들을 두루 다니면서 복음을 선포하게 되며 그런 중에 인자가 유대인들을 심판하시기 위해 임하시게 될 것이다.

마태복음 10장 23절에 기록된 "내가 진실로 너희에게 이르노니 이스라엘의 모든 동네를 다 다니지 못하여서 인자가 오리라" 고 하신 예수님의 예언은 그의 십자가 사역과 더불어 AD 70년 예루살렘 성전 파괴와 연관된 것으로 이해해야 한다. 인자이신 예수께서 제자들에게 '인자가 오리라' 고 말씀하신 것은 언약 민족으로서 유대인들에 대한 최종적인 메시아 심판이 임하게 될 사실을 의미하고 있는 것이다.

제19장 하나님의 나라와 세상의 갈등

(마 10:24-42)

1. 주님을 모독하는 어리석은 자들을 향한 선포(24-27)

예수께서는 제자가 스승보다 더 위대할 수 없으며 종이 주인보다 더 높을 수 없다는 사실을 말씀하셨다. 제자가 스승으로부터 잘 배우고 종이 주인만큼 책임감 있게 성실하다면 매우 만족스런 일이다. 이 내용 자체는 일반적인 원리이지만 제자들이 특별히 귀담아 들어야 할 교훈이다.

배도에 빠진 유대인들은 하나님의 집 주인이신 예수 그리스도를 향해 바알세불(Beelzebul)이라고 비난하기를 서슴지 않았다. 이 용어는 귀신들의 왕 곧 사탄을 칭하는 의미를 지니고 있다. 인간의 몸을 입은 하나님의 아들이 언약 백성이라 뽐내는 배도자들로부터 이처럼 극도의 모독과 배척을 당하셨다. 그러나 주님은 창세전에 택하신 자기 백성들을 영원한 구원의 길로 인도하시기 위해 끝까지 인내하며 참으셨다.

스승이신 예수님께 그런 식으로 대한 배도자들이 그의 제자들에게도 심한 박해를 가했을 것이 틀림없다. 그들이 예수님에게 감히 그런 모독적인 표현을 한 것을 보면 그의 제자들에게는 얼마나 더 심한 언사로 대했을지 짐작할 수 있다. 하지만 연약한 인간에 지나지 않는 제자들은 스승만큼 참고 견딜 만한 능력이 없었다. 그러나 스승인 예수께서는 자기의 제자들이 그 고통스런 형편을 잘 이겨내기를 원하셨다.

따라서 예수께서는 제자들에게 그런 힘든 일을 당할지라도 두려워 떨지 말도록 당부하셨다. 하나님의 자녀들은 세상에 속한 자들의 핍박을 두려워할 필요가 없었다. 왜냐하면 그들의 모든 악행은 한시적일 뿐 아니라 장래 하나님의 심판대 앞에 다 드러나게 될 것이기 때문이다.

하나님을 모독하고 제자들을 핍박한 저들의 숨겨진 악행과 더러움은 궁극적으로 전부 공개된다. 종말의 때가 이르면 하나님을 욕되게 한 배도자들의 악한 행실 가운데 드러나지 않을 것이 없다. 어리석은 자들은 그것을 인식하지 못한 채 하나님과 그의 사역을 훼방하며 욕되게 했던 것이다.

그러므로 주님께서는 고통을 당하는 제자들에게 힘든 여건 가운데서도 맡은 일들을 묵묵히 감당해 나가도록 요구하셨다. 그것은 예수 그리스도로 말미암는 진리를 온 세상에 선포하는 것이다. 따라서 성도들은 하나님의 말씀을 통해 비밀리에 들은 진리들을 모든 사람들이 보고 듣는 가운데 두려움 없이 선포해야 한다.

2. "여호와를 경외하라" (28-31)

성도들의 궁극적인 관심은 타락한 이 세상이 아니라 하나님과 영원한 천상의 나라에 있다. 배도에 빠진 악한 자들은 성도들의 참된 신앙을 뒤흔들어 놓기 위해 안간힘을 쏟는다. 그들은 교회에 속한 하나님의 자녀들의 눈을 오염된 세상으로 돌리고자 덫을 놓고 저들의 관심을 분산시키기 위해 온갖 노력을 다한다.

그러나 하나님께 속한 참된 성도들은 허탄한 곳에 관심을 가지지 않으며 세상의 일로 말미암아 궁극적인 두려움에 빠지지 않는다. 배도에 빠진 악한 자들이 아무리 날뛴다 해도 한계가 있을 수밖에 없다. 설령 그들이 성도들의 육신을 죽인다고 할지라도 그들의 영혼에 대해서는 아무런 세력을 펼칠 수 없다.

따라서 교회에 속한 백성들은 오직 여호와 하나님 한 분만을 경외해야 한다. 하나님께 영원한 생명이 달려 있다는 사실을 잘 알고 있기 때문이다. 천국에 소망을 둔 자들은 하나님 안에서 진정한 평강을 누리게 되며 세상으로부터의 궁극적인 재앙을 당하지 않는다. 잠언서 기자는 이에 대한 분명한 언급을 하고 있다.

> "여호와를 경외하는 것은 사람으로 생명에 이르게 하는 것이라 경외하는 자는 족하게 지내고 재앙을 만나지 아니하느니라" (잠 19:23)

피조물인 인간이 조물주인 하나님에 대한 경외감을 가지는 것이 지극히 당연하다. 더구나 범죄에 빠져 하나님께 저항한 이력을 가진 인간들이기에 더욱 그렇다. 그러므로 '하나님을 경외하는 것이 성도들이 가져야 할 지식의 근본' 이 되는 것이다(잠 9:10).

예수께서는 이와 연관하여 몇 가지 비유의 말씀을 주셨다. 당시의 사람들은 시장에서 참 새 두 마리를 한 앗사리온[53]에 살 수 있었다. 그런데 왜 사람들이 참새를 사고팔며 매매했을까? 물론 그것은 식용食用을 위한 것이라 여겨진다. 아마도 양고기나 소고기 같은 고기를 먹을 형편이 못되는 가난한 사람들이 참새고기를 먹었을 것이다.

우리가 알기로 참새는 하나님께 바치는 제물로 사용되지 않았다. 이는 참새가 보잘것없는 미물微物에 지나지 않는다는 사실을 말해준다. 하나님께 바쳐질 수 없는 것이라면 대단한 것이라 할 수 없다. 그런 새들조차도 하나님의 구체적인 권능아래 놓여있다.

그러므로 예수님은 아무것도 아닌 미물인 참새도 하나님의 허락 없이는 땅에 떨어지지 않는다고 말씀하셨다. 나아가 하나님께서는 자기 자녀들의

53) 앗사리온(Assarius)은 로마의 화폐로서 데나리온의 1/16이다.

머리카락 하나까지 다 세고 계신다는 언급을 하셨다. 머리카락이 없다고 해서 사람이 죽는 것도 아닌데 하나님께서는 자기 자녀들의 그런 것까지 세세히 알고 계신다는 것이었다.

따라서 전능하신 하나님의 권능아래 보호받는 성도들은 일순간의 고통이 되는 배도자들의 위협을 두려워할 필요가 없다. 성도들은 참새보다 중요할 뿐 아니라 아무것도 아닌 머리카락까지 세신 바 된 자녀로서 하나님의 관심의 대상이 되고 있기 때문이다. 이에 대한 올바른 깨달음을 가질 때 어떤 힘든 형편에 놓인다 할지라도 타락한 이 세상을 넉넉히 이겨나갈 수 있는 것이다.

3. 예수 그리스도에 대한 공개적인 시인(32-34)

하나님을 믿는 성도들은 다른 사람들 앞에서 자신의 신앙을 분명히 드러내며 고백적으로 신앙생활을 해야 한다. 누구든지 예수님을 하나님의 아들 그리스도로 시인하면 예수께서도 천상의 나라에서 저를 시인하시게 된다. 그러나 예수 그리스도를 공개적으로 시인하지 않고 부인하면 그도 나중에 저를 모른다고 할 것이다.

그렇지만 우리 시대에는 그와 정반대로 가르치는 자들이 없지 않다. 안타깝게도 선교이론 가운데 소위 '내부자 운동'(Insiders movement)이라는 것이 유행하고 있다. 그것은 특히 이슬람 지역과 같이 예수 그리스도를 믿는 것이 법적으로 금지된 지역에서 활성화 되고 있는 실정이다. 신앙의 자유가 없는 그런 곳에서는 삼위일체 하나님과 예수 그리스도를 자유롭게 믿을 수 없다. 만일 참된 기독교 신앙을 가지게 되면 생명의 위험이 따르게 된다.

그러므로 일부 선교학자들은 그에 대해 매우 인본적인 타협안을 제시하고 있다. 그것은 위험한 상황에서 예수 그리스도를 믿는 사람이 생겨나게 될 경우 그로 하여금 외부로 신앙을 드러내지 말고 속으로 신앙을 지키게 하는 것이 선교 전략상 좋다는 것이다. 공개적으로는 예수를 믿지 않는 척 하면서 비밀리에 하나님을 믿는 가운데 다른 사람들에게 그와 같은 전도를 하면 문제될 것이 없다고 한다. 즉 겉으로는 이슬람교를 믿는 자로서 모든 종교의례를 행하지만 속으로는 기독교 신앙인으로 사는 것이 가능할 뿐 아니라 선교에 있어서 여러모로 유익하다는 것이다.[54)]

그러나 그것은 성경의 교훈을 벗어난 매우 잘못된 주장이다. 하나님의 백성은 이 세상에서 예수 그리스도를 공개적으로 시인함으로써 당하게 될 핍박을 두려워하지 말아야 한다. 예수님을 메시아로 영접하여 믿는다는 사실은 상당한 고통을 동반하게 됨을 의미한다. 예수께서 제자들에게 자기가 이 세상에 온 것은 화평이 아니라 도리어 검을 주기 위해 오셨다고 하신 말씀은 그와 연관되는 교훈이다.

4. 질투의 하나님(35-39)

이 세상에 영원한 것은 아무 것도 없다. 나아가 세상에 죄로 말미암아 오염되지 않은 것은 하나도 없다. 그러므로 인간들이 관심을 기울이고 사랑하는 지상의 모든 것들은 죄로 오염된 일시적인 것에 지나지 않는다.

그럼에도 불구하고 어리석은 인간들은 그 가운데서 사랑의 대상을 찾는

---

54) 이슬람교에서는 타끼야(Taqiyah) 교리라는 것이 있다. 이는 '위장교리' 라는 것인데, 이슬람을 믿는 모슬렘이지만 주변의 형편에 따라서는 모슬렘이 아닌 척 행동해도 좋다는 것이다(이만석, 베일 벗긴 이슬람, 서울: 4HIM, 2010, pp.68,69 참조). 특별한 경우에는 모슬렘들이 그 교리를 배경으로 이슬람의 종교의례를 행하지 않아도 된다. 그런 교리를 가진 자들에게 기독교 선교사들이 기독교를 믿지만 기독교인인 것을 드러내지 않고 겉으로는 여전히 이슬람교의 의례를 행하며 신앙생활을 하고 속으로는 성경의 교리를 믿으라는 것이다. 그러나 그것은 매우 잘못된 것이다. 성경은 우리에게 신앙을 사람들 앞에 드러내 고백하라는 요구를 하고 있기 때문이다.

다. 타락한 자신의 취향에 조화되는 것들에 대한 욕망적 감정을 사랑이라 여기며 그것을 통해 일시적인 만족감을 누리고자 한다. 하지만 세상에서 조성된 그런 형태의 사랑은 결코 영원할 수 없으며 허망하게 사라질 수밖에 없다.

이에 대해서는 인간들이 삶의 근간으로 이해하는 혈연으로 인한 가족관계마저 여기에 해당된다. 예수께서는 부모나 자식이라 할지라도 자기보다 더 사랑하는 것을 용납하지 않는다고 말씀하셨다. 이것은 일반적인 감정이 아니라 진리와 연관된 의미를 지니고 있다. 인간이 인간을 사랑하는 것이 감정에 따른 것이라면 하나님에 대한 사랑은 천상으로부터 계시된 말씀에 대한 순종과 복종에 연관된다.

인간들은 다른 사람에 대한 자기의 사랑의 욕망을 드러내 보이고자 할 뿐 아니라 자신에 대한 다른 사람들의 사랑을 확인하고자 하는 속성을 지니고 있다. 이기심에 가득 찬 사랑의 표현임에도 불구하고 상대가 자신의 욕망에 기꺼이 응대하지 않으면 마음이 상하고 분노가 일게 된다.

가족관계에 있어서도 그와 다르지 않다. 부모와 자식은 서로 혈연적인 관계 속에서 사랑을 나누기를 원한다. 부모가 자식을 사랑하고 자식이 부모를 사랑하는 것은 매우 자연스럽다. 일반적인 경우라면 당연히 그렇게 해야 하며 널리 장려해야 할 일이다.

그러나 하나님께서는 인간들이 자기보다 더 사랑하는 어떤 대상을 두는 것을 결단코 용납하지 않으신다. 부모자식 관계에서 발생하는 사랑이라 할지라도 진리에 연관된 경우라면 예외가 될 수 없다. 하나님을 떠난 인간에 대한 집착은 우상숭배와 같은 행위에 지나지 않으며 하나님의 질투를 불러일으키게 되기 때문이다. 모세의 율법에는 인간들이 조작한 종교행위와 연관된 기록이 나온다. 신명기에는 그에 대한 분명한 기록이 나타난다.

"너희는 다른 신들 곧 네 사면에 있는 백성의 신들을 좇지 말라 너희 중에 계신 너희 하나님 여호와는 질투하시는 하나님이신즉 너희 하나님 여호와께서 네게 진노하사 너를 지면에서 멸절시키실까 두려워하노라" (신 6:14,15)

이 말씀은 하나님의 진리를 떠난 인간의 종교적 욕망에 연관되어 있다. 하나님을 알지 못하는 인간들은 진리보다 자신의 욕망을 채우고 따르기에 급급하다. 그러나 하나님의 자녀들은 항상 진리를 중심으로 사고하며 생활해야 한다.

가족간의 사랑에 있어서도 그 원리는 적용되어야 한다. 일반적인 경우에는 가족 사이에 사랑을 나누는 것이 당연하지만 진리를 훼방하는 속성이 개입되면 사정이 달라진다. 어떤 경우라도 진리에 우선될 수 있는 것은 존재하지 않는다. 성경에 계시된 하나님의 뜻보다 중요한 것은 존재할 수 없다. 아무리 부모라 할지라도 하나님의 뜻을 벗어나 그에 순종할 수는 없는 것이다. 나아가 아무리 자식이라 할지라도 말씀에 어긋난 상태에서는 사랑을 베풀 수 없다. 이런 경우에 이르게 되면 가정에 불화가 생겨나게 된다.

그러므로 예수께서는 집안 식구가 원수라는 충격적인 말씀을 하셨다. 이는 단순한 윤리적인 언급이 아니다. 가족 가운데 누가 과연 원수라는 말인가? 부모자식, 남편과 아내 가운데 누구든지 하나님의 진리와 더불어 온전한 신앙생활을 하고자 하는 데 방해하는 자들은 하나님과 그의 자녀들의 원수의 자리에 앉게 된다.

우리가 분명히 기억해야 할 바는 성도가 된 우리마저도 사람의 원수일 뿐 아니라 하나님의 원수가 되는 자리에 나아갈 우려가 있다는 사실이다. 인간이 부부간 혹은 부모 자식 간에 사랑이라고 주장하는 것들 가운데는 자기를 위한 이기적 욕망에 지나지 않을 경우가 많다. 어리석은 자들은 입술로 사랑을 핑계대지만 아직 포기하지 못한 자신의 욕망의 노예가 되어 있는 것이다.

우리는 부모나 자식 그리고 남편과 아내를 주님보다 더 사랑해서는 안 된다. 이는 인간적인 관계와 욕망이 아니라 하나님과 그의 말씀에 대한 순종과 연관된다. 그럼에도 불구하고 우리는 하나님의 말씀보다 자신의 욕망에 충실함으로써 다른 가족과 원수의 자리에 머물지는 않는가? 부모나 자식을 사랑한다고 하지만 실상은 자기 자신의 욕망을 추구하는 이기적인 태도를 버리지 않으면 안 된다.

그러므로 예수께서는 십자가를 지고 자신을 좇지 않는 자는 자기에게 합당치 않다고 단호하게 말씀하셨다. 이는 자신을 완전히 포기하는 것과 연관된다. 자기 욕망에 따라 이기적인 삶을 사는 사람들은 세상에 살아가는 동안 진정으로 복된 삶을 소유할 수 없다. 어리석은 자들은 자기의 욕망을 포기하지 못하고 허망한 자신의 주장에 사로잡혀 불필요한 고통 가운데 살아가게 된다. 따라서 주님께서는 자기 목숨을 얻고자 하는 자는 잃을 것이며 주님을 위해 자기 목숨을 잃는 자는 영원한 생명을 얻게 된다고 말씀하셨다.

죄에 빠진 인간들은 간악하기 짝이 없는 존재이다. 입술로는 주님을 위해 모든 것을 바칠 각오가 되어 있다고 말하면서 실상은 어느 것 하나 내놓지 않는다. 우리는 남편이나 아내의 신앙적인 삶을 방해하지 말아야 한다. 자신의 욕망 때문에 다른 가족이 엄청나게 상하게 될 가능성이 있다는 사실을 기억하지 않으면 안 된다. 악한 인간들은 사랑한다고 생각하는 자신의 가족에게 끊임없는 해악을 발산하는 존재일 수 있는 것이다. 하나님의 성도가 된 자로서 우리가 도리어 하나님께 저항하는 인간이 될 수 있다는 사실을 항상 회개하는 마음으로 점검하지 않으면 안 된다.

이기적인 자세로 살아가는 인간들은 오히려 참된 생명을 잃게 된다. 그러나 자신의 욕망을 포기하고 모든 것을 주님께 온전히 맡기게 될 때 하나님으로부터 진정한 생명을 얻게 된다. 하나님의 복음을 소유함으로써 성숙한 삶을 살아가는 성도들은 영원한 생명이 자기의 이기적인 욕망에 달려 있는 것이 아니라 하나님께 속했다는 사실을 분명히 깨달아야 한다.

5. 하나님과 그의 사자(使者)들을 영접하는 자가 받게 될 보상(reward)(40-42)

배도에 빠진 유대인들은 인간의 몸을 입고 이땅에 오신 예수 그리스도를 구주로 영접하지 않았다. 그들 가운데는 예수님을 저들과 같은 평범한 인간에 지나지 않는다고 생각하는 자들이 많이 있었다. 그런가 하면 그가 메시아일 것이란 짐작을 하면서도 의도적으로 배척하는 자들도 있었다. 그들은 예수님이 설령 메시아라 할지라도 지상에서의 저들의 욕망을 충족시켜주지 않는다면 별 의미가 없다고 판단했다. 그들은 저들이 소유한 종교적 기득권을 유지하기에 급급했던 것이다.

본문 가운데 "'너희'를 영접하는 자는 나를 영접하는 것"(마 10:40)이라는 예수님의 말씀에서 '너희'는 교회의 기초가 되는 제자들의 무리를 지칭하고 있다. 이는 예수님을 믿는다는 고백은 사도들의 증거에 기초해야 한다는 사실을 의미한다. 즉 사도들을 통해 성경에 계시된 말씀이 아니고는 하나님을 영접할 수 없을 뿐 아니라 알 수도 없다.

악한 유대인들은 예수님을 직접 목격하면서도 그를 메시아로 받아들이지 않았다. 그런 자들은 다른 어떤 인간이 저들의 욕망을 충족시켜준다고 판단되면 쉽게 그를 영접하여 따르게 될 것이다. 그들은 입술로 하나님을 핑계대고 있으나 종교적인 욕망에 가득 차 있었다. 그러므로 주님께서는 저들의 어리석음을 책망하셨다.

"나는 내 아버지의 이름으로 왔으매 너희가 영접지 아니하나 만일 다른

사람이 자기 이름으로 오면 영접하리라" (요 5:43)

예수님은 하나님께서 언약의 자녀들에게 보내신 메시아이다. 그럼에도 불구하고 하나님의 언약 백성이라 주장하는 유대인들이 도리어 자신을 배척하는 것을 보며 한탄하셨다. 인간의 몸을 입으신 하나님의 아들 예수님을 구주로 영접하여 받아들이는 것은 신앙의 본질에 해당한다. 그를 영접하는 것은 곧 하나님을 영접하는 것과 동일하기 때문이다. 사도들은 그에 대한 분명한 증언을 하고 있다.

> "내가 진실로 진실로 너희에게 이르노니 나의 보낸 자를 영접하는 자는 나를 영접하는 것이요 나를 영접하는 자는 나를 보내신 이를 영접하는 것이니라" (요 13:20)

예수님을 영접하지 않고 배척하는 것은 하나님을 거부하는 것과 같다. 예수께서는 이와 더불어 선지자를 하나님의 사람으로 영접하는 자는 선지자와 동일한 보상을 받게 된다는 사실을 언급하셨다. 그리고 하나님의 의로운 자를 의인으로 인정하며 받아들이는 자는 의인과 같은 보상을 받으리라고 말씀하셨다. 나아가 아무리 보잘것없는 자로 보일지라도 주님의 제자들을 하나님의 사람으로 받아들여 냉수 한 그릇이라도 주는 자는 하나님으로부터의 보상을 잃지 않으리라고 하셨다.

한글 성경에서 상을 받는다고 번역된 말은 보상(reward)을 받게 됨을 의미한다. 즉 단순한 상급(prize)을 말하는 것이 아니다. 우리가 이 말씀을 통해 알 수 있는 사실은 하나님의 자녀들이 올바른 신앙을 가짐으로 인해 상당한 고통을 당하게 되리라는 사실이다. 세상에서 하나님으로 말미암아 참고 견딘 결과 천국에서 그에 따른 보상이 이루어지게 되는 것이다.

지상교회에 속한 모든 성도들은 그와 연관된 올바른 신앙자세를 가져야 한다. 세상의 종교적 기득권자들로부터 고통을 당하고 피해를 입는다 할지라도 하나님의 선지자와 제자들, 그리고 의로운 자들을 진정으로 영접해야 한다. 그래야만 하나님으로부터 보상을 받을 수 있게 된다.

나아가 배도에 빠진 기득권자들이 교권을 행사하며 하나님의 편에 서 있는 약한 자들을 괴롭힐 때 우리는 하나님의 편에서 그들을 대우하며 힘이 되어주어야 한다. 그렇게 하게 되면 기득권자들은 자기의 행위에 동조하지 않는 자들을 핍박의 대상으로 삼을 것이 분명하다. 하지만 예수 그리스도의 은혜로 말미암아 영원한 구원에 참여하게 된 성도들은 진정한 보상을 받게 된다. 우리의 궁극적인 소망이 바로 거기에 있다.

제20장
세례자 요한과 예수 그리스도

(마 11:1-19)

1. 요한의 질문을 통한 선포(1-6)

예수께서는 제자들에게 이스라엘 민족 가운데 복음을 전파하도록 명하신 후, 자신도 영원한 진리를 가르치며 천국복음을 선포하셨다. 많은 사람들이 다양한 이적을 동반한 그의 특별한 사역을 보고 들으며 관심 있게 지켜보았다. 그 가운데는 세례자 요한과 그의 제자들도 있었다. 그들은 요한의 제자들이기는 했지만 궁극적으로 예수 그리스도를 믿고 따르게 될 사람들이었다.

그러므로 헤롯 분봉왕 정부의 감옥에 억울하게 구금되어 있던 요한은 두 명의 제자들을 갈릴리 지역에 계시는 예수님께 보냈다.[55] 그는 자기 제자들에게, 예수님이 구약성경에 예언된 바 이땅에 오실 메시아인지 혹 아니라면 다른 메시아를 기다려야 할지 그에게 물어보도록 했다.

세례자 요한의 제자들이 찾아와 그와 같은 질문을 했을 때, 예수께서는 저들에게 '그렇다' 고 긍정하는 언급 대신에 '너희가 듣고 보는 사실을 요한에게 고하라' 고 말씀하셨다. '소경이 보며 앉은뱅이가 걸으며 문둥이가 깨끗함을 받으며 귀머거리가 들으며 죽은 자가 살아나며 가난한 자에게

55) 당시 세례자 요한은 사해(Dead Sea) 동쪽에 위치한 마케루스(Machaerus)에 갇혀 있었던 것으로 알려져 있다. 그런 고통스런 형편 가운데서 요한은 갈릴리 지역에서 사역하고 있던 예수님께 두 명의 제자들을 보냈다(눅 7:18,19 참조).

하나님의 복음이 전파된다'(마 11:4,5)는 사실을 저들의 스승에게 전하도록 했던 것이다. 이는 예수님의 초자연적인 기적 자체를 요한에게 전하라고 말씀하신 것이라기보다 구약성경의 예언이 그리스도를 통해 성취되어 감을 저들에게 선포하는 의미를 지니고 있다. 이사야 선지자는 하나님이신 메시아가 이땅에 오시게 되면 그가 행하실 놀라운 사역에 관해 구체적으로 예언한 바 있다.

> "보라 너희 하나님이 오사 보수하시며 보복하여 주실 것이라 그가 오사 너희를 구하시리라 하라 그때에 소경의 눈이 밝을 것이며 귀머거리의 귀가 열릴 것이며 그때에 저는 자는 사슴 같이 뛸 것이며 벙어리의 혀는 노래하리니 이는 광야에서 물이 솟겠고 사막에서 시내가 흐를 것임이라"(사 35:4-6);
>
> "주 여호와의 신이 내게 임하셨으니 이는 여호와께서 내게 기름을 부으사 가난한 자에게 아름다운 소식을 전하게 하려 하심이라"(사 61:1)

이사야 선지자는 메시아가 오시게 되면 기존의 상황이 완전히 뒤바뀌는 엄청난 변화가 오게 되리라는 사실을 기록하고 있다. 구약성경이 이에 대해 미리 예언한 것은 장래 그리스도의 때가 이르면 주의 백성들이 말씀을 통해 그를 알아보도록 하기 위해서였다. 계시된 말씀에 따라 그리스도의 사역을 알아보는 자들은 복된 자들이지만 그렇지 못한 자들은 저주아래 놓이게 된다. 따라서 예수께서는 자기 때문에 실족失足하지 않는 자는 복이 있다고 말씀하심으로써 메시아이신 자신이 진정한 생명의 근원이 된다는 사실을 밝히셨다.

그런데 우리는 마태복음에 기록된 세례자 요한의 행적에서 매우 민감한 문제를 만나게 된다. 자칫 잘못하면 요한이 요셉의 아들 예수가 메시아라는 사실을 정확하게 깨닫지 못하고 있는 것으로 오해할 수 있기 때문이다. 그의 말 표현만 보고 진정한 의미를 간과한다면, 그가 예수님이 하나님께서 보내신 메시아라는 사실을 정확하게 모르고 있는 것처럼 비쳐질 수도 있다. 즉 요한이 제자들에게 예수님께 하나님의 보냄을 받은 메시아가 맞는지 물어보라고 요구한 것이 마치 불확실한 사실을 확인하려는 것처럼 보일 수 있는 것이다. 하지만 세례자 요한의 근본적인 의도는 결코 그런 것이 아니었다. 요한은 그전에 이미 예수님이 메시아라는 사실을 확실히 알고 있었다. 그럼에도 불구하고 그는 제자들에게 그렇게 하도록 시켰다. 그렇다면 왜 요한이 그렇게 요구했을까?

요한이 제자들을 예수님께 보내 메시아에 관한 확답을 듣게 한 것은 저들로 하여금 직접 메시아 사역을 확인하고 그로부터 답변을 듣도록 하기 위해서였다. 요한의 제자들은 예수님을 만나 직접 그의 말씀을 듣고 나서 스승이 왜 저들을 그에게 보냈는지 분명히 알았을 것이다. 그리하여 후에는 그들 모두가 예수 그리스도를 따르는 제자가 되었다. 그들은 예수님이 죄인들을 구원하시기 위해 이땅에 오신 하나님의 아들이라는 사실을 분명히 깨닫게 되었던 것이다.

2. 세례자 요한의 구속사적 정체성(7-15)

(1) 왕의 길을 예비하는 사자로서 세례자 요한

세례자 요한의 제자들이 갈릴리 지역에 있던 예수님을 찾아왔을 때 그를 먼저 따르던 제자들도 저들을 만나보게 되었다. 아마도 예수님의 제자들 역시 그 사람들의 방문에 대해 깊은 관심을 가졌을 것이 틀림없다. 당시 세례자 요한은 이스라엘의 일반 백성들에 의해 하나님의 특별한 선지자로 인정받고 있었기 때문이다.

그러므로 예수께서는 요한의 제자들이 그곳에서 떠난 후 자기와 함께 있던 무리를 향해 세례자 요한과 그의 사역에 연관된 언급을 하셨다. 거기 모여 있던 사람들은 대개 그전부터 이미 요한에게 깊은 관심을 가지고 있던 자들이었다. 요한의 제자들이 스승의 보냄을 받아 예수님을 찾아왔다는 것은 그가 메시아라는 사실을 다시금 증거하는 역할을 했다. 요한이 제자들에게 특별한 사명을 부여해 갈릴리 지역으로 보낸 중요한 이유 가운데 하나가 바로 그점이었을 것이 분명하다.

예수님은 유대광야에서 회개를 선포했던 요한의 사역을 염두에 두고 저들에게 '너희가 무엇을 보기 위해 광야에 나갔더냐?' (마 11:7)고 질문을 던지셨다. 그들이 황량한 광야에 나갔던 것은 바람에 날리는 갈대를 보기 위해서가 아니었다. 즉 아무런 하릴없이 광야로 나가지는 않았던 것이다.

그렇다면 저들에게 다른 특별한 이유가 있을 텐데 그것이 과연 무엇인가? 분명한 점은 성공한 귀족이나 화려한 겉모습을 하고 있으면서 이스라엘 민족에게 위선적인 희망을 전하는 자들을 만나기 위해서가 아니었다는 사실이다. 세상의 복락을 선전하는 그런 인물이라면 황량한 광야가 아닌 도시의 왕궁에 있을 것이었기 때문이다.

그들이 광야로 나갔던 이유는 하나님께서 보내신 선지자인 세례자 요한의 복음에 관한 소식을 듣기 위해서였다. 요한은 예수 그리스도가 구약의 예언에 따라 이땅에 오신 구세주라는 사실을 선포함으로써 이스라엘 민족 가운데 진정한 소망을 전했다. 그가 광야에서 메시아의 도래 사실을 선포했던 것은 세상의 모든 소망을 포기한 채 하나님만을 바라보는 자들에게 그것을 증거하기 위해서였다.

당시 예루살렘에 거주하던 기득권자들은 하나님을 섬긴다는 입술의 말과는 달리 종교적인 욕망에 집착해 살아가고 있었다. 그들에게 중요한 것은 영원한 메시아와 그의 사역이 아니라 눈앞에 펼쳐진 현실이었다. 그런 지도자들의 가르침을 받아야 하는 백성들의 삶은 암담할 수밖에 없었다.

그러므로 예수님 앞에 서 있던 사람들이 그 전에 광야를 찾아갔던 까닭은 세례자 요한을 통해 하나님으로 말미암는 기쁜 소식을 듣기 위해서였던 것이다. 예수께서는 그 무리 앞에서 다시금 세례자 요한이 구약성경이 예언한 하나님의 사자라는 사실을 분명히 증거했다. 그는 구약시대에 활동했던 모든 선지자들보다 더욱 중요한 사역을 담당한 인물이었다. 말라기 선지자는 오래전에 이미 그 사실에 대해 분명한 예언을 하고 있다.

> "만군의 여호와가 이르노라 보라 내가 내 사자를 보내리니 그가 내 앞에서 길을 예비할 것이요 또 너희의 구하는바 주가 홀연히 그 전에 임하리니 곧 너희의 사모하는바 언약의 사자가 임할 것이라" (말 3:1);
> "보라 여호와의 크고 두려운 날이 이르기 전에 내가 선지 엘리야를 너희에게 보내리니 그가 아비의 마음을 자녀에게로 돌이키게 하고 자녀들의 마음을 그들의 아비에게로 돌이키게 하리라 돌이키지 아니하면 두렵건대 내가 와서 저주로 그 땅을 칠까 하노라 하시니라" (말 4:5,6)

하나님께서는 위 본문 가운데서 언약 백성에게 메시아를 등장시키기에 앞서 먼저 자신의 사자를 보내시리라는 말씀을 하셨다. 그는 곧 엘리야의 이름으로 오게 될 인물(마 11:14)로서, 이스라엘 민족 가운데 회개를 외치게 되리라는 사실이 예언되었다. 그가 선포하는 메시지를 듣고 진정으로 회개하는 자들은 하나님께로 돌이키게 되지만 그렇지 않는 자들은 저주의 자리에 놓이게 된다는 것이었다.

마태복음에는 세례자 요한을 두고 여자가 낳은 사람들 가운데 가장 큰 일을 한 자라고 하신 예수님의 말씀이 기록되어 있다. 이는 그가 구약성경이 예언해오던 메시아를 이스라엘 민족 가운데 선포함으로써 그의 길을 예비한 인물이었기 때문이다. 요한은 구약의 모든 예언이 예수 그리스도를 위해 성취되고 있음을 언약 백성들에게 선포하는 중요한 역할을 감당했던 것이다.

그와 더불어 예수께서는 요한이 여자가 낳은 자 가운데 가장 큰 자라는 사실을 언급하시면서, 천국에서는 지극히 작은 자라 할지라도 그보다 더 크다고 말씀하셨다. 예수님의 이 말씀은 과연 무슨 의미를 지니고 있을까? 우리는 이 말이 단순한 상징에 머무르는 것이 아니라 매우 구체적이며 실제적인 의미를 지닌다는 사실을 기억해야 한다.

세례자 요한은 메시아를 직접 증거한 선지자로서 구약시대에 연관된 마지막 인물이었다. 즉 주님께서 오시기 전의 모든 선지자들이 선포한 메시아 관련 메시지에 대한 메시아의 실체를 요한이 이스라엘 민족 가운데 드러내었던 것이다. 따라서 그는 구약시대의 인물들 가운데 가장 위대한 인물로 인정받았다.

약속된 메시아가 이땅에 강림하심으로써 그와 더불어 지상에 도래하는 천국은 하나님의 교회를 이루게 된다. 세례자 요한과 예수께서는 이스라엘을 향해 "회개하라 천국이 가까웠느니라"(마 3:2; 4:17)고 선포했다. 본문에 언급된 천국이란 죽음 이후에 성도들이 거하게 될 영역이라기보다 신약시대의 교회와 연관되는 개념이다.

그리하여 세례자 요한의 복음선포와 함께 세워진 그 나라의 왕이신 예수 그리스도께서는 세상을 향해 구원과 심판을 선언하시게 된다. 나아가 예수님과 함께 지상교회에 속해 있는 모든 백성들은 그와 더불어 왕의 직임에 참여하게 된다. 요한계시록에는 그에 대한 분명한 기록이 나타난다.

> "저희로 우리 하나님 앞에서 나라와 제사장을 삼으셨으니 저희가 땅에서 왕 노릇하리로다 하더라"(계 5:10);
> "이 첫째 부활에 참예하는 자들은 복이 있고 거룩하도다 둘째 사망이 그들을 다스리는 권세가 없고 도리어 그들이 하나님과 그리스도의 제사장이 되어 천년 동안 그리스도로 더불어 왕 노릇 하리라"(계 20:6)

사도 요한은 계시록에서 하나님의 몸된 교회에 속해 그를 섬기는 백성들이 땅에서 천년동안 왕이신 그리스도와 함께 왕 노릇하게 될 사실을 언급하고 있다. 예수 그리스도의 십자가와 부활사역으로 인해 첫째 부활에 참여한 성도들은 하나님의 최종심판으로 인한 둘째 사망에 이르지 않는다. 그들은 천년왕국이라 일컬어지는 지상의 보편교회 가운데서 예수 그리스도와 함께 왕 노릇을 하게 되는 것이다.[56)]

이러한 특권은 구약시대의 성도들이 누리지 못했던 놀라운 복으로서 신약교회에 속한 성도들이 누리게 된다. 예수님의 십자가 사역을 목격하지 못한 세례자 요한도 그 놀라운 특권을 누리지 못했다. 물론 그것은 세상 사람들이 일반적으로 경험하는 것들과는 전혀 다른 성격을 지니고 있다.

그러므로 예수 그리스도와 함께 세상에 침투해 들어오는 천국에 밀착된 지상의 보편교회 가운데서 왕 노릇하는 모든 성도들은 세례자 요한보다 크다고 말할 수 있다. 이는 물론 사람의 개인적인 신분이나 위대성을 말하는 것이 아니라 예수 그리스도의 사역과 더불어 시행되는 교회의 역할과 연관된다. 따라서 신약시대의 교회에 속해 살아가는 모든 성도들은 이에 대한 분명한 이해를 하지 않으면 안 된다.

(2) 천국(Kingdom of God)과 침노

마태복음 11장 12절에 기록된 말씀은 "세례자 요한의 때부터 지금까지 천국은 세상 속으로 강하게 전진하는데 강포한 자들이 그 위에 강한 공격을 퍼붓고 있다"는 의미이다. 즉 인간의 몸을 입고 이땅에 오신 메시아에 대한 세례자 요한의 선포에 따라 하나님의 왕국이 세상 속으로 강력하게 밀려들어오고 있다. 세상에 침투해 들어오는 주체는 예수 그리스도로 말미암아 세워진 천국이다.

그러나 사탄에게 속한 타락한 세상의 세력은 하나님이 통치하시는 왕국의 진입을 방관하지 않는다. 도리어 천국이 밀려들어오는 것을 방해하기 위해 더욱 적극적인 태도로 그 위에 강력한 공격을 퍼붓고 있다. 이는 창

56) 이광호, 요한계시록, 서울: 도서출판 깔뱅, 2009, 267-277 참조.

세기 3장 15절에 기록된 '여자의 후손' 으로 인한 심판에 연관된 하나님의 왕국과 사탄의 지배아래 있는 세상의 왕국(엡 2:2) 사이에 구체적인 전투가 시작되었음을 시사해주고 있다.

이 말씀은 아담이 사탄의 유혹으로 말미암아 범죄하고 난후 하나님께서 맨 처음 선언하셨던 거룩한 전투(Holy War)가 현실화되었음을 보여준다. 하나님께서는 자신이 창조한 아름다운 세계를 타락으로 몰아간 사악한 사탄의 세력을 응징하기 위해 '여자의 후손' 곧 메시아를 보내시리라는 사실을 강한 어조로 예언하셨던 것이다.

> "내가 너로 여자와 원수가 되게 하고 너의 후손도 여자의 후손과 원수가 되게 하리니 여자의 후손은 네 머리를 상하게 할 것이요 너는 그의 발꿈치를 상하게 할 것이니라"(창 3:15)

하나님께서 선언하신 '여자의 후손' 에 연관된 최초의 예언은 아담 이후 전개될 인류 역사의 근본적인 의미와 관련된다. 하나님을 배반함으로써 타락한 인간들이 즉시 영원한 파멸을 당하지 않고 종말의 때까지 세상에 존재해야 할 이유는 태초에 작정하신 하나님의 뜻을 회복하기 위한 것이었다. 따라서 인간의 역사는 메시아의 이름으로 이땅에 오시게 될 '여자의 후손' 을 떠나서는 아무런 의미가 발생할 수 없다.

구약시대에는 그에 관한 하나님의 그림자적인 사역이 진행되었다. 작정된 때가 이르자 하나님의 형상을 닮은 인간을 타락의 늪에 빠뜨린 사탄을 응징하고자 한 하나님의 예언이 세례자 요한의 선포를 통해 구체적으로 실행되기 시작했다. 그것은 인간역사의 중요한 핵심이므로 구약성경에는 메시아의 길을 예비할 자로서 세례자 요한에 관한 예언이 기록되어 있다. 그가 메시아의 길을 예비하기 위해 광야에서 천국의 도래를 외칠 것이 구약성경 가운데 이미 오래 전부터 예언되어 왔던 것이다.

"외치는 자의 소리여 가로되 너희는 광야에서 여호와의 길을 예비하라 사막에서 우리 하나님의 대로를 평탄케 하라" (사 40:3)

세례자 요한은 하나님께서 이스라엘 민족 가운데 특별히 보내신 구속사적인 인물이다. 그는 구약성경의 예언에 따라 황량한 광야에서 메시아의 오심을 외쳤다. 구약에 기록된 하나님의 말씀을 익히 알고 기억하던 경건한 성도들은 그의 사역을 통해 예언이 성취되고 있음을 보았다. 세례자 요한이 메시아를 선포함으로써 하나님의 왕국이 이스라엘 민족 가운데 강하게 밀려들어왔던 것이다. 그러므로 예수께서는 구약성경에서 다시 오리라고 예언된 엘리야가 바로 세례자 요한이라는 사실을 증거하셨다(마 11:14). 경건한 하나님의 자녀들이라면 그의 선포를 받아들이지 않을 수 없었다. 따라서 구약성경을 온전히 믿는 백성들은 하나님께서 특별히 보내신 세례자 요한의 메시아 선포를 받아들여야 했다.

3. 무감각하고 음란한 세대(16-19)

예수님 당시는 배도한 유대인들이 활개를 침으로써 무감각하고 음란한 세대가 되어 있었다. 그들은 세상에서의 자기 인생을 그럴듯하게 꾸미는 문제에 대해서는 깊은 관심을 기울였지만 예언된 하나님의 뜻이 이땅에 이루어지는 문제에 대해서는 무감각하기 그지없었다. 그러므로 하나님께서 보내신 메시아가 오셨음에도 불구하고 그들은 그에 대해 적극적인 반응을 보이지 않았다.

그러므로 예수께서는 '장터에 노는 아이들' 을 비유로 들어 말씀하셨다. 장터에 노는 아이들이 옆에 있는 또래 아이들을 향해 피리를 불며 즐거운 소리로 떠들어도 그들은 아무런 감흥이 없었으므로 춤추지 않았다. 또한 슬픔에 빠져 애곡하는 모습을 보여도 그에 대한 반응이 없었다. 그 아이들은 자기 속만 들여다 볼 뿐 주변에서 일어나는 일에 대해서는 아무런 관심을 기울이지 않았던 것이다.

예수님 당시 배도에 빠진 유대인들의 전반적인 상황이 마치 그와 유사했다. 거룩한 하나님의 아들이 피조물인 인간의 몸을 입고 이 세상에 오셨다는 반가운 소식을 전해도 그들은 무감각했으며, 그가 악한 무리에 의해 심한 박해를 받아 고통중에 빠지게 되어도 별 관심을 보이지 않았다. 그런 사람들은 곧 썩어 없어질 자기 욕망을 추구하는 데만 골몰하고 있었던 것이다. 하나님께서는 그런 어처구니없는 역사적 형편 가운데서 하나님 나라의 도래와 진리를 선포하셨다. 세례자 요한과 예수 그리스도를 통해 선포된 진리가 저들 가운데 드러나도록 하셨던 것이다. 하지만 어리석은 인간들은 그 진리를 받아들였던 것이 아니라 도리어 강하게 배척하며 모독했을 따름이다.

그들은 세례자 요한이 세상에 모습을 드러내며 먹고 마시지 않는 것을 보면서 귀신들린 것이라 조롱했다. 그 사람들은 요한이 광야에서 메뚜기와 석청을 먹고 생활하는 가운데 천국복음을 선포하는 것을 받아들이지 않았다. 또한 그들은 예수께서 자유롭게 먹고 마시는 것을 보고는 먹기를 탐하고 포도주를 즐기는 사람으로서 세리와 죄인의 친구라고 욕하며 배척했다. 자기 자신의 욕망에 몰두해 있던 인간들은 약속된 메시아가 오셨음에도 불구하고 관심을 기울이지 않았다. 악한 유대인들에게는 세례자 요한과 예수 그리스도의 선포를 받아들일 만한 참된 신앙이 없었던 것이다.

그러나 하나님으로 말미암는 참된 지혜를 소유한 백성들은 그렇지 않았다. 그들은 하나님과 그의 구원사역을 깨달아 알게 되며 하나님으로부터 그것을 인정받게 된다. 따라서 하나님의 몸된 교회에 속한 모든 성도들은 타락한 이 세상에서 발생한 지혜가 아니라 하나님께서 공급하시는 참된 지혜를 소유해야만 한다. 그로 말미암아 예수 그리스도와 더불어 임한 천국을 온전히 깨달아 소유하게 될 것이기 때문이다.

제21장
예수님의 권능과 하나님에 관한 지식

(마 11:20-30)

1. 하나님의 사역과 마지막 심판(20-24)

예수께서는 이스라엘 민족 가운데 많은 권능을 행하셨다. 그를 통해 다양한 이적들이 행해졌던 것은 하나님의 자녀들을 위한 메시아 선포였다. 따라서 계시된 하나님의 말씀을 믿던 성도들은 그 광경을 지켜보며 구약에 예언된 메시아 사역에 관한 기억을 했다.

그러나 예수님의 이적을 통해 메시아를 알아보지 못하는 사람들은 구약의 예언이 아니라 눈앞에 펼쳐지는 신기한 사건에 관심을 집중했다. 그렇게 되면 예수님이 하나님으로부터 온 메시아로 깨달아지는 대신 초자연적인 능력을 가진 '대단한' 인물로 인식될 따름이었다. 이에 대해서는 오늘날 우리 시대에도 그대로 적용된다.

초자연적인 체험을 통해 종교적 신앙을 가지려 하는 것은 매우 위험한 일이다. 더구나 예수님과 그의 사도들의 기적이 아니라 우리 시대의 종교인들을 통해 일어나는 기적을 보고 예수님을 믿으려 하는 것은 위험천만한 일이다. 일상적이지 않는 초자연적인 기적을 경험하면서 그것이 신이 살아있는 증거라고 믿는 것은 이방종교에도 존재한다. 개인적인 체험을 중시하는 어린 교인들이 다른 종교에서 더 크고 놀라운 기적이 발생하는 것을 보면 엄청난 혼란에 빠질 수밖에 없을 것이 분명하다.

우리는 악한 사탄도 기적들을 일으킬 수 있다는 사실을 기억해야 한다. 따라서 성도들은 그것이 하나님께서 행하시는 기적인지 아닌지 확인해야만 한다. 하지만 안타깝게도 우리 시대에는 일반적인 판단을 통해 그것을 쉽게 분별해 낼 수 있는 방법이 없다. 설령 기독교 내부에서 그런 기적이 일어난다 할지라도 그것이 과연 하나님으로 말미암는 것인지 분별하기 어렵다. 어쩌면 기독교를 앞세운 종교인들을 통해 나타나는 기적들마저 사탄으로 말미암는 것일 수 있다(마 7:21-23 참조).

이에 대해서는 구약시대 언약 백성들 가운데도 그대로 나타났던 양상이다. 이스라엘 민족에 속한 종교인으로서 사람들 앞에 선지자 노릇을 하며 예언하던 자들이 많은 이적異蹟과 기사奇事를 일으켰다. 하지만 그런 초자연적인 놀라운 능력이 눈앞에서 시행된다 할지라도 그것은 하나님이 아니라 사탄으로 인한 경우가 많았다. 그래서 모세는 그에 대해 매우 단호한 어조로 말했다.

> "너희 중에 선지자나 꿈꾸는 자가 일어나서 이적과 기사를 네게 보이고 그가 네게 말한 그 이적과 기사가 이루어지고 너희가 알지 못하던 다른 신들을 우리가 따라 섬기자고 말할지라도 너는 그 선지자나 꿈꾸는 자의 말을 청종하지 말라 이는 너희의 하나님 여호와께서 너희가 마음을 다하고 뜻을 다하여 너희의 하나님 여호와를 사랑하는 여부를 알려 하사 너희를 시험하심이니라" (신 13:1-3)

구약의 율법은 선지자나 꿈꾸는 자를 빙자하여 이적과 기사를 행하는 자들을 경계하도록 경고하고 있다. 그들은 참된 하나님이 아니라 인간들의 구미口味에 맞는 거짓 신사상을 내세우게 된다. 위 본문에 언급된 '너희가 알지 못하던 신들' 이란 성경에 계시된 하나님을 변형시킨 종교적 대상을 의미한다.

그런데 이 말씀에서 우리가 눈여겨보아야 할 점은 그 가운데 하나님의 심오한 의도가 담겨있다는 사실이다. 하나님께서는 그런 과정을 통해 자기 자녀들을 시험하시고자 하는 뜻을 가지고 계셨다. 즉 하나님께서는 자기 백성들이 거짓 종교인의 기적에 미혹되지 않고 그것을 분별해 냄으로써 전심으로 하나님을 섬기는 성숙한 신앙을 가지기 원하셨다.

이는 하나님께서 종교적인 욕망에 가득 찬 악한 자들을 통해 자기 자녀들을 더욱 강하게 하고자 하는 뜻을 가지고 계셨음을 말해준다. 따라서 성숙한 성도들은 그런 자들의 기적을 거부하고 따라가지 않을 뿐더러 연약한 성도들을 그로부터 보호해야 할 의무를 지닌다. 즉 그런 현상들이 난무하는 가운데서도 계시된 언약과 더불어 하나님에 대한 진정한 사랑을 드러내도록 해야만 한다.

그러나 예수님 당시 그와 가까이 있던 사람들 가운데 그를 제대로 알아보던 자들이 많지 않았다. 그들은 예수께서 구약성경에 기록된 예언을 성취하시기 위해 다양한 기적들을 베풀었으나 그에 대한 참 의미를 깨닫지 못했다. 가버나움과 벳새다를 비롯한 갈릴지 지역에 살고 있던 사람들은 두 눈으로 직접 예수님의 사역을 목격하면서도 그를 메시아로 영접하지 않았다.

예수께서는 이스라엘 백성들이 그다지 좋게 인정하지 않는 두로와 시돈 지역에서 그와 같은 이적을 행했더라면 차라리 더 많은 사람들이 그를 영접했을지도 모른다고 말씀하셨다. 그들은 형식적으로나마 베옷을 입고 재에 앉아 저들의 죄를 회개하고자 하는 마음을 가졌을 것이다. 이는 메시아에 대한 아무런 감동이 없는 갈릴리의 유대인들을 강하게 책망하는 소리였다.

그러면서 예수님은 저들을 향해 궁극적인 하나님의 심판에 관한 언급을 하셨다. 마지막 심판날이 되면 그들이 멸시하고 있는 두로와 시돈 사람들이 차라리 저들보다 더 견디기 쉬우리라는 것이었다. 그와 동시에 소돔과 고모라 성을 언급하시며, 갈릴리 지역에서 복음의 중심역할을 하고 있는 가버나움의 하늘을 찌를 것 같은 교만한 태도를 지적하셨다. 그 지역 사람들은 스스로의 악행을 돌아보지 못하는 상태에서 소돔과 고모라 성의 타락상을 지적하며 교만에 빠져 있었던 것이다.

하나님께서는 구약시대 소돔과 고모라 성을 무서운 불로 심판하셨다. 그곳 사람들은 약속의 땅 가나안 지역에 살고 있으면서 하나님을 경외하지 않았다. 그들은 자신의 더러운 욕망을 채우기에 급급했을 따름이다. 곧 멸망할 세상에 살아가면서도 세상의 것을 자랑하던 백성들은 하나님의 무서운 심판을 면할 수 없었던 것이다. 창세기에는 그때의 상황이 분명하게 기록되어 있다.

> "여호와께서 하늘 곧 여호와에게로서 유황과 불을 비 같이 소돔과 고모라에 내리사 그 성들과 온 들과 성에 거하는 모든 백성과 땅에 난 것을 다 엎어 멸하셨더라 롯의 아내는 뒤를 돌아 본고로 소금 기둥이 되었더라 아브라함이 그 아침에 일찌기 일어나 여호와의 앞에 섰던 곳에 이르러 소돔과 고모라와 그 온 들을 향하여 눈을 들어 연기가 옹기점 연기 같이 치밀음을 보았더라" (창 19:24-28)

하나님께서 아브라함을 보내 소돔과 고모라 성의 죄악을 경고하셨을 때 그곳 주민들은 회개하고 돌이켜야만 했다. 그러나 세상의 오염된 가치관에 빠진 인간들은 그에 대한 아무런 감각이 없었다. 창세기의 기록은 하나님을 멀리하고 회개를 거부하는 자들의 마지막을 분명히 보여주고 있다.

예수님 당시 그를 배척하던 갈릴리인들 역시 그와 마찬가지였다. 참된 성도들은 예수님의 다양한 이적들을 보고 메시아 사역을 입증하는 증거로 받아들여 그것을 통해 하나님의 언약을 깨달을 수 있었다. 하지만 배도에 빠진 인간들은 그 놀라운 사역을 보면서 그것들조차도 자기의 욕망의 방편으로 삼고자 했다. 그러므로 예수께서는 저들에게 무서운 심판을 선언하셨던 것이다.

이에 대해서는 오늘날 우리 시대 역시 그와 다르지 않다. 우리는 지금도 성경에 기록된 숱한 하나님의 이적들을 보고 있다. 예수께서 메시아인 자신을 이스라엘 민족 가운데 증거하시기 위해 얼마나 많은 이적들을 행하셨던가! 그것들이 오늘날 우리를 위해 성경에 그대로 기록되어 있다. 따라서 우리 역시 구약의 예언을 통해 예수 그리스도의 이적들을 보고 그 의미를 깨달을 수 있어야 한다.

그렇지만 어리석은 인간들은 예수께서 자기 백성들을 위해 행하신 사역의 진정한 의미를 올바르게 깨닫지 못하고 있다. 그들은 예수님의 이적 자체를 대단한 능력으로 판단하여 그것들을 자신의 종교적 욕망을 채우기 위한 방편으로 사용하고자 할 따름이다. 그런 자들은 설령 세상으로부터 훌륭한 종교인으로 인정받는다고 할지라도 하나님의 궁극적인 심판을 피할 수 없다.

2. 세상의 지혜와 하나님에 관한 지식(25-27)

죄에 빠진 인간들은 세상의 경험을 통해 누적한 세련된 이성을 곧 지혜라고 생각한다. 나아가 인간들은 본성적으로 체험에 따른 자기의 지혜에 의존하려는 경향이 있다. 다른 사람들과의 경쟁에서 승리를 쟁취하기 위해서는 그것이 필수적인 요건처럼 인식되어 있는 것이다. 그러한 정황을 잘 파악하고 있는 자들은 더 나은 지혜를 소유하기 위해 안간힘을 쓴다. 남다른 지혜를 획득하는 것이 경쟁사회를 살아가는 중요한 방편이 될 것으로 믿기 때문이다.

그러나 타락한 인간들의 지혜에는 태생적인 한계가 있다. 그것은 진정한 지혜라기보다 인간들의 이성에서 발생하는 얄팍한 꾀에 지나지 않는다. 따라서 아무리 지혜롭게 보이는 인간이라 할지라도 참된 지혜에 도달할 수 없다. 인간들에게서 생성된 지혜란 도리어 미련하고 어리석은 것일 따름이다.

사도 바울은 고린도 교회에 편지하면서 인간들의 지혜의 허망함에 대해 기록하고 있다. 사람들은 자기의 지혜를 자랑하면서 다른 사람들의 크게 보이는 지혜를 부러워하지만 그것으로 말미암는 진정한 의미는 없다. 하나님께서는 인간들이 숭상하는 세상의 지혜를 도리어 미련케 하고 계신다.

> "기록된 바 내가 지혜 있는 자들의 지혜를 멸하고 총명한 자들의 총명을 폐하리라 하였으니 지혜 있는 자가 어디 있느뇨 선비가 어디 있느뇨 이 세대에 변사가 어디 있느뇨 하나님께서 이 세상의 지혜를 미련케 하신 것이 아니뇨 하나님의 지혜에 있어서는 이 세상이 자기 지혜로 하나님을 알지 못하는 고로 하나님께서 전도의 미련한 것으로 믿는 자들을 구원하시기를 기뻐하셨도다" (고전 1:19-21)

세상에서 스스로 지혜롭다고 여기는 자들이 실상은 가장 어리석고 미련한 자들이다. 그런 자들은 자신의 지혜를 최고라 믿으며 참된 불변의 지혜에는 관심을 기울이지 않는다. 개인의 경험과 이성에 기초한 지혜에 의존하게 되면 진리를 차단하는 '지혜의 감옥' 에 갇혀버리게 된다.

조물주인 하나님과 피조물인 인간은 결코 비교할 수 없는 존재이다. 전지전능하신 하나님과 타락한 인간의 지혜를 비교한다는 것 자체가 어리석은 행동이다. 미련한 자들은 인간의 지혜로서 하나님의 지혜에 접근하고자 하지만 그것은 불가능한 일이다.

그러므로 하나님 앞에서 지혜롭지 못하며 미련하다고 생각하는 자들이 참된 지혜를 추구하게 된다. 많은 사람들이 세상을 살아가는 지혜가 전혀 없다고 판단하는 어린아이들이 오히려 더 지혜로울 수 있다. 아이들은 결코 스스로 지혜로운 자라 생각하지 않는다. 자기를 지혜롭지 않다고 여기는 자들이어야만 참된 지혜를 찾아 의존하려는 자세를 가질 수 있게 된다.

이처럼 하나님을 알아가는 지혜에 있어서도 그렇다. 세상의 경험과 이성을 가지고 스스로 지혜롭다고 믿는 어리석은 자들은 자기의 지혜를 통해 하나님을 판단하여 알아가고자 한다. 그렇지만 스스로 지혜롭지 못하다고 생각하는 자들은 참된 지혜를 소유한 하나님께 모든 것을 의지하게 된다. 따라서 시편기자는 아무것도 모르는 어린아이와 젖먹이의 입술을 통해 심판의 권능을 행하시는 하나님을 노래하고 있다.

> "여호와 우리 주여 주의 이름이 온 땅에 어찌 그리 아름다운지요 주의 영광을 하늘 위에 두셨나이다 주의 대적을 인하여 어린아이와 젖먹이의 입으로 말미암아 권능을 세우심이여 이는 원수와 보수자로 잠잠케 하려 하심이니이다" (시 8:1,2)

하나님께서는 결단코 인간의 지혜에 의존하지 않으신다. 도리어 하나님의 권능에 인간들이 자기 지혜를 보태려는 오만한 태도를 경멸하신다. 어린아이들과 젖먹이의 입술을 통해 하나님의 권능이 세워지고 복음이 선포된다는 것은 스스로 지혜롭다고 여기는 자들에 대한 심판을 의미하고 있다. 천국은 세상에서 지혜롭고 유능한 자가 아니라 그와는 정반대인 사람들을 통해 선포되며 받아들여지게 된다.

그러므로 하나님의 영원한 천국은 바로 그런 자들의 것이라 선언되고 있다. 인간들이 자기 욕망을 채우기 위해 세상의 지혜와 능력을 소유하려고 애쓰는 것은 어리석은 짓이다. 하물며 하나님의 교회에 속한 성도로서 그런 습성을 버리지 않는다면 천상의 나라가 아니라 세상으로 회귀하는 것에 지나지 않는다.

참된 지혜는 오직 예수 그리스도 안에만 존재한다. 그로 말미암는 지혜가 아니고는 결코 하나님을 알 수 있는 방법이 없다. 오직 십자가에 달리신 성자 예수 그리스도를 통해야만 성부 하나님을 볼 수 있다. 즉 우주만물과 인간을 창조하신 삼위일체 하나님과 그의 뜻을 깨닫기 위해서는 하나님께서 보내신 예수 그리스도를 아는 것은 필수적인 방편이 된다. 그래서 예수께서는 친히 그에 대한 말씀을 하셨다.

> "예수께서 가라사대 내가 곧 길이요 진리요 생명이니 나로 말미암지 않고는 아버지께로 올 자가 없느니라" (요 14:6);
> "Jesus saith unto him, I am the way, the truth, and the life: no man cometh unto the Father, but by me" (John 14:6)

예수께서는 자기가 곧 길(the way)과 진리(the truth)와 생명(the life)이라고 묘사하셨다. 이 말은 타락한 세상 어느 곳에서도 찾아볼 수 없는 절대적인 배타성을 지니고 있다. 즉 예수님 이외에는 어떠한 참된 길, 진리, 생명이 존재하지 않는다. 이는 일반적인 것들이 아니라 여호와 하나님을 알고 그에게 나아가는 것을 의미하고 있다. 즉 십자가에 달려 하나님의 제물로 바쳐진 예수 그리스도를 통하지 않고는 하나님을 알거나 나아갈 수 있는 방법이 없다.

이 모든 것들은 전적인 하나님의 은혜로 말미암는다. 즉 인간의 오염된 지혜가 아니라 하나님의 특별한 은총을 받은 자들만 성경에 계시된 하나님을 알게 된다. 이 말은 창세전에 작정하신 하나님의 선택과 예언에 직접 연관된 사실이다.

3. 피난처이신 예수 그리스도(28-30)

예수께서는 창세전에 택하신 자기 백성들을 자신의 통치 영역으로 불러

모으신다. 본문 가운데 '수고하고 무거운 짐진자들' (28)이란 '아담이 지은 죄의 멍에로 인해 신음하는 백성들' 을 의미한다. 이는 물론 죄책罪責을 요구하는 율법과 연관된다. 인간들이 영원한 생명을 회복하여 살아 갈 수 있는 유일한 방편은 예수 그리스도께 나아가는 길밖에 없다.

예수님은 자기에게 나아오는 모든 사람들을 쉬게 하시겠다는 약속을 하셨다. 하나님의 불가항력적인 은혜로 말미암아 예수 그리스도를 알게 된 자들은 필연적으로 그에게 나아가게 된다. 본문에 기록된 '쉼' (rest)은 하나님의 영광과 밀접하게 연관되어 있다. 하나님 안에서 누리는 진정한 '쉼' 은 하나님의 영광을 누리게 하는 것이다.

구약성경에는 이와 연관된 의미로서 '안식' (rest)에 대한 기록이 나타난다. 여기서 '쉼' 과 '안식' 은 동일한 의미를 지니고 있다. 하나님께서는 태초에 천지만물과 자신의 형상을 닮은 인간을 창조하신 후 일곱째 날에 안식하셨다.

> "하나님이 일곱째 날을 복 주사 거룩하게 하셨으니 이는 하나님이 그 창조하시며 만드시던 모든 일을 마치시고 이 날에 안식하셨음이더라" (창 2:3);
> "And God blessed the seventh day, and sanctified it: because that in it he had rested from all his work which God created and made" (Gen. 2:3)

하나님께서는 천지만물을 비롯한 모든 창조사역을 마친 후 안식하셨다. 이는 자신의 사역으로 인해 만족하시며 영광을 입으시는 하나님을 보여준다. 인간이 타락하기 전 하나님은 피조세계를 기뻐하셨으며 그로부터 영광을 받으셨던 것이다.

그러나 아담이 범죄한 이후 피조세계에 심각한 문제가 발생했다. 하나님의 형상을 닮아 그의 영광에 참여했던 인간들이 사탄의 유혹으로 인해 범죄함으로써 모든 것이 하나님으로부터 단절되었기 때문이다. 따라서 인간들은 더 이상 하나님의 영광의 자리에 참여할 수 없게 되어 버렸다.

하지만 창세전에 이루어진 하나님의 약속에 따라 예수 그리스도께서 구원사역을 이룩함으로써 선택받은 백성들은 영광을 회복하게 되었다. 하나님의 자녀들은 이제 예수님께 예속된 새로운 피조물이 되었던 것이다. 따라서 하나님의 자녀가 된 백성들은 사탄의 멍에가 아닌 예수 그리스도의 새로운 멍에를 메게 되었다.

예수님은 악한 사탄과 달라서 자기 자녀들에게 온유하며 겸손하신 분이다. 그가 자신의 멍에를 메라고 말씀하신 것은 사탄으로부터 자유롭게 되어 자기에게 속한 자가 됨을 의미하고 있다. 그 멍에는 사탄의 것과는 본질적으로 달랐다. 하나님의 자녀들은 그를 통해 영원한 진리를 배움으로써 그의 영광에 참여할 수 있게 된다.

동시에 우리는 예수님의 말씀 가운데 세상에서 고통당할 성도들을 하나님께서 친히 보호하시리라는 약속을 하고 계시는 것을 본다. 이는 그가 지상에 있는 성도들을 위한 피난처가 되실 것을 의미한다. 죄악의 영역으로 유혹했던 하나님의 자녀들을 다시 되돌려주게 된 사탄은 이 세상이 존재하는 동안 그들을 더욱 괴롭힐 것이 분명하다.

그러므로 그 백성들에게는 진정한 피난처가 필요하다. 예수님은 자기에게 나아오는 성도들을 악한 세상 가운데서 안전하게 보호하신다. 신실한 하나님께서는 결코 자기 자녀들을 위험한 자리에 끝까지 방치하시지 않는다.

이에 대해서는 구약성경에서도 그대로 약속되어 있다. 구약에는 여호와 하나님이 성도들의 온전한 피난처가 되신다는 사실이 여러 곳에 나타난다. 특히 시편을 통해 그에 관한 노래들이 많이 불려졌다. 하나님이 보증이 되시는 그 위로의 노래가 이스라엘 백성들에게 진정한 소망이 되었다.

"지존자의 은밀한 곳에 거하는 자는 전능하신 자의 그늘 아래 거하리로다 내가 여호와를 가리켜 말하기를 저는 나의 피난처요 나의 요새요 나의 의뢰하는 하나님이라 하리니 이는 저가 너를 새 사냥꾼의 올무에서와 극한 염병에서 건지실 것임이로다"(시 91:1-3)

타락한 세상은 더러운 악으로 넘쳐난다. 하나님의 자녀들은 그 가운데 살아가면서 험난한 고통에 빠질 수밖에 없다. 세상을 등진 성도들에게는 하나님만이 진정한 피난처와 요새가 될 수 있다. 이는 구약시대뿐 아니라 신약시대 역시 마찬가지다. 예수께서는 사탄의 멍에 아래 억눌려 수고하고 무거운 짐을 진 자들을 부르시면서 자기가 구약의 율법을 통해 예언된 메시아라는 사실을 선포하셨다.

오늘날 우리는 구세주이신 예수 그리스도께 나아와 그에게 피신한 자들이다. 그 가운데서 무거운 짐을 벗어버리고 하나님의 놀라운 영광을 보며 그 의미에 참여하게 된다. 사탄의 악한 세력에서 벗어난 성도들은 세상의 욕망으로부터 형성된 왜곡된 가치관을 버리고 기록된 말씀을 통해 온전히 배움으로써 기쁘고 감사한 마음으로 살아가야 한다.

제22장
안식일의 주인이신 예수 그리스도

(마 12:1-21)

1. 율법과 안식일(1,2)

구약시대의 이스라엘 민족은 철저하게 율법을 지키려고 했다. 율법주의자들은 그것이 곧 하나님께 나아가는 방편이 되는 것으로 생각하고 있었다. 그럼에도 불구하고 그들이 하나님의 율법을 온전히 지키는 것은 불가능한 일이었다.

예수님 당시는 구약과 신약의 중첩기라 할 수 있다. 예수께서 십자가 사역을 완성하신 후, AD 70년 예루살렘 성전이 파괴됨으로써 아브라함과 다윗의 성전 언약이 완성되기까지 신약시대의 성도들에게는 여전히 율법이 부분적으로 적용되고 있었다.[57)]

그러므로 율법의 진정한 의미를 깨닫지 못한 채 그에 충실하려고 애쓰던 유대인들은 예수님과 그의 제자들의 율법에 대한 해석과 적용을 올바

57) 아브라함 언약과 다윗 언약의 핵심에는 예루살렘에 있는 하나님의 성소(聖所)가 자리잡고 있었다. 그에 관련된 언약이 예수님의 십자가 사역과 AD 70년 예루살렘 성전 파괴로 인해 완성되었다. 우리가 여기서 주의를 기울여야 할 바는, 예수님의 십자가 사역과 오순절 성령강림사건 이후에도 성도들은 날마다 성전(Jerusalem Temple)에 모이기를 힘썼으며(행 2:46), 사도들이 정해진 기도시간에 성전에 올라갔다는 사실이다(행 3:1). 또한 우리는 예루살렘 공의회의 요청에 의해 사도 바울이 성전에서 정결례를 행함으로써 율법을 지켰던 사실을 기억해야 한다(행 21:22-26 참조).

르게 이해할 수 없었다. 그런 가운데 예수님의 제자들이 어느 안식일 날 밀밭 사이의 길을 가다가 이삭을 따 먹었다. 그 상황을 목격한 바리새인들은 저들의 스승인 예수님께 따져 물었다. 왜 그의 제자들이 안식일 날 밀이삭을 잘라 먹느냐는 것이었다.

마태복음 12장 본문에 기록된 '안식일에 관한 논쟁'은 앞의 11장에 언급된 "수고하고 무거운 짐진 자들아 다 내게로 오라 내가 너희를 쉬게 하리라"(마 11:28)는 주님의 말씀을 배경으로 하고 있다. 예수께서는 이 사건과 해석을 통해 진정한 안식의 의미를 선포하셨던 것이다.

우리는 여기서 잠시 이에 대한 율법의 의미를 주의 깊게 살펴 볼 필요가 있다. 즉 제자들이 다른 사람의 밀밭에서 주인의 허락 없이 밀 이삭을 잘라먹는 행위에 관한 문제이다. 오늘날 우리의 일반적인 관점에서 본다면 이것이 마치 주인 몰래 남의 밀밭에 들어가 이삭을 따먹는 파렴치한 행동처럼 여겨질 수도 있다.

그러나 당시 이스라엘 백성들이 남의 농장에서 열매를 따먹는 것은 불법이 아니라 자연스런 행동이었다. 구약의 율법에는 다른 사람이 경작하는 밭에서 열매를 따먹는 것을 허용하고 있었다. 즉 그것은 도적질하는 것이 아니었다. 모세 율법은 그에 대해 명시적으로 기록하고 있다.

> "네 이웃의 포도원에 들어갈 때에 마음대로 그 포도를 배불리 먹어도 가하니라 그러나 그릇에 담지 말 것이요 네 이웃의 곡식밭에 들어갈 때에 네가 손으로 그 이삭을 따도 가하니라 그러나 네 이웃의 곡식밭에 낫을 대지 말지니라"(신 23:24,25)

이처럼 구약의 율법은 어떤 사람이 배고픔을 면하기 위해 다른 사람의 농장에서 열매를 따먹는 것을 허용했다. 그것이 비록 여러 사람에 의해 행해지더라도 용납되었다. 그러나 남의 밭에 들어가 열매를 그릇에 담아 나오거나 곡식을 수확하듯이 낫을 대어 자르는 것은 금지되었다. 그것은 율법을 어기는 범법행위였다.

남의 포도밭에 들어가 열매를 그릇에 담아오는 행위와 다른 사람의 밀밭에 낫을 가지고 들어가 곡식을 자르는 행위는 단순히 배고픔을 면하기 위한 것이 아니라 이웃이 땀 흘려 농사지은 곡식을 자신의 이득으로 취하려는 악한 행동이다. 그것은 남의 물건을 훔치는 것과 전혀 다를 바 없다. 그러나 손으로 열매를 따먹는 것은 그와 성격이 다르다. 이러한 구약의 율법 규정은 언약의 자손들의 생존에 연관되는 중요한 교훈을 주고 있다.

이와 같은 원리는 오늘날 교회 가운데도 그대로 적용되어야 할 정신이다. 지상교회에 속한 성도들은 다른 이웃의 생존에 연관된 문제에 대해 자기의 것을 어느 정도 개방해야 할 의무가 있다. 이는 그렇게 하는 것이 좋다는 일반 윤리적인 의미가 아니라 그렇게 하지 않으면 안 된다는 뜻으로 받아들여야 한다. 물론 방법적인 측면에서 구체적으로 어떻게 해야 할지에 대한 문제는 차치하고서라도 교회와 성도들이 그와 같은 정신을 유지하는 것은 중요하지 않을 수 없다.

하여튼 당시 바리새인들은 예수님의 제자들이 남의 밀밭에서 이삭을 따먹는 것을 보고 저들의 행위 자체에 대해서는 책망하지 않았던 것이 분명하다. 단지 문제가 되었던 것은 안식일 날 그 행위를 했다는 것이다. 율법주의에 빠진 유대인들은 이스라엘 민족에 속한 백성으로서 안식일 날 그렇게 하는 것은 하나님의 법을 범하는 것으로 간주했다. 즉 그들이 구약의 율법을 어김으로써 하나님을 욕되게 했다는 것이다. 이는 그들이 율법의 완성을 위해 이땅에 오신 예수님에 대해 올바르게 알지 못했기 때문에 발생한 문제였다.

2. 안식일의 의미(3-8)

예수께서는 바리새인들의 악의에 찬 말을 듣고 구약시대의 한 예를 들어 말씀하셨다. 다윗과 그의 동료들이 배가 고파 허기에 빠져있을 때 저들에게 특별히 허용된 음식에 관련된 내용이었다. 이는 율법의 해석과 적용에 관한 말씀을 하시기 위해서였다.

구약성경 사무엘서에는 사울 왕의 위협을 피해 도망을 다니던 다윗에 관한 기록이 나타난다. 다윗은 다른 동료들과 함께 피신해 다니다가 놉(Nob) 지역에 있는 제사장 아히멜렉(Ahimelech)에게 갔다. 아히멜렉은 자기를 찾아온 다윗을 영접하기는 했지만 사울 왕을 두려워하지 않을 수 없었다.

음식을 먹지 못해 굶주린 다윗은 제사장에게 자기와 동료들이 먹을 만한 음식을 달라는 부탁을 했다. 그러나 그에게는 다윗에게 줄 만한 일반 식량이 없었다. 그 대신 하나님의 성소에 바쳐졌던 거룩한 떡만 조금 있었을 따름이다. 그런 제사장 아히멜렉에게 다윗이 음식에 대한 간청을 했던 것이다.

> "당신의 수중에 무엇이 있나이까 떡 다섯 덩이나 무엇이나 있는 대로 내 손에 주소서 하니 ... 제사장이 그 거룩한 떡을 주었으니 거기는 진설병 곧 여호와 앞에서 물려 낸 떡밖에 없었음이라 이 떡은 더운 떡을 드리는 날에 물려 낸 것이더라" (삼상 21:2-6)

아히멜렉이 다윗에게 주어 그와 동료들로 하여금 먹게 한 음식은 새로운 떡을 성소에 진설하고 난 후 그곳에서 물려내 온 떡이었다. 거룩한 하나님의 성소에서 사용되었던 떡은 아무나 먹을 수 없었다. 그것은 율법 준수와 연관되는 매우 중요한 원칙이었다. 하지만 다윗과 그의 동료들은 제사장들만 먹을 수 있는 그 거룩한 떡을 받아먹었다.

그런데 여기서 우리가 관심을 가지고 생각해 보아야 할 점은 아히멜렉이 제사장들만 먹을 수 있는 거룩한 떡을 제사장이 아닌 다윗이 먹도록 주었다는 사실이다. 이는 문자적으로 볼 때 율법에 저촉된다. 그럼에도 불구하고 제사장이 그에게 그 거룩한 떡을 준 이유가 무엇이었을까?

아히멜렉이 그렇게 했던 것은 나중 다윗이 이스라엘의 왕이 되어 메시아의 혈통을 이을 자라는 사실 때문이었다. 설령 아히멜렉이 메시아에 연관된 사실을 정확하게 인식하지 못했을지라도 그것을 통해 하나님의 경륜이 드러나고 있다. 이는 율법의 형식보다 본질이 중요하다는 사실을 말해주고 있다. 물론 그에 대한 해석과 적용은 개별적인 판단이 아니라 하나님의 특별한 섭리 가운데서만 이루어지게 된다.

그리고 예수께서는 다윗이 성소에 바쳐진 떡을 먹었던 사건과 더불어 구약시대의 제사장들이 안식일 날 저들의 직무를 수행했던 사실에 대해 말씀하셨다. 성전에서 수종드는 제사장들은 안식일이라 해서 아무 직무도 수행하지 않았던 것이 아니다. 그들은 안식일에도 율법에 기록된 규례에 따라 성전에서 다양한 형태의 제물을 바치는 일을 감당했다. 즉 제사장들은 도리어 안식일 날 마땅히 행해야 할 제사장 사역을 행하도록 하나님으로부터 명령받고 있었던 것이다.

> "안식일에는 일 년 되고 흠 없는 숫양 두 마리와 고운 가루 십 분의 이에 기름 섞은 소제와 그 전제를 드릴 것이니 이는 상번제와 그 전제 외에 매 안식일의 번제니라" (민 28:9,10)

구약의 율법은 형식 자체에 절대적인 가치가 부여된 것이 아니었으며 경직되게 획일적으로 적용되지 않았다. 그 가운데는 본질에 해당하는 메시아 예언이 자리잡고 있었기 때문이다. 예수께서는 자기 제자들이 안식일 날 밀 이삭을 잘라 먹은 일을 두고 구약시대의 다윗이 성소 음식을 먹은 역사적 사건과 더불어 안식일 날 수행되는 제사장들의 성전 사역을 배경으로 그 당위성을 설명하셨다.

그러면서 예수께서는 자신이 성전보다 더 큰 존재라는 사실을 언급했다. 이 말은 하나님의 성소에 바쳐진 거룩한 음식을 먹는 것이 율법을 초월하여 다윗에게 허락되었듯이 참 성전인 자기와 함께하는 제자들이 안식일 날 밀 이삭을 잘라 음식으로 먹은 것이 율법을 어긴 것이 아니라는 것이었다.

성경은 형식적인 율법준수 자체에 본질적인 의미를 두지 않는다. 이 세상에 하나님의 율법을 완벽하게 지킬 수 있는 자는 아무도 없다. 성도들은 그것을 통해 거룩하신 하나님의 뜻을 알게 되며 죄악에 가득 찬 인간의 모습을 보게 된다.

이스라엘 백성들에게 하나님의 율법이 주어진 것은 이땅에 오실 메시아와 연관되어 있다. 하지만 타락한 인간들은 스스로 그에 대한 진정한 의미를 깨닫지 못했다. 그러므로 하나님께서는 호세아 선지자를 통해 자기는 형식적인 제사행위가 아니라 신앙의 본질에 해당하는 인애仁愛를 원하며 하나님을 온전히 아는 지식을 소유하기를 바란다는 사실을 언급하셨다.

> "나는 인애를 원하고 제사를 원치 아니하며 번제보다 하나님을 아는 것을 원하노라" (호 6:6)

예수께서는 율법의 진정한 의미를 알지 못하고 있던 바리새인들에게 구약에 기록된 이 내용을 인용하며 사랑과 은혜를 원하시는 하나님에 대해 말씀하셨다. 따라서 모든 성도들은 성경의 교훈을 좇아 하나님과 그의 뜻을 올바르게 깨달아야 한다. 우리 시대의 성도들 역시 구약의 율법과 신약의 계명들을 통해 예수 그리스도에 대한 온전한 깨달음을 소유하지 않으면 안 된다.

그러므로 예수님은 자기가 율법에 명시된 '안식일의 주인' 이라는 사실을 밝히셨다. 이는 물론 자신이 곧 성전이라고 표현하신 사실과 직접 연관되어 있다(요 2:19-21). 즉 제자들이 안식일 날 행한 일을 두고 구약의 안식일과 성전 제사에 관한 언급을 하시며 자기가 하나님의 보냄을 받은 메시아라는 사실을 선포하셨다. 만일 유대인들이 구약성경의 가르침을 올바르게 깨달았더라면 안식일 날 밀 이삭을 따먹은 제자들을 빗대어 그런 식으로 예수님을 정죄하지 않았을 것이다.

3. 안식일에 병을 고치신 예수님(9-13)

예수께서는 그후 거기를 떠나 유대인 회당에 들어가셨다. 그곳에는 성경에 기록된 하나님의 율법을 듣고자 하는 사람들이 많이 모여 있었다. 물론 거기에는 다양한 기적을 일으킨다는 소문이 자자한 예수님이 오신다는 소문을 듣고 그것을 보기 위해 더 많은 사람들이 몰려들었을 것이다.

그때 회당에는 질병으로 인해 한쪽 손이 오그라들어 몸이 불편한 환자도 끼어 있었다. 그것을 본 배도에 빠진 유대인들이 예수님을 당국에 고발할 목적으로 올무를 놓고자 하여 그에게 질문했다. 안식일에 질병을 고치는 것이 옳으냐는 것이었다. 만일 예수님이 그렇다고 답변하시면 곧바로 고발할 태세였다.

예수님을 시험하던 유대인들은 예수님이 어떻게 반응하실지 충분히 짐작하고 있는 상태였다. 그 상황을 파악하신 예수님은 저들에게 만일 안식일 날 양 한 마리가 구덩이에 빠지게 되면 주인이 그 양을 건져내지 않겠느냐고 반문하셨다. 주인이 자신의 양을 그곳에서 건져내는 것은 지극히 당연하다는 의미였다. 그러면서 양보다 훨씬 소중한 사람에게 안식일 날 선행을 행하는 것은 지극히 당연하지 않느냐고 말씀하셨다.

그 말씀을 마치신 후 예수께서는 옆에 있던 손이 오그라든 사람을 불러 치유해 주셨다. 그에게 불편한 손을 내밀라고 하시면서 그의 오그라진 손을 성하게 고치셨던 것이다. 그러자 그 사람은 아픈 손을 치유받아 건강한 모습을 회복하게 되었다.

안식일 날 병자를 치유하신 사건은 예루살렘의 종교인들을 향한 질책과도 같은 기능을 했다. 그들은 율법책을 가까이 두고 율법을 준수한다고 하면서도 정작 율법의 진정한 의미에 대해서는 무지하기 그지없었다. 따라서 유대인 지도계층에 있던 자들은 그와 같은 행위를 하시는 예수님을 용납하지 못했다.

예수께서는 안식일 날 유대인의 회당에서 질병을 치유하시는 사건을 통해 자신과 연관된 안식일의 진정한 의미를 선포하시고자 했다. 구약의 안식일은 단순히 노동을 중단하는 것 자체에 근본적인 의미가 있는 것이 아니었다. 매주 어김없이 돌아오는 그날에는 나약한 인간의 능력이 아니라 전능하신 하나님의 능력이 거룩한 성전을 통해 저들 가운데 드러나야 한다는 사실이 내포되어 있었다.

4. 바리새인들의 저항과 예수님의 메시아 경계(14-21)

배노에 빠신 바리새인들은 예수께서 안식일 날 병자를 고치신 것을 두고 매우 못마땅하게 생각했다. 더군다나 그가 다른 곳도 아닌 유대인의 회당에서 안식일 날 그렇게 했다는 사실은 저들을 더욱 분노하게 했을 것이 틀림없다. 그러므로 유대인들은 율법을 이긴 예수님을 죽이기 위해 모의하게 되었다.

그들의 모의사실을 아시는 예수님은 오래 머물지 않고 거기를 떠나셨다. 그러자 많은 사람들이 그의 뒤를 좇았다. 그는 자기에게 몰려든 환자들의 다양한 질병들을 고쳐주셨다. 그리고는 다른 사람들에게 자기가 행한 일을 발설하지 말도록 경계하셨다. 그가 그렇게 하셨던 까닭은 자기를 오해하는 자들이 많았기 때문이다.

즉 백성들 가운데는 기적을 행하시는 예수님의 사역을 보고 그를 하나님이 보내신 메시아로 받아들인 것이 아니라 초자연적인 기적을 일으키는 특별한 사람 정도로 여기는 자들이 많았다. 하지만 예수께서는 메시아로서 진리를 배척하는 배도자들을 심판하시고 이방인들에게 복음을 선포하시게 된다. 그 과정에서 유대인들로부터 많은 저항이 따를 수밖에 없다.

그런 정황 중에 시행되는 예수님의 모든 행적은 구약성경의 예언이 성취되어 가는 과정을 보여주고 있다. 그러므로 예수께서는 이사야 선지자의 예언을 그대로 인용하며 메시아인 자신에 관한 말씀을 하셨다.

> "내가 붙드는 나의 종, 내 마음에 기뻐하는 나의 택한 사람을 보라 내가 나의 신을 그에게 주었은즉 그가 이방에 공의를 베풀리라 그는 외치지 아니하며 목소리를 높이지 아니하며 그 소리로 거리에 들리게 아니하며 상한 갈대를 꺾지 아니하며 꺼져가는 등불을 끄지 아니하고 진리로 공의를 베풀 것이며 그는 쇠하지 아니하며 낙담하지 아니하고 세상에 공의를 세우기에 이르리니 섬들이 그 교훈을 앙망하리라" (사 42:1-4)

이사야 선지자는 이미 오래전에 앞으로 하나님께서 세상에 보내시게 될 메시아 사역에 관한 예언을 했다. 그는 이 세상에 와서 하나님의 능력에 따라 공의를 베푸실 분이다. 오실 메시아는 헛된 말과 큰 소리로 떠들면서 사람들을 선동하지 않는다. 또한 그는 결코 힘없고 나약한 자들을 멸시하는 분이 아니다.

이땅에 오실 메시아는 말로써 큰 소리를 치는 분이 아니므로 일부러 거리에 있는 사람들의 주의를 끌고자 하시지 않는다. 또한 보잘것없어 보이는 상한 갈대를 꺾지 않으며 꺼져가는 등불을 끄시는 분이 아니다. 그는 외형에 치중해 억지를 부리지 않을 뿐더러 소외된 백성들을 멸시하시지 않는다.

그 메시아는 백성들 가운데 진리로 하나님의 공의를 베푸실 것이며 배도의 길에 들어선 악한 자들의 다양한 저항에도 불구하고 낙담하지 않고 공의를 세우시게 된다. 이사야 선지자는 메시아로 말미암는 사역이 임하게 되면 '섬들이' 그의 교훈을 앙망하리라고 말했다. 예수께서는 이 예언을 메시아 선포로 말미암아 '이방인들이' 하나님을 섬기게 되리라는 의미로 말씀하셨다(21).

이 말은 배도에 빠진 유대인들이 하나님을 버리게 됨으로써 그 대신 이방인들이 언약의 자리를 차지하게 될 것을 의미하고 있다. 나아가 예수께서는 이 말씀이 하나님의 뜻을 멸시하는 배도자들에 대한 심판이 완료될 때까지 자신의 사역이 진행될 것에 연관되어 있음을 말씀하셨다. 이는 정통 유대인들에게는 매우 자존심 상하는 말이었을 것이 분명하다. 특히 자만심이 극에 달해있던 예루살렘의 종교지도자들에게는 여간 충격적인 발언이 아닐 수 없었다. 이제껏 하나님이 택하신 언약 백성들을 그런 식으로 격하하며 모독하는 경우는 없었기 때문이다.

그러나 예수께서는 이사야 선지자의 예언을 구체적으로 언급하시면서 그에 대한 선포를 하셨다. 이로 말미암아 하나님의 구속사역은 역사 가운데 진척되어 갔다. 나아가 유대인들과는 점차 적대관계가 심화되었다. 우리는 이를 통해 창세전에 택하신 자기 자녀들을 구원하시고자 하는 하나님의 놀라운 섭리와 경륜을 볼 수 있어야 한다.

제23장
메시아에 대한 상반된 태도
(마 12:22-50)

1. 메시아에 대한 관심(22,23)

예수께서 다양한 질병에 걸린 환자들을 고치셨으나 이스라엘 민족의 지도계층 사람들은 대개 그 본질적인 의미를 알지 못했다. 그들은 이적들을 보며 예수님을 메시아로 받아들이기는커녕 도리어 적극적인 비방을 퍼부었다. 그에 반해 일반 백성들 가운데서 그를 하나님께서 보내신 메시아로 알아보는 자들이 더 많았다.

그런 형편 가운데 어떤 사람들이 귀신 들려 눈멀고 벙어리가 된 자를 예수님 앞으로 데리고 왔다. 그 사람을 불쌍히 여긴 예수께서는 그로부터 더러운 귀신을 쫓아내고 치유해 주셨다. 그리하여 말문이 막혀 벙어리가 되고 앞을 보지 못하던 그 사람이 말을 하며 앞을 볼 수 있게 되었다.

예수께서 행하신 그 사역의 근본적인 목적은 무엇이었으며 과연 누구를 위한 것이었을까? 물론 그로 말미암아 일차적인 혜택을 입은 사람은 치유를 받은 당사자였다. 하지만 그 사건을 보고 놀란 거기에 모여 있던 무리가 보다 큰 실질적인 하나님의 은혜를 입었다. 그들은 예수님의 치유사역을 보며 그가 곧 구약성경에서 예언한 메시아라는 사실을 깨닫게 되었기 때문이다. 그들은 예수님을 구약에서 약속한 '다윗의 자손' 임을 고백했던 것이다.

이에 대해서는 오늘날 우리 역시 마찬가지다. 우리는 성경에 기록된 예수님의 특별한 사역을 보며 그가 메시아라는 사실을 깨닫게 된다. 이런 차원에서 볼 때 예수께서 귀신을 쫓아내고 질병을 치유하신 것은 오늘날 우리를 위해서였으며 우리 역시 그 사건으로 말미암아 직접적인 혜택을 입고 있다.

성경에 기록된 '다윗의 자손' 이라는 어휘는 단순한 혈통을 지칭하는 것이 아니라 패망한 다윗왕국의 왕위를 계승할 자라는 의미를 지니고 있다. 솔로몬 왕 이후 다윗왕국이 남북으로 분열되었다. 이스라엘 민족이 분열된 것은 하나님의 뜻을 멀리하는 자들의 악한 태도에 대한 경고와 심판의 의미를 지니고 있었다.

그런 역사적인 배경 가운데 남쪽 유다 왕국의 통치자가 된 아비야(Abijah) 왕은 후일 '다윗의 자손' 이 이스라엘을 영원히 다스리게 될 사실에 연관된 예언을 하고 있다. 그는 영원토록 변치 않는 '소금 언약' 을 언급하며 다윗의 자손들을 통해 영원한 통치가 이루어질 것에 관한 예언을 했던 것이다.

> "이스라엘 하나님 여호와께서 소금 언약으로 이스라엘 나라를 영원히 다윗과 그 자손들에게 주신 것을 너희가 알 것이 아니냐" (대하 13:5)

이스라엘 왕국이 남북으로 분열되어 혼란을 거듭할 때 경건한 이스라엘 백성들은 영원한 왕국에 관한 이 예언대로 다윗의 왕위를 잇는 자손들이 강력한 왕국을 일으켜 세우기를 갈망했다. BC 586년, 신 바벨론 제국의 느부갓네살에 의해 다윗 왕조가 무너진 다음에도 언약 백성들은 그 소금 언약을 기억하고 있었다. 하나님께서 '다윗의 자손' 을 보내 멸망한 왕국을 일으켜 계승하게 되리라는 사실을 믿었던 것이다.

따라서 예수님의 사역을 목격한 백성들 가운데 하나님의 약속을 온전히 기다리던 경건한 사람들은, 그가 행하시는 일들을 보며 그 놀라운 이적들은 하나님께서 보내신 메시아가 아니면 결코 행할 수 없는 표적으로 받아들였다. 그들이 예수님을 '다윗의 자손'이라 말했던 것은 그가 다윗 왕을 계승하는 왕위에 오를 인물이라는 사실을 인정하는 것이었다. 이는 바벨론 제국에 의해 패망당한 다윗왕국이 메시아로 말미암아 회복될 것에 대한 의미를 지니고 있다.

2. 바리새인들의 메시아 모독과 예수님의 응대(24-37)

(1) 초월적 능력에 대한 바리새인들의 생각

예수께서 다양한 이적들을 행한다는 소문을 들은 바리새인들은 크게 놀라지 않을 수 없었다. 하지만 그들은 그것이 하나님으로 말미암는 것이라는 생각을 하지 않았다. 도리어 그가 사탄을 힘입어 여러 형태의 기적들을 일으키는 것으로 규정했다. 그것은 거룩하신 하나님을 모독하는 악한 일이었다.

예수께서는 저들의 사악한 생각을 아시고 그에 대한 비유를 말씀하셨다. 어느 국가나 동네 혹은 집이 스스로 갈라져 내분이 일어나 서로간 싸우게 되면 지탱할 수 없게 된다는 일반적인 원리에 관한 언급이었다. 그것을 통해 자신을 사탄에 연관지어 모독하는 자들에게, 사탄의 세력이 자기 세력 아래 있는 자를 쫓아낸다는 것은 자기들끼리 싸운다는 의미와 같다는 점을 강조하셨다.

만일 저들의 주장대로 예수께서 귀신의 왕인 바알세불(Baalzebul)의 힘을 빌려 귀신을 쫓아낸다고 가정하면, 유대민족 가운데 있는 종교인들은 누구의 세력을 힘입어 귀신을 쫓아내게 되는 것이냐고 반문했다. 이 말씀은 이스라엘 민족 가운데 참된 종교지도자들을 염두에 둔 것이었다.

저들이 존경하는 바로 그 사람들이 지금 바알세불을 힘입어 기적을 행한다고 예수님을 모독하는 자들을 판단하게 된다. 즉 예수께서 설령 그들을 직접 판단하시지 않는다고 해도 저들이 악한 자들의 배도행위를 심판하게 된다는 것이었다. 이는 거룩한 하나님을 모독하는 유대인들의 악한 생각을 책망하는 주님의 말씀이다.

(2) 성령의 능력과 하나님 나라

예수께서는 사람들을 괴롭히는 사탄에게 속한 더러운 귀신들을 성령 하나님의 능력을 힘입어 쫓아내셨다. 이는 그의 모든 이적이 삼위일체 하나님의 사역이라는 사실을 말해주고 있다. 하지만 배도에 빠진 어리석은 유대인들은 그 사실을 깨닫지 못하고 도리어 주님을 모독하기에 열중했다.

그러므로 예수께서는 자기가 하나님의 성령을 힘입어 귀신을 쫓아내는 것이라면, '하나님 나라' 가 이미 저희 가운데 임했다는 사실을 선포하셨다(마 12:28). 이는 하나님의 심판이 세상 가운데 임함으로 인해 사탄의 세력과 싸움이 전개되고 있음을 의미한다. 즉 처음 사람 아담을 유혹해 파멸에 빠뜨린 사탄의 세력을 응징하기 위한 하나님의 구체적인 역사가 시작되었다.

하나님 나라의 도래에 대해서는 "회개하라 천국이 가까웠느니라" 고 말한 세례자 요한과 예수님의 말씀을 통해 이미 선포된 바였다. 예수님은 더러운 귀신을 쫓아내는 사역에 연관하여 비유의 말씀을 주셨다. 악한 강도들도 다른 사람의 집에 들어가 재물을 빼앗기 위해서는 먼저 주인의 힘을 제어한 후에 그렇게 한다는 것이었다. 즉 하나님을 알지 못하는 인간들도 목적을 이루기 위해 그렇게 하는 것이 기본적인 절차라 할 수 있다.

이와 마찬가지로 지혜로우신 하나님께서는 사탄의 세력을 진멸하시기 위해 먼저 그에게 속한 귀신의 세력을 제어하셨다. 그렇게 함으로써 저들이 불법적으로 장악하고 있는 하나님의 자녀들을 구원해 내시고자 했다. 예수께서는 사탄의 통치를 받는 귀신들을 쫓아내심으로써 사탄을 응징하고자 하는 자신의 의지를 보여주셨다.

따라서 예수님의 말씀에 순종하지 않는 자들은 그에게 저항하는 것과 마찬가지다. 배도에 빠진 유대인들은 말로써 언약 백성이라 주장하지만 실상은 하나님이 아니라 사탄에게 속한 자들이었다. 그런 자들은 하나님의 백성들을 진리 가운데 모으지 않고 도리어 흐트러뜨리는 역할을 하게 된다.

(3) '독사의 자식들' 이 행하는 '성령훼방 죄'

예수 그리스도를 통한 하나님의 사역을 귀신의 활동으로 보는 자들은 성령을 훼방하는 것과 같다. 하나님께서 인간의 구원을 위해 기적을 행하며 친히 일하시는 모습을 보면서 그것을 사탄의 행위로 규정짓는 행위는 결코 있을 수 없는 일이다. 그것은 죄에 빠진 인간들이 저지르는 거룩한 하나님에 대한 모독이 아닐 수 없다.

그러므로 예수께서는 사람의 일반적인 모든 죄악과 다른 형태의 훼방은 용서받을 수 있지만 성령을 훼방하는 죄는 용서받지 못한다고 강하게 말씀하셨다. 여기서 '성령을 훼방하는 죄' 란 예수 그리스도를 통한 성령 하나님의 구속사역을 귀신의 역사로 보는 것을 의미한다. 이는 복음을 깨닫지 못하는 자들이 성도들을 핍박하는 경우와는 전혀 다른 차원의 죄악이다. 따라서 거룩하신 하나님을 더러운 사탄에 견주어 말하는 인간들은 영원한 세상에서는 물론 이 세상에서도 용서받지 못할 가장 악한 죄악을 범하는 것이다.

예수님은 이와 더불어 나무와 열매에 관한 비유를 말씀하셨다. 그것은 좋은 나무가 좋은 열매를 맺고 나쁜 나무가 나쁜 열매를 맺게 된다는 일반적인 법칙이다. 이 비유는 사람들이 먹는 과실과 직접 연관되어 있다. 즉 나무는 좋은데 열매는 먹을 수 없는 나쁜 것이라든지 나무는 나쁜데 열매는 먹기에 좋은 것이라 말할 수 없다. 나무와 열매는 결코 분리되어 설명될 수 없는 성격을 지니기 때문이다.

그러므로 예수께서는 자신을 더러운 사탄에 비유함으로써 성령을 훼방한 유대인들을 향해 '독사의 자식' 이라 칭했다. 그들은 사람들을 파멸에 빠뜨려 죽이려하는 독사인 사탄에게 속한 자들이기 때문에 저들의 마음과 입술에서 선한 내용이 나오는 것은 불가능하다. 그들에게는 사탄으로 말미암는 악한 것들이 가득하므로 더러운 것들이 나올 수밖에 없다.

이와는 반대로 거룩한 하나님께 속해 있는 성도들의 마음에는 선한 것들이 존재하므로 저들의 입술로부터 선한 말이 나온다. 그들이 선한 말을 할 수 있는 것은 저들 자신의 본성이 선하기 때문이라기보다 저들이 선하신 하나님께 속해있기 때문이다.

따라서 사람들의 마음에 가득 차 있는 내용과 그 입술에서 나오는 말들을 통해 의로운 자와 악한 자가 구별된다. 거룩한 하나님께 속한 선한 백성들은 영원한 은혜를 소유한 자들이다. 그러나 하나님의 선하심과 아무런 상관없이 사람들에게 무익한 말을 내뱉는 사람들은 마지막 심판 날 하나님의 무서운 진노를 피할 수 없다.

이에 대해서는 오늘날 우리 역시 여간 민감하게 반응하지 않으면 안 된다. 우리 시대에도 예수 그리스도를 통한 거룩하신 하나님의 구속사역을 사탄에게 속한 세상에서 발생한 일반적인 것으로 해석하며 강력하게 주장하는 자들이 많다. 그런 사람들은 성령을 훼방하는 자들이다.

배도에 빠진 인간들은 예수 그리스도의 모든 이적들을 성령 하나님의 사역이 아니라고 선전한다. 계시된 말씀을 통해 하나님의 뜻을 살피지 않고 진리를 거부하는 모든 것은 불신앙에 기인한다. 그럼에도 불구하고 인간의 이성과 경험적인 판단에 따라 하나님의 진리를 거부하는 경우가 우리 주변에 숱하게 많이 일어나고 있다. 그러므로 성령으로 말미암아 거듭난 성도들은 항상 입술로써 올바른 고백을 할 수 있어야 한다.

3. 유대인들에게 전한 '요나의 표적'과 '솔로몬의 지혜' (38-42)

예수님의 말씀을 듣고 있던 서기관들과 바리새인들 가운데 일부는 그가 만일 메시아라면 그에 관한 분명한 표적을 보여달라고 요구했다. 이는 그들이 예수님을 메시아로 받아들이기 위해서가 아니라 도리어 그를 시험하여 올무에 빠뜨리기 위해 취한 태도였다. 유대인들은 그런 악한 의도를 가지고 예수님의 특별한 표적을 구했던 것이다.

예수께서는 저들의 사악한 생각을 간파하고 계셨다. 그래서 음란한 세대가 악한 의도로 표적을 구하지만 자신은 '요나의 표적' 밖에 보여줄 것이 없음을 말씀하셨다. 이는 요나가 물고기에 의해 삼켜 사흘 동안 그 뱃속에 갇혀 있었던 사실을 가리키고 있다. 또한 이 말씀은 메시아 예언과 직접 연관되어 있다.

> "여호와께서 이미 큰 물고기를 예비하사 요나를 삼키게 하셨으므로 요나가 삼일 삼야를 물고기 배에 있으니라" (욘 1:17)

선지자 요나가 밤낮 사흘 동안 깜깜한 물고기 뱃속에 있었던 것은 예수님의 십자가 사역에 대한 예언적 성격을 지닌다. 예수께서는 그가 사흘 동안 물고기 뱃속에 머물고 있었던 것처럼 자신도 십자가에 달려 죽은 후 무덤에서 사흘 동안 있게 되리라는 사실을 시사하고 있다. 이는 요나가 물고기 뱃속에 있으면서 생명을 소유했듯이 예수님 자신도 그렇게 되리라는 의미였다. 이는 배도에 빠진 유대인들에 대한 하나님의 심판과 연관된다.

그러므로 예수께서는 마지막 심판 때가 이르면 이방의 니느웨 사람들이 일어나 이 세대 사람들을 심판하게 되리라는 사실을 언급하셨다. 배도에 빠진 유대인들은 하나님께 강력하게 저항했지만, 선지자 요나를 통해 선포된 하나님의 말씀을 들은 니느웨 사람들은 회개했기 때문이다.

> "요나가 그 성에 들어가며 곧 하룻길을 행하며 외쳐 가로되 사십일이 지나면 니느웨가 무너지리라 하였더니 니느웨 백성이 하나님을 믿고 금식을 선포하고 무론 대소하고 굵은 베를 입은지라" (욘 3:4,5)

요나가 이방인이었던 니느웨 사람들에게 회개를 촉구했을 때 그들은 두려워하는 마음으로 하나님께 회개했다. 그러나 예수님 당시의 유대인들은 전혀 그렇지 않았다. 그들은 예수님의 회개 촉구에도 아랑곳하지 않고 하나님 보시기에 악한 태도를 버리지 않았다. 그런 자들은 하나님의 최종적인 심판을 피할 수 없다.

하나님의 아들이신 예수님은 요나와 비교될 수 없는 크신 분이라는 사실이 언급되었다. 즉 선지자 요나가 하나님의 심판과 더불어 회개를 선포한 사실보다, 예수께서 선포하시는 심판과 회개가 더욱 분명한 본질적인 실체라는 것이다.

그리고 예수께서는 솔로몬 왕이 이스라엘 민족을 다스리고 있을 때 남방의 스바(Sheba) 여왕이 그를 찾아왔던 사실에 연관된 말씀을 하셨다. 그녀는 처음 솔로몬에 관한 소문을 듣고 그를 시험해보기 위해 예루살렘을 방문했다. 그러나 스바 여왕은 그를 통해 지혜의 말씀을 듣고 도리어 여호와 하나님을 찬양하며 값진 물건들을 바쳤다. 그것은 이방 여인이 하나님의 놀라운 은혜를 입었음을 말해주고 있다. 스바 여왕의 하나님에 대한 고백과 실천에 관한 내용이 성경에 소상히 기록되어 있다.

> "복 되도다 당신의 사람들이여, 복 되도다 당신의 이 신복들이여, 항상 당신의 앞에 서서 당신의 지혜를 들음이로다 당신의 하나님 여호와를 송축할지로다 하나님이 당신을 기뻐하시고 그 위에 올리사 당신의 하나님 여호와를 위하여 왕이 되게 하셨도다 당신의 하나님이 이스라엘을 사랑하사 영원히 견고하게 하시려고 당신을 세워 저희 왕을 삼아 공과 의를 행하게 하셨도다 하고 이에 저가 금 일백 이십 달란트와 심히 많은 향품과 보석을 왕께 드렸으니 스바 여왕이 솔로몬왕께 드린 향품 같은 것이 전에는 없었더라"(대하 9:7-9)

구약시대의 배도에 빠진 이스라엘 백성들조차 부정하다고 여기는 이방왕국의 여왕이 여호와 하나님을 알게 된 것은 나중 이방인들에게 복음이 선포될 것에 대한 예언적 성격을 지닌다. 예수님이 인간의 몸을 입고 이 세상에 오심으로써 악한 유대인들은 하나님의 심판을 받게 되지만 이방인들 가운데 그를 찾을 자들이 많았다. 따라서 예수께서는 최종적인 하나님의 심판 때가 되면, 솔로몬 시대의 남방에 있던 스바 여왕이 일어나 이 세대의 악한 인간들을 정죄하게 되리라는 사실을 말씀하셨다.

이땅에 메시아로 오신 예수님은 솔로몬과는 비교할 수 없이 크신 분이다. 종말이 되면 그가 이방인들을 채찍으로 사용해 악한 유대인들을 심판하시게 된다. 심판에 연관된 예수님의 이 말씀은 유대인들의 자존심을 완전히 짓밟는 역할을 했다. 이방에 속한 니느웨 사람들과 이방 여인인 스바 여왕이 마지막 심판 날 유대인들을 심판하게 된다는 말은 결코 가벼운 이야기가 아니었다. 이로 말미암아 배도자들이 분노한 것은 당연한 일이었다.

이와 연관하여 유대인을 책망하는 말씀은 신약성경 여러 곳에 나타난다. 특히 요한복음에는 요나의 기적과 연관된 좀 더 구체적인 내용이 기록되어 있다. 예수께서는 표적을 요구하는 유대인들에게, 자신이 십자가에 달려 죽어 무덤에 묻혔다가 사흘 만에 다시 살아나게 될 것을 언급하시면서 자신을 예루살렘 성전과 동일시해 말씀하셨다.

> "이에 유대인들이 대답하여 예수께 말하기를 네가 이런 일을 행하니 무슨 표적을 우리에게 보이겠느뇨 예수께서 대답하여 가라사대 너희가 이 성전을 헐라 내가 사흘 동안에 일으키리라 유대인들이 가로되 이 성전은 사십 육년 동안에 지었거늘 네가 삼 일 동안에 일으키겠느뇨 하더라 그러나 예수는 성전된 자기 육체를 가리켜 말씀하신 것이라" (요 2:18-21)

예수께서 예루살렘 성전을 자신의 몸과 동일시한 것은 구약의 언약과 밀접하게 연관되어 있다. 즉 그의 십자가 사역을 통해 예루살렘 성전의 구속사적 의미가 완성된다는 사실을 보여주고 있는 것이다. 하나님께서는 이 사역을 이룩함으로써 자기 백성들을 구원하시게 되며 악한 자들을 궁극적으로 심판하시게 된다.

오늘날 우리는 이 모든 일들이 성취된 시대에 하나님께서 피로 값주고 사신 교회에 속해 살아가고 있다. 따라서 구약성경에 예언된 말씀의 의미와 예수 그리스도를 통해 성취된 실제사역을 구체적으로 체험하게 된다. 이방인 출신으로서 선민인 유대인들을 부끄럽게 하는 자리에 서있는 우리는 이에 관한 하나님의 놀라운 경륜 가운데 살아가고 있는 것이다.

4. 귀신들의 놀이터가 된 이스라엘(43-45)

예수께서는 귀신들린 자에 대한 치유사역과 더불어 거기 모인 사람들에게 귀신들린 자와 연관하여 더욱 악하게 된 상황에 대한 비유의 말씀을 주셨다. 더러운 귀신이 귀신들린 자의 몸으로부터 쫓겨나갔는데 나가서 쉴 만한 곳을 찾으려 했지만 결국 찾지 못했다. 그러자 귀신은 쫓겨난 그 사람에게 다시 되돌아가고자 했다.

그리하여 전에 귀신이 살던 그에게 돌아와 보니, 마치 지저분한 집이 깨끗하게 청소되고 수리된 것처럼 새로운 모습으로 변해 있었다. 즉 이제 그 사람의 몸은 귀신이 살 만한 최적의 상태가 되어 있었던 것이다. 그러자 자기보다 더 악한 귀신 일곱을 데리고 그 사람의 몸에 들어가 그 안에 거하게 되었다. 그렇게 되어 그 사람의 나중 형편이 처음 귀신이 쫓겨나가기 전보다 더욱 심하게 되었다.

예수님은 이 비유의 말씀을 주시면서 '이 악한 세대'(this wicked generation)가 마치 그와 같다는 사실을 말씀하셨다. 이는 구체적으로 무엇을 말하고 있는 것일까? 이 비유는 개인의 몸을 예로 들고 있으나 예수님을 모독하는 이스라엘 민족이 그렇게 되었음을 말해주고 있다. 즉 이 비유에 나타나는 의미는 이스라엘 민족에 연관된 역사적 관점에서 파악해야 할 것으로 보인다.

과거 악한 이스라엘 백성이 배도에 빠져 바벨론 왕국에 의해 패망당했으나 하나님께서는 다시 그 언약 백성들을 페르시아 왕국을 통해 본토 가나안 땅으로 불러들여 새롭게 정비하셨다. 그러나 시간이 흐르자 이스라엘 백성들은 배도에 빠져 그 전보다 더 악한 상황이 되어 버렸다. 즉 이스라엘이 더러운 귀신들이 거처하며 활동할 만한 최적의 장소로 변하게 되었다. 여호와 하나님의 이름과 성경에 기록된 인물들을 들먹이는 배도자들은 저들이 부정하게 여기는 이방인들보다도 더욱 심하게 하나님을 대적했던 것이다.

예수님 당시에는 이스라엘 백성들의 배도행위가 극에 달해 있었다. 그러므로 예수께서는 배도에 빠진 유대인들을 '독사의 자식'이라 불렀으며 예루살렘 성전을 '강도의 소굴'로 칭하셨다(마 21:13; 막 11:17; 눅 19:46). 하나님의 성전을 강도의 소굴로 만든 이와 같은 양상은 구약시대의 악한 제사장들 가운데도 나타났다. 예레미야 선지자는 그에 대한 분명한 기록을 남기고 있다.

> "너희는 이것이 여호와의 전이라, 여호와의 전이라, 여호와의 전이라 하는 거짓말을 믿지 말라 ... 너희가 도적질하며 살인하며 간음하며 거짓 맹세하며 바알에게 분향하며 너희의 알지 못하는 다른 신들을 좇으면서 내 이름으로 일컬음을 받는 이 집에 들어와서 내 앞에 서서 말하기를 우리가 구원을 얻었나이다 하느냐 이는 이 모든 가증한 일을 행하려 함이로다 내 이름으로 일컬음을 받는 이 집이 너희 눈에는 도적의 굴혈로 보이느냐 보라 나 곧 내가 그것을 보았노라 여호와의 말이니라" (렘 7:4-11)

예레미야 시대 즉 다윗 왕조와 예루살렘이 패망의 위기에 빠져있는 가운데서도 배도자들은 하나님의 이름을 빙자해 성전을 더럽히는 죄악을 저질렀다. 그들은 하나님의 성전을 더럽히면서 음란을 행했다. 그런데 예수님 당시 이스라엘의 민족 지도자들은 구약시대의 배도한 자들의 악행보다 더욱 심하게 되어 있었다. 입술로는 하나님을 외쳐 부르며 신앙을 내세우던 자들이 실상은 거룩한 하나님의 성전을 더럽히며 사탄의 졸개노릇을 하고 있었던 것이다.

요한계시록에는 악한 유대인들이 모이는 집단을 '사탄의 회' (계 2:9; 3:9)라 언급하고 있다. 그들은 자칭 유대인이라 주장하며 하나님을 섬긴다고 말했지만 실상은 하나님을 대적하는 사탄에 속한 자들이었다. 이는 신약시대 교회들 가운데도 그와 동일한 일들이 발생하게 되리라는 사실을 시사하고 있다.

따라서 이에 대해서는 오늘날 우리 시대 역시 예외가 될 수 없다. 겉보기에 '교회' 란 이름을 달고 하나님의 이름을 외쳐 부르며 종교심을 드러내 보이지만 세상이 좋아하는 행동을 하며, 감미로운 종교적인 음악소리가 끊임없이 울려 퍼지지만 실상은 하나님께 저항하는 사탄의 회가 될 수 있는 것이다. 하나님의 말씀에 여간 민감하지 않으면 안 되는 이유가 바로 여기에 있다.

5. 하나님의 뜻에 순종하는 성도의 무리(46-50)

예수께서 자기 주변에 몰려든 무리를 향해 천상의 진리를 선포하고 계실 때 그의 어머니 마리아와 동생들이 찾아왔다. 그들이 무슨 일 때문에 왔는지 명확하게 알 수 없으나 뭔가 중요한 일이 있어서 그곳을 방문했던 것은 분명하다. 그래서 어떤 사람이 예수님께 가족이 찾아왔다는 사실을 고했다.

그러나 예수께서는 거기서 전혀 예기치 못한 의외의 반응을 하셨다. 누가 자기의 모친이며 동생들이냐고 말씀하시며 그리 반가운 마음으로 가족을 대하지 않았던 것이다. 인간의 몸을 입으신 예수 그리스도는 원천적으로 개인이 아니라 공적인 인물이다. 즉 그는 개인의 사사로운 생활에 얽매이는 분이 아니었다.

도리어 예수께서는 그 자리에 함께 있던 제자들을 가리키며 그들이 자기의 진정한 형제들이라고 말씀하셨다. 그리고 누구든지 하늘에 계신 하나님의 뜻대로 행하는 자가 자신의 형제요 자매요 모친이라고 하셨다. 이는 육신의 혈통이 아니라 예수 그리스도의 거룩한 피로 맺어진 형제자매 관계가 본질적이며 더욱 소중하다는 사실을 말해주고 있다.

예수님의 이 말씀은 단순한 상징이 아니라 구체적이며 현실적인 의미를 지닌다. 이는 예수 그리스도의 십자가 사역으로 말미암아 지상에 세워지게 될 하나님의 몸 된 교회와 밀접하게 연관되어 있다. 이에 관한 의미는 오늘날 우리에게도 그대로 적용되어야 할 정신이다. 하나님의 교회에 속한 참된 성도들이 혈통적 가족보다 더 가깝다는 사실을 구체적으로 깨닫는 것은 매우 중요하다.

제6부

천국비유

제24장
'씨 뿌리는 비유' 와 비유의 의미
(마 13:1-23)

1. '씨 뿌리는 비유' 의 배경(1-3)

예수께서 갈릴리 바닷가로 나가시자 많은 사람들이 그의 뒤를 따르며 그에게 몰려들었다. 그 광경을 지켜 본 예수님은 물 위에 뜬 배에 올라가 앉으셨으며, 사람들은 바닷가에서 배에 타고 있는 그를 마주보고 서 있었다. 그런 상태에서 천국에 관한 비유의 말씀이 전해지게 되었다.

천국에 연관된 비유들은 그 전에 세례자 요한과 예수께서 선포하셨던 "회개하라 천국이 가까웠느니라"(마 3:2; 4:17)는 말씀과 마태복음 12장 28절에 기록된 "하나님의 나라가 이미 너희에게 임하였느니라"는 선언에 연관되어 있다.

당시 유대인들은 지상에 도래하는 천국이 완벽할 것이란 막연한 생각을 하고 있었다. 그러나 지상에 세워지는 메시아 왕국은 그렇지 않다. 이는 세상과 맞서 싸워야 할 교회의 현실적인 속성을 보여준다. 즉 지상에 존재하는 천국 곧 교회는 안팎으로 긴장관계에 놓이게 된다.

마태복음 13장에 기록된 비유의 말씀들은 예수님의 제자들에게만 주어진 것이 아니라 거기 모인 배도자들과 불신자들을 포함한 무리에게 주어졌다. 물론 하나님을 알지 못하는 자들은 그 비유가 말하고자 하는 의미를 깨닫지 못했으며, 예수께서는 나중 제자들에게 그 진정한 의미를 가르쳐 주셨다. 이는 물론 개개인뿐 아니라 지상에 세워진 교회와 밀접하게 관련된 내용으로 이해해야 한다.

이와 같은 비유의 말씀들 가운데 첫 번째 주어진 것이 '씨 뿌리는 비유'이다. 농경사회였던 당시 이스라엘 백성들에게 있어서 농부가 밭에 씨를 뿌리는 것에 대한 이해는 매우 일상적이었다. 특히 갈릴리 지역에 살고 있던 시골사람들에게는 쉽게 마음에 다가오는 내용이었다.

2. 씨가 뿌려지는 밭의 상태에 따른 결과(3-9)

우리는 이 비유의 내용 가운데서 기본적으로 명확하게 이해해야 할 점이 있다. 비유의 말씀 중에는 씨가 뿌려지는 영역이 '길가' (by the way side), '돌짝밭' (upon stony places), '가시덤불' (among thorns), '좋은 땅' (into good ground) 등 네 곳으로 나누어져 있다. 이를 자칫 잘못 이해하게 되면 이 영역을 각각 분리된 다른 네 곳으로 나누어 생각하게 될 우려가 있다. 즉 마치 네 종류의 상이한 독립적인 형태의 밭들이 존재하는 양 여길 수 있는 것이다.

그러나 만일 그런 형태의 별개의 밭들을 생각한다면 그것은 잘못되었다. 즉 어떤 밭은 길바닥 같은 땅, 다른 어떤 밭은 돌 땅, 또 다른 어떤 밭은 가시덤불로 뒤덮인 땅, 나머지는 좋은 땅이라는 식으로 볼 수는 없다. 그 밭은 상이한 특성을 지닌 영역들이 하나로 연결되어 전체가 하나의 밭을 이루고 있기 때문이다.

우리가 알고 있는 것처럼 농사를 짓기 위한 밭에는 고랑과 이랑이 있다. 이랑은 씨앗을 뿌리기 위해 흙을 두텁게 모아 올려 정리한 곳이지만, 고랑은 이랑과 이랑 사이에 생겨난 땅으로 일종의 길처럼 사람들이 밟고 지나다닌다. 즉 농부는 이랑에 씨앗을 뿌리고 그곳에 난 식물을 돌보기 위해 고랑을 지나다녀야 하는 것이다. 따라서 이랑에는 씨를 뿌리기 위해 부드러운 흙으로 두툼하게 채워져 있지만 고랑에는 흙이 없어 딱딱해 그곳에 씨앗이 떨어져도 제대로 자라날 수 없다.

그러므로 성경본문의 비유에 소개된 토양과 연관된 네 형태의 영역 가운데 '길가' 라는 말은 고랑을 일컫는 것으로 보이며, '돌밭' 이란 이랑과 고랑을 만들기 위해 주워낸 돌들을 모아둔 곳이거나 돌짝 위에 흙이 살짝 덮힌 상태의 땅으로 볼 수 있다. 또한 '가시덤불' 이란 밭 주변에 가시덤불이 무성하게 자라난 곳을 일컫는 것으로 보인다. 그리고 '좋은 땅' 이란 부드러운 흙이 두텁게 덮인 밭이랑을 말하는 것으로 여겨진다. 따라서 밭에는 다양한 상태의 땅이 존재하지만 전체가 하나로 연결된 한 밭을 이루고 있다.

그런데 우리가 여기서 주의 깊게 살펴보아야 할 바는 씨를 뿌리는 농부가 씨앗을 하나씩 심는 것이 아니라 밭 전체에 흩뿌린다는 사실이다. 즉 좋은 땅인 '이랑' 에 씨앗을 심거나 뿌리는 것이 아니라 밭 안에 전체적으로 흩어 뿌리는 것으로 묘사되어 있다. 따라서 그 가운데 일부는 좋은 땅에 떨어지지만 다른 일부는 길가로 묘사된 고랑과 돌짝밭을 이루고 있는 곳, 그리고 가시덤불이 무성하게 자라난 곳에 떨어지게 되는 것이다. 비유 가운데는 각 경우 모두에 공히 씨앗의 '너러는' (some)이라는 용어가 기술되어 있는데 이는 그것을 입증해 주고 있다.

이러한 사실은 씨 뿌리는 비유의 말씀을 교회론적인 관점에서 이해해야 됨을 말해준다. 즉 이 비유에서 밭은 교회를 일컫는 것으로 보아야 한다. 밭에는 고랑과 이랑이 있고 흙이 얕은 자갈과 가시덤불이 있듯이 지상의 교회에 속한 교인들의 마음상태도 그와 같은 것으로 볼 수 있다. 즉 지상에 존재하는 교회들에서는 다양한 상태의 마음 밭을 가진 여러 교인들이 함께 뒤섞여 생활하게 된다. 그 가운데 하나님의 복음의 말씀이 흩뿌려지게 되는 것이다.

이제 우리는 이 비유의 말씀 가운데 소개된 밭의 다양한 토양 상태들을 살펴볼 필요가 있다. 그 밭에는 농부에 의해 동일한 종류의 씨앗이 흩뿌려진다. 그러나 씨앗은 동일한 것이지만 토양과 외부적인 조건에 따라 어떤 씨앗은 잘 자라나 많은 열매를 맺게 되고 또 다른 어떤 씨앗은 금방 죽게 되기도 한다.

예수께서는 먼저 길가에 떨어진 씨에 관한 말씀을 하셨다. 농부는 일부러 씨앗을 길가에 뿌리려고 의도하지 않는다. 그럼에도 불구하고 길가에 뿌려지는 씨앗이 상당수 있다. 하지만 거기에는 좋은 흙이 없어 단단한 땅이 되어 있으므로 씨앗이 그대로 노출될 수밖에 없다. 따라서 새들이 날아와서 그것을 쪼아 먹어 버린다. 씨앗이 새들에 의해 거두어짐으로써 없어져 버리는 것이다.

또한 어떤 씨앗은 돌짝밭에 뿌려지게 된다. 농부가 뿌린 씨앗들 가운데 일부는 좋은 땅이 아니라 다른 곳에도 떨어지게 되었다. 농부가 흩어 뿌린 씨앗이 흙이 얕은 돌밭에 떨어지기도 한다. 그때 그곳에 뿌려진 씨앗은 돌들 위에 얇게 덮인 흙 위에 뿌리를 내리고 싹을 내게 된다. 그러나 그 씨앗은 흙이 두텁지 않아 뿌리를 깊게 내리지 못한다. 따라서 튼튼한 식물로 자라나기 전에 뜨거운 햇빛에 의해 싹이 타버려 죽게 된다.

그리고 농부가 뿌린 씨앗들 가운데 일부는 가시덤불 속으로 떨어지게 된다. 무성하게 자란 가시덤불 아래는 어느 정도 두터운 흙이 있으나 새싹의 성장을 가로막는 가시덤불이 그 위를 뒤덮고 있다. 그리하여 잠시 가시덤불 밑에서 씨앗이 싹을 내고 뿌리를 내리게 되지만 그것이 햇빛을 차단함으로써 성장할 수 있는 기운을 막아 식물이 제대로 자라나지 못한다.

그러나 밭에 흩뿌려진 씨앗들 가운데 일부는 좋은 땅에 떨어졌다. 거기에 뿌려진 씨앗은 좋은 흙으로 잘 덮여지게 되므로 새들이 쪼아 먹을 수 없고, 흙이 두터워 뿌리를 잘 내리게 된다. 또한 햇빛을 가로막는 덤불이 없어서 뿌려진 씨앗이 영양을 충분히 공급받아 튼튼하게 자라날 수 있다. 그래서 그 식물은 농부가 원하는 대로 백 배, 육십 배, 삼십 배의 열매를 맺게 된다.

예수께서 말씀하신 이 비유의 내용은 지극히 평범한 일반적인 이야기다. 이에 대해서는 모든 사람들이 쉽게 알아들을 수 있었다. 예수께서는 농부가 씨를 뿌리는 일상적인 사실을 통해 성도들과 교회에 연관된 비유의 말씀을 전하시고자 했다. 우리가 여기서 기억해야 할 바는 이 비유가 각 개인 성도들뿐 아니라 지상의 신앙공동체인 교회에 밀접하게 연관되어 있다는 사실이다.

3. 비유의 의미(10-17)

예수께서는 왜 사람들에게 비유로 말씀하셨을까? 직접적인 표현을 사용해도 될 것 같은데 예수님은 굳이 비유로써 천국을 설명하시고자 했다. 제자들은 그점이 궁금했다. 그래서 무엇 때문에 저들에게 비유로 말씀하시는지 물어보았다.

예수님이 천국복음을 비유로 말씀하신 이유는 그것이 비밀에 해당되는 것이었기 때문이다. 하나님께서 자기 백성을 위해 허락하신 비밀은 지상에 세워진 교회를 위한 특별한 내용이나, 비밀이란 그 속성상 아무렇게나 외부에 노출되어서는 안 된다. 비밀은 그것을 함께 소유한 자들이 소중하게 지키고 관리해야만 한다.

그러므로 그 비밀은 교회에 속한 성도들에게는 숨김없이 알려져 있지만 교회와 무관한 바깥사람들에게는 완전히 닫혀 있다. 불신자들은 그 비밀을 알려고 아무리 애를 쓴다 해도 결코 그것을 제대로 알 수 없다. 그런 차원에서 볼 때 교회는 천상의 비밀을 소유한 공동체이다. 따라서 그 비밀공동체에 속한 성도들은 마땅히 알아야 할 비밀의 내용을 명확하게 인지하지 못하면 안 된다.

예수께서는 이에 관한 말씀을 하시면서 "무릇 있는 자는 받아 넉넉하게 되되 무릇 없는 자는 그 있는 것도 빼앗기리라"(12)는 의미심장한 말씀을 하셨다. 이는 과연 무슨 의미인가? 누가 무엇을 가졌으며 무엇을 가지지 못했다는 말인가? 또한 가지지 않은 상태에서 무언가 가진 것이 있어서 그 것마저 빼앗기게 된다는 말은 무슨 뜻인가?

이 말은 일반적인 형편에서 발생하는 의미로 받아들여서는 안 된다. 여기서 '무릇 있는 자'란 예수 그리스도의 복음을 소유한 자를 의미한다. 저들에게는 그 복음으로 말미암는 풍족한 삶이 보장되어 있다. 그리고 '무릇 없는 자'란 예수 그리스도의 복음을 소유하지 못한 자를 지칭한다. 또한 그들은 그 있는 것도 빼앗긴다고 하셨는데 그것은 배도에 빠진 유대인들이 언약 민족으로서의 지위마저 박탈당하게 된다는 것을 의미하고 있다. 즉 배도한 유대인들은 하나님의 언약을 소유한 민족이었으나 그들은 그것마저 빼앗기게 된다는 뜻이다.

당시 유대민족의 지도계층에 있던 사람들의 주된 관심은 구약에 계시된 언약의 핵심인 메시아에게 있었던 것이 아니라 저들의 현실적인 종교 활동에 있었다. 종말의 때가 이르면 저들에게 하나님의 무서운 심판이 따르게 된다. 예수께서는 이를 설명하시기 위해 이사야 선지자가 예언한 내용을 인용하며 말씀하셨다.

> "여호와께서 가라사대 가서 이 백성에게 이르기를 너희가 듣기는 들어도 깨닫지 못할 것이요 보기는 보아도 알지 못하리라 하여 이 백성의 마음으로 둔하게 하며 그 귀가 막히고 눈이 감기게 하라 염려컨대 그들이 눈으로 보고 귀로 듣고 마음으로 깨닫고 다시 돌아와서 고침을 받을까 하노라 내가 가로되 주여 어느 때까지니이까 대답하시되 성읍들은 황폐하여 거민이 없으며 가옥들에는 사람이 없고 이 토지가 전폐하게 되며 사람들이 여호와께 멀리 옮기워서 이 땅 가운데 폐한 곳이 많을 때까지니라 그 중에 십분의 일이 오히려 남아 있을지라도 이것도 삼키운바 될 것이나 밤나무, 상수리나무가 베

임을 당하여도 그 그루터기는 남아 있는 것같이 거룩한 씨(the holy seed)가 이 땅의 그루터기니라" (사 6:9-13)

이 말씀 가운데는 하나님의 심판이 연관되어 나타나고 있다. 하나님께서는 배도자들로 하여금 저들의 마음과 귀와 눈을 둔하게 하여 복음에 접근치 못하도록 하셨다. 하나님의 복음은 저들을 위해 예비된 것이 아니었기 때문이다.

그 말씀을 들은 선지자 이사야는 매우 염려스런 마음을 가지게 되었다. 그리하여 언제까지 그렇게 될지 하나님께 물었다. 그러자 하나님께서는 이스라엘의 성읍들을 비롯해 모든 것이 완전히 황폐해지고 버림받을 때까지라고 말씀하셨다. 이는 그것이 일시적인 심판이 아니라 하나님의 궁극적인 뜻이 그렇다는 사실을 보여주고 있다.

이사야 선지자를 통해 선포된 이 말씀은 앞으로 오시게 될 메시아에 연관된 예언이다. 하나님으로 말미암는 메시아 왕국은 세상과는 본질적으로 상이한 속성을 지니고 있다. 그 왕국은 선택받은 하나님의 자녀들에게만 허락되었다. 즉 그에 관련된 복음은 모든 사람들에게 자유롭게 개방된 것이 아니다. 따라서 하나님과 무관한 자들은 그 말씀을 깨달을 수 없으며 그렇게 되어서도 안 된다.

이러한 예언이 궁극적으로 성취되기 위해서는 하나님께서 예비하신 때를 기다려야 했다. 거룩한 성전이 있는 약속의 땅이 황폐하게 되고 언약백성들에게 엄청난 시련이 있은 후에 그 일이 이루어지게 된다. 이는 언약에 연관된 땅의 시련을 통해 하나님의 절대주권이 이루어지게 될 사실을 말해주고 있다.

하나님께서는 이에 관한 말씀을 하시는 과정에서 나무를 비유로 들어 설명하셨다. 밤나무, 상수리나무가 베임을 당해도 그 그루터기는 남아 있는 것을 예로 들었던 것이다. 그처럼 언약의 땅과 이스라엘 민족 가운데 눈에 보이는 모든 것들이 완전히 황폐한 듯 보여도 하나님의 거룩한 씨가 그 땅에 남아 생명을 위한 그루터기가 된다는 사실을 말씀하셨다.

예수께서는 이와 더불어 구약시대의 많은 선지자들과 의인들이 예언된 그 메시아를 보고자 하였으나 보지 못했음을 언급하셨다. 그들은 제자들이 듣고 있는 메시아로부터 전해지는 그 말씀을 듣고자 했으나 듣지 못했다. 그러므로 예수 그리스도를 눈으로 보고 귀로 듣는 자들이 진정으로 복된 자들이다.

마태복음 13장에 나타나는 예수님의 다양한 비유들은 이사야서 6장의 나무와 그루터기에 연관된 메시아 예언과 그 성취에 밀접하게 관련되어 있다. 이사야서의 비유에 계시된 '거룩한 씨'(사 6:13)는 곧 예수 그리스도를 지칭한다. 바로 그 거룩한 씨인 예수님과 그에 붙은 가지가 많은 열매를 맺게 되는 것이다.

4. 씨 뿌리는 비유에 대한 예수님의 해석(18-23)

이 비유에서 언급된 씨앗은 교회를 통해 선포되는 천국 말씀이다. 그 씨앗은 아무렇게나 뿌려지는 것이 아니라 성령과 교회의 직분사역을 통해 이루어진다. 즉 그 일은 복음선포 사역에 연관되는 것으로서 아무나 임의대로 행할 수 없다. 구체적으로는 교회로부터 세움을 받은 교사인 목사에 의해 하나님의 말씀이 공적으로 가르쳐지고 전해져야 한다.

그 복음의 말씀은 개별 교인들의 심령에 뿌려진다. 나아가 우리가 유추할 수 있는 사실은 그 말씀은 전체적으로 볼 때 지상교회 가운데 뿌려진다는 점이다. 예수께서는 씨가 밭 내부의 상이한 특성을 지니고 있는 여러 영역에 뿌려지는 사실에 관한 설명을 하셨다.

비유의 말씀 가운데 길가에 뿌려진 씨앗은 귀로만 흘려듣는 자들에 관련지어 설명되고 있다. 그런 자들은 다른 교인들과 한자리에 앉아 하나님의 말씀을 듣고 있지만 귀로 그 소리를 듣기만 할 뿐 아무런 깨달음을 가지지 못하는 자들이다. 이는 저들의 내면적 관심이 세상에 있기 때문이다.

또한 돌밭에 뿌려진 씨앗은 천국 말씀을 듣고 본질적인 의미를 멀리한 채 일시적인 종교적 감정에 빠진 자와 연관된다. 그들은 신앙생활을 하면서 자기 자신의 세속적인 목적을 벗어나지 못한다. 말씀을 통해 감정적인 기쁨과 만족에 취하는 자들은 마음속에 깊은 뿌리를 내릴 수 없다. 그런 자들은 선포된 말씀을 이기적인 태도로 받아들인다. 그들은 교회에 출석하고 말씀을 듣는 것을 마치 종교적인 취미생활을 하듯 한다. 따라서 환난과 핍박이 임하게 되면 그 상황을 견디지 못한다.

그리고 가시떨기 가운데 뿌려진 씨앗은 세상의 유혹에 빠져 결실치 못하는 자와 연관되어 설명되고 있다. 그들은 하나님의 복음을 들으면서 주관적인 관점에서 말씀의 교훈에 동의한다. 그러나 세상의 염려와 재물의 유혹을 받으면 그에 억눌려 아무런 열매를 맺지 못한다. 이는 일반적인 탐욕이나 욕심이 아니라 가치관에 대한 문제이다.

그런 사람들은 세상에서 자기 욕망을 추구하며 일상적으로 먹고 살아가는 문제에 대한 근심을 떨쳐버리지 못한다. 그런 사고에 빠지게 되면 개인적인 인생에 집착하여 세상과 교회 사이에서 양다리를 걸치게 된다. 그들은 입술로는 항상 신앙을 이야기하지만 실상은 세상의 것들을 추구하기를 쉬지 않는 것이다.

마지막으로 좋은 땅에 뿌려진 씨란 하나님의 말씀을 듣고 깨달아 결실하는 성도에 연관된다. 그들은 말씀을 진정으로 받아들여 그에 온전히 순종하고자 하는 신앙자세를 가진다. 그렇게 함으로써 백 배, 육십 배, 삼십 배의 결실을 맺게 된다. 이는 단순히 양적인 것에 국한된 것이 아니라 성숙하게 자라나는 신앙의 본질에 연관되어 있다.

4. 오늘날 우리의 모습은 어떤가?

예수님의 씨 뿌리는 비유는 오늘날 우리에게도 중요한 교훈이 되고 있다. 하나님의 말씀은 지상의 교회 가운데 끊임없이 뿌려지게 되는데 성장 정도는 제각각 다르다. 어떤 사람들은 말씀을 듣고 올바르게 성장하는가 하면 다른 어떤 사람들은 전혀 그렇지 못하다.

하나님을 믿으며 신앙생활을 하고 있다는 '나' 는 씨 뿌리는 비유 가운데 과연 어떤 밭에 해당되는가? 그리고 '내가 속한 우리 교회' 는 어떤 상태의 밭과 유사한가? 우리는 스스로 자신이 좋은 밭이라 말할 수 있을 것인가?

이 비유는 개별 성도들뿐 아니라 하나님의 말씀이 선포되고 있는 지상 교회와 연관되어 있다. 하나님으로부터 계시된 말씀은 교회 가운데 무작위로 뿌려지는 씨앗과 같다. 교회에 속한 모든 교인들에게 말씀이 선포되고 있는 것이다.

씨 뿌리는 비유에서 길가(by the way side), 돌밭(upon stony places), 가시덤불(among thorns), 좋은 땅(into good ground)이 각각 다르듯이 각 개인의 마음 밭이 다를 수 있으며 각 개체교회의 영적인 밭이 서로 다를 수 있다. 교회 가운데 선포되는 말씀은 각 성도들의 마음속 내부로 침투해 들어와야 한다. 나아가 신앙공동체인 교회 안으로 깊이 스며들어야 한다. 즉 말씀의 씨앗이 '옆에' (by), '위에' (upon), '사이에' (among)가 아니라 '속으로' (into) 들어와 깊은 뿌리를 내리고 자라나야 한다. 그래야만 하나님께서 원하시는 아름다운 열매를 풍족히 맺을 수 있게 되는 것이다.

우리 시대의 교회 안, 정확하게 말해 기독교 내부에는 하나님으로부터 계시된 말씀을 받아들일 준비가 되지 않아 길바닥처럼 마음이 딱딱한 자들도 있으며 돌짝 위에 흙이 살짝 덮인 것처럼 감정적인 종교생활로 인해 말씀이 깊게 뿌리내리지 못하는 자들도 있다. 그리고 세상의 가치관인 가시덤불이 마음에 가득한 자들도 있으며 씨앗이 싹을 내어 잘 자랄 수 있는 부드럽고 좋은 심적인 토양을 지닌 자들도 있다.

나아가 개체 교회들 역시 마찬가지다. 어떤 교회는 길바닥 같이 딱딱한 교회가 있는가 하면 돌밭과 같이 흙이 얕은 감정에 치우친 교회도 있다. 그리고 세속적인 가치관으로 인해 가시덤불로 가득 찬 교회도 있고 식물이 잘 자랄 수 있는 좋은 땅과 같은 훌륭한 토양의 교회도 있다. 동일한 하나님의 말씀의 씨앗이 각 교회들 가운데 떨어지지만 그것의 성장 정도는 다른 것이다.

하나님을 경외하는 온전한 교회와 참된 성도들은 하나님의 말씀을 마음 속 깊이 온전히 받아들일 수 있어야 한다. 그래야만 주님이 원하시는 대로 백 배, 육십 배, 삼십 배의 열매를 맺게 된다. 우리는 이를 단순히 분량의 많고 적음을 말하는 것이라기보다 정상적인 성장에 관한 교훈으로 이해해야 한다.

제25장
지상교회의 궁극적 승리에 관한 비유
(마 13:24-43)

1. 가라지 비유(24-30)

천국은 자기 밭에 좋은 씨를 뿌리는 '사람' 과 같다(24). 예수께서는 이 비유에서 천국이 좋은 씨와 같다든지 그 씨로 말미암아 결실하게 되는 열매와 같다고 하지 않으셨다. 나아가 천국이 무성한 잎을 가진 식물과 같다고 말씀하시지도 않았다. 대신 천국은 좋은 씨를 뿌리는 사람과 같다는 말씀을 하셨다.

천국과 같이 묘사된 그 사람은 아무데나 씨를 뿌리는 것이 아니라 자기 소유의 밭에 좋은 씨를 뿌렸다. 그 밭은 주인의 특별한 목적을 위해 존재하는 소중한 방편이 된다. 중요한 것은 밭 자체가 아니라 주인이 거기에 씨앗을 뿌려 농작물을 재배함으로써 열매를 수확하는 것이다. 이는 그 밭에 씨앗을 뿌려 농작물을 재배하고 열매를 거두어 추수할 수 있는 모든 합당한 권리가 주인에게 있음을 말해주고 있다.

그런데 예수님의 이 비유 가운데는, 주인이 아닌 어떤 나쁜 사람이 좋은 씨가 뿌려진 그 밭에 몰래 들어와 농작물을 해치는 가라지를 덧뿌리고 갔다는 사실이 언급되었다. 그는 남의 농사를 망치려고 작정한 악한 자였다. 나쁜 의도로 남의 밭에 들어왔다는 사실 자체가 악한 짓인데 그는 밤중에 남모르게 들어와 해로운 가라지까지 덧뿌리고 갔다. 그것은 결코 용납될 수 없는 일이다.

그럼에도 불구하고 그에 대한 사실은 때가 이르기 전에는 실태가 드러나지 않았다. 사람의 육안으로는 밭에 뿌려진 가라지 씨를 분별해 낼 수 없었다. 그 밭에서 전문으로 일하는 일군들조차 몰랐으며 그 옆을 지나다니는 사람들도 알지 못했다. 씨앗이 싹을 내고 자랄 때까지는 곡식과 가라지가 쉽게 분별되지 않았던 것이다.

그러나 씨앗이 싹을 내고 서서히 자라남으로써 가라지의 모습도 드러났다. 일군들은 식물의 형체를 보면서 주인의 밭에 곡식이 아닌 다른 가라지가 섞여 있다는 점을 발견하게 되었다. 원래는 좋은 씨앗만 뿌렸는데 어디서 가라지가 생겨났는지 의아스럽게 생각한 종들이 주인에게 그 사실을 고했다.

하지만 밭의 주인은 이미 그 상황을 파악하고 있었다. 주인은 가라지가 밭에서 자생한 것이 아니라 악한 원수가 와서 몰래 뿌리고 갔다는 사실을 저들에게 말해 주었다. 그 말을 들은 종들은 좋은 곡식 틈에 끼어 해악을 끼치고 있는 가라지를 뽑아버려야 할지 주인에게 물었다. 그들의 판단에는 그렇게 하는 것이 최상이라 생각했을 것이 틀림없다.

그렇지만 밭주인의 생각은 그와 달랐다. 그는 종들에게 곡식 가운데 자라고 있는 가라지를 뽑지 말고 그대로 두라고 말했다. 가라지를 뽑다가 자칫 곡식까지 상하게 될까 염려했던 것이다. 그리하여 주인은 알곡과 가라지 둘 다 추수할 때까지 그대로 두도록 명령했다. 이는 가라지가 아니라 알곡을 보호하기 위해서였다.

그 대신 추수할 때까지 두면 주인이 추수꾼들을 보내 가라지는 먼저 거두어 단으로 묶어 불사르게 하고 곡식은 따로 모아 주인의 곳간에 모으면 된다는 것이었다. 주인의 관심은 가라지에 있는 것이 아니라 좋은 씨에서 결실하는 곡식에 있다. 주인이 의도하지 않은 가라지가 알곡들 틈에 섞여 있지만 결국 그것들은 모두 불에 태워지게 된다. 예수께서는 천국을 설명하시기 위해 무리에게 그에 관한 비유의 말씀을 전하셨다.

2. 천국과 겨자씨 비유(31,32)

예수께서는 또한 천국은 마치 어떤 사람이 자기 밭에 심은 '겨자씨 한 알' 같다고 말씀하셨다. 예수님으로부터 '겨자씨' 라는 말을 들은 유대인들에게 가장 먼저 떠오르는 생각은 무엇이었을까? 이는 그 씨가 너무 작아 보잘것없다는 생각이었을 것이다. 우리는 천국이 겨자 나무가 아니라 '겨자씨 한 알' 같다고 한 표현에 관심을 기울일 필요가 있다.

이 비유에서 겨자씨를 심은 사람은 아무데나 임의로 그것을 심은 것이 아니라 '자기 소유의 밭' 에 겨자씨 한 알을 심었다. 우리가 여기서 기억해야 할 바는 천국은 크게 자란 나무가 아니라 아직 자라지 않은 조그만 씨앗에 존재한다는 사실이다.

겨자씨는 씨앗들 가운데 가장 작은 씨앗에 속한다. 그나마 겨자씨 '한 알' 이라면 사람들이 특별한 관심을 가지지 않는 대수롭지 않은 것에 불과하다. 이처럼 천국은 보통 사람들의 눈에 잘 띄지 않는 작은 겨자씨 한 알과 같이 미미하게 시작된다. 따라서 무지한 자들은 그것을 무시한다.

하지만 그 씨앗은 주인의 밭에 심겨져 싹을 내며 자라나게 된다. 우리는 '씨앗' 을 그 자체로서가 아니라 그것을 심은 주인과 함께 볼 수 있어야 한다. 보잘것없는 그 씨앗으로부터 난 싹은 나중에 나물이나 풀이 아니라 커다란 나무로 자라난다. 주인의 의도에 따라 심겨져 싹을 내고 자란 겨자씨 나무는 엄청난 역할을 한다.

그 나무는 밭의 주인을 위한 것일 뿐 아니라 공중의 새들에게도 유익이 된다. 천국도 이와 같다. 처음에는 미미하게 시작되어 사람들의 눈에 보잘것없이 보이지만 나중에서는 엄청나게 크게 자라난다. 그래서 많은 사람들에게 커다란 유익을 끼치게 된다.

우리가 간과하지 말아야 할 사실은 주인이 자기 밭에 심은 생명력 있는 씨앗으로부터 난 나무에 바깥의 새들이 찾아와 보금자리로 삼는다는 사실이다. 이는 언약적 의미를 담고 있는 것으로 보아야 한다. 즉 이 비유는 하나님께서 자신의 밭이라 할 수 있는 언약 민족 가운데 허락하신 예수 그리스도의 사역으로 인해, 이스라엘의 바깥 영역에 있는 이방인들이 그에 동참하게 되는 것을 은연중에 드러내고 있는 것으로 이해해야 되는 것이다.

3. 누룩 비유(33)

누룩은 이스라엘 민족에게 있어서 특별한 의미를 지닌다. 예수께서 '누룩' 이라는 말씀을 하셨을 때 유대인들은 대개 두 가지 정도의 의미를 떠올렸을 것이 분명하다. 그것은 구약시대의 부정적인 개념과 동시에 일상적인 식생활에서 빵을 만들 때 그것이 부풀도록 하는 용도에 연관되는 것이다.

유대인들은 누구든지 '누룩' 이라는 말을 들을 때 구약성경에 나타나는 누룩을 떠올릴 수밖에 없었다. 구약의 율법에는 실제 누룩의 쓰임새에 관한 내용과 더불어 그에 연관된 교훈이 많이 나타난다. 모세는 이스라엘 백성들이 하나님께 곡물로 소제를 드릴 때 누룩을 넣지 말도록 명령했다.

> "무릇 너희가 여호와께 드리는 소제물에는 모두 누룩을 넣지 말지니 너희가 누룩이나 꿀을 여호와께 화제로 드려 사르지 못할지니라"(레 2:11)

하나님께 바치는 소제물에 누룩이나 꿀을 넣지 말라고 명령한 것은 거룩한 성소에 바쳐지는 제물을 인간들의 입맛에 맞추지 말고 하나님의 은총 가운데 허락된 곡물로 만들어진 제물 자체를 그대로 드리라는 것이었다. 인간들은 항상 자기의 입맛에 길들여지는 경향성을 지니고 있다. 그렇게 되면 다른 사람들에게 자기의 경험과 취향을 강요할 뿐 아니라 하나님 앞에서도 그런 태도를 버리지 못할 수 있다.

인간들의 이런 주관적인 경향성은 주변을 향한 파급효과가 엄청나다. 따라서 하나님께서는 그것을 방지하도록 명령하셨다. 이는 세상의 악한 것들이 하나님의 것에 영향력을 끼치지 못하게 하는 의미가 있다.

또한 신약성경에는 누룩의 부정적인 면에 대한 교훈들이 많다. 이것 역시 하나님의 교회와 성도들에게 미치게 되는 악한 영향력에 관한 문제이다. 잘못된 누룩을 철저히 경계하지 않으면 전체를 부정하게 만든다. 사도 바울은 고린도교회에 편지하면서 그에 연관된 언급을 분명히 했다.

> "너희의 자랑하는 것이 옳지 아니하도다 적은 누룩이 온 덩어리에 퍼지는 것을 알지 못하느냐 너희는 누룩 없는 자인데 새 덩어리가 되기 위하여 묵은 누룩을 내어버리라 우리의 유월절 양 곧 그리스도께서 희생이 되셨느니라 이러므로 우리가 명절을 지키되 묵은 누룩도 말고 괴악하고 악독한 누룩도 말고 오직 순전함과 진실함의 누룩 없는 떡으로 하자" (고전 5:6-8)

눈에 보이지 않는 적은 누룩이 금세 온 덩어리에 퍼지게 된다. 조그만 누룩의 영향력이 그만큼 크다는 것이었다. 그러나 사람들이 보통 눈으로 식별할 수 없는 누룩이기 때문에 그에 대한 경계감을 가지기 어렵다. 여간 민감하게 깨어 있지 않으면 자기 주변에 누룩이 있음에도 불구하고 그것을 인식하지 못한다.

그런데 예수께서는 비유 가운데서 천국이 마치 '누룩' 같다고 말씀하셨다. 당시 백성들은 날마다 먹는 빵에 누룩이 들어가지 않으면 안 된다는 사실과, 조그만 누룩이 빵 전체에 영향을 끼치며 그로 말미암아 맛있는 식사를 할 수 있다는 사실을 기억하고 있었다. 이는 누룩의 영향력이 빵 자체뿐 아니라 사람들 전체에 크게 미치게 됨을 의미하고 있다.

예수께서는 그점을 염두에 두고 천국을 누룩에 연관지어 비유로 말씀하셨다. 천국은 마치 여자가 가루 서 말 속에 갖다 넣어 부풀게 한 누룩과도 같다. 이는 결코 특별한 일이 아니라 집안에 있는 여성들의 일상적인 일이자 모든 백성들이 음식을 먹음으로써 그에 참여하고 있다.

이 말씀은, 하나님으로 말미암아 세상에 들어온 천국이 보잘것없이 보이는 모습으로 시작되지만 그 영향력은 지상의 교회와 온 세상에 퍼지게 될 것을 의미한다. 이는 마치 적은 누룩이 빵덩어리 전체를 부풀게 하는 것과도 같다. 즉 누룩에 생명력이 있어서 빵을 부풀어 오르게 하는 것처럼 천국에는 생명력이 있어서 하나님의 자녀들에게 궁극적인 영향을 끼치게 되는 것이다.

여기서 우리가 이와 더불어 생각해야 할 바는 '빵' 에 연관된 사실적인 의미이다. 누룩은 여자가 준비하는 빵의 재료인 가루뿐 아니라 그것을 먹는 사람들에게 영향을 끼치게 된다. 즉 천국의 누룩은 하나님의 자녀들에게 직접적인 영향력을 행사하는 동시에, 긍정적이든 부정적이든 세상의 모든 인간들에게 결정적인 영향을 끼치게 된다.

4. 비유의 목적(34,35)

예수께서는 특별히 비유를 통해 천국 복음을 선포하시고자 했다. 이는 자기 백성들을 위한 주님의 사역 방편이었다. 구약성경에는 이와 연관된 사실이 예언되어 있다. 시편기자는 이에 관한 의미와 더불어 메시아 예언을 노래했다. 이는 오실 메시아가 비유를 통해 말씀하심으로써 창세전부터 감추인 것들을 드러내시고자 하는 구약의 예언이 이루어지게 됨을 노래하는 것이다.

> "내 백성이여, 내 교훈을 들으며 내 입의 말에 귀를 기울일지어다 내가 입을 열고 비유를 베풀어서 옛 비밀한 말을 발표하리니 이는 우리가 들은 바요 아는 바요 우리 열조가 우리에게 전한 바라 우리가 이를 그 자손에게 숨기지 아니하고 여호와의 영예와 그 능력과 기이한 사적을 후대에 전하리로다"(시 78:1-4)

구약성경에는 이처럼 메시아가 오시면 비유를 통해 하나님께서 태초부터 계시해 오신 비밀을 선포하게 되실 것이 예언되어 있다. 따라서 예수께서 비유로 말씀하신 것 자체가 메시아에 관한 구약의 성취였다.

하나님의 비밀은 언약의 자손에게는 분명히 드러나지만 그렇지 않은 자들에게는 철저히 감추어져 있다. 나아가 그 비밀은 언약 백성들을 통해 자손 대대로 전달되어 간다. 따라서 교회에 속한 하나님의 자녀들은 항상 그 영원한 비밀을 소유하고 있어야 한다. 그래야만 하나님의 놀라운 능력과 그가 행하신 일들이 세대를 이어 대대로 전해져 증거될 수 있기 때문이다.

이와 같이 숨겨져 있던 하나님의 복음은 예수 그리스도와 그의 사역을 통해 명확하게 드러나게 된다. 즉 예수께서 비유로 말씀하신 것은 창세전부터 감추어진 비밀을 택하신 백성들 가운데 드러내시고자 함이었다. 사도 바울은 골로새 교회에 편지하면서 그에 관한 언급을 하고 있다.

> "이 비밀은 만세와 만대로부터 옴으로 감춰었던 것인데 이제는 그의 성도들에게 나타났고 하나님이 그들로 하여금 이 비밀의 영광이 이방인 가운데 어떻게 풍성한 것을 알게 하려하심이라 이 비밀은 너희 안에 계신 그리스도시니 곧 영광의 소망이니라"(골 1:26,27)

사도 바울은 감추어져 왔던 하나님의 비밀이 유대인을 넘어 이방인 가운데 풍성하게 알려진다는 사실을 말하고 있다. 그 비밀은 곧 예수 그리스도 자신이다. 그는 하나님의 자녀들을 위한 유일한 영광의 소망이 되며 그 이외에 다른 어떤 소망도 존재하지 않는다.

하나님께서는 그 놀라운 복음을 증거하시기 위해 구약에 예언된 대로 특별히 많은 비유들을 말씀하셨다. 하나님의 은혜로 말미암아 들을 귀를 소유하게 된 자들은 그 의미를 깨달아 알게 되었다. 교회 가운데 역사하시는 성령 하나님의 중요한 사역 가운데 하나가 바로 그것이었다.

5. 가라지 비유에 대한 설명(36-43)

예수께서 무리를 떠나 집으로 들어가셨을 때 제자들은 앞서 주어진 가라지 비유의 진정한 의미를 알고자 그에게 질문했다. 그러자 예수께서는 저들에게 가라지에 관한 비유의 의미를 구체적으로 설명해 주셨다.

우선 비유 가운데 언급된 좋은 씨를 뿌리는 자는 구약성경에 예언된 인자人子를 지칭한다는 사실을 말씀하셨다. 이는 인간의 몸을 입고 이땅에 오신 메시아인 예수님 자신이 직접 '자기 밭' 에 좋은 씨를 뿌리는 주인이 된다는 것이었다. 따라서 천국이 씨 뿌리는 사람과 같다는 말과 마찬가지로 영원한 하나님 나라는 자기 영역에 천국의 아들들을 두는 인자와 같다. 이는 구약성경에 예언된 메시아를 지칭하는 것으로서 천국과 인자가 동일시되고 있음을 말해 준다.

그리고 예수께서는 비유 가운데 언급된 밭은 세상을 의미한다고 말씀하셨다. 이에 대해서는 우리가 좀 더 신중하게 생각해 보아야 한다. 왜냐하면 비유에서 언급되고 있는 '세상' 이 일반적인 관점에서 말하는 모든 세상을 의미하는가 하는 점 때문이다.

본문에 기록된 세상은 당시 언약 민족이었던 이스라엘을 의미하고 있는 것으로 이해해야 한다. 전체적인 문맥을 고려해 예수님의 말씀을 살펴볼 때 '세상' 이란 인간들이 살고 있는 모든 세상이라기보다 언약 민족인 이스라엘을 일컫는 것으로 보는 것이 바람직하다. 이는 좋은 씨를 뿌리는 주인의 밭이 한정적이듯이 예수께서 사역하시는 영역도 한정적인 의미를 지니고 있는 것과 연관된다.

예수님은 또한 비유 가운데 나타나는 좋은 씨가 천국의 아들들이라고 말씀하셨다. 여기서 말하는 좋은 씨란 원천적인 고유한 속성에 기초하고 있다. 즉 좋지 않은 씨가 좋게 된다든지 혹은 그 반대라든지 하는 것이 아니다. 좋은 씨는 원래부터 예수 그리스도께 속한 씨앗인 것이다.

동시에 예수께서는 가라지를 악한 자의 아들들이라고 말씀하셨다. 그 가라지들은 처음부터 악한 마귀에게 속해 있었다. 마귀는 다른데 있는 씨앗을 가져와 심은 것이 아니라 자기의 소유가 되어 있는 나쁜 씨인 자기 백성을 메시아의 소유인 남의 밭에 몰래 가져와 뿌렸다. 문제는 씨앗이 싹을 내고 어느 정도 자랄 때까지 좋은 곡물과 가라지가 구별되지 않는 것처럼 지상의 교회 가운데서 누가 참 신자인지 거짓 신자인지 쉽게 구별이 되지 않는다는 사실이다.

그 악하고 위험한 가라지를 남의 밭에 심은 마귀는 하나님의 원수였다. 그는 자기에게 속한 악한 가라지를 하나님의 영역에 몰래 심어놓음으로써 하나님의 일을 방해하고자 했던 것이다. 하나님의 종들은 그 사실을 알고 잠시 당황스러워하지만 때가 되면 하나님께서 그에 대한 궁극적인 심판을 하시게 된다.

추수 때인 세상의 종말이 이르게 되면 인자이신 예수 그리스도께서 자신의 천사들을 보내신다. 좋은 씨앗에서 맺어진 열매를 거두어들이며 가라지를 구별해내는 일군인 천사들이 하나님의 마지막 심판에 참여하게 된다. 요한계시록에는 그에 연관된 구체적인 내용이 기록되어 있다.

> “또 다른 천사가 성전으로부터 나와 구름 위에 앉은 이를 향하여 큰 음성으로 외쳐 가로되 네 낫을 휘둘러 거두라 거둘 때가 이르러 땅에 곡식이 다 익었음이로다 하니 구름 위에 앉으신 이가 낫을 땅에 휘두르매 곡식이 거두

> 어지니라 ... 또 불을 다스리는 다른 천사가 제단으로부터 나와 이한 낫 가진 자를 향하여 큰 음성으로 불러 가로되 네 이한 낫을 휘둘러 땅의 포도송이를 거두라 그 포도가 익었느니라 하더라 천사가 낫을 땅에 휘둘러 땅의 포도를 거두어 하나님의 진노의 큰 포도주 틀에 던지매 성 밖에서 그 틀이 밟히니 틀에서 피가 나서 말굴레까지 닿았고 일천 육백 스다디온에 퍼졌더라"(계 14:15-20)

마지막 심판 때가 되면 하나님의 천사가 낫을 들고 곡식을 추수하게 된다. 그때 천사는 가라지를 거두어 불에 사르듯이 악한 자들을 심판하시게 된다. 그 천사들이 하나님의 나라를 어지럽힌 자들, 즉 성도들로 하여금 넘어지게 한 자들과 불법을 행한 자들을 영원한 풀무불에 던져 넣는다(마 13:41). 천상에 계신 하나님께서 자기의 천사를 보내 알곡은 거두어들이고 가라지는 불에 던져 넣음으로써 영원한 심판을 하시게 되는 것이다.

요한계시록에는 또한 천사가 땅에 있는 포도송이를 거두어 하나님의 진노의 포도주틀에 넣어 짓밟아 심판하실 것이 기록되어 있다. 이와 같이 그들은 하나님의 영역으로부터 분리되어 뜨거운 불 가운데서 울며 이를 갈면서 영원한 고통을 면치 못한다. 이는 단순한 세상이 아니라 언약을 소유한 이스라엘 왕국과 우리 시대의 기독교 가운데 배도한 자들에 대한 심판에 연관되어 있다.

그러나 예수 그리스도의 은혜를 입은 의인들은 영원한 하나님 나라에서 해와 같이 빛나게 된다. 이로써 선과 악에 대한 영원한 분리가 이루어진다(마 25:32,33 참조). 사도 요한은 선한 일을 행한 자와 악한 일을 행한 자 사이에 완전한 분리가 이루어질 것을 예언하고 있다. 이는 모든 인간들에게 제공되는 부활의 몸과 더불어 시행되게 된다.

> "선한 일을 행한 자는 생명의 부활로, 악한 일을 행한 자는 심판의 부활로 나오리라"(요 5:29)

이 세상에 살아가는 인간들은 겉보기에 모두가 똑 같아 보이지만 실상은 그렇지 않다. 나아가 교회 혹은 기독교 안에 수많은 사람들이 들어와 있지만 그 가운데는 하나님께서 뿌리신 참 씨앗으로 말미암는 성도들도 있고, 사탄이 교회를 어지럽히기 위해 몰래 뿌려놓은 가라지들도 상당수 있다.

우리가 분명히 기억해야 할 바는 하나님께서는 자신의 교회 가운데 참된 천국의 아들들을 뿌리신다는 사실이다. 이는 천국은 하나님께 직접 연관되어 있으며 지상에 존재하는 교회조직에 달려 있는 것이 아님을 말해주고 있다. 즉 교회가 천국을 반영하게 되지만 사탄의 계략으로 인해 여전히 많은 문제들이 발생할 수 있다. 따라서 지상에 존재하는 교회와 성도들은 항상 깨어 있는 가운데 진리를 보존하기 위해 최선을 다하지 않으면 안 된다.

제26장
최상의 보물과 지상교회

(마 13:44-58)

1. 밭에 감추어진 보물 같은 천국(44)

예수께서는 천국을 밭에 감추어진 보물과 같다는 비유로 말씀하셨다. 어떤 사람이 남의 밭에 감추어져 있는 보물을 발견했을 때 그는 그에 대한 사실을 일절 외부에 발설하지 않았다. 대신 그 사람은 그 밭에 귀중한 보물이 감추어진 사실을 알게 되었으므로 마음속으로 크게 기뻐했다. 그리하여 그는 곧장 집으로 돌아가 자기의 모든 소유를 팔아서 돈을 마련해 그 밭을 사게 되었다.

그 사람이 남의 밭에서 보물을 발견하게 된 것은 과연 우연이었을까? 어떤 구체적인 과정을 거쳤는지는 모르지만 그가 다른 사람의 밭에 귀중한 보물이 숨겨져 있다는 사실을 알게 된 점은 분명하다. 이는 그 주인조차도 자기 밭에 귀중한 보물이 감추어져 있다는 사실을 모르고 있었음을 말해주고 있다.

이 비유의 말씀이 주어진 근본적인 의도는 인간들이 소유해야 할 일반적인 지혜를 교훈하고자 하는 것이 아니었다. 그 가운데는 구약성경에 예언되어 있는 메시아와 연관된 언약적 의미가 담겨 있다. 따라서 우리는 비유에 표현된 내용들에서 상징적인 의미를 살펴볼 필요가 있다.

우리가 우선 알 수 있는 사실은 어떤 주인이 소유하고 있던 밭에 귀중한 보물이 감추어져 있었다는 점이다. 그러나 그 보물은 사람들의 눈에 쉽게 띄지 않았으므로 대다수는 그 밭에 보물이 숨겨져 있다는 사실을 알지 못했다. 사람들은 그 밭을 그저 평범하게 여겼을 뿐 특별한 보물이 감추어진 밭이라 생각지 않았다. 심지어는 그 주인조차도 자기 밭에 무엇이 감추어져 있는지 짐작조차 하지 못했다. 만일 그가 자기 밭에 값진 보물이 숨겨져 있다는 사실을 알았다면 결코 다른 사람에게 그 밭을 팔지 않았을 것이다.

그런데 보물의 존재를 발견한 이는 의외로 그 밭과 아무런 상관이 없어 보이는 다른 사람이었다. 그 사람이 남의 밭에 숨겨진 보물을 발견하게 된 것은 개인의 지혜나 능력으로 인한 것이 아니라 그것을 알 수 있는 특별한 기회가 그에게 주어졌음을 말해준다. 또한 중요한 사실은 그 사람이 감추어진 그 보물을 발견한 후 그것의 귀중함을 알고 있었다는 점이다. 그러므로 그는 자기의 모든 소유를 팔아 그 밭을 사게 되었던 것이다.

그 밭에 귀중한 보물이 감추어져 있다는 사실을 모르는 자들은 그 사람이 왜 모든 재산을 정리해 그 밭을 구입했는지 이유를 몰랐을 것이 틀림없다. 밭을 산 사람은 그 밭이 아니라 거기에 감추어진 보물에 관심을 두고 있었다. 즉 밭을 소유하는 것 자체가 아니라 그 밭에 숨겨진 보물에 그의 궁극적인 목적이 있었던 것이다.

우리가 여기서 생각해 볼 수 있는 점은 그것을 발견한 사람이 그 밭을 사지 않고 몰래 가져와도 되지 않았을까 하는 점이다. 주인이 그 사실을 모르고 있었다면 그냥 가져와도 되는 것 아닌가?[58] 그 보물이 감추어진 장소만 자기 밭이었을 뿐 주인은 그에 대한 아무런 정보나 관심이 없었다.

우리는 그 보물이 그냥 밭에 묻혀 존재하는 것이 아니라 어떤 사람이 의

58) 윤리적인 관점이라면, 남의 밭에 감추어진 보물을 발견한 사람은 주인에게 말하지 않고 그 밭을 사려고 할 것이 아니라 밭주인에게 그 사실을 알려주어야 하는 것 아닌가? 필자가 이에 대한 언급을 하는 이유는 이 비유가 윤리와 연관된 것이 아님을 말하기 위함이다.

도적으로 감추어 두었다는 사실을 기억해야 한다. 그 보물의 원래 주인은 오래 전 그것을 거기에 숨겨 두었다. 물론 보물의 원주인은 나중 자신의 후대 상속자가 그것을 찾아 소유하기를 바랐을 것이 분명하다. 따라서 보물을 자기 밭에 소유하고 있으면서도 그에 대한 사실을 알지 못한 자는 어리석은 자라 할 수밖에 없다. 그는 자기 밭에 숨겨진 그 보물의 주인이 될 수 없었기 때문이다.

따라서 남의 밭에서 보물을 발견한 그 사람은 그냥 보물을 캐내 온 것이 아니라 자기의 모든 재산을 판 돈으로 먼저 그 밭을 사서 자기의 소유로 삼았다. 거기 숨겨져 있는 보물은 그냥 간단하게 가지고 나오면 되는 정도의 크기가 아니라 밭을 파고 큰 작업을 해야만 비로소 가질 수 있는 거대한 것이었다. 따라서 그는 그 밭을 구입하게 됨으로써 귀중한 보물을 자신의 것으로 만들게 되었다.

우리는 천국이 밭에 감추어진 보물과 같다고 한 이 비유 가운데서 하나님께서 허락하신 언약적인 의미를 분명히 기억해야 한다. 여기서 밭이란 이스라엘 민족과 저들이 살고 있는 약속의 땅을 상징적으로 말해준다. 그리고 보물이란 그 가운데 오신 예수 그리스도를 가리킨다. 또한 그것을 발견한 사람은 메시아에 연관된 이스라엘 민족의 구속사적 의미를 알고 있는 선택받은 성도들이다.

하나님의 자녀들은 이스라엘 민족을 통해 오신 예수님을 발견하고는 기뻐하지 않을 수 없었다. 따라서 그들은 자신의 모든 것을 바쳐 이스라엘 민족에게 주어진 언약을 자기의 것으로 삼게 된다. 여기에는 선민選民인 이스라엘 민족을 넘어선 이방인들에 관한 언약이 포함되어 있는 것으로 보인다.

하나님의 백성들이 자신의 모든 것을 바쳐 천국을 소유할 수 있었던 것은 그것이 자신의 재산에 비해 비교조차 될 수 없이 크다는 사실을 알고 있었기 때문이다. 천하의 모든 것을 다 준다고 해도 하나님께서 허락하신 영원한 천국과 바꿀 수 없다. 하나님의 자녀들은 그 놀라운 사실을 알고 있다.

그렇지만 하나님을 모르는 자들은 그에 대한 사실을 전혀 깨닫지 못했다. 그들은 이스라엘 민족 가운데 하나님의 아들이신 예수 그리스도가 오셨음에도 불구하고 그를 받아들이지 않았다. 도리어 그런 자들은 모든 것을 다 바쳐 천국을 소유하고자 하는 하나님의 자녀들을 이해하지 못했다. 즉 그들이 무엇 때문에 모든 것을 포기해가며 그리스도를 믿고 따르는지 이해할 수 없었다. 그러나 예수 그리스도를 유일한 주님으로 모시고 살아가는 성도들은 남들이 알지 못하는 기쁨과 즐거움을 소유하고 있다. 그들은 이 세상의 그 어떤 것들보다 소중한 예수님에 대한 언약적인 의미를 잘 알고 있기 때문이다.

그런데 우리가 여기서 주의 깊게 생각해 보아야 할 점은 과연 그 밭과 보물은 한 사람이 사버리면 다른 사람은 더 이상 그것을 살 수 없는 성질의 것인가 하는 문제이다. 즉 밭과 보물은 산술적으로 하나밖에 없는가 하는 점이다. 물론 밭도 하나며 보물도 하나이다. 하지만 예수 그리스도와 연관된 그 밭과 보물은 모든 성도들이 사서 소유할 수 있는 성질을 지니고 있다.

우리는 이 비유에서 사람의 자랑이 겉으로 드러나는 세상의 것들이 아니라 눈으로 볼 수 없이 숨겨진 보물에 있음을 깨닫게 된다. 즉 이 세상에서 부유하여 만족스럽게 사는 삶이 아니라 이스라엘 민족을 통해 이 세상에 오신 메시아가 성도들의 유일한 기쁨과 즐거움이 되는 것이다. 그러므로 지혜로운 자들은 예수 그리스도를 소유하기 위해 자신의 모든 것을 아낌없이 바치게 된다. 이처럼 천국은 어떤 사람이 숨겨진 보물을 발견하여 소유하듯이 우리가 소유하는 것이다.

2. 진주를 구하는 상인商人과 같은 천국(45,46)

예수께서는 천국이 마치 진주를 구하는 상인과 같다고 말씀하셨다. 그 상인은 일반적인 장사를 하는 사람이 아니라 좋은 진주를 찾아 구하는 자였다. 여기서 그가 좋은 진주를 구한다고 하는 말 가운데는 시중에 유사類似 진주 혹은 가짜 진주가 많이 나돈다는 의미를 어느 정도 내포하고 있다.

그 상인은 좋은 진주 하나를 발견하게 되었을 때 자기의 모든 소유를 팔아 그 진주를 샀다. 이 비유는 과연 무엇을 의미하는 것일까? 우리는 먼저 그에 연관된 기본적인 내용에 대해 생각해 볼 필요가 있다.

상인이 물건을 사고 팔 때 매매를 하는 목적은 이문利文을 남기는 것이다. 자기에게 아무런 이익이 발생하지 않는다면 수고해가며 노력할 하등의 이유가 없다. 비유에 나오는 상인은 좋은 진주를 구하여 매매하게 되면 얼마나 많은 이문을 남기게 되는지 분명히 알고 있었다. 그래서 그는 좋은 진주를 구하기 위해 노력하다가 그것을 발견했을 때 자신의 모든 재산을 팔아 최대의 투자를 하게 되었다.

또한 그 상인은 좋은 진주와 그렇지 않은 것을 분별할 수 있는 안목을 가지고 있었다. 물건을 구입하려는 사람이 그에 대한 올바른 분별력을 가지는 것은 매우 중요하다. 만일 그가 진주에 대한 분명한 지식을 가지고 있지 않았다면 좋은 진주와 나쁜 진주를 분별할 수 없었을 것이다.

그리고 그 상인은 좋은 진주 하나를 발견했을 때 그것을 사기 위해 즉각 자기의 모든 것을 투자하는 결단력을 소유하고 있었다. 그는 즉시 집으로 돌아가서 자기의 모든 소유를 팔아 그 좋은 진주 하나를 샀다. 그가 그렇게 했던 까닭은 그것을 찾는 사람들이 많이 있을 것이며 그로 인해 자기의 전 재산보다 훨씬 많은 이익을 남길 수 있다는 확신을 가지고 있었기 때문이다.

이 비유에서 언급된 좋은 '진주'란 예수 그리스도 자신을 의미하고 있다. 본문 가운데 등장하는 그 상인은 처음 하나의 진주가 아니라 다수의 좋은 진주들을(fine pearls) 구하고자 했다. 아마 그는 좋은 진주가 많이 있을 것이라 막연하게 생각했을지도 모른다. 그런 그가 드디어 값진 진주 하나

(one pearl of great value)를 발견하게 되었다.

여기서 우리는 신앙적인 측면에서 이를 생각해 볼 필요가 있다. 무지한 인간들은 이 세상에 다양한 진리들이 있을 것으로 생각하며 그것을 추구한다. 즉 어리석은 자들은 진리가 여러 형태로 존재할 것이라 여기고 있다. 그러나 메시아에 연관된 영원한 진리는 단 하나밖에 존재하지 않으며 나머지는 거짓에 지나지 않는다.

당시 이스라엘 백성들 가운데는 진리에 대한 다양한 형태의 사고를 하는 자들이 많이 있었다. 그러나 참된 진리는 예수 그리스도 한 분밖에 없다. 하나님께서 이 세상에 보내신 메시아에 대한 진정한 관심을 가진 자들은 그를 발견하고 자신의 모든 것을 투자해 그를 소유하게 된다. 물론 그 영원한 진리를 소유하게 되는 것은 하나님의 은혜로 말미암는다.

예수께서 천국을 좋은 진주를 구하는 상인으로 비유하신 의도는 그 역동성에 있다. 타락한 인간들은 모든 것을 투자해 예수 그리스도 한 분만을 소유하는 성도들을 어리석게 여긴다. 그러나 실제로는 그것이 엄청난 이익을 남기게 된다는 사실을 그들은 모르고 있다. 따라서 이 비유는 유일한 구세주이신 예수 그리스도를 발견하고 모든 것을 바쳐 그를 소유하게 된 성도들에 연관된다. 이처럼 천국은 상인이 좋은 진주 하나를 찾아 모든 것을 바쳐 매입하듯이 성도들이 복음을 위해 역동적으로 참여하는 것이다.

3. 물고기 그물과 같은 천국(47-51)

갈릴리 지역에 살고 있던 이스라엘 백성들은 어부가 호수나 바다에서 그물로 물고기를 잡는 모습을 흔히 볼 수 있었다. 예수님의 비유를 듣고 있던 자들 가운데는 어부나 그 가족들도 없잖아 있었을 것이다.

바다에 쳐진 그물에는 좋은 물고기뿐 아니라 못된 물고기들도 걸려든다. 어부들은 그물에 물고기가 가득차면 그것을 물가로 끌어내게 된다. 어부는 그물에 담겨있는 물고기들을 하나하나 분류한다. 좋은 물고기는 그릇에 담고 못된 물고기는 내버린다. 그리하여 좋은 물고기는 어부의 소유가 되는 것이다.

그런데 여기서 우리는 버려진 못된 물고기들의 나중에 대해 생각해 볼 점이 없지 않다는 점을 기억한다. 어부가 못된 물고기들을 물이 없는 땅바닥에 버린다면 곧 죽을 수밖에 없다. 그렇지만 만일 그 물고기들이 바다나 호수 가운데로 버려진다면 마치 다시금 자유를 되찾는 것처럼 여겨질 수도 있다. 하지만 중요한 사실은 버려진 물고기들은 주인과 아무런 상관이 없는 상태가 되어 버린다는 점이다.

그물에 걸렸다가 어부에 의해 버려진 물고기가 다시 물속으로 던져지게 된다면 잠시 자유로운 삶을 획득하게 될 것이 분명하다. 그렇게 되면 좋은 물고기는 죽어 사람들의 밥상에 오르게 되고 못된 물고기가 도리어 자유롭게 된다는 논리가 성립될 수 있다. 그것이 일시적으로는 그렇게 보일 수도 있다. 하지만 분명한 사실은 버려지는 못된 물고기는 어부에게 고기로서의 값어치가 전혀 인정되지 않는다는 점이다.

예수께서는 이 비유 가운데서 천국이 마치 물고기를 잡는 그물과 같다는 말씀을 하셨다. 이는 지상의 교회와 직접 연관지어 이해해야 한다. 이 세상에 존재하는 교회는 마치 물고기 그물처럼 많은 사람들을 담고 있다. 그물 안에 좋은 물고기와 못된 물고기가 섞여 있듯이 교회 가운데도 좋은 성도들이 있는가 하면 그렇지 않은 자들도 섞여 있다.

세상의 마지막이 되면 하나님께서 천사들을 보내 어부가 물고기를 분류하듯이 교회 안에 있는 자들에 대해 의인과 악인을 따로 분류한다. 의인들은 하나님의 영원한 소유가 되지만 악한 자들은 따로 분류되어 뜨거운 풀무불 가운데 던져지게 된다. 그들은 거기서 슬피 울며 이를 갈게 된다.

예수께서는 이 비유를 통해 지상교회에 연관된 종말론적인 교훈을 주고 있다. 이처럼 천국은 물고기를 잡는 그물처럼 사람들을 모으는 그물로서 교회가 그 역할을 감당하게 된다. 지상교회에 속한 모든 교인들은 그물 안에 든 물고기처럼 마지막 심판 때 선악간 나누어질 수밖에 없다. 오늘날 우리는 예수님의 제자들과 마찬가지로 이에 대한 분명한 깨달음을 가져야만 한다.

4. 천국의 가르침을 받는 서기관들(52)

하나님의 자녀들이 영원한 천국의 진리에 관한 참된 가르침을 받는 것은 매우 중요하다. 그런데 예수께서는 특별히 천국의 교훈을 받는 서기관 곧 율법사들에 관해 언급하고 계신다. 그들은 마치 새 것과 옛 것을 자기의 곳간에서 내어오는 집주인과 같다고 말씀하셨다. 이는 과연 무슨 의미를 지니고 있는 것인가?

집주인은 자기가 소유한 모든 귀중한 것들을 곳간에 보관한다. 그 가운데는 새로운 것들도 있으며 옛날의 오래된 것들도 있다. 그래서 주인은 자신의 필요에 따라 언제든지 그것들을 꺼내어 사용하게 된다.

예수님은 천국의 복음을 증거하는 서기관들도 그와 같다는 말씀을 하셨다. 천국에 관한 참된 가르침은 사람들이 일반적으로 소유할 수 있는 지식에 근거하지 않는다. 따라서 인간들의 이성과 경험에 따라 아무렇게나 사람들에게 천국이 가르쳐져서는 안 된다.

천국과 진리에 관한 모든 것들은 기록된 하나님의 계시인 구약과 신약에 기초하고 있다. 그러므로 교회 가운데 하나님의 진리를 가르치기 위해서는 성경에 대한 올바른 지식과 깨달음이 있어야만 한다. 천국의 가르침을 받는 서기관들과 같이 지상교회의 교사들은 집주인이 새 것과 옛 것을 필요에 따라 내오듯이 신약과 구약의 내용을 가져와 메시아를 증거하며 그에 관해 가르쳐야 한다.

이는 오늘날 우리 시대의 교사 직분을 맡은 목사들에게 있어서도 그대로 적용된다. 하나님의 말씀을 증거하고 가르치는 사역자로 세움을 받은 성도들은 구약과 신약의 말씀을 가져와 하나님과 그의 메시아에 대한 증거를 해야만 한다. 따라서 교회 가운데서는 하나님의 말씀이 지속적으로 가르쳐짐으로써 영원한 진리가 증거되어야 하는 것이다.

5. 고향에서 배척당하시는 예수님(53-58)

일반적인 안목으로 볼 때 요셉의 아들로 태어난 예수님은 어릴 때부터 그리 대단한 인물로 인정받지 못했다. 그는 돈 많은 부잣집에서 출생한 것도 아니었으며 권력을 소유한 귀족층의 가문에 태어난 것도 아니었다. 그렇다고 해서 주변 사람들의 부러움의 대상이 되는 도시의 그럴듯한 집안에서 출생하지도 않았다.

예수님은 목수의 아들로 태어나 시골 환경 가운데서 성장했다. 아마도 형제들이 많아 먹고 살아가는 생활마저 빠듯했을지도 모른다. 당시 중산층 집안의 자녀들이 다른 지역으로 유학을 떠나거나 많은 교육을 받을 수 있었던데 반해 예수님은 일반학교 교육을 제대로 받지 못했다. 성경이 그에 대해 증언하고 있다.

> "예수께서 성전에 올라가사 가르치시니 유대인들이 기이히 여겨 가로되 이 사람은 배우지 아니하였거늘 어떻게 글을 아느냐 하니" (요 7:14,15)

나사렛과 그 인근 지역에 살면서 예수님의 어린 시절을 기억하던 사람들은 그가 착실한 삶을 살았다는 것 이외에 달리 빼어난 인물로 인식하지 않았다. 그는 어릴 때 특별한 천재성을 드러내거나 기적을 행하지 않았기 때문이다.

그런 예수께서 청년이 되어 외지에서 종교 활동을 하다가 고향으로 돌아와 유대인 회당에서 가르치셨다. 그가 백성들에게 성경을 해석하면서 천국복음을 증거하실 때 그것을 본 사람들은 놀라지 않을 수 없었다. 그들은 예수님의 놀라운 지혜와 행하시는 능력이 어디로부터 난 것인지 의아하게 생각했다. 일반학교 교육을 많이 받은 것도 아닌 그가 비록 일부이기는 하나 당시 덕망 있는 유대인 교사들인 서기관들과 랍비들마저 가르치고 있었기 때문이다.

나아가 예수님의 고향 사람들은 그의 가르침 자체 때문에 놀란 것이 아니라 그가 원래 그럴 만한 인물이 아니라는 데 모든 주의를 집중했다. 그들은 나사렛에 살고 있던 그의 부모와 형제자매를 잘 알고 있었다. 부모인 요셉과 마리아뿐 아니라 그의 형제들인 야고보, 요셉, 시몬, 유다와 여동생들은 저들의 이웃이었다. 또한 그의 아버지인 요셉의 직업이 목수라는 사실도 모든 사람들에게 알려져 있었다. 그가 일반 교육을 많이 받지 않은 것도 이미 다 알려진 사실이었다.

그 사람들은 하나님께서 인간의 몸을 입고 이 세상에 오신 메시아가 아니라 상식적으로 대하던 예수님만을 염두에 두고 있었다. 즉 그들에게는 이성과 경험을 통해 알고 있던 예수님이 전부였다. 그런 그가 자신을 하나님이 보내신 메시아로 주장한다는 사실과 그렇게 주장하는 그를 따르는 무리가 많은 것을 보고 이상하게 생각했던 것이다. 그리하여 나사렛 인근 지역에 살고 있던 고향 사람들은 대개 그를 배척했다.

그런 안타까운 환경에 처한 예수께서는 선지자가 자기 고향에서는 존경받지 못한다는 사실을 말씀하셨다. 이는 사람들이 자신의 경험적인 기억의 눈을 통해 선지자를 보고자 하기 때문이다. 이제 예수께서 그런 자들을 위해서 특별히 해 줄 수 있는 일은 없었다. 이성과 경험에 따른 판단을 하고 있는 백성들은 그 어떤 것도 받아들일 준비가 되어 있지 않았기 때문이다. 그러므로 예수님은 거기서 더 이상 많은 능력을 행치 않으셨던 것이다.

제7부

구속사와 메시아 사역

제27장 세례자 요한의 죽음과 헤롯 분봉왕

(마 14:1-12)

1. 헤롯 분봉왕[59]의 예수님에 대한 생각

(1) 헤롯 분봉왕의 통치시대(1)

로마제국 아우구스투스 황제의 관할 아래 헤롯 대왕이 이스라엘 지경을 통치하던 시기에 세례자 요한과 예수님이 출생했다. 헤롯의 사망 이후 가나안은 세 지역으로 분할되었다. 그로부터 삼십 여년이 지난 후 로마의 디베료가 황제의 자리에 있을 때 본디오 빌라도가 가나안의 총독으로 있었다. 당시에는 가나안의 정치지도자들과 예루살렘의 제사장 자리는 새로운 사람들이 차지하고 있었다.

---

59) 분봉왕(Tetrarch)이란 일반적인 의미의 왕과는 다르다. 당시 로마제국의 위임을 받아 통치력을 행사한 최고 권력자로 볼 수 있다. 분봉왕 헤롯 안티파스(Herod Antipas: BC 20-AD 39)는 헤롯대왕과 그의 사마리아인 아내 말다게(Malthace) 사이에서 태어났다. 그는 교활한 성격을 지닌 자로서 AD 4년 분봉왕이 되어 예수님 당시 갈릴리와 베뢰아 지역을 다스리고 있었다. 헤롯은 나바테아의 공주(이레타스 4세의 딸)와 혼인했으나 로마에 머무는 동안 자신의 이복동생 빌립의 아내 헤로디아와 불륜 관계에 빠져 그녀를 가나안으로 데려와 재혼한 것으로 알려져 있다. 그로 인해 나바테아와는 갈등이 생겨났으며 AD 36년 이레타스와의 전투에서 패배했다. 그후 AD 39년 리용으로 유배되어 그곳에서 사망했다.

> "디베료 가이사가 위에 있은 지 열 다섯 해 곧 본디오 빌라도가 유대의 총독으로, 헤롯이 갈릴리의 분봉왕으로, 그 동생 빌립이 이두래와 드라고닛 지방의 분봉왕으로, 루사니아가 아빌레네의 분봉왕으로 안나스와 가야바가 대제사장으로 있을 때에 하나님의 말씀이 빈 들에서 사가랴의 아들 요한에게 임한지라"(눅 3:1,2)

예수님이 성장하던 시기의 갈릴리 지역 분봉왕은 헤롯 안디바였다. 로마제국의 본디오 빌라도 총독이 이스라엘 전역에서 군사적인 실제 권력을 행사했다면 헤롯 가문의 사람들은 여러 지역을 나누어 통치하고 있었다. 그들은 각기 다른 지역을 차지하고 있으면서 행정적으로 서로 협력하는 관계였다.

또한 예루살렘에는 안나스와 가야바가 성전 대제사장으로 있으면서 이스라엘 민족의 종교지도자 역할을 하고 있었다. 그들은 형식상 성전 제사에 관한 중요한 직임을 담당하고 있었으나 참 메시아를 알지 못하는 자들이었다. 그럼에도 불구하고 선량한 이스라엘 백성들은 저들의 잘못된 종교사상을 분별하지 못하고 그에 미혹되어 있었다.

그런 상황 가운데서 헤롯 분봉왕은 예수님에 관한 소문을 듣게 되었다. 물론 그전에도 예수님의 이름을 들어 알고 있었겠지만 백성들 가운데서 다양한 이적을 행하는 그에 대해 더 많은 정보를 가졌을 것이 분명하다. 당시는 그가 이미 세례자 요한을 처형한 이후였으므로 예수님의 사역이 더욱 본격적으로 행해지는 때였던 것이다.

(2) 예수님에 대한 헤롯 분봉왕의 판단(1,2)

원래 헤롯은 세례자 요한에 대해 그다지 부정적이지 않았다. 그는 진리와 종교에 관심이 있었던 것이 아니라 오로지 정치에만 목적을 두고 있었다. 이 말은 그가 백성을 위한 정치인이 아니라 개인적인 영달을 위해 백성을 이용했을 따름이라는 사실을 말해준다. 즉 자기의 권력을 누리며 인생을 향유할 수 있다면 나머지는 그다지 중요하지 않았던 것이다. 따라서 세례자 요한이 어떤 종교적인 활동을 하든지 그를 대적할 마음은 없었다.

하지만 요한이 자신의 정치적 비리와 윤리적인 부정을 책망하며 듣기 싫은 소리를 했을 때 그를 죽이려는 마음이 생겨났다(마 14:5). 한편 양심의 가책으로 인해 그의 말을 달게 받아들이려는 마음도 없잖아 있었다(막 6:20). 이는 물론 그가 마음이 관대하다거나 정적政敵들에 대한 수용폭이 넓었기 때문은 아니었다.

당시 이스라엘 백성들은 대개 세례자 요한을 의롭고 거룩한 사람으로 생각했다(막 6:20,21). 다수의 백성들이 그렇게 믿고 있다면 헤롯은 자기도 그에 벗어날 필요가 없다고 여겼다. 만일 세례자 요한을 적대관계에 두게 되면 자신의 정치 활동에 불필요한 어려움이 발생하게 될지도 모를 일이었기 때문이다.

그런 정치적 판단을 하고 있던 헤롯이 교활한 후처後妻였던 헤로디아의 계략에 말려들어 의도하지 않은 상황에서 세례자 요한을 사형에 처하게 되었다. 헤로디아는 오래전부터 자신을 비난하는 원수와 같은 요한을 죽이고자 하는 마음을 품고 있었다(막 6:19). 하지만 백성들을 의식하는 헤롯의 입장은 다소 달랐다.

그러므로 헤롯이 자신의 생일잔치 자리에서 요한을 잔인하게 처형한 사건은 썩 마음에 내키지 않은 일이었으며 쉽게 뇌리에서 떨쳐버릴 수 없었다. 나아가 나중까지 그에 대한 백성들의 여론에 신경이 쓰였을 것이 분명하다.

그런 시점에 예수님의 사역에 관한 이야기가 이스라엘 전역으로 퍼져나갔다. 이스라엘 백성들 가운데 상당수는 그를 하나님께서 보내신 메시아로 믿고 따르고 있었다. 물론 그중에는 예수님께 적극적으로 대항하는 세력도 있었다. 헤롯 분봉왕은 예수께서 다양한 기적들을 일으키며 천국복음을 증거할 때 수많은 군중이 그를 따르고 있다는 모든 소문을 듣게 되었다.

당시는 메시아 논쟁이 극심하게 일어나던 때였다. 사람들은 엘리야나 예레미야와 같은 선지자들 가운데 하나가 메시아로 오신다고 믿는 경우가 많았다. 혹은 세례자 요한이 곧 하나님이 보내신 메시아일 것으로 믿는 자들도 있었다. 그런 생각을 하는 자들은 대개 미신迷信에 빠져 있었다. 그들 가운데 다수는 메시아를 구약시대의 선지자가 환생한 존재이거나 그들 중 한 사람의 영혼을 담고 있는 인물로 여겼다.

헤롯 분봉왕은 예수님의 기적에 관한 소문을 듣고 그가 곧 세례자 요한이라고 판단했다. 헤롯은 그에 대해 단정적인 생각을 하고 있었다(마 14:2). 하나님의 보냄을 받은 특별한 인물이 아니고서는 결코 그런 놀라운 기적을 행할 수 없다고 믿었던 것이다. 물론 헤롯의 관심은 예수 그리스도보다 세례자 요한에게 더 많이 있었다. 그는 자기가 세례자 요한을 잔인하게 처형한 사실에 대한 두려움을 가지고 있었기 때문이다.

헤롯은 예수님이 죽은 세례자 요한의 '영'을 받은 자로 이해했을 것이 틀림없다. 그는 요한의 모든 권능이 예수님을 통해 나타난다고 믿었다. 요한이 처형된 지 얼마 되지 않은 상태에서 그가 다시 환생한 것으로 받아들일 수는 없었다. 그렇지만 중요한 사실은 이스라엘 민족의 정치적 중심에 서있는 지도자가 예수님을 세례자 요한과 동일한 인물로 간주하고 있었다는 점이다.

분봉왕 헤롯의 이러한 생각이 일반 백성들에게 퍼져나갔을 것은 쉽게 짐작할 수 있다. 마태복음 16장에서 제자들이 메시아에 대한 백성들의 생각을 언급하면서 '더러는 세례자 요한' 일 것으로 믿는다고 한 점에서 이를 추측하게 된다(마 16:14 참조). 이스라엘 백성들 가운데 그렇게 생각하게 된 자들이 많이 생겨난 것은 헤롯의 영향으로 보인다.

그런데 이와 더불어 우리의 특별한 관심을 끄는 대목은 헤롯의 말 중에 세례자 요한이 죽은 자 가운데서 살아날 가능성에 대한 언급을 했다는 사실이다. 이는 '죽은 자 가운데서 다시 살아난 세례자 요한'(14:2)에 관한 그의 말 가운데 예수 그리스도의 부활에 연관된 예언적 성격이 들어있는 것으로 이해할 수 있기 때문이다. 그와 같은 생각은 당시에도 결코 일반적이지 않았다. 얼마 전에 죽은 사람이 곧장 되살아날 수 있다는 생각을 하는 것은 결코 평범하지 않다.

물론 헤롯 분봉왕이 세례자 요한에 대해 그렇게 생각한 것은 예수님의 죽음과 부활을 염두에 둔 것이 아니었다. 하지만 이스라엘 민족의 최고 통치자로서 언급한 그 말이 부지중에 그에 관한 예언적 의미를 드러내 보여주고 있는 것으로 이해할 수 있다. 나아가 분봉왕의 입술을 통해 그런 말이 나왔다는 사실은 그것이 다른 일반 백성들에게 전해졌음을 의미한다.

2. 세례자 요한에 관한 과거사過去事

(1) 헤롯 분봉왕과 세례자 요한의 투옥(3,4)

헤롯은 일반적인 관점에서 본다고 해도 선정善政을 펼친 정치가가 아니었다. 자기의 이기적인 욕망을 추구하던 그는 온갖 부정한 비리에 연루되어 있었다. 나아가 정치적인 사안뿐 아니라 윤리적인 문제에 있어서도 그는 깨끗하지 못했다.

헤롯은 자신의 이복동생 빌립이 정권에서 실추당했을 때, 그의 아내이자 자기의 제수였던 헤로디아와 불륜에 빠져 재혼했다. 그것은 단순히 한 나라에서 통치력을 행사하는 정치가로서 개인적인 문제였을 뿐 아니라 하나님의 언약을 맡은 이스라엘을 더럽히는 악행이었다. 지도자들의 그런 더러운 악행은 일반 백성들의 윤리관을 약화시킴으로써 나라를 혼잡스럽게 만들 것이 틀림없었기 때문이다.

그러나 권력에 아부하는 자들은 그에 대해 아무런 언급을 하지 않았다. 나아가 권력이 무서워 그렇게 하지 못하는 비겁한 자들이 있었는가 하면 그 권력에 편승하기 위해 입을 다물고 있는 자들도 많이 있었을 것이다. 그러나 하나님의 사람 세례자 요한은 그렇지 않았다. 그는 헤롯 분봉왕의 모든 악행들을 하나님의 이름으로 강하게 책망했다(눅 3:19).

헤롯이 세례자 요한을 체포하여 구금한 주된 이유는 다른 악행들에 관한 지적보다 동생의 아내 헤로디아를 후처로 맞게 된 사실을 공개적으로 비판했기 때문이었다. 물론 그는 형식상으로 요한에게 다른 죄 몫을 적용했을 것이 틀림없다. 이를테면 '왕의 권위에 도전하는 저항죄' 또는 '국가 기강을 문란케 한 죄' 혹은 '하나님의 언약 민족을 욕하며 비판하는 죄' 등이었을 것이다.

(2) 이스라엘 민족과 세례자 요한(5)

세례자 요한은 평범한 보통 가정에서 태어난 인물이 아니었다. 그는 당시 최고의 가문이라 할 수 있는 제사장 집안에서 태어났다. 따라서 누가 봐도 그는 이스라엘 민족 가운데 특권층 집안의 아들로 인정받을 수밖에 없었다. 이는 가난한 부모를 둔 예수님과 상당히 대비되는 부분이다.

그러므로 일반 유대인들은 세례자 요한을 특별한 인물로 간주하고 있었다. 즉 그는 제사장 가문에 속한 사람으로서 하나님의 선지자로 인정받았던 것이다. 물론 그가 그런 대우를 받을 수 있었던 것은 나름대로 분명한 이유가 있었다.

당시 종교적인 기득권층 집안에 속한 대다수 사람들은 민족을 앞세워 자신의 욕망을 추구하기에 급급했다. 그들은 종교를 개인적인 욕망의 도구로 삼았으며 그것으로써 성공하고자 하는 마음을 가지고 있었다. 그렇지만 세례자 요한은 그렇지 않았다. 그는 일찌감치 자신에게 있을 법한 모든 기득권을 포기하고 이스라엘 백성들을 향해 오직 하나님의 말씀을 증거하기 위해 애썼다. 일반 백성들은 요한의 그런 행동을 보며 하나님이 보낸 특별한 사자라 믿었던 것이다.

따라서 세례자 요한이 분봉왕 헤롯의 죄악을 공개적으로 지적했을 때도 헤롯은 그를 죽이기를 꺼렸다. 자기의 정치적 목적을 위해서라면 어떤 행위도 마다하지 않는 부정한 정치가였지만 백성들의 눈길을 의식하지 않을 수 없었다. 이는 그가 세례자 요한의 편에 서있는 일반 백성들을 두려워했다는 사실을 말해주고 있다.

(3) 헤롯의 생일잔치(6)

헤롯은 자신의 생일을 맞아 많은 하객들을 초청했다. 그는 그것마저 정치적, 외교적 목적을 이루기 위한 방편으로 활용했다. 따라서 힘없는 보통사람은 그 자리에 초대되지 않았을 뿐더러 감히 참여할 수도 없었다.

그 생일잔치에는 정치적인 거물들과 로마군대의 최고위 장교들, 그리고 그럴싸한 귀족들이 참여해 흥겨운 잔치를 벌이고 있었다(막 6:21). 겉으로 보이는 모습과 달리 그 자리는 순수한 생일 축하연이라기보다 정치적인 목적과 더불어 감추어진 음모가 도사리고 있는 특별한 자리였다고 말할 수밖에 없다.

헤롯의 생일잔치에서 주인격이 되는 사람들은 역시 그 가족이었다. 참석한 사람들에게 감사하다는 인사도 해야 했으며 그들이 즐겁게 놀다 갈 수 있도록 배려도 해야만 했다. 즉 그의 가족들은 헤롯을 즐겁게 하는 동시에 거기 참석한 하객들의 흥겨움에도 신경을 써야만 했던 것이다.

그런 분위기 가운데서 헤로디아의 딸이 계획된 대로 자신의 의붓아버지 헤롯을 즐겁게 하기 위해 춤을 주었다. 그녀는 헤롯의 동생 빌립과 헤로디아 사이에 태어난 딸 살로메였다. 헤롯을 비롯한 거기에 모인 모든 하객들은 숨겨진 내막을 모르는 채 그 광경을 지켜보며 즐거워했다. 그러나 거기에는 무서운 음모가 도사리고 있었다.

(4) 헤로디아의 계략과 세례자 요한의 비참한 말로(7-11)

분봉왕 헤롯은 의붓딸의 춤을 보고 매우 흡족해 했다. 그래서 그는 그녀에게 상급을 내리고자 공언했다. 감정에 듬뿍 취한 그는 의붓딸인 살로메에게 무엇이든지 구하기만 하면 다 줄 것이며 나라의 절반까지라도 주겠노라고 맹세했다(막 6:23). 그것은 거기 있는 모든 사람들이 듣는 데서 행한 공개적인 맹세였다.

그는 아마 헤로디아의 딸이 소녀에게 걸맞는 요청을 할 것이라 생각했을 것이 틀림없다. 하지만 그 여자아이는 아무도 예기치 못했던 의외의 잔인한 요구를 했다. 그것은 감옥에 갇혀있는 세례자 요한의 머리를 쟁반에 담아 현장에서 자기에게 달라는 것이었다(막 6:25). 이는 그 어미 헤로디아가 딸에게 그렇게 시켰기 때문이다.

헤롯은 의붓딸로부터 그 요청을 듣고 당황하지 않을 수 없었다. 그는 세례자 요한을 감옥에 구금하기는 했지만 자신의 생일 축하연이 베풀어지는 자리에서 죽일 마음은 전혀 없었다. 하지만 헤롯은 촘촘히 얽혀진 망과 같은 헤로디아의 계략에서 빠져 나오기 어려웠다.

헤롯이 세례자 요한을 그 자리에서 죽일 마음이 전혀 없었다고 할지라도 거기에 함께 앉아있던 유명 인사들로 인해 자기의 말과 맹세를 번복하거나 딸의 요구를 거절하기 어려웠다. 또한 그는 옳고 그름이 아니라 명분을 중시하는 인물이었다. 그는 결국 옆에 서있던 시위병을 감옥으로 보내 요한의 목을 베어오도록 명령했다.

그리하여 세례자 요한의 잘려진 머리가 연회자리에 들어왔다. 모든 사람들이 홍에 취해 즐거워하는 자리에 예수 그리스도의 사자로 보냄을 받은 그의 머리가 비참한 모습을 드러내 보였다. 그것은 생일잔치 분위기를 망치는 일 아닌가?

아마 그 자리에 있던 모든 사람들은 여기저기 피가 묻어있는 요한의 목 잘린 얼굴을 보고 깜짝 놀랐을 것이다. 잔치자리에 목이 잘려진 사람의 머리가 등장한다는 것은 있을 수 없는 일이었기 때문이다. 그럼에도 불구하고 헤롯은 그 끔찍한 일을 자행했다.

헤로디아의 딸은 여러 하객들이 보는 앞에서 세례자 요한의 머리가 담긴 쟁반을 자기 어미에게 갖다 주었다. 이보다 더 잔혹하고 처참한 죽음이 또 어디 있을까? 그 광경을 지켜보는 생일 축하객들은 과연 무슨 생각을 했을까? 헤롯은 공포정치를 하는 자신의 막강한 세력과 더불어 약속에 철저한 이미지를 보여줌으로써 위안을 삼으려 했을지도 모른다.

우리가 여기서 주의 깊게 기억해야 할 점은 헤롯 분봉왕이 세례자 요한을 처형하면서 사적인 감정에 의한 것이라는 인상을 풍기지 않았을 것이라는 사실이다. 아마도 그는 대단한 정의실천과 함께 질서유지를 위해 그렇게 하는 듯이 행세했을 것이다. 나사렛 이단자의 앞잡이노릇을 하면서 예루살렘 민족 지도자들을 향해 '독사의 자식들'이라는 심한 욕설을 퍼붓던 세례자 요한 아니었던가?

분명한 사실은 분봉왕 헤롯이 요한의 목을 베었을 때 백성들로부터 아무런 일이 발생하지 않았다는 점이다. 도리어 그가 처형당했을 때 배도자들은 내심 그것을 크게 환영했을 것이 틀림없다. 헤롯은 세례자 요한의 목을 베기를 두려워했지만, 그것을 실행했을 때 그의 권력은 더욱 강화되었을 것이 분명하다. 이러한 공포 분위기는 예수께서 십자가에서 처형될 때까지 계속 이어지게 된다.

(5) 세례자 요한의 장례와 예수님(12)

세례자 요한의 제자들은 헤롯 분봉왕에 의해 스승이 처형당했다는 소식을 듣고 비통한 감정에 빠졌을 것이 분명하다. 그들은 당국으로부터 토막난 스승의 시체를 받아와 장사지냈다. 그것은 일상적인 사망이 아니라 보통 사람으로서는 상상조차 할 수 없는 처참한 죽음이었다.

요한의 시신은 몸체와 머리가 칼로 잘려진 채 분리되어 있었다. 그것이 하나님의 큰 은혜를 입고 인간들 가운데 가장 소중한 소명을 받은 선지자의 최후의 모습인가? 당시 유대인들은 죽은 사람의 몸 상태를 매우 중시했다. 그래서 시신이 훼손되지 않도록 최대한의 주의를 기울였다. 그리하여 사람들은 죽은 자의 몸에 향료를 바르고 깨끗한 천으로 뒷수습을 했던 것이다.

그런데 요한의 시체는 단순히 훼손된 정도가 아니라 눈으로 보기조차 흉측한 모습이었다. 몸체와 머리가 분리된 지체를 다시 꿰매 연결시켰는지에 대한 여부는 알 수 없지만 매우 분개할 만한 일이었음은 틀림없다. 그러나 하나님을 믿는 성도들로서 달리 어떻게 할 도리가 없었다.

우리가 성경말씀을 통해 짐작할 수 있는 점은 요한의 제자들은 스승이 당한 억울한 죽음에도 불구하고 헤롯의 세력에 대해 별다른 저항을 하지 않았다는 사실이다. 예수님과 그의 제자들도 마찬가지였다. 나아가 그를 따르던 백성들도 헤롯 정부에 달리 물리적으로 저항하는 행동을 보이지 않았다.

하나님의 백성들이 침묵했던 것은 단순히 헤롯 분봉왕의 공포정치 때문이 아니었다. 그들은 세례자 요한의 죽음과 연관된 구속사적인 의미를 알고 있었다. 즉 그의 죽음이 예수 그리스도의 사역과 밀접하게 연관되어 있다는 사실을 깨닫고 있었던 것이다.

예수님은 당시 배도에 빠진 기득권층인 제사장들과 서기관들을 강하게 비판하셨다. 그의 제자들도 악한 유대인들에 대한 비판을 서슴지 않았다. 이에 대해서는 세례자 요한 역시 마찬가지였다. 요한이 헤롯 분봉왕의 악행에 대해 강하게 비판했던 것도 동일한 맥락에서 이해해야 한다.

그런데 범죄에 연루되지 않은 세례자 요한이 부당하게 감옥에 투옥되었다가 처참한 시신으로 돌아왔을 때 그의 편에 서있던 사람들은 침묵했다. 그들은 세례자 요한을 하나님이 보내신 사람임을 분명히 알고 있었음에도 불구하고 물리적인 대응을 하지 않았다. 이는 정치적 사안에 관한 하나님의 백성들의 인식이 그들과 같지 않았음을 말해준다.

물론 예수께서도 세례자 요한의 처참한 죽음 소식을 들었을 때 아무렇지 않게 생각한 것은 아니었다. 도리어 그 사건을 통해 악한 세력과의 싸움이 더욱 본격적으로 진행되어 갔다. 물론 그 싸움은 몸과 몸이 부딪치는 물리적인 싸움이 아니라 하나님의 심판으로서의 영적인 싸움이었다. 그 싸움을 통해 하나님께 속한 의의 세력과 사탄에게 속한 악의 세력이 점차 분리되어 갔던 것이다.

제28장
오병이어五餠二魚의 기적
(마 14:13-21)

1. 오병이어의 기적에 대한 기본적인 이해

예수께서 베푸신 다양한 기적들 가운데 가장 많이 알려진 것들 중 하나가 오병이어의 기적이다. 불신자들은 아예 그 기적 자체를 받아들이지 않는다. 도저히 있을 수 없는 일이라는 것이다. 결코 상식적이지 않는 그 사실을 일반 사람들이 믿지 않는 것은 지극히 당연한 일이다.

그런데 그 사건을 믿는 교인들 가운데서도 그 의미에 대해 오해하는 자들이 많이 있다. 그런 자들은 예수께서 특별한 기적을 통해 수천 명을 먹인 사건을 마치 굶주린 자들을 위한 구제의 한 방편이었던 것으로 이해한다. 즉 예수께서는 가난하고 배고픈 사람들에게 배불리 먹을 수 있는 음식을 제공함으로써 구제했다는 것이다.

그러나 오병이어의 기적은 사람들의 굶주린 배를 채워주기 위한 것이 주된 목적이 아니었다. 만일 그것이 목적이었다면 배고픈 백성들의 되풀이되는 요구에 응답했어야 했다. 예수께서는 그렇게 하지 않으셨다. 따라서 그 사건으로 말미암아 예수님은 도리어 하나님을 알지 못하는 일반 백성들과 원수가 되는 지경에 처하게 되었다.

음식이란 한번 먹어두면 배부른 상태가 지속되는 것이 아니라 날마다 먹지 않으면 또다시 배고파지게 된다. 배고파 허기진 백성들에게 예수께서 풍족한 음식을 제공하셨을 때 그들이 매우 고맙게 생각했을 것이 틀림없다. 그로 말미암아 사람들은 배가 고프면 예수님을 다시 찾아 음식을 구하게 될 것이다.

그런데 문제는 예수께서 항상 사람들에게 음식을 무한정으로 공급하신 것이 아니었다는 사실이다. 만일 예수님이 많은 돈을 들여 음식을 샀다면 다음에 그 음식을 제공하지 않아도 사람들은 여전히 감사한 마음을 가졌을 것이다. 주머니에 돈이 다 떨어진 것을 알게 된다면 더 이상 그를 원망할 일이 아니기 때문이다.

그러나 예수께서 돈을 들이지 않고 기적적인 특별한 방법으로 음식을 제공할 수 있는 데도 그렇게 하지 않는다면 문제가 달라진다. 예수님은 언제든지 돈 한 푼 들이지 않고 배고픈 사람들을 풍족히 먹일 수 있는 분이다. 그런 그가 굶주림에 허덕이는 백성들의 요구에도 불구하고 의도적으로 음식을 제공하지 않는다면 그들은 그 냉정함으로 인해 서운하게 생각할 것이며 급기야는 원수가 될 것이다.

우리는 예수께서 돈을 들이지 않고 말씀만으로 음식을 무한정 제공할 수 있었지만 그렇게 하시지 않은 사실을 기억해야 한다. 이는 예수께서 오병이어의 기적을 행하신 이유가 단순히 사람들의 허기진 배를 채워주는 것이 아니라 그 이상의 영적인 의미가 있음을 말해주고 있다.

예수께서는 그 기적을 통해 자신이 하나님께서 보내신 메시아라는 사실을 보여주시고자 하셨다(요 6:14). 하지만 어리석은 자들은 오병이어의 기적을 행하신 예수님을 저들의 필요를 충족시켜 주는 왕으로 옹립하고자 했다. 예수님이 저들의 왕이 되면 더 이상 양식이 없어 배고픈 일은 없을 것이라는 기대를 하고 있었던 것이다.

우리가 여기서 결코 간과하지 말아야 할 점은 오병이어의 기적은 유월절 절기와 밀접하게 연관되어 있다는 사실이다. 즉 오병이어의 기적은 단순히 배고픔을 해결하는 육체적 양식이 아니라 영원한 생명을 위한 신령한 음식에 대한 상징적인 의미를 지니고 있었다. 교회에 속한 성도들은 예수님의 오병이어의 기적이 주는 의미를 올바르게 깨닫기 위해 이에 관한 분명한 이해를 하지 않으면 안 된다.

2. 예수님을 따르던 큰 무리(13,14)

예수님 당시 일반 백성들은 전반적으로 삶의 갈피를 잡지 못하고 있었다. 로마제국의 압제와 배도에 빠진 유대인 지도자들의 위선적인 행태는 백성들의 일반 생활뿐 아니라 근본적인 가치관에 커다란 혼란을 가져왔다. 나아가 열악한 생활형편 가운데서 먹고 살아가는 생존문제 자체도 호락호락하지 않았다. 또한 다양한 질병 문제와 실업난을 비롯한 사회적 신뢰에도 엄청난 문제가 있었다.

그럴 때 메시아로 오신 예수께서 세상에 모습을 드러내자 많은 사람들이 관심을 가지게 되었다. 기득권층의 유대인들은 그에 대해 부정적인 시각을 가지고 있었지만 일반 백성들 가운데는 그에게 호기심을 가진 자들이 많았다. 그들은 예수님을 구약의 예언에 따라 하나님의 보내심을 받은 메시아로 믿었던 것이 아니라 그를 통해 짓눌린 삶의 탈출구를 찾게 되기를 바랐다.

다양한 기적과 천국복음을 선포하시는 예수께서 갈릴리 호수에서 배를 타고 주변의 다른 지역으로 가시는 것을 본 많은 사람들이 그에게 몰려들었다. 그가 한적한 곳으로 가시게 되자 여러 고을에서 모여든 사람들로 인해 인산인해人山人海를 이루었다. 그들 가운데는 신체적으로 건강한 자들도 있었지만 그렇지 못한 자들도 많이 있었다.

예수께서는 목자 없는 양같이 유리하는 백성들을 보시고 불쌍히 여기셨다. 그들이 언약 민족에 속한 자들이면서도 진정한 가치관을 상실하고 있었기 때문이다. 그들 가운데 다수는 예수님을 따르는 이유가 메시아에 대한 간절한 소망 때문이 아니라 개인적인 삶의 타개책을 얻기 위해서였다. 물론 그들 중에는 메시아를 진정으로 기대했던 자들이 없잖아 있었을 것이다.

거기 몰려든 백성들 가운데는 일반적인 방법으로 고치기 어려운 질병에 걸린 자들도 상당수 있었다. 예수께서는 그런 자들을 치유해 주시기도 했다. 그것은 물론 병자를 고칠 뿐 아니라 메시아인 자신을 백성들에게 드러내시기 위한 것이었다. 또한 예수님과 가까이 있던 제자들은 그의 모든 사역을 직접 목격하는 증인이 되었다.

3. 유월절을 앞둔 예수님의 특별한 메시지(15,16)

예수님을 보기 위해 몰려든 수천 명의 군중들은 예수님으로부터 무언가를 기대하며 우왕좌왕했을 따름이다. 그러던 중 날이 저물어갔다. 그럼에도 불구하고 사람들은 집으로 돌아갈 생각을 하지 않고 그곳에 머물고 있었다.

이는 무엇을 의미하고 있는가? 그들은 집에 돌아가도 딱히 할 만한 일이 없었다. 그들의 그런 모습을 보면 가정의 따뜻함도 엿보이지 않는다. 그러므로 집으로 돌아가서 특별한 일없이 무료한 시간을 보낼 것 같으면 예수님을 따르는 무리에 뒤섞여 더 많은 시간을 보낸다고 해도 하등의 문제가 될 것이 없다. 도리어 그렇게 하는 것이 더 마음 편한 일이었을지도 모른다.

그런 형편 가운데 제자들은 예수께서 그들을 집으로 돌려보내기를 원했다. 제자들이 예수님께 '이제 날도 저물었으니 무리를 보내어 마을에 들어가 먹을 음식을 사먹게 하소서' (마 14:15)라고 말한 것은 저들을 이제 집으로 돌려보내자는 의미였다. 즉 그 사람들이 음식을 사먹은 후 다시 그곳으로 돌아오게 하자는 뜻으로 보기 어렵다.

그런데 그보다 더한 문제는 그들에게 음식을 사먹을 돈이 있었던 것도 아니며 주변 마을에 그 많은 사람들이 사먹을 만큼 식당이 많았던 것도 아니었다는 점이다. 그럼에도 불구하고 제자들이 예수님께 그렇게 말했던 것은 사람들을 집으로 돌려보내는 것이 좋겠다는 판단을 했기 때문이었던 것으로 보인다.

그런 분위기에서 예수께서는 곁에 서있던 빌립에게 "우리가 어디서 음식을 사서 이 많은 사람들을 먹게 하겠느냐?"(요 6:5)고 물어보셨다. 이는 빌립을 시험해 보시는 것이었다. 그러자 빌립은 거기 있는 각 사람들에게 약간씩의 음식을 나누어 준다고 해도 200데나리온은 족히 들 것이라 답변했다. 당시 건장한 청년의 하루 노동의 임금이 1데나리온 정도였음을 감안한다면 엄청난 돈이 필요했음을 말해준다.

그런데 예수께서는 빌립의 말을 들으신 후 의외의 말씀을 하셨다. 음식을 사먹도록 하기 위해 그 사람들을 마을로 내려 보낼 필요가 없다는 것이었다. 그러면서 제자들에게 '너희가 그들에게 먹을 것을 주어라'(마 14:16)고 명령하셨다.

그때 예수께서는 백성들에게 중요한 메시지를 주시기 위해 작정하고 계셨다. 당시는 유월절을 앞두고 있던 시기였다(요 6:4). 유월절은 하나님께 바쳐질 어린 양과 연관하여 특별한 음식인 양고기를 먹는 절기로서 하나님의 구원 사역에 밀접하게 관련되어 있었다. 예수께서는 오병이어의 기적을 통해 유월절의 의미와 더불어 영원한 구원을 이룩하시는 메시아에 관한 교훈을 주시고자 했던 것이다.

그러므로 우리는 이 놀라운 오병이어 사건이 유월절과 직접 연관되어 있다는 사실에 각별히 주목해야 한다(요 6:4). 마태복음 14장과 요한복음 6

장에 기록된 오병이어의 기적은 유월절을 앞두고 행하신 메시아 이적으로서 특별한 구속사적 의미를 지니고 있기 때문이다. 즉 오병이어 기적의 의미는 단순히 배고픈 사람들의 배를 채워주는 구제에 그치는 것이 아님을 깨닫는 것은 매우 중요하다.

4. 오병이어의 기적(17-21)

예수님을 따르는 무리가 수천 명이 되었지만 그들에게는 먹을 만한 음식이 없었다. 나아가 예수님과 그의 제자들도 그만한 돈이나 음식을 가지고 있지 않았다. 즉 거기 모여 있는 사람들뿐 아니라 예수님과 그의 제자들이 먹을 음식조차 없었다. 그에 대해서는 모든 제자들이 이미 잘 알고 있었다. 그러므로 안드레가 예수님께 말씀드렸다. 저들 가운데 먹을 음식은 옆에 있는 한 아이가 가진 보리떡 다섯 개와 물고기 두 마리가 전부라는 것이었다(요 6:8,9).

안드레의 말을 들은 예수님은 그 아이가 도시락으로 가져온 보리떡 다섯 개와 물고기 두 마리를 자기에게 가져오라고 말씀하셨다. 그리고 제자들에게 거기 모인 모든 사람들을 무리지어 여기저기 앉히도록 요구하셨다.

여기서 우리는 그 아이가 자기의 음식을 순순히 예수님께 내어놓았다는 사실을 눈여겨보게 된다. 어떻게 보면 자기의 모든 음식을 내놓게 되는 그 아이에게는 일종의 모험이 될지도 모를 일이었다. 그는 아직 예수께서 자기의 음식을 가지고 거기 있는 모든 사람들이 배불리 먹을 만큼 엄청난 양의 음식을 마련하게 되리라는 사실을 알지 못했다. 만일 그 음식에 어떤 문제라도 생긴다면 그 아이는 자기만 손해 보게 될 것이다.

그럼에도 불구하고 그 아이는 자기의 모든 것을 예수님 앞에 내어 놓았다. 그런데 만일 어린아이가 아니라 어른 같았으면 어떠했을까? 어쩌면 그 많은 사람들이 모인 가운데 남모르게 도시락을 준비해 가지고 있던 자들이 간혹 있었을지 모른다. 만일 그런 사람이 있었다면 혼자 자기의 음식을 먹을 생각을 하는 것이 자연스럽다. 따라서 다른 사람들의 눈에 띄지 않게 음식을 소중하게 보관했을 것이다.

그러므로 예수님의 제자들도 그들이 가진 음식을 볼 수 없었을 것이 틀림없다. 하지만 나중 예수께서 오병이어의 기적을 일으키게 되면 그 음식은 의미를 상실하게 된다. 이기적인 그런 사람들은 자기가 소유한 음식이 무용지물無用之物이 될 수 있다는 구체적인 현실에 대한 아무런 인식이 없다.

하지만 어린아이로부터 보리떡 다섯 개와 물고기 두 마리를 받아 든 예수께서는 하늘을 우러러 축사하셨다. 이는 그 자리에 천상의 능력이 임하게 된다는 사실을 시사하고 있다. 이 말은 예수께서 천상에 속한 자로서 하늘의 능력이 그와 백성들에게 임하게 됨을 의미한다.

예수께서는 축사하신 후 떡을 떼어 제자들에게 나누어주셨다. 그리고 제자들은 여기저기 둘러앉은 무리에게 떡을 나누어 주었다. 거기 모인 사람들은 전혀 예기치 못했던 음식을 받아먹게 되었다. 그것은 단순히 배를 불려주는 음식이 아니라 예수님으로 말미암는 커다란 메시지를 담고 있는 음식이었다. 그 음식은 풍성해서 모두가 배불리 먹고도 남은 음식이 열두 바구니에 찼다. 이는 열두 제자들이 사람들에게 음식을 나누어 주고 남은 것을 다시 거둔 것이다.

우리는 또한 여기서 예수님으로 말미암는 떡과 물고기가 제자들의 손을 거쳐 백성들에게 전달되었다는 순서와 연관된 사실을 눈여겨 볼 필요가 있다. 즉 예수께서 축사하신 떡은 그가 열두 제자들에게 주셨으며 저들의 손을 거쳐 사람들에게 전달되었다. 이는 예수 그리스도의 모든 복음은 교회의 기초가 되는 그의 제자들을 통해 세상에 있는 하나님의 백성들에게 전파된다는 사실에 연관되어 있다.

5. 오병이어의 기적에 대한 예수님의 해석

(1) 사람들의 관심(요 6:14,15)

마태복음 14장에 기록된 오병이어 기적은 요한복음 6장에도 기록되어 있다. 요한복음에는 몇몇 제자들의 이름과 더불어 오병이어의 기적사건 자체에 대해서 좀 더 구체적으로 설명되어 있으며 그에 대한 분명한 영적인 해석을 더해주고 있다.

또한 요한복음에는 오병이어의 기적을 통해 배부름을 맛본 사람들의 육적인 반응이 잘 기록되어 나타난다. 당시의 유대인들 가운데 상당수는 메시아에 대해 크게 오해하고 있었다. 따라서 오병이어의 기적을 통해 배부르게 음식을 먹어본 사람들은 예수님을 저들의 왕으로 옹립하고자 했다.

하지만 백성들의 궁극적인 관심은 메시아를 통한 영원한 천국에 있지 않았다. 그들은 예수님이 이스라엘 민족의 왕이 되면 백성들이 먹고 살아가는 식량문제를 해결해 배고픔을 면할 수 있으리라 생각했다. 당시 음식이 절대 부족하던 시기에 그 문제만 해결된다고 해도 엄청난 짐을 덜게 될 것이 분명했다.

그러나 예수께서 이스라엘 민족 가운데 오병이어의 기적을 일으키신 목적은 그런 것이 아니었다. 그 목적은 천상의 능력을 통해 자신이 메시아라는 사실을 선포하는 것이었다. 하나님의 자녀들은 예수님의 기적을 통해 영원한 나라를 소망했지만 어리석은 자들은 자기의 배부름에만 관심을 가지고 있었을 따름이다.

(2) 시내광야의 양식과 신령한 생명의 양식(요 6:22-59)

예수께서 오병이어의 기적을 일으킨 그 이튿날 사람들이 다시금 그에게 몰려들었다. 그때 예수께서는 저들에게 오병이어의 기적에 대한 영적인 의미를 해석해 주셨다. 그가 전날 보리떡 다섯 개와 물고기 두 마리로 수많은 사람들을 먹인 것을 통해 그와 연관된 본질적 진리를 깨닫게 하시기 위함이었다.

그것을 설명하기 위해 예수께서는 이스라엘 민족의 조상들이 출애굽한 후 시내광야에 머물고 있을 때 사십 년간 만나와 메추라기를 먹은 사건을 언급하셨다. 만나와 메추라기는 하늘로부터 내려왔으되 그것들은 인간의 입으로 먹고 살아가는 육신의 양식이었다(요 6:31). 이와 마찬가지로 예수께서 행하신 오병이어의 기적을 통한 음식 역시 육신을 위한 양식이었다.

그러나 예수께서 백성들에게 궁극적으로 공급하시고자 한 것은 영원한 생명의 양식이었다. 예수님의 그 말씀을 듣고 있던 사람들은 그에 대한 표적을 보여 달라는 요구를 했다(요 6:30). 저들의 요청을 들은 예수께서는 십자가 사역을 통해 자신의 몸을 영원한 음식으로 주시겠다는 사실을 시사하셨다.

> "내가 곧 생명의 떡이로라 너희 조상들은 광야에서 만나를 먹었어도 죽었거니와 이는 하늘로서 내려오는 떡이니 사람으로 하여금 먹고 죽지 아니하게 하는 것이니라 나는 하늘로서 내려온 산 떡이니 사람이 이 떡을 먹으면 영생하리라 나의 줄 떡은 곧 세상의 생명을 위한 내 살이로라 하시니라"(요 6:48-51)

예수께서는 여기서 자신이 곧 하늘에서부터 내려온 살아있는 생명의 떡이라는 사실을 말씀하셨다. 따라서 그의 몸을 먹는 자들은 영원히 살게 된다. 예수께서는 그것을 설명하시기 위해 구약시대 이스라엘 민족이 광야에서 먹었던 만나와 메추라기를 언급하셨다. 그것들은 하늘로부터 내려온 특별한 음식이었지만 그것을 먹은 사람들의 육신은 모두 죽을 수밖에 없었다.

이와 마찬가지로 갈릴리 호수 근방에 모인 무리 가운데 한 아이가 가지고 있던 보리떡 다섯 개와 물고기 두 마리를 예수님이 축사하심으로써 하늘로 말미암아 제공된 음식이었지만 그것을 먹은 사람들의 육신 역시 죽을 수밖에 없다. 예수님은 그 사건을 통해 자신이 영원한 생명의 기초가 된다는 사실을 보여주셨다. 그의 살과 피를 먹고 마시는 자는 영원히 살게 된다는 것이었다.

(3) 교회와 성찬예식

예수님의 오병이어의 기적은 그후에 설립될 교회의 성찬에 연관되어 있다. 세상에서 먹는 보통 음식은 인간의 육신이 생존하는 기초가 된다. 이에 반해 영원한 생명을 위해서는 예수님의 살을 먹고 그의 피를 마셔야만 한다. 주님의 몸이 하나님의 자녀들의 영혼을 위한 참된 음식이 되는 것이다.

> "예수께서 이르시되 내가 진실로 진실로 너희에게 이르노니 인자의 살을 먹지 아니하고 인자의 피를 마시지 아니하면 너희 속에 생명이 없느니라 내 살을 먹고 내 피를 마시는 자는 영생을 가졌고 마지막 날에 내가 그를 다시 살리리니 내 살은 참된 양식이요 내 피는 참된 음료로다 내 살을 먹고 내 피를 마시는 자는 내 안에 거하고 나도 그 안에 거하나니 살아 계신 아버지께서 나를 보내시매 내가 아버지로 인하여 사는 것같이 나를 먹는 그 사람도 나로 인하여 살리라 이것은 하늘로서 내려온 떡이니 조상들이 먹고도 죽은 그것과 같지 아니하여 이 떡을 먹는 자는 영원히 살리라" (요 6:53-58)

예수께서는 이 말씀을 통해 하나님의 자녀들이 자신의 피와 살을 먹지 않으면 안 된다는 사실을 언급하셨다. 이는 단순한 상징에만 머물지 않는다. 우리는 이 말씀의 교회론적 의미를 주의 깊게 살펴보아야 한다.

우리가 기억해야 할 바는 교회에 속한 성도들이 십자가 위에서 단번에 제공되는 예수 그리스도의 피와 살을 먹게 된다는 사실과 더불어 세상에 존재하는 교회에 속한 참된 성도들은 그 신령한 음식을 지속적으로 먹어야 한다는 사실이다. 즉 한번 예수 그리스도의 몸을 먹게 되면 그 다음에는 먹지 않아도 그 효과가 나타나는 것이 아니라 정기적인 성찬으로써 그 신령한 음식을 먹어야 된다는 사실을 말해주고 있다.

예수 그리스도의 살과 피인 그 신령한 음식은 과거 이스라엘 백성들이 광야에서 먹었던 만나와 메추라기와는 본질적으로 다르다. 이는 또한 예수께서 갈릴리 주변에서 특별한 이적을 일으켰던 보리떡과 물고기와 전혀 다른 영적인 본질을 지니고 있다.

모세 당시에 시내광야에서 신령한 음식을 먹은 자들은 모두 죽었다. 그리고 예수님으로 말미암아 보리떡과 물고기를 먹은 자들의 육신도 죽을 수밖에 없다. 하지만 그것들이 주는 진정한 교훈을 받아 예수 그리스도의 신령한 살과 피를 먹고 마시는 자들은 영원한 삶을 공급받게 된다.

이에 대해서는 오늘날 우리 시대 역시 마찬가지다. 우리는 이 세상에서 인간의 굶주린 배를 채워주는 예수님이 아니라 영원한 생명을 공급하시는 메시아를 믿고 있다. 지금도 우리는 십자가에 달려 돌아가신 예수 그리스도의 몸을 섭취함으로써 우리의 영혼이 지속적으로 보존되고 있는 것이다.

이 세상에 살아가는 동안 신령한 음식을 먹고 살아가는 모든 성도들은 마지막 날 예수께서 다시 살리실 것을 소망하며 살아간다. 하나님의 자녀들이 예수 그리스도와 함께 궁극적인 부활의 몸으로 다시 살아나게 되는 것은 저들이 '신령한 음식'을 먹기 때문이다. 따라서 교회에 속한 모든 성도들은 예수님의 오병이어의 기적을 기억하는 가운데 올바른 성찬에 참여해야만 한다.

제29장
물위를 걸으시는 예수님과 이스라엘 백성

(마 14:22-36)

1. 예수님의 의도와 특별한 기도(22,23)

예수께서는 오병이어의 기적과 연관된 모든 사역을 끝내신 후 제자들을 그곳에서 떠나도록 재촉하셨다. 그리하여 제자들에게 배를 타고 먼저 갈릴리 호수 건너편으로 가도록 명령하셨다. 예수께서 제자들을 재촉하신 직접적인 이유는 그를 왕으로 옹위하고자 하는 유대인들 때문이었던 것으로 보인다(요 6:14,15 참조). 제자들 가운데는 저들의 말대로 예수님이 왕위에 오르기를 바라는 자들도 있었을 것이다. 그렇게 되면 제자들도 권력을 누리는 사리에 앉을 수 있게 된다.

그러나 예수께서는 제자들이 그런 허망한 생각에 사로잡히기를 원하지 않으셨다. 하지만 그가 제자들을 먼저 배를 태워 보내고자 했던 외적인 이유는 제자들을 보낸 후 거기 남아있던 무리를 해산한 다음 뒤따라가시겠다는 것이었다. 한편 예수님의 또 다른 의도는 그와 더불어, 혼자 조용히 있으면서 하나님께 기도하는 시간을 가지는 것이었다.

여기서 우리는 예수께서 제자들에게 성부 하나님께 기도할 목적으로 혼자 뒤에 남겠다고 언급하지 않으셨다는 사실을 눈여겨보게 된다. 즉 기도한다며 떠벌리듯이 말씀하시지 않았다. 중요한 점은 그가 아무도 몰래 따로 시간을 내어 조용히 기도하는 시간을 가지셨다는 사실이다. 예수님은 제자들을 먼저 다른 지역으로 보내놓고 은밀히 성부 하나님과 교제하셨던 것이다.

교회와 성도들은 기도를 매우 중요하게 이해하고 있다. 기도는 마치 호흡 같아서 기도 없는 신앙생활이란 불가능하다. 그렇다면 성경에서 말하는 기도란 과연 무엇인가? 간단하게 말하자면 성도의 기도란 하나님의 자녀가 전능하신 하나님과 영적인 교제를 나누는 것을 의미한다. 물론 그 가운데는 찬양과 감사와 간구가 포함되어 있다.

그런데 성자 하나님이신 예수 그리스도께서 성부 하나님께 기도하신 것은 성도들의 일반적인 기도와 동일한 관점에서 이해해서는 안 된다. 예수님의 기도는 본질상 성부와 성자의 상호 거룩한 교제로 보아야 한다. 성부와 성자는 독자적인 위격을 가지고 있지만 상호 일체를 이루고 있기 때문이다.

인간들의 자발적인 기도는 어떤 경우라 할지라도 그 자체로서 진정한 효력이 발생하지 않는다. 오직 예수 그리스도 안에서 하나님께 기도할 때만 그 효과가 드러나게 된다. 그러므로 오늘날 우리는 항상 예수 그리스도의 이름으로, 즉 '예수 그리스도의 이름 안에서' (in the name of Jesus Christ) 하나님께 기도하고 있다.

그에 반해 성자이신 예수께서는 성부 하나님과 직접 완벽한 소통을 이루시는 분이다. 성부와 성자 사이에는 우리가 생각하는 바 벽이 아예 존재하지 않는다. 그렇다면 그때 삼위일체 하나님 가운데 한 위이신 성자 예수께서 성부 하나님을 향해 기도하신 내용은 과연 무엇이었을까? 물론 우리는 그 구체적인 내용에 대해서는 알지 못한다.

하지만 분명한 사실은 예수님의 기도가 오병이어의 기적과 연관된 내용이었을 것이라 짐작해 볼 수 있다. 오병이어의 기적은 앞에서 설명한 것처럼 유월절과 직접 연관되어 있으며 택한 백성들을 위해 자신의 몸을 내어주시게 될 십자가 사역 및 교회에서 이루어지게 될 성찬과 밀접하게 관련되어 있다.

그러므로 예수님의 기도 가운데는 하나님께서 계획하신 지상에서의 구속 사역에 연관되는 내용들이 포함되어 있었을 것이다. 이는 예수님의 모든 사역이 삼위일체 하나님의 공적인 사역임을 말해준다. 또한 그 기도는 하나님과 그의 백성들 사이에 중보자로서 그리스도의 모습을 반영해 보여주고 있다.

2. 물 위를 걸으시는 예수님과 제자들

(1) 제자들이 만난 밤중의 파도(24)

예수께서 혼자 뒤에 남아 무리를 보내시고 난 후 기도하시는 동안 제자들은 배를 타고 갈릴리 바다 건너편 지역으로 가고 있었다. 그들은 예수님의 요구에 순종했음에도 불구하고 엄청난 풍랑을 만나게 된다. 예수께서는 그 과정에서 저들에게 '하나님의 아들'로서 이땅에 오신 자신의 모습을 확실히 보여주시고자 했다.

제자들은 건너편 지역으로 가기 위해 어두운 밤에 배를 타고 떠났으나 도중에 예기지 못한 심한 풍랑을 만났다. 그들이 몇 시간 동안 안간힘을 디해 노를 저어보았으나 불과 10여리 정도밖에 나아가지 못했다. 저들을 태운 배가 목적지를 향해 순조롭게 진전하지 못하고 이리저리 떠밀려 다녔을 것이 분명하다. 이 사실은 그 풍랑이 얼마나 심했던가 하는가를 보여주고 있다.

그러던 중 밤이 점차 깊어가고 파도는 더욱 심하게 일게 되었다. 그렇게 되자 배를 운항하기에 더욱 어려워져갔다. 한밤중에 강한 파도가 치는 갈릴리 바다 한가운데 내던져지게 된 듯 위기에 처한 제자들은 심한 두려움에 빠지게 되었다.

극심한 어려움을 직면한 제자들은 예수님을 간절히 떠올렸을 것이 틀림없다. 만일 그가 저들과 함께 있었다면 그 어려운 난관을 쉽게 해결했을 것이라 믿었을 것이기 때문이다. 그동안 제자들은 다양한 이적을 행하시는 예수님의 모습을 여러 차례 가까이서 목격한 적이 있었다. 불과 얼마 전에도 그는 오병이어의 기적을 행하셨다.

또한 예수께서는 그전에도 풍랑 이는 파도에 연관된 기적을 베푸신 적이 있었다(마 8:24-27). 그때도 예수님과 그의 제자들이 배를 타고 갈릴리 바다를 건너면서 큰 풍랑을 만나게 되자 제자들이 두려움에 떨었다. 하지만 배 위에서 주무시던 예수께서 일어나 파도치는 바다를 꾸짖어 잠잠케 하셨다. 그런 예수님이 당시 저들과 함께 계셨더라면 그 정도의 풍랑은 아무것도 아니었을 것이다. 그런데 안타깝게도 예수님은 그 자리에 제자들과 함께 계시지 않았다. 생명의 위협을 느끼는 절박한 순간에 예수님이 거기에 없었던 것이다. 어쩌면 제자들 가운데 속으로 후회하거나 스스로 원망하는 자들이 있었을지도 모른다. 예수께서 먼저 갈릴리 바다를 건너가라고 명령하셨지만 좀 더 버티다가 같이 움직였다면 그런 일이 없었을 것이라 생각한 제자들도 있었을 것이다.

그러나 그것은 단지 돌이킬 수 없는 아쉬움에 지나지 않았다. 예수께서 저들과 함께 계시지 않는 상태에서 홀연히 직면하게 된 위기와 고통은 쉽게 피할 길이 없었다. 그런 가운데서 어떻게 할 만한 뾰족한 방법이 없던 그들은 기도하는 마음으로 하늘을 쳐다볼 뿐 속수무책束手無策이었다.

(2) 물 위의 예수님과 두려움에 빠진 제자들(25,26)

예수님의 제자들이 한밤중의 풍랑과 맞서 싸우면서 심각한 위기에 처해 있을 때 대다수 이스라엘 백성들은 단잠에 들어 있었다. 남들이 전혀 알지 못하는 사이에 제자들은 갈릴리 바다 한가운데서 무서운 풍랑과 사투死鬪

를 벌이고 있었던 것이다. 그러나 그것은 결코 승산 있는 몸부림이 아니었다. 그들은 몇 시간을 별다른 대책 없이 힘들고 불안한 시간을 보냈을 것이 분명하다.

어쩌면 제자들은 풍랑으로 인해 힘이 완전히 소진하여 점차 자포자기自暴自棄 상태에 놓이게 되었을지도 모른다. 더 이상 인간들의 능력에 대한 기대를 할 수 없는 막바지에 몰리게 되었기 때문이다. 그러던 중 새벽 네 시경이 되어 예수께서 갈릴리 바다의 물 위를 걸어 제자들이 타고 있는 배를 향해 오고 계셨다.

제자들 가운데 예수께서 그 시간에 그렇게 오실 것이라 기대하던 자들은 아무도 없었다. 그러므로 예수께서 파도치는 물 위를 걸어오셨지만 제자들은 그를 쉽게 알아보지 못했다. 누군지 알아 볼 수 없는 사람 모습의 형체가 점점 가까이 다가오고 있었지만 그가 예수님이라 생각지 못했던 것이다.

제자들은 도리어 그를 인간이 아닌 유령幽靈이라 착각하여 무서워 소리 질렀다. 그가 만일 유령이라면 파도치는 바다보다 훨씬 더 무서운 상대를 만난 것과 같다. 정말 유령이라면 엎친데 겹친 격이 된 상태라 할 수밖에 없었다.

(3) 예수님의 격려와 베드로의 용기(27-29)

예수께서는 한밤중의 갈릴리 바다 한 가운데서 제자들이 처한 모든 상황을 간파하고 계셨다. 두려움에 빠진 제자들의 마음까지도 훤히 꿰뚫어 보고 계셨다. 저들 스스로는 두려움에 처한 극한 상황을 극복할 수 있는 아무런 대안을 가지고 있지 않았다.

그러므로 예수님은 두려움에 빠진 제자들의 모습을 본 후 먼저 그들을 안심시키셨다. 유령일 것이라 생각하고 있던 저들에게 자신을 알리셨던 것이다. 주님의 음성을 들은 베드로가 즉각적으로 반응했다. 그가 만일 예수님이라면 자기에게 물 위로 걸어오도록 명령하시라는 것이었다.

그러자 예수께서는 파도치는 물 위에 서 있으면서 베드로를 향해 물 위를 걸어 자기에게 나아오라고 말씀하셨다. 베드로는 주님의 말씀을 듣고 배 위에서 뛰어내려 물 위로 걸어가기 시작했다. 우리는 그가 일정 거리를 물 위로 걸어갔다는 사실에 깊은 관심을 기울여야 한다. 즉 베드로가 배에서 뛰어내렸을 때 곧바로 물에 빠진 것이 아니라 예수님을 향해 얼마동안 물 위를 걸어갔던 것이다.

베드로는 파도치는 물 위를 걸어오시는 분이 주님이라는 사실을 분명히 알고 있었다. 그가 용기를 낼 수 있었던 것은 그의 믿음에 의한 것이었다. 이는 베드로의 인간적인 마음에서 우러난 순간적인 판단이 아니라 오직 주님만을 의지하도록 하는 하나님의 은혜를 받아들였음을 말해준다.

(4) 인간이 소유한 믿음의 한계(30)

베드로는 자기에게 오라는 예수님의 부름을 받고 물 위를 걸어가다가 거센 풍랑이 넘치는 바닷물을 보고 겁을 집어먹었다. 그가 파도를 보고 두려움에 빠지게 되자 그의 몸은 점점 물 속으로 빠져 들어갔다. 그러자 베드로는 예수님께 목숨을 살려달라고 부르짖었다.

베드로가 물 속으로 빠져들어갔던 이유는 눈앞에 계시는 예수님을 바라보면서도 그에게 초점을 맞추지 않고 깜깜한 밤중의 풍랑에 더 많은 신경을 쓰고 있었기 때문이다. 그는 오직 예수님과 그의 말씀만 진정으로 믿어야 했지만 주변의 불안한 상황에 더 많은 신경을 썼던 것이다.

베드로의 몸이 파도치는 물 속으로 빠져 들어가게 되자 그는 예수님을 향해 도움을 간청하지 않을 수 없었다. 그것 또한 하나님으로 말미암는 놀라운 은혜이다. 부질없는 상상이라 할지 모르지만, 만일 그가 주님께 살려

달라며 부르짖지 않고 혼자 배로 되돌아오기 위해 안간힘을 쓰며 스스로 발버둥치기만 했다면 어떻게 되었을까? 아마도 그는 물에 빠져 더 심한 고통에 처하게 되었을 것이다.

하나님의 자녀들은 이에 대한 분명한 교훈을 배워야 한다. 오늘날 우리는 과연 어디에 초점을 맞추고 마음을 쓰며 살아가고 있는가? 교회에 속한 모든 성도들은 오로지 예수 그리스도께 눈의 초점을 고정시켜야 한다. 주변의 불안정한 상황에 지나친 신경을 쓰게 되면 중심을 잃게 될 것이 뻔하다. 어떤 심한 풍랑이 인다 할지라도 오직 주님의 말씀만 믿고 그에 의지하는 것이 성숙한 성도의 지혜로운 삶이다.

(5) 예수님의 도우심(31,32)

예수님을 향해 파도치는 바다 위를 걸어오던 베드로가 물에 빠져 들어가면서 부르짖자 예수께서는 손을 내밀어 그를 붙잡아 주셨다. 베드로의 생명은 전적으로 예수님께 달려 있었던 것이다. 예수께서는 그의 손을 잡으시면서 '믿음이 적은 자여 왜 의심하였느냐?' 고 말씀하셨다.

이 말은 만일 베드로에게 풍족한 믿음이 있었다면, 그가 계속 물 위에서서 예수님과 대화하는 멋있는 장면을 연출할 수 있었음을 암시해준다. 즉 풍랑이 넘치는 바닷물 위가 마치 땅바닥인 것처럼 오래 동안 머물러 서서 예수님과 대화하면서 함께 걸어 배 위로 올라 올 수 있었을 것이다.

우리는 여기서 특별한 믿음의 상상력을 동원해본다. 만일 베드로의 믿음이 풍족했다면 그는 물 속으로 빠져들지 않고 바닷물을 밟고 서서 예수님과 교제할 수 있었을 것이 분명하다. 그렇게 되면 배 위에 타고 있던 다른 제자들도 바다 위로 뛰어 내려갔을 것이다. 그들은 거센 풍랑이 휘몰아치는 갈릴리 바다 한가운데 물 위에서 '하나님의 아들' 을 향해 경배와 찬양을 돌렸을 것이다.

그러나 배 위의 제자들은 끝내 그 놀라운 광경을 연출하지 못했다. 베드로의 부족한 믿음으로 인해 그 가능성이 사라져 버렸기 때문이다. 당시 베드로가 바닷물 위에 계속 서 있지 못했던 것은 단순히 그의 몸무게 때문이 아니었다. 또한 풍랑이 이는 주변의 상황 때문도 아니었다. 그가 그렇게 하지 못했던 까닭은 그에게 주님에 대한 진정한 믿음이 부족하여 의심이 들었기 때문이다.

베드로의 생명은 그의 마음이나 적극적인 행동이 아니라 오직 예수님의 손끝에 달려 있었다. 그가 잠시 동안 당황하게 된 것은 예수님에 대한 믿음보다 자신과 주변의 불안한 환경에 더 많은 관심을 기울인 결과 때문이었다. 예수께서 겁에 질린 베드로의 손을 잡고 배에 오르게 되자 풍랑이 그쳤다. 이는 그 풍랑이 예수께서 의도하신 특별한 섭리 가운데 있었다는 사실을 보여주고 있다.

하지만 이와 동시에 우리가 기억해야 할 바는 베드로가 스스로 바다 위에 오래 동안 서 있지 못했지만 실상은 예수님과 베드로가 나란히 파도치는 바다 위에 안전하게 서 있는 광경을 본 것과 마찬가지라는 사실이다. 예수님의 손에 붙들린 베드로는 그와 함께 바닷물 위에 서 있었기 때문이다. 비록 베드로의 부족한 믿음으로 인해 아주 짧은 시간이었으나 우리는 바다 위의 주님과 베드로를 통해 믿음이 있는 성도들을 기억하며 그 가능성을 간접적으로 체험하게 되는 것이다. 하나님의 자녀들이 이에 대한 온전한 깨달음을 가지는 것은 매우 중요하다.

또한 우리는 이 역사적인 사건으로부터 중요한 교훈을 배우게 된다. 하나님의 자녀들이 높은 파도가 일렁이는 것과 같은 험난한 세상에서 굳건히 설 수 있는 것은 오직 예수 그리스도를 믿는 믿음에 기초한다. 우리 자신의 인간적인 용기가 세상에서 승리하며 살아가도록 하지 못한다. 따라서 주변의 불안한 환경이 우리를 좌절이나 패배에 빠지게 하지 못하도록 해야 한다. 중요한 사실은 예수 그리스도에 대한 온전한 믿음이다. 그 믿음만 있다면 세상의 어떤 풍랑이라 할지라도 두려울 것이 아무것도 없다.

(6) 제자들의 고백(33)

예수께서 바다를 건너 걸어서 배 위에 오신 그 놀라운 사건이 있은 후, 배에 타고 있던 사람들에게는 그보다 훨씬 더 놀라운 일이 발생했다. 모든 사람들이 잠들어 있을 때 한밤중의 갈릴리 바다 한 가운데서 사투를 벌이던 제자들이 하나님께 경배를 돌렸던 것이다. 그들은 저들의 모든 것들을 내던져버린 상태에서 하나님의 아들에 대한 고백과 더불어 그에게 경배하게 되었다.

우리는 갈릴리 바다에서 풍랑과 더불어 일어난 외적인 모든 사건보다 더욱 중요한 사실은 예수님의 제자들이 그를 '하나님의 아들' 로 믿고 그에게 경배하게 되었다는 점이다. 즉 예수 그리스도에 대한 진정한 고백과 그를 경배하는 모습이 저들에게 발생한 모든 사건들보다 더욱 중요한 것이다.

성숙한 성도들은 여기서 풍랑이 지나간 안도감과 더불어 주님께 경배하는 제자들의 진지함을 엿볼 수 있어야 한다. 세상의 모든 인간들은 한밤중의 갈릴리 바다에서 무슨 일이 벌어지고 있는지 전혀 인식하지 못하고 있었다. 나아가 그들에게는 그것이 아무런 관심의 대상이 될 수 없었다.

지상교회에 속한 모든 성도들은 이에 대한 올바른 깨달음과 더불어 신앙의 본질을 배워야 한다. 오늘날 우리 역시 한밤중의 갈릴리 바다에서 있었던 제자들의 사투와 예수님을 따라 물 위를 걷던 베드로, 그리고 하나님의 아들에 대한 제자들의 경배를 우리와 직접 연관지어 기억해야 한다. 그렇게 할 때 진지한 마음으로 하나님의 아들이신 예수님을 고백하며 경배하는 자세를 배울 수 있을 것이기 때문이다.

3. 예수님의 신령한 능력을 통한 메시아 선포(34-36)

예수님과 그의 제자들을 태운 배가 밤새도록 이리저리 배회하다가 게네사렛 땅에 이르렀을 때는 아침이 되어 있었다. 당시 제자들의 육신은 매우 피곤했을 것이 틀림없다. 그러나 하나님의 아들이신 예수 그리스도의 능력과 신분을 다시금 확인한 제자들은 그 정도 피곤함 정도는 능히 견딜 수 있었을 것이다. 그렇지만 게네사렛 지역에 살고 있던 백성들은 지난밤에 저들에게 무슨 일이 일어났었는지 전혀 알지 못했다. 그들 가운데는 예수님을 하나님의 아들 메시아라는 사실을 깨닫지 못한 채, 다양한 기적을 일으키는 자로서 저들에게 육신적인 유익을 끼칠 수 있는 인물 정도로 생각하는 자들이 많았다.

그러므로 예수께서 게네사렛 지역에 오셨다는 소문이 삽시간에 퍼져나갔다. 그가 많은 병자들을 고치며 다양한 이적을 일으킨다는 사실은 이미 널리 알려진 상태였다. 따라서 주변의 여러 마을에서 사람들이 몰려들었다. 그 가운데는 육신적인 고통을 겪고 있는 병자들도 많이 있었다.

예수께서는 육신적인 고통을 당하던 많은 사람들의 질병을 치유해 주셨다. 심지어는 환자들이 예수님의 허락에 따라 그의 겉옷에 손만 갖다 대도 질병이 낫게 되었다. 그에 대해서는 비록 질병에 걸린 자들뿐 아니라 제자들을 비롯하여 거기 몰려든 주변의 모든 사람들이 그 현장을 생생히 목격할 수 있었다.

예수께서는 그런 기적들을 통해 구약성경에서 예언하고 있는 메시아이신 자신의 존재를 이스라엘 민족 가운데 선언적으로 보여주고자 하셨다. 즉 사람들이 직간접적으로 체험하는 육체적 기적보다 더욱 중요한 것은 예수님이 하나님께서 보내신 메시아라는 사실이다. 따라서 진정으로 은혜를 입은 자들은 질병을 치유받은 환자들이 아니라 도리어 그들을 치유해 주신 예수님을 메시아로 알아본 성도들이다.

제30장
장로들의 유전遺傳과 진정한 신앙

(마 15:1-20)

1. 제자들의 신앙과 장로들의 유전(religious tradition)

(1) 유대인들의 신앙에 대한 오해(1,2)

예수님과 그를 따르는 제자들은 처음부터 예루살렘의 유대인 기득권자들과 영적인 대치관계에 놓여 있었다. 유대인 배도자들은 예수님을 핍박하기 위해 물리적인 힘을 사용하기를 주저하지 않았다. 이는 폭력적인 행동을 멀리하는 예수님과 그의 제자들의 방법과는 선혀 나른 것이있다.

바리새인과 서기관들이 예루살렘으로부터 시골인 갈릴리 지역으로 예수님을 찾아왔다. 그들이 예수님을 만나고자 한 목적은 그를 시험하기 위해서였다. 다양한 이석과 너불어 천국 교훈을 베푸시는 예수님을 메시아로 받아들이는 순한 백성들의 모습을 보며 그냥 방치할 수 없었던 것이다.

예루살렘에 거주하던 유대인들은 저들이 가장 정통한 신앙생활을 하고 있는 것으로 착각하고 있었다. 하지만 그들은 성경에 기록된 본질적 교훈을 멸시했으며 조상으로부터 물려받은 종교적인 전통을 지키기에 열의를 다했을 뿐이다. 따라서 그들에 의해 신앙적인 지도를 받고 있던 일반 백성들에게도 상당한 오해를 불러일으킬 수밖에 없었다.

그런 종교적 관념을 가진 율법주의자들이 손을 씻지 않고 음식을 먹는 예수님의 제자들을 보게 되었다(막 7:2). 유대인들은 항상 식사하기 전에 부지런히 손을 씻었으며 시장에 갔다가 돌아와서도 손 씻기를 게을리 하지 않았다. 나아가 물 잔과 주발과 놋그릇 등 식기도 부지런히 씻었다. 그들이 그렇게 했던 까닭은 그것이 장로들로부터 물려받은 유전이었기 때문이다(막 7:3-5).

유대인들이 그렇게 했던 까닭은 단순히 정결을 위한 것이 아니라 나름대로 종교적 율법을 이행하기 위해서였다. 즉 음식을 먹기 전에 손을 씻는 행위가 저들의 의를 드러내는 것인 양 믿었던 것이다. 그렇지만 그들은 사람들의 눈과 손이 닿는 겉모습을 정결케 하기 위해 최선의 노력을 하면서도 저들의 영혼과 정신을 정결케 하는 데는 아무런 관심이 없었다. 이는 저들의 형식적인 율법준수 행위가 도리어 위선과 가식을 드러낼 따름이라는 사실을 보여주고 있다.

(2) 오류에 가득 찬 이기적인 신앙(3–6)

하나님을 믿는 진정한 신앙은 원리상 개인의 사사로운 욕망이나 목적을 위한 것이 될 수 없다. 올바른 신앙을 소유한 성도라면 하나님의 말씀에 순종하는 겸손한 자세를 배경에 두게 된다. 이는 신앙이 인간을 위한 일시적인 것이 아니라 하나님을 향한 영원한 것이라는 사실을 말해주고 있다.

그러나 이기적인 신앙을 가진 인간들은 개인적인 유익을 추구할 목적으로 종교생활을 한다. 그 가운데는 죽은 후 내세에서 영원한 복락을 누리며 살기 위해 신앙을 가지는 자들도 많이 있다. 그보다 더욱 심각한 자들은 종교를 빌미삼아 세상에서의 현실적인 욕망을 채우기에 급급하다. 그들은 형식상 신앙을 그럴듯하게 앞세우지만 실제로는 자신의 욕망의 대상을 움켜잡기 위해 온갖 노력을 아끼지 않는다.

예수님 당시에도 배도에 빠진 유대인 기득권층의 종교생활은 대개 그와 같았다. 그들은 다른 사람들의 눈앞에서는 항상 입술로 하나님을 부르짖으며 이스라엘에 대한 애국심을 내세웠지만 내면적 실상은 그렇지 않았다. 그런 자들은 종교와 민족을 자기를 위한 도구로 삼았던 것이다.

배도자들은 항상 모세의 율법을 앞세우는 가운데 도리어 율법을 범하는 심각한 오류에 빠져 있었다. 그들은 배도의 길을 걷고 있으면서도 종교적인 신앙을 내세워 주장하기를 주저하지 않았다. 그런 사람들은 이기적 욕망을 추구하는 데 눈이 어두워져 있었다. 심지어는 부모에게조차 고르반(Corban)이라는 종교적인 관습을 핑계대어 이기심을 채우면서 자신에게 불리한 모든 것을 회피하고자 했다.

> "모세는 네 부모를 공경하라 하고 또 아비나 어미를 훼방하는 자는 반드시 죽으리라 하였거늘 너희는 가로되 사람이 아비에게나 어미에게나 말하기를 내가 드려 유익하게 할 것이 고르반 곧 하나님께 드림이 되었다고 하기만 하면 그만이라 하고 제 아비나 어미에게 다시 아무 것이라도 하여 드리기를 허하지 아니하여 너희의 전한 유전으로 하나님의 말씀을 폐하며 또 이 같은 일을 많이 행하느니라" (막 7:10-13)

개인의 현실적 목적을 달성하기 위해 종교를 이용하는 자들은 수단과 방법을 가리지 않는다. 그들은 심지어 자기 부모에 대해서도 하나님을 핑계대어 욕망을 채우기에 혈안이 되어 있었다. 따라서 그런 자들은 하나님의 율법을 개인의 목적에 따라 선별적으로 인용하며 적용하기를 좋아한다.

당시 예수님 앞에서 율법을 내세우며 그의 제자들을 모세 율법에 저항하는 무리들로 몰아세우던 자들도 그와 동일했다. 그들은 배도에 빠진 저들의 조상으로부터 이어져 온 유전과 전통을 하나님의 말씀보다 더 중요하게 받아들이고 있었다. 그것은 하나님의 말씀을 멸시하는 것과 다르지 않은 행동이었다. 그러므로 예수께서는 속내를 훤히 꿰뚫어보시며 저들을 책망하셨던 것이다.

(3) 이와 연관된 구약의 예언과 예수님의 해석(7-9)

인간이 사용하는 언어는 스스로를 세뇌시키는 독특한 성격을 지니고 있다. 따라서 어리석은 자들은 삶의 본질과는 상관없이 신앙적인 용어들을 입술에 가까이 하기를 좋아한다. 그런 자들은 종교적인 용어를 되풀이해 말하면서 그것으로써 자신의 신앙이 확립되는 것으로 착각한다.

그런 타성에 젖어들면 말로써 신앙적인 모든 것을 대신하려는 경향성에 빠지게 된다. 즉 신앙적인 용어에 익숙하게 됨으로써 종교적인 자기 세뇌에 빠져드는 것이다. 이는 인간들의 타락한 본성과 조화되는 악한 본성에 기인한다. 이와 같은 분위기가 조성되면 참된 신앙을 가진 성도가 아니라 종교적인 용어에 익숙한 자들이 도리어 신앙이 훌륭한 자처럼 비쳐지게 된다. 이에 대해서는 구약시대 이스라엘 백성들 가운데서도 그 속성이 그대로 드러났다. 이사야 선지자는 이와 연관하여 메시아 사역에 관한 중요한 예언을 했다.

> "주께서 가라사대 이 백성이 입으로는 나를 가까이하며 입술로는 나를 존경하나 그 마음은 내게서 멀리 떠났나니 그들이 나를 경외함은 사람의 계명으로 가르침을 받았을 뿐이라 그러므로 내가 이 백성 중에 기이한 일 곧 기이하고 가장 기이한 일을 다시 행하리니 그들 중의 지혜자의 지혜가 없어지고 명철자의 총명이 가리워지리라" (사 29:13);
>
> "가라사대 이사야가 너희 외식하는 자에 대하여 잘 예언하였도다 기록하였으되 이 백성이 입술로는 나를 존경하되 마음은 내게서 멀도다 사람의 계명으로 교훈을 삼아 가르치니 나를 헛되이 경배하는도다 하였느니라" (막 7:6,7)

이사야 선지자의 예언은 신약성경에도 그대로 인용되었다. 신앙이 없는 자들이 하나님을 두려워하는 까닭은 자신의 이기적인 목적에 밀접하게 연관되어 있다. 그런 자들은 자기의 목적이 타격을 입는 것에 대해 신경을 곤두세운다. 따라서 그들은 입술로 하나님을 가까이 대하고 형식적인 존경심을 표현하면서 그것 자체로서 종교적인 효력이 발생하게 되기를 기대하게 되는 것이다.

그러한 종교적인 사고는 거룩한 하나님의 뜻에 따른 것이라 말할 수 없다. 그것은 인간들 스스로 자기를 위해 만든 인위적인 계명에 지나지 않기 때문이다. 그런 사고와 행동에 집착하는 것은 하나님을 진정으로 사랑하는 삶이 아니라 도리어 하나님을 속이는 가증스런 행위에 지나지 않는다.

마가는 그의 복음서에서 입술로만 하나님을 존경한다고 부르짖으며 심각한 외식에 빠진 자들의 음성이 도리어 하나님을 헛되게 경배하고 있다는 사실에 대해 지적하고 있다(막 7:7). 그런 사람들은 말로는 하나님을 내세우지만 저들의 속마음은 전혀 엉뚱한 곳에 가 있었다. 즉 그들은 하나님이 아니라 이기적인 자기의 인생을 꾸미기 위해 하나님의 이름을 내세우며 살아가고 있는 것이다.

그런 종교적인 타성에 빠진 인간들은 성경의 일부 구절들을 인용하며 가르치기에 열중하고 있지만 실상은 저들의 허망한 주장을 백성들에게 주입하기에 바쁘다. 개인적인 목적을 달성하기 위해 성경구절을 여기저기서 임의로 뽑아와 인용하는 것은 하나님의 뜻을 근본적으로 왜곡할 따름이다.

그러므로 예수께서는 저들의 잘못된 습성을 질책하셨다. 그는 구약성경에 기록된 이사야 선지자의 예언을 들어 위험한 종교성을 책망하셨던 것이다. 메시아를 바로 눈앞에 두고도 진리를 멀리하는 악한 유대인들의 신앙이 이사야 시대의 배도자들의 신앙과 동일한 선상에 놓여 있다는 것이었다.

예수께서는 이로써 이사야 선지자의 그 예언이 자신을 통해 성취되어 가고 있음을 선포하셨다. 언약 백성들 가운데 행하시는 메시아의 다양한 이적들이, 배도에 빠진 유대인들의 세속적 지혜와 인간들의 허망한 것으로 채워진 총명의 헛됨을 그대로 드러냈다. 그것으로 말미암아 하나님께서 보내신 메시아가 선포되어 갔던 것이다. 하지만 어리석은 유대인들은 그에 대한 진정한 의미를 전혀 깨닫지 못했다.

2. 신앙의 본질에 관한 예수님의 설명

(1) 인간의 본성적 부패(10,11)

사탄의 유혹으로 말미암아 죄에 빠진 아담을 조상으로 둔 모든 인간은 전적으로 부패한 존재이다. 이는 아담의 자손들이 또 다른 형태의 범죄를 저질렀기 때문이 아니라 그 본성이 타락함으로써 완전히 더러워진 것이다. 원천源泉이 더러우면 거기서 나오는 모든 물은 오염되기 마련이다. 이와 마찬가지로 죄의 원천인 인간의 본성으로부터 나오는 모든 것은 더러울 수밖에 없다.

배도에 빠진 유대인들은 종교적인 행위를 통해 하나님 앞에서 자신의 의로움을 나타내고자 했다. 하지만 그것은 원천적으로 불가능한 일이다. 본성이 타락하여 악하게 된 인간으로부터는 의가 발생할 수 없다. 죄에 빠진 인간이 작정하고 추구하는 것들 가운데 악하지 않은 것은 아무것도 없기 때문이다.

그러므로 예수께서는 상황을 근본적으로 오해하고 있는 유대인 율법주의자들에게 음식을 예로 들어 책망하며 비판하셨다. 입으로 들어가는 음식이 사람을 더럽게 하는 것이 아니라 입에서 나오는 그것이 사람을 더럽게 한다는 것이었다.

유대인들은 구약성경에 기록된 율법을 지키기 위해 음식을 철저하게 가려먹었다. 그들은 그런 행위가 자신을 의롭게 해주는 것으로 믿고 있었다. 하지만 인간이 음식을 가려먹는다고 해서 하나님 앞에서 의롭게 될 수 있는 것이 아니다. 구약의 율법에 따라 정한 음식과 부정한 음식을 구별하여 먹는다고 해서 의로워지지 않는 것이다.

중요한 것은 입으로 들어가는 음식이 아니라 입술을 통해 나오는 인간의 본성적 언어이다. 배도에 빠진 유대인들의 입에서는 더러운 것만 나온다. 즉 그들이 정결한 음식을 먹고 의로워지려고 하지만, 타락한 인간들의 악한 본성으로부터는 결코 정결한 말이 나올 수 없다. 성경이 예언한 메시아를 거부하며 모독하는 자들의 입술은 인간을 더럽게 할 따름이다. 그러나 예수 그리스도 앞에 서 있던 유대인들은 그처럼 더러운 자들이면서도 그에 대한 깨달음이 전혀 없었다.

(2) 소경이 소경을 인도(12-14)

예수님의 말씀을 들은 제자들은 염려가 되지 않을 수 없었다. 바리새인들이 그 말씀을 듣고 스스로 걸림이 되었기 때문이다. 그들은 예수께서 음식에 대한 모세의 율법을 멸시하는 것으로 간주했다. 제자들로서는 예수님의 의도를 깨닫지 못한 배도자들이 부담스럽지 않을 수 없었던 것이다.

그러므로 예수님의 제자들은 그에 대한 적절한 해결책을 마련하는 것이 좋을 것으로 판단했다. 그리하여 그들은 예수님께 그 사실을 말씀드렸다. 음식물에 관한 예수님의 말씀을 듣고 난 후 바리새인들의 분위기가 심상치 않다는 것이었다.

제자들로부터 예사롭지 않은 상황을 전해들은 예수께서는 그에 대응할 필요가 전혀 없다는 사실을 말씀하셨다. 바리새인들이 시험에 들어 설령 예수님과 참된 진리에 대해 심각한 오해를 한다고 해도 걱정할 필요가 없다는 것이다. 하나님께서 심으신 것이라면 그대로 있을 것이지만 만일 그렇지 않다면 결국 뽑히게 될 것이라는 말씀을 하셨다. 즉 하나님께서 택하신 백성이라면 그가 영원히 보호하실 것이며, 하나님과 아무런 상관이 없는 자들이라면 영원한 심판을 피할 수 없을 것이기 때문이다.

이어 예수께서는 어리석은 율법주의자들을 앞을 보지 못하는 소경에 비유해 말씀하셨다. 소경은 빛이 없으므로 앞의 것들을 전혀 볼 수 없다. 그런 사람들은 빛이 아니라 감각을 이용하여 모든 것을 어림짐작하게 된다. 즉 그렇게 되면 자신의 경험이나 느낌에 의존할 수밖에 없다.

따라서 앞을 보지 못하는 소경이 역시 앞을 보지 못하는 다른 소경을 인도해서는 안 된다. 그것은 어떤 위기에도 대처할 수 없는 매우 위험한 행동이다. 만일 소경이 소경을 인도하면 둘 다 구덩이에 빠질 수밖에 없기 때문이다.

이와 같이 어리석은 종교지도자들은 소경과 같다. 그들은 성령의 조명을 통한 성경말씀이 아니라 자신의 경험이나 느낌으로 백성들을 가르치며 인도하려고 한다. 그러나 그것은 매우 위험한 행동이 아닐 수 없다. 배도에 빠진 자들은 스스로 소경이기 때문에 하나님의 진리에 대해 눈을 감고 있다. 나아가 소경인 지도자를 따르는 어리석은 소경들은 저들을 이끄는 자들이 소경인 것도 모르는 채 앞선 사람들의 잘못된 말을 듣고 막무가내 따라간다. 그렇게 되면 결국 둘 다 패망의 길로 나아갈 수밖에 없다.

3. 신앙의 형식과 본질에 관한 교훈(15-20)

제자들은 앞에 언급된 예수님의 비유의 말씀을 구체적으로 알고자 원했다. 그래서 베드로가 예수님께 그 비유가 무엇을 의미하는지 물었다. 그러자 예수께서 그 의미를 상세하게 설명해 주셨다. 예수께서는 그 비유를 통해 성도의 진정한 순결의 배경이 무엇인지 교훈하시고자 했다. 어리석은 자들은 외형적인 정결에만 관심을 가졌을 뿐 본질적인 면에는 관심을 기울이지 않았다. 예수께서는 그에 대한 의도를 가지고 있었던 것이다. 이에 대해서는 마가복음에 더욱 상세하게 기록되어 있다.

> "예수께서 이르시되 너희도 이렇게 깨달음이 없느냐 무엇이든지 밖에서 들어가는 것이 능히 사람을 더럽게 하지 못함을 알지 못하느냐 이는 마음에 들어가지 아니하고 배에 들어가 뒤로 나감이니라 하심으로 모든 식물을 깨끗하다 하셨느니라 또 가라사대 사람에게서 나오는 그것이 사람을 더럽게 하느니라 속에서 곧 사람의 마음에서 나오는 것은 악한 생각 곧 음란과 도적질과 살인과 간음과 탐욕과 악독과 속임과 음탕과 흘기는 눈과 훼방과 교만과 광패니 이 모든 악한 것이 다 속에서 나와서 사람을 더럽게 하느니라" (막 7:18-23)

예수께서는 여기서 입으로 먹는 음식이 사람을 더럽게 하거나 순결하게 하지 못한다는 사실을 지적하셨다. 그는 모든 음식은 다 깨끗하다고 말씀하셨다. 즉 먹는 음식으로 인해 사람이 더럽게 되는 것이 아니라 타락한 본성을 지닌 사람의 마음에서 나오는 모든 것들이 악할 따름이라는 것이었다.

그러므로 더러운 것은 사람의 몸 바깥에 존재하는 음식이 아니라 사람의 내부에 존재하는 타락한 본성이다. 인간의 마음에는 악한 생각과 음란과 도적질과 살인과 간음과 탐욕과 악독과 속임과 음탕과 흘기는 눈과 거짓 증거와 훼방과 교만과 시기 같은 것들이 있을 뿐이다(마 15:19 참조). 그럼에도 불구하고 배도에 빠진 바리새인들은 어떤 음식을 먹느냐에 따라 사람이 정결하게 될 수도 있고 더럽게 될 수도 있는 것으로 믿었다. 하지만 그것은 율법주의자들의 어리석은 생각에 지나지 않는다.

하나님의 자녀들은 이에 대한 분명한 깨달음이 있어야만 성숙한 신앙을 소유할 수 있다. 따라서 예수께서 제자들에게 말씀하시고자 한 것은 비록 음식에 관련된 문제뿐만이 아니었다. 그것은 도리어 유대인들의 율법과 전통에 연관된 문제였다. 율법을 잘못 받아들여 열심히 지키는 것은 오히려 복음에 반하는 행동에 지나지 않는다.

우리 시대에도 계시된 하나님의 말씀보다 인간들의 종교적 전통을 더욱 중시하는 자들이 많이 있다. 모든 진리는 천상으로부터 허락된 성경말씀에 있으며 인간 사회에서 만들어진 전통에 있는 것이 아니다. 따라서 성숙한 하나님의 자녀들은 성경에 기록된 말씀에 온전히 순종하는 자세를 가져야만 한다.

제31장 다윗의 자손 예수 그리스도와 이스라엘 민족

(마 15:21-39)

1. 이스라엘의 잃어버린 양을 찾으러 오신 예수님(21-28)

(1) 한 가나안 여자와 예수님의 제자들

하나님의 특별한 선민選民의 관점에서 볼 때 유대인과 이방인 사이는 하늘과 땅 만큼 큰 차이가 났다. 유대인들은 거룩한 백성으로 인식된 반면 이방인들은 부정하고 더러운 자들에 지나지 않았기 때문이다. 따라서 스스로 선민이라 여기는 유대인들은 이방인들과 상종하기를 지극히 꺼렸다.

또한 이스라엘 민족에 있어서 남성과 여성의 구별은 뚜렷했다. 남성들은 국가와 사회 및 가정에서 지도자적 지위에 있었으며 종교적으로도 중요한 역할을 감당했다. 그에 반해 여성들은 대개 자유로운 활동을 하지 못했다.

유대인 여성들이 그 정도였다면 이방 여인들에 대한 이스라엘 백성의 일반적인 인식은 두말할 나위 없다. 따라서 부정한 이방인이면서 여성의 신분이라면 유대인들의 멸시대상이 된 것은 지극히 당연한 일이었다. 유대인 남성들은 이방 여인을 향해 말조차 걸지 않았으며, 이방인 여성들 또한 유대인 남성들에게 말을 걸지 못했다.

그런데 예수께서 두로와 시돈 지방에 가셨을 때 이방인 출신인 가나안 여자 하나가 예수님께 나아와 부르짖었다. 그녀가 유대인 남성인 예수님을 향해 외쳤던 것이다. 그 여인은 수로보니게(Syrophenician: Syrian Phoenicia, NIV) 종족에 속한 사람이었다(막 7:26). 그런 이방 여인이 많은 사람들이 보고 있는 가운데서 유대인 남성의 이름을 큰 소리로 외쳐 부른다는 것은 당시 상황에서는 여간 절박하지 않고서는 할 수 없는 행동이었다.

그 여인에게는 다른 사람들이 해결할 수 없는 특별한 용무가 있었다. 그녀는 메시아로 오신 예수님이 아니고는 어느 누구도 도움을 주지 못하는 안타까운 상황에 처해 있었다. 그것은 자신의 구원과 귀신들린 딸에 관한 문제였다. 그래서 그 여인은 모든 상황을 잊은 채 예수님의 이름을 부르며 간청했다.

> "주 다윗의 자손이여 나를 불쌍히 여기소서 내 딸이 흉악히 귀신들렸나이다"(마 15:22)

가나안 여인이 외친 이 말 가운데 먼저 우리의 관심을 끄는 대목은 그녀가 예수님을 '다윗의 자손'으로 칭했다는 사실이다. 이는 그 여인이 예수님을 하나님께서 이스라엘 민족 가운데 보내신 메시아라는 사실을 깨달아 알고 있었음을 말해주고 있다.

이는 매우 놀라운 일이 아닐 수 없다. 항상 구약성경을 가까이 둔 채 자부심을 가지고 살아가던 예루살렘의 유대인 지도자들이 예수님을 메시아로 알아보지 못하고 배척하는 상황에서 저들로부터 멸시받는 이방인 여성이 그를 하나님께서 보내신 메시아로 알아보았기 때문이다. 그 이방인 여성은 어느 누구도 해결할 수 없는 자신의 고통을 메시아이신 예수께서 덜어줄 수 있다는 사실을 굳게 믿고 있었다.

그러므로 그녀는 예수님께 귀신들린 자신의 딸을 살려달라고 간구했다. 이 가운데 두드러지는 점은 그 여인이 '자기 자신을 불쌍히 여겨' (22) 딸을 괴롭히는 귀신을 쫓아내 달라는 간구를 했다는 사실이다. 이 말은 메시아를 믿는 자신으로 말미암아 딸이 긍휼히 여김을 받을 수 있음을 말해준다. 그 여인은 메시아이신 예수님과 사탄의 졸개인 귀신이 적대관계에 놓여 있다는 사실을 잘 알고 있었던 것이다.

하지만 예수께서는 자신의 안타까운 처지를 불쌍히 여겨 달라는 그 이방 여인의 간곡한 외침을 듣고도 그에 대한 아무런 반응을 보이지 않으셨다. 그 광경을 가까이서 지켜 본 제자들은 예수님의 그런 반응을 당연한 것으로 생각했다. 하나님의 선민인 이스라엘의 메시아로 오신 예수께서 부정한 이방여성의 요구를 거절하는 것을 지극히 자연스러운 것으로 보았기 때문이다.

그러므로 제자들은 예수님께 뒤에서 소리지르며 계속 따라오는 가나안 여인을 내쫓아버리는 것이 좋으리라고 말씀드렸다. 그들은 그렇게 말함으로써 저들 자신도 하나님의 선민인 유대인 남성임을 은연중 강조하고 있었다. 그러나 예수께서 그런 과정을 거치셨던 까닭은 그들에게 메시아 사역에 연관된 중요한 교훈을 주시기 위해서였다.

(2) 예수님과 가나안 여인

예수께서는 자기에게 고통을 호소하는 이방 여인을 못마땅하게 여기는 제자들과 당사자인 그 여인, 그리고 함께 있던 사람들이 들을 수 있는 자리에서 분명한 어조로 이스라엘의 언약에 관한 내용을 선포하셨다. 사실 거기 모인 사람들은 가나안 여인과 연관된 사건의 과정에서 예수님으로부터 그 중요한 메시지를 들어야 했다. 예수께서 그 가나안 여인의 요청을 즉시 받아들이지 않았던 것은 구약의 언약에 관한 설명을 하시기 위해서였다.

예수께서는 그 자리에서 자신이 '이스라엘 집의 잃어버린 양 외에는 다른 데로 보내심을 받지 아니 하였노라' (24)고 선포하셨다. 이 말씀은 과연 무엇을 의미하고 있는 것인가? 우리는 여기서 예수님의 근본적인 의도를 분명히 깨달아야 한다.

구약성경은 하나님의 구속사 가운데 드러난 메시아를 향한 언약을 보여주고 있다. 이는 인간의 몸을 입은 예수께서 이 세상에 오신 목적이 그 언약을 이루기 위해서라는 사실을 말해준다. 구약의 모든 언약은 하나님께서 선택하신 특별한 믿음의 선배들과 그가 약속하신 가나안 땅을 통해 하나님의 경륜 가운데 이루어진다.

하나님께서는 갈대아 우르에 살고 있던 아브라함을 불러 '땅' 과 '자손' 을 허락하셨다(창 12:1,2). 이는 특별한 언약의 왕국을 세워 그 가운데 자신의 메시아를 보내시기 위해서였다. 그것을 위해 하나님께서는 모세를 통해 이스라엘 민족을 위한 거룩한 율법을 주셨으며, 다윗 왕을 통해 이스라엘 왕국을 세우도록 하셨다. 그 가운데는 아담의 타락으로 인해 파멸에 빠진 자기 백성을 구원하시기 위해 메시아를 보내고자 하는 하나님의 거룩한 뜻이 존재하고 있었다.

그러므로 예수님은 '약속의 땅' 에서 '아브라함과 다윗의 혈통' 을 이은 왕가王家의 자손으로 출생하셨다. 그는 아브라함과 다윗의 자손으로서 모세의 율법이 적용되는 이스라엘 왕국의 영원한 왕으로 오셨던 것이다(마 1:1; 27:37). 그가 먼저 언약의 왕국의 영원한 왕이 됨으로써 사탄의 지배아래 이방에 흩어져 있는 자기 백성들을 구원하시게 된다.

두로 지방에서 예수님께 접근했던 그 가나안 여인은 예수님의 말씀을 듣고 언약에 연관된 그 의미를 정확하게 깨달아 알아들을 수 있었다. 아마 그 자리에 있던 유대인 혈통을 가진 자들 가운데는 그 의미를 알아듣지 못하는 자들이 많이 있었을 것이 틀림없다. 이는 유대인들이 부정하다고 여기는 그 이방 여인이 도리어 하나님의 진정한 은혜를 입은 자임을 말해주고 있다.

(3) 이방 여인의 반응에 대한 예수님의 응답

이스라엘 민족에 연관된 언약에 관한 예수님의 말씀을 깨달은 그 여인은 예수님께 경배하며 더욱 절실히 도움을 간구했다. 하지만 예수께서는 그녀를 칭찬하기는커녕 도리어 심각한 모욕감을 느낄 만한 부정적인 언어를 사용하셨다. 그는 '자녀의 떡을 취하여 개들에게 던짐이 마땅치 않다'(26)고 표현하셨던 것이다.

이 말씀은 그 여인에게 여간 심각한 문제가 아니었다. 예수님은 유대인들을 하나님의 자녀로 언급하시면서 이방인들은 마치 개와 같이 취급하셨기 때문이다. 누가 자신을 개처럼 취급하는 사람에게 진정한 존경심을 가질까?

사실 정상적인 사람에게라면 이보다 더 크게 자존심을 건드리는 말은 있을 수 없다. 그 여인이 만일 예수님을 하나님께서 보내신 메시아로 알아보지 못했다면 침이라도 뱉고 그곳을 뛰쳐나가고 싶었을 것이다. 그렇지만 예수님의 메시아 신분을 분명히 알고 있던 그녀는 인간적인 자존심 따위는 아랑곳하지 않았다.

따라서 그 이방 여인은 자기를 개 취급하는 예수님의 말씀을 그대로 받아들여 인정했다. 이는 그녀의 일반적인 겸손을 의미하는 것이 아니며 인내와 참을성을 보여주기 위한 것도 아니다. 우리는 여기서 그 이방 여인이 구약의 언약에 관한 내용을 마음속 깊이 받아들이고 있었던 것으로 이해해야 한다. 더러운 개처럼 취급받는다는 것은 모세의 율법에서도 결코 용납될 수 없는 심한 모독에 해당된다. 따라서 이는 단순한 감정의 문제가 아니라 그 가나안 여인이 구약성경에 약속된 하나님의 뜻에 관한 모든 의미를 받아들이고 있었음을 보여준다.

그러므로 그 여인은 예수님께 그에 대한 자신의 생각을 말씀드렸다. "주여 옳소이다마는 개들도 제 주인의 상에서 떨어지는 부스러기를 먹나이다"(마 15:27). 그녀의 답변을 들은 예수께서는 그 여자에게, "여자야 네 믿음이 크도다 네 소원대로 되리라"(마 15:28)고 말씀하셨다.

이는 그 여인의 종교적인 심성이 아니라 구약성경의 언약을 통해 메시아를 받아들이고 있는 가나안 여인과 이방인에 대한 예수님의 사랑을 보여주고 있다. 그 이방 여인이 가졌던 믿음은 이스라엘 민족 가운데서도 찾아보기 어려운 믿음이었다. 따라서 그 여인의 믿음을 높이 인정하는 예수님의 말씀은 이스라엘 민족에 대한 강한 질책의 의미가 담겨 있다.

그리하여 예수께서는 그 이방 여인의 집을 직접 방문하시지 않은 채 멀리서 딸을 괴롭히는 귀신을 쫓아내 주셨다. 그로 말미암아 이방인의 가정이 하나님의 놀라운 은혜를 힘입어 귀신과 무관한 구원의 자리에 놓이게 되었던 것이다. 우리는 여기서 그 여인의 딸의 육신에 대한 치유에만 관심을 가질 것이 아니라 그녀의 영혼 구원이 더욱 중요하다는 사실을 깨달아야 한다.

2. 다양한 병자들을 치유하시는 메시아(29-31)

예수님과 제자들은 두로 지경에서 나와 데가볼리를 거쳐 갈릴리 호수에 이르렀다(막 7:31). 고향 가까이의 본거지로 돌아온 셈이었다. 그들이 갈릴리 지역에 도착했다는 소문이 퍼지자 많은 사람들이 그에게 나아왔다.

몰려든 무리 가운데는 질병을 치유받고자 하는 환자들이 많았다. 대개는 선천성 불구자이거나 약과 의사를 통해 고칠 수 없는 성격의 질병을 가진 자들이었다. 다리를 저는 불구자와 앞을 볼 수 없는 소경, 그리고 말을 하지 못하는 벙어리도 있었다.

마가복음 7장에는 특별히 벙어리를 치유하는 과정에서 그와 연관된 좀 더 구체적인 내용들이 소개되어 있다. 예수께서는 말을 하지 못하는 벙어리를 향해 "에바다"(Ephatha)라고 말씀하셨다(막 7:34). 그 말의 의미는 아람어(Aramaic)로 '열리라' 는 뜻이다. 그러자 말을 할 수 없던 벙어리가 말문이 열려 말을 하게 되었다.

그동안 말을 하지 못함으로 인해 사람들로부터 온갖 멸시와 고통을 당하던 벙어리가 예수님의 이적을 통해 입을 열었다. 거기에는 예수님의 메시아 사역을 멸시한 채 제멋대로 말하던 예루살렘의 유대인 지도자들에게 벙어리가 심판의 선포를 하게 되리라는 상징적인 의미를 지니고 있었던 것으로 이해할 수 있다.

우리는 이 말씀을 묵상하며 구약에 기록된 시편기자의 노래를 떠올리게 된다. 하나님께서는 세상의 지혜를 가지고 똑똑한 체하는 대적자들을 잠잠케 하기 위해 말을 할 줄 모르는 어린아이와 젖먹이의 입술을 사용하신다는 것이었다.

> "주의 대적을 인하여 어린아이와 젖먹이의 입으로 말미암아 권능을 세우심이여 이는 원수와 보수자로 잠잠케 하려 하심이니이다" (시 8:2)

이 말씀은 원수들의 거만한 입을 막고자 하는 하나님의 의도를 노래하고 있다. 예수께서 벙어리의 입을 여신 것도 이와 연관지어 이해할 수 있다. 마태복음에 소개된 벙어리가 말문을 열어 실제로 예루살렘의 배도자들을 부끄럽게 했는가에 대해서는 잘 알 수 없다. 그렇지만 말하던 자들을 벙어리처럼 만들고, 벙어리를 말하는 자로 만드는 것이 메시아를 드러내는 중요한 표적이었다.

예수께서는 그때 갈릴리 지역에서 다양한 질병을 가진 많은 환자들을 고치셨다. 그가 치유하지 못할 질병은 이 세상에 없었다. 그 모든 광경을 가까이서 지켜보던 무리는 하나님께 영광을 돌렸다. 이는 백성들이 그 자리에 함께 있던 예수 그리스도와 그의 사역을 통해 하나님께 영광을 돌렸음을 의미한다. 이제 이땅에 오신 메시아를 통해 하나님을 섬기는 놀라운 일들이 시행된 것이다.

그런데 마가복음에서는 동일한 사건이 있은 후, 예수께서 사람들을 경계하여 그 사실을 아무에게도 알리지 말도록 요구하셨다(막 7:36). 하지만 그것을 직접 경험하거나 목격한 자들은 주님의 요청에도 불구하고 더욱 널리 전파했다. 그러므로 그 말을 전해 듣고 놀란 많은 사람들이 그에 대해 더욱 깊은 관심을 가지게 되었다.

예수께서 자신이 베푼 이적에 관한 사실을 다른 사람들에게 알리지 말도록 요구하셨던 까닭은 어리석은 백성들의 잘못된 판단에 대한 가능성 때문이었다. 그런 자들은 예수님의 이적을 통해 영원한 천국과 메시아를 바라보는 것이 아니라 지상에서 벌어지는 복락과 일시적 만족에만 관심을 가질 따름이었다. 즉 복음을 깨닫지 못하는 자들은 메시아가 이땅에서 사람들의 질병을 고쳐주고 이스라엘 민족에게 세상적인 평화를 제공하는 인물로 착각할 우려가 있었던 것이다.

그러나 예수님의 주된 관심은 선택받은 백성들을 불러 하나님께로 돌아오게 하는 것이었다. 따라서 예수께서는 구약성경에 예언된 메시아인 자신이 인간의 몸을 입고 친히 이 세상에 강림하셨다는 사실을 전파하고자 하셨다. 그가 많은 사람들의 질병을 고치고 육체적 고통으로부터 해방시킨 것은 그 자체가 목적이었던 것이 아니라 천국복음을 선포하기 위한 메시아 사역의 일환이었던 것이다.

3. 떡 일곱 개와 생선 두어 마리(32-39)

이번에는 예수께서 지난번과 달리 떡 일곱 개와 작은 생선 두어 마리로 사 천 명을 먹이는 이적을 행하셨다. 이는 앞의 오병이어의 이적과는 구분되는 다른 사건이다. 우리는 이 두 사건이 가지는 동일한 부분과 상이한 내용을 주의 깊게 생각해 볼 필요가 있다. 분명한 사실은 두 경우 모두 예수님을 따라다니던 백성들이 음식이 없어 굶주리고 있을 때 베풀어진 기적이라는 점이다.

이번의 경우 사람들이 사흘 동안 줄곧 예수님의 뒤를 따라다녔다. 그렇다고 해서 사흘 동안 계속 굶주렸다는 의미가 아니라, 사흘이 되었으니 음식이 다 떨어졌다는 말로 받아들이는 것이 자연스럽다. 예수께서는 음식이 떨어져 배고픈 상황이 된 백성들을 불쌍히 여기셨다.

우선 사흘 동안이나 집에 들어가지 않고 밖에 있는 사람들이 측은하지 않을 수 없었다. 그들은 더 이상 먹을 만한 음식을 가지고 있지 않았다. 음식이 떨어지면 모두 집으로 돌아가는 것이 당연하다. 그러나 사람들이 집으로 돌아가지 않았다는 사실은 집에 돌아가도 별 소망이 없었으며 배불리 먹을 만한 음식이 없었다는 사실을 의미하고 있다. 그들은 불쌍하게 유리하고 있었던 것이다.

예수께서 그들을 불쌍히 여기셨던 까닭은 바로 그 이유 때문이었다. 그래서 그는 백성들에게 식량을 제공하고자 한다는 사실을 제자들에게 언급하셨다. 하지만 제자들에게는 어떻게 할 수 있는 방편이 남아있지 않았다. 더군다나 광야에서는 음식을 마련할 만한 어떤 방법도 없었다.

그래서 제자들은 백성들을 먹일 만한 음식을 준비할 수 없다는 사실을 예수님께 말씀드렸다. 그러자 예수께서는 제자들에게 남은 음식이 얼마나 있느냐고 물었다. 그때 제자들은 떡 일곱 개와 작은 생선 두어 마리가 있다고 답변했다. 아마 그 음식은 제자들이 먹기 위해 남겨둔 약간의 음식이었던 것으로 보인다.

제자들의 이야기를 들은 예수께서는 무리를 땅에 둘러앉히도록 명령하시고 그 떡 일곱 개와 생선을 제자들로부터 취하셨다. 그는 그것을 가지고 축사하신 후 떼어 제자들에게 주셨다. 제자들은 둘러앉은 무리에게 그 떡과 물고기를 나누어 주었다.

예수께서 특별히 마련하신 음식으로 식사를 마친 후, 제자들은 거기 모인 무리로부터 먹고 남은 떡을 일곱 광주리나 거두었다. 그때 거기 모인 사람들은 여자와 아이 외에 남자들이 사 천 명이나 되었다. 예수께서는 그 이적을 베푸신 후 배를 타고 마가단(Magadan) 곧 갈릴리 해변에 있는 막달라(the coasts of Magdala: KJV) 지역으로 떠나 가셨다.

우리는 여기서 예수께서 수천 명이나 되는 백성들을 먹인 사건이 배고픈 자들을 위한 것이었지만 단순히 저들의 배고픔을 해결하기 위한 것만은 아니었다는 사실을 기억해야 한다. 즉 예수님의 그 사역은 일상적인 구제행위와는 성격이 전혀 다르다. 예수께서는 백성들에게 그 이적을 통해 자신이 구약성경에 예언된 메시아라는 사실을 보여주시고자 했던 것이다.

또한 우리가 이 사건과 더불어 반드시 기억해야 할 사실은 앞서 있었던 오병이어와의 관계 문제이다. 우리는 보리떡 다섯 덩어리와 물고기 두 마리로 오 천 명을 먹인 사건과 떡 일곱 개와 두어 마리의 생선으로 사 천 명을 먹인 사건 사이에는 약간의 차이가 있음을 기억해야 한다.

적은 음식으로 수천 명이 넘는 많은 사람들에게 기적적인 방법을 통해 먹인 점에 있어서는 동일하다. 그러나 특별한 구속사적인 의미를 지닌 앞의 사건에는 한 소년의 음식으로써 무리를 먹이셨지만 나중의 사건에서는 제자들이 가진 음식으로써 무리를 먹이셨다. 또한 앞에서는 남은 음식이 열두 광주리였으나 나중에서는 남은 음식이 일곱 광주리였다. 분명한 점은 적은 양의 보리떡과 물고기를 통해 많은 사람들을 먹인 이적을 되풀이하심으로써 그에 대해 의심하는 자들의 입을 막으셨다는 사실이다.

제32장
바리새인과 사두개인의 누룩에 대한 예수님의 교훈

(마 16:1-12)

1. 배도자들의 시험(1-3)

죄에 물든 인간들은 항상 하나님을 시험하고자 한다. 전능하신 하나님마저 이성과 경험에 비추어 가늠하고자 하는 인간의 악한 심성 때문이다. 그리하여 타락한 인간 자신이 진리에 대한 최종 평가자가 되고자 하는 오류에 빠지게 되는 것이다.

배도에 빠진 유대인들은 예수님을 시험하기 위해 혈안이 되어 있었다. 그들은 이미 예수께서 보여주신 표적들에 대해 직간접적으로 알고 있었다. 그럼에도 불구하고 그들이 또다시 표적을 요구한 까닭은 쉽게 피할 수 없는 상황을 만들어 예수님을 궁지로 몰아넣기 위해서였다.

그러므로 산헤드린 공회에 속한 유대인들은 예수님께 하늘로부터 오는 다른 형태의 표적을 행하도록 요구했다. 그동안 그가 보여주신 모든 표적은 하늘로부터 온 것이 아니라 땅에서 발생한 표적이라는 것이었다. 저들의 판단에는 불가능하다고 여겨지는 어려운 요구를 함으로써 예수님을 곤경에 빠뜨릴 수 있다고 여겼던 것이다.

이 말은 예수께서 어떤 형태의 표적을 행한다고 할지라도 그들은 그것을 통해 예수님을 메시아로 인정하지 않을 것이라는 사실을 시사해준다.

믿음이 없는 자들의 특색은 필요이상의 표적에 집착하는 것이다. 그들은 이미 베풀어진 표적을 받아들이지 않은 채 자신이 원하는 다른 표적들을 원했다.

그런 불손한 사고를 지닌 바리새인과 사두개인들이 여러 사람들이 보는 앞에서 예수님께 하늘로부터 오는 표적을 구했던 것은, 그가 저들이 요구하는 바를 결코 행하지 못할 것이라 판단하고 있었기 때문이다. 따라서 예수님이 아무리 완벽한 표적을 행하신다고 할지라도 스스로 원하는 내용이 아니면 그 유대인들은 그것을 메시아 표적으로 받아들이지 않을 것이 틀림없다.

예수께서는 저들의 사악한 생각을 훤히 꿰뚫어 보고 계셨다. 그들이 하늘로서 오는 표적을 구한 것은 믿기 위함이 아니라 도리어 믿지 않기 위해서였다. 예수님은 그전에 이미 하늘로부터 온 표적들을 수없이 많이 보여주셨다. 그것들은 비밀리에 행해진 것이 아니라 공개적으로 행해지고 알려진 것들이었다. 그럼에도 불구하고 그들은 예수님을 향해 또 다른 표적을 요구했던 것이다.

분명한 점은 저들에게 어떤 형태의 표적을 보여준다 할지라도 아무런 의미가 없다는 사실이다. 따라서 예수께서는 저들에게 특별한 표적을 보여주는 대신 구약성경에 기록된 말씀과 더불어 그에 대한 교훈을 말씀하셨다. 하나님을 아는 자라면 세태를 분별하지 않으면 안 된다는 것이었다.

세상에 살아가는 인간들은 항상 나름대로 앞날을 예측하게 된다. 현재의 상황을 살피고 비추어 미래를 가늠하는 것이다. 예나 지금이나 사람들은 하늘의 변화를 통해 내일의 날씨를 예측해왔다. 특히 농경사회에서는 그것이 삶과 밀접하게 연관되어 있었다.

예수님 당시의 이스라엘 백성에게 있어서도 날씨와 기후 조건은 매우 중요했다. 날씨에 따라 모든 일을 미리 대비해야만 했기 때문이다. 그에 대한 예측과 대비를 소홀히 하게 되면 곤란한 상황이 발생하게 된다. 사람들은 저녁에 하늘이 붉으면 이튿날 날씨가 좋으리라는 것을 알고 아침에 하늘이 붉고 흐리면 날이 궂을 것이라 판단한다. 따라서 지혜로운 자들은 천기를 올바르게 분별하지만 어리석은 자들은 천기를 분별하지 못하므로 인해 상당한 곤란을 겪게 된다.

2. 예수님의 응대와 '악하고 음란한 세대' (3,4)

배도에 빠진 유대인들은 눈에 보이는 천기는 잘 분별하면서도 더 중요한 시대의 표적에 대해서는 올바른 분별을 하지 못했다. 천기를 분별하는 것보다 훨씬 중요한 일이 세태를 통해 드러나는 표적을 분별하는 일이다. 세태를 분별하는 것은 일상생활을 위한 천기를 예측하는 것과 그 성격이 다르지만 분별한다는 사실 자체에는 공통성이 있다.

예수께서는 하늘을 쳐다보며 천기는 분별할 줄 알면서 시대를 분별하지 못하는 바리새인과 사두개인들을 책망하셨다. 그들은 현실적 안주安住와 욕망추구에만 관심을 가지고 있었으므로 세태를 제대로 인식하지 못했다. 예수께서 당시를 '악하고 음란한 세대' (4)로 규정하신 것은 바로 그런 이유 때문이었다.

본문에서 말하는 '악하고 음란한 세대' 란 일반적인 도덕성을 기준으로 한 의미가 아니다. 그것은 하나님의 진리와 연관되며 복음에 관련된 본질적인 의미를 지니고 있다. 즉 도덕적인 의미를 기준으로 한 선악의 문제와 인간들의 육체적인 성관계를 기준으로 말하는 음란과는 성격이 다르다.

예수께서 말씀하신 '악하고 음란한 세대' 란 하나님을 떠나 세상의 가치를 끌어들여 즐기며 누리는 배도자들에 연관되어 있다. 성경에서는 하나님을 떠나 배도에 빠진 음란한 세대를 수없이 많이 볼 수 있다. 그 가운데 대표적인 사례는 노아 홍수가 발생하기 전에 하나님을 떠나 극심한 배도에 빠진 시대였다.

창세기 6장에는 노아 홍수 직전의 '하나님의 아들들' 과 '사람의 딸들' 의 삶에 관한 내용이 기록되어 있다. '하나님의 아들들' 은 '사람의 딸들' 과 서로 통혼通婚하며 타락한 세상을 누리며 즐겼다. 이 말은 거룩한 하나님께 속한 백성들이 배도에 빠져 사탄의 세력 아래 놓인 자들의 삶의 원리와 가치를 받아들여 뒤섞이게 되었음을 의미한다.

> "하나님의 아들들이 사람의 딸들의 아름다움을 보고 자기들의 좋아하는 모든 자로 아내를 삼는지라 ... 여호와께서 사람의 죄악이 세상에 관영함과 그 마음의 생각의 모든 계획이 항상 악할 뿐임을 보시고 땅위에 사람 지으셨음을 한탄하사 마음에 근심하시고 가라사대 나의 창조한 사람을 내가 지면에서 쓸어버리되 사람으로부터 육축과 기는 것과 공중의 새까지 그리하리니 이는 내가 그것을 지었음을 한탄함이니라 하시니라" (창 6:2,5-7)

하나님의 자녀들은 악한 세상에 살아가고 있지만 하나님의 영광을 위해 예비된 자들이다. 그들은 하나님을 기억하며 그에게만 소망을 두고 살아가야만 한다. 거기서 벗어나면 하나님의 무서운 진노가 임하게 된다. 하지만 노아홍수 이전에는 하나님의 자녀들이 세속화를 추구함으로써 심각한 간음행위에 빠졌다. 우리가 여기서 주의해야 할 바는 이 말씀이 일반 윤리적인 것을 언급하는 것이 아니라는 사실이다.

하나님을 알지 못하는 자들은 이 세상에 모든 소망을 두고 살아간다. 그들에게는 그것이 최상의 목적과 덕목이 될 수밖에 없다. 그런 자들에게 영원한 천국에 관한 소망이 있을 리 만무하다. 설령 죽음에 대한 두려움으로 인해 사후死後의 세계를 염려한다 할지라도 그것은 하나님의 나라를 소망하는 것과는 다르다.

노아 홍수 이전의 언약 백성들은 하나님 나라의 가치관을 버리고 세상 왕국의 타락한 백성들의 가치관을 받아들여 인생관을 확립하고자 했다. 이는 하나님께서 보내시고자 한 메시아를 거부하는 것과 같다. 하나님을 모르는 자들은 원래부터 메시아에 대한 관심이 없었다. 더 정확하게는 그들을 지배하는 사탄의 세력은 메시아가 오는 것을 적극적으로 거부하고 있었다.

하나님께서는 아담이 범죄한 후 택하신 백성들을 구원하시기 위해 메시아를 보내실 것을 약속하셨다. 이는 하나님의 신실하신 언약과 극진하신 사랑에 기인한다. 그 일을 위해 하나님은 인간 세상 가운데 섭리와 경륜을 통해 역사하셨던 것이다. 그 메시아에 관한 약속이 창세기 3장 15절에 기록되어 있다.

> "내가 너로 여자와 원수가 되게 하고 너의 후손도 여자의 후손과 원수가 되게 하리니 여자의 후손은 네 머리를 상하게 할 것이요 너는 그의 발꿈치를 상하게 할 것이니라" (창 3:15)

하나님의 자녀들이 지상에서 소유할 수 있는 유일한 소망은 바로 이 약속이다. 사탄의 지배영역이 된 이 세상에 살아가는 성도들에게 있어서 다른 소망이란 존재할 수 없다. 설령 일시적인 소망처럼 비쳐지는 다른 것들이 있을 수 있지만 그것은 결코 영원하지 않기 때문이다.

그러므로 구약시대의 모든 믿음의 선배들은 하나님의 그 약속을 바라는 가운데 살아갔다. 아브라함, 모세, 다윗을 비롯한 모든 참된 선지자들과 제사장들의 소망은 바로 그 메시아에게 초점이 맞추어져 있었다. 그들로부터 배우고 참된 진리를 깨달은 모든 성도들의 삶의 본질은 한결같이 그와 같았다.

예수께서 피조물인 인간의 몸을 입고 이 세상에 오신 것은 창세기 3장 15절에 약속된 그 '여자의 후손' 에 관한 성취였다. 따라서 참된 신앙을 소유한 하나님의 자녀들이라면 그 메시아가 도래할 때 당연히 그를 알아보아야만 했다. 물론 그것은 계시된 말씀을 통해 허락되는 하나님의 은혜로 말미암는 것이다.

그러나 예수님 당시 배도에 빠진 유대인들은 그 메시아에 대한 강한 거부감을 가지고 있었다. 저들의 종교적인 욕망과 정면으로 배치된다는 이유 때문이었다. 그들은 예수님을 직접 만나고 그의 메시아 사역을 목격하면서도 적극적인 거부태도를 보였다. 예수님을 찾아온 바리새인과 사두개인들이 그에게 하늘의 표적을 보이라고 요구한 것도 바로 그런 이유 때문이었다.

그러므로 예수께서는 배도에 빠진 이스라엘의 종교지도자들을 '독사의 자식' (마 12:34; 눅 3:7)으로 칭했으며, 그들이 주도하던 시대를 '악하고 음란한 세대' 로 규정했던 것이다. 그 사람들이 요구하는 모든 것은 하나님의 진리를 배경으로 한 것이 아니었다. 그들은 도리어 하나님으로부터 예수님의 사역을 분리하고자 애썼을 따름이다.

예수께서 그런 유대인들에게 구약성경에 나타난 요나의 표적밖에 보여줄 수 없다고 말씀하셨다. 물론 그들은 그 사역조차도 받아들이지 않을 것이 분명했다. 그렇지만 요나의 표적을 언급하심으로써 저들에게 하나님의 심판이 임했음을 선언하셨다. 이에 대해서는 마태복음 앞부분에서도 분명하게 언급되어 있다.

> "예수께서 대답하여 가라사대 악하고 음란한 세대가 표적을 구하나 선지자 요나의 표적 밖에는 보일 표적이 없느니라 요나가 밤낮 사흘을 큰 물고기 뱃속에 있었던 것같이 인자도 밤낮 사흘을 땅속에 있으리라 심판 때에 니느웨 사람들이 일어나 이 세대 사람을 정죄하리니 이는 그들이 요나의 전도를 듣고 회개하였음이어니와 요나보다 더 큰이가 여기 있느니라" (12:39-41)

우리는 구약시대 요나가 활동하던 때의 형편을 잘 기억한다. 당시 이스라엘 민족은 더러운 배도에 빠져있으면서도 어줍잖은 자부심을 가지고 있었다. 하나님의 선민으로서 아브라함과 모세와 다윗을 비롯한 많은 인물들을 저들의 육체적 조상이라 생각하고 있었기 때문이었다. 그들은 이스라엘 백성이라는 사실 하나만으로 거룩한 하나님의 백성이라는 착각을 하고 있었던 것이다.

하나님께서는 요나를 통해 스스로 선민이라 여기는 유대인들이 하나님의 심판을 받게 되며, 그들로부터 더러운 이방인으로 지목받는 자들이 도리어 하나님의 은혜를 입게 되는 사실을 보여주셨다. 이스라엘 민족에 있어서 그것은 여간 충격적인 일이 아닐 수 없었다. 하나님께서는 그것을 보여주시기 위해 더욱 기이한 과정을 도입하셨다.

요나를 밤낮 사흘 동안 물고기 뱃속에 머물게 했던 사실은 인간의 일반적인 이성으로는 결코 받아들여질 수 없다. 하나님을 알지 못하는 자들 가운데 그 놀라운 사실을 믿고 받아들일 사람은 단 한 사람도 없다. 그것은 인간의 이성과 경험으로는 결코 이해하거나 받아들일 수 없는 일이기 때문이다.

그런데 신기한 점은 하나님의 자녀들에게는 그 사실이 아무런 의심도 동반하지 않은 채 믿음으로 받아들여진다는 사실이다. 하나님의 직접적인 은혜가 없이는 인간의 마음을 움직이는 그런 일이 결코 발생할 수 없다. 인간의 이성과 경험으로는 도저히 받아들여질 수 없는 내용이 아무런 의심 없이 받아들여진다는 사실 자체가 엄청난 기적인 것이다.

예수께서는 악한 유대인들에게 요나의 기적을 언급하시면서 자기도 밤낮 사흘 동안 땅속에 머물러야 하리라는 사실을 언급하셨다. 인간의 이성과 경험에 비추어 볼 때는 불가능한 일이었다. 그런데 예수님은 요나의 기적을 일컬어 자기도 그와 같은 표적을 행하겠다고 하시면서 그것밖에 보여줄 것이 없다고 말씀하셨다.

이는 배도에 빠진 이스라엘 민족에 대한 하나님의 무서운 심판을 동반하는 선언이다. 오만한 유대인들에게 요나를 통한 메시지와 이방의 니느웨 사람들을 수단삼아 저들을 심판하셨듯이 그들의 시대에도 메시아이신 예수 그리스도 자신을 통해 그와 같은 일이 발생하게 되리라는 것이었다.

물론 예수님을 시험하던 바리새인과 사두개인들은 그에 대한 깊은 의미를 알아듣지 못했으며 믿지도 않았을 것이 분명하다. 그것 자체가 저들에게 심판이 임한 것과 마찬가지이다. 그에 반해 예수님과 함께 있던 제자들은 희미하게나마 그 의미를 믿고 받아들였다. 그것이 저들에게는 하나님께서 주시는 놀라운 복이었던 것이다.

3. 유대인들의 누룩에 관한 경고(5-10)

예수님의 제자들이 장소를 이동하는 과정에서 음식을 가져오는 것을 잊고 그냥 두고 왔다. 그런 중에 예수께서 제자들에게 바리새인과 사두개인들의 누룩을 경계하라는 주의를 주셨다. 제자들은 그 말씀을 들으면서 음식을 두고 왔다는 사실을 기억하게 되었다. 누룩에 관한 예수님의 말씀을 들으면서 두고 온 음식을 떠올렸던 것이다.

제자들은 누룩에 관한 예수님의 말씀을 들으면서 어쩌면 악한 유대인들이 저들의 음식에 누룩을 섞을까봐 염려했을지도 모른다. 만일 그들이 나쁜 마음을 먹고 음식에 손을 대어 적절치 않은 음식으로 만들어버린다면 큰일이었기 때문이다. 음식이 부정하게 되면 먹지 못할 뿐 아니라 그것을 먹는다면 사람이 부정하게 된다.

예수께서는 그런 의미로 말씀하신 것이 아님에도 불구하고 제자들은 오해하고 있었다. 그와 같은 상황에서 제자들은 두고 온 음식을 어떻게 할 것인지 서로 의논했다. 제자들의 한심한 생각을 간파하신 예수께서는 저들의 '믿음이 적은'(8) 사실에 대해 책망하셨다. 당시의 상황이 먹는 음식을 두고 걱정할 때가 아니라는 것이었다.

예수께서는 이미 식량에 관한 기적을 수차례 보여주셨다. 보리떡 다섯 개와 물고기 두 마리로 오 천 명을 먹이셨으며 보리떡 일곱 개와 물고기 몇 마리로 사 천 명을 먹이시기도 했다. 사람들이 먹고 남은 떡 조각만 해도 열두 광주리와 일곱 광주리나 되었다. 예수님은 그 사실을 기억하지 못하느냐며 제자들을 책망하셨던 것이다.

제자들은 예수께서 행하시는 모든 이적을 직접 목격하며 체험한 자들이었다. 그런 놀라운 기적이 일어난 지 그렇게 오래된 것도 아니었음에도 불구하고 그들은 그 이적을 상징적인 옛일로만 기억하고 있었다. 제자들이 예수님과 함께 있으면서 먹는 음식으로 인해 걱정한다는 사실 자체가 믿음이 없기 때문이었던 것으로 볼 수밖에 없었다.

4. 조심해야 할 유대인들의 악한 누룩(11,12)

예수께서 누룩을 언급하시면서 제자들에게 주시고자 한 교훈은 먹는 음식에 관한 것이 아니었다. 예수께서는 바리새인과 사두개인들의 누룩에 대한 경고를 하시며 저들의 악한 신학사상과 주장에 대한 것을 염두에 두고 계셨다. 제자들은 뒤늦게야 예수께서 유대인들의 정신적인 누룩을 언급하신다는 사실을 깨닫게 되었다.

바리새인들과 사두개인들은 구약시대의 기독교 이단에 속한 자들이었다. 우리가 명심해야 할 바는 구약시대의 참된 유대인들은 하나님께서 보내실 메시아를 믿는 그리스도인들이었다는 사실이다. 그들은 앞으로 오시게 될 그리스도를 간절히 소망하며 기다렸다. 그들에게는 그리스도가 삶의 전부였던 것이다.

그러나 배도에 빠진 유대인들의 신학사상에는 심각한 문제가 있었다. 그들은 형식적으로는 메시아를 기다리는 듯 했지만 그들의 가진 신앙의 본질은 말씀의 교훈에서 떠나 있었다. 바리새인과 사두개인들은 부활과 천사, 그리고 영혼에 관한 문제에 있어서 서로 다른 주장을 하고 있었던 것이다.

이에 대해서는 사도행전의 기록에 잘 나타나 있다. 사도 바울이 산헤드린 공회에 체포되어 유대인들에 의해 심문을 당할 때 자신은 바리새파에 속한 자라는 사실을 밝혔다. 그로 인해 산헤드린 공회의 바리새인과 사두개인들 사이에 심각한 다툼이 일어나게 되었다. 이는 바리새인과 사두개인들의 신학사상이 서로 달랐기 때문이다.

> "그 말을 한즉 바리새인과 사두개인 사이에 다툼이 생겨 무리가 나누이니 이는 사두개인은 부활도 없고 천사도 없고 영도 없다 하고 바리새인은 다 있다 함이라"(행 23:7,8)

사두개인들은 부활을 믿지 않았으며 천사의 존재도 인정하지 않았다. 나아가 영혼의 존재에 대해서도 믿지 않았다. 이에 반해 바리새인들은 부활을 비롯해 영적인 모든 존재를 믿고 받아들였다. 그렇지만 우리가 주의해야 할 바는 바리새인들의 신앙이 사두개인들보다 더 나은 것이라 말할 수 없다는 사실이다. 겉으로 드러나는 형식상으로는 바리새인들의 주장이 옳은 것같이 보이지만 저들의 신앙의 본질은 그렇지 않았다.

사두개인들과 바리새인들의 신학사상을 현대의 용어를 빌려 말한다면 자유주의와 세속주의와도 같다. 현대 자유주의자들은 인간의 이성과 경험에 모든 것을 의존한다. 그들은 예수님과 그에게 속한 성도들의 육체적인 부활을 믿지 않는다. 또한 천사들의 존재와 영적인 사실을 받아들이지 않는다.

그에 반해 세속주의자들은 말로는 그와 같은 내용들을 받아들인다. 즉 겉보기에 믿고 있는 것 같지만 실상은 하나님의 뜻 가운데 그것들을 본질적으로 신앙하지 않는다. 그런 자들은 입술로는 영적인 것들을 내세우지만 현실의 종교적인 번영을 추구하며 선전하기에 급급하다. 따라서 그들의 신학사상과 주장도 심각한 문제를 안고 있는 것이다.

예수께서 제자들에게 바리새인과 사두개인들의 누룩을 주의하라고 말씀하신 것은 바로 그런 이유 때문이었다. 하나님의 자녀들은 오직 하나님의 말씀을 통해 계시된 진리에 의존해야만 한다. 따라서 하나님을 믿는 성도라면 계시된 말씀 위에 이성과 경험에 따라 무언가를 가감하려고 하지 말아야 한다. 요한계시록에서는 그에 대한 명확한 기록을 하고 있다.

> "내가 이 책의 예언의 말씀을 듣는 각인에게 증거하노니 만일 누구든지 이것들 외에 더하면 하나님이 이 책에 기록된 재앙들을 그에게 더하실 터이요 만일 누구든지 이 책의 예언의 말씀에서 제하여 버리면 하나님이 이 책에 기록된 생명나무와 및 거룩한 성에 참예함을 제하여 버리시리라" (계 22:18,19)

이 말씀은 일차적으로는 요한계시록에 관련되어 있지만 전체 성경에 연관된 교훈이기도 하다. 바리새인들처럼 성경의 교훈에 인간적인 욕망을 더하는 자들과, 사두개인들처럼 인간의 경험에 의존함으로써 성경의 교훈을 제하는 자들은 저주를 받게 된다. 그런 자들은 성경에 예언된 생명나무 과실을 먹지 못할 것이며 하나님의 거룩한 성에 참예할 수 없다.

모든 성도들은 이에 대한 분명한 인식을 해야만 한다. 우리는 인간의 이성에 따라 성경의 신비한 내용들을 제거하는 데 몰두하는 현대 사유주의자들과, 인간의 경험에 따라 종교적인 욕망과 세상의 번영을 추구하는 세속주의자들을 민감한 자세로 경계해야 한다. 우리에게 가장 중요한 것은 완벽한 하나님의 계시인 성경말씀을 기록된 그대로 온전히 받아들이는 것이다.

5. 우리 시대를 어떻게 바라보며 분별하고 있는가?

하나님을 알지 못하는 자들은 세태에 점차 익숙하게 되어 살아가는 것을 지혜라 여긴다. 그래서 어리석은 부모와 선생들은 자식과 제자들로 하여금 시대에 적절히 부응하며 살아가도록 가르친다. 타락한 세상의 원리에서는 당연히 그렇다.

그렇지만 성숙한 하나님의 자녀들은 세태를 정확하게 해석하고 분별할 수 있어야만 한다. 우리가 하나님의 말씀을 올바르게 깨달아야 하는 이유는 그것을 통해 타락한 세태를 해석하며 분별해야 하기 때문이다. 따라서 하나님의 자녀들은 항상 시대와 사람에 민감하지 않으면 안 된다.

우리는 예수께서 천기를 분별하면서 시대를 분별하지 못하는 바리새인과 사두개인들을 책망하신 말씀을 귀담아 들어야 한다. 그들은 성경이 약속한 메시아가 오셔서 심판을 준비하고 계시는 데도 그에 대해서는 아무런 관심을 두지 않았다. 그들은 곧 사라지게 될 현실의 욕망을 추구하기 위해 모든 것을 투자했을 따름이다.

신약시대 교회는 예수님의 재림과 그로 말미암아 행해질 하나님의 거룩한 심판을 기다리고 있다. 그럼에도 불구하고 많은 사람들이 그점을 간과한 채 살아간다. 하나님을 알지 못하는 불신자들은 그에 대해 무지하기 때문에 아무런 준비를 할 수 없는 것이 당연하다.

그러나 문제는 하나님의 이름을 핑계대며 성경책을 앞세운 기독교 내부의 악한 배도자들이다. 그들은 예수님 당시의 바리새인과 사두개인들과 같은 자들이다. 그들은 현실의 종교적 욕망을 채우기 위해 어린 성도들을 이용하려 한다. 저들의 말을 따르면 현세에서 만족스럽게 살 수 있을 것처럼 선전하고 있다.

그런 자들은 천기를 분별하면서도 우리 시대가 처한 위기의 상황을 제대로 분별하지 못한다. 그들은 말씀을 통해 세태를 올바르게 해석할 수 있는 능력을 상실하고 있다. 그들의 주된 관심은 예수님의 재림과 하나님으로 말미암는 영원한 심판이 아니라 세상에서의 종교적 욕망에 있을 따름이기 때문이다.

우리 시대에도 하나님을 경외하는 지혜로운 자들은 시대를 올바르게 분별한다. 많은 사람들이 현대를 첨단과학의 시대라 일컬으며 인간의 노력여하에 따라 값진 인생이 보장되는 듯이 생각하고 있지만 그것은 위험천만한 낙관주의적 사고에 지나지 않는다. 하나님을 모르는 자들은 그렇게 생각할지라도 참된 성도들은 결코 그렇게 선전하거나 가르쳐서는 안 된다.

우리가 살고 있는 시대가 과연 어떤 시대인가? 현대의 특징 가운데 하나는 인간들이 하나님께 정면으로 저항하고 있다는 점이다. 이는 과거 전통시대의 인간들이 하나님처럼 높아지고자 했던 것과 비교된다. 과거에는 하나님을 향해 욕을 하거나 하나님 앞에서 거만을 떨었다면 지금은 인간들이 하나님을 밀쳐내고 그 자리를 차지하려고 한다.

대표적인 예로 인간들은 하나님께서 허락하신 근본적인 원리를 버리고 있다. 하나님 한 분만이 창조주였으나 현대의 인간들은 스스로 창조주이기를 자처한다. 인간들은 유전공학을 통해 자기가 원하는 방법으로 생명체를 만들어낸다. 체세포를 통해 생명을 조작하려는 인간의 태도는 오만하기 그지없다.

나아가 성전환 수술도 인간의 죄로 인한 위험한 죄악이다. 인간의 성은 하나님께서 결정하신 일로서 인간들이 임의로 바꿀 수 있는 사안이 아니다. 현대인들은 그것이 마치 인간이 이룩한 과학적 업적인 양 생각하지만 그것은 하나님에 대한 무서운 도전행위라 하지 않을 수 없다.

또한 현대는 인간이 인간을 찬양하는 오만한 시대가 되어 있다. 첨단과학은 인간들에게 엄청난 삶의 변화를 가져온 것이 사실이다. 우리 시대의 교통, 통신, 의술 등은 그전의 사람들이 전혀 경험해 보지 못한 것들이다. 이것들 이외에도 숱하게 많은 분야에서 하나님의 영역을 침범하고 있다. 우주과학, 전자공학, 컴퓨터공학 등의 발전 역시 그렇다.

나아가 인간들이 개발한 문명과 문화 가운데는 과거에 찾아볼 수 없던 악한 내용들로 가득 차 있다. 인간들은 그런 것들을 통해 자신의 능력을 대단하게 여기며 스스로를 찬양하는 오만한 자리에 앉게 된다. 어리석은 자들은 자기도 모르는 사이 그것들로 말미암아 추악한 자부심을 가지게 되는 것이다.

우리는 더러운 죄와 더불어 엄청난 발전을 이룩한 현대사회를 보며 올바른 분별력으로써 시대를 해석할 수 있어야 한다. 많은 사람들이 그것들을 누리며 낙관적으로 여긴다고 할지라도 그런 모든 것들을 통해 주님의 재림이 눈앞에 임박했다는 사실을 깨달아야 한다. 우리는 사도 바울이 데살로니가 교회에 쓴 편지의 내용 가운데 일부를 기억한다.

> "형제들아 때와 시기에 관하여는 너희에게 쓸 것이 없음은 주의 날이 밤에 도적 같이 이를 줄을 너희 자신이 자세히 앎이라 저희가 평안하다, 안전하다 할 그때에 잉태된 여자에게 해산 고통이 이름과 같이 멸망이 홀연히 저희에게 이르리니 결단코 피하지 못하리라 형제들아 너희는 어두움에 있지 아니하매 그 날이 도적 같이 너희에게 임하지 못하리니 너희는 다 빛의 아들이요 낮의 아들이라 우리가 밤이나 어두움에 속하지 아니하나니 그러므로 우리는 다른 이들과 같이 자지 말고 오직 깨어 근신할지라" (살전 5:1-6)

하나님을 모르는 불신자들은 아예 주님의 재림을 기다리지 않는다. 그러나 배도에 빠진 악한 자들은 입술로는 예수님의 재림을 언급하지만 실상은 세상의 욕망을 추구하기 위해 안간힘을 쓴다. 그들은 주님의 재림이 임박했음에도 불구하고 세태를 자의적으로 해석하며 마치 안전한 것처럼 선전하며 교인들을 가르친다. 그렇게 되면 어린 교인들은 저들의 유혹에 넘어갈 우려가 있다.

그렇지만 깨어있는 하나님의 자녀들은 계시된 말씀을 통해 시대를 분별한다. 빛 가운데 살아가는 성도들은 항상 깨어있으므로 예기치 못한 상태에서 하나님의 심판이 임하는 것이 아니다. 따라서 우리는 당장 내일 주님께서 재림한다고 할지라도 당황하지 않는다. 시대를 분별하며 주님의 재림이 임박했다는 사실을 이미 알고 있기 때문이다.

하나님의 교회에 속한 성도들은 오만에 가득 찬 세상을 잘 분별할 수 있기 바란다. 천기는 분별하면서 시대는 분별하지 못하는 자들만큼 어리석은 자들이 없다. 따라서 배도자들이 아무리 그럴듯한 주장을 펼칠지라도 그에 넘어가지 말아야 한다. 우리는 바리새인과 사두개인들의 누룩을 조심하라는 예수님의 말씀을 마음에 새기지 않으면 안 된다. 우리 주변에도 항상 위험한 누룩을 퍼뜨리는 자들이 숱하게 많이 있기 때문이다.

제33장 '인자'와 교회

(마 16:13-28)

1. '인자'와 '메시아'에 대한 다양한 주장들(13,14)

예수님 당시 유대인들 가운데는 민족을 구원할 메시아를 기다리던 사람들이 많았다. 그 시대 이스라엘의 종교, 정치, 경제, 사회 등 전 분야에는 심각한 문제들이 도사리고 있었다. 배도에 빠진 종교인들의 교권주의, 로마제국의 압제 가운데 자행되는 이스라엘 민족 정치가들의 기만과 억압, 기득권자들의 착취와 일반 백성들의 궁핍한 삶, 육체 및 정신적 건강문제, 그리고 안정되지 못한 사회적 혼란 등 이스라엘 전체가 최악의 상태에 놓여 있었다.

그런 열악한 환경에 처한 백성들은 저들을 위기로부터 탈출시켜줄 메시아를 갈망했다. 그와 동시에 사람들은 이스라엘 민족을 구원하기 위해 오게 될 메시아가 과연 누구일지에 대해 다양한 주장들을 펼쳤다. 그런데 여기서 우리의 관심을 끄는 대목은 당시 백성들이 과거에 살았던 선지자들 가운데 한 사람이 메시아로 다시 오게 되리라는 믿음을 가지고 있었다는 사실이다.[60]

---

60) 메시아의 길을 예비하기 위해 엘리야가 오게 되리라는 성경의 상징적인 예언을 오해하고 있던 사람들이 그런 짐작을 했던 것으로 보인다(말 4:5; 마 11:14 참조).

그리하여 예수께서 가이사랴 빌립보 지방에 이르렀을 때 제자들에게 그에 연관된 질문을 하셨다. 사람들이 구약에 예언된 '인자' 를 누구라 생각하느냐는 것이었다. 즉 메시아를 기다리는 일반 이스라엘 백성들이 구약성경에 줄곧 언급되어 온 인자를 누구인 것으로 믿고 있느냐는 것이었다.

그때 몇몇 제자들이 그에 대한 답변을 했다. 그들은 예수님께 백성들의 다양한 견해들을 말씀드렸다. 사람들 가운데 더러는 메시아를 세례자 요한이라 생각하고 있으며, 더러는 엘리야, 어떤 자들은 예레미야나 구약의 선지자들 중에 한 사람일 것으로 믿고 있다는 것이었다. 그런데 백성들 가운데 예수님을 하나님이 보내신 메시아로 믿고 있는 자들에 대해서는 달리 언급하지 않았다.

2. 하나님의 은혜와 제자들의 고백(15-17)

예수께서는 제자들로부터 당시 유대인들의 메시아에 관한 정서가 얼마나 혼탁한지 들으셨다. 그런 후 그는 '인자' 에 대한 확인과 더불어 제자들에게 자신을 누구로 생각하는지 물어 보셨다. 이는 구약성경의 예언 성취와 연관되는 매우 중요한 문제였다.

그 질문을 받게 되었을 때, 베드로가 예수님이 하나님께서 보내신 메시아라는 사실을 고백적으로 답변했다. 베드로는 단순한 반응에 머물지 않고 매우 구체적인 고백을 했다. 이는 그가 예수님의 신분을 정확하게 알고 있었음을 말해준다. 아무런 망설임 없이 분명히 답변하는 베드로의 말에서 그점을 엿보게 된다.

"주는 그리스도시요 살아 계신 하나님의 아들이시니이다" (마 16:16)

예수님에 대한 베드로의 고백은 완벽했다. 하지만 그의 고백은 개인적인 판단에 따른 것이 아니라 다른 제자들과 후일에 생겨날 교회와 성도들을 대표하는 공적인 성격을 지닌다. 따라서 이 고백은 당시 그 자리에 있던 제자들뿐 아니라 역사 가운데 존재하는 모든 참된 교회들과 오늘날 우리의 직접적인 고백이 되어 있다.

예수께서는 그 고백을 들으시고 난 후 그렇게 고백한 베드로가 복된 자임을 확증하셨다. 그러나 베드로는 인간적인 탁월한 지식과 능력에 의해 그 놀라운 사실을 알게 된 것이 아니었다. 나아가 그가 소유한 이스라엘 민족의 혈통이 메시아를 정확하게 알아볼 수 있게 하지도 않았다. 베드로가 예수님을 그리스도요 하나님의 아들이라는 사실을 깨달아 고백하게 된 것은 전적으로 하늘에 계신 하나님의 은혜로 말미암는 것이었다.

이에 대해서는 지상에 존재하는 모든 교회와 그에 속한 성도들 역시 마찬가지다. 어리석은 자들은 인간의 지혜를 통해 예수님의 존재와 신분을 알 수 있을 것처럼 생각하지만 전혀 그렇지 않다. 타락한 이 세상의 지혜로는 결코 예수님을 하나님의 아들인 메시아로 알아보지 못한다.

3. 지상교회에 허락된 천상의 권능(18-20)

예수께서는 베드로의 참된 고백을 듣고 나서 그 '반석' 위에 자신의 교회를 세우시겠노라고 말씀하셨다. 베드로의 히브리식 원래 이름은 시몬(Simon)이었다. 그러나 예수님은 그에게 헬라 이름인 '베드로'(Petros)라는 다른 별명을 붙여 주셨다. 그 이름은 아람어로 게바(Chepha)와 동일한 뜻으로 '바위'(rock), 즉 반석이라는 의미이다.

예수께서 그에게 그 특별한 이름을 주신 데는 여러 가지 이유가 있었을 것이 분명하다. 즉 임기응변적으로 그에게 별명을 붙여주신 것이라기보다 그 이름과 더불어 이룩하시고자 하는 주님의 뜻이 담겨 있었던 것으로 보인다. 예수께서는 '베드로'라는 이름을 통해 교회의 설립과 그 기초에 관한 직접적인 교훈을 주셨다. 또한 그 헬라어 이름을 배경으로 한 교회를 통해 이방인들에게 복음이 전파되리라는 점이 시사되고 있다.

그러므로 예수께서는 베드로의 고백을 듣고 있던 모든 제자들이 있는 자리에서, "너는 베드로라 내가 이 반석(베드로, 게바, 바위) 위에 나의 교회를 세우리라"(18)고 약속하셨다. 이 본문에서 우리가 눈여겨봐야 할 사실은 예수께서 '베드로' 위에 교회를 세우시겠다고 언급하신 점이다. 즉 그냥 '땅 위' 라든지 '이스라엘 민족 위' 혹은 다른 무엇 위에 교회를 세우시겠다고 하시는 대신 '베드로', 즉 '반석' 위에 자신의 교회를 세우겠노라고 말씀하셨던 것이다.

이는 곧 교회의 기초가 제자들을 대표해 하나님의 아들 예수 그리스도를 고백했던 그 반석(베드로)이며, 바로 그 위에 지상의 교회가 세워지게 됨을 말해준다. 이처럼 모든 참된 교회의 기초는 주님께 참된 고백을 했던 '반석' 곧 '베드로' 이다. 따라서 예수 그리스도의 이름으로 회집하는 종교적인 모임이라 할지라도 그 의미에서 이탈하게 되면 결코 참된 교회의 모습을 가질 수 없다.

그러므로 예수께서는 그 반석 위에 세워지게 된 교회를 '나의 교회' (18)라고 분명히 말씀하셨다. 그 교회는 다른 어느 누구의 것이 될 수 없다. 따라서 주님의 교회에서 감히 주인 행세를 한다는 것은 실로 무서운 일이다. 특정 직분을 맡은 개인이든 혹은 다양한 직분을 맡은 자들의 공적인 집단이든 나아가 전체 회중이라 할지라도 그들은 교회의 주인이 될 수 없다. 왜냐하면 예수 그리스도 한 분만이 그 교회의 유일한 주인이시기 때문이다.

그리고 주님께서는 반석 위에 세워지게 될 교회가 지상에서 전투하는 기능을 발휘하게 될 것을 말씀하셨다. 이는 음부의 권세, 즉 사탄의 권세가 반석 위에 세워진 주님의 교회를 공격할 것이기 때문이다. 사탄이 지배하는 세상 가운데 하나님의 세력이 구원과 심판을 위해 침투해 들어왔으니 음부의 세력이 교회를 가만 두지 않는 것이다.

하지만 예수께서 세우신 교회는 능히 음부의 세력을 막아내게 된다. 그것을 위해 교회에는 특별한 '천국 열쇠들' 이 주어진다. 그것들은 이 세상에서 찾아볼 수 없는 놀라운 영적인 권위를 지니고 있다. 이는 주님께서 자신의 교회를 유지하시기 위해 사도들과 그들의 사역을 이어받아 감당하게 될 직분자를 세울 것과 그들에게 자신의 권한을 위임하시리라는 의미가 내포되어 있다.

따라서 교회가 소유한 열쇠들은 단순히 상징적인 것이 아니라 매우 구체적이며 실제적인 가능을 하게 된다. 교회와 직분자들은 그 열쇠들을 통해 땅에서 매기도 하고 풀기도 한다. 만일 지상의 교회가 열쇠들을 사용하지 않은 채 매고 푸는 일을 소홀히 한다면 교회로서의 기본적인 모습을 상실할 수밖에 없다.

그렇다면 그 열쇠들은 누가 어떻게 소유하며 사용하게 되는가? 그것들은 영적인 성격을 지님과 동시에 실체적이다. 즉 손으로 만질 수 없는 영적인 형태로 존재하지만 현실적으로 드러나고 있다. 교회는 그것들로써 세상을 향한 심판선언을 하고 있으며 내부적으로는 지속적인 권징사역이 이루어진다. 이러한 기능이 교회의 순결을 유지하도록 하며 그것을 통해 강력한 전투력이 보전된다.

또한 그 열쇠들은 두 가지의 서로 대비되는 기능을 한다. 열쇠들 가운데 하나는 푸는 역할을 하게 되며 다른 하나는 매는 역할을 하게 된다. 이는 복음선포와 권징사역에 밀접하게 연관되어 있다. 즉 복음선포가 열쇠의 푸는 기능이라면 권징사역은 열쇠의 매는 기능이라 할 수 있는 것이다.

그리고 이와 동시에 우리가 반드시 기억해야 할 바는 그 열쇠들이 세상에 흩어져 존재하는 모든 참된 교회들에 주어졌다는 사실이다. 그것은 지상교회의 상속에 밀접하게 연관되어 있다. 즉 역사 가운데 존재하는 교회가 다른 교회에 복음을 전달할 때 그 열쇠들도 동시에 상속되어 가야 한다. 따라서 주님으로부터 받은 열쇠들이 사도들로부터 각 교회마다 상속 전달되어야 하는 것이다. 만일 그 열쇠들을 전달하지 않거나 전달받지 않은 교회는 참된 교회라 할 수 없다.[61]

그러므로 베드로를 비롯한 제자들에게 허락된 열쇠들을 상속받은 지상의 모든 교회들은 그 열쇠들을 올바르게 잘 사용해야 한다. 그렇게 함으로써 교회는 끊임없이 매고 푸는 일을 되풀이하게 된다. 참된 교회라면 지상교회의 그 사역이 천상에 직접 연결되어 있다는 사실을 분명히 기억한다. 땅에서 무엇이든지 매면 하늘에서도 매이게 되고 땅에서 무엇이든지 풀면 하늘에서도 풀린다는 사실은 지상교회에 주어진 엄청난 영적인 권한이 아닐 수 없다.

예수께서는 제자들에게 그 말씀을 하신 후 자기가 그리스도라는 사실을 외부에 함부로 이야기하지 말도록 경계하셨다. 이는 지상에 교회를 세우시겠다는 그 비밀을 아직 노출할 때가 되지 않았다는 사실에 연관되어 있나. 그렇잖아도 익한 배도자들에 의해 다양한 공격이 이루어지는 상황에서 특별한 공동체가 세워진다는 소문이 나게 되면 그들의 공격은 더욱 교묘해질 것이 분명하나. 물론 조만간 모든 사실이 드러나게 되겠지만 예수께서는 제자들을 진지하게 교육하셨던 것이다.

61) 우리 시대에는 흔히 교회를 개척한다는 말을 한다. 이는 단순히 '교회의 수적 늘리기' 가 아니라 역사적 교회를 상속해 가는 의미를 동반하고 있어야 한다. 그 때 가장 소중한 것이 주님께서 허락하신 열쇠들을 상속하는 일이다. 즉 기존의 교회가 그 열쇠들을 소유하고 있다면 그 영적인 열쇠들을 동시에 상속해 주는 것이 절대로 중요하다. 그 열쇠들은 종교단체가 임의로 제작할 수 있는 것이 아니라 베드로를 비롯한 제자들에게 허락된 것이며 그 열쇠들이 끊임없이 상속되어 가야 하는 것이다.

4. 십자가 사역에 관한 예수님의 예언과 제자들의 오해(21-23)

예수께서는 지상에 교회를 세우리라는 예언과 더불어 자신의 십자가 사역에 대한 예언을 하셨다. 그가 예루살렘에 올라가서 장로들과 대제사장들과 서기관들에 의해 많은 고난을 받고 결국 죽임을 당하게 되리라는 것이었다. 여기 언급된 자들은 산헤드린 공회와 연관되는 인물들이다.

예수님의 이 말씀은 제자들에게 청천벽력 같은 소리였다. 물론 제자들이 좀 더 성숙했더라면 그 의미를 자연스럽게 받아들일 수 있었을 것이다. 그러나 오순절 성령께서 강림하시기 전의 제자들에게는 심각한 문제로 받아들여졌을 것이 분명하다. 이스라엘 민족을 통치하는 왕이 되어야 할 예수님이 고난을 받고 죽게 된다는 사실을 그들은 쉽게 받아들이기 어려웠다.

그렇지만 구약성경은 하나님께 바쳐지는 동물제사를 통해 궁극적인 완벽한 제물이 필요하다는 사실을 시사해 주고 있다. 그래서 세례자 요한은 예수님을 '세상 죄를 지고 가는 하나님의 어린 양' (요 1:29)으로 묘사했다. 이는 그가 하나님의 거룩한 제물로 바쳐져야 할 인물이라는 점을 말해준다.

따라서 예수께서 자기의 죽음을 언급하신 것이 이제까지 전혀 예언되지 않았던 내용을 처음으로 발설하신 것이 아니었다. 그는 성경에 줄곧 예언되어 온 바를 자신의 입으로 친히 드러내셨다. 그가 이스라엘 민족의 대표기관인 산헤드린 공회에 의해 부당한 정죄를 받아 죽은 후 무덤에 장사되었다가 삼일 만에 다시 살아나게 될 사실을 구체적으로 가르치셨던 것이다.

베드로를 비롯한 제자들은 성경말씀과 하나님의 능력을 믿고 있었지만 여전히 세상에서의 자기 목적에 대한 관심을 버리지 못하고 있었다. 하지만 주님의 고난과 죽음을 방지하려는 제자들의 태도는 겉보기에 충성스런 모습으로 포장되어 드러났다.

그러므로 베드로는 예수님을 붙잡고 그런 최악의 상태에 이르지 않도록 간청했다. 나아가 그런 일이 결코 그에게 미치지 않을 것이라 말했다. 그 말 가운데는 무슨 한이 있어도 원수들이 주님을 고통에 빠뜨리거나 죽이는 사건이 발생하지 않도록 자기가 방지하겠다는 결연한 의지가 내포되어 있었다.

베드로의 그 말은 임기응변적인 위선이 아니라 진심이었을 것이 틀림없다. 예수님에 대한 그의 태도를 볼 때 그의 말과 행동이 거짓이 아니었음을 쉽게 알 수 있다. 하지만 그의 진심어린 마음에도 불구하고 주님으로부터 옳은 것으로 보증받지 못했다.

예수께서는 베드로를 칭찬하기는커녕 도리어 호되게 질책했다. 그는 나름대로 충성을 고백하는 제자에게 단순한 책망을 한 것이 아니라 그를 마치 사탄처럼 취급하기에 이르렀다. 예수님은 베드로에게 '사탄아 내 뒤로 물러가라' (23)고 명령하시면서 그가 하나님의 일이 아니라 사람의 일을 생각하는 것이라 지직하셨다. 이는 앞에서 베드로를 복이 있는 자로 말씀하시던 것과는 정반대적이다.

베드로가 사탄으로 징해지는 이 형편을 우리는 이떻게 이해해야 할까? 이는 베드로가 성경에 게시된 하나님의 언약을 기억하지 않은 채 인간의 이성적인 생각에 빠져 있음을 의미하고 있다. 즉 하나님의 진리에 저항하는 사탄이 베드로를 미혹해 예수 그리스도의 구속사역보다 인간을 위한 일에 관심을 가지게 했던 것이다.

이에 대해서는 오늘날 우리도 신중하게 생각해 보아야 한다. 인간들은 항상 영원한 진리가 아니라 이 세상의 것에 집착하게 된다. 하나님을 경외하는 성도들은 성경에 예언된 본질적인 진리를 멀리한 채 세상의 목적을 추구하는 것이 얼마나 잘못된 일인가 하는 점을 절실히 깨닫지 않으면 안 된다. 우리는 항상 '사탄아 내 뒤로 물러가라' 고 하실지 모르는 주님의 음성에 민감하게 귀를 기울여야 한다.

5. 예수님의 요구와 보상(24-26)

인간적인 욕망에 사로잡힌 베드로의 잘못된 생각을 책망하신 주님께서는 제자들에게 매우 중요한 요구를 하셨다. 성도들에게 필요한 것은 하나님을 향한 인간적인 성의와 충성심이 아니다. 나아가 하나님께서는 성도들에게 일반적인 헌신과 열성을 요구하시지 않는다.

하나님께서 원하시는 것은 인간들의 소유 가운데 일부분이 아니다. 즉 하나님을 교인들의 물질이나 재능 혹은 정성을 원하시는 분으로 간주해서는 안 된다. 그럼에도 불구하고 어리석은 교인들 가운데는 자기가 소유한 것들 가운데 일부를 하나님께 바침으로써 스스로 만족스러워 하는 경우가 많다. 그런 사람들은 그것이 마치 하나님을 기쁘시게 하는 일인 양 착각하고 있기 때문이다.

예수께서는 자기를 따르는 백성의 소유 가운데 일부가 아니라 저들의 전부를 원하신다. 따라서 성도들로 하여금 세상의 모든 것들을 포기하도록 명령하셨다. 성숙한 자들은 그렇게 하는 것이 진정한 지혜라는 사실을 깨달아 알고 있다. 타락한 세상에 대해서는 완전히 죽고 주님을 온전히 따르는 것이 진정한 신앙이다. 주님께서는 제자들에게 그점을 분명히 말씀하셨다.

> "아무든지 나를 따라 오려거든 자기를 부인하고 자기 십자가를 지고 나를 좇을 것이니라 누구든지 제 목숨을 구원코자 하면 잃을 것이요 누구든지 나를 위하여 제 목숨을 잃으면 찾으리라" (마 16:24,25)

우리는 거룩한 하나님과 타락한 인간을 동시에 인정하며 따를 수 없다.

하나님을 진정으로 인정하게 되면 죄에 빠진 인간을 부인할 수밖에 없으며, 인간을 인정하게 되면 거룩한 하나님을 부인하게 된다. 그럼에도 불구하고 어리석은 자들은 하나님과 인간을 동시에 인정하며 따르고자 한다.

하지만 예수께서는 그런 잘못된 사고에 젖어 있는 자들에게 자기를 부인하고 십자가를 지도록 요구하셨다. 그런 다음에 메시아인 자신을 좇으라는 것이었다. 여기서 '십자가를 지라' 고 하신 말씀은 종교적인 고행을 요구하는 의미가 아니다. 즉 십자가를 지고 고생스럽게 자신을 따르라는 말과는 다른 것이다.

신앙이 어린 교인들 가운데는 자신의 어려운 형편을 십자가를 지는 삶에 연관지어 생각하는 경우가 종종 있다. 자녀가 문제를 일으키거나 해결하기 어려운 골치 아픈 문제가 발생하면 그것을 자기의 십자가로 여기는 것이다. 그러나 그런 것들은 십자가를 지는 삶과 아무런 상관이 없다.

예수께서 제자들에게 '자기 십자가를 지라' 고 하신 말씀은 세상에 대해서는 죽으라는 의미이다. 이는 앞에 기록된 말씀에서 자기가 예루살렘에서 배도자들에 의해 죽임을 당하게 되리라고 하신 말씀과 밀접하게 연관되어 있다. 따라서 사도 바울은 갈라디아 교회와 로마에 있는 교회에 편지하면서 그점을 분명히 말했다.

> "내가 그리스도와 함께 십자가에 못 박혔나니 그런즉 이제는 내가 산 것이 아니요 오직 내 안에 그리스도께서 사신 것이라 이제 내가 육체 가운데 사는 것은 나를 사랑하사 나를 위하여 자기 몸을 버리신 하나님의 아들을 믿는 믿음 안에서 사는 것이라"(갈 2:20);
>
> "우리가 알거니와 우리 옛 사람이 예수와 함께 십자가에 못 박힌 것은 죄의 몸이 멸하여 다시는 우리가 죄에게 종노릇 하지 아니하려 함이니 이는 죽은 자가 죄에서 벗어나 의롭다 하심을 얻었음이니라 만일 우리가 그리스도와 함께 죽었으면 또한 그와 함께 살 줄을 믿노니 이는 그리스도께서 죽은 자 가운데서 사셨으매 다시 죽지 아니하시고 사망이 다시 그를 주장하지 못

할 줄을 앎이로라" (롬 6:6-9)

위에 기록된 사도 바울의 교훈에서 예수님의 말씀이 분명히 증거되고 있다. 예수께서는 제자들에게 누구든지 자기를 따르려거든 자기 십자가를 지고 옛 사람을 죽인 후 새 사람이 되어 자기를 따르라고 요구하셨다. 그것은 주님의 참된 제자가 되기 위한 필수요건이라 말할 수 있다.

예수께서 성도들에게 십자가를 지고 죽으라고 요구하신 것은 영원한 참 생명을 공급하시기 위해서였다. 어리석은 자들은 세상에서 살고자 하여 자기 목숨에 집착하지만 그렇게 하면 결국 영원한 죽음에 빠질 수밖에 없다. 반대로 주님을 위해 십자가를 지고 자기 목숨을 포기하면 하나님으로부터 영원한 생명을 얻게 된다.

진리를 모르는 무지한 자들은 오로지 세상의 욕망에 도달하기 위해 최선의 노력을 기울인다. 물론 그렇게 한다고 해서 세상의 것들을 다 소유하는 것도 아니다. 스스로 세상의 모든 것을 만족스럽게 얻은 것으로 여기는 사람은 극소수에 지나지 않는다. 설령 어떤 사람이 온 천하를 얻었다고 한들 자기 목숨을 잃는다면 그에게 남는 것은 아무것도 없다.

진정으로 지혜로운 사람은 십자가에 달리신 주님을 기억하며 그와 더불어 십자가에 못박힘으로써 세상의 욕망을 포기한다. 그렇게 하는 것이 진정한 생명을 얻게 되는 길이라는 사실을 알고 있기 때문이다. 그러나 미련한 자들은 세상의 것들을 움켜잡기 위해 인생을 전력 질주한다. 그러다가 뭔가 얻은 것으로 여기면 즐거워하며 기고만장한다. 그러나 그런 자들은 일시적인 세상의 생명을 추구하다가 영원한 참된 생명을 잃게 된다.

6. 하나님의 영광과 심판에 관한 예언(27,28)

타락한 인간들은 이 세상에 취해 영원한 천상의 나라에 관심을 기울이지 않는다. 그러나 하나님의 자녀들은 계시된 말씀과 성령 하나님의 도우심에 따라 이 세상과 대비되는 영원한 나라에 대한 실상을 알게 된다. 따라서 세상에 속해 있으면서 진리에 대해 무지한 인간들은 도리어 하나님의 자녀들을 조롱하기도 한다.

하나님께서는 범죄한 인간들을 궁극적으로 심판하시기 위해 다시금 이 땅에 재림하시게 된다. 예수께서는 십자가에 달리시기 전 제자들에게 그에 대한 약속을 하셨다. 인자가 그 천사들과 함께 성부 하나님의 영광으로 오시리라는 것이었다. 그때는 이 세상에 최종적인 심판이 이루어지게 된다. 모든 사람들은 자신의 삶에 따라 하나님으로부터 엄중한 심판을 받는다. 물론 하나님의 자녀들은 예수 그리스도의 십자가 위에서의 구속 사역으로 말미암아 형벌을 면하게 된다.

예수께서는 그 자리에 함께 있던 자들 가운데 인자가 왕권을 가지고 오는 것을 눈으로 목격할 자가 있으리라고 말씀하셨다. 이는 하나님 나라의 구체적인 도래를 의미하고 있다(막 9:1; 눅 9:27). 따라서 이 말씀은 예수님의 십자가 사역과 AD 70년에 있었던 예루살렘 성전 파괴사건, 그리고 최종적인 예수님의 재림사건을 앞두고 하신 말씀으로 이해해야 한다.

예수님이 만왕의 왕이라는 사실은 그의 십자가 사역을 통해 입증되었다. 그는 십자가를 지시기 전에 나귀 새끼를 타고 다윗의 왕위를 잇는 영원한 왕으로서 예루살렘에 입성하셨다. 그가 십자가에 달리셨을 때 로마제국의 본디오 빌라도는 십자가 위에 '유대인의 왕' 이라는 죄패를 부착함으로써 그가 왕이라는 사실을 부지중에 증거했다.

또한 AD 70년 로마 군대에 의해 예루살렘 성전이 파괴됨으로써 그곳과 연관된 아브라함과 다윗 언약이 성취되었음이 확인되었다. 성전파괴는 단순히 군사정치적인 사건에 그치는 것이 아니라 보편교회의 왕으로 임하신 예수님의 신령한 사역을 보여주고 있다. 그리고 십자가 사역을 마치고 부활 승천하신 예수께서 마지막 날 재림하심으로써 그의 왕권이 최종적으로 완성된다.

예수께서는 이 모든 일들이 있기 전, 지상에 존재하는 하나님의 교회와 성도들이 그 모든 상황을 목격하게 되리라는 사실을 언급하셨다. 예수님의 말씀을 듣고 있던 성도들 가운데 상당수가 왕권을 상속받는 그의 십자가 사역과 예루살렘 성전 파괴와 더불어 임하는 보편교회의 왕이신 예수님의 사역을 목격했다. 주님께서 베드로의 고백위에 세우신 교회에 속한 우리는 멀지 않은 장래에 영화로운 모습으로 왕권을 가지고 재림하시는 주님을 맞게 될 것이다.

제34장
변화산 사건과 메시아 증거

(마 17:1-13)

1. 변형된 예수님(1,2)

가이사랴 빌립보에서 제자들과의 특별한 대화가 있고 나서 며칠이 지난 후, 예수께서는 베드로와 야고보와 요한 등 세 명의 제자들을 데리시고 따로 높은 산에 올라가셨다. 구체적으로 알려져 있지 않지만 변화산이라 일컬어지는 그 산은 나중에 '거룩한 산' 으로 불려졌다(벧후 1:18). 그때 예수께서는 제자들을 위해 매우 중요한 계획을 가지고 계셨다.

베드로의 고백을 통해 확증되었듯이 당시 제자들은 예수님이 하나님의 아들 그리스도라는 사실을 분명히 깨달아 알고 있었다. 그렇지만 완벽한 인간으로 오신 예수님은 외형상 초라하고 볼품없는 모습을 띠고 있었다. 이는 인간의 몸을 입으신 예수님에 대한 구약의 예언에 따른 것이었다. 오래전 선지자 이사야는 초라한 인간의 모습을 지닌 메시아에 관한 예언을 했다.

"그는 주 앞에서 자라나기를 연한 순 같고 마른 땅에서 나온 줄기 같아서 고운 모양도 없고 풍채도 없은즉 우리의 보기에 흠모할만한 아름다운 것이 없도다 그는 멸시를 받아서 사람에게 싫어 버린바 되었으며 간고를 많이 겪었으며 질고를 아는 자라 마치 사람들에게 얼굴을 가리우고 보지 않음을 받

> 는 자 같아서 멸시를 당하였고 우리도 그를 귀히 여기지 아니하였도다" (사 53:2,3)

하지만 예수께서는 이제 제자들에게 하나님의 아들이신 자신의 영화로운 모습을 보여주시고자 했다. 그것을 통해 메시아에 대한 확신을 심어 주시기 원했던 것이다. 앞으로, 전지전능하신 하나님의 아들이신 예수께서 악한 인간들에 의해 심한 고난을 당하시게 될 때, 제자들에게는 보다 큰 믿음과 격려가 필요했을 것이기 때문이다.

그러므로 예수께서 산에 올라가시자 저희가 보는 앞에서 변형되셨다. 그의 얼굴은 해와 같이 빛났으며 옷은 빛과 같이 희어졌다. 변형된 예수님은 지금까지 날마다 보았던 일반적인 면모가 아니라 광채와 영광에 휩싸인 영화로운 모습이었다(눅 9:32). 이는 재림하실 주님의 모습을 보여주고 있으며, 후일 사도 요한이 보았던 천상의 영화로운 예수 그리스도의 모습을 떠올리게 한다.

> "촛대 사이에 인자 같은 이가 발에 끌리는 옷을 입고 가슴에 금띠를 띠고 그 머리와 털의 희기가 흰 양털 같고 눈 같으며 그의 눈은 불꽃같고 그의 발은 풀무에 단련한 빛난 주석 같고 그의 음성은 많은 물소리와 같으며 그 오른손에 일곱 별이 있고 그 입에서 좌우에 날선 검이 나오고 그 얼굴은 해가 힘 있게 비취는 것 같더라" (계 1:13-16)

사도 요한이 계시록에 묘사된 예수 그리스도를 보았을 때 변화산에서의 영화로운 예수님의 모습을 떠올렸을 것이 분명하다. 그는 영광의 광채에 둘러싸여 해와 같이 빛나는 얼굴과 화려한 옷을 입고 계셨다. 그 광경은 지상에서 제자들과 함께 다니며 활동하시던 예수님의 모습과는 전혀 달랐다.

예수께서 변화산에서 제자들에게 자신의 영화로운 모습을 보여주신 까닭은 분명하다. 예수님은 앞으로 배도자들에 의해 엄청난 고난을 당한 후 십자가에 못박혀 돌아가심으로써 연약한 모습을 보이시겠지만, 원래 자신의 영화로운 존재를 확실히 알려 주시고자 했다. 변형된 예수님을 통해 일어난 모든 광경을 똑똑히 목격한 제자들은 그 사건을 통해 나중 십자가 사역에 동반되는 하나님의 놀라운 은혜와 인간들의 끔찍한 악행을 더욱 분명히 깨달았을 것이 틀림없다.

2. 예수님과 모세와 엘리야(3,4)

예수님과 세 제자들이 변화산에 올라갔을 때는 초막절을 앞둔 시점이었던 것으로 보인다. 산 위에 올라가 변형된 모습을 한 예수께서는 제자들이 보는 앞에서 모세와 엘리야를 불러 대화하셨다. 제자들은 어느 정도 거리가 떨어진 곳에서 그 광경을 주의 깊게 지켜보았을 것이 분명하다.

물론 우리는 예수님과 함께 있던 모세와 엘리야가 실제적인 몸이었는지 아니면 제자들에게 보인 환상이었는지 정확하게 알 수 없다. 예수님의 변형된 모습을 염두에 둔다면 저들의 몸도 실제적 실체였을 가능성이 높다. 하지만 다른 한편으로는 특별한 환상이었을 가능성도 없지 않다.

누가복음에는 제자들이 피곤하여 졸다가 예수님과 모세와 엘리야가 대화하는 것을 보게 된 것으로 기록되어 있다(눅 9:32). 그렇다면 제자들이 예수님의 변화된 실체의 모습과 더불어 모세와 엘리야의 환상을 본 것으로 이해할 수 있다. 둘 중 어떤 경우라 할지라도 그 사건은 하나님으로 말미암아 허락된 신비한 광경이었음은 틀림없다. 우리에게 중요한 것은 실체냐 환상이냐에 대한 관심이 아니라 예수께서 모세와 엘리야를 불러 제자들이 보는 앞에서 실제적인 대화를 나누었다는 사실이다.

예수께서는 변화산에서의 그 특별한 사건을 통해 제자들에게 하나님의 아들이신 자신의 존재와 구약성경에 계시된 언약을 확증하시고자 했다.

그때 있었던 가장 중요한 내용은 율법과 선지자들을 통해 예언된 메시아와, 그가 감당해야 할 십자가 사건에 연관된 종말론적 사역이었다. 율법을 선포한 모세와, 선지자들을 대표하는 엘리야가 등장한 것은 바로 그와 밀접하게 연관되어 있다.

제자들은 예수께서 인간의 모습을 입고 메시아로 오신 사실을 심중에 받아들이며 그것이 구약성경의 성취라는 점을 분명히 알고 있었다. 예수께서는 변화산에서 특별한 계시를 통해 모세와 엘리야로 말미암아 모든 것을 제자들에게 증거하도록 하셨다. 그보다 수백 년 전 말라기 선지자는 모세와 엘리야를 언급하면서 메시아의 강림을 예언했다.

> "너희는 내가 호렙에서 온 이스라엘을 위하여 내 종 모세에게 명한 법 곧 율례와 법도를 기억하라 보라 여호와의 크고 두려운 날이 이르기 전에 내가 선지자 엘리야를 너희에게 보내리니 그가 아비의 마음을 자녀에게로 돌이키게 하고 자녀들의 마음을 그들의 아비에게로 돌이키게 하리라 돌이키지 아니하면 두렵건대 내가 와서 저주로 그 땅을 칠까 하노라 하시니라" (말 4:4-6)

예수님의 제자들은 구약성경에 계시된 이 말씀을 마음속 깊이 담아두고 있었을 것이 틀림없다. 베드로와 야고보와 요한은 예수님과 모세와 엘리야가 변화산 위에서 대화하는 광경을 지켜보며 구약에 예언된 메시아 언약이 성취되어 가고 있음을 알았다. 누가복음에는 그때 모세와 엘리야를 통해 예수님이 예루살렘에서 죽게 되리라는 사실이 선포되었음이 기록되어 있다(눅 9:31). 그 자리에 함께 있던 예수님의 제자들은 그들이 선포하는 메시지를 분명히 들었다.

그러므로 베드로는 즉각 예수님께 자신의 견해를 말씀드렸다. "우리가 여기 있는 것이 좋사오니 주께서 만일 원하시면 내가 여기서 초막 셋을 짓되 하나는 주를 위하여, 하나는 모세를 위하여, 하나는 엘리야를 위하여 짓겠나이다". 베드로의 이 말은 과연 무엇을 의미하고 있는가?

그때가 초막절을 앞둔 시기였다면 예루살렘이 아니라 그 거룩한 산에서 초막절을 지키는 것이 위기에 처한 예수님께 안전할 수 있다. 예수님뿐 아니라 모세와 엘리야도 예루살렘에서 예수님의 고난과 죽음의 사건이 발생할 것을 예견했다면 그것은 틀림없이 일어날 수밖에 없는 일이다.

베드로가 변화산에서 예수님과 모세와 엘리야를 위해 임시거처인 초막 셋을 짓자고 한 것은 그곳에 영구히 살고자 한 말이 아니었음은 분명하다. 그는 야고보와 요한과 자신을 위한 초막을 지을 생각은 없었다. 베드로는 무리하게 자기의 주장을 펼친 것이 아니라 주님께서 원하시면 그렇게 하자고 말씀을 드렸다.

베드로의 판단에는 앞으로 닥치게 될 위험이 명확한 상태에서 굳이 예루살렘에 올라갈 필요가 없었다. 그런 상황이라면 예루살렘에 가지 않고 그 위기를 넘기는 것이 가장 지혜로운 처사라 여겼을지 모른다. 그러므로 살벌한 예루살렘보다는 '여기에 있는 것이 좋사오니' (4)라고 말했던 것이다.

또한 우리가 여기서 생각해야 할 점은 변화산 사건이 종말론적인 메시지를 주고 있다는 사실이다. 종말이 되면 예수께서 모세와 엘리야와 더불어 최종적인 심판을 행하시게 된다. 요한계시록에는 그에 관한 분명한 기록이 나타난다.

> "내가 나의 두 증인에게 권세를 주리니 저희가 굵은 베옷을 입고 일천 이백 육십 일을 예언하리라 이는 이 땅의 주 앞에 섰는 두 감람나무와 두 촛대니 ... 저희가 권세를 가지고 하늘을 닫아 그 예언을 하는 날 동안 비 오지 못하게 하고 또 권세를 가지고 물을 변하여 피 되게 하고 아무 때든지 원하는 대로 여러 가지 재앙으로 땅을 치리로다" (계 11:3-6)

계시록에 기록된 이 말씀은 종말에 연관된 예수님의 심판에 관한 예언이다. 그때 예수께서는 엘리야와 모세를 통해 재앙을 보내 땅을 치게 하신다. 하늘의 비를 오지 못하게 한 선지자는 엘리야이며, 물을 변하여 피가 되게 한 자는 모세이다. 우리는 이를 통해 예수께서 변화산에서 모세와 엘리야를 불러 말씀하신 사건은 종말론적인 심판에 연관된다는 사실을 알 수 있다.

3. '하나님의 아들'에 대한 인증(5-8)

변화산 위에 계신 예수께서 모세와 엘리야와 대화를 나누는 동안 갑자기 빛난 구름이 그들 위를 뒤덮었다. 그리고는 구름 속에서 하나님의 장엄한 음성이 들렸다: "이는 내 사랑하는 아들이요 내 기뻐하는 자니 너희는 저의 말을 들으라"(5). 이 말씀은 그 옆에 서있던 제자들을 위해 선포되는 말씀이었다.

변화산에서 예수께서 모세와 엘리야를 불러 만나신 것은 제자들을 위한 은혜의 사건이었다. 이는 구약성경에 예언된 말씀을 확증하는 구속사적 의미를 지니고 있다. 따라서 변화산 사건은 제자들과 당시의 성도들뿐 아니라 앞으로 세워지게 될 지상교회의 모든 성도들을 위한 특별한 은혜의 사건이었다. 그 자리에서 구약을 대표하는 모세와 엘리야를 통해 하나님의 아들이신 예수 그리스도가 구체적으로 선포되었다.

예수 그리스도가 거룩한 하나님의 아들이라는 사실은 인간들이 종교적인 목적을 위해 만들어낸 공교한 신화가 아니다. 예수께서 공 사역을 시작하시면서 요한으로부터 세례를 받으실 때도 하나님께서는 그가 자기의 기뻐하는 아들이라는 사실을 선포하셨다(마 3:17). 베드로는 나중 여러 성도들에게 편지하면서 변화산에서 있었던 특별한 사건을 술회하면서 그점을 언급하고 있다.

"우리 주 예수 그리스도의 능력과 강림하심을 너희에게 알게 한 것이 공교히 만든 이야기를 좇은 것이 아니요 우리는 그의 크신 위엄을 친히 본 자라 지극히 큰 영광 중에서 이러한 소리가 그에게 나기를 이는 내 사랑하는 아들이요 내 기뻐하는 자라 하실 때에 저가 하나님 아버지께 존귀와 영광을 받으셨느니라 이 소리는 우리가 저와 함께 거룩한 산에 있을 때에 하늘로서 나옴을 들은 것이라" (벧후 1:16-18)

자기 백성을 죄악 세상으로부터 구원하시기 위해 인간의 몸을 입으신 예수님은 하나님으로부터 존귀와 영광을 받으신 분이다. 변화산 위에서도 그 놀라운 사실이 입증되었다. 성자 하나님에 대한 성부 하나님의 증거가 천상으로부터 선포되었던 것이다.

당시 천상으로부터 하나님의 장엄한 소리를 들은 제자들은 두려워 떨지 않을 수 없었다. 죄악에 물든 더러운 인간이 거룩한 하나님 앞에 서 있다는 사실 자체가 두려운 일이었다. 나아가 그들은 천상으로부터 선포되는 장엄한 음성을 통해 예수님이 하나님의 아들이라는 사실을 다시금 듣게 되었다.

천상에서 들려온 하나님의 음성으로 인해 두려움에 빠진 제자들이 땅에 엎드려져 있을 때, 예수께서 저들에게 손을 대시며 두려워하지 말고 일어나라고 말씀하셨다. 제자들은 그제야 눈을 들고 주변을 살펴보니 예수님만 홀로 처음의 모습대로 그 자리에 서계셨다. 모세와 엘리야는 이미 천상으로 올라가고 없었다. 예수님의 제자들은 변화산에서 일어났던 그 놀라운 은혜의 사건을 통해 천상과 이땅에서 이루어지게 될 예수님의 궁극적인 사역에 대한 깨달음을 가지게 되었던 것이다.

4. 인자의 죽음과 부활에 관한 예언(9)

변화산 사건의 중심에는 하나님의 아들이신 예수님에 대한 증거와 더불어 모세와 엘리야에 의한 그리스도의 죽음에 관한 예언이 존재하고 있었다. 그것은 종말론적 성격을 띠는 것으로서 제자들과 지상에 세워지게 될 모든 참된 교회들을 위한 하나님의 은혜로 말미암는 것이었다.

그런데 예수께서는 산에서 내려오시면서 제자들에게 명령하셨다. 변화산에서 본 사건을 십자가 사역이 이루어지기 전에 '아무에게도' 이야기하지 말라는 것이었다. "Tell the vision to no man, until the Son of man be risen again from the dead"(9). 여기서 우리가 특별히 관심을 기울여야 할 바는 예수님의 다른 제자들에게도 산 위에서 보았던 그 사실을 말하지 말도록 명령하셨다는 사실이다.

예수님과 함께 변화산에 올라갔던 제자는 베드로와 야고보와 요한 세 사람이었다. 즉 열두 명 가운데 세 명을 제외한 나머지 아홉 명의 제자들은 변화산에서 무슨 일이 발생했는지 전혀 알지 못했다. 그런 상황에서 예수께서는 일반 백성들은 두말할 나위 없이 다른 제자들에게도 변화산에서 있었던 일을 말하지 못하도록 했던 것이다.

예수께서는 왜 변화산 사건을 십자가와 부활 사건이 있기 전에는 아무에게도 말하지 못하도록 명령하셨을까? 그들이 말하지 말아야 할 대상 가운데 다른 제자들도 포함된 것은 아마도 가룟 유다 때문이었을 것으로 보인다. 유다는 예수님의 제자들 가운데 끼어 있었지만 실상은 마귀에게 속한 사람이었다.

소수의 제자들만 목격하고 경험한 일로 인해, 나머지 제자들 사이에 사실여부를 따지면서 왈가왈부하게 할 필요는 없었다. 만일 가룟 유다가 그 말을 듣는다면 모세와 엘리야의 등장은 물론 예수님이 하나님의 아들이라는 천상의 음성을 믿지 않았을 것이 분명하다. 나아가 예수님이 진정한 메시아라면 예루살렘에 가서 죽을 이유가 없다고 생각했을지도 모른다. 신앙이 없는 자의 입장에서 본다면 전지전능하신 하나님의 아들이 피조물인 인간들에 의해 심한 고난을 받아 죽임을 당한다는 것은 있을 수 없는 일이다.

이는 변화산 사건이 제자들에게 전달되면 그들 가운데 불필요한 논쟁이 일어날 수 있으리라는 점을 시사해주고 있다. 만일 제자들 사이에 그에 관한 논쟁이 일게 된다면 아무런 유익이 없는 상황이 펼쳐질 가능성이 없지 않다. 따라서 예수께서는 베드로, 야고보, 요한 세 제자들에게 변화산 위에서 보고 들은 모든 내용을 '아무에게도' 말하지 못하도록 명령하셨던 것이다.

5. 세례자 요한과 엘리야(9-13)

당시 성경을 연구하던 서기관들은 메시아께서 오시기에 앞서 엘리야가 와야 한다는 사실을 알고 있었다. 선지자 말라기에 의해 그것이 예언되었기 때문이다(말 4:4). 제자들은 성경에 기록된 그 예언의 의미가 궁금하지 않을 수 없었다. 그들은 변화산에서 모세와 함께 서있는 엘리야가 세상에 와야 한다는 생각을 하고 있었다. 그 엘리야는 아직 이땅에 오지 않았는데 언제 올 것인지 궁금했던 것이다.

따라서 그들은 엘리야를 보내시겠다는 하나님의 말씀이 무슨 뜻인지 궁금하여 예수님께 질문했다. 예수께서는 제자들의 질문을 받고 메시아에 앞서 엘리야가 와야만 하나님께서 계획하시는 모든 일이 회복된다는 사실을 다시금 말씀하셨다. 그리고 벌써 세상에 왔음에도 불구하고 사람들이 그를 알아보지 못하고 아무렇게나 대했음을 언급하셨다.

메시아의 도래와 천국복음을 선포하던 세례자 요한은 배도자들에 의해 고난을 당하고 처참한 죽음에 처해졌다. 그는 명예로운 방법으로 평범하게 죽지 못했다. 악한 유대인들은 하나님께서 보내신 특별한 사자에게 억울한 죄명을 뒤집어 씌어 많은 사람들이 모인 자리에서 공개적인 성격을 띤 사형에 처했다.

예수께서는 인자 곧 메시아인 자신도 그와 같은 고난을 당한 후 억울한 사형에 처해지게 되리라는 사실을 언급하셨다. 세례자 요한이 부당하게 고난을 당하고 죽은 것처럼 자기도 그렇게 되리라는 점을 시사하셨던 것이다. 그 말씀을 들은 제자들은 메시아의 길을 예비하기 위해 미리 온 엘리야가 곧 세례자 요한이라는 사실을 깨달았다.

우리가 여기서 생각해 보아야 할 점은 왕이신 메시아에 앞서 엘리야를 보내시겠다고 하신 말씀의 구속사와 연관된 본질적인 의미가 무엇인가 하는 점이다. 분명한 사실은 엘리야가 환생한다는 의미가 아니라는 사실이다. 그리고 어떤 사람이 엘리야의 이름으로 행세하는 것도 아니다. 그렇다면 그에 연관된 의미를 어떻게 이해해야 할까?

엘리야는 구약시대의 모든 선지자들에 대한 대표성을 띠고 있다. 다윗왕국이 설립된 이래 시대마다 여러 선지자들이 활동해 왔다. 다윗왕국이 분열되고 북 이스라엘 왕국이 앗수르에 의해 패망했을 때와, 예루살렘 성전이 바벨론에 의해 파괴됨으로써 이스라엘 민족이 이방의 포로로 잡혀갔을 때도 선지자들이 있었다. 그리고 페르시아 제국 시대에 유대인들이 본토로 귀환한 후에도 하나님께서는 여러 선지자들을 보내 말씀하셨다.

그러나 구약시대의 마지막 선지자였던 말라기 이후에 이스라엘 민족 가운데는 오랫동안 선지자들이 존재하지 않았다. 이스라엘 백성들은 수백년 동안 선지자 없이 모세의 율법을 비롯한 역사서, 시편, 선지자들의 글 등 기록으로 계시된 하나님의 말씀을 통해 메시아를 소망하는 신앙생활을 영위했던 것이다.

하나님께서 선지자 말라기의 예언을 통해 메시아에 앞서 엘리야를 보내시겠다고 말씀하신 것은 장래 이스라엘 민족 가운데 메시아의 길을 예비하는 마지막 선지자를 보내시겠다는 의미이다. 즉 이 약속은 그전에 있었던 선지자 이사야의 메시아 예언에 연관되어 있으며 예수께서 그 사실을 확증하셨다.

"외치는 자의 소리여 가로되 너희는 광야에서 여호와의 길을 예비하라 사막에서 우리 하나님의 대로를 평탄케 하라" (사 40:3);

"선지자 이사야의 글에 보라 내가 내 사자를 네 앞에 보내노니 저가 네 길을 예비하리라 광야에 외치는 자의 소리가 있어 가로되 너희는 주의 길을 예비하라 그의 첩경을 평탄케 하라 기록된 것과 같이 세례자 요한이 이르러 광야에서 죄 사함을 받게 하는 회개의 세례를 전파하니" (막 1:24)

성경이 증거하는 대로 세례자 요한은 메시아의 길을 평탄케 하기 위해 보내심을 받은 자이다. 그는 선지자들에 대한 대표성을 띠는 엘리야의 이름으로 왔는데 이는 수백 년 동안 없었던 이스라엘 민족의 마지막 선지자라는 사실을 말해주고 있다.

이는 구약시대 선지자들의 예언의 중심에는 오실 메시아가 존재하고 있었음을 보여준다. 엘리야로부터 말라기까지 지속되다가 수백 년 동안 선지자들의 맥이 끊어진 상태에서 엘리야의 이름으로 온 세례자 요한이 마지막 선지자가 되어 천상의 왕이신 예수 그리스도의 사자로서 사역을 감당하게 되었다. "회개하라 천국이 가까웠느니라" (마 3:2)는 요한의 선포는 구약시대 모든 선지자들의 결집된 최종선포였던 것이다.

제35장
'겨자씨 한 알 만한 믿음' 과 생명을 위한 속전
(마 17:14-27)

1. 귀신들린 어린 간질환자와 예수님의 제자들(14-16)

예수님과 베드로, 야고보, 요한 등 세 명의 제자들이 변화산에 올라가 있던 동안 산 아래서는 남은 제자들과 유대인 서기관들이 서로 변론하고 있었다(막 9:14). 그때 변론한 내용의 중심에는 예수 그리스도와 그의 사역이 포함되었을 것이 분명하다.

그런 중에 예수께서 도착하시자 제자들이 놀라 그에게 문안했다. 예수님은 저들의 변론을 아시고 무엇 때문에 서기관들과 그렇게 하느냐고 말씀하셨다. 진정한 신앙 없이 전개되는 불필요한 논쟁은 아무런 의미가 없을 뿐더러 주변에서 그 광경을 지켜보는 무리에게도 유익이 될 수 없었기 때문이다.

그때 무리 중에 섞여 있던 한 사람이 예수님 앞으로 나아와 자기 아들이 귀신들려 간질병 때문에 고통당하고 있다는 사실을 고했다(눅 9:39).[62] 그의 아들은 고치기 어려운 질병에 걸려 고생하고 있었으며, 말을 하지 못했을 뿐 아니라 듣지도 못했다(막 9:17; 마 17:15). 간질병에 걸린 아이는 종종 불과

62) 성경은 모든 질병이 귀신으로 말미암는 것이라 말하지 않는다. 대개의 병은 죄로 말미암아 인간의 육체와 정신이 타락한 결과로 오는 양상이다. 그러나 이 경우처럼 귀신이 들려 질병을 앓는 경우도 없지 않다.

물 속으로 넘어지기도 했고 갑자기 괴성을 부르짖기도 했다. 그리고 갑작스런 경련을 일으켜 입에 심한 거품을 흘렸으며, 이를 갈면서 땅 위에 뒹굴기도 했다. 결국 그 아이는 얼굴색이 창백해지면서 점차 건강을 잃고 쇠약해져 갔다.

그 아이의 아버지는 귀신들려 간질병에 걸린 아들이 안타깝지 않을 수 없었을 것이다. 그동안 자식을 위해 할 수 있는 모든 방법을 다 동원했을 것이 틀림없다. 이제 그는 아들의 질병을 치유하기 위해 마지막으로 예수님을 찾아왔다. 그러나 그가 처음 예수님을 찾아왔을 때 그 자리에는 예수님이 없었고 그의 제자들만 있었을 따름이다.

그래서 그는 예수님의 제자들에게 자기 아들의 간질병을 고쳐달라고 간청했다. 하지만 제자들은 그 질병을 치유하지 못했다. 그러던 중 예수께서 산 위에서 내려오시자 그 사람은 예수님 앞으로 나아가 그의 앞에 무릎을 꿇고 엎드렸다. 그는 제자들이 자기 아들의 질병을 고치지 못했음을 언급하면서 이제 예수께서 자기 아들의 질병을 치유해 달라고 간청했던 것이다.

2. 예수님과 패역한 세대(17,18)

예수께서는 간질병에 걸린 아들의 치유를 바라는 그 사람의 간구를 듣고 난 후, 먼저 하나님을 믿는다고 하면서 인간의 욕망에 의해 일그러진 믿음이 없는 패역한 세대를 향해 강한 책망을 하셨다. 그리고는 질병으로 인해 고통당하는 아이를 자기 앞으로 데려오도록 하셨다. 그 말씀을 들은 아버지는 즉시 귀신들려 고생하는 자기 아들을 예수님 앞으로 데려왔다.

질병에 시달리던 아이가 예수님 앞으로 나아오자 그를 지배하고 있던 귀신이 하나님의 아들이신 예수님의 신분을 곧장 알아보았다. 그때 귀신은 아이로 하여금 심한 경련을 일으키게 했다. 귀신들린 아이는 그로 말미암아 입 안에 거품을 가득 물고 땅위에서 나뒹굴었다(막 9:20).

그 광경을 지켜보시던 예수께서는 그 아비에게 언제부터 아이가 그렇게 되었느냐고 물어보셨다. 그러자 아비는 그 아이가 어릴 때부터 귀신이 들려 고통을 당해왔음을 말씀드렸다. 그러면서 예수님께 '할 수 있거든' 불쌍히 여겨 아들의 간질병을 치유해 달라고 간청했다(막 9:22). 그의 말을 들은 예수께서는 '할 수 있거든이 무슨 말이냐' 고 책망하시자 그가 외치면서 자신의 믿음을 고백했다.

> "예수께서 이르시되 할 수 있거든이 무슨 말이냐 믿는 자에게는 능치 못할 일이 없느니라 하시니 곧 그 아이의 아비가 소리를 질러 가로되 내가 믿나이다 나의 믿음 없는 것을 도와주소서 하더라" (막 9:23,24)

하나님의 아들이신 예수님께 불가능한 일이란 있을 수 없다. 그는 전지전능하신 분이시기 때문이다. 예수께서 믿는 자에게 허락된 능력을 그 사람에게 행하시고자 한 것은 자기가 하나님의 아들 곧 하나님이라는 사실을 드러내시는 것이었다.

귀신들린 아이의 아버지는 예수님의 말씀을 올바르게 알아들었다. 그러므로 자신의 신앙고백과 더불어 그리스도를 의지하는 믿음의 간구를 할 수 있었다. 이는 예수님을 하나님께서 보내신 메시아로 믿는 사실과 직접적인 연관성이 있다. 그가 큰소리로 '믿나이다 나의 믿음 없는 것을 도와주소서' 라고 하는 고백은 아무나 쉽게 할 수 있는 말이 아니다.

우리는 여기서 몇 가지 중요한 사실을 눈여겨보게 된다. 그것은 먼저 그 사람이 자신의 믿음을 공개적으로 외쳤다는 사실이다. 그 자리에는 권세를 가진 유대인 서기관들이 함께 있었다. 조금 전까지만 해도 그들은 예수님의 제자들과 메시아에 관한 논쟁을 벌이고 있었으며, 예수님을 하나님께서 보내신 메시아로 받아들이지 않는 자들이었다. 그런 상황에서 그가 예수님을 하나님의 아들 메시아로 인정하게 되면 유대인 공동체에서 추방당할 위험이 따른다.

당시에는 예수님을 그리스도로 인정하는 자는 민족 공동체로부터 출교당하는 것이 일반적인 일이었다(요 9:22). 그러므로 태어나면서부터 장님이 된 사람이 실로암 연못가에서 눈을 뜨게 되어 예수님을 그리스도로 시인했을 때 결국은 공동체로부터 출교를 당하게 되었다(요 9:34).

이처럼 귀신들린 아들의 치유를 위해 예수님께 나아왔던 사람이 그를 그리스도로 시인한다는 것은 훨씬 커다란 위험부담을 안게 될 수밖에 없었다. 또한 그는 자기의 믿음은 스스로 가질 수 있는 것이 아니라 예수님의 도움에 의해 소유될 수 있다는 사실을 알았다(막 9:24 참조). 예수께서 보시기에 그 사람은 제자들보다 오히려 나은 믿음을 소유하고 있었다. 그러므로 믿음이 없는 자기 제자들을 책망하셨다.

> "믿음이 없고 패역한 세대여 내가 얼마나 너희와 함께 있으며 얼마나 너희를 참으리요" (마 17:17)

예수께서는 이 말씀 가운데서 자기는 육신적으로 제자들과 계속해서 같이 있지 않으리라는 점을 시사하고 계신다. 조만간 그가 십자가에 달려 돌아가시게 되면 사흘 만에 부활하여 천상의 나라로 승천하시게 된다. 그렇게 되면 제자들은 인간의 몸을 입으신 예수 그리스도 없이 믿음으로 지상 사역을 감당해야만 했다.

그에 연관된 말씀을 하시고 난 후 예수님은 간질병에 걸린 그 아이를 가까이 대면하셨다. 예수께서는 많은 사람들이 모여 있는 자리에서 귀신에게 그 아이의 몸에서 나가도록 명령하셨다. 그리고는 다시는 그의 몸 안으로 들어가지 못하도록 명하셨다. 많은 사람들이 그 광경을 지켜보며 숨을 죽이고 있었을 것이 분명하다.

예수님의 명령이 떨어지자 귀신은 큰 소리를 지르며 그 아이의 몸에서 빠져 나갔다. 그러자 아이는 그 자리에서 쓰러져 죽은 것같이 엎드러지게 되었다. 거기 모여 있던 사람들은 그 아이가 죽은 것으로 판단했다(막 9:26). 그때 제자들의 심정이 어떠했을까? 어쩌면 예수님이 그 아이를 치유하는 일에 실패라도 하게 되면 어떡해야 하나 하는 불안한 마음이 들었을지도 모른다.

그러나 예수께서는 손을 내밀어 그 아이의 손을 붙잡고 일으켜 세우셨다(막 9:27). 그 아이는 불과 얼마 전 귀신이 들려 입에 거품을 흘리며 경련을 일으키던 때와는 전혀 다른 모습을 보였다. 그는 잃었던 건강을 완전히 되찾았던 것이다. 따라서 귀신으로부터 해방된 그는 건강하게 되어 집으로 돌아갈 수 있었다.

3. '겨자씨 한 알' 만한 믿음(19-21)

예수께서 간질병 때문에 고통받던 아이로부터 귀신을 쫓아내시자 제자들이 그에게 물었다. 자기들이 치유하지 못했던 그 아이의 질병을 예수님이 고치시는 것을 보며, 왜 자기들은 그렇게 할 수 없느냐는 것이었다. "우리는 어찌하여 그 귀신을 쫓아내지 못하였나이까"(19). 그들은 병자를 고치지 못한 자신들에게 그럴 만한 어떤 원인이 있다고 생각했던 것이다.

제자들의 질문을 들은 예수께서는 '믿음이 없기 때문' 이라고 답변하셨다(20). 한편 마가복음의 동일 사건의 본문에서는, '기도가 아니고는' 귀신을 쫓아낼 수 없다는 사실을 언급하신 기록이 나타난다. 이는 '믿음' 과 '기도' 가 서로 밀접하게 연관되어 있음을 보여준다.

> "너희 믿음이 적은 연고니라 진실로 너희에게 이르노니 너희가 만일 믿음이 한 겨자씨만큼만 있으면 이 산을 명하여 여기서 저기로 옮기라 하여도 옮

길 것이요 또 너희가 못할 것이 없으리라" (마 17:20);

"이르시되 기도 외에 다른 것으로는 이런 유가 나갈 수 없느니라 하시니라" (막 9:29)

예수께서는 이 사건 가운데서 귀신을 쫓아내기 위해서는 '믿음' 과 '기도' 가 있어야 한다는 사실을 강조하셨다. 제자들이 귀신을 쫓아내지 못했던 것은 하나님의 능력에 대한 저들의 믿음이 없었기 때문이다. 이 사실은 귀신들이 성도의 '믿음' 과 '기도' 를 두려워한다는 사실을 말해주고 있다. 이처럼 신실한 하나님의 자녀들은 귀신과 정반대편에 존재하고 있으며 그와 동일한 편에 서 있을 수 없다.

그런데 위의 본문에 대한 해석을 하면서 많은 사람들이 가시적인 기적과 연관지어 오해하고 있다. 하지만 예수님은 제자들의 믿음이 '겨자씨 한 알 만큼' 만 된다고 해도 산을 명하여 다른 곳으로 옮길 수 있다고 말씀하시면서 저들에게 진정한 믿음이 없음을 지적하셨다. 우리는 이를 두고 겨자씨 한 알 만한 작은 믿음이라도 있으면 하나님께서 교인들의 사사로운 모든 소원을 기적적으로 들어주신다는 의미로 받아들이지 않는다.

우리는 이 말씀이 하나님의 구속사와 밀접하게 연관되어 있음을 기억해야 한다. 하나님의 능력을 의지하는 참된 믿음의 기도만 있으면 못할 것이 없다고 하신 말씀은 진정한 믿음과 기도가 '엄청난 일' 을 이루게 된다는 사실을 말해준다. 이와 같은 일은 자기를 부인하는 성도의 기도를 통해 일어나게 된다.[63] 사도 요한은 믿음으로 말미암는 참된 기도의 응답에 대해 설명하면서 그점을 확인하고 있다.

---

63) 한글개역성경에는 마태복음 17:21의 내용이 없다. 그러나 고대 사본에는 본문이 없는 것이 아니다. 영어성경 KJV에는 "Howbeit this kind goeth not out but by prayer and fasting" (Matt.17:21)(하지만 이런 유는 기도와 금식이 아니고는 나타날 수 없느니라)고 기록되어 있다.

"내가 진실로 진실로 너희에게 이르노니 나를 믿는 자는 내가 하는 일을 그도 할 것이요 또한 그보다 큰 일도 하리니 이는 내가 아버지께로 감이라 너희가 내 이름으로 무엇을 구하든지 내가 행하리니 이는 아버지로 하여금 아들로 말미암아 영광을 받으시게 하려 함이라"(요 14:12,13)

이처럼 진정한 믿음을 소유한 성도의 참된 기도는 하나님의 구속사와 연관하여 매우 중요한 역할을 하게 된다. 사실 '겨자씨 한 알' 이란 눈에 쉽게 띄지 않을 정도로 작은 것에 지나지 않는다. 과연 양적으로 그 정도의 믿음만 있으면 실제로 커다란 산을 다른 곳으로 옮길 수 있는가?

우리가 명심해야 할 바는 더러운 귀신을 쫓아내고 성도들을 구원하는 일이 산을 옮기는 것보다 훨씬 더 큰 사건이라는 사실이다. 성도의 참된 기도는 하나님의 구속사를 성취하는 은혜의 사역에 참여하게 한다. 이는 사탄의 지배를 받는 택한 백성들에 대한 하나님의 구원사역을 예시하는 것에 연관되어 있다.

어떤 사람이 믿음으로 기도하면서 산을 다른 곳으로 옮겨 달라고 하나님께 간절히 기도한다고 가정해 보자. 우리 가운데 그런 식으로 기도하는 교인이 있다면 실로 어리석은 자가 아닐 수 없다. 따라서 예수께서는 믿음의 기도를 통해 실제로 산이 옮겨지는 것과 같은 현실적인 기적이 일어날 것이라 말씀하신 것이 아니다. 주님은 산을 옮기는 것에 비교될 수 없이 엄청나게 큰 일인 하나님의 구원사역이 믿음의 기도를 통해 이루어진다는 사실을 말씀해 주고 계신 것이다.

4. 십자가 사역 예언(22,23)

예수님과 제자들은 나중 갈릴리 지역에 가서 따로 모였다. 그때 예수께서는 제자들에게 다시금 매우 중요한 구속사적 내용을 확인하셨다. 그것은 예루살렘에 올라가 악한 배도자들에 의해 고난을 받고 죽은 후 삼일 만에 다시 살아나게 되리라는 사실이었다.

예수께서 예루살렘에서 고난을 받아 죽게 된다는 것은 제자들이 결코 원하지 않는 일이었으며 기대에 크게 어긋나는 것이었다. 불과 얼마 전에 예수께서는 믿음의 기도만 있으면 산을 옮기는 것보다 훨씬 더 위대한 일이 이루어진다고 말씀하시지 않았던가! 그리고 간질병으로 인해 고통당하는 아이에게서 더러운 귀신을 쫓아내고 자신의 능력을 보여주시지 않았던가!

그런 막강한 능력을 소유한 예수께서 제자들이 전혀 원하지 않는 의외의 사실을 언급하신 것은 이해하기 쉽지 않은 일이었다. 모든 것을 하실 수 있는 전능하신 주님께서 악한 자들에 의해 고통을 당하고 죽임을 당하리라고 말씀하신 것은 쉽게 받아들이기 어려웠다. 이는 제자들이 충분히 우려할 만한 내용이었던 것이다.

5. 생명의 속전(Ransom)(24-27)

간질로 인해 고통당하는 아이에게서 귀신을 쫓아내는 기적과 더불어 자신의 십자가 사역을 예언하신 예수께서는 제자들과 함께 가버나움으로 가셨다. 거기에는 백성들로부터 속전贖錢을 받는 당국자들이 있었다. 우리는, 예수께서 자신의 십자가 사역에 관한 예언을 하신 직후 속전에 연관된 사건이 뒤따라온다는 사실을 주의 깊게 생각해야 한다.

모세 율법에는 속전에 관한 규례가 기록되어 있다. 이스라엘에 속한 모든 백성은 율법에 따라 자신의 생명을 위한 속전을 내게 되어 있었다. 그것은 누구나 예외 없이 지켜야만 할 당연한 의무였다. 이스라엘 백성은 그것을 통해 하나님에 의해 보호받게 된다는 사실을 확인하게 되었다.

그러므로 속전은 개인의 판단에 따라 자발적으로 내는 돈이 아니었다.

그 속전은 각 사람이 성경에 기록된 법령에 따라 드려야만 했다. 즉 속전을 많이 내고 싶다고 해서 많이 낼 수 있는 것이 아니었으며, 적게 내고 싶다고 해서 적게 낼 수 있는 것이 아니었다. 하나님께서는 모세를 통해 그 규례를 분명히 말씀하셨다.

> "여호와께서 모세에게 일러 가라사대 네가 이스라엘 자손의 수효를 따라 조사할 때에 조사 받은 각 사람은 그 생명의 속전을 여호와께 드릴지니 이는 그 계수할 때에 그들 중에 온역이 없게 하려 함이라 무릇 계수 중에 드는 자마다 성소에 세겔대로 반 세겔을 낼지니 한 세겔은 이십 게라라 그 반 세겔을 여호와께 드릴지며 무릇 계수 중에 드는 자 곧 이십 세 이상 된 자가 여호와께 드리되 너희의 생명을 속하기 위하여 여호와께 드릴 때에 부자라고 반 세겔에서 더 내지 말고 가난한 자라고 덜 내지 말지며 너는 이스라엘 자손에게서 속전을 취하여 회막의 봉사에 쓰라 이것이 여호와 앞에서 이스라엘 자손의 기념이 되어서 너희의 생명을 속하리라" (출 30:11-16)

모든 이스라엘 백성은 정해진 규례에 따라 속전을 내지 않으면 안 되었다. 이십 세 이상이 된 모든 성인들은 여호와 하나님께 정해진 '반 세겔'을 드렸다. 그 돈은 특별히 성막봉사 곧 성전사역을 위해 사용되었다. 그렇지만 부자라고 해서 더 많은 돈을 내어서도 안 되었으며 그렇게 할 수도 없었다. 나아가 가난한 사람이라고 해서 돈을 안 내거나 적게 내서도 안 되었다. 모든 백성들은 모세의 율법에 따라 속전에 연관된 모든 의무를 성실히 이행해야만 했다.

우리는 부유하거나 가난한 모든 백성이 동등하게 반 세겔씩의 속전을 내야 하는 의미를 깨달아야 한다. 이는 하나님 앞에서는 예외 없이 누구나 평등함을 말해준다. 즉 돈 많은 사람이라 해서 하나님의 성소를 위해 더 크게 봉사하는 것이 아니며 가난한 사람이라 해서 작게 봉사하는 것도 아니다. 하나님께서는 모든 백성들이 동등하게 반 세겔을 내게 함으로써 인간들 사이에 차별을 없게 하셨다.

이스라엘 백성은 거룩한 성소를 위해 속전을 내는 것을 통해 하나님의 언약을 기억하게 되었다. 그들은 속전제도를 통해 죄에 빠진 저들의 생명을 속하시는 하나님의 뜻을 확인했다. 즉 구약시대 이스라엘 모든 백성이 부담했던 속전은 앞으로 오시게 될 메시아의 궁극적인 영원한 속전을 예표하고 있었다.

바로 그 일을 위해 예수께서 인간의 몸을 입고 이땅에 오셨다. 그는 그림자인 구약시대의 속전의 실체로 오신 분이다. 그런데 무지한 유대인들은 그리스도이신 예수님께 감히 속전을 요구했다. 예수님이 제자들과 함께 가버나움에 이르렀을 때 그 일이 발생했다. 유대 당국자들은 베드로에게 예수님으로 하여금 속전을 바칠 것을 요구했다. 그들은 예수님의 존재를 제대로 인식하지 못하고 있었던 것이다.

하나님의 아들이신 예수님은 율법에 따른 속전을 낼 필요가 없는 인물이었다. 그에게는 아무런 죄가 없었으므로 죄를 속하는 속전을 낼 하등의 이유가 없었다. 도리어 그 자신이 하나님께 바쳐지게 될 거룩한 양으로서 신성한 속전이 되셨다. 사도 바울은 디모데에게 편지하면서 그점을 분명히 설명하고 있다.

> "하나님은 한 분이시요 또 하나님과 사람 사이에 중보도 한 분이시니 곧 사람이신 그리스도 예수라 그가 모든 사람을 위하여 자기를 속전으로 주셨으니 기약이 이르면 증거할 것이라" (딤전 2:5,6)

예수님은 자신 자신을 위한 속전이 아니라 자기 백성들을 위해 대신 속전을 치르게 될 분이시다. 그는 죄가 없는 하나님의 흠 없는 양이었다. 바로 그가 십자가를 지심으로써 자기의 거룩한 피를 속전으로 내주고 죄에 빠진 자기 자녀들을 사셨던 것이다.

그럼에도 불구하고 예수께서는 가버나움에서 속전을 내셨다. 당국자가 예수님께 속전을 요구했을 때 함께 있던 베드로에게 그에 대한 의미와 더불어 말씀하셨다. 세상의 왕들은 관세關稅와 정세丁稅·人頭稅를 받으면서 타인에게는 받지만 자기 자식에게는 받지 않는다는 것이었다. 이는 왕국이 왕의 소유라는 사실을 전제하고 있다.

따라서 예수님은 성전에 내는 세금인 '반 세겔' 의 속전을 낼 필요가 없었다. 이는 성소의 주인은 하나님이시고 그 성소를 위한 속전이었기 때문에 하나님의 아들이신 예수님은 그 돈을 내지 않아도 되었던 것이다. 우리는 여기서 죄 없으신 분이 속전을 낼 필요가 없다는 본질적인 측면과 더불어 하나님의 아들이기 때문에 속전을 내지 않아도 된다는 형식적인 측면을 동시에 보게 된다.

하지만 예수님은 저들에게 속전을 내고자 하셨다. 왜 굳이 그렇게 하셨을까? 만일 예수님이 성전을 위한 속전을 내지 않으면, 어리석은 자들이 그가 성전을 사랑하지 않는다고 주장할지 모른다. 나아가 예수께서 속전을 내지 않는 것을 보며, 그것을 빌미로 자기도 성전세를 내지 않으려고 하는 자들이 생겨날지도 모를 일이었다.

그런 정황 가운데서 예수께서는 자신이나 제자들의 주머니에 있는 돈으로 속전을 내지 않으셨다. 그는 함께 있던 베드로에게 갈릴리 바다에 낚시를 던져 먼저 잡혀 올라오는 물고기의 입을 열어 '한 세겔' 을 구해 예수님과 그를 위해 '반 세겔' 씩 내게 하셨다. 그것을 통해 하나님의 아들이신 자신의 모습을 더욱 분명히 드러내 보이셨던 것이다. 우리는 이로써 죄인을 구속救贖하시는 예수 그리스도의 예언적 사역을 보게 된다.

제8부

그리스도의 심판예고

제36장
천국에서 귀중한 자
(마 18:1-14)

1. 제자들의 허망한 관심(1-4)

타락한 인간은 이기적인 본능을 지닌 존재이다. 이는 끊임없는 비교를 통해 다른 사람들보다 자기가 더 우월한 지위에 앉고자 하는 욕망에 연관되어 있다. 하나님을 알지 못하는 자들은 그것을 통해 인생의 의미를 확인하고자 하는 것이 일반적이다.

그러나 성령으로 말미암아 거듭난 하나님의 자녀들은 그렇지 않다. 성도들은 이 세상이 아니라 영원한 천국에 소망을 두고 살아가기 때문이다. 하지만 예수 그리스도의 십자가 사역과 더불어 성취된 오순절 성령 강림 사건이 있기 전에는 주님을 따라 다니던 제자들도 인간의 이기적인 본능에서 벗어나지 못했다.

예수님과 제자들이 가버나움에 있을 때 제자들 사이에 문제가 불거졌다(막 9:33). 당시 제자들은 서로간 더 높은 자리를 차지하고자 하는 마음을 품고 있었다. 저마다 자기가 더 높고 귀한 듯이 착각하고 있었던 것이다. 그 가운데는 예수님에 대한 이기적인 충성심이 내재하고 있었던 것이 분명하다. 그런 류의 충성심은 개인의 목적을 달성하기 위한 인본적인 방편에 지나지 않는다.

그러한 생각을 품고 있던 제자들이 길을 가는 도중 누가 더 큰 사람인지

쟁론이 벌어졌다. 그런 분위기라면 서로간에 시기와 질투가 발생할 수밖에 없다. 그들 가운데 진정한 사랑이 존재한다면 그런 것을 두고 다투거나 논쟁을 벌이지는 않을 것이다. 그 사실을 간파하신 예수께서는 제자들에게 노상路上에서 무슨 토론을 벌였는지 물어보셨다. 하지만 떳떳하지 못한 제자들은 입을 다물고 잠잠할 수밖에 없었다.

그리하여 예수께서 제자들에게 중요한 교훈을 주셨다. 제자들이 논쟁을 벌였던 그 문제에 대한 근본적인 원리를 말씀하셨던 것이다. 이는 제자들이 품고 있던 이기적인 생각과는 전혀 달랐다. 동일한 사건을 기록하고 있는 마가복음의 본문에는 그에 대한 의미가 잘 드러나고 있다.

> "예수께서 앉으사 열두 제자를 불러서 이르시되 누구든지 첫째가 되고자 하면 뭇 사람의 끝이 되며 뭇 사람을 섬기는 자가 되어야 하리라 하시고"(막 9:35)

이 세상에 목적을 두고 살아가는 사람들은 세상에서 남보다 높아지고자 한다. 그러나 영원한 천국에 소망을 두고 살아가는 성도들은 세상의 지위나 서열에 별다른 의미를 부여하지 않는다. 그럼에도 불구하고 예수님의 제자들이 그에 집착했던 이유는 아직 성령께서 강림하시기 전 세속적인 사고를 가지고 있었기 때문이다.

오늘날 우리도 이 문제에 관해 민감하게 반성해 볼 수 있어야 한다. 이에 대해서는 개인과 마찬가지로 교회적 관점에서도 그렇다. 자기가 속한 교회를 남보기에 크고 그럴듯한 형태로 만들고자 하는 것은 세속적인 발상에 지나지 않는다. 그런 생각을 하는 교회 지도자들은 자신의 종교적인 욕망을 이룩하기 위해 어린 교인들을 기만하게 된다. 그와 같은 사고방식을 지닌 기독교 지도자들과 교회는 성경이 가르치는 바 진리의 정도正道에서 크게 벗어나 있다.

그러므로 예수께서는 어린아이 하나를 불러 가운데 세우신 후 제자들에게 교훈을 주셨다. 누구든지 하나님 앞에서 회개하고 변화되어 어린아이와 같이 되지 않으면(unless you are converted and become like children) 결단코 천국에 들어갈 수 없다는 것이었다(3). 그때 예수님은 특별한 아이를 골라서 세우신 것이 아니라 그냥 옆에 있는 한 아이를 그 자리에 불러 세우셨다.

예수께서는 그것을 통해 어린아이처럼 교만하지 않고 자기를 낮출 줄 아는 겸손한 자세를 가져야 할 성도의 신앙에 관해 말씀하시고자 했다. 어린아이들은 혼자서는 온전치 못함을 깨달아 의지할 자를 찾아 의지하게 된다. 그것이 어린아이들이 소유한 본성적 겸손이다. 이처럼 참된 하나님의 자녀들도 이 세상에서 자신의 연약함을 깨달아 하나님께 온전히 의지해야만 한다.

이와 같이 하나님을 경외하는 성숙한 성도들은 자신을 낮추어 겸손한 마음을 가지게 된다. 천국은 전능하신 하나님 앞에서 그런 겸손한 자세를 지닌 성도들을 위한 은혜의 영역이다. 어린아이처럼 자신의 연약함을 깨달아 알고 하나님께 온전히 의지하는 성도들이 천국에서 진정으로 큰 자로 인정받을 수 있는 것이다.

하나님의 왕국에서는 인간들 각자의 개인적인 판단이 아니라 주인이신 하나님의 평가와 인정이 중요하다. 천국은 스스로 무능하고 부패한 자라는 것을 확실히 깨달아 자신을 불신하고 전능하신 하나님만을 신뢰하는 자들에게 허락된다. 따라서 성숙한 참된 성도들은 결코 교만하거나 잘난 척하지 않는다. 그들은 자신을 유능하고 잘난 사람으로 인식하는 것이 아니라 하나님 앞에서 얼마나 부족한 자인가 하는 사실을 분명히 깨닫게 된다.

본문에서 언급된 '자기를 낮추는 자' 란 말은 일반 윤리적인 측면에서 '겸손한 자' 를 일컫지 않는다. 겉으로 드러나는 인간적인 형식이 중요한 것이 아니라 예수 그리스도로 말미암는 본질적인 겸손이 필요하다. 이는 자기가 하나님 앞에서 처참한 죄인이라는 사실을 깨달을 때 비로소 생겨나게 된다.

윤리적으로 말하는 인간의 겸손이란 그 내면을 들여다 볼 때 도리어 교만의 다른 표현에 지나지 않는다는 사실을 알 수 있다. 하지만 천국과 세상의 그에 대한 판단 기준은 정반대이다. 우리는 과연 어디에 소망을 두며 누구의 인정을 받으려 하고 있는가? 다른 사람들보다 더 높고 그럴듯한 성공적인 인물이 되고자 하는 허망한 욕망을 버리는 것이 진정으로 낮아질 수 있는 요건이며 그런 자여야만 천국에서 큰 자로 인정받을 수 있다.

2. 주님의 이름으로 영접해야 할 자(5-7)

예수께서는 제자들에게 비록 어린아이일지라도 자신을 낮추어 겸손한 자세를 지닌 자를 진심으로 영접하도록 명령하셨다. 누구든지 미천해 보이는 그런 어린아이를 주님의 이름으로 영접한다면 그것은 곧 주님을 영접하는 행위와 같다는 것이었다. 이와 반면에 어린아이처럼 보잘것없어 보이는 자라고 해서 저로 하여금 실족失足케 한다면 주님을 멸시하는 것과 다르지 않다.

그런데 어린아이 하나라도 주님의 이름으로 영접해야 한다는 말의 구체적인 의미가 무엇인가? 입으로 '예수 그리스도의 이름으로' 라고 중얼거리면서 그들을 영접하면 되는가, 아니면 머릿속으로 그렇게 생각하면서 어린아이를 영접하라는 의미인가? 이는 단순히 예수님의 이름을 의례적으로 사용하라는 말이 아닌 것이 분명하다.

하나님의 자녀들이 소유한 모든 선한 성품은 예수 그리스도께서 자기 백성에게 허락하신 선물이다. 타락한 인간들에게는 전적으로 부패한 더러운 속성밖에 없다. 비록 세속적인 윤리관을 기준으로 평가할 때 선하게 보이는 내용이라 할지라도 하나님께서 그것을 기뻐하지 않는다면 결코 선한 것이라 할 수 없다. 따라서 하나님의 자녀가 예수 그리스도의 이름으로 어린아이 하나를 영접한다는 것은 그 영접이 곧 주님으로 말미암는다는 사실을 시사해주고 있다.

우리가 명심해야 할 바는 하나님의 자녀라면 자신이 아니라 남을 위해 사는 존재가 되어야 한다는 점이다. 이 말은 단순한 도덕적 행위를 의미하지 않는다. 이는 하나님의 몸 된 교회를 위해 살아야 할 성도의 본질적 신앙에 밀접하게 연관되어 있다.

따라서 성도들의 모든 소유는 자신이 아니라 이웃, 특히 하나님의 자녀들의 모임인 교회를 위해 존재한다. 성도들이 지닌 선하고 아름다운 모든 것들은 십자가에 달리신 예수 그리스도를 통해 하나님으로부터 허락되었다. 하나님께서 자기 백성들에게 주신 모든 선한 것들은 그것을 필요로 하는 다른 성도들과 함께 공유하도록 하기 위함인 것이다.

그러므로 우리가 소유한 모든 것들 곧 지식, 물질, 건강, 능력 등은 이웃을 위해 적절히 나누어져야 할 것들이다. 우리의 지식과 물질, 건강, 능력은 개인의 풍요로운 삶이 아니라 이웃 곧 교회를 위한 것들이다. 이는 마치 한 가정에 속한 가장家長의 유무형의 모든 소유가 가장인 자신만을 위한 것이 아니라 다른 모든 가족들을 위한 공적인 성격을 지니고 있는 것과도 같다.[64]

우리는 예수께서 어린아이처럼 겸손한 자를 주님의 이름으로 영접하는 것이 곧 자신을 영접하는 것이라고 말씀하신 의미를 주의 깊게 새겨야 한

64) 예를 들어, 한 가정의 아버지가 소유한 능력과 재력, 건강 등은 자기만을 위한 것이 아니라 온 가족을 위한 것이다. 이는 가정에 속한 모든 가족들에게 공히 적용되며, 교회에 속한 성도들 역시 교회 내에서 이와 같은 정신을 가져야 한다.

다. 이 말은 어린아이 같은 자를 인간의 행위로써 영접하는 것이 곧 예수님을 영접하는 것이라는 뜻이 아니다. 하나님의 자녀들은 잘못된 자만심과 우월감을 버리고 보잘것없어 보이는 이웃을 진심으로 영접할 수 있어야 한다. 그것이 곧 세상에서 멸시받은 예수님을 무시하지 않고 영접하는 성도의 삶에 연관된다. 이는 물론 인간의 세련된 덕성에 기초하는 것이 아니라 주님의 은혜로 말미암는 것이다.

성경은 오염된 세상에서 유능한 자들을 특별히 더 낫게 인정하지 않는다. 타락한 세상에서 인정받는 것들은 하나님 나라에서 별다른 의미를 지니지 못한다. 따라서 세상에서 명예를 얻고 재물과 권력을 소유한 부자라고 해서 그렇지 않은 사람들보다 더 나은 인생을 산 것이라 말할 수 없다. 세상과 하나님 나라는 본질적으로 상이한 가치관을 가지고 있기 때문이다.

그러므로 우리는 타락한 세상의 잣대를 기준으로 해서 진리를 멀리한 채 보잘것없이 연약해 보이는 다른 이웃을 실족케 해서는 안 된다. 타락한 세상에서는 항상 실족케 하는 일이 발생할 수밖에 없지만 그 당사자는 물론 온 세상이 그로 말미암아 무서운 화를 당하게 된다.

따라서 예수께서는 제자들에게 비천하게 보이는 이웃이라 할지라도 저를 실족케 한다면 연자맷돌을 목에 달아 바다에 빠뜨리는 것이 낫다는 말씀을 하셨다. 이는 엄격하고 철저한 주님의 모습을 보여주는 구체적이며 실제적인 의미를 담고 있다. 우리가 여기서 분명히 깨달아야 할 중요한 점은, 참으로 자신을 위한다면 교회에 속한 '모든 이웃' 의 생명을 진정으로 귀하게 여길 줄 알아야 한다는 사실이다.

3. 성도들이 소유한 '진정한 가치' (8-11)

타락한 인간들은 본성상 이기적인 존재이다. 따라서 세상에서 형성된 자기중심성에서 벗어나기 어렵다. 그러므로 하나님의 자녀들은 세상의 가치와 하나님 나라의 가치가 근본적으로 상이하다는 사실을 깨닫지 않으면 안 된다. 그 둘은 부정하고 정한 개념을 띤 상이한 본질적 속성으로 인해 서로 만날 수 없는 정반대적 성격을 지니고 있다.

성경본문에서는 어리석은 자들의 '범죄행위' 에 관한 기술을 하고 있다(8). 여기서 말하는 범죄란 세속적이며 윤리적인 면을 초월하는 개념이다. 즉 살인, 강도, 간음 행위만 범죄인 것이 아니라 성도의 참된 신앙을 방해하는 모든 것들이 무서운 범죄행위에 해당된다. 따라서 살인과 강도보다 더 무서운 범죄행위는 연약한 형제들을 멸시하여 업신여기거나 저들로 하여금 실족케 하는 것이다.

세상의 모든 악행들은 하나님의 준엄한 심판을 받게 된다. 거기에는 어떤 예외도 있을 수 없다. 그러므로 예수께서는 상징적인 의미이기는 하나 제자들에게 인간의 신체와 연관된 매우 잔인한 요구를 하셨다. 인간의 신체는 세상에서의 삶을 지탱하는 매우 중요한 기능을 담당하고 있다. 그렇지만 인간의 육신은 그 자체로서 제한적이다. 따라서 건강한 신체가 천국을 보장하지 못하며 이땅에서 불구자리 해서 내세에도 그런 몸으로 존재하게 되는 것이 아니다.

따라서 예수께서는 신체의 일부인 손이나 발이 범죄하기든 그것들을 찍어 내버리고 눈이 범죄하거든 눈을 빼버리라고 말씀하셨다. 예수께서는 과연 제자들에게 실제로 그렇게 하도록 요구하신 것인가? 우리가 정말 문자대로 그런 식으로 해야 한다면 너무 잔인하지 않은가?

만일 그것이 문자대로의 요구라면 우리의 신체 가운데 남아 있을 것이 아무것도 없다. 우리 모두는 범죄행위로 인해 양 손, 양 발, 두 눈 등 남아 있을 것이 없을 것이다. 따라서 우리는 이 말씀을 원리적 상징으로 이해해야 한다. 이웃이 우리로부터 받아야 할 존중과 배려가 나의 손, 발, 눈보다 훨씬 소중한 것이다. 이것은 단순한 상징적인 의미에 머무르는 것이 아니라 동시에 실제적인 의미를 동반하고 있다.

그러므로 예수께서는 제자들에게 아무리 보잘것없고 미천해 보이는 이웃이라 할지라도 업신여기지 못하도록 명령하고 있다. 우리가 그들을 멸시하면 그들의 천사가 우리를 고소할 것이다. 본문에서 그들의 천사가 하나님 앞에 있다는 말은 수호천사를 의미하는 것이 아니다. 이는 성도들을 위한 천사들의 역할에 대해 말해주고 있다. 만일 하나님의 요구를 의도적으로 무시하는 자가 있다면 뜨거운 지옥불에 던져지게 될 것이다. 그 지옥은 영원한 불못임을 성경이 증언하고 있다.

> "거기에서는 구더기도 죽지 않고 불도 꺼지지 아니하느니라 사람마다 불로써 소금 치듯 함을 받으리라"(막 9:48-49);
>
> "사망과 음부도 불 못에 던지우니 이것은 둘째 사망 곧 불 못이라 누구든지 생명책에 기록되지 못한 자는 불 못에 던지우더라"(계 20:14,15)

하나님을 욕되게 한 자들은 무서운 지옥불에 던져지게 된다. 지옥은 하나님의 자녀들이 영원토록 거할 처소인 '새 하늘과 새 땅' 의 개념과 정반대적인 성격을 지닌다(사 65:17; 66:22; 벧후 3:13; 계 21:1). 그런데 어리석은 자들은 지옥이 존재하지 않는 것처럼 주장한다. 나아가 그런 식으로 복음을 어지럽히는 자들은 안타깝게도 기독교 내부에 둥지를 틀고 있다. 우리 시대에 가장 경계해야 할 자들은 소위 만인구원설萬人救援說을 부르짖는 자들이나 영혼멸절설靈魂滅絶說을 부르짖는 자들[65]이다.

하나님의 교회와 그에 속한 성도들은 절대로 성경을 벗어난 어그러진 말로 연약한 성도들을 잘못된 길로 빠져들게 하지 말아야 한다. 그것은 신앙이 어린 자들을 미혹하는 악한 행위이다. 만일 그렇게 하는 일이 생긴다

---

65) John Stott같은 자는 영혼멸절설을 주장하고 있다. 그는 1970년대 '로잔선언'을 주도한 인물로서 현재도 탁월한 복음주의자로 각광을 받고 있지만 실상은 위험천만한 신학사상을 지닌 인물이다.

면 자기의 신체 일부를 잘라내고서라도 하나님의 말씀을 향해 돌이켜야 한다.

세상에서 신체적 장애가 있는 것은 일상생활에 불편을 끼치는 정도의 문제일 뿐 더 이상 아무것도 아니다. 이 말은 정도의 차이가 있을 따름이지 타락한 인간 자체가 심각한 정신적, 신체적 장애를 가지고 있다는 사실을 의미한다. 따라서 우리는 어떤 경우에도 어린 교인을 실족케 해서는 안 된다. 이는 잘못된 우월감으로 인해 이웃을 진리로부터 몰아내는 악행을 저질러서는 안 된다는 사실을 말해주고 있다. 바로 그런 자들을 어둠의 세계로부터 구원해 내시고자 하시는 것이 예수님의 뜻이다.[66]

4. '잃어버린 양'에 대한 하나님의 관심(12-14)

하나님께서는 자기에게 속한 모든 자녀들을 공평하게 사랑하신다. 이는 그가 사랑하시는 대상인 자녀들의 공로 때문이 아니라 예수 그리스도의 보혈을 통해 그들을 구원하셨기 때문이다. 이 말은 타락한 인간들에게는 하나님의 사랑을 받을 만한 아무런 선한 요소도 존재하지 않음을 말해주고 있다.

하나님께서는 창세전에 선택하신 모든 사람들을 하나도 남김없이 구원하시고자 한다. 따라서 하나님의 택함을 받은 성도들 가운데 소중하지 않은 자는 아무도 없다. 성도들 가운데 아무런 우열이 존재하지 않는 것은 하나님께서 거룩한 피로 값주고 사신 자기 백성들을 공히 사랑하고 계시기 때문이다.

예수께서는 이에 대한 설명을 하시기 위해 '잃어버린 한 마리 양'에 관

66) 한글개역 성경에는 마태복음 18:11이 없다. 그러나 번역상 객관적 권위를 인정받는 영어성경 KJV에는 본문이 기록되어 있다: "For the Son of man is come to save that which was lost"(Matt.18:11).

한 비유를 말씀하셨다. 만일 양을 치는 목자가 자신의 백 마리 양들 가운데 한 마리를 잃어버린다면 그 한 마리를 찾아 나설 것이다. 목자는 잘못된 길에 들어선(astray) 그 한 마리의 양을 찾기 위해 얼마나 애태우며 신경을 쓸까? 그가 신실한 목자라면 결코 한 마리의 양 정도는 아무것도 아니라는 생각을 하지 않을 것이 분명하다.

만일 어떤 사람이 그 양으로 하여금 길을 찾지 못하게 한다면 그는 양의 주인인 목자와 원수가 될 수밖에 없다. 나아가 잃어버린 양이 주인으로부터 멀어지도록 유도하거나 그 양을 혼선에 빠뜨린다면 양의 목자를 거스르는 행위가 되는 것이다.

하나님과 그의 자녀들 사이에도 이와 같은 관계가 성립되어 있다. 이는 특히 구원의 목장인 교회로 부름받은 백성이면서 악한 자에게 미혹되어 잘못된 길에 빠져들어 다시금 잠시 밖으로 나가있는 자에 연관된 말씀이다.[67] 하나님께서는 잃어버린 양과 같은 바로 그 자녀를 다시 되찾고자 간절히 원하시는 것이다. 이는 길을 잃고 헤매는 자기 양을 위한 선한 목자의 마음과 같다.

예수께서는 자신을 자기 양들을 위한 선한 목자라 말씀하셨다. 그에게는 우리 안에 있는 양들이 있는가 하면, 우리 밖에 있는 다른 양들도 있다. 그 가운데는 우리 안에 들어왔다가 잘못된 길에 빠져 다시 우리 밖으로 나가 배회하는 양들도 있을 것이다.

선한 목자는 양들을 구원하기 위해 자신의 목숨을 버리게 된다. 그 선한 목자는 양들을 위해 자기의 소중한 목숨을 기꺼이 내어준다. 이처럼 예수께서는 잃어버린 자기 자녀들을 구원하시기 위해 자신의 생명을 아낌없이 내놓으신다. 하나님께서는 그로 말미암아 성자이신 예수 그리스도와 그에게 속한 모든 백성들을 사랑하시게 된다. 사도 요한은 '목자와 양의 비유'

67) 이는 하나님의 진리에서 벗어난 배도에 빠진 교회와 거짓 종교 지도자들에게 충성을 다하는 어리석은 교인들을 포함한다.

를 통해 그에 대한 분명한 증거를 하고 있다. 우리는 그 말씀이 주는 진정한 교훈을 마음속 깊이 새겨야 한다.

> "나는 선한 목자라 나는 내 양을 알고 양도 나를 아는 것이 아버지께서 나를 아시고 내가 아버지를 아는 것 같으니 나는 양을 위하여 목숨을 버리노라 또 이 우리에 들지 아니한 다른 양들이 내게 있어 내가 인도하여야 할 터이니 그들도 내 음성을 듣고 한 무리가 되어 한 목자에게 있으리라 내가 내 목숨을 버리는 것은 그것을 내가 다시 얻기 위함이니 이로 말미암아 아버지께서 나를 사랑하시느니라" (요 10:14-17)

우리는 자기 양들에 대한 선한 목자의 절실한 사랑을 올바르게 깨달아야 한다. 자기 자녀에 대한 예수 그리스도의 사랑은 일반 목자의 자기 양에 대한 사랑에 비교될 수 없이 크다. 분명한 점은 소자 중에 하나라도 잃어버리는 것은 하나님의 뜻이 아니라는 사실이다. 여기서 말하는 소자란 세상의 안목으로 볼 때 보잘것없어 보이는 하나님의 자녀들이다.

따라서 하나님의 구원을 받은 성도들은 겉보기에 대수롭지 않게 여겨지는 형제라 할지라도 함부로 대하지 말아야 한나. 하나님께서는 인간들의 눈에 비천해 보이는 성도들마저 결코 소홀히 여기지 않으시기 때문이다. 우리는 여호와 하나님이 곧 저들의 하나님이시라는 사실을 분명히 기억하지 않으면 안 된다.

제37장
범죄와 용서에 관한 예수님의 교훈

(마 18:15-35)

1. 죄의 대략적 유형

인간들이 범하는 죄는 다양한 성격을 지니고 있다. 겉보기에 동일한 범죄 같아 보이지만 그 내면적 성격은 현격한 차이가 난다. 이는 그 범죄가 누구에 의해서 행해지는가 하는 점과, 누구를 대항해 행해지는가에 따라 근본적인 차이가 나기 때문이다. 우리는 그것을 다음과 같이 간단하게 분류해 볼 수 있다.

첫째, 죄 가운데는 하나님과 교회에 직접 연관되는 것들이 있다. 하나님과 그의 몸된 교회를 더럽히거나 욕되게 하는 죄악은 이와 관련된다. 불신자뿐 아니라 교회에 소속된 교인이면서 하나님의 뜻에 저항하는 범죄도 이와 동일한 성격을 지닌다.

둘째, 죄 가운데는 인간들 사이에서 일어나는 통상적인 것들이 있다. 타락한 세상에서는 항상 더러운 죄악이 넘쳐나고 있다. 나아가 일반적으로 생겨나는 그런 죄는 기독교인이라 칭해지는 자들 가운데서도 공히 발생한다.

셋째, 다른 사람이 '나' 에게 저지르는 죄가 있다. 이는 우리가 보통 생각하는 세상에서 일어나는 다양한 범죄들을 일컫는 것이 아니라 특별히

'나를 침해하는 범죄' 를 의미한다. 그 가운데는 일반적인 경우도 있지만 교회에 속한 성도들 가운데 '나에게 범하는 죄' 가 포함되어 있다.

우리는 성경본문에 기록된 죄에 연관된 예수님의 교훈을 살펴보기 전에 이에 대한 분명한 이해를 하지 않으면 안 된다. 하나님과 그의 몸된 교회에 저항하는 죄와 교회 밖에서 통상적으로 발생하는 죄를 동일한 관점에서 볼 수 없기 때문이다. 또한 '나에게 저질러진 다른 이웃의 범죄 문제' 는 나의 '용서' 와 직접 연관되는 것으로서 그 의미를 올바르게 깨달아야만 한다.

2. 범죄행위와 엄격한 대응(15-17)

예수께서는 먼저 교회 안에서 발생하는 형제의 범죄행위에 관해 말씀하고 계신다. 여기서 우리가 기억해야 할 점은 본문에 기록된 죄가 단순히 살인, 도적질, 간음 등과 같은 죄뿐 아니라 다른 형제를 업신여기고 멸시하는 죄를 포함하고 있다는 사실이다. 앞에서도 살펴본 것처럼 교회에서는 일반적인 범죄행위보다 형제를 진리로부터 실족케 하는 죄가 훨씬 더 엄중하게 다루어져야 한다.

형제로 하여금 복음의 정도正道를 벗어나 길을 잃게 하는 행위는 두려운 죄에 해당된다. 나아가 성도들에게 참 목자이신 예수 그리스도의 음성을 듣지 못하도록 하거나 거짓 가르침을 베푸는 것 역시 마찬가지다. 따라서 어떤 성도가 다른 형제의 일반적인 범죄행위나 하나님의 진리와 연관된 범죄를 행하는 것을 보게 되면 결코 방치해서는 안 된다. 만일 그것을 모르는 척하게 되면 형제로 하여금 더 큰 죄를 범하게 하는 것일 뿐 아니라 교회를 어지럽히는 일에 동참하게 되는 것을 의미한다.

그러므로 다른 형제가 범죄하는 것을 먼저 알게 된 성도는 범죄한 당사자에게 조용히 찾아가서 그의 죄를 지적하고 그로부터 돌아서도록 권고해야 할 의무가 있다. 만일 그가 권고를 듣고 돌이키면 형제를 얻게 되어 더 이상 문제 삼을 것이 없게 된다. 하나님 앞에서 진심으로 회개하고 뉘우치는 형제에게 이미 저질러진 죄에 대해 지나친 문책을 할 필요가 없는 것이다.

하지만 그가 형제의 권고를 듣지 않을 경우에는 한두 사람의 성도를 더 데리고 가서 그들을 증인으로 삼아 한층 분명하게 권고해야 한다. 몇 사람의 성도들이 동일한 마음으로 함께 권고한다는 사실은 범죄를 저지른 사람에게 그 잘못을 입증하는 역할을 하게 됨을 의미하고 있다. 하나님을 진정으로 경외하는 참된 성도라면 자신의 범죄행위에 대한 분별력이 있을 것이기 때문이다.

그런 권고에도 불구하고 범죄에 빠진 사람이 여러 성도들의 말을 듣지 않는다면 교회에 말해야 한다. 여기서 교회에 말해야 한다는 것은 그의 범죄행위를 모든 교인들이 알 수 있도록 공개하라는 의미와 다르다. 이 말은, 자신의 범죄행위와 여러 성도들의 권고를 듣지 않는 그 사람의 문제를 교회의 장로들로 구성된 당회에 맡기라는 뜻이다.

하나님을 경외하는 신실한 교회가 세운 장로들의 권위는 충분히 인정되어야 한다. 모든 직분들은 원리상 하나님의 뜻에 의해 부여되는 것이다. 이와 같이 세워진 장로들의 공적인 권고를 듣지 않는다는 것은 곧 하나님의 뜻을 멸시하는 것과 같다. 따라서 교회에 속한 모든 성도들은 장로들의 공적 기관인 당회의 정당한 권면을 듣지 않으면 안 된다.

만일 범죄를 행한 자가 말씀에 기초한 장로회의 권고를 멸시한다면 더 이상 그를 하나님의 건실한 백성으로 보기 어렵다. 따라서 교회는 그를 부정한 이방인이나 언약 백성들을 늑탈하는 세리처럼 취급할 수밖에 없다. 그런 자들에게는 교회가 출교를 명령함으로써 하나님의 교회에 속한 신앙이 어린 성도들과의 접촉을 금해야 한다. 이는 교회의 순결을 유지하기 위해서이며, 그들의 악행이 누룩이 되어 교회를 어지럽히는 것을 방지하고

자 하는 목적 때문이다.

3. 범죄에 대한 교회의 기능(18-20)

예수께서는 지상교회에 엄청난 권한을 부여하셨다. 교회의 기초가 되는 제자들에게 땅에서 매고 푸는 권세를 주심으로써 나중에 세워지게 될 지상교회에 그것이 상속되게 하셨던 것이다. '무엇이든지 땅에서 매면 하늘에서도 매일 것이요 땅에서 풀면 하늘에서도 풀리리라' 고 하신 말씀의 의미는 땅에 존재하는 교회가 천상의 나라에 직접 연결되어 있음을 말해주고 있다.

이는 교회의 권징사역에 밀접하게 연관되어 있다. 물론 선과 악을 구별하는 절대적인 기준은 오직 하나님과 계시된 그의 말씀이다. 즉 인간은 자신의 종교적인 경험과 이성에 따라 선하고 악한 것을 분별할 수 없다. 나아가 인간들의 종교 정치적인 목적에 따라 그 기준이 바뀔 수 있는 것도 아니다.

따라서 교회와 성도들은 우선 땅에서 매고 푸는 기준에 대한 명확한 깨달음이 있어야 한다. 그리고 선악의 내용에 대한 분명한 이해를 해야만 한다. 만일 그 기준이 모호하거나 선악을 분별하는 기준인 성경에 대한 올바른 지식이 없다면 매고 푸는 일 자체에 혼선이 올 것이 틀림없다.

예수께서는 지상의 교회에 주어진 매고 푸는 권세에 대한 말씀을 하시면서, '두 사람이 땅에서 합심하여 무엇이든지 구하면' 하늘에 계신 아버지께서 저희 기도를 들어주신다고 말씀하셨다. 그리고 그는 '두세 사람이 모인 곳' 에는 주님께서 항상 그들 가운데 함께 계신다는 사실을 언급하셨다.

우리는 이 말씀을 매우 주의 깊게 이해해야 할 필요가 있다. 이에 대해서는 기록된 본문의 의도를 근본적으로 오해하는 교인들이 많기 때문이다. 그런 자들은 사람들의 수 자체에 큰 의미를 둔다. 우리가 분명히 기억해야 할 바는 두 사람이 합심하여 기도하지 않고 혼자 골방에서 하나님의 말씀과 성령의 인도하심에 따라 진정으로 기도한다고 해도 하나님께서 그 기도를 들어주신다는 사실이다. 또한 두세 사람이 주님의 이름으로 모인 곳에는 주님께서 함께 계신다고 하셨는데, 하나님의 자녀가 설령 혼자 있다고 해도 하나님께서는 여전히 그와 함께 계신다.

그러므로 예수께서 성경 본문을 통해 말씀하시고자 한 근본적인 의미는 그런 것이라 할 수 없다. 즉 이는 사람들이 일반적으로 생각하고 있는 대로 두 사람이 한자리에 모여 합심해서 어떤 목적을 두고 기도하는 것에 관한 것이 아니다. 그리고 두세 사람이 모인 곳에 주님이 함께 계신다는 말씀 역시 규모가 작은 교회에 관해 말씀하신 것으로 이해해서는 안 된다.

이 말씀은 앞에 언급된 형제의 범죄행위에 관련된 권징사역에 직접적으로 연결되어 있다. 앞에 기록된 성경 본문에서 '형제가 죄를 범했을 때 한두 사람을 데리고 가서 두세 증인의 입으로 말마다 증참케 하라'(16)는 주님의 명령이 이에 대한 기초가 된다. 비록 소수의 성도들이라 할지라도 말씀에 근거해 함께 권고할 때 그들의 말은 충분한 권위를 가지게 되는 것이다. 또한 예수께서 그들과 함께 계신다고 언급하신 것은, 그가 친히 범죄한 자에 대한 증인이 된다는 의미를 지니고 있다.

이와 같이 우리는 예수께서 제자들에게 주신 특별한 교훈을 통해 교인들의 많은 수 자체가 의미가 있는 것이 아님을 유추해서 배우게 된다. 어리석은 인간들은 항상 이기적인 목적에 부합하는 숫자놀음을 좋아한다. 그들은 교회의 외적인 규모와 교인들의 많은 수에 집착하게 되는 것이다.

하나님의 교회에 대해 이런 생각을 하는 것만큼 어리석은 것이 없다. 교인들의 수가 많은 교회를 만들려는 노력은 인간들의 종교적인 욕망에 기인하는 것 이상이 아니다. 중요한 사실은 많은 수의 사람이 아니라 단 몇 명이라도 하나님을 올바르게 믿고 경배하는 것이 소중하다. 아무리 많은 수의 교인들이 모인다고 해도 올바른 예배가 아니라 경거망동한 종교적인 태도를 취한다면 하나님을 멸시하는 심각한 자리에 앉게 될 수밖에 없다.

이에 대한 이해를 돕기 위해 하나의 예를 들어보자. 절대적인 권력을 가진 한 왕이 있다. 그는 세상을 호령하는 위력을 가지고 있어서 그의 앞에서는 어느 누구도 함부로 나설 수 없다. 따라서 그의 부름을 받지 않고 맘대로 그에게 나아갔다가는 죽음을 면치 못한다. 그가 열 사람을 부르든 스무 사람을 부르든 그에게 나아간 자들은 경외감으로 그의 앞에 서게 된다. 만일 왕의 의도와 상관없이 수천, 수만 명의 사람들이 그에게 몰려간다면 어떻게 될까? 만일 왕에게 더 많은 사람이 나아갈수록 좋다는 판단을 하고 그런 식으로 행동한다면 그것은 왕에게 시위하는 것 이상이 아닐 수 있다.

하나님을 경배하고 섬기는 일에 있어서도 이와 같다. 수천, 수만 명의 사람들이 떼거리를 지어 하나님께 나아가는 것이 중요한 것이 아니다. 단 몇 명의 성도들이라 할지라도 하나님을 경외하는 마음을 가지고 말씀의 요구에 따라 진심으로 그에게 경배하며 간구한다면 하나님께서 그 예배를 기쁨으로 받으실 것이다. 따라서 많은 교인들을 모아 마치 하나님께 집단으로 시위하는 듯한 모습을 띨 우려는 없지 않은지 반성적으로 생각해 보아야 한다.

4. '나에게 범죄한 형제'에 대한 용서(21,22)

베드로는 형제들 가운데 행해지는 범죄행위에 대한 예수님의 교훈을 들은 후, 자신에게 저질러진 다른 이웃의 죄가 있다면 어떻게 해야 할지 질문했다. 그는 죄를 용서해야 한다는 사실을 잘 알고 있었지만 하나님의 자녀로서 구체적인 처신이 궁금했다. 그래서 다른 형제가 자기에게 범죄한다면 몇 번이나 용서해주어야 할지 물었던 것이다.

어쩌면 그는 자신에게 범죄한 자를 몇 번만 용서하면 그것으로서 충분한 것으로 여겼을지 모른다. 즉 한 번 두 번 용서한 후에도 되풀이하여 자기에게 죄를 짓는다면 더 이상 용서하지 않아도 된다고 판단했을 수도 있다. 자기를 욕보인 자의 죄를 단 한 번이라도 용서한다는 것은 그에게 의가 될 수도 있었다.

보통 사람들은 자기에게 죄를 저지르는 자에 대해 단 한 번도 용서하지 않는 것이 일반적이다. 하지만 베드로는 자기를 해롭게 하여 죄지은 자를 일곱 번 정도 용서해주면 충분하지 않은지 물어보았다. 일곱 번까지 용서한다는 것은 아마도 베드로가 생각할 수 있는 최대한의 회수였을 것이다.

그런데 예수께서는 베드로의 말에 만족하지 않고 일흔 번씩 일곱 번이라도 용서하라고 말씀하셨다. 이는 사백구십 번을 용서하면 된다는 의미가 아니라 끝없이 용서해 주라는 의미가 내포되어 있다. 나아가 자기가 형제의 죄를 몇 번이나 용서해 주었는지 횟수를 헤아릴 필요도 없다. 하나님의 자녀는 자기에게 범죄한 이웃을 무한히 용서해야만 한다.

하나님의 자녀들은 왜 자기에게 악행을 저지른 자에 대해서 그렇게 용서해야만 할까? 타락한 인간은 그 자체로서 하나님 앞에 형언할 수 없는 더러운 죄인이다. 따라서 죄인인 인간은 하나님으로부터 그 죄를 용서받지 않으면 영원한 심판을 면할 수 없다. 감사하게도 하나님의 자녀들은 예수 그리스도의 십자가 사역을 통해 하나님으로부터 완벽하게 용서받은 자들이다.

하나님께 저항하며 욕했던 끔찍한 죄인인 인간이 그로부터 완전한 용서를 받았다면 자기에게 사사로운 범죄를 저지른 이웃을 용서하지 않을 수 없다. 하나님께서는 우리에게 존재하는 원래의 끔찍한 죄악뿐 아니라 날마다 저지르는 수천수만 가지의 범죄를 계속해서 용서해 주신다. 그런 용서를 날마다 체험하고 있는 성도가 자기에게 저지른 이웃의 범죄를 수백 번이라도 용서하는 것은 지극히 당연한 일이다.

우리가 여기서 분명히 기억해야 할 중요한 사실이 있다. 그것은 타락한 인간으로서 우리는 자기에게 범죄한 형제의 모든 죄를 무조건 용서할 수 있는 것이 아니라는 사실이다. 다른 사람의 일반적인 죄는 용서하되 하나님의 자녀를 배도의 길로 몰아가려는 자들의 죄는 교회의 정당한 절차 없이 함부로 용서할 수 없다. 우리는 이에 대해서 여간 민감한 관심을 기울이지 않으면 안 된다.

하나님의 자녀들은 자신에게 범한 이웃의 윤리적인 죄를 용서해야 한다. 물론 그것은 범죄한 형제가 자신의 잘못을 진심으로 뉘우쳤을 때 따라오게 된다. 이는 하나님 앞에서 그에 대한 분명한 회개가 요구됨을 의미하고 있다. 물론 성도들은 이웃으로 인해 당한 고통을 마음속에 오랫동안 담아둘 필요가 없다.

그렇지만 하나님을 욕되게 하거나 하나님의 말씀에 저항하는 자들에 대해서는 연약한 성도들을 위해 깊은 주의를 기울여야만 한다. 앞에서 살펴본 대로 경우에 따라서는 교회가 그 범죄자를 땅에서 매어야 할 일이 생길 수도 있다. 즉 정당한 절차에 따른 권징시역에 응하지 않는 자들에 대해서는 그냥 용서할 것이 아니라 신앙공동체인 교회로부터 출교를 해야만 하는 것이다.

5. 죄와 용서에 연관된 특별한 비유(23-35)

(1) 예수님의 비유 내용

예수께서는 세상의 종말에 있게 될 마지막 심판을 설명하시기 위해 어떤 왕이 그의 신하들(servants)과 결산하는 장면을 예로 들어 설명하셨다. 그때 왕의 신하들 가운데 왕에게 일만 달란트(talents)를 빚진 자가 있었다. 그 사람은 왕에게 진 자신의 빚을 갚을 만한 액수의 돈이 없었다. 그래서 왕은 그에게 그의 몸과 처자를 노예로 팔아서라도 빚을 갚으라고 명령했다.

그러자 그 신하는 왕 앞에 엎드려 절하면서 조금 더 참아주면 다 갚겠으니 노예로 팔려가는 것만은 피할 수 있도록 해달라고 애원했다. 그의 불쌍한 처지를 본 왕은 일만 달란트나 되는 거액의 빚을 모두 탕감해주었다. 그 신하는 왕의 은택으로 인해 빚에서 해방되어 완전히 자유로운 몸이 되었다.

그런데 거액의 빚을 탕감받게 된 그 신하는 밖에 나가서 자기에게 일백 데나리온(Denarii)을 빚진 동료 신하(a fellow servant) 하나를 만났다. 그는 그 동료를 붙들어 목을 틀어 쥔 채 자기에게 진 빚을 갚도록 독촉했다. 그러자 그 동료는 조금만 참아주면 그 돈을 갚겠노라고 하며 기다려 줄 것을 애걸했다. 하지만 왕의 은택을 입은 신하는 그의 말을 들어주지 않고 빚을 갚도록 요구하며 그를 감옥에 가두어 버렸다.

그 일어나는 사건을 목격한 다른 동료들이 민망히 여겨 그 사실을 왕에게 고해 바쳤다. 그러자 왕은 일만 달란트를 빚졌던 신하를 불러 엄하게 경고하면서 말했다. "악한 종아 네가 빌기에 내가 네 빚을 전부 탕감하여 주었거늘 내가 너를 불쌍히 여김과 같이 너도 네 동관을 불쌍히 여김이 마땅치 아니하냐?"(32,33). 왕은 매우 분노하여 그 신하가 진 모든 빚을 다 갚도록 요구하며 그를 옥졸들에게 붙여 감옥에 가두어 버렸다.

우리는 여기서 먼저 첫 번째 신하가 왕에게 빚진 액수인 일만 달란트와 그의 동료가 그에게 빚진 액수인 일백 데나리온의 액수 차이를 생각해 볼 필요가 있다.[68] 물론 우리는 고대의 화폐 단위와 환율을 우리 시대의 액수

68) 정확하지 않지만, 학자들이 주장하는 환율을 대입하면 유대 화폐 한 달란트는 로마 화폐로 대략 6천 데나리온이 된다. 그렇다면 일만 달란트는 6천만 데나리온이라는 계산이 나온다. 이를 당시 근로자의 임금과 우리 시대 일반적으로 지급되는 임금을 참작하여 환산하면, 일만 달란트는 '수 억' 원의 거액이 되고, 일백 데나리온은 소액의 돈에 지나지 않는다.

에 맞추어 정확하게 산정한다는 것이 어렵다는 사실을 인정해야 한다.

하지만 분명한 사실은 한 신하가 왕에게 빚진 액수와 그의 동료가 그에게 빚진 돈의 액수는 도저히 비교가 되지 않을 만큼 큰 차이가 난다는 점이다. 왕으로부터 빚졌던 신하가 탕감받았던 액수는 천문학적이었다. 그에 반해, 그가 탕감해주지 않고 동료를 감옥에 가둔 것은 소액의 돈 때문이었다. 자기는 상상을 초월하는 엄청난 액수의 돈을 탕감받았음에도 불구하고 자기에게 빚진 동료의 소액조차 탕감해주지 않고 감옥에 가두어 버렸던 것이다. 이는 왕의 은택을 기억하지 않는 악한 자의 매정한 모습을 잘 보여주고 있다.

또한 우리가 여기서 주의 깊게 생각해 보아야 할 내용은 예수께서 왜 유대의 화폐인 달란트와 로마의 화폐인 데나리온을 뒤섞어 예로 들어 비유로 말씀하셨을까 하는 점이다. 이는 하나님의 언약 백성인 이스라엘 민족과 이방 민족인 로마인들을 비교하기 위해서였던 것으로 보인다. 즉 유대인들이 왕으로부터 일만 달란트나 되는 거액을 탕감 받은 자와 같다면, 이방인인 로마인들은 일백 데나리온의 소액을 유대인들에게 빚진 자에 비유될 수 있는 것이다.

(2) 성도들의 적용

예수께서는 이 비유의 말씀을 통해 배도에 빠진 악한 유대인들을 강하게 질책하고 계신다. 그들은 하나님의 용서를 진정으로 갈망하지 않았을 뿐더러 다른 사람을 용서할 줄도 몰랐다. 구약시대 이스라엘 백성은 하나님의 언약 가운데 살아가던 자들로서 그에 대한 깨달음이 있어야만 했다. 예수님은 자기 제자들이 하나님으로부터 무한한 용서를 받은 성도로서 용서하는 삶을 온전히 깨닫게 되기를 원하셨다.

이 비유는 앞에서 베드로가 질문했던 자기에게 범죄한 사람을 몇 번이나 용서해야 할지에 대해 질문했던 내용과 연관되어 있다. 교회에 속한 성도들은 하나님으로부터 영원한 죽음에 빠질 수밖에 없는 무서운 죄악을 용서받은 자들이다. 그 죄는 인간들의 돈으로는 도저히 환산될 수 없는 성질을 지니고 있다. 즉 수백 수천 조의 돈뿐 아니라 이 세상의 어떤 것과도 비교될 수 없는 엄청난 액수의 규모이다.

교회에 속한 성도들은 하나님으로부터 죽음에 이르게 하는 죄의 빚을 완전히 탕감받은 자들이다. 우리가 탕감받은 엄청난 빚에 비하면, 이웃에게 탕감해주지 못할 것은 아무것도 없다. 우리에게 죄지은 자의 죄가 아무리 크다고 할지라도 우리가 하나님께 범죄하고 용서받은 것에 비하면 아무 것도 아니기 때문이다.

예수께서는 이 비유의 말씀을 통해 이웃의 죄를 무한히 용서해 주도록 요구하고 있다. 그런 자세를 가지지 않는 자들은 하나님으로부터 자기가 용서받은 것에 대한 이해가 없는 자들이라 할 수밖에 없다. 따라서 교회에 속한 성도들은 형제의 회개와 뉘우침이 있을 때 그들의 잘못에 대해 일흔 번씩 일곱 번으로 표현된 대로 무한히 용서할 수 있는 자세를 가져야 한다. 만일 형제의 일반적인 잘못을 용서하지 않는다면 결코 하나님으로부터 완전한 용서를 받지 못한다는 것이었다.

제38장 부부의 가정과 이혼에 관한 문제

(마 19:1-12)

1. 현대인의 혼인관과 가정의 위기

가정은 인간생활의 가장 기본적인 단위이다. 성도들의 가정은 단순히 인간적인 계약관계에 의해 생겨나지 않는다. 우리 시대의 가정이 약화되어가는 원인 중에 하나는 사람들이 이기적인 목적을 가지고 혼인에 임한다는 사실이다. 그러나 개인의 행복이나 삶의 안정이 결코 혼인의 근본적인 목적이 될 수 없다.

현대인의 가정이 맞게 되는 위기 가운데 또 하나는 가정의 정체성에 연관된 사고의 혼란이다. 기간을 정해둔 계약혼인이라든지 혼전동거를 거친 후에 혼인 여부를 결정짓는 것이 좋다는 어처구니없는 주장이 그다지 생소하지 않다. 나아가 남녀간의 혼인 이외에 동성간의 혼인을 자연스럽게 받아들이려는 괴상한 풍조가 조성되고 있다. 하지만 그런 것들은 현대사회가 양산한 부도덕한 범죄행위일 따름이다.

우리가 분명히 기억해야 할 바는 남녀간의 혼인은 개인과 개인의 문제가 아니라 가정과 가정의 관계이며 집안과 집안의 문제라는 사실이다. 한번 부부로 맺어진 가정은 절대로 해체되어서는 안 된다. 더군다나 하나님과 그의 언약에 따라 맺어진 부부는 어떤 경우에도 깨어질 수 없다.

그럼에도 불구하고 우리 시대에는 가정이 쉽게 파탄되는 것을 보게 된다. 만일 가정에서 부부가 이혼할 수 있다면 부부뿐 아니라 부모 자식 간이나 형제 사이도 법적으로 해체를 허용할 수 있다는 말이 된다. 즉 부부관계는 해체 가능하면서 부모 자식 사이와 형제 사이에서는 관계 해체가 불가하다고 말할 수 없는 것이다.

어떤 사람들은 부부 가운데 한 쪽이 간음을 저지를 경우 이혼이 가능하다고 주장한다. 기독교에서는 그뿐 아니라 부부 가운데 한 쪽이 이단에 빠질 경우 이혼을 해도 되는 것으로 말하고 있다. 만일 그런 논리라면 부모가 간음을 저지르면 자녀는 부모와 법적인 절연이 가능한가? 그리고 부모나 형제 가운데 한 사람이 이단에 빠지면 나머지 가족은 법적으로 혈연관계를 완전히 청산할 수 있는가?

우리는 결단코 그렇게 말할 수 없다. 설령 부모나 형제가 간음죄를 저지른다 해도 여전히 부모형제이며 위험한 이단사상에 빠진다 해도 여전히 가족관계는 파기되지 않고 존속한다. 부부관계에 있어서도 이와 마찬가지다. 성도들에게 있어서 가족 가운데 그런 불행한 일이 발생한다면 고통중에 하나님 앞에서 인생과 자신을 돌아볼 수 있는 기회로 삼아야 한다. 경우에 따라서는 부부간의 별거를 통해 하나님의 뜻을 찾는 지혜가 절실히 요구될 수 있을 것이다.

2. 부부관계를 올무로 한 바리새인들의 예수님 시험(1-3)

예수께서 제자들과 함께 갈릴리를 떠나 유대지역에 이르게 되었다. 그러자 많은 사람들이 몰려들었다. 그들 가운데는 다양한 질병으로 인해 고통당하는 자들도 많이 있었다. 예수께서는 그 환자들을 치유하시며 천국복음을 전파하셨다. 그때 배도에 빠진 악한 바리새인들이 예수님을 시험하기 위해 그에게 접근했다.

그들은 느닷없이 예수님께 자기 아내를 버리는 것에 관한 질문을 했다. 아내에게 문제가 있다고 판단되면 어떤 경우라 할지라도 남편이 그녀를 버리는 것이 정당한 행동이냐는 것이었다.[69] 물론 그들은 예수님을 시험하여 궁지에 빠뜨리고자 하는 저의를 가지고 있었던 것이 분명하다. 그런데 바리새인들이 무엇 때문에 그 시점에서 그와 같은 질문을 했는가 하는 점을 생각해 보지 않을 수 없다.

우리가 분명히 알 수 있는 사실은 예수님이 그에 대한 답변을 하게 되면 피하기 어려운 어떤 함정이 그 앞에 놓이게 될 것이라는 점이다. 예수님은 그전에 가정의 중요성을 별로 중요하게 여기지 않는 듯한 말씀을 하신 적이 있었다. 나중에도 부모와 형제자매, 자식을 버리는 문제에 대해 말씀을 하시지만(마 19:29) 앞에서는 자신의 부모와 형제를 남처럼 여기는 듯한 자세를 보이기도 하셨다.

예수께서는 어머니와 동생들이 찾아왔을 때 "누가 내 동생들이냐 ... 하늘에 계신 내 아버지의 뜻대로 하는 자가 내 형제요 자매요 모친이니라"(마 12:48-50)고 말씀하셨다. 이혼이 빈번하고 다양한 주장들이 난무한 시대에 살던 바리새인들은 아마도 예수님의 이 말씀을 문제 삼고 싶었을지도 모른다. 그들은 사소한 문제를 빌미로 아내를 버림으로써 가정이 해체되는 것과, 가정의 중요성을 무시하는 예수님의 생각이 그다지 다를 바 없다고 생각했을까?

하여튼 바리새인들은 예수님을 시험하여 당시 이혼을 쉽게 받아들이는 자들처럼 어떤 구실이라도 생기면 아내를 버려도 되는지에 대한 질문을

---

69) 예수님 당시 이스라엘 가운데는 이혼에 관한 상이한 주장들이 있었다. 보수적인 성향을 지닌 샴마이(Shammai) 학파는 간음을 저지르거나 율법에 반하는 행동을 하지 않는 한 이혼할 수 없다고 했다. 그러나 자유주의적인 성향을 지닌 힐렐(Hillel) 학파는 남편의 마음에 들지 않는 특별한 문제가 발생하면 이혼할 수 있다고 주장했다. 바리새인들의 질문 가운데는, 예수님이 그 둘 가운데 어느 쪽을 지지하느냐고 묻는 의미를 내포하고 있었다. 하지만 예수님은 그들 양쪽의 주장 모두를 지지하지 않으셨다.

했다. 그것은 물론 오늘날 우리가 생각하는 이혼과는 그 성격이 다소 다르다. 우리 시대의 이혼이란 혼인관계에 대한 일종의 계약파기와 연관된 성격을 지니고 있다. 이에 반해 예수님 당시의 이혼이란 어떤 문제가 있다고 판단되는 부정한 아내에 대한 남편의 일방적인 혼인관계 파기를 의미한다.

3. 부부와 가정의 진정한 의미(4-6)

이 세상에는 수백 수천 종류의 다양한 모임들이 존재한다. 그 가운데는 하나님께서 직접 설립을 계획하신 공동체적 성격을 지닌 몇몇 특별한 단체들이 있다. 그 가운데 교회는 하나님께서 독생자 예수 그리스도의 피로 값주고 사신 거룩한 공동체이다. 그리고 지상의 모든 국가는 하나님의 특별한 섭리와 경륜 가운데 세워졌다. 그들에게 칼과 무기를 통한 공권력이 주어진 것은 그점을 보여주고 있다. 그리고 가정은 하나님께서 언약 가운데 세우신 인간들의 삶을 위한 기초단위이다.

이것들 외의 모든 크고 작은 단체들은 인간들의 편의와 목적을 위해 만들어졌다. 학교, 회사, 친목단체, 각종 연합체 등은 인간들의 의도에 따라 조직된 단체라 할 수 있다. 마태복음 19장 앞부분의 본문에는 부부관계와 더불어 가정에 관한 문제가 특별히 언급되어 있다. 하나님께서 세우신 가정은 남녀간의 혼인관계에서 출발한다. 창세기 1,2장에는 그에 대한 분명한 기록이 나타난다.

> "하나님이 자기 형상 곧 하나님의 형상대로 사람을 창조하시되 남자와 여자를 창조하시고" (창 1:27);
> "여호와 하나님이 아담을 깊이 잠들게 하시니 잠들매 그가 그 갈빗대 하나를 취하고 살로 대신 채우시고 여호와 하나님이 아담에게서 취하신 그 갈

빗대로 여자를 만드시고 그를 아담에게로 이끌어 오시니 아담이 가로되 이는 내 뼈 중의 뼈요 살 중의 살이라 이것을 남자에게서 취하였은즉 여자라 칭하리라 하니라 이러므로 남자가 부모를 떠나 그 아내와 연합하여 둘이 한 몸을 이룰 지로다 아담과 그 아내 두 사람이 벌거벗었으나 부끄러워 아니하니라" (창 2:21-25)

하나님께서는 자신의 형상에 따라 인간을 창조하시면서 남자와 여자로 지으셨다. 하나님은 처음 사람 아담의 갈비뼈에서 취하여 만드신 하와를 그와 혼인하게 하여 부부로 맺어 주셨다. 원리적인 측면에서 본다면 남편과 아내는 본래 둘이 아니라 한 몸이 둘로 나누어져 존재한다.

맨 처음 여성인 하와는 남편인 아담의 가슴에 있는 갈비뼈에서 나왔다. 그래서 아담은 아내를 자신의 '뼈 중의 뼈요 살 중의 살' 이라고 칭했다. 이는 둘이 원래 한 몸임을 말해주고 있다. 그러므로 남편과 아내는 연합하여 한 몸을 이루게 되는 것이다. 부부가 벌거벗었으나 부끄러워하지 않는 까닭은 그 둘이 한 몸이기 때문이다.

이에 대해서는 예수께서도 동일한 교훈을 주셨다. 자녀들은 부모로부터 출생했으나 부모와 자식은 한 몸을 이루고 있지 않다. 또한 형제자매는 한 몸에서 출생했지만 한 몸이 아니다. 이에 반해 부부는 혼인을 통해 한 몸이 된다. 이 말은 하나님께서 남녀를 부부로 짝지어 주신 것은 하나님의 섭리에 근거하고 있음을 의미한다. 이는 결코 인간의 판단과 선택에 기초하지 않는다.

"사람이 그 부모를 떠나서 아내에게 합하여 그 둘이 한 몸이 될지니라하신 것을 읽지 못하였느냐 이러한즉 이제 둘이 아니요 한 몸이니 그러므로 하나님이 짝지어 주신 것을 사람이 나누지 못할지니라" (마 19:5,6)

이처럼 가정제도를 창설하신 분은 하나님이다. 특히 성도들의 혼인과 가정은 하나님께서 언약 가운데 직접 관여하신 결과로 말미암아 생겨나게 된다. 이는 성도들의 가정이란 하나님께서 친히 세우신 공동체임을 말해주고 있다. 그러므로 하나님께서 짝지어 주신 부부관계를 파괴할 수 있는 사람은 아무도 없으며 그들로 말미암아 세워진 가정은 어떤 경우에도 해체될 수 없다.

혼인에 대한 일반적인 논리를 통해서도 우리는 쉽게 그점을 이해할 수 있다. 특히 하나님 앞에서 그의 말씀을 근거로 혼인하는 자들은 그점을 더욱 분명히 깨달아야 한다. 하나님의 자녀들은 계시된 성경말씀과 한 자리에 모인 여러 증인들 앞에서 혼인식을 거행하고 그에 대한 공적인 선포가 이루어지게 된다.

주 안에서 형제 된 이웃의 혼인식에 참여하는 모든 성도들에게는 크게 보아 두 가지의 중요한 기능이 있다. 그 가운데 첫째는 그 혼인의 주인공인 신랑신부와 그들의 혼인에 대한 증인의 역할을 감당하게 되는 것이다. 그리고 둘째는 그들의 혼인을 하나님의 뜻 가운데서 주님의 이름으로 축복하기 위해서이다. 이는 일반적인 혼인축하와는 그 근본적인 성격이 서로 다르다.

혼인식에서는 말씀을 맡은 목사가, 그 혼인이 하나님으로 말미암아 이루어졌다는 사실과 하나님 앞에서 정당한 혼인이라는 사실을 선포하게 된다. 그 자리에 참석한 모든 성도들은 "하나님이 짝지어 주신 것을 사람이 나누지 못하노라"는 선포에 '아멘' 으로 화답함으로써 그에 대한 증인이 된다. 그것은 사람들이 종이에 증거내용을 쓰고 그 위에 도장을 찍거나 서명하는 것보다 훨씬 중요한 효력을 지닌다.

그러므로 하나님께서 친히 맺어주신 혼인관계를 파괴할 수 있는 자는 이 세상에 아무도 없다. 만일 교회에 속한 어떤 교인이 이혼을 하려고 한다면 하나님의 섭리와 경륜은 물론 하나님 앞에서의 서약을 깨뜨리려는 시도를 하는 것과 마찬가지다. 나아가 그들의 혼인식에 참석했던 모든 증인들의 보증을 헛되게 하는 것이 된다.

이에 대해서는 사회적인 관점에서 생각한다고 해도 이혼이 불가하다는 사실을 알 수 있다. 일반 원리적인 관점에서 본다면 이혼을 하려고 하면 혼인식에서 저들의 혼인을 보증했던 증인들의 역할을 무효화시키고 저들의 허락을 받아내야 한다. 물론 그것은 불가능하다. 그 자리에 모였던 모든 사람들을 다 모을 수는 없다.

설령 어떤 사람이 자신의 혼인식에 참여했던 사람들을 모두 불러 모은다고 하더라도 그들 각자의 보증을 철회하는 것은 실제상 가능하지 않다. 따라서 혼인예식에 참석하여 하나님 앞에서 증인이 된 성도는 어떤 교인이 이혼을 하려할 때, 그에 강력하게 항의할 수 있어야 한다. 하나님은 물론 증인들의 허락 없이 임의로 행하는 이혼은 결코 적법할 수 없기 때문이다.

나아가 우리가 반드시 기억해야 할 점은 혼인을 함으로써 새로운 가족관계가 형성된다는 사실이다. 혼인을 하게 되면 남편과 아내의 부모, 형제, 자매가 자신의 새로운 부모, 형제, 자매가 된다. 혼인을 통해 새롭게 형성된 가족관계가 당사자인 부부 두 사람의 이혼으로 말미암아 그동안 형성된 모든 관계가 한꺼번에 완전히 청산될 수는 없다. 즉 부부간에 이혼을 하면 혼인을 통해 새롭게 형성된 인척관계가 자동적으로 소멸되는 것으로 볼 수 없는 것이다. 우리는 이 모든 관계에 대한 성경과 교회의 가르침에 민감하게 반응하지 않으면 안 된다.

4. 구약의 이혼에 관한 특별한 교훈(7-9)

예수께서 부부의 혼인과 가정에 관한 근본적인 교훈을 주시자 사악한 바리새인들은 구약성경을 들고 나와 예수님께 따져 물었다. 예수님이 혼인의 본질적인 원리에 대해 말씀하시자 그들은 모세의 율법에서 이혼이 허용되고 있다는 사실을 언급하며 억지 주장을 펼쳤던 것이다. 즉 그들은 성경을 구실삼아 감히 예수님의 가르침을 억누르고자 하는 오만한 태도에 빠져 있었다.

모세는 성경에서 이혼을 허용하는 내용의 언급을 하고 있는 것이 틀림없다. 혼인을 한 아내에게 부정한 일이 발견되어 그를 기쁨으로 대하기 어렵다면 남편은 그녀를 자기 집에서 내어보내라는 것이었다. 그때 남편은 아내에게 이혼증서를 써 주어야만 했다.

> "사람이 아내를 취하여 데려온 후에 수치되는 일이 그에게 있음을 발견하고 그를 기뻐하지 아니하거든 이혼 증서를 써서 그 손에 주고 그를 자기 집에서 내어 보낼 것이요"(신 24:1)

모세 율법은 아내를 버릴 때 반드시 이혼증서를 써주도록 요구하고 있다. 그런데 왜 버림받은 여성에게 이혼증서가 필요했을까? 원리적으로 본다면 부정을 행한 당사자가 아니라 남편이 그 증서를 가지고 있어야 한다. 악행을 저지른 쪽이 증서를 가지고 있다면 그것을 찢어버리거나 태워버리면 그만이다.

그럼에도 불구하고 이혼증서는 부끄러운 행위를 하고 이혼을 당한 여성이 가지고 있어야 했다. 이는 정당한 이혼증서 없이 남편의 집을 떠나는 것 자체가 불법이 되며 생명을 보존하기 어렵게 될 수 있었기 때문이다. 이는 모세 율법이 이혼을 허용했던 것이 이스라엘 민족의 순결을 유지하기 위한 방편이라는 사실을 보여주고 있다. 구약시대 이스라엘 백성의 정당한 이혼은 하나님 앞에서 행해져야 했으며 하나님께서 친히 그 증인이 되셨다.

우리는 이를 율법시대에 있었던 특별한 법령으로 받아들여야 한다. 즉 일반적인 이혼을 허용하기 위한 목적 때문에 이 율법이 주어진 것은 아니다. 하나님께서는 언약 백성 가운데 인간들의 완악함이 보편화되는 것을 방지하기 위해 엄격한 삶을 요구하셨던 것이다. 이스라엘 민족의 기초가 되는 언약의 가정이 순결해야 하는 것은 매우 중요한 일이 아닐 수 없었다.

그러므로 예수께서는 본문 가운데서 원래는 이혼이 허용되는 것이 아님을 분명히 말씀하셨다. 하나님은 결코 성도의 가정이 해체되는 것을 원하시지 않는다. 그런데 예수님의 말씀 가운데는 음행한 일이 발생하면 아내를 내어버리고 다른 여성에게 장가가는 것이 허용되는 듯이 보이는 부분이 있다. 예수께서는 과연 이를 통해 이혼을 허락하는 문을 활짝 열어놓으신 것일까?

성경의 전체적인 교훈을 볼 때 우리는 그렇게 말할 수 없다. 성경본문을 문자대로 본다면 이 말씀이 남편들에게만 주어진 전적인 권한처럼 보인다. 즉 아내가 음행할 경우 남편이 그녀를 버리고 다른 여성에게 장가가는 것이 허용되는 것처럼 기록되어 있다.

그렇다면 역으로 남편이 음행을 범하게 되면 아내가 남편을 버리고 다른 사람에게 시집가는 것으로 성경이 허용하고 있는가? 적어도 성경의 율법에는 그런 식으로 기록되어 있지 않다. 분명한 사실은 음행의 연고로 남편이 아내를 버리는 문제에 대한 기술을 하고 있는데 반해 아내가 남편을 버리는 문제에 대한 언급은 없다는 사실이다.

예수께서는 이 말씀을 통해 이혼의 가능성을 열어둔 것이 아니라 이혼이 불가함을 강하게 말씀하고 계신다. 즉 하나님의 자녀가 음행을 일삼는다는 것은 결코 있을 수 없는 일이다. 앞에 기록된 산상수훈에서는 여자를 보고 음욕을 품는 사람마다 이미 간음한 자라는 사실이 기록되어 있다(마 5:27,28). 이는 하나님께서 성도들에게 엄격하고 순결한 삶을 요구하고 있음을 보여준다. 여기에는 하나님을 진정으로 경외하는 성도에게는 결코 육체적인 음행이 허용될 수 없다는 교훈이 내포되어 있다.

그럼에도 불구하고 우리 시대에는 이혼에 대해 적법適法을 가장한 위법違法이 자행되고 있다. 어리석은 교인들은 세속국가의 재판관이 내린 이혼 판결을 적법한 것으로 받아들인다. 그러나 교회는 성도들의 가정을 해체할 수 있는 권한이 주어지지 않은 국가의 이혼판결을 적법한 것으로 간주하지 않는다. 즉 국가가 성도의 이혼을 허용한다면 세속국가의 법률상 그것이 적법하다고 할지 모르지만 교회는 결코 그것을 적법한 것으로 받아들이지 않는다. 우리는 이에 대해 여간 명확한 이해를 하지 않으면 안 된다.

5. 긴장된 제자들의 견해와 주님의 말씀(10-12)

예수님의 말씀을 들은 제자들은 부부간의 혼인 생활이 쉽지 않다는 사실을 깨닫게 되었다. 당시에도 혼인과 가정이 인간의 쾌락과 행복의 방편이 된다고 믿는 자들이 많이 있었다. 그러나 성도의 가정은 그런 것이 본질적인 조건이 될 수 없다.

그러므로 제자들은 그럴 바에는 장가가지 않는 것이 낫겠다는 생각을 했다. 즉 아내의 문제점에 대해 남편의 의도대로 판단하고 결정할 수 없다면 차라리 혼자 사는 것이 더 좋겠다고 여겼던 것이다. 그것은 혼인과 가정을 자신의 목적을 위한 방편으로 단정했기 때문에 발생하는 문제이다. 제자들은 저들의 그와 같은 생각을 예수님께 말씀드렸다.

제자들의 이기적인 견해를 들은 예수님은 혼인에 관한 문제는 인간들의 사사로운 판단여부에 달려 있지 않다는 사실을 언급하셨다. 혼인은 개인적인 판단에 의해 결정지을 문제가 아니라 외부의 요건에 따른다.

사람들 가운데는 신체적인 조건, 즉 혼인할 수 있는 조건이 결여된 채 출생한 자들이 있는가 하면 나중에 그렇게 된 자들도 있다. 날 때부터 고자鼓子인 사람들이나 옛날 궁중의 내시들이 그런 경우이다. 나아가 하나님 나라를 위해 혼인하지 않는 자들도 없지 않다. 이는 신체적인 조건과 더불어 성적인 욕구에 연관된 모든 것을 포기하게 된 성도들의 형편을 말해준다.

우리가 여기서도 눈여겨보아야 할 점은 예수께서 남성에 대해서만 말씀하고 계신다는 사실이다. 하지만 여성의 경우에도 남성과 마찬가지로 혼인할 수 없는 몸으로 태어나는 자들이 있으며, 나중에 그렇게 된 자들이 있을 수 있다. 또한 그들 가운데도 하나님 나라를 위해 혼인을 포기한 자들도 있다.

이와 관련하여 우리가 분명히 깨달아야 할 점은 이 가운데 전체적인 하나님의 경륜이 드러나게 된다는 사실이다. 즉 혼인을 포기하거나 혼인하지 않는 모든 경우는 보이지 않는 하나님의 뜻에 연결되어 있다. 혼인할 만한 외적 조건을 갖추지 못한 자들이라 할지라도 마음속에서 일어나는 성적인 욕구마저 완전히 버릴 수 있는가 하는 것은 별개의 문제이다.

하나님의 자녀들은 자신의 삶의 목적이 세상에서의 행복과 만족에 있지 않다는 사실을 기억해야 한다. 혼인을 하고 가정을 가지는 것도 개인의 쾌락과 행복을 위한 것이 목적이 될 수 없다. 만일 그렇게 되면 성적인 만족을 얻지 못하고 행복한 가정을 이루지 못한다면 가정은 아무런 의미가 없어져 버리게 된다.

그러므로 교회에 속한 성도가 의도적으로 혼인을 회피하는 것은 바람직하지 않을 뿐더러 억지로 혼인하려는 것도 자연스럽지 못하다. 성도의 가정은 인간의 쾌락이나 행복을 위해 존재하는 것이 아니라 하나님의 뜻과 경륜에 밀접하게 연관되어 있다. 따라서 혼인하지 않는 성도라 할지라도 혼인한 성도와 마찬가지로 하나님 앞에서의 인생의 의미를 충분히 드러내지 않으면 안 된다.

만일 가정을 단순한 행복의 보금자리로 이해하면서 그 행복을 찾지 못하면, 가정은 무의미하거나 불필요한 영역이 되어 심하게는 차라리 해체해 버리는 것이 나을지 모른다는 심각한 판단오류에 빠질 위험에 처하게 된다. 우리는 혼인과 가정에 대한 올바른 깨달음을 가짐으로써 하나님의 뜻에 온전히 순종할 수 있어야 한다.

제39장 영생을 위한 길

(마 19:13-30)

1. 천국과 어린아이(13-15)

많은 사람들이 예수님 앞으로 몰려들 때 상당수 부모들은 어린아이들을 데리고 나아왔다. 그들은 예수께서 자기 자식에게 안수하고 기도해 주기를 원했다. 그것은 자식에게 주님의 은혜가 임하기를 바라는 부모들의 애틋한 마음 때문이었다. 이는 부모들의 소원이기도 했거니와 어린이들에 관한 문제였다.

그렇지만 그와 같은 광경을 지켜보던 다른 사람들의 마음은 그다지 편치 않았다. 거기 모인 사람들은 저마다 직접 예수님 앞으로 가까이 나아가기를 원했을 것이다. 그런데 어른들이 어린아이들까지 예수님 앞으로 데리고 나아가게 되면 주변을 더욱 혼잡하게 만든다고 생각하는 자들이 많았을 것이 분명하다.

그렇게 되자 예수님의 제자들은 아이들을 데리고 온 사람들을 책망했다. 그 광경을 지켜보신 예수께서는 도리어 제자들을 제지하셨다. 어린아이들이 자기에게 나아오는 것을 용납하고 금하지 말하는 것이었다. 어른들이 이기적인 목적을 가지고 있었던 것에 반해 어린아이들은 순박한 신앙을 가지고 있었던 것이다. 따라서 예수님은 천국을 위해서는 어린아이와 같은 신앙을 가지는 것이 중요하다는 교훈을 주셨다.

> "누구든지 하나님 나라를 어린아이와 같이 받들지 않는 자는 결단코 들어가지 못하리라" (막 10:15; 눅 18:17)

예수님의 이 교훈은 윤리적인 내용이 아니라 영원한 천국에 연관되어 있었다. 어린아이들은 어른들에 비해 부족한 것이 많다. 힘과 능력뿐 아니라 지식도 부족하다. 그들은 자신의 부족함을 알고 누구에게인가 의지하려고 한다. 따라서 자기보다 능력 있는 어떤 사람이 도와주지 않으면 불안에 빠지게 된다.

예수께서는 그런 어린아이를 예로 들면서 그들과 같이 하나님 나라를 받들지 않는 자는 결단코 그곳에 들어갈 수 없다고 단언하셨다. 이는 하나님을 믿는 성도들의 신앙이 그러해야 한다는 사실을 말해주고 있다. 하나님은 타락한 세상에서 유능하고 잘난 사람을 필요로 하는 것이 아니라 겸손하게 주님을 믿고 의지하는 자들을 원하신다.

어린아이들을 가운데 두고 제자들에게 그에 관한 교훈을 주신 후, 예수께서는 저들의 머리 위에 안수해 주셨다. 그러고 나서 제자들을 데리고 거기서 떠나 다른 곳으로 가셨다. 하지만 예수님이 가시는 지역에는 어디든지 많은 사람들이 몰려들었다.

2. '선' 에 대한 오해와 영생의 조건(16-19)

예수께서 다른 곳으로 자리를 옮기셨을 때 어떤 청년이 그에게 나아왔다. 그는 영원한 생명에 관심이 많은 사람이었다. 그런데 그는 사람이 어떤 선한 일을 행함으로써 영생을 얻을 수 있을 것으로 생각하고 있었다. 이는 그 청년이 자기의 선행 여부에 따라 영생이나 영멸이 미치게 되리라 믿고 있었음을 의미하고 있다.

그 청년은 예수님을 향해 '선한 선생님' 으로 호칭하면서 자기가 어떤 선한 일을 행해야 영생을 얻을 수 있을지 질문했다(막 10:17). 하지만 그는 하나님의 아들이신 예수 그리스도의 신적인 존재에 대해서는 확실히 알지 못했다. 그 청년은 예수님을 윤리적으로 본받을 만한 '선한 분' 정도로 이해하고 있었던 것이다. 그러므로 예수께서는 그의 잘못된 생각과 표현을 지적하며 책망하셨다.

"네가 어찌하여 나를 선하다 일컫느냐 하나님 한 분 이외에는 선한 이가 없느니라" (막 10:18; 눅18:19)

예수께서 자기를 '선한 선생님' 으로 칭한 그 청년을 책망하신 것은 자기가 선하지 않다는 말씀을 하시고자 함이 아니었다. 하나님 한 분 이외에는 선한 이가 없다고 하신 말씀 가운데는, 예수님 자신이 곧 하나님으로서 진실로 선한 분이라는 의미가 내포되어 있었다. 예수님은 그와 더불어 영원한 생명에 들어가기 위해서는 하나님의 계명을 지켜야 한다는 사실을 말씀하셨다.

그러자 그 청년은 어떤 계명을 지켜야 하는지 예수님께 되물었다. 그 질문을 들은 예수께서는 십계명에 기록된 내용들을 언급하셨다. '살인하지 말라, 간음하지 말라, 도적질하지 말라, 거짓증거하지 말라, 네 부모를 공경하라, 네 이웃을 네 몸과 같이 사랑하라' 고 하신 하나님의 계명을 지키라는 것이었다. 이는 과연 그 계명들을 지키는 사람들의 행위를 통해 구원과 영생이 허락된다는 것을 의미하고 있는가?

3. 세상 재물과 천국의 관계(20-22)

예수님께 나아왔던 그 청년은 윤리적인 삶에 있어서 나름대로 자신이 있었던 것으로 보인다. 자기는 구약의 율법이 요구하는 모든 계명들을 열심히 지키며 살아가고 있는 것으로 스스로 믿었던 것이다. 그래서 그는 예수님 앞에서 자기가 계명을 다 지키며 살아왔음을 언급하면서 아직도 더 부족한 것이 있는지 물었다.

그러자 예수께서는 그 청년에게 정말 온전하게 되기를 원한다면 집으로 돌아가서 모든 재산을 팔아 가난한 자들에게 나누어 주고난 후 자기를 따르도록 요구하셨다. 그렇게 하면 하늘나라에서 진정한 보화를 소유하게 되리라는 말씀을 하셨다. 이는 과연 무엇을 의미하고 있는가?

예수께서는 여기서 자기를 따르는 제자로서의 기본적인 조건에 관해 말씀하고 계신다. 이 세상의 모든 것들을 그대로 소유하고자 하는 욕망을 가진 채 예수님을 따를 수는 없다. 그런 자들은 진정으로 예수님을 따르고자 하기보다 자기의 이기적인 목적을 달성하기 위해 그렇게 할 따름이다. 진정으로 예수님을 따르고 그의 뜻에 순종하고자 한다면 이 세상의 모든 것들을 포기하지 않으면 안 된다.

예수님으로부터 그 말씀을 들은 청년은 근심에 빠져 그 자리를 떠났다. 그동안 그는 자신의 많은 재산에 삶의 의미를 두고 그에 의지하고 있었던 것이 분명하다. 그는 예수님을 종교적인 매력을 가진 인물로 생각하고 그를 따르고자 하는 마음이 있었지만, 자기의 모든 재산을 포기한다는 것은 결코 쉬운 일이 아니었다. 결국 그는 자기의 재물을 지킴으로써 예수님을 따르는 것을 포기했던 것으로 보인다.

종교와 윤리적인 자신감을 가지고 있던 그 청년은 남보기에 모범적인 사람이었을 수도 있다. 그는 하나님의 계명을 잘 지키기 위해 나름대로 애썼던 것이 틀림없다. 그러나 그것만으로 그가 참된 인생을 산 것이라 말할 수 없다. 자기 자신의 종교적인 욕망을 추구하며 살아가는 태도는 죄된 성품에 근거할 따름이다. 예수께서는 그 청년과의 대화에서 사람은 자기 자신을 위해 살아가는 존재가 아니라 이웃을 위해 살아야 하는 존재인을 분명히 보여주고 계신다.

진정한 부자는 돈이 많은 사람이 아니라 이 세상에서 잃어버릴 것이 별로 없는 자들이다. 세상의 소유가 많지 않지만 영원한 천국을 바라보며 그것으로 인해 만족스럽게 살아가는 사람이 진정한 부자인 것이다. 그런 사람들은 필요 이상의 것을 탐하지 않으며 하나님께서 자기에게 맡기신 모든 것들을 이웃을 위해 사용해야 한다는 사실을 잘 알고 있다.

그러나 겉보기에 부자인 것 같으나 실상은 가난한 사람들이 많이 있다. 그런 사람들은 자신의 것에 만족하지 못하며 항상 더 많은 것을 얻기 위해 부단한 애를 쓴다. 그러다가 자신이 소유한 것들을 잃어버리게 되면 한순간에 불쌍한 처지에 놓이게 된다. 진짜 가난한 사람들은 많은 소유로 인해 겉보기에 부유해 보이지만, 그 소유한 것들이 사라지면 그 어려움을 극복해 내지 못한다.

그런 사람들은 언제든지 사라질 수 있는 물질의 속성을 잘 모른다. 즉 그들은 인간의 소유 정도가 인생의 성공과 실패를 가늠하는 것으로 착각하고 있다. 따라서 현실적인 물질에 얽매여 살아가는 사람들은 실로 어리석은 자들이라 말하지 않을 수 없다.

우리가 분명히 깨달아야 할 점은 성도들이 세상에서 소유한 모든 물질은 자신의 능력만으로 번 것이 아니라 하나님께서 특별히 맡기신 것이라는 사실이다. 그러므로 우리는 모든 물질을 자기에게 맡기신 하나님의 뜻에 따라 그것들을 성실하게 사용해야 할 의무가 있다. 만일 그렇게 하지 않으면 우리는 하나님의 것을 횡령하거나 유용하는 죄를 범하게 되는 것과 마찬가지다.

4. 부자와 천국(23-26)

예수께서는 부자가 천국에 들어가는 것이 어려울 뿐 아니라 거의 불가능하다는 말씀을 하셨다. 이는 단순한 상징이라기보다 매우 현실적이며 실제적인 상황이다. 그런데 우리 시대의 어리석은 사람들은 세상에서의 부자가 되기 위해 최선의 노력을 다하고 있다. 나아가 기복주의에 빠진 교인들은 이 세상에서 부자가 되는 것이 마치 하나님께서 주신 복인 것처럼 믿고 가르치기도 한다.

그러나 우리는 그것이 얼마나 잘못된 생각인가 하는 점을 깨달아야 한다. 타락한 이 세상에서 부자가 되기 위해 노력하는 것은 영원한 천국에 들어가는 것을 스스로 어렵게 만들어 가고 있는 것과 크게 다르지 않기 때문이다. 그러므로 예수께서는 낙타 비유를 통해 그점에 대해 분명한 교훈을 주셨다.

> "내가 진실로 너희에게 이르노니 부자는 천국에 들어가기가 어려우니라 다시 너희에게 말하노니 낙타가 바늘귀로 들어가는 것이 부자가 하나님의 나라에 들어가는 것보다 쉬우니라"(마 19:23,24)

예수께서는 이 말씀 가운데서 낙타가 바늘귀로 들어가는 것이 부자가 천국에 들어가는 것보다 차라리 쉽다고 하셨다. 엄격한 의미에서 이 말씀을 문자적으로 해석한다면 부자들은 영원한 천국에 들어가는 것이 불가능하다고 말씀하신 것과 같다. 즉 낙타가 조그만 바늘귀로 들어갈 수 없듯이 부자는 천국에 들어갈 수 없다는 것이다. 따라서 제자들은 주님의 이 교훈을 듣고 놀라지 않을 수 없었다.

그들이 놀라게 되었던 까닭은 낙타가 바늘귀로 들어갈 수 없다는 사실 자체 때문이 아니었다. 그것은 매우 당연한 이치이다. 덩치가 엄청나게 큰 낙타가 조그만 바늘귀를 통과한다는 것은 불가능한 일이다. 이처럼 세상의 부자가 천상의 나라에 들어가는 것은 불가능한 것으로 이해할 수밖에 없다.

이와 같은 예수님의 교훈을 듣게 된 제자들이 매우 놀란 것은 지극히 자연스럽다. 당시에도 배도에 빠진 이스라엘의 기득권자들은 부자가 되는 것이 마치 하나님께서 주신 복인 것처럼 가르치고 있었다. 그러므로 가난한 사람들은 그들의 풍요로운 삶을 부러워했다. 현재 가난한 삶에 처해 있는 사람들은 장래 부자가 되기를 소원했던 것이다.

그러므로 부자가 천국에 들어가는 것이 낙타가 바늘귀로 들어가는 것보다 어렵다고 하신 예수님의 교훈은 제자들에게 충격적인 말이 아닐 수 없었다. 예수께서는 놀라움에 빠진 제자들을 향해 커다란 낙타가 조그만 바늘귀로 들어가는 것은 불가능하지만, 하나님께서는 사람으로 하여금 천국에 들어가게 하실 수 있음을 말씀하셨다.

우리는 여기서 성경본문에 기술된 내용의 이해와 더불어 중요한 교훈들을 얻을 수 있어야 한다. 본문에서 말하는 부자란 단순히 물질적인 부자뿐 아니라 무형적인 것들을 풍부하게 소유한 사람들도 포함하고 있다. 세상에서 많은 명예를 얻고 권력을 소유하는 것도 부자에 해당된다.

나아가 세상에 살고 있는 모든 인간들은 본성상 부자가 되기를 원한다. 따라서 현재 부자인 사람들뿐 아니라 부자를 부러워하며 그렇게 되기를 원하는 자들 역시 부자의 영역에 속해 있나는 사실을 기억하는 것은 매우 중요하다. 현실적으로 부자가 되는 것이 불가능할 것 같은 형편에 놓인 사람일지라도 자기 자식들은 장차 부자가 되어 살기를 갈망한다. 그렇게 되면 그런 사람들도 가진 것이 없는 가난한 상태에서 부자의 영역에 속하게 될 수밖에 없다.

그렇다면 우리는 어떻게 해야 할까? 하나님의 말씀으로 인해 지혜롭게 된 성도들은 가난한 자의 삶에 대한 진정한 의미를 깨달아 그에 참여해야만 한다. 즉 물질적인 부자들뿐 아니라 무형적으로 명예와 권력을 소유한 사람들 역시 가난한 자의 삶을 살아야 한다. 이는 앞에서 부자 청년에게 모든 소유를 팔아 가난한 자들에게 나누어 주라는 말과 연관지어 이해하지 않으면 안 된다.

그 말씀 가운데는 세상에서 부귀영화富貴榮華를 누리는 태도를 포기하라는 의미와 더불어 세상의 것들을 의지하지 말라는 의미가 담겨 있다. 설령 다른 사람들보다 더 많은 것들을 소유함으로써 부러움을 사는 경우가 있다 할지라도 그것이 아무런 의미가 없다는 것을 깨달아 그에 궁극적인 가치를 부여하지 말아야 한다는 것이다. 따라서 가난한 삶에 대한 올바른 이해를 하고 그에 참여하는 것이 성도의 바람직한 삶의 자세이다.

5. 영원한 세계와 하나님의 심판(27,28)

예수님의 모든 교훈을 들은 후 베드로가 제자들을 대표해 말했다. 저들은 이미 세상의 모든 것들을 버리고 주님을 따르고 있다는 것이었다. 그리하여 세상을 포기한 저들이 결과적으로 얻게 될 것이 무엇인지 질문했다.

예수께서는 베드로의 고백이 담긴 말을 그대로 인정하셨다. 제자들은 예수님을 따르기 위해 저들의 모든 것을 버렸음을 인정받았던 것이다. 그러므로 타락한 세상이 새롭게 되어 예수 그리스도가 영광의 보좌에 앉게 될 때, 그의 제자들도 열두 보좌에 앉아 이스라엘 열두 지파를 심판하게 되리라는 사실을 말씀하셨다(28).

우리는 예수님의 이 말씀을 매우 주의 깊게 이해해야 한다. 인자로 오신 예수께서 영광의 보좌에 앉을 때란 과연 언제를 의미하는가? 그리고 예수님의 열두 제자가 이스라엘의 열두 지파를 심판한다는 것은 구체적으로 무엇을 의미하고 있는가?

성경본문에 언급된 '보좌에 앉을 때' 란 예수님의 십자가와 부활사건을 가리키는 것으로 보인다. 이는 또한 그의 십자가 사역에 뒤이어 따라오는 오순절 성령강림을 통한 영광의 보좌에 대한 성취를 말해준다. 따라서 열두 제자들은 주님의 사역을 통해 하나님의 몸된 교회에 속해서 배도에 빠진 이스라엘 열두 지파를 심판하게 되는 것이다.

또한 우리가 여기서 직면하게 되는 중요한 문제 가운데 하나는 그 자리에 함께 있던 가룟 유다가 열두 제자에 포함되는가 하는 점이다. 그는 애당초 하나님께서 허락하시는 영광의 보좌에 앉을 수 없는 인물이었다. 따라서 우리는 본문에 언급된 열두 제자들이란 나중에 선출될 맛디아를 포함하고 있다는 점을 이해해야 한다(행 1:26). 본문에서 예수께서 열두 제자를 언급하신 것은 언약의 숫자적인 열두 제자를 의미하는 것이며, 가룟 유다를 포함한 열두 제자들을 지칭하는 것이 아니다.

그러므로 예수님의 열두 제자들이 교회의 기초가 되어 이스라엘 열두 지파의 배도행위를 심판하게 된다. 그것은 AD 70년 예루살렘 성전파괴와 직접 연관되는 것으로 이해된다. 아브라함과 다윗을 통해 실현된 성전에 관한 언약을 성취하는 그 사건으로 말미암아 하나님께서 통치하시는 예수 그리스도의 보편왕국인 교회가 세워져 하나님의 궁극적인 뜻을 드러내게 됨을 시사하고 있는 것이다.

6. 영생을 상속할 자(29,30)

하나님의 아들이신 예수 그리스도를 따르려면 자신의 재산뿐 아니라 사랑하는 가족까지 다 버려야 한다. 그것은 성도로서 겸허한 삶을 살아야 한다는 윤리적인 의미가 아니다. 이는 흔히 말하는 대로 이 세상에서 청빈한 삶을 사는 윤리적인 인간이 되라고 요구하는 것과 다르다. 단순히 가난한 자세로 겸손한 삶을 사는 것이 성도의 값어치 있는 인생이라 말할 수 없다.

그러므로 예수께서는 모든 것을 개인적인 삶을 위해서가 아니라 '그리스도의 이름을 위해' 버리라고 말씀하셨다(29). 이는 세상에서 소유한 집과 땅을 비롯한 모든 재산과 심지어는 부모, 형제, 자식까지 버리도록 요구하는 것이다. 이 말씀은 세상의 어떤 것이라 할지라도 하나님의 나라보다 더 소중한 것이 없음을 말해주고 있다.

세상에서 소유하게 된 유무형적인 재산과 주변의 사랑하는 사람들이 하나님의 뜻에 순종하는 것보다 중요할 수 없다. 만일 인본주의적 관점에서 세상의 욕망을 추구하며 살아가는 자가 있다면 하나님을 진정으로 아는 성숙한 성도가 아니다. 이 말은 세상의 어떤 것에도 궁극적인 목적을 두어서는 안 된다는 사실을 말해주고 있다.

이 세상에서 소유하게 되는 유무형의 모든 것들은 영원하지 않은 일시적인 것들에 지나지 않는다. 우리는 예수께서 물질뿐 아니라 가족마저도 궁극적인 목적이 될 수 없음을 강조하신 점을 귀담아 들어야 한다. 하나님의 자녀들은 이 모든 것들에 대해 하나님과 그의 나라를 기억하는 가운데 성실한 자세로 임해야 한다. 그렇게 살아가는 성도들에게 영원한 천국에서의 생명이 약속되어 있는 것이다.

하지만 이 세상에 모든 가치를 두고 살아가는 사람들은 천국을 진정으로 소망하지 않는다. 그러므로 예수께서는 먼저 된 자로서 나중 되고 나중 된 자로서 먼저 될 자가 많다는 사실을 언급하셨다. 이는 단순히 앞뒤에 서게 되는 서열이 뒤바뀌게 된다는 것을 의미하지 않는다. 이 말은 구원에 연관된 문제로 이해해야 한다.

하나님의 이름을 항상 입술에 달고 다니면서 종교적인 활동에 열심을 다하는 소위 유능한 자들 가운데 멸망당할 사람들이 많다. 또한 세상의 관점에서 어리석게 보이지만 실상은 하나님의 말씀에 순종하는 참된 성도들도 많이 있다. 성숙한 성도들은 사람의 외모에 필요 이상의 관심을 기울이지 않은 채 영원한 천상의 나라를 소망하는 참된 깨달음을 가지는 것이 중요하다.

그러므로 우리는 잠시 있다가 곧 사라지게 될 이 세상의 것들에 목적을 두고 그에 지나친 집착을 하지 말아야 한다. 하지만 타락한 인간의 본성은 세상에 강하게 집착하여 미련을 버리지 못하도록 유혹하고 있다. 그러할지라도 성도들에게는 그에 대한 끊임없는 반성과 더불어 말씀을 통해 절제하는 자세가 필요하다.

이는 결코 성도들의 종교적인 활동과 윤리적인 행위 자체를 의미하지 않는다. 그것은 영원한 진리에 연관된 의미를 지니고 있다. 따라서 우리는 예수께서 교훈하신 내용의 근본적인 의미를 올바르게 깨닫지 않으면 안된다. 예수 그리스도 안에서 하나님의 말씀에 온전히 순종하는 성도의 겸손한 삶이 하나님께 영광이 되는 것이다.

제40장
포도원 주인과 같은 천국
(마 20:1-16)

1. 천국과 집주인(1)

예수께서는 천국을 설명하기 위해 상징성을 지닌 다양한 비유들을 말씀하셨다. 사탄이 지배하는 세상을 정복하게 될 천국에 관한 내용을 직설적인 언어로 간단히 설명할 수 없었기 때문이다. 이 세상에 예수 그리스도를 통해 하나님의 왕국이 도래했음에도 불구하고 대다수 인간들은 그 사실에 대해 관심을 가지지 않거나 크게 오해하고 있었다.

이번에는 예수께서 포도원 주인과 그의 일꾼들에 연관된 내용을 비유로 말씀하시면서 천국을 설명하셨다. 우리가 이 비유 가운데서 특별히 주의를 기울여야 할 점은 천국이 포도원이 아니라 포도원 주인 같다는 사실이다. 따라서 우리는 주인의 관심과 판단에 주의를 기울여야 한다.

포도원 주인에 관한 이 비유는 특별히 제자들에게 주시기 위한 것이었다. 이 비유를 통해 제자들은 저들과 함께 계시는 예수 그리스도가 곧 천국이라는 사실을 더욱 분명히 깨닫게 된다. 즉 예수님은 천국을 준비하기 위해 세상에 오신 단순한 방편이 아니라 그 자신이 곧 천국 자체로서 의미를 지니고 있는 것이다.

비유의 내용 가운데는 포도원 주인과 여러 명의 일꾼들이 등장하고 있다. 주인은 자기의 포도원을 재배하고 가꾸기 위해 직접 밖으로 나가 일할 사람들을 하나씩 불러들였다. 즉 일꾼들이 주인의 포도원을 찾아온 것이 아니라 주인이 직접 여기저기를 다니면서 일꾼을 찾아 부르셨던 것이다. 현대적인 설명을 한다면 포도원 주인이 대외적인 광고나 선전을 통해서 사람들을 불러 모으지 않고, 그가 직접 밖으로 나가 일꾼들을 한 사람씩 포도원으로 데리고 와서 자신의 일을 시켰다.

그 모든 일꾼들은 한 밭에서 일했지만 같은 시간 한꺼번에 포도원으로 들어가 일을 시작하고 마친 것이 아니었다. 포도원 주인은 새벽 이른 시간부터 오전과 오후 여러 차례 일꾼들을 불러 포도원으로 데리고 와 일을 맡겼다. 포도원 일꾼들은 제각각 다른 시간에 포도원에 들어와 노동을 했던 것이다.

우리가 이 비유의 내용을 통해 우선 알 수 있는 점은 일꾼들보다 포도원 주인이 더욱 적극적이며 부지런하다는 사실이다. 그에게는 포도원을 재배하고 거기서 포도를 수확하고자 하는 분명한 목적이 있었다. 그 목적을 달성하기 위해 주인은 여러 일꾼들을 불러 품삯을 주고 일을 시켰다. 물론 그 일꾼들은 저들에게 일거리를 맡긴 주인의 긍휼을 입어 품삯을 받아 삶을 유지하게 되었다.

우리는 여기서 포도원 주인이 일꾼들을 불러 일을 시킨 근본적인 이유를 주의 깊게 살펴 볼 필요가 있다. 그는 자신의 포도원을 재배하는 것과 더불어 일거리를 가져야만 하는 일꾼들을 위하는 마음이 있었다. 이는 단순히 포도원을 재배하는 일손이 모자랐기 때문에 그 일꾼들을 불러 모은 것과는 다르다.

주인은 자기의 필요만을 위해 특별한 방법으로 일꾼들을 불렀던 것이 아니다. 효율적인 측면에서만 본다면 그렇게 하지 않아도 되었다. 일 자체가 목적이었다면 광고를 통해 새벽 일찍부터 일할 수 있는 사람들을 얼마든지 불러 모을 수도 있었을 것이다. 하지만 일과가 끝나가는 늦은 시간에도 그가 직접 밖으로 나가 일거리가 없어 놀고 있는 사람들을 불러 모은 것은 저들에게 일거리를 주고 긍휼을 베풀기 위해서였다.

2. 포도원 주인의 열심과 은혜를 입은 일꾼들(2-7)

포도원 주인은 자기의 농장에서 일하는 일꾼들에게 하루 한 데나리온의 품삯을 지급하기로 작정하고 있었다. 그 액수는 당시 하루 노동력에 대한 정당한 액수였다. 그러므로 그는 이른 아침 밖으로 나가 만난 사람들에게 하루 노동의 대가로 한 데나리온의 품삯을 주겠다는 약속을 한 후 자기 포도원으로 데리고 와서 일을 시켰다. 물론 그것은 주인과 일꾼들 사이에 이루어진 합의를 기초로 한 계약이었다. 만일 일꾼들이 그 정도의 품삯을 받고는 일하지 못하겠다고 했다면 계약이 성사되지 않았을 것이다.

포도원 주인은 아침 일찍 밖으로 나가 일꾼들을 불러 온 후에도 여러 차례 다른 일꾼들을 찾아 나섰다. 그는 첫 번째 일꾼들이 일을 시작한 지 몇 시간이 지난 오전 아홉 시와 열두 시에도 밖으로 나가 일꾼들을 불러왔다. 그는 또한 하루 일을 마무리 지을 시간이 가까워 오는 오후 세 시와 다섯 시에도 나가 여러 명의 일꾼들을 불러와 일을 시켰다. 나중에 온 사람들은 포도원의 일 자체를 위해서는 별 도움이 되지 않을 수도 있었다.

본문의 문맥을 살펴볼 때 포도원에서 일하기 위해 나중에 불려 들어온 사람들은 특별한 기술이나 재주를 가지고 있었던 것 같아 보이지 않는다. 그들은 도리어 아무런 일거리가 없었기 때문에 밖에서 빈둥거리며 시간을 보내고 있었다. 포도원 주인은 그런 사람들을 자기 포도원으로 들여보내 일거리를 주었던 것이다.

일할 시간이 얼마 남지 않은 늦은 시간에 포도원 주인이 그런 사람들에게 상당한 품삯을 주겠으니 자기의 밭에 가서 일하도록 권면한 것은 놀라운 일이었다. 심지어 하루가 끝나가는 오후 다섯 시가 될 때까지 종일토록 놀고 서 있는 사람들을 농장으로 불러들인 것은 그에게 특별한 의도가 있었기 때문이다. 주인이 시장에서 서성이는 그들에게 왜 놀고 있느냐고 묻자 저들을 일꾼으로 써주는 자가 없기 때문이라고 대답한 것을 보아 그들도 힘든 삶을 살고 있었던 것이 분명하다.

일거리가 없는 그 사람들의 어려운 형편을 잘 알고 있던 포도원 주인이 그들을 자기 포도원에 들여보내 일할 수 있는 기회를 준 것은 일반적인 농장 주인들과 목적이 다르다는 사실을 잘 보여주고 있다. 이는 다른 사람들이 별로 쓸 만한 일꾼으로 보지 않던 자들을 그 포도원 주인은 일꾼으로 데리고 와 적당한 품삯을 주고자 했음을 보여준다. 우리는 여기서 포도원 주인의 긍휼이 넘치는 마음을 엿보게 된다.

오늘날 우리는 이방인으로서 종일토록 일거리를 얻지 못해 바깥에서 빈둥거리며 놀고 있던 사람들과 같은 자들이었다. 천국의 주인인 예수 그리스도께서 직접 찾아와 우리를 불러주시지 않았다면 아무런 의미 없는 삶을 살 수밖에 없는 형편에 놓여 있었다. 주님께서는 그런 불쌍한 백성들을 직집 불러 대가를 지급하기로 약속하시고 그의 거룩한 일에 참여하도록 큰 은혜를 베푸셨던 것이다.

3. 포도원 주인의 품삯 계산(8-10)

하루 일과를 마치자 포도원 주인은 일꾼들에게 품삯을 주기 위해 모두 한자리에 불러 모았다. 땀 흘리면서 고되게 일한 보람이 나타날 시간이다. 거기 모인 일꾼들 가운데 아침 일찍 온 자들은 저들의 품삯이 얼마인지 이미 알고 있었다. 그에 반해 나중에 온 사람들은 얼마의 품삯을 받게 될지 잘 알지 못했을 것으로 보인다.

그 자리에 있던 일꾼들 가운데 가장 홀가분하게 기분이 좋았던 일꾼들은 역시 아침 일찍 포도원으로 불려왔던 자들이었을 것이다. 나중에 불려온 나머지 일꾼들은 주인의 요구에 따라 일을 하기는 했지만 하루를 다 채우지 못했으므로 과연 품삯을 얼마나 받을지 궁금했을 것이 틀림없다. 여러 일꾼들이 저마다 다른 생각을 하고 있을 때 주인이 청지기에게 각자의 하루 품삯을 나누어주도록 했다.

주인은 맨 나중, 즉 오후 다섯 시에 데려온 일꾼부터 한 데나리온의 품삯을 주라고 했다. 하루 노동이 거의 끝나갈 때 농장에 들어갔던 그 사람은 주인으로부터 한 데나리온을 받고 매우 놀라워했을 것이다. 별로 일한 것이 없는데도 그만한 액수를 받았으니 한편 고맙기도 하고 다른 한편 미안하기도 했을 것이다. 그것은 아무도 예기치 못한 일이었다. 그러나 주인은 그에게 하루 품삯에 해당하는 한 데나리온을 주도록 했고 그 일꾼은 생각했던 것보다 넘치는 액수의 품삯을 받게 되었다.

나중에 포도원으로 불려와 일을 시작했지만 맨 나중에 온 사람보다 조금 일찍 온 사람들은 그 광경을 지켜보면서 자기들은 그보다 더 많이 받게 되리라는 기대감에 넘쳤을지도 모른다. 그런데 주인은 그들에게도 한 데나리온씩의 품삯을 주었다. 그 일꾼들은 다소 서운하기는 했으나 크게 불만은 없었을 것이다. 어쨌거나 그들은 하루 일을 충분히 채우지 못하고 하루에 해당하는 품삯을 받았기 때문이다.

그런데 아침 일찍부터 농장에 들어와서 고생한 일꾼들의 기대와 반응은 달랐다. 그들은 다른 일꾼들과 달리 하루 종일 땡볕에서 힘들게 일했다. 하지만 그들의 기대와는 달리 아무런 특별한 배려 없이 나중에 노동을 시작한 일꾼들과 똑같이 한 데나리온씩의 품삯을 받았을 따름이다. 그것은 합리적이지 못한 급료지급 방식이라 할 수 있다. 그런 식으로 품삯을 지급하는 것은 객관적으로 봤을 때 공평하지 못한 것으로 볼 수 있기 때문이다. 그럼에도 불구하고 포도원 주인은 자신의 의도대로 그렇게 했다.

4. 원망과 불평에 빠진 처음 온 일꾼들(11,12)

우리는 포도원 주인이 하루 일을 마친 후 모든 일꾼들을 한자리에 모아 놓고 공개적으로 품삯을 지급한 사실을 특별히 눈여겨봐야 한다. 그는 맨 나중에 온 일꾼들에게 한 데나리온의 품삯을 지급하면서 다른 모든 일꾼들이 알 수 있도록 지급했다. 이는 누가 보아도 상당한 문제를 유발할 가능성을 지니고 있었다. 만일 그가 처음 데려온 일꾼들과 약속한 대로 먼저 온 자들부터 한 데나리온씩을 주고 그들을 집으로 돌려보내고 난 후 점차 나중에 온 일꾼들에게 동일한 액수의 품삯을 지급했더라면 문제가 덜했을지도 모를 일이다.

혹은 공개적으로 품삯을 지급하지 않고 각자에게 비밀리에 주었다면 아무런 문제가 발생하지 않았을 것이다. 아니면 나중에 온 일꾼들에게 한 데나리온을 주지 말고 반 데나리온을 준다든지 저들이 일한 만큼의 품삯을 줄 수도 있었다. 설령 주인이 그렇게 했다고 하더라도 그것 때문에 불평하는 사람은 아무도 없었을 것이 분명하다. 누구든지 일한 것 이상의 품삯을 받을 기대를 하지는 않을 것이기 때문이다.

그 포도원 주인이 일꾼들에게 품삯을 지급하는 방법은 일반적인 관점에서 본다면 공평한 처사라 말하기 어려울 수도 있다. 하루 종일토록 땀 흘려 열심히 일한 사람과 한 시간만 일한 사람에게 동일한 품삯을 준다는 것은 합리적이지 않다. 본문의 비유를 보면 아침 일찍 나온 사람들이 불성실하여 게을렀다는 말은 없다. 어쩌면 나중 온 일꾼들보다 먼저 온 일꾼들이 더욱 성실하게 일했을지 모른다.

그럼에도 불구하고 포도원 주인은 일반적인 상식을 전혀 고려하지 않고 자신의 방식대로 계산해 일꾼들에게 품삯을 지급했다. 그것은 다른 사람들이 생각하는 합리성 여부와는 아무런 상관이 없다. 품삯을 주는 문제는 약속과 계약관계에 달려있으며, 더 많은 액수를 주는 문제에 대해서는 전적으로 주인의 뜻에 달려있을 따름이다.

그렇지만 보통은 자기 밭에서 일한 모든 일꾼들을 만족스럽게 해서 집으로 돌려보내는 것이 가장 자연스럽다. 스스로 억울하다고 생각하는 사람이 있다면 주인의 입장에서도 마음이 불편할 수 있기 때문이다. 그런 형편을 감안한다면 모든 일꾼들이 자기가 일한 만큼 받아가게 하는 것이 가장 좋은 방법이다. 그럼에도 불구하고 그 포도원 주인은 그렇게 하지 않고 자기의 판단에 따라 품삯을 지급했다.

결국 그렇게 함으로써 포도원 주인은 이른 아침부터 힘들게 노동한 일꾼들로부터 심한 원성을 듣게 되었다. 그 일꾼들은 처음 약속한 대로 품삯을 다 받았음에도 불구하고 주인을 원망하며 불평했다. 그들은 나중에 와서 조금 일한 사람들이 저들과 동일한 액수의 품삯을 받는 것을 보고 상대적 박탈감을 느꼈던 것이다.

아침 일찍 포도원에 들어와 종일토록 힘든 노동을 했던 일꾼들은 그럴 줄 알았으면 천천히 와서 일해도 될 걸 괜히 일찍 와서 뜨거운 땡볕과 씨름하며 불필요한 고생만 실컷 한 것으로 생각했을지도 모른다. 즉 나중에 와서 조금만 일한 다른 일꾼들을 보며 억울하고 불쾌한 마음이 들었던 것이다. 따라서 그들에게는 자기에게 일을 맡긴 포도원 주인에게 감사하는 마음이 전혀 남아 있지 않았다. 오히려 주인에 대한 원망과 불평하는 마음만 가득했을 따름이다.

5. 집주인의 의도와 심판(13-16)

일찍 농장으로 불려 온 일꾼들은 포도원 주인의 품삯 지급 방식이 공정하지 않고 불공평하다는 판단을 하고 강하게 항의했다. 그러므로 주인은 자기를 원망하는 일꾼들 가운데 한 사람을 불러 말했다. 처음 계약한 대로 한 데나리온의 품삯을 지급했는데 자기에게 무슨 잘못이 있느냐는 것이었다. 그리고는 자기를 원망하는 자들을 향해 결별을 선언했다. 그것은 심판의 의미를 지니고 있다.

> "네 것이나 가지고 가라 나중 온 이 사람에게 너와 같이 주는 것이 내 뜻이니라 내 것을 가지고 내 뜻대로 할 것이 아니냐 내가 선하므로 네가 악하게 보느냐 이와 같이 나중 된 자로서 먼저 되고 먼저 된 자로서 나중 되리라" (마 20:14-16)

포도원 주인은 원망하는 일꾼들에게 매우 진노했다. 주인이 자기의 소유를 자기 뜻대로 선하게 사용하는 것을 두고 잘못이라 비판하며 따지는 행위는 결코 있을 수 없는 일이었다. 따라서 주인은 자기가 나중에 온 일꾼들에게 선한 뜻으로 대우하는 것을 두고 도리어 악하게 보는 자들을 책망했던 것이다.

진노한 주인의 모습을 본 나중 온 일꾼들은 죄송해서 어찌할 바를 몰랐을 것이 분명하다. 마치 자기들 때문에 그런 문제가 발생한 것으로 생각할 수도 있었기 때문이다. 따라서 그들은 겸손한 마음으로 주인에게 더욱 더 감사하지 않을 수 없었다. 일거리가 없어 빈둥거리며 놀고 있는 저들에게 일을 맡겨준 것만으로도 감사한데 예기치 못한 넉넉한 품삯을 받았으니 얼마나 감사했을까? 그러니 그 사람들은 은혜를 베푼 그 포도원 주인에게 더욱 의지할 수밖에 없었을 것이다.

예수께서 포도원과 그 주인에 관한 비유를 말씀하시며 일꾼들을 불러 모으고 품삯을 지급하는 과정에서 상식적이지 않은 그런 특별한 설정을 하신 까닭은 무엇일까? 그것은 제자들에게 심판주로 오신 메시아이신 자기 자신과 세상에 임한 하나님 나라의 속성을 보여주시기 위해서였다.

이 비유 가운데는 유대인과 이방인들의 관계에 대한 교훈이 암묵적으로 드러나고 있다. 이는 하나님의 언약과 선택에 연관지어 이해할 수 있는 내용이다. 유대인들은 하나님의 언약 백성으로서 미리부터 부름을 받았으나 하나님의 뜻을 저버리고 멸망에 빠지게 된다. 본문에서 '나중 된 자로서 먼저 되고 먼저 된 자로서 나중 된다' 는 말은 단순한 순서나 서열을 의미하는 것이 아니라 구원과 연관되는 문제이다.

따라서 유대인들이 부정하다고 일컫던 이방인들 가운데서 선택받아 부르심을 입은 백성들은 하나님의 크신 은혜에 감사하지 않을 수 없다. 이는 유대민족을 넘어 이방인 가운데 세워진 지상의 교회에 적용되어야 할 내용이기도 하다.

하지만 먼저 온 일꾼들 가운데 나중 포도원에 들어온 일꾼들이 저들과 같이 한 데나리온을 받는 것을 보며 여전히 주인에게 감사한 마음을 가진 자들이 있었다면 주인은 그들을 칭찬하며 버리지 않았을 것이 분명하다. 이처럼 유대인들 가운데도 하나님의 인정과 구원을 받은 자들이 많이 있었다. 이에 대해서는 본문의 비유에 구체적으로 언급되어 있지 않지만 우리가 충분히 짐작할 수 있는 내용이다.

또한 이 비유를 통해서 우리가 깨달아야 할 바는 하나님의 심판이 세상 가운데서 공개적으로 행해진다는 사실이다. 그리고 겉으로 드러나는 종교적인 열성 자체가 중요한 것이 아니라는 점을 기억해야 한다. 동시에 하나님으로부터 받게 되는 모든 것들은 자신의 수고에 대한 대가가 아니라 전적인 은혜의 선물임을 깨닫지 않으면 안 된다. 따라서 성숙한 성도들은 자기의 능력을 다른 이웃과 비교해 교만한 마음을 가지지 않는다.

나아가 하나님의 자녀들은 형통한 이웃을 보며 시기하거나 질투하지 말아야 한다. 세상의 속담에는 "사촌이 논을 사면 배가 아프다"는 말이 있다. 그렇지만 하나님께서 피로 값주고 사신 거룩한 교회에서는 그런 말이 아예 존재하지 않는다. 부모나 자식 등 가족이 잘 되는 것을 보며 배 아파

할 사람이 세상에 어디 있겠는가?

우리는 모든 성도들이 주 안에서 평온한 삶을 누리게 되기를 바라는 마음을 소유하지 않으면 안 된다. 이것은 결코 막연한 관념적 상징이 아니다. 설령 자신이 고통중에 처해 있다 할지라도 이웃이 하나님의 은혜 가운데 놓인 것을 보면 진심으로 기뻐할 수 있어야 한다. 하나님의 교회에 속한 성도들이 이런 성숙한 자세를 가지게 될 때 주님의 사랑이 드러나게 되는 것이다.

제41장
그리스도의 왕위王位를 오해한 자들
(마 20:17-34)

1. 십자가 사역 예언(17-19)

예수님의 이번 예루살렘 방문은 육체를 입으신 하나님의 아들로서 마지막 기회가 된다. 그는 모진 고통과 더불어 십자가에 달려 돌아가심으로써 구약이 간직하고 있던 예루살렘과 거룩한 성전의 의미를 역사 가운데 드러내신다. 이는 아브라함이 독자 이삭을 바쳤던 '모리아 산' 에 연관된 언약과 더불어 다윗과 솔로몬에 의해 건립된 성전에 연관된 언약이 성취됨을 의미하고 있다. 그러므로 예수께서는 예루살렘에 올라가시기 전 장차 발생하게 될 특별한 과정을 제자들에게 말씀하셨다.

하지만 예수님의 제자들은 아직 그에 대한 올바른 인식을 하지 못하고 있었다. 예수께서는 앞에서 이미 여러 차례 예루살렘에서의 죽음에 관해 말씀하셨지만 제자들은 그것을 사실로 받아들이지 않았던 것이다. 그들은 되풀이 되는 예수님의 다양한 기적들을 목격하면서 그 정도의 능력을 갖추신 하나님의 아들이라면 결코 쉽게 죽임을 당하지 않을 것이라는 생각을 하고 있었을 것이다.

그러나 예수께서는 구약성경의 예언 성취에 관한 내용을 다시금 제자들에게 상기시키셨다. '사람의 아들' 로서 이 세상에 오신 자신이 배도에 빠진 대제사장들과 서기관들에 의해 체포되어 고난당한 후 산헤드린 공회에서 사형이 확정된다는 것이었다. 사악한 유대인들은 그를 로마제국의 당국에 넘기게 될 것이며, 이방인들의 능욕과 잔인한 채찍질이 뒤따르게 될 것이다.

결국 인간의 몸을 입으신 하나님의 아들은 모진 고통을 당하신 후 십자가에 못박혀 죽을 수밖에 없다. 그러나 그것이 예수 그리스도의 마지막 사역은 아니다. 따라서 예수께서는 자기가 죽음을 이기고 사흘 만에 부활하시게 되리라는 사실을 분명히 말씀하셨다.

2. 예수님을 통해 세속적인 욕망을 채우려는 자들(20,21)

예수님과 가까이 지내던 사람들 가운데서도 그의 사역에 관해 오해하는 자들이 많았다. 세베대의 아내가 자신의 두 아들 야고보와 요한을 데리고 예수님을 찾아왔다. 그녀는 자기의 세속적인 욕망을 달성할 목적으로 예수님 앞에 나아가 무릎을 꿇고 절했다. 그들이 예수님께 간 것은 인사청탁을 하기 위해서였다.

예수께서는 자기 앞에서 무릎을 꿇고 뭔가를 말하고자 하는 저들에게 무엇을 원하는지 물어보셨다. 그때 두 형제의 어머니는 수의 왕국이 회복되면 자기 자식들 중 하나는 그의 우편에 하나는 그의 좌편에 등용해 달라는 것이었다. 그들의 어머니는 하나님 나라를 이 세상에서 통치력을 행사하는 정치적인 왕국으로 착각하고 있었다. 그래서 자기 자식들을 출세시키고자 하는 마음을 여실히 드러냈던 것이다.

그런데 우리가 여기서 눈여겨보아야 할 대상은 그들의 어머니가 아니라 야고보와 요한 두 제자들 자신이었다. 그들은 당시 나이 어린 미성년자들이 아니라 이미 장성한 성인들이었다. 그들은 성인으로서 어머니와 함께 예수님을 특별히 찾아갔다. 이는 나이든 어머니가 마치 어린 자식들의 손을 잡고 데리고 가듯이 갔던 것이 아니었음을 말해준다. 그들이 그런 계획을 세우고 실천에 옮겼던 까닭은 예수님을 발판삼아 세상에서 출세하고자 하는 욕망이 마음속에 가득 차 있었기 때문이다.

이기적인 욕망을 채우기 위해 예수님께 절하는 저들의 행위는 진정한 경배가 될 수 없다. 그것은 자기의 목적을 이루기 위한 형식적인 종교행위일 뿐 하나님의 아들을 진정으로 경배하는 것과는 다르다. 우리는 이 사건을 통해 개인의 욕망을 이룰 생각으로 예수님을 따르는 것이 얼마나 잘못된 것인가 하는 점을 분명히 깨닫지 않으면 안 된다.

3. 예수님을 따라야 할 제자들(22,23)

예수께서는 하나님 나라의 본질을 오해한 채 인사청탁을 하는 저들의 모습을 보고 한심하게 여기셨다. 그들은 영원한 천상의 나라를 사모한 것이 아니라 땅 위의 것들에 집착하고 있었던 것이다. 그런 세속적인 욕망이 가득한 자세는 예수께서 자기 백성들에게 원하시는 것과 거리가 멀다.

그러므로 예수님은, 저들이 아무것도 분별하지 못한 채 인간적인 이기심을 채우기 위해 구하지 말아야 할 것을 자신에게 요구하고 있다는 사실을 지적하셨다. 정말 그들이 예수님의 좌우편에 있게 된다면, 그들이 기대하는 영화와 권세를 누리는 것이 아니라 도리어 그와는 정반대의 형편에 놓이게 된다. 그것은 남들이 부러워하는 화려한 외형이 아니라 도리어 환란과 고통을 당하게 됨을 의미한다.

따라서 예수께서는 제자들에게 자기가 마시는 잔을 마실 수 있겠느냐고 물어 보셨다. 이 말은 저들이 예수님 자신이 겪게 될 고통에 참여할 수 있겠느냐는 뜻이다. 이는 예수님이 지시게 될 십자가 사역과 직접 연관된 말씀이다. 하지만 제자들은 그에 대한 진정한 의미를 깨닫지 못한 상태에서 그렇게 할 수 있다는 답변을 했다. 어리석은 제자들은 왕위에 오르게 될 예수님께 충성을 다하면 왕이 가지는 많은 권세와 명예가 당연히 저들에게 따를 것으로 오판하고 있었던 것이다.

주님의 진정한 의도를 깨닫지 못한 제자들의 답변을 듣고 나신 예수께서는 앞으로 저들이 자기의 잔을 마시겠지만, 지금 원하고 있는 것과 같이 자신의 좌우편에 앉게 하는 것은 장담할 수 없다고 말씀하셨다. 그런 자리가 있다면 성부 하나님께서 필요한 자들에게 적절히 나누어 주시게 된다는 것이었다(23). 이는 하나님께서 자기 백성들을 위해 특별한 자리를 이미 예비해 두고 계신다는 사실을 어느 정도 시사하고 있다.

우리는 이 말씀의 의미를 잘 이해해야 한다. 예수님의 이 말씀 가운데는 과연 어떤 중요한 의미가 담겨 있는 것일까? 제자들 가운데 어떤 사람은 이 세상에서 특별한 권세와 명예를 얻게 된다는 뜻인가? 즉 모든 성도들이 그런 것은 아니지만 그들 중 일부는 주님의 좌우편에 앉아 세상을 호령할 수 있는 권한을 부여받게 된다는 사실을 의미하고 있는가? 물론 이 말은 전혀 그런 뜻이 아니다. 예수께서 그들에게 하시고자 한 말씀은 하나님 나라에서 허락된 권세와 명예는 이 세상의 것과 성질이 전혀 다르다는 사실이다.

하나님의 자녀들에게는 세상에서 특별한 권세가 주어진다. 즉 주님과 함께하는 제자들은 세상을 심판하는 권세를 소유하게 된다. 이는 교회의 머리와 왕이 되시는 예수 그리스도의 사역에 밀접하게 연관되어 있다. 지상의 교회가 그리스도와 함께 천년동안 왕 노릇한다는 의미는 바로 그와 관련되는 것이다. 성령의 도우심을 입은 요한은 나중 계시록에서 그에 관한 분명한 기록을 남기고 있다.

> "이 첫째 부활에 참예하는 자들은 복이 있고 거룩하도다 둘째 사망이 그들을 다스리는 권세가 없고 도리어 그들이 하나님과 그리스도의 제사장이 되어 천년 동안 그리스도로 더불어 왕 노릇 하리라" (계 20:6)

사도 요한은 계시록에서 첫째 부활에 참여한 자들이 하나님과 그리스도의 제사장이 되어 천년 동안 그리스도와 더불어 왕 노릇하게 되리라는 사실을 예언했다. 이는 세상에서 말하는 일반 통치권으로써 세상에 군림하여 왕 노릇하는 것이 아니라 하나님을 온전히 섬김으로써 왕 노릇하게 됨을 의미한다.

여기서 첫째 부활에 참여한 자란 십자가 사역 이후에 성취하신 예수님의 육체적 부활에 참여하는 성도들을 의미한다. 그런 사람들은, 인간들이 세상에서 죽는 일반적인 죽음을 겪게 된다고 할지라도 영원한 멸망에 처해지는 둘째 사망을 맛보지 않는다. 그 사망은 예수 그리스도의 사역으로 말미암아 하나님의 자녀들에게 행할 수 있는 권세를 잃어버렸기 때문이다.

그리하여 하나님의 백성들은 사도 요한이 계시록을 기록한 이래 예루살렘 성전파괴와 함께 도래하게 되는 보편교회 가운데서 천년 동안 하나님을 온전히 경배하는 성도의 본분을 지키며 그리스도와 함께 왕 노릇하게 된다. 여기서 언급된 천년이란 구약의 모든 언약이 성취되는 예루살렘 성전 파괴사건으로부터 예수께서 재림하시는 마지막 심판까지의 기간을 일컫는다. 즉 본문에 기록된 천년은 햇수로 일천년을 일컫는 것이 아니라 정해진 오랜 기간을 의미하고 있다. 그 기간 동안 예수께서는 지상교회의 왕이 되어 사탄과 그의 세력이 장악하고 있는 세상을 심판하며 그 안에서 신음하는 하나님의 택하신 자녀들을 하나씩 불러 모으신다. 신약시대 하나님의 백성들은 교회에 속해 왕이신 예수 그리스도와 함께 세상을 심판하는 역할을 감당하게 되는 것이다. 이러한 은혜는 하나님께서 친히 자기 자녀들을 위해 예비하신 진정한 영적인 권세이다.

4. 시기와 질투에 빠진 제자들과 섬기러 오신 예수님의 교훈(24-28)

야고보와 요한이 저들의 어머니와 함께 예수님을 찾아가 인사청탁을 한 사실을 뒤늦게 알게 된 다른 제자들은 저들에게 매우 분개했다. 그들이 예수님의 뜻을 정확하게 알고 있었기 때문이 아니라 자기들만 더 높은 지위에 앉으려는 두 제자들의 의리 없는 태도를 괘씸하게 여겼던 것이다.

나머지 여러 제자들이 볼 때 야고보와 요한 형제는 괘씸한 이기주의자였을 뿐 아니라 배신자라는 생각마저 들었을지도 모른다. 그들은 같이 예수님을 따라다니면서 고생했지만 좋은 것이나 싫은 것이나 함께 나누어 가지는 원칙을 지켜오고 있었다. 그런데 두 형제가 몰래 어머니와 함께 주님을 찾아가 인사청탁을 했고 그 사실이 뒤늦게 밝혀지게 되었다. 제자들의 입장에서는 결코 좋은 마음으로 그것을 받아들이기 어려웠던 것이다.

물론 그들의 생각이 건전한 신앙 자세에서 나온 것이 아니었음은 분명하다. 그래서 예수께서는 하나님 나라의 원리는 그렇지 않다는 사실을 설명하셨다. 이 세상의 왕국을 통치하는 집권자들은 백성들 위에 군림하여 막강한 권세를 누리지만, 하나님의 나라에서는 전혀 그렇지 않다는 것이었다. 우리는 하나님께서 통치하시는 왕국은 지상에 존재하는 교회와 본질상 밀접하게 연관되어 있다는 사실을 기억해야 한다.

그러므로 예수께서는 누구든지 다른 형제들보다 크게 되고자 하는 자가 있다면 섬기는 자가 될 것이며, 누구든지 최고가 되고 으뜸이 되고자 하는 욕망을 가진 자는 도리어 종이 되고 끄트머리가 될 것이라고 말씀하셨다. 하나님의 자녀들은 신앙이 성숙해감에 따라 그점을 더욱 분명히 깨닫지 않으면 안 된다. 예수님은 하나님의 아들이신 자기마저도 세상에 섬김을 받으러 온 것이 아니라는 사실을 말씀하셨다.

> "인자가 온 것은 섬김을 받으려 함이 아니라 도리어 섬기려 하고 자기 목숨을 많은 사람의 대속물로 주려 함이니라" (마 20:28)

예수께서 이땅에 오신 목적은 타락한 세상에서 영화를 누리기 위해서가 아니었다. 사람들의 눈에 화려하게 보이는 세상의 영화는 오염된 영화일 뿐 진정한 영화가 될 수 없다. 예수님은 하늘의 무한한 영광을 뒤로 하고 친히 천한 이 세상에 오신 분이다. 그는 영화는커녕 악한 인간들로부터 고난을 받고 죽음에 내어주기 위해 이 세상에 오셨던 것이다.

이 말씀은 그가 창세전에 택하신 자기 자녀들을 구원하시기 위한 하나님의 대속물이 되신다는 사실을 말해주고 있다. 따라서 이는 일상생활의 겸손이나 윤리적인 덕목을 요구하는 것이 아니라 하나님의 구속사역과 진리에 연관된 말씀으로 이해해야 한다.

주님의 제자들은 그에 관한 사실을 분명히 깨달아야만 했다. 그들은 타락한 이 세상에 소망을 두고 세속적인 목적을 추구하며 살아갈 사람들이 아니다. 하나님의 백성들은 그에 대한 참된 깨달음을 가져야만 한다. 오늘날 우리 시대의 성도들 역시 이에 대한 올바른 이해를 하지 않으면 안 된다. 그렇게 할 때 이 세상에서 불필요한 욕망을 채우고자 하는 천박한 심성을 버릴 수 있게 되는 것이다.

5. 제자들보다 나은 눈 먼 소경들(29-34)

예수님과 제자들은 갈릴리 지역에서 있었던 일을 뒤로 하고 요단강 가로 연결된 길을 따라 여리고를 거쳐 예루살렘으로 올라가고 있었다. 그들이 여리고에서 떠나 갈 때 많은 사람들이 예수님을 따랐다. 그 가운데는 앞을 보지 못하는 두 명의 소경이 있었다. 그중 한 사람은 거지 바디매오(막 10:46)였다. 그들이 길가에 있다가 예수님이 지나가신다는 소식을 듣고 큰 소리로 외쳤다.

> "주여 우리를 불쌍히 여기소서 다윗의 자손이여 … 주여 우리를 불쌍히 여기소서 다윗의 자손이여"(마 20:30,31)

앞을 보지 못하는 소경들이 예수님을 '다윗의 자손' 이라 외쳐 부른 것은 그냥 보아 넘길 일이 아니었다. 그들이 큰 소리로 외쳐 그를 부른 것은 저들의 절박한 상태를 잘 보여주고 있다. 이는 그들이 시각을 통해서는 예수님을 볼 수 없었지만 그가 하나님의 아들 메시아라는 사실을 알고 있었다는 것을 의미한다.

그렇지만 거기 있던 사람들은 큰 소리로 외치는 소경들의 행동을 가로막았다. 그러니 저들의 입장에서는 더욱 큰 소리로 외칠 수밖에 없었다. 그곳에 모인 자들 가운데는 앞을 보지 못하는 소경은 저주받은 자로서 그 자리에 적합하지 않다고 여긴 사람들이 많이 있었을 것이 분명하다. 그런 자들은 외형상의 조건을 따져 그 소경들을 자기보다 못한 사람으로 간주하는 교만에 빠져 있었던 것이다.

그러한 현실 가운데는 많은 시사점이 드러나고 있다. 두 눈을 멀쩡히 뜨고 가까이서 예수님을 바라보며 열심히 따라다니던 사람들 가운데 그의 메시아 신분을 알아보지 못하는 자들이 부지기수不知其數였다. 나아가 예루살렘에 거주하면서 유대인의 종교성을 자랑하는 자들은 대개 예수님을 메시아로 받아들이지 않았다. 그들은 도리어 예수님을 박해하고 십자가에 못박아 죽이기 위해 혈안이 되어 있었다. 나아가 항상 예수님을 따라다니던 제자들마저도 그를 영원한 천국의 메시아가 아니라 세상 나라에서 군림하실 왕으로 오해하는 형편이었다.

그런데 앞을 전혀 보지 못하는 소경들이 예수님의 존재를 정확하게 알아보았다. 우리는 이 사실을 통해 영안靈眼을 뜨고 있는 저들의 신앙을 보게 된다. 오늘날 우리 역시 이와 동일한 형편에 처해 있다. 눈을 뜨고 열심히 예배당 문턱을 넘나드는 것을 두고 참된 신앙이라 말할 수 없다. 나아가 기독교 지도자 행세를 하며 열정을 다해 많은 종교적인 사업을 벌인다고 해서 그것이 곧 신앙을 보증하지는 않는다. 성도들에게 중요한 것은 살아계신 하나님의 아들 예수 그리스도를 올바르게 깨달아 아는 것이다.

소경들로부터 '다윗의 자손' 이라는 외침을 들은 예수께서는 그들을 부르셨다. 그는 소경들에게 무엇을 원하는지 물어보셨다. 그들은 예수님께 자기들의 먼 눈을 뜨기 원한다는 사실을 말씀드렸다. 그들이 뜬 눈으로 보고 싶었던 것은 사람들이 말하는 아름다운 세상과 그 가운데 있는 사물들이 아니라 하나님의 아들이신 예수님의 모습이었을 것이다.

그들의 간절한 요구를 들은 예수께서는 앞을 보지 못하는 저들의 눈을 어루만지심으로써 눈을 뜨게 해주셨다. 그 소경들이 앞을 보고 예수 그리스도를 눈으로 보게 된 것은 전적인 주님의 은혜로 말미암는 것이었다. 눈을 뜨게 된 그 사람들은 이제 소원대로 예수님을 기꺼이 따를 수 있었다.

그들에게 있어서 진정으로 중요한 것은 눈을 뜬 사실 자체보다 직접 메시아의 기적을 체험한 사실이었다. 그들은 구약성경에 예언된 메시아 언약이 성취된 것을 저들의 신체를 통해 직접 경험하게 되었다. 이사야 선지자는 오랜 전 메시아가 오시게 되면 놀라운 일이 발생하리라는 사실을 예언한 바 있다.

> "보라 너희 하나님이 오사 보수하시며 보복하여 주실 것이라 그가 오사 너희를 구하시리라 하라 그때에 소경의 눈이 밝을 것이며 귀머거리의 귀가 열릴 것이며 그때에 저는 자는 사슴 같이 뛸 것이며 벙어리의 혀는 노래하리니 이는 광야에서 물이 솟겠고 사막에서 시내가 흐를 것임이라" (사 35:4-6)

바디매오를 비롯한 또 한 사람의 소경은 눈을 뜬 사실 자체도 기뻤겠지만 구약에 예언된 말씀이 자신을 통해 드러난 사실로 인해 더욱 기뻐했을 것이 분명하다. 그들이 예수님을 직접 눈으로 보며 그를 따르게 된 것은 최상의 복이 아닐 수 없었다. 예수님은 육체적인 고통을 당하는 자들의 건강을 회복해주는 것을 주된 목적으로 삼지 않으셨다. 그는 메시아 사역을 통해 자신이 구약에 예언된 하나님의 아들이라는 사실을 선포하시기 위해 많은 병자들을 고치셨던 것이다.

오랜 세월 동안 앞을 보지 못한 채 소경으로 살아왔던 그 사람들은 엄청난 멸시를 받았을 것이 틀림없다. 예수께서는 저들의 눈을 뜨게 하심으로써 메시아이신 자신을 선포하심과 동시에 이스라엘의 배도자들을 심판하셨다. 그것은 은혜 입은 자들을 위해 약속된 하나님의 보복이었다. 그는 스스로 옳다고 여기며 잘난 체하던 사람들의 교만을 꺾으셨던 것이다.

이웃으로부터 멸시를 당하던 불구자들이 예수님으로 말미암아 새 힘을 얻게 되었다. 소경의 눈이 앞을 보게 되었으며 귀머거리의 귀가 열리는 놀라운 사건들이 그를 통해 일어났다. 이제 그들은 메시아로 말미암아 밝은 눈으로 보고, 막혔던 귀로 소리를 들으면서 하나님의 영광을 노래했다.

이는 하나님께서 보내신 메시아와 더불어 메마른 광야에서 물이 솟아오르고 뜨거운 사막에서 시내가 흐르는 것과 같다. 그것은 구약성경에 예언된 말씀이 성취되었다는 징표였다. 여리고에서 예수님을 만난 소경들은 바로 그 사실을 직접 체험하게 되었다.

그러나 배도에 빠진 어리석은 자들은 눈과 귀를 뜨고 입술로 성경책을 읊조리고 있었지만 실상은 하나님의 심판 아래 놓여 있었다. 그들은 인간의 몸을 입고 이땅에 오신 예수 그리스도를 알아보지 못하고 경멸한데 반해, 앞을 볼 수 없었던 소경들은 하나님의 언약을 기억하고 그를 따랐다. 하나님께서는 세상에서 지혜롭고 강한 자가 아니라 어리석게 보이는 자들을 찾아 진리를 드러내 보이셨던 것이다. 사도 바울은 고린도 교회에 편지하면서 그점에 대한 언급을 하고 있다.

> "기록된 바 내가 지혜 있는 자들의 지혜를 멸하고 총명한 자들의 총명을 폐하리라 하였으니 지혜 있는 자가 어디 있느뇨 선비가 어디 있느뇨 이 세대에 변사가 어디 있느뇨 하나님께서 이 세상의 지혜를 미련케 하신 것이 아니

> 뇨 하나님의 지혜에 있어서는 이 세상이 자기 지혜로 하나님을 알지 못하는 고로 하나님께서 전도의 미련한 것으로 믿는 자들을 구원하시기를 기뻐하셨도다" (고전 1:19-21)

바울이 고린도 교회에 전한 이 말씀은 오늘날 우리에게도 그대로 적용된다. 하나님을 알지 못하는 자들은 인간의 지혜를 부러워하고 자랑한다. 그들은 하나님마저 인간의 이성으로 알아가고자 한다. 그렇지만 하나님께서는 그것을 허용하시지 않는다. 비록 눈먼 소경일지라도 하나님의 말씀을 온전히 따르고자 하는 자들이 복되며, 두 눈을 멀쩡히 뜨고 있을지라도 자기 지혜에 의존하려는 자들은 멸망의 길을 피할 수 없다는 사실을 깨달아야 한다.

제42장 유대인의 왕으로 예루살렘에 입성하신 예수님

(마 21:1-17)

1. 예언 성취의 징표가 된 나귀 새끼(1-5)

십자가 사역을 앞두고 예수님과 제자들이 예루살렘 가까이 도착하게 되었다. 그들이 감람산의 벳바게와 베다니에 도착했을 때 예수께서는 두 제자들을 불러 특별한 지시를 하셨다(막 11:1; 눅 19:29). 맞은편 마을에 가면 나귀와 나귀 새끼가 매여 있을 텐데 그것들을 자기에게 끌고 오라는 것이었다.

그런데 예수께서는 그 나귀의 주인에게 물어보거나 사전에 양해를 구할 필요 없이 그냥 끌고 오라고 하셨다. 만일 누가 묻기든 저들의 '주인'(the Lord)이 쓰겠다는 말을 하면 그냥 보내리라고 말씀하셨다. 하지만 이는 상식적인 정황이라 말할 수 없다. 일반적인 경우라면 주인을 찾아 먼저 양해를 구하고 허락을 받아 나귀 새끼를 끌고 오는 것이 자연스럽다.

그러나 예수께서는 특별한 방법으로 나귀와 나귀 새끼를 끌고 오도록 하셨다. 두 마리 가운데 그에게 필요한 것은 나귀 새끼였다. 예수님은 이를 통해 자신의 메시아 신분을 더욱 분명히 나타내셨다. 이는 그가 우주만물의 주인이라는 사실을 선포하는 것이기도 하다. 이 모든 사건은 구약성경이 성취되는 과정에서 발생한 일이었다. 스가랴 선지자는 이스라엘을 위한 구원자이신 왕이 오시게 되면 겸손해서 나귀 새끼를 타게 되리라는 사실을 예언한 바 있다.

"시온의 딸아 크게 기뻐할지어다 예루살렘의 딸아 즐거이 부를지어다 보라 네 왕이 네게 임하시나니 그는 공의로우시며 구원을 베푸시며 겸손하여서 나귀를 타시나니 나귀의 작은 것 곧 나귀 새끼니라" (슥 9:9)

스가랴 선지자가 선포한 앞으로 오실 이스라엘 왕은 일반 백성들의 기대치에 크게 어긋나는 왕이었다. 그는 엄격한 공의를 베풀고 구원을 이루시는 절대 권력을 지니신 분이다. 그럼에도 불구하고 그는 가장 겸손한 모습으로 자기를 드러내신다.

예수께서는 제자들을 보내 특별한 방법으로 나귀와 나귀 새끼를 자기에게 끌어오게 함으로써 구약성경의 예언에 따라 자신의 메시아 사역이 진행되는 과정을 보여주셨다. 그는 잘 길들여진 어미 나귀를 탈 수 있었지만 아직 사람을 태워 본 경험이 전혀 없는 새끼 나귀를 타셨다. 이것 역시 일상적인 상황에서 쉽게 이해할 수 있는 일이 아니었다. 하지만 구약성경에 기록된 메시아 예언을 기억하는 제자들은 그것을 보며 모든 것이 예언대로 진행되고 있음을 확인하게 되었다.

우리가 여기서 눈여겨보아야 할 사실은 하나님께서 세상에 세우시는 왕과 나라는 세상의 왕국과 본질적으로 다르다는 점이다. 세상의 왕은 백성들 위에 군림하여 통치하지만 자기 백성을 구원하고 섬기기 위해 오신 천국의 왕은 그와는 정반대의 성격을 지닌다. 그가 왕으로서 화려한 백마白馬나 준마駿馬가 아니라 초라한 나귀 새끼를 타시게 된다는 사실은 그에 대한 것을 보여주고 있다.

2. 다윗 왕가를 잇는 왕이신 예수님의 예루살렘 입성과 백성들의 환호(6-11)

제자들은 예수님의 지시에 복종했다. 그들은 맞은편 동네에 들어가 매여 있는 나귀와 나귀 새끼를 끌고 왔던 것이다. 우리는 여기서 이와 연관된 좀 더 세밀한 의미를 생각해 볼 필요가 있다. 과연 나귀들이 매여 있던 그 동네 사람들이 제자들을 알아보고 그들이 칭하는 '주인'(the Lord)이 예수님이라는 사실을 알았을까? 만일 그렇지 않았다면 그들은 '주인'이라는 말을 '나귀의 주인'(owner)으로 받아들였을지도 모른다.

예수님의 사역 가운데 종종 보이고 있듯이 그에게는 항상 삼위일체 하나님의 특별한 섭리와 경륜이 따랐다. 아마 그때도 하나님의 경륜이 역사하고 있었을 것이다. 따라서 그 나귀들은 어떤 사람이 잃어버린 것이 아니었을까 하는 생각이 든다. 주인을 잃은 나귀가 새끼와 함께 돌아다니는 것을 그 마을 사람들 가운데 누군가가 발견하고 자기 집 앞에 매어두었을 수도 있다.

낯모르는 외지의 사람들이 와서 그 나귀와 새끼를 끌고 가는 것을 본 사람들이 왜 그렇게 하느냐고 물었다(눅 19:33). 하지만 그들을 남의 동물을 훔쳐가는 도둑으로 몰지는 않았다. 아마도 그들은 그 나귀들을 잠시 관리하고 있던 자들이었을지도 모른다. 제자들이 동네 사람들의 그 말을 들었을 때, 저들의 주인이 쓰시겠다고 한다는 대답을 하자 그냥 끌고 가도록 내버려 두었다. 따라서 그들은 나귀의 원래 주인이 찾아가는 것으로 생각하고 그냥 내버려 두었을 가능성이 없지 않다.

물론 우주만물의 주인이신 예수님은 그 나귀의 원천적인 주인이라 할 수 있다. 비단 다른 것들이라 할지라도 세상에 존재하는 모든 것들은 주님으로부터 온 것들이다. 우리가 여기서 그와 관련하여 이런 짐작을 해보는 것은 당시의 상황을 고려해 보는 것일 뿐 실제적인 사실과 다를 수도 있다.

즉 그 동네 사람들이 그전부터 예수님과 제자들을 잘 알고 있었을 수도 있다. 그럴 경우라 할지라도 아무런 양해 없이 그냥 나귀들을 끌고 온다는 것은 쉽게 이해되지 않는다. 하지만 어쨌거나 중요한 사실은 예수님의 지시를 따른 두 제자들이 나귀 새끼를 그에게 끌고 왔다는 점이다.

나귀는 힘이 세고 날렵한 말馬에 비해 대수롭지 않게 여겨지는 동물이었다. 더군다나 사람을 한 번도 태워보지 않은 나귀 새끼는 아무런 힘이 없었을 뿐더러 위험할지도 모를 일이었다. 예수께서는 품위를 갖춘 사람들이 탈 만한 동물로 여겨지지 않는 그런 나귀 새끼를 끌고 와 그것을 타고 예루살렘에 왕으로 입성하시고자 했다. 이는 그가 권력을 가진 유능하고 부유한 자들의 왕이 아니라 비천하고 천박한 자들의 왕이 되리라는 점을 시사하고 있다.

제자들은 나귀 새끼를 예수님 앞으로 끌고 와서 저들의 겉옷을 안장삼아 나귀의 등 위에 얹었다. 그러자 예수께서는 유대인의 왕으로서 그 나귀 새끼 위에 올라타셨다. 이는 막강한 권력을 가진 왕들의 늠름한 모습과는 사뭇 다르다. 세상의 왕이라면 자신의 권위를 나타내는 명마名馬를 타거나 쌍두마차를 타고 승리의 개가를 부르며 근엄하게 입성해야 하는 것이 당연하다. 그리고 그의 앞길에는 화려한 양탄자가 깔려야 했으며, 종려나무 가지를 든 일반 시민들이 아니라 번득이는 칼과 창을 든 씩씩한 군인들의 장엄한 도열堵列이 있어야 했다.

그러나 예수께서는 유대인의 왕으로 오셔서 그런 화려한 모습이 아니라 초라하기 그지없는 모습을 보여주셨다. 이러한 모습은 정치적 욕망을 가진 자들이 원하는 광경이 아니었다. 구약성경의 예언을 익히 알고 있던 백성들은 그것을 보고 메시아에 대한 확신을 했겠지만, 하나님의 언약을 멸시하는 자들은 힘이 있어 보이지 않는 그런 나약한 왕을 기대하지 않았다.

메시아를 알아보는 많은 백성들은 입고 있던 겉옷을 벗어 그가 지나가게 될 길 앞에 폈다. 그리고 나뭇가지를 베어서 길 위에 깔기도 하고 종려나무가지를 꺾어 손에 들고 흔들면서 큰 소리로 환호했다(요 12:13). 그들은 예수님의 앞뒤를 에워싸고 따르면서 메시아를 소리질러 외쳤다.

"호산나 다윗의 자손이여 찬송하리로다 주의 이름으로 오시는 이여 가장 높은 곳에서 호산나" (마 21:9)

백성들은 끊어진 다윗 왕조의 왕위를 잇게 되는 메시아의 도래를 환영하며 목청을 높여 호산나를 외쳤다. '호산나' 라는 단어는 '이제 구원하소서' 라는 뜻을 지닌 말로서 백성들의 절박한 심정을 드러내 보여주고 있다. 이는 메시아를 향해 요구되는 간절한 의미를 지닌 표현이자 선언이다. 예수께서는 그런 상황 가운데서 어린 나귀 새끼를 타고 예루살렘 성문을 지나 성 안으로 들어가셨다. 이렇게 하여 예루살렘 성이 하나님의 메시아에 의해 정복되어 가고 있었던 것이다.

그 광경을 지켜보고 있던 많은 사람들이 어수선한 분위기 가운데 소동하기 시작했다. 다윗의 왕위를 계승하기 위해 예루살렘 성에 입성한 자가 과연 어떤 인물이냐는 것이었다. 사람들은 그가 나사렛 출신 예수라는 사실을 알게 되었다. 일반 백성들은 그를 하나님의 선지자로 이해함으로써 그에 대해 긍정적인 마음을 가지고 있었다.

그리나 배도에 빠진 유대인 지도자들의 입장은 그와 전혀 달랐다. 그들의 눈에 비쳐지는 예수님의 행동은 일종의 반란에 해당되는 저항이었다. 이스라엘 민족 가운데는 조직을 갖춘 종교 및 의회 기구인 산헤드린공회가 있었으며 최고 통치권자인 왕이 있었다. 나아가 당시는 로마제국의 지배를 받는 정치적 상황에서 로마 황제의 파견을 받아 전권을 행사하는 총독도 있었다. 그런 와중에 예수님이 자신이 왕이라며 예루살렘에 입성한 것은 반란을 일으키는 성격을 지니고 있었던 것이다.

3. 하나님의 거룩한 성전을 더럽히는 자들에 대한 왕의 진노(12,13)

이스라엘의 왕으로 등극하여 예루살렘에 입성한 예수께서 가장 먼저 하신 일은 더럽혀진 하나님의 성전을 청결케 하시는 일이었다. 그에게는 악한 자들에 의해 점령당한 성전을 회복하는 것이 급선무였다. 이는 다른 보통 사람들이 할 수 있는 일이 아니었다. 그 사역 가운데는 앞으로 자신이 속죄제물과 화목제물이 되어 바쳐지게 될 성전을 친히 정결케 하는 구속사적인 의미가 담겨 있다.

예수께서는 성전 안에서 매매하는 자들을 내쫓으시며 돈 바꾸는 자들의 상과 비둘기를 파는 자들의 의자를 둘러 엎으셨다. 그에 대해 잘못 알고 있는 사람들은 그들이 마치 잡상인雜商人과 같은 정도로 생각한다. 하지만 그들은 일반 잡상인들이 아니라 성전에서 종사하는 공직자들이었다.

그 사람들은 성전에 바쳐질 예물과 연관된 물건들을 매매하면서 나름대로 성전을 위해 종교적 최선을 다하는 것으로 여겼을 것이 분명하다. 당시에는 성전을 수축하는 중이어서 많은 자금이 필요한 때였다. 그 사업을 완성하기 위해서는 막대한 돈이 필요했던 것이다. 따라서 성전에서 매매하는 자들은 개인적으로 돈벌이하는 자들이 아니라 성전에 필요한 재정을 마련하기 위한 공적인 일을 수행하는 자들이었음을 기억하는 것은 매우 중요하다.

일반적인 관점에서 본다면 그들이 성전에서 돈을 바꾸어 주는 행위가 나쁜 것이라 단정적으로 말할 수 없다. 예루살렘 성전에는 거룩하게 구별된 돈, 즉 유대인들의 돈만 바칠 수 있었으며 로마나 헬라 등 이방인들이 사용하는 부정한 돈은 거룩한 하나님의 성전에 바쳐질 수 없었다.

당시에는 유대인들의 명절인 유월절을 지키기 위해 로마제국의 전 영역인 세계 곳곳에서 사람들이 예루살렘으로 몰려왔다. 그들 가운데는 로마의 돈인 '달란트'를 가진 자들도 있었을 것이며 헬라의 돈인 '드라크마'를 가진 자들도 있었을 것이다. 그들은 예루살렘 성전에 돈을 바치기 위해서는 흠이 없고 깨끗한 '세겔'이 필요했다.

물론 그들은 예루살렘 성 안의 여기저기에 있는 환전소換錢所를 통해 돈을 바꿀 수도 있었다. 그러나 성전에서 바꾼다면 더욱 안전할 수 있다. 성전에서 바꾸어 주는 돈은 아무런 의심 없이 믿을 만했을 것이기 때문이다. 따라서 멀리 외지에서 예루살렘을 방문한 유대인들이 성전 안에서 환전을 한다면 서로에게 이익이 되었던 것이다.

또한 예수께서는 성전에서 비둘기를 파는 자들의 의자를 둘러 엎으셨다. 그런데 그것 역시 일반적인 관점에서 본다면 부정적인 시각에서 볼 수만은 없는 일이었다. 비둘기와 같이 성전에 바쳐지게 될 제물을 파는 일은 이스라엘의 민족 지도자들이 전개하던 공적인 사업이었다. 성전에 동물을 바치기 위해서는 그것을 끌고 와야 했다. 그러나 로마나 아테네를 비롯한 먼 곳에서는 물론이며 갈릴리와 같이 이스라엘 지경 안에서도 쉽게 끌고 올 수 없었다. 동물들을 먼 길을 거쳐 끌고 온다는 것은 불가능한 일이었다. 물론 동물을 끌고 올 수도 있었겠지만 흠없는 상태로 끝까지 잘 관리할 수는 없었다.

그러므로 유대인의 명절을 지키고자 하는 사람들은 예루살렘에 와서 제물로 바칠 동물을 현장에서 구입하는 것이 가장 좋은 방법이었다. 하지만 그것 역시 그리 쉬운 일이 아니었다. 그냥 외관상으로 보아 흠이 없다고 할지라도 성전 종사자들의 검사를 무사히 통과하게 될지는 미지수였기 때문이다. 따라서 가장 확실한 방법은 예루살렘 성전에서 동물을 직접 사는 것이었다. 그것은 이미 당국자들에 의해 검증된 것으로서 가장 확실한 보증을 받고 있었기 때문이다.

이처럼 예루살렘 성전에서 제물이 될 동물을 파는 행위에는 충분한 명분이 있었다. 성전 제사를 위해서는 확실하게 구별된 정결한 동물을 바쳐야만 했다. 만일 밖에서 구입해 온 동물들 가운데 흠이 있어 부정한 것이 끼어 들어오기라도 한다면 성전을 더럽히는 결과가 된다. 그러므로 성전에서 구별된 흠없는 동물을 선별해 제물로 바치기 위해 매매한다면 가장 안전한 방법으로 모두에게 이익이 되는 것이다.

이와 같이 돈을 바꾸는 자들과 동물을 파는 자들에게는 나름대로 확실한 명분이 있었다. 나아가 그것은 예루살렘을 찾은 일반 백성들뿐 아니라 하나님의 성전을 수축하는 사업을 위해서도 유익한 일이었다. 따라서 그들은 그 행위로 말미암아 양심의 가책을 느낀다거나 특별한 문제가 있다는 생각을 하지 않았다.

그럼에도 불구하고 예수께서는 저들의 그런 행동을 올바른 것으로 보지 않으셨다. 그들은 종교적 욕망을 채우기 위해 인본적인 방편들을 도입함으로써 하나님의 성전을 더럽히고 있었기 때문이다. 그러므로 유대인의 왕으로 예루살렘에 입성하신 예수께서는 저들이 거룩한 하나님의 성전을 사악한 강도의 소굴로 만들고 있다며 강하게 책망하셨다.

예루살렘 성전은 단순한 종교적인 건물이 아니라 하나님의 거룩한 집이다. 언약 백성들은 그곳에서 번제와 희생제물을 바치며 장래에 오시게 될 메시아를 간절히 소망했다. 그래서 하나님의 성전은 '만민의 기도하는 집' 이 된다. 이에 대해서는 구약성경 이사야서에 이미 예언되고 있는 바였다.

> "또 나 여호와에게 연합하여 섬기며 나 여호와의 이름을 사랑하며 나의 종이 되며 안식일을 지켜 더럽히지 아니하며 나의 언약을 굳게 지키는 이방인마다 내가 그를 나의 성산으로 인도하여 기도하는 내 집에서 그들을 기쁘게 할 것이며 그들의 번제와 희생은 나의 단에서 기꺼이 받게 되리니 이는 내 집은 만민의 기도하는 집이라 일컬음이 될 것임이라" (사 56:6,7)

예수께서는 구약성경에 기록된 말씀을 인용하며 예루살렘 성전의 진정한 의미와 더불어 성전을 악한 강도의 소굴로 만들어 버린 자들을 질책하셨다. 배도에 빠진 유대인 지도자들은 '만민의 기도하는 집' (막 11:17)인 거룩한 성전을 저들의 종교적 욕망을 추구하기 위해 더럽히고 만 것이다. 이 말씀은 성전의 주인이시자 이스라엘의 왕이 저들에게 내리시는 준엄한 심판이다.

그렇다면 예루살렘 성전이 '만민의 기도하는 집' 이라는 말씀의 의미는 과연 무엇인가? 이 말이 우리가 일반적으로 생각하듯이 사람들이 성전에 올라가서 하나님께 기도하는 장소라는 뜻인가? 이는 그런 의미가 아니다.

그럼에도 불구하고 오늘날 우리 시대의 어떤 사람들은 예배당 건물을 성전인 양 여겨 '만민의 기도하는 집' 으로 주장하기도 한다. 그런 자들 가운데는 예배당 내부 앞면에 그 글귀를 적어 표어삼아 부착하는 경우마저 있다. 그러나 예수께서 성전을 청결케 하시면서 말씀하신 의미는 그런 것이 아니다.

그 말씀의 진정한 의미는 예루살렘 성전이 하나님을 만날 수 있는 유일한 통로라는 사실을 말해주고 있다. 나아가 참 성전이 되시는 예수 그리스도의 사역을 통해 이방인에게 복음이 선포되는 의미를 내포하고 있다. 하나님의 성전을 통하지 않고는 인간들이 거룩하신 하나님을 만날 수 있는 방편이 없다.

이에 대해서는 오늘날 우리 시대의 교회에 그대로 적용되어야 한다. 예수 그리스도의 몸인 신앙공동체인 교회는 하나님을 만날 수 있는 유일한 통로가 된다. 예수 그리스도가 곧 진정한 성전이며, 교회의 머리가 되는 그에게 속한 성도들이 기도할 때 그리스도의 이름으로 기도하는 것은 곧 그런 의미를 지니고 있다.

하나님의 자녀들은 예수님의 거룩한 분노를 본받을 수 있어야 한다. 거룩한 분노가 없는 사람은 결코 온전한 성도가 될 수 없다. 오늘날도 하나님의 교회를 개인적인 목적을 이루기 위해 강도의 소굴로 만들고 있는 자들이 많다. 그들은 인본적인 종교조직을 구축하기 위해 하나님을 핑계대어 다양한 것들을 매개로 하여 영적인 매매를 하기에 게을리 하지 않는다.

성숙한 하나님의 자녀들은 항상 그와 같은 것을 민감하게 경계하는 자세를 가져야만 한다. 신앙이 어린 성도들이 그에 미혹되지 않도록 도와주는 것은 성숙한 성도들에게 맡겨진 중요한 사명이기 때문이다.

4. 분노하는 예루살렘 지도자들(14-17)

예수님이 바벨론 제국에 의해 무너진 다윗왕국의 맥을 잇는 이스라엘의 왕위에 등극함으로써 예루살렘 성전이 진정한 해방을 맞은 것으로 보인다. 그동안 신체가 불구인 사람들은 성전에 자유롭게 출입할 수 없었다. 그러나 메시아가 와서 왕권을 선포함으로써 변화가 일어나게 된 것이다.

그러므로 소경과 다리를 저는 많은 사람들이 성전에 있는 예수님께 나아왔다. 그들을 보신 예수께서는 저들의 질병을 고쳐주셨다. 이는 당시 기득권층에 있던 유대인들에게는 여간 괘씸한 일이 아닐 수 없었다. 저들의 입장에서 본다면 성전에서 매매하는 공직자들의 상을 뒤엎은 것에 이어 부정한 불구자들을 성전에 거침없이 불러들인다는 것은 쉽게 용납할 수 없는 일이었다. 그것은 거룩한 성전을 더럽히는 행위로 볼 수 있었기 때문이다.

그런데 성전에 몰려든 일반 백성들은 그를 향해 '다윗의 자손' 이라고 외쳐댔다. 나아가 어린아이들마저 그를 보고 '호산나 다윗의 자손이여' 라고 외쳐 부르짖었다. 아무것도 모르는 아이들이 그렇게 한다는 것은 이스라엘에 커다란 변화의 조짐이 밀려오고 있다는 상징적인 의미를 지니고 있었다.

더구나 하나님의 거룩한 성전 안에서 그렇게 외친다는 것은 예삿일이 아니었다. 그러므로 기득권층의 유대인 지도자들은 예수님에 대해 심히 분개하여 따져들었다. 그러자 예수께서는 저들에게 구약성경에 기록된 내용을 인용하며 그것이 메시아에 대한 증거가 되고 있음을 말씀하셨다.

> "주의 대적으로 말미암아 어린아이들과 젖먹이들의 입으로 권능을 세우심이여 이는 원수들과 보복자들을 잠잠하게 하려 하심이니이다" (시 8:2)

시편에 기록된 이 말씀은 구약시대 때 근엄한 모습을 띤 배도자들을 향해 하나님께서 심판을 선언하시는 내용이다. 예수께서는 이 구절을 인용하시면서 지금 저들에게 구약성경에 기록된 이 말씀이 응하고 있다는 사실을 선포하셨다. 그러자 백성의 대제사장과 서기관 등의 이스라엘의 지도자들은 예수님을 그냥 방치해 둘 수 없었다.

그런 일이 있은 후 밤이 되자 예수님과 제자들은 예루살렘 성 밖으로 나가 베다니에 가서 머무셨다. 예루살렘에는 반대자들이 많아 마음 편안히 머무를 수 있는 형편이 되지 못했기 때문이었던 것으로 보인다. 이는 하나님의 아들이신 예수께서 나라와 도성의 주인인 왕이 되었음에도 불구하고 여전히 악한 자들은 그를 배척하고 있었음을 보여주고 있다.

제43장
왕이신 그리스도의 심판
(마 21:18-46)

1. 배고픈 왕과 저주받은 무화과나무(18-22)

예루살렘 성에서 나가신 예수님은 제자들과 함께 베다니로 가셨다. 그곳에서 하룻밤을 머무신 예수께서 아침에 일어났을 때 먹을 만한 음식이 없었다. 우주만물의 주인이시자 유대인의 왕으로 등극하신 그가 음식이 없어 굶주려야 할 형편이었다. 그래서 그는 시장한 상태로 제자들과 함께 예루살렘 성으로 걸음을 옮기셨다.

예수께서는 길을 가시는 도중 무화과나무를 보시고 거기에 먹을 만한 열매가 달려있는지 살펴보셨다. 그 무화과나무는 잎은 무성한데 반해 열매가 맺혀있지 않았다. 따라서 예수님은 제자들이 지켜보는 앞에서 열매 없는 무화과나무를 저주하셨다.

그런데 그때 무화과 열매가 달리지 않았던 것은 나무에 문제가 있었기 때문이 아니라 아직 철이 아니기 때문이었다(막 11:13). 즉 당시는 무화과 열매가 맺힐 계절이 아니었던 것이다. 그럼에도 불구하고 예수께서는 그 무화과나무를 향해 이제부터 영원토록 열매를 맺지 못하리라는 저주를 선언하셨다. 예수님의 말씀으로 말미암아 잎이 무성하던 무화과나무는 뿌리채 말라버렸다(막 11:20). 그 과정을 지켜본 제자들은 그와 같은 현상을 이상하게 여기지 않을 수 없었다.

그러므로 멀쩡하던 무화과나무가 어찌하여 그렇게 될 수 있는지 예수님께 질문했다. 우리가 여기서 생각하게 되는 것은 그 무화과나무가 죽어 생명을 잃었다는 점과 더불어 그것의 뿌리까지 말라버렸다는 사실이다. 나무가 죽는다고 할지라도 수분을 머금고 있는 동안에는 마르지 않는 것이 일반적이다. 남아있는 수분으로 인해 한참 동안은 살아있는 것처럼 보이게 되는 것이다.

그러나 예수께서 저주하신 그 무화과나무는 놀랍게도 즉시 말라버렸다. 그것은 놀라운 일이 아닐 수 없었다. 제자들은 그 광경을 지켜보며 왕으로 오신 예수님을 더욱 분명히 깨닫게 되었다. 예수께서 무화과나무를 저주하신 까닭은 제자들에게 특별한 교훈을 주시고자 하는 목적을 가지고 있었기 때문이다.

따라서 예수께서는 앞으로 무화과나무가 말라 죽은 것보다 훨씬 더 큰 일이 발생한다고 말씀하셨다. 그것은 제자들이 의심 없는 온전한 믿음을 가지게 된다면, 옆에 있는 산에게 바다에 빠지도록 명령한다고 해도 그대로 된다는 것이었다. 더구나 그 일은 주님 자신에 의해서가 아니라 제자들에 의해 그렇게 된다고 말씀하셨다.

> "너희가 기도할 때에 무엇이든지 믿고 구하는 것은 다 받으리라" (마 21:22)

주님께서는 여기서 제자들에게 무엇을 말씀하고자 하신 것일까? 자칫 잘못하면 우리는 이 말씀을 근본적으로 오해할 우려가 없지 않다. 그렇게 되면 믿고 기도하기만 하면 무엇이든지 이루어지며, 산으로 하여금 바다에 빠지게 할 수도 있다고 주장하게 된다. 즉 인간의 기도가 만능萬能인 것처럼 생각하게 되는 것이다.

우리가 앞에 있는 산이 바다에 빠지도록 믿고 기도하면 과연 그대로 이루어지는가? 혹자는 성경에 기록된 말씀을 문자적으로 받아들여 그렇다고 말할지도 모른다. 하나님의 말씀에 분명히 기록되어 있으므로 믿음으로 구하면 반드시 응답될 것이지만, 응답되지 않는다면 믿음이 부족한 것이 원인일 따름이라는 식으로 적절히 핑계대는 것이다.

그러나 예수께서 말씀하시고자 한 목적은 그런 것이 아니다. 예수님의 의도는 이제 유대인의 왕위에 오른 자신이 십자가 사역을 완성하게 되면 그를 믿는 제자들을 통해 산을 움직이는 것보다 훨씬 큰 일이 일어나게 되리라는 것이었다. 무화과나무를 저주함으로써 금방 말라 죽게 하신 주님께서 그에 대한 확증적인 예언을 하셨던 것이다.

예수님의 이 말씀은 우리 시대의 교회에 그대로 적용되어 나타난다. 오늘날 지상교회를 통해 인간들이 상상할 수 없는 하나님의 놀라운 능력이 드러나게 되는 것이다. 그것은 예수 그리스도를 거부하는 자들에게 저주와 사망이 선포되며 하나님의 자녀들에게 영원한 생명이 선포되는 것과 밀접하게 연관되어 있다.

2. 성전에서 가르치는 권세를 가진 예수님(23-27)

예루살렘 성으로 들어가신 예수께서는 다시금 성전에 들어가셨다. 성전의 주인이 자신의 집에 들어가 자기 백성들을 가르치셨다. 당시 성전은 예수님을 위한 일종의 피난처 역할을 하고 있었다. 유대인 지도자들은 예수님이 크게 못마땅했지만 성전 안에서 그를 해칠 수 없었기 때문이다.

그러므로 대제사장들과 장로들은 예수님께 무슨 권세로 그런 일을 행하는지, 그리고 누가 그 권세를 주었는지 따져 물었다. 이는 자기들은 마치 하나님의 권세를 받은 것처럼 행세하고 있는 어리석은 모습을 보여준다. 그러나 그 사람들은 하나님의 권세를 백성들 앞에서 도용하고 오용하며 남용하고 있었다.

그래서 예수께서는 그들의 질문에 대한 직접적인 답변을 하시는 대신 오히려 저들에게 다른 질문을 하셨다. 만일 자신이 제시하는 문제에 대해 그들이 답변하면 자기도 저들의 질문에 답하겠다는 것이었다. 예수님은 그들에게 세례자 요한의 사역에 관한 질문을 하셨다. 그것은 '회개하라 천국이 가까웠느니라' (마 3:2)는 선포에 직접 연관되어 있었다. 즉 요한의 세례와 더불어 선포된 회개 요청과 메시아 도래에 관한 메시지가 하늘로부터 온 것인지 아니면 사람으로부터 온 것인지에 대한 문제였다.

이는 결코 유대인 지도자로서 함부로 답변할 수 있는 성질의 것이 아니었다. 여간 신중하게 대답하지 않으면 도리어 커다란 낭패를 당할 우려가 있었다. 만일 요한의 세례가 하늘로부터 온 것이라고 답변하게 되면, 왜 요한이 증거한 메시아를 믿지 않느냐고 따질 것이 틀림없었다. 세례자 요한은, 예수님이 하나님의 아들로서 이땅에 오신 메시아라는 사실을 공개적으로 선포한 상태였다. 그래서 대제사장들과 장로들은 요한의 세례가 하늘로부터 온 것이라 말할 수 없었다.

그렇다고 해서 요한의 세례가 사람들로부터 온 것이라 답변하기도 쉽지 않았다. 당시 많은 백성들이 요한을 하나님으로부터 보냄을 받은 신령한 선지자로 알고 있었기 때문이다. 요한은 제사장 가문에 태어난 인물로서 선지자였기 때문에 일반 백성들은 그를 하나님의 사람으로 굳게 믿었다. 따라서 자칫 잘못 답변했다가는 백성들로부터 의외의 원성을 사게 될 우려가 있었다.

예수님을 시험하던 지도자들을 비롯한 예루살렘의 기득권층에 속한 자들은 하나님을 진정으로 두려워하는 자들이 아니었다. 그들은 백성들의 여론을 두려워했으므로 저들의 환심을 사기 위해 최선의 노력을 기울이고 있었다. 예수님은 저들의 약삭빠른 종교적인 심성을 잘 알고 있었기에 그런 질문을 하셨던 것이다.

그 사람들은 예수님의 질문에 대한 답변을 하기 위해 다각도로 의논해 보았지만 뾰족한 묘안을 찾을 수 없었다. 결국 제사장들과 장로들은 답변을 회피했으며, 예수님도 무슨 권세로 성전에서 가르치느냐는 저들의 질문에 답변하시지 않았다. 악의에 가득 찬 그들의 요구에 응할 필요가 없었기 때문이다.

3. 하나님 나라에 들어갈 자(28-32)

이제 예수께서는 또 다른 비유를 들어 저들을 시험하셨다. 포도원을 소유한 한 사람에게 두 아들이 있었는데 서로 정반대의 반응을 보이고 있는 예화였다. 첫째 아들은 일을 시키는 아버지의 요구를 듣고 그렇게 하겠다는 대답을 했으나 실제로는 그렇게 하지 않았다. 이에 반해 둘째 아들은 처음에는 아버지의 요구를 거절했으나 나중에 뉘우치고 아버지가 요구한 대로 일했다.

예수님은 이 비유의 말씀을 저들에게 들려주신 후, 두 아들들 가운데 누가 아버지의 뜻을 따라 순종했는지 물어보셨다. 그들은 마땅히 둘째 아들이 아버지의 뜻에 따른 행동을 했음을 말했다. 이는 누구에게 질문을 한다고 해도 동일한 답변을 할 수밖에 없는 지극히 당연한 반응이었다.

그들의 답변을 들은 예수님은 이스라엘 백성들 가운데 세리와 창기들이 그들보다 먼저 하나님 나라에 들어가게 되리라는 사실을 말씀하셨다. 그들이 하나님의 통치를 빨리 받아들이게 되리라는 것이었다. 세례자 요한이 와서 '의의 도'(32)를 증거했을 때 세리와 창기들은 그를 믿고 그가 말한 사실을 받아들였다. 그들은 요한이 증거하는 예수 그리스도의 존재를 깨달았던 것이다.

하지만 종교성으로 가득 찬 유대인 지도자들은 전혀 그렇지 않았다. 이기적인 욕망에 사로잡힌 예루살렘의 기득권자들은 자신의 죄를 뉘우치기는커녕 더욱 악해져 갔을 따름이다. 그들은 세례자 요한의 증거를 받아들이지 않고 도리어 심하게 배척했다. 따라서 그런 자들은 예수님을 하나님의 아들 메시아로 받아들이기를 거부했다.

세리와 창기를 자기들보다 높이 평가하는 예수님의 그 말씀은 배도에 빠진 유대인들에게 여간 자존심 상하는 표현이 아니었다. 당시 세리나 창기와 같은 자들은 하나님을 욕되게 하는 전형적인 표본으로 인식되어 있었다. 그런 상황에서 저들이 예루살렘에서 충성을 다하는 자기들보다 오히려 낫다고 말하는 것은 도저히 묵과할 수 없는 모욕이었다. 그렇지만 예루살렘 성전 안에서는 어떻게 할 방도가 없었다.

4. 하나님의 상속자에 대한 인간들의 악행(33-41)

예수께서는 그 자리에서 비유를 하나 더 말씀하셨다. 어떤 집 주인이 포도원을 만들고 울타리를 치고 즙 짜는 구유를 파고 망대를 짓고 농부들에게 세를 준 후 외국으로 나갔다는 내용이었다. 나중에 포도 열매가 맺히고 추수 때가 되어 주인은 자기 하인들을 농부들에게 보냈다.

그런데 그때 예기치 않던 문제가 발생했다. 포도원을 맡아 일하던 농부들이 멀리서 주인이 보낸 하인들을 잡아 때리고 돌로 쳤으며 심지어는 죽이기까지 했다. 그것을 알게 된 주인은 다른 하인들을 더 많이 보냈으나 농부들의 악행은 그치지 않았다.

그러자 포도원 주인은 급기야 자기 아들을 저들에게 보냈다. 농부들이 자기 아들은 공경하여 잘 대우하리라 생각했기 때문이다. 하지만 욕심에 가득 찬 농부들은 전혀 그렇지 않았다. 그들은 주인의 상속자인 아들을 죽이고 모든 재산을 가로채고자 했던 것이다. 결국 그들은 주인의 아들마저 포도원 밖으로 내쫓아 죽여 버렸다.

예수님은 유대인들에게 그와 같은 비유를 말씀하신 후, 그런 상황에서 주인이 왔을 때 그 농부들을 어떻게 하겠느냐고 물었다. 그들은 포도원 주인이 와서 그 악한 농부들을 진멸하고 신실한 다른 농부들에게 포도원을 세 주게 될 것이라 말했다. 이는 누구나 대답할 수 있는 지극히 당연한 답변이었다.

예수님의 이 비유는 구약성경에 기록된 말씀을 배경으로 하고 있다. 이사야 선지자는 한 비유를 통해 이스라엘 민족을 포도원에 비유해 메시아에 연관된 노래를 했다. 여호와 하나님께서 포도원을 만드셨지만 이스라엘 백성들은 그것을 엉망으로 만들어 버렸다. 그들은 주인이신 하나님의 요구에 순종하지 않고 포악해졌으며, 도리어 하나님께 저항하는 불의에 빠졌다. 성경은 그에 대한 분명한 기록을 남기고 있다.

> "내가 나의 사랑하는 자를 위하여 노래하되 나의 사랑하는 자의 포도원을 노래하리라 나의 사랑하는 자에게 포도원이 있음이여 심히 기름진 산에로다 땅을 파서 돌을 제하고 극상품 포도나무를 심었었도다 그 중에 망대를 세웠고 그 안에 술틀을 팠었도다 좋은 포도 맺기를 바랐더니 들 포도를 맺혔도다 예루살렘 거민과 유다 사람들아 구하노니 이제 나와 내 포도원 사이에 판단하라 내가 내 포도원을 위하여 행한 것 외에 무엇을 더할 것이 있었으랴 내가 좋은 포도 맺기를 기다렸거늘 들 포도를 맺힘은 어찜인고 이제 내가 내 포도원에 어떻게 행할 것을 너희에게 이르리라 내가 그 울타리를 걷어 먹힘을 당케 하며 그 담을 헐어 짓밟히게 할 것이요 내가 그것으로 황무케 하리니 다시는 가지를 자름이나 북을 돋우지 못하여 질려와 형극이 날 것이며 내가 또 구름을 명하여 그 위에 비를 내리지 말라 하리라 하셨으니 대저 만군의 여호와의 포도원은 이스라엘 족속이요 그의 기뻐하시는 나무는 유다 사람이라 그들에게 공평을 바라셨더니 도리어 포학이요 그들에게 의로움을 바라셨더니 도리어 부르짖음이었도다" (사 5:1-7)

이사야 선지자는 '사랑하는 자'의 포도원을 노래하고 있다. 그 포도원 주인은 기름진 산에 땅을 파서 자신의 농장을 만들었으며 거기에 최상품의 포도나무를 심었다. 포도원에는 망대를 세우고 술틀을 만들어 모든 준비를 갖추었다. 그리고 그 포도원을 농부들에게 맡겨 좋은 포도 열매를 맺기 원했다.

그러나 거기서 일하는 농부들의 불성실함으로 인해 좋은 열매인 참 포도가 아니라 들 포도를 맺게 되었으며 포도원이 엉망진창이 되어 버렸다. 포도원 주인인 하나님께서는 예루살렘과 유다 사람들에게 그에 대한 질책을 하셨다. 자신의 포도원에 최상품의 나무를 심고 좋은 포도가 맺히기를 원했는데 들 포도가 맺힌 것은 어떻게 된 연유인지 따져 물었던 것이다. 그리고는 제 역할을 감당하지 못한 포도원의 담을 허물어 짓밟히게 하고 비를 내리지 않아 황무케 하리라고 말씀하셨다.

구약성경은 그 비유에 대한 내용에 관한 구체적인 의미를 직접 설명하고 있다. 여호와 하나님의 포도원은 '이스라엘 족속' 이요 그의 기뻐하는 포도나무는 '유다 사람' 이라는 것이었다. 이는 이스라엘 민족 가운데서 오시게 될 메시아 언약과 연관되어 있는 말씀이다. 하나님께서는 저들에게 공평을 바랐지만 도리어 포학이 넘쳤으며, 의로움을 바랐으나 오히려 원성이 높아져 갔을 따름이다. 그것은 포도원을 만드신 하나님께서 원하셨던 바가 아니라 하나님을 배도하는 행위였다.

예수께서 성전에서 대제사장들과 장로들에게 주신 마태복음에 기록된 비유는 이사야서에 기록된 비유를 배경으로 하고 있다. 악한 배도자들은 구약시대의 포도원 농부들과 마찬가지로 하나님이 만드신 포도원을 자기의 것으로 만들기 위해 주인이 보낸 많은 하인들을 죽이는 행위를 되풀이했다. 그들은 자기의 욕망을 추구하기 위해 피를 흘리는 행위를 예사로 여겼던 것이다.

배도자들은 급기야 그 포도원을 가로채기 위해 상속자인 주인의 아들마저 죽이는 악행을 저지르게 된다. 그래서 그 포도원 주인은 처음 일을 맡겼던 농부들을 진멸하고 그 대신 다른 농부들에게 세를 주게 된다. 그것은 하나님께서 배도에 빠진 유대인들을 심판하고 포도원을 이방인들에게 맡기리라는 의미가 내포되어 있다. 그 이방인들을 중심으로 하여 하나님의 교회가 세워져 주인이 원하는 좋은 열매들을 많이 맺게 되는 것이다.

5. 건축자의 버린 돌과 머릿돌(42-46)

예수께서는 하나님의 진리를 버린 배도자들을 강하게 책망하셨다. 그는 구약성경을 인용하며 건축자들의 버린 돌이 건물에서 가장 중요한 모퉁이의 머릿돌이 된다는 사실을 언급하며 말씀하셨다. 시편 기자는 그에 관련된 노래를 하고 있다. 인간들의 판단과 하나님의 뜻이 전혀 다르다는 사실을 설명하고 있는 것이다.

> "건축자의 버린 돌이 집 모퉁이의 머릿돌이 되었나니 이는 여호와의 행하신 것이요 우리 눈에 기이한 바로다 이 날은 여호와의 정하신 것이라 이 날에 우리가 즐거워하고 기뻐하리로다"(시 118:22-24)

집을 짓는 건축자들은 그 분야에서 전문가이다. 그들은 건축 기술뿐 아니라 건축 자재를 분별하는 데 있어서도 탁월한 안목을 지니고 있다. 그들이 건물을 위해 사용하게 될 돌이 좋은 것이라 판단하면 쓸모있는 돌이지만, 그들의 눈에 좋지 않게 여겨진다면 쓸모없는 돌에 지나지 않는다. 그런데 건축자들이 가치 없다고 판단해 밖에 버린 돌이 건물 가운데 가장 중요한 모퉁이의 머릿돌이 된다. 이런 일은 결코 평범하지 않을 뿐더러 매우 놀라운 일이 아닐 수 없다.

하나님 나라를 소유하는 것은 사람들의 일반적인 평가에 기초하지 않는다. 예수께서는 유대인들에게 시편에 기록된 말씀을 인용하며 그에 관한 내용을 언급하셨다. '너희는 하나님 나라를 빼앗기겠고 그 나라의 열매를 맺는 백성들이 그 나라를 얻게 되리라' (43). 이는 유대인들이 부정하다고 여기는 이방인들이 하나님 나라를 유업으로 상속받게 되리라는 의미를 지니고 있다. 유대인들은 그것을 받아들이기 어렵겠지만 어느 누구도 그 사실을 거스르지 못한다.

건축자들이 쓸모없다고 버렸으나 모퉁이의 머릿돌이 되는 그 돌 위에 떨어지면 무엇이든지 박살나게 된다. 그리고 그 돌이 사람의 머리 위에 떨어지면 저를 가루로 만들어 흩어버리게 된다. 이는 모퉁이의 머릿돌처럼 유대인들이 버린 예수 그리스도에게 저항하는 배도자들이 겪게 될 무서운 심판에 관한 말씀이다. 즉 예루살렘에서 기득권을 행사하는 악한 자들이 그렇게 된다는 것이었다.

예수님의 말씀을 듣고 난 유대인들은 그를 괘씸하게 여겨 즉석에서 체포하고자 하는 마음을 먹었다. 그러나 그것을 곧바로 실행할 수는 없었다. 예루살렘 성전 안에서 그렇게 할 수 없었을 뿐더러 거기 모인 백성들을 두려워했기 때문이다. 많은 사람들이 예수님을 하나님의 보냄을 받은 선지자로 알고 있었으므로 확실한 명분이 없는 상태에서는 어떻게 할 도리가 없었던 것이다. 우리는 이를 통해 유대인의 왕이신 예수께서 이스라엘 백성들 가운데 자신을 드러내시는 경륜을 보게 된다.

제44장
아들의 혼인잔치를 배설한 왕의 비유

(마 22:1-14)

1. 비유의 내용

(1) 혼인잔치를 배설한 왕과 그의 초대를 거부한 배도자들(1-4)

예수께서는 자신의 십자가 사역을 앞두고 천국에 관한 교훈을 베푸셨다. 십자가 사역이란 곧 초상이 난다는 사실을 의미한다. 그 끔찍한 현실 앞에서 예수님은 천국을 즐거운 혼인잔치에 비유해 말씀하셨다. 천국은 마치 자기 아들을 위해 혼인잔치를 베푼 어떤 왕과 같다는 것이었다.

아들의 혼인잔치를 배설한 왕은 하인들을 보내 손님들을 초대했다. 그런데 그들은 왕의 초대에 응하기를 거부했다. 그래서 왕은 인내하는 가운데 또 다시 다른 하인들을 보내 살진 소와 짐승들을 잡고 모든 것을 갖추어 음식을 준비했으니 잔치에 참여해달라는 전갈을 보냈다.

일반적인 경우라면 왕이 배설한 혼인잔치에 서로 참석하기 위해 안달일 텐데 그런 모습이 전혀 보이지 않는다. 도리어 그들은 잔치에 참석하지 않으려고 온갖 핑계를 대기에 바빴다. 또한 우리가 여기서 볼 수 있는 점은 왕은 자기가 초청하고자 하는 사람들의 명단을 정해두고 그들에게 간절히 당부하고 있다는 사실이다. 그러나 초청받은 자들은 왕이 보낸 하인들을 외면하고 자기 일에 빠져 있었다.

(2) 자기 목적에 사로잡혀 초대를 거부하는 자들(5,6)

왕의 초청이라면 사실상 명령과도 유사한 성격을 지닌다. 그렇지만 그 사람들은 감히 왕의 요구를 무시하고 제멋대로 행했다. 어떤 사람들은 농장으로 일하러 갔으며 또 다른 어떤 사람들은 상업을 하기 위해 멀리 떠나 버렸다. 그들 가운데는 왕이 보낸 하인들을 잡아 능욕하고 심지어는 죽여 버리는 경우도 있었다.

이는 왕에 대해 강력히 저항하는 배도자들의 모습을 보여주고 있다. 그렇다면 왕의 초청을 받고 그것을 완강하게 거부하는 자들은 과연 무엇 때문에 그런 무모한 행동을 했을까? 아마도 그들은 개인적인 사리사욕에 사로잡혀 왕의 상속자의 혼인식 자체를 부담스럽게 여겼을 것이다. 즉 저들을 혼인잔치에 초청한 왕의 초대에 응하게 되면 개인의 목적을 이루는 데 방해가 된다는 판단을 하고 있었던 것으로 보인다.

(3) 왕의 진노와 길거리의 사람들에 대한 초대(7-10)

결국 그 왕은 군대를 동원해 자기의 초청을 거부한 자들을 진멸하고 저들이 살고 있는 동네를 불살라 버렸다. 그는 분노하여 그전에 초청받았던 자들이 자기의 혼인잔치에 적합하지 않다고 판단했다. 그 대신 이번에는 하인들을 길거리로 보내 사람들을 만나는 대로 잔치에 초청하도록 했다.

이번에 초청받게 되는 사람들은 사전에 준비된 명단에 의거하지 않았다. '악한 자나 선한 자' (10)를 막론하고 거리에서 만난 사람들을 모두 혼인 잔칫집으로 데려왔다. 그렇게 하여 혼인잔치가 배설된 집에 손님으로 가득 차게 되었다. 여기서 '악한 자나 선한 자' 를 가리지 않고 모두 불러

왔다는 사실은 사람들의 인품이나 인간적인 윤리가 초대받을 수 있는 조건이 되지 않았음을 말해주고 있다.

(4) 왕의 등장과 심판(11-14)

혼인 잔칫집에 손님들로 가득 차게 되자 혼주婚主인 왕이 저들을 보기 위해 나아왔다. 그는 자기 아들의 혼인을 축하하기 위해 들어온 여러 하객들을 살펴보며 즐거운 마음을 가졌을 것이다. 그런데 그들 가운데 예복을 입지 않은 채 그 자리에 들어와 앉아 있는 한 사람이 왕의 눈에 띄었다.

그가 혼인 잔칫집 혼주인 왕의 하인들이 제공한 예복으로 갈아입지 않았다는 것은 원래의 옷차림새를 그대로 유지하고 있었음을 말해준다. 그는 아마도 자기의 화려하고 값비싼 옷을 다른 사람들에게 뽐내며 자랑하고 싶었을지도 모른다. 그것이 아니라면 예복으로 갈아입는 것을 귀찮고 거추장스런 일이라 생각했을 수도 있다.

그러나 혼주인 왕의 의도는 전혀 그렇지 않았다. 그는 자기가 배설한 혼인잔치에서 누구나 통일성 있는 예복을 갖추어 입도록 요구했다. 그래야만 잔치집의 정결한 분위기 유지와 함께 신랑의 복장이 선명하게 드러날 수 있다. 그 혼인 자리의 주된 목적은 신랑과 신부를 축하하는 것이며 혼주인 왕에게 경하의 관심을 보이는 것이었다. 즉 그 특별한 혼인잔치에서는 손님들이 개인적인 취향에 따라 마음대로 먹고 마시며 취해 즐기도록 하는 것이 주된 목적이 될 수 없었다.

그래서 왕은 정해진 예복을 입지 않고 그 자리에 앉아 있던 자에게 어찌하여 예복을 입지 않고 그 자리에 들어왔는지 물었다. 하지만 그 사람은 왕의 질문에 대해 묵묵부답이었다. 예복을 입고 들어가야 한다는 잔칫집 관리자들의 권면에도 불구하고 그 요구에 따르지 않았기 때문이다. 결국 왕은 신하들에게 명령하여 그의 손과 발을 결박하여 바깥 어두운 곳에 내

쫓아버리도록 했다. 그런 자는 거기서 슬피 울며 이를 갈면서 견딜 수 없는 고통에 빠지게 되리라는 것이었다.

그런 사람들은 차라리 그 혼인 잔칫집에 들어오지 않은 것이 차라리 나을 뻔 했다. 처음 왕의 초대를 받고 그것을 거부한 자들 역시 그렇게 될 수밖에 없었겠지만 혼인잔치의 즐거운 분위기를 눈으로 목격하지 못했기 때문에 어쩌면 후회가 덜 했을지도 모른다. 그러나 예복을 입지 않은 채 혼인 잔칫집 안으로 들어갔다가 쫓겨난 자의 후회는 그보다 훨씬 더 심했을 것이 틀림없다.

하나님의 말씀을 직접 계시 받은 사도는 비유의 내용을 기록한 후 그에 대한 분명한 교훈을 주고 있다. 그것은 초청을 받은 사람은 많지만 택함을 입은 자는 적다는 사실에 관한 것이다. 이로써 그 비유의 말씀이 구약시대의 언약을 맡은 유대인들과 예수 그리스도로 말미암는 천국에 연관된 것이라는 사실을 말해주고 있다.

2. 비유에 나타난 상징과 구약의 성취

이 비유는 매우 중요한 상징적 의미를 지니고 있다. 천국의 왕이신 하나님께서 자신의 아들인 예수 그리스도의 혼인잔치를 계획하고 이스라엘 백성을 특별히 초대했지만 그들은 강력하게 거부했었다. 하나님께서는 구약시대에 이미 자기 아들이 '신부' 를 맞아들이게 될 혼인잔치를 계획하고 계셨다.

하나님께서 구약시대 여러 선지자들을 되풀이하여 보내신 것은 자기 아들의 혼인잔치에 초대하는 의미를 지니고 있었다. 그러나 배도에 빠진 이스라엘 백성들은 하나님의 선지자들을 환영하지 않았다. 그들은 도리어 사사로운 목적에 집착해 하나님의 사자로 온 선지자들을 배척했을 뿐 아니라 능멸하고 죽이기까지 했다.

배도자들의 악행을 지켜보신 하나님은 그들을 진멸하고자 하셨다. 마침내 그는 분노하여 군대를 보내 그 악한 자들의 동네인 예루살렘 성을 불살라 버리고 그들을 멸망시키셨다. 여기에는 BC 586년에 있었던 바벨론에 의한 예루살렘 함락과 더불어 AD 70년에 있게 될 로마제국의 예루살렘 파괴에 대한 예언적 성격이 내포되어 있다. 그러나 미련한 유대인들은 자기들의 욕망을 채우기 위해 온갖 노력을 아끼지 않지만 결국 맞게 될 것은 파멸이라는 사실을 깨닫지 못하고 있었다.

하나님께서 자기 아들을 위해 배설하신 그 혼인잔치에는 손님들로 가득 차야 했다. 그래서 하나님께서는 마침내 유대인들이 부정하다고 간주하는 이방인들을 불러 그 잔치에 참여시키고자 하셨다. 그것을 위해 하나님께서는 구속사救贖史 가운데 지속적으로 일해 오셨던 것이다. 따라서 이방인들이 그 혼인잔치에 참여하는 것은 하나님의 뜻과 섭리에 기인한다. 사도 바울은 로마에 있는 교회에 편지하면서 이방인들이 유대인들의 자리를 차지하게 되는 것에 연관된 내용을 기록하고 있다.

> "형제들아 너희가 스스로 지혜 있다 하면서 이 신비를 너희가 모르기를 내가 원하지 아니하노니 이 신비는 이방인의 충만한 수가 들어오기까지 이스라엘의 더러는 완악하게 된 것이라" (롬 11:25)

바울은 여기서 '이방인의 충만한 수' 가 들어와야 함을 언급하며 그들의 초대를 위해 이스라엘 백성 가운데 일부가 완악하게 되었다는 사실을 말하고 있다. 그런데 유대인들이 거부한 하나님의 혼인잔치에 많은 이방인들이 초대받았지만 그들 모두가 하나님이 기뻐하시는 자들이었던 것은 아니다. 여러 사람들이 하나님의 초청을 받고 그의 영역 안으로 들어왔으나 그 가운데 하나님의 선택받은 자들의 수는 많지 않다는 것이다.

예수께서는 혼인잔치를 배설한 왕의 비유를 통해 자신으로 말미암아 지상에 하나님의 교회가 세워질 것을 예언하셨다. 신랑이신 자기와 혼인하게 될 신부 곧 지상의 교회가 세워지게 되리라는 것이었다. 언약 민족인 유대인들은 선지자들을 통해 제시된 하나님의 초청을 거부했으며 그 대신 이방인들이 초청받게 되었다. 그리하여 신령한 혼인잔치가 베풀어지는 하나님의 교회에 들어가 그 기쁨에 참여하게 된 것이다.

그러나 초청받은 자들이 유념해야 할 바는 혼인 잔칫집에서는 누구나 하나님께서 제공하신 예복을 입어야만 한다는 사실이다. 그 예복을 입지 않으면 그곳에서 쫓겨날 수밖에 없다. 이는 혼인잔치에 참여하되 자기 마음대로가 아니라 하나님의 규정에 따라 참여해 기쁨을 누려야 한다는 사실을 말해준다.

비유 가운데 나타나는 왕의 하인들은 하나님의 진리를 전달하는 선지자들이며, 먼저 초청되었던 자들은 배도에 빠진 이스라엘 백성들을 지칭하고 있다. 그러나 처음 초대받았던 백성들은 자기의 욕망을 추구하기에 급급했을 뿐 하나님께서 배설하시고자 한 독생자의 혼인잔치에는 아무런 관심이 없었다. 그것은 단순한 무관심이 아니라 하나님을 무시하고 경멸하는 악한 행위였다. 배도에 빠진 유대인들은 저들의 종교적인 목적 때문에 그것들을 핑계대면서 하나님의 요구에 관심을 기울이지 않고 그것을 멸시했던 것이다.

3. 예수 그리스도와 신약교회

자기 아들을 위해 혼인잔치를 베푼 왕의 비유는 구약시대에 연관된 상징적 의미와 더불어 우리 시대 교회에 그대로 적용된다. 비유에서 말하고 있는 혼인잔치란 신약시대의 교회를 의미한다. 이는 최종적으로 완성된 천국을 의미하는 것과 성격이 다르다. 사도 요한은 계시록에서 어린 양의 혼인잔치에 관한 말씀을 기록하고 있다.

> "우리가 즐거워하고 크게 기뻐하여 그에게 영광을 돌리세 어린 양의 혼인 기약이 이르렀고 그 아내가 예비하였으니 그에게 허락하사 빛나고 깨끗한 세마포를 입게 하셨은즉 이 세마포는 성도들의 옳은 행실이로다 하더라 천사가 내게 말하기를 기록하라 어린 양의 혼인잔치에 청함을 입은 자들이 복이 있도다 하고"(계 19:7-9)

요한은 어린 양의 신부가 이미 예비되어 혼인하게 될 기약이 이르렀다는 사실을 언급하고 있다. 여기서 말하는 어린 양이란 예수 그리스도를 지칭하며, 본문이 언급한 신부란 지상의 교회를 일컫고 있다. 그리스도와 교회의 혼인관계에 대한 예고는 하나님의 백성들이 크게 즐거워할 수 있는 근거가 된다.

또한 계시록에는 하나님께서 신부 곧 교회로 하여금 빛나고 깨끗한 세마포를 입도록 하셨음을 기록하고 있다. 또한 그 세마포는 성도들의 올바른 행실 곧 신앙적인 참된 삶의 실천이라는 사실이 언급되었다. 하늘의 천사는 어린 양의 혼인잔치에 초청받은 자들이 복이 있음을 말했다. 그에 관한 모든 사실을 알게 된 성도들은 하나님께 진정한 영광을 돌리지 않을 수 없었다.

새로운 옷으로 갈아입기 위해서는 성도들이 원래 입고 다니던 옛 옷을 벗어야 한다. 그래야만 주님께서 나누어주신 '세마포 옷'으로 완전히 갈아입을 수 있다. 옛날의 옷을 그대로 입은 채 그 위에 세마포 옷을 걸쳐 입는다는 것은 말이 되지 않는다.

신약시대의 교회는 하나님의 어린 양과 신부의 혼인 잔칫집이다. 어린 양은 예수 그리스도를 지칭하며 신부란 신약시대 교회를 의미한다. 그런데 우리가 주의를 기울여야 할 점은 왜 신랑에 대한 표현이 굳이 '어린 양'인가 하는 점이다. 그냥 신랑인 '예수 그리스도'와 신부인 지상의 '교회'라 말하면 안 되는가?

우리는 여기서 매우 중요한 의미를 깨달아야 한다. 하나님의 어린 양이신 예수 그리스도는 하나님께 바쳐진 제물祭物이다. 지상의 교회가 그 어린 양의 신부가 된다는 의미는 신랑에게 속한 신부 역시 하나님을 위한 제물이 된다는 의미를 지니고 있다. 이는 물론 신부인 교회가 속죄제물과 화목제물로서 다시 바쳐진다는 의미가 아니라 하나님의 기쁨의 제사를 담당하게 된다는 사실을 말해주고 있다.

따라서 그 어린 양의 신부인 교회는 항상 하나님께서 허락하신 세마포를 입은 채 순결하고 단정한 모습을 유지해야만 한다. 그렇지 않고는 결코 신랑이신 예수 그리스도가 기뻐하는 대상이 될 수 없다. 나아가 신랑인 어린 양과 함께 감당해야 할 하나님의 제물로서의 역할을 온전히 감당하기 위해서는 정결한 상태를 유지하지 않으면 안 된다.

따라서 신랑과 신부는 항상 정결한 옷을 입고 아름답게 단장한 모습으로 있다. 그 단장은 스스로 하는 것이 아니라 여호와 하나님께서 은혜로 도와주신다. 그가 저들에게 구원의 옷과 의의 겉옷을 입히시고 자기의 보석으로 단장해 주시기 때문에 교회는 온전한 신부가 될 수 있는 것이다. 구약시대 이사야 선지자는 그에 관해 말하고 있다.

> "내가 여호와로 인하여 크게 기뻐하며 내 영혼이 나의 하나님으로 인하여 즐거워하리니 이는 그가 구원의 옷으로 내게 입히시며 의의 겉옷으로 내게 더하심이 신랑이 사모를 쓰며 신부가 자기 보물로 단장함 같게 하셨음이라" (사 61:10)

이사야 선지자가 예언하고 있는 것처럼 오늘날 하나님의 은혜를 입어 교회에 속하게 된 우리도 하나님께서 공급하신 예복을 입어야만 한다. 그 예복은 세상 사람들의 손으로 만들거나 저들이 부러워하는 화려한 옷과는 아무런 상관이 없다. 그것은 이사야 선지자의 예언대로 구원의 예복, 의의 예복 곧 예수 그리스도의 보혈로 말미암는 옷이다. 그러므로 사도 바울도 하나님의 자녀들이 자기의 옛 습성을 버리고 예수 그리스도로 옷 입어야 할 당위성에 대한 언급을 하고 있다.

> "오직 주 예수 그리스도로 옷 입고 정욕을 위하여 육신의 일을 도모하지 말라"(롬 13:14);
>
> "누구든지 그리스도와 합하여 세례를 받은 자는 그리스도로 옷 입었느니라"(갈3:27)

오늘날 우리는 과연 옛날에 입고 있던 더러운 옷을 벗어버리고 예수 그리스도로 말미암는 새 옷을 입고 있는가? 혹은 세상에서의 욕망으로 인해 그리스도로 옷 입기를 거부하면서 하나님의 복음을 멀리하며 경시하지 않는가? 입술로는 하나님의 자녀가 되었다고 주장하면서 실상은 자신의 옛날 옷을 고집하지는 않는가?

사도 바울은 우리에게 오염된 세상의 욕망을 위해 육신의 일을 도모하는 어리석음을 범치 말도록 요구하고 있다. 하나님께서 입혀주시고자 하는 그 예복을 거절하는 자들은 세상의 욕망을 추구하면서 예수 그리스도의 십자가의 의를 거절하고 아무런 효력이 없는 자신의 행위를 의지하게 된다.

예수 그리스도께서 제공하신 의의 옷으로 갈아입지 않는 모든 인간은 정죄를 받아 멸망당할 수밖에 없다. 예복을 입지 않은 채 인간들이 보기에 화려한 종교 활동을 하는 자들은 궁극적인 심판을 받게 된다. 그들에게는 진노하신 하나님의 심판으로 말미암아 이를 갈며 통곡할 때가 임한다. 이 세상에서 잠시 누리는 영광을 추구하다가 참된 기쁨과 영원한 하나님의 영광으로부터 추방되어 공포속에서 슬피 울며 고통당하는 자들은 불쌍한 인생이 아닐 수 없다.

제45장 유대인들의 시험과 예수님의 반응

(마 22:15-46)

1. 세금문제에 대한 바리새인들의 올무(15-22)

배도에 빠진 유대인들은 앞에서 주어진 예수님의 비유가 자기들을 책망하는 의미를 담고 있다는 사실을 잘 알고 있었다. 그것을 못마땅하게 여기는 자들은 어떻게 해서든지 그에게서 죄를 물을 수 있는 조건을 찾기 위해 올무를 놓고자 혈안이 되었다. 그 가운데 바리새인들은 그것을 성공시키고자 서로 머리를 맞대고 치밀한 계략을 짜며 의논했다.

그 사람들은 마침내 예수님을 시험하기 위해 저들의 하수인들과 헤롯당원들을 보냈다. 이는 종교인들과 정치인들의 야합이었다. 그들은 스스로 하나님을 위한 의인인 체 하며 정탐을 보냈다(눅 20:20). 악한 유대인들은 목적을 달성하기 위해 저들의 간사한 모습을 여실히 드러냈다.

목적을 위해서라면 어떤 위선적인 행동과 달콤한 말이라도 최대한 동원하는 것이 저들의 사악한 습성이었다. 즉 그들은 마음에 전혀 없는 소리를 하면서 덫을 놓아 예수님을 유인하고자 했다. 따라서 그들은 온갖 미사여구美辭麗句를 섞어 달콤한 거짓말을 늘어놓았다. 예수님을 참되고 진실하게 하나님의 도를 가르치는 분으로 받아들이는 듯이 표현하면서 그를 안심시키려 했던 것이다.

나아가 바리새인들은 예수님에게는 아무런 거리낌이 없어서 사람을 외모로 보지 않는 자임을 인정하고 있다는 듯이 말했다. 이는 물론 전혀 마음에 없는 입술에 발린 감언이설甘言利說에 지나지 않았다. 그 사람들은 겉보기에 마치 예수님을 시험하는 것이 아니라 정말 진리에 관련된 의미를 모르기 때문에 그에게 질문하는 듯이 위장했던 것이다.

바리새인들이 질문한 세금에 관한 문제는 매우 민감한 정치적인 의미를 담고 있었다. 즉 그것은 단순히 세금 자체를 누구에게 바칠 수 있느냐 하는 문제가 아니었다. 그렇게 질문했던 것은 예수님의 답변에 따라 그것을 로마제국과 연관되는 사안으로 몰아갈 수 있었기 때문이다. 그들이 예수님께 로마의 황제에게 세금을 바치는 것이 옳은 것인지 아니면 그릇된 것인지 질문한 것은 고도의 술책이었다.

이는 유대인들이 모여서 짜낸 매우 절묘한 질문이 아닐 수 없었다. 유대인의 왕으로 예루살렘에 입성한 그가 왕의 지위를 가진 자로서 이방의 로마제국에 굴복하는 모습을 보이지는 않을 것이라는 판단도 작용했을 것이 분명하다. 따라서 예수님이 쉽게 로마 황제에게 세금을 바치라고 말하기 어려우리라는 것이었다. 이는 곧 예수님이 자신을 유대인의 왕으로 선포하는 데 그칠 뿐 아니라 로마제국의 황제에게 반기를 들어보라는 저의가 내포되어 있음을 말해준다.

그러므로 예수께서 만일 로마의 황제에게 세금을 바치지 말라고 한다면 매우 심각한 문제에 봉착할 수밖에 없다. 이는 유대인의 왕으로 예루살렘에 입성한 자가 로마의 황제에게 직접 저항함으로써 로마제국을 자극하는 성격을 지니게 되기 때문이다. 이와 반대로 그에게 세금을 바치라고 한다면 스스로 자신의 왕권을 우습게 만드는 꼴이 되고 만다. 예수님이 둘 중 어느 쪽을 선택해 답변한다 할지라도 그들은 그것을 문제삼을 수 있었다.

물론 예수께서는 저들의 사악한 속내를 훤히 꿰뚫어보고 계셨다. 따라서 예수님은 외식하는 저들의 태도를 지적하며 황제에게 내는 세금에 사용되는 돈을 보여달라고 했다. 그러자 그들은 로마의 화폐인 데나리온 하나를 가져왔다. 예수님은 저들에게 그것을 보여주시면서 거기에 새겨진 형상과 글귀가 누구의 것인지 물어보셨다. 그들은 그것이 로마황제의 것임을 알고 있었기에 그렇게 답변했다.

그들의 대답을 들은 예수께서는 황제의 것은 황제에게 바치고 하나님의 것은 하나님께 바치라는 말씀을 하셨다. 즉 예수께서는 그 민감한 문제를 자신에게 직접 연관짓지 않고 도리어 저들에게 떠넘기셨던 것이다. 그러자 바리새인들은 예수님의 답변을 듣고는 오히려 기이하게 여기며 당황하여 그곳을 떠나갔다.

2. 부활에 관한 사두개인들의 시험(23-33)

바리새인들이 예수님을 올무에 걸리게 하는 작전에 실패하게 되자 이번에는 사두개인들이 나섰다. 바리새인들과 사두개인들은 평상시에 정치 종교적으로 상호 적대관계에 놓여 있었지만 예수님을 시험하고 궁지에 몰아넣고자 하는 악행을 저지를 때는 탁월한 공조가 이루어졌다.

부활을 부인하는 사두개인들은 예수님을 시험하면서 부활에 관한 문제를 들고 나왔다. 그들은 모세가 기록한 구약의 율법을 들먹이며 저들의 주장을 펼쳤다. 그들의 생각에는 성경을 인용하여 질문을 하면 예수님이 그 답변을 회피하거나 궁지를 빠져나가지 못할 것이라 판단하고 있었다. 그들의 질문은 형이 아내를 남겨두고 먼저 죽게 될 경우 그 동생이 형수에게 들어가 형의 상속을 있게 하라는 내용에 관한 것이었다. 모세는 율법 가운데 그에 관한 내용을 기록하고 있다.

> "형제가 동거하는데 그 중 하나가 죽고 아들이 없거든 그 죽은 자의 아내는 나가서 타인에게 시집가지 말 것이요 그 남편의 형제가 그에게로 들어가서 그를 취하여 아내를 삼아 그의 남편의 형제 된 의무를 그에게 다 행할 것이요" (신 25:5,6);
>
> "유다가 오난에게 이르되 네 형수에게로 들어가서 남편의 아우의 본분을 행하여 네 형을 위하여 씨가 있게 하라" (창 38:8)

구약시대에 있었던 이런 특별한 제도를 형사취수兄死娶嫂 제도라 한다. 그런데 그것이 과연 형수와의 정식 혼인을 하도록 요구하는 의미를 가지는지에 대해서는 명확하게 알기 어렵다. 즉 죽은 형의 아내였던 형수와 혼인해서 평생 함께 살라고 요구하는 말인지, 아니면 자식을 두지 않고 죽은 형을 대신해 자식을 낳도록 형수에게 대신 남편의 역할을 해야 함을 의미하는지 명확하게 알 수 없는 것이다.

하지만 분명한 점은 그 동생은 죽은 형을 대신해 형수를 통해 형의 상속을 이어갈 자식을 낳도록 해야 할 의무가 있었다는 사실이다. 이처럼 구약의 율법은 이스라엘 백성 가운데 어떤 사람이 혼인해 부부로 살다가 만일 그가 아내를 남기고 먼저 죽게 되면 그 동생이 형수에게 장가들어 죽은 형의 상속을 잇도록 했다. 그렇게 하여 얻게 되는 첫 아들은 형의 아들이 되어 형의 기업을 잇게 된다.

이스라엘 민족 가운데 그런 율법이 주어졌던 것은 언약 백성에 속한 모든 사람들의 자손이 끊어지지 않게 하기 위해서였다. 사두개인들은 구약성경에 기록된 그 내용을 들고 나와 부활한 후의 영원한 세계에 대한 질문을 하면서 트집을 잡았다. 일곱 형제가 있는데 맏이 장가들었다가 자식이 없이 죽고 난후 그 동생이 형수에게 장가들었지만 그를 통해서도 자식이 없이 동생이 죽게 되고 또 다시 그런 식으로 일곱 형제 모두가 형수에게 장가들었다면 부활할 때 그 여자는 누구의 아내가 되느냐는 것이었다. 그들의 질문 가운데는 부활과 천국의 존재를 부인하는 오만한 모습이 드러나고 있다.

사두개인들의 간악한 질문을 들은 예수께서는 저들이 성경도 모르고 하나님의 능력도 오해하고 있다는 말씀을 하셨다. 부활하여 영원한 천국에 살게 되는 성도들은 지상에서 경험한 것처럼 혼인해서 가정을 이루어 살아가는 것이 아니며, 그와 같은 방식으로 인생을 누리지 않는다는 것이었다. 천국에서는 이 세상에서처럼 장가들거나 시집가지 않고 하늘의 천사들과 같이 된다는 사실을 밝히셨다.

부활에 관한 올바른 논의를 하려면 항상 살아계신 하나님에 대한 분명한 깨달음을 가져야만 한다. 성경에 하나님이 아브라함과 이삭과 야곱의 하나님이라 기록된 것은 그가 죽은 자의 하나님이 아니라 산 자들을 위한 언약의 하나님이라는 사실을 보여주고 있다. 이는 참 생명을 가진 예수 그리스도에게 속한 자가 살아있는 자이며 여호와 하나님은 곧 그런 자들의 하나님이라는 의미이다.

따라서 성경에 계시된 여호와 하나님을 알지 못하는 사두개인들의 하나님은 진정한 하나님이 아닌 것이다. 예수님의 답변을 들은 사두개인들은 도리어 놀라서 감탄하여 되돌아갔다. 그들이 놀라 돌아갔던 까닭은 저들이 믿는 하나님은 예수님이 말씀하시는 하나님과 다르다는 사실을 예수께서 간접적으로 지적하신 것에 연관되어 있다.

3. 바리새인들의 율법에 관한 질문과 예수님의 답변(34-40)

사두개인들이 예수님을 시험하여 올무에 걸리게 하기 위해 노력했지만 저들의 작전이 결국 실패로 돌아갔다는 이야기를 바리새인들이 듣게 되었다. 그래서 그들은 또다시 모여 예수님을 궁지에 몰아넣고자 다양한 궁리를 하며 대책회의를 했다. 그런 와중에 성경의 내용에 정통했던 한 서기관이 예수님을 시험하여 질문했다.

그 사람은 결코 예수님에 대해 호의적이거나 긍정적인 자세로 질문한 것이 아니었다. 그는 율법 가운데 어느 계명이 가장 큰 것이냐는 질문을 통해 뭔가 예수님을 책잡고자 하는 마음을 가지고 있었다. 그것은 특정한 율법을 더 중요시 하게 되면 저절로 다른 내용을 경시하게 된다는 사실을 염두에 둔 것이 아니었을까 하는 짐작을 해 본다. 물론 우리가 그에 대해 정확하게 알기는 어렵다. 하여튼 예수께서는 그 서기관의 질문을 들은 즉시 그에 대한 답변을 하셨다.

> "네 마음을 다하고 목숨을 다하고 뜻을 다하여 주 너의 하나님을 사랑하라하셨으니 이것이 크고 첫째 되는 계명이요 둘째는 그와 같으니 네 이웃을 네 몸과 같이 사랑하라 하셨으니 이 두 계명이 온 율법과 선지자의 강령이니라" (마 22:37-40)

예수께서 서기관에게 답변하신 이 내용은 신명기 6장 5절에 기록된 "너는 마음을 다하고 성품을 다하고 힘을 다하여 네 하나님 여호와를 사랑하라"는 말씀과 레위기서 19장 18절의 "네 이웃 사랑하기를 네 몸과 같이 하라"는 율법을 근거로 한 말씀이다. 마가복음의 병행구절에서는 예수께서 그 답변을 하시면서 여호와는 유일한 하나님이라는 사실을 명시하고 있다. 나아가 예수께서는 이 두 계명이 '전체 율법과 모든 선지자들의 강령'(40)이라고 말씀하셨다.

예수님의 이 답변은 과연 어떤 의미를 지니고 있는가? '율법과 선지자'라 함은 구약성경 전체를 가리키고 있다. 그리고 구약성경은 전체적으로 보아 앞으로 오시게 될 메시아에 대한 예언과 증거를 하고 있다. 그렇다면 예수께서는 이 말씀 가운데서 구약의 가장 큰 계명에 대한 것을 말씀하시면서 메시아로 오신 자신에 대한 증거를 하고 계신 것으로 이해할 수 있다.

즉 메시아에 관한 하나님의 말씀에 온전히 순종하고 그것을 이웃에게 올바르게 전달하는 것이 율법이 요구한 바 하나님께서 원하시는 진정한 사랑이다. 이는 예수께서 단순히 사람들의 감정과 행동으로 하나님과 이웃을 열심히 사랑하라고 하신 요구 이상의 의미를 지니고 있음을 말해주고 있다.

그런데 예수님을 시험하기 위해 구약의 율법에 관련된 질문을 던졌던 그 서기관은 예수님의 답변을 듣고는 오히려 긍정적인 반응을 하게 되었다. 마가복음에 기록된 병행구절에는 그에 관한 상황이 더욱 구체적으로 묘사되어 있다. 예수님의 답변을 들은 그 서기관이 자기의 긍정적인 생각을 말씀드렸던 것이다.

> "서기관이 가로되 선생님이여 옳소이다 하나님은 한 분이시요 그 외에 다른 이가 없다 하신 말씀이 참이니이다 또 마음을 다하고 지혜를 다하고 힘을 다하여 하나님을 사랑하는 것과 또 이웃을 제 몸과 같이 사랑하는 것이 전체로 드리는 모든 번제물과 기타 제물보다 나으니이다 예수께서 그 지혜 있게 대답함을 보시고 이르시되 네가 하나님의 나라에 멀지 않도다 하시니 그 후에 감히 묻는 자가 없더라" (막 12:32-34)

그 서기관은 놀랍게도 예수께서 답변하신 내용을 하나님께 바치는 번제물에 연관지어 반응하고 있다. 이는 사실 매우 중요한 의미를 지니고 있다. 서기관의 답변을 통해 드러나는 의미는 단순히 인간으로부터 발생하는 사랑이 모든 번제물보다 더 귀하다는 의미라기보다 마태복음 본문에 언급된 예수님의 말씀인 "이 두 계명이 '전체 율법과 모든 선지자들의 강령' 이라"(40)고 하신 의미와 연관되어 있기 때문이다.

거기에는 구약성경의 전체 율법과 모든 선지자들의 글이 앞으로 오시게 될 메시아를 가리키고 있듯이 인간의 몸을 입고 영원한 제물이 되어 십자가 위에서 돌아가시게 될 하나님의 어린 양에 관한 예언적 성격이 담겨 있었다. 그것은 당시 보통 사람들이 답변할 수 없는 것으로서 결코 예사로운 반응이 아니었다.

예수께서 그 서기관의 답변을 특별히 지혜롭다고 인정하신 것은 바로 그와 밀접하게 연관되어 있다. 따라서 예수님은 그가 하나님 나라에서 그리 멀지 않다는 말씀을 하셨던 것이다(막 12:34). 이는 그 사람이 구약성경이 세상에 오실 메시아를 증거하고 있다는 사실과 하나님께 바쳐지는 모든 제물이 앞으로 오실 메시아를 상징한다는 사실을 깨닫고 있었음을 말해주고 있다. 그후에는 더 이상 거기에 담겨있는 심오한 뜻에 대해 예수님께 질문하는 자가 없었다.

4. 선재先在하신 그리스도에 대한 예수님의 말씀(41-46)

예수께서는 바리새인들이 모여 있는 자리에서 저들에게 그리스도에 관한 질문을 하셨다. 그리스도가 이땅에 오게 되면 누구의 자손으로 오게 되느냐는 것이었다. 그 사람들은 눈앞에 있는 메시아를 알아보지 못하는 장님들이었지만 종교적인 관점에서는 나름대로 메시아를 기다리고 있던 자들이었다.

예수님으로부터 그 질문을 받은 바리새인들은 성경에 예언된 내용을 지식적으로나마 알고 있었으므로 메시아가 '다윗의 자손'으로 오게 된다는 사실을 말했다. 예수께서는 그들의 답변을 들은 후, 그것을 배경으로 하여 다윗과 메시아의 관계에 대한 설명을 하셨다. 그는 구약성경의 시편에 기록된 다윗의 메시아 예언을 인용하시면서 그에 대한 말씀을 하셨던 것이다.

"여호와께서 내 주에게 말씀하시기를 내가 네 원수로 네 발등상 되게 하기까지 너는 내 우편에 앉으라 하셨도다" (시 110:1)

이 시편을 노래한 사람은 족보상 메시아의 계보에 있는 다윗이었다. 그런데 다윗이 자기의 자손으로 오게 될 인물인 그리스도에 대해 '나의 주' 라고 표현했다. 다윗이 그리스도를 '자신의 주' 라고 칭했다면 어떻게 그리스도가 그의 자손이 될 수 있느냐는 것이었다. 그럼에도 불구하고 다윗이 그렇게 노래했던 것은 그가 그전부터 이미 계신 분이었기 때문이다. 다윗이 시편을 노래할 당시에도 그리스도가 살아 계셨으며 그 전에도 존재했을 뿐 아니라 창세전부터 계신 분이란 사실을 말해주고 있다.

그리스도는 삼위일체 하나님 가운데 한 위이신 성자 하나님이시다. 예수께서는 이 말씀을 통해 이스라엘 민족 가운데 하나님의 아들이신 자신의 존재를 설명하며 드러내셨다. 그는 인간의 몸을 입고 이 세상에 온 그리스도인 자기를 전혀 알아보지 못하는 청맹과니들의 어리석음을 질책하셨다. '다윗의 자손' 에 연관된 예수님의 말씀을 들은 바리새인들은 더 이상 아무런 말을 하지 못했다.

제46장
외식하는 자들에 대한 경고
(마 23:1-39)

1. 위선자들에 대한 경고와 주의

(1) 타산지석他山之石이 되는 서기관들과 바리새인들(1–7)

예수께서는 제자들을 비롯한 여러 사람들이 모인 자리에서 서기관과 바리새인들을 공개적으로 비판하셨다. 그 사람들은 이스라엘의 종교지도자들로서 모세의 율법을 가르치는 자들이었다. 그러나 그들은 성경에 기록된 내용을 형식적 지식으로만 가르쳤을 뿐 그 말씀에 순종하지는 않았다. 저들의 삶과 행위는 율법의 교훈과 아무런 상관이 없었다.

그러면서도 일반 백성들에게는 율법의 조항을 철저히 지키도록 요구했다. 그것은 자기는 손가락 하나도 까딱하지 않으면서 말로써 다른 사람들에게 무거운 짐을 지우는 것과 같았다. 유대 지도자들은 외형적으로는 종교적 권위를 갖추고 그럴듯하게 자신을 포장했다. 하지만 그들은 자신의 율법적 행위를 자랑하며 드러내기를 좋아했을 따름이다.

따라서 그 사람들은 율법적 형식으로써 자신을 화려하게 치장했지만 율법의 본질은 철저히 배격했다. 어리석은 지도자들은 하나님의 율법을 잠시도 떠나지 말라고 하신 모세의 기록을 크게 오해하고 있었다. 그들은 겉모양을 장식하는 것이 마치 하나님의 말씀에 순종하는 것처럼 여겼던 것이다. 모세는 광야생활 40년을 마치고 가나안 땅에 들어가는 이스라엘 백성에게 하나님의 말씀을 전했다.

> "이러므로 너희는 나의 이 말을 너희 마음과 뜻에 두고 또 그것으로 너희 손목에 매어 기호를 삼고 너희 미간에 붙여 표를 삼으며 또 그것을 너희의 자녀에게 가르치며 집에 앉았을 때에든지 길에 행할 때에든지 누웠을 때에든지 일어날 때에든지 이 말씀을 강론하고 또 네 집 문설주와 바깥문에 기록하라" (신 11:18-20)

하나님의 자녀들은 항상 계시된 말씀을 마음에 새겨 두고 자신의 몸과 집 곳곳에 기록하여 그에 대한 표를 삼았다. 구약시대 이스라엘 백성은 이 율법을 지키기 위해 최대한의 노력을 했다. 예수님 당시에도 신체와 집에 모세의 율법을 기록해두기를 좋아하는 자들이 많았다. 그러나 대개는 그런 행위 자체가 하나님의 명령에 순종하는 것이라 오해하고 있었다. 유대 민족의 성경교사로 인정받던 서기관들과 율법적 형식을 중시하는 바리새인들은 더욱 그러했다.

그들은 경문經文이 담긴 곽 곧 성구함을 다른 사람들보다 크게 만들어 손목과 이마에 차고 다니면서 자신의 신앙을 과시했다. 사람들은 그런 외형을 갖추는 것이 하나님의 말씀에 철저히 순종하는 것인 양 여겼다. 어리석은 자들은 그렇게 하는 것이 마치 훌륭한 신앙인이 되는 것처럼 생각했기 때문이다. 또한 그 사람들은 위의 신명기 본문 이외에 민수기에 기록된 율법을 형식적으로 적용했다. 그들은 자신의 신체 부위와 집의 문들을 종교적으로 장식했을 뿐 아니라 모세의 율법에 따라 옷술을 길게 늘어뜨린 채 자신의 신앙을 자랑스럽게 여기며 돌아다니기를 좋아했다. 저들에게는 그런 장신구를 구비하는 것이 구약의 율법을 준수하는 방편인 것처럼 인식되어 있었던 것이다.

> "이스라엘 자손에게 명하여 그들의 대대로 그 옷단 귀에 술을 만들고 청

> 색 끈을 그 귀의 술에 더하라 이 술은 너희로 보고 여호와의 모든 계명을 기억하여 준행하고 너희로 방종케 하는 자기의 마음과 눈의 욕심을 좇지 않게 하기 위함이라 그리하면 너희가 나의 모든 계명을 기억하고 준행하여 너희의 하나님 앞에 거룩하리라" (민 15:38-40)

이스라엘 백성들은 의상이 자유롭지 않았다. 즉 경건한 유대인들은 율법을 벗어난 옷차림새를 피했다. 하나님께서는 옷단의 귀에 술을 만들고 청색 끈을 그 귀의 술에 더해 달도록 하셨다. 위의 말씀 가운데는 하나님의 율법의 범주를 벗어나지 말라는 메시지가 포함되어 있다. 이는 단순히 그런 복식을 갖추라는 의미를 넘어 그것을 통해 말씀으로써 자신을 보호하라는 의미를 지니고 있었던 것이다. 하지만 배도에 빠진 유대 지도자들은 겉으로 드러난 율법적 형식만 취하고 알맹이는 버렸다.

우리는 여기서 민수기의 본문 가운데 옷술의 끈이 왜 다른 색이 아닌 청색 끈이었을까 하는 점을 생각해 볼 필요가 있다. 이는 사실 매우 중요한 의미를 지니고 있다. 그것은 성전 제사와 연관되는 총체적인 의미를 지니고 있기 때문이다. 하나님께서는 제사를 주관하는 제사장 아론의 이마에 「여호와께 성결」이라 적힌 패를 맬 때 청색 끈을 사용하도록 하셨다.

> "너는 또 정금으로 패를 만들어 인을 새기는 법으로 그 위에 새기되 「여호와께 성결」이라 하고 그 패를 청색 끈으로 관 위에 매되 곧 관 전면에 있게 하라 이 패가 아론의 이마에 있어서 그로 이스라엘 자손의 거룩하게 드리는 성물의 죄건을 담당하게 하라 그 패가 아론의 이마에 늘 있으므로 그 성물을 여호와께서 받으시게 되리라" (출 28:36-38)

이스라엘 민족의 종교인들의 옷술에 사용된 청색 끈은 제사장 아론의 이마에 패를 맬 때 사용되었던 청색 끈에 연관된 것으로 이해해야 한다. 그들이 옷술을 위해 청색 끈을 사용한 것은 제사장 아론의 이마에 사용되었던 청색 끈과 동일한 의미를 지니고 있었다.

예수님 당시 서기관들과 바리새인들은 자신의 몸과 의상, 그리고 집에 성경구절을 부착하는 종교적인 형식은 갖추었지만 내면은 전혀 그렇지 못했다. 그들은 하나님의 말씀을 마음속에 간직했던 것이 아니라 자신의 종교적인 목적을 위해 그것을 형식적으로 사용하고자 했던 것이다.

바리새인들은 또한 잔칫집의 높은 자리에 앉기를 좋아했으며 회당의 상좌에 앉는 것들 즐겨했다. 나아가 시장에서 사람들로부터 인사받기를 좋아했으며 사람들이 저들을 향해 랍비라 칭하는 것을 듣기 좋아했다. 그들은 사람들 보기에 유능하고 그럴듯한 종교인으로 인정받는 것을 최상의 명예로 생각했던 것이다.

그러므로 오늘날 우리 시대 역시 저들의 위선적인 행동을 견제해야 한다. 나아가 종교지도자라는 그럴듯한 직위를 통해 명예를 추구하는 태도를 경계하지 않으면 안 된다. 성도들은 구약의 율법에 기록된 하나님의 뜻을 알고 그에 온전히 순종할 때 영원한 진리에 나아갈 수 있게 된다.

(2) "랍비라 칭함 받지 말라"(8-12)

예수께서는 제자들에게 랍비 곧 선생으로 칭함을 받지 말라고 하셨다. 이는 선생이라 칭함을 받는 것을 좋아하지 말라는 것이 아니라 이예 선생으로 칭함을 받지 말라는 것이었다. 이는 겉모습만 종교적으로 치장하고 있는 자들이 선생이라 칭함을 받는 그런 식의 칭함을 받지 말라는 의미이다.

여기서 모든 성도들은 동일한 형제일 따름이며 그 가운데 특출한 선생이 필요하지 않다는 사실이 교훈되고 있다. 진리를 왜곡하는 자들이 유능한 선생으로 행세하고 인정받는 것만큼 불행한 일은 없다. 나아가 우리는 어느 누구도 하나님 앞에서 완벽한 교사가 될 수 없다는 사실을 기억해야 한다. 야고보는 이와 연관하여 지상교회를 향해 매우 엄한 교훈을 주고 있다.

> "내 형제들아 너희는 선생 된 우리가 더 큰 심판 받을 줄을 알고 많이 선생이 되지 말라" (약 3:1)

야고보는 선생 된 자들이 더 큰 심판을 받게 되리라는 사실을 말하고 있다. 가르치는 모든 자들은 두려운 마음을 가지지 않을 수 없다. 교회의 선생으로서 잘못 가르치게 되면 많은 교인들이 잘못된 길을 가게 될 것이기 때문이다. 따라서 교회의 선생이 되는 것은 매우 부담스런 일이며 선생이 되지 않는 것이 차라리 낫다.

예수께서는 또한 제자들에게 아버지라 칭함을 받지 말라고 하셨다. 이는 하나님 한 분 외에 다른 아버지가 없다는 사실을 말해준다. 이것은 사실 매우 중요한 의미를 지니고 있다. 모든 인간들은 원래 부모로부터 출생했으며 성도들 역시 마찬가지다. 하지만 성도들은 옛 사람은 죽고 하나님으로 인해 새롭게 거듭 태어난 자들이다.

그리고 예수님은 제자들에게 지도자라 칭함을 받지 말라고 하셨다. 이는 참된 지도자는 예수 그리스도 한 분밖에 없기 때문이다. 모든 성도들은 예수 그리스도께 속한 백성으로서 차별 없이 그의 통치를 받는 자들이다.

그러므로 교회 안에서는 크고 작거나 높고 낮은 신분과 지위가 존재하지 않는다. 따라서 스스로 자기를 크다고 생각하는 자는 도리어 다른 형제들을 섬기는 자가 되어야 한다. 하나님께서는 누구든지 다른 교인들보다 자신을 높이는 자는 낮추실 것이며 도리어 자기를 낮추는 자를 높이시게 된다.

오늘날 성도들은 이에 관한 원리를 잘 배워야 한다. 이는 나중에 섬김을 받고 높아지기 위한 욕심으로 그렇게 하라는 것이 아니다. 도리어 의도적으로 그렇게 하는 것은 더욱 간교한 행동일지 모른다. 하나님의 은혜를 진정으로 깨닫는 성도라면 결코 자신을 크고 높은 자로 인식할 수 없다.

2. "화 있을진저 외식하는 자들이여"

(1) 천국 문을 가로막는 종교지도자들(13-15)

구약성경은 언약 백성들을 예수 그리스도와 함께 임하게 될 하나님 나라로 인도하는 기능을 한다. 이스라엘 민족의 율법 교사로 세움을 받은 지도자라면 백성들에게 하나님의 진리와 더불어 오실 메시아에 대해 가르쳐야 한다. 그런데 배도에 빠진 서기관과 바리새인들은 항상 천국 문의 언저리를 맴돌았을 뿐 진리와는 거리가 멀었다. 그들은 천국 문 앞에서 얼쩡거리면서 다른 사람들이 메시아로 말미암아 그곳으로 들어가는 길을 가로막고 있었다. 즉 그런 자들은 천국 문 앞으로 가까이 오는 백성들을 미혹해 도리어 엉뚱한 길로 데려갔던 것이다.

우리는 여기서 종교를 앞세운 위선자들의 간악성을 엿보게 된다. 그들은 바다와 육지를 넘어 온천지를 두루 다니며 포교를 하고는 어리석은 자들로 하여금 하나님이 아니라 자기를 따르게 한다. 종교지도자들은 결코 일반 성도들을 미혹하여 자신의 수하手下에 두려고 하는 악행을 저질러서는 안 된다. 그러므로 성숙한 성도들은 저들의 잘못된 가르침에 속아 넘어가지 말아야 한다. 뿐만 아니라 신앙이 어린 성도들을 말씀으로 보호할 수 있어야 한다. 양의 탈을 쓴 악한 지도자들은 어리석은 자들을 미혹하기 위해 별 짓을 다하고 있다. 종교적 위선자들은 호시탐탐 기회를 엿보며 연약한 자들에게 다가간다. 한글성경에는 빠져있는 14절의 말씀이 영어성경 KJV에는 기록되어 있다.

> "Woe unto you, scribes and Pharisees, hypocrites! for ye devour widows' houses, and for a pretence make long prayer: therefore ye shall receive the greater damnation" (Matt.23:14, KJV).

> "화 있을진저 외식하는 서기관들과 바리새인들이여 너희가 과부들의 집

들을 삼키면서 외식으로 길게 기도하는구나. 그러므로 너희는 더욱 큰 저주를 받으리라" (마 23:14)

배도에 빠진 자들은 연약한 과부들을 이용해 자신의 종교적인 욕망을 채우기에 급급했다. 그들은 그것을 위해 종교적인 명분을 앞세웠을 것이 틀림없다. 예수님 당시 과부란 외롭고 힘없는 소외된 계층에 속한 사람들이었다. 그들은 대개 판단력이 흐렸기 때문에 악한 종교인들의 오래 기도하는 모습과 저들의 입술에서 나오는 감언이설甘言利說에 쉽게 속아 넘어갔다. 하지만 예수께서는 그렇게 하는 자들이 더욱 큰 저주를 받게 될 것이라며 강하게 책망하고 계신다.

오늘날 우리 시대에도 종교의 이름으로 인간들끼리 속고 속이는 일이 되풀이 되고 있다. 기독교 지도자로 행세하는 자들 가운데는 어리석은 사람들을 미혹해 자신의 종교적인 욕망을 채우는 자들이 많다. 또한 바다와 육지를 넘어 전도와 선교를 하면서 교인 하나를 얻기 위해 수고를 아끼지 않는 열성 있는 자들도 많다. 그러나 힘들게 포교하여 얻은 사람들을 하나님이 아니라 자신의 추종자로 삼고 잘못된 가르침을 베풀어 더 위험한 곳으로 끌고가는 경우는 있지 않은지 생각해 보아야 한다.

우리는 일반 성도들보다 교회의 교사인 목사가 훨씬 더 위험하다는 사실을 기억하지 않으면 안 된다. 목사가 백 마디 말로써 잘 가르쳤다 할지라도 잘못 가르친 한 마디가 얼마나 위험한가 하는 것에 대한 분명한 인식을 하지 않으면 안 된다. 그러므로 가르치는 교사들은 하나님 앞에서 겸손해지지 않을 수 없다. 이것은 종교적인 훈련을 통한 것이 아니라 본질에 의한 것이다.

(2) 교인들을 미혹해 재물을 추구하는 소경된 인도자(16-22)

예수님 당시 종교지도자들은 백성들에게 공공연한 말로 물질을 강요했다. 저들 나름대로는 그에 대한 충분한 명분이 있다고 여겼을 것이 틀림없다. 그것은 개인이 치부하기 위한 것이 아니라 다양한 종교 활동과 더불어 예루살렘 성전공사라는 대역사가 진행되고 있었기 때문이다.

교회의 지도자들은 어떤 경우에도 하나님의 이름을 빗대어 성도들을 미혹하려해서는 안 된다. 종교와 하나님을 핑계대어 교인들에게 달콤한 거짓말을 하면서 저들의 재물을 요구하는 것은 사악한 행위가 아닐 수 없다. 하지만 배도에 빠진 자들은 하나님을 금이나 돈을 좋아하는 분으로 만들어 가며 어린 교인들을 미혹하기를 쉬지 않는다.

그런 자들은 신앙적인 근본 고백을 어기는 것에 대해서는 그다지 질책하지 않는다. 그러나 재물에 관한 맹세를 한 후 그것을 실행하지 않는 문제에 대해서는 온갖 책망을 아끼지 않는다. 그들은 하나님의 말씀과 진리보다는 돈과 재물에 관심을 집중하고 있는 것이다. 그러나 하나님께서는 결코 그런 것들을 좋아하시는 분이 아니시다. 호세아 선지자는 그에 대한 분명한 기록을 하고 있다.

> "나는 인애를 원하고 제사를 원치 아니하며 번제보다 하나님을 아는 것을 원하노라" (호 6:6)

인간들은 하나님을 돈과 재물을 좋아하는 분으로 만들어서는 안 된다. 그렇게 하는 것은 하나님을 자기와 같은 자로 간주하는 악행에 지나지 않는다. 사악한 지도자들은 맹세에 대한 강조를 하며 물질에 연관된 맹세를 지키지 않으면 마치 하나님으로부터 엄청난 천벌을 받을 것처럼 이야기한다. 그런 자들은 교인들로부터 재물을 끌어내기 위해 온갖 구실을 붙이지만 하나님께서는 결코 그런 것을 원하시지 않으신다. 예수께서는 산상수훈에서 어떤 경우에도 맹세하지 말도록 명하셨다.

> "나는 너희에게 이르노니 도무지 맹세하지 말지니 하늘로도 말라 이는 하나님의 보좌임이요 땅으로도 말라 이는 하나님의 발등상임이요 예루살렘으로도 말라 이는 큰 임금의 성임이요" (마 5:34,35)

예수께서는 이 교훈을 통해 인간의 전적무능함을 지적하고 계신다. 인간들은 어떤 문제를 두고 맹세한다고 할지라도 그것을 온전히 지킬 수 있는 능력이 없다. 그러나 악한 지도자들은 재물로서 맹세하게 하고는 그것을 반드시 지키도록 강요한다. 그들은 신앙의 본질적인 다짐이 아니라 성전의 금과 재단의 예물을 위해 맹세하고 그것을 지키라고 요구하는 것이다.

그러나 교인들로부터 돈을 거두어 낼 목적으로 맹세를 비롯한 다양한 방법을 동원하는 일은 결코 있어서는 안 된다. 하나님께 재물에 대한 맹세를 했으니까 반드시 지켜야 한다고 강조하는 것은 참된 신앙에 근거한 것이라 할 수 없다. 그것은 하나님의 뜻을 거슬러 이기적인 종교행위에 집중하는 것 이상이 아니기 때문이다. 그런 자들은 진리를 보지 못하는 소경으로서 어리석은 자들을 엉뚱한 곳으로 인도하는 사악한 종교인에 지나지 않는다.

(3) 십일조에 관한 문제(23,24)

구약 율법은 이스라엘 백성에게 십일조를 바치도록 요구하고 있다. 구약시대의 십일조는 의무적인 세금의 성격을 지니고 있다. 그것은 하나님의 언약 왕국이자 약속된 메시아를 보내시기 위한 통로로 사용되는 이스라엘 민족과 저들 가운데 있는 성전에 연관되어 있다. 따라서 백성들이 바친 십일조는 그 사용처가 크게 보아 몇 가지로 구분된다.

① 성전제사와 제사장들을 위해(민 18:28) : 제사장들과 레위인

② 가난한 이웃을 위해(신 26:12) : 나그네, 고아, 과부
③ 이스라엘 왕국을 위해(삼상 8:15) : 국가의 관리와 신하들

서기관과 바리새인들은 율법에 대한 형식에 따라 박하와 회향과 근채 등의 십일조를 바쳤다. 그렇지만 그들이 그것을 통해 마땅히 가져야 할 보편적인 신앙정신은 버렸다. 그것은 ① 의(정의)와 ② 인(자비)과 ③ 신(신의)으로서 위에 언급된 구약의 십일조에 관한 내용과 연관된다. 이는 곧 세상에 오셔서 자기 백성을 구원하시게 될 메시아를 지향하고 있다. 따라서 십일조는 율법에 대한 행위를 통해 그에 대한 하나님의 뜻을 온전히 깨닫도록 요구하고 있다. 형식은 취하고 본질을 버리는 자들은 소경된 인도자에 지나지 않는다.

배도에 빠진 유대 지도자들은 일반 백성들에게 저들의 가르침과 신앙을 본받도록 요구했지만 그런 지도자들을 따르게 되면 저들과 함께 깊은 웅덩이에 빠질 수밖에 없었다. 그들은 스스로 모세의 율법을 엄격하게 지키며 산다고 주장했지만 실제로는 하나님의 뜻을 저버린 자들이다. 그러므로 율법의 본질적인 의미를 깨달아 알고 그에 따른 행위로써 순종하는 것이 중요하다.

그렇다면 예수께서 십자가에 달리신 후 신약시대에도 과연 십일조 제도가 존재하는가? 우리는 신약시대에도 의식주 생활을 하고 있는 한 십일조의 언약적인 의미가 그대로 존속되고 있는 것으로 이해해야 한다. 본문 가운데 나타나는 "이것도 행하고 저것도 버리지 말지니라"(23)는 예수님의 말씀이 그것을 입증하고 있다. 하지만 신약시대의 십일조 헌금은 구약 율법에 대한 직접적인 적용이 아니다. 그것은 하나님께서 허락하신 생명에 대한 고백이어야 하며, 교회의 언약에 동참하게 되는 은혜의 방편이 되어야 한다는 점에서 연보의 개념 안에 자연스럽게 스며들어 있어야 한다.

우리는 이 세상에 살아가면서 날마다 의식주 생활을 하며 살아간다. 이

는 곧 세상에서의 재물을 근거로 하고 있다. 성도들은 세상을 살아가는 방편으로 소유하게 되는 모든 것들이 하나님으로부터 말미암는다는 사실을 잘 알고 있다. 하나님께서 허락하신 건강, 재능, 기회를 통한 노동의 결과로 인해 물질을 얻어 생명을 보존하며 살아가는 것이다.

우리는 하나님께서 허락하신 은혜의 방편들로써 얻게 된 물질 가운데 십분의 일뿐만 아니라 자신의 능력 여하에 따라 그 이상이나 혹은 그 이하라도 하나님의 언약을 기억하며 그의 몸 된 교회의 사역을 위해 기꺼이 내어놓는다. 이는 하나님의 손에 직접 드린다는 의미보다는 지상에 존재하는 교회를 위해 내어놓는다는 고백적 성격이 강하다. 이런 점에서 십일조라고 하는 경직된 개념이 아닌 평균케 하시는 연보의 개념으로 통합되어야 하며 이를 통해 자신의 생명과 삶이 하나님과 그의 몸 된 교회에 속해 있다는 사실을 고백하게 되는 것이다.

또한 연보는 개인의 수입 가운데 일부를 자기 마음대로 쓸 수 없는 돈으로 만들어 교회의 의사대로 사용할 수 있도록 맡기는 의미를 지닌다. 이는 개인이 아무리 좋은 일을 위해 올바르게 재물을 사용한다고 할지라도 거기에는 개인의 욕망과 목적이 섞여 들어있을 수밖에 없다. 하지만 연보로 바쳐진 돈은 개인의 의사가 아니라 전적으로 교회의 의사에 따라 사용하게 된다. 그렇게 함으로써 연보를 제외한 개인이 소유하고 있는 나머지 물질에 대한 의미까지 분명해진다.

또한 연보는 가정 단위로 이해되어야 하는 것이 자연스럽다. 가족 가운데 노동 능력이 있어 돈을 버는 사람만 연보에 참여하는 것이 아니라 어린 아이들과 태중에 있는 아기까지도 그 언약적 연보에 참여하게 된다. 이런 점에서 교회가 많은 돈을 거두기 위한 목적으로 '십일조'라는 명목의 헌금을 강요해서는 안 된다. 모든 성도들은 자연스럽게 연보 생활을 통해 하나님의 은혜를 깨달으며 언약적 삶을 누리게 되어야 하기 때문이다.

하지만 배도에 빠진 유대인들은 눈먼 소경이 되어 일반 백성들을 잘못된 길로 인도했다. 그들은 십일조를 강조하면서 저들 스스로도 열심히 십일조를 바쳤으나 그것은 아무런 의미가 없는 형식적인 종교행위에 지나지 않았다. 그들은 성경에 기록된 율법을 형식적으로 지켰지만 실상은 그보다 훨씬 더 큰 본질은 버렸다.

사악한 유대인들은 조그만 하루살이는 철저히 걸러내면서 커다란 낙타를 삼키고 있었다. 그 사람들은 작은 죄를 피하는 것처럼 행동하면서 실상은 훨씬 더 큰 죄를 지었던 것이다. 즉 그들은 율법의 일부를 지키기 위해 최선을 다하는 듯했으나 실상은 전체적인 율법을 어겼다.

(4) '회칠한 무덤' 같은 종교지도자들(25-28)

외식하는 유대 종교지도자들은 탐욕으로 가득 찬 방탕한 자들이었다. 그들에게는 세속적인 욕망과 무절제한 생활이 이어지고 있었다. 종교적으로 화려하게 치장한 저들의 가식적인 겉모양은 멀쩡해 보였지만 속은 썩어 냄새가 진동했다.

그들의 겉은 마치 깨끗한 잔과 대접처럼 보였지만 그 안에는 더러운 것들로 가득 채워져 있었다. 나아가 겉모양은 회칠한 무덤같이 보기 좋게 단장되었으니 무덤 안에는 냄새나는 더러운 시체가 있는 것과 같았다. 그러면서도 눈이 먼 바리새인들은 그 실상을 전혀 보지 못하고 있었다.

그러므로 예수께서는 사람의 종교적인 외형을 치장할 것이 아니라 먼저 영혼을 깨끗이 해야 한다고 말씀하셨다. 그렇게 되면 종교적인 내면도 자연스럽게 청결해진다는 것이었다. 이는 겉모양을 통해 속이 깨끗해지는 것이 아니라 먼저 속을 정결하게 할 때 겉모양도 깨끗하게 된다는 의미였다.

이는 하나님을 믿는 자들이 내면적인 진리를 추구하지 않고 남에게 자신의 종교성을 드러내 내보이고자 하는 태도가 얼마나 위선적인가 하는 것을 말해주고 있다. 즉 속 사람이 진리와 더불어 정결하게 되면 그의 일상적인 삶에는 저절로 그에 조화되는 변화가 따르게 된다. 어리석은 인간들은 겉만 보고 속아넘어갈지 모르지만 그것으로써 살아계신 하나님을 속일 수는 없는 것이다.

(5) "독사의 자식들아"(29-33)

배도에 빠진 유대 지도자들은 자신의 욕망을 추구하는 헛된 종교행위를 하기에 급급했다. 그들은 어리석은 사람들에게 자신의 신앙을 드러내며 자랑하기 위해 최선의 노력을 기울였다. 그것을 통해 여러 사람들 앞에서 자신의 종교적인 열정을 과시할 수 있었기 때문이다.

그런 자들은 하나님의 선지자들을 죽이면서도 한편으로는 저들의 비석을 화려하게 꾸미고 있었다. 그들은 종교적 욕망에 따른 이기적인 목적을 위해 선지자들을 박해하면서도 죽은 자의 무덤을 꾸미는 것이 마치 의를 행하는 것인 양 선전했다. 그러므로 오래 전에 살았던 선지자들의 비석을 세우면서 그것을 통해 자기들이 마치 그 선지자들의 뒤를 잇고 있는 것인 양 떠벌리기를 좋아했다.

그런 식의 사고를 하는 자들은 그럴듯한 신앙적인 영웅을 만들어두고 그들의 행적을 기념하기를 좋아한다. 그들은 앞선 신앙인들의 무덤을 다듬고 비석을 세우며 명분쌓기에 열중하면서 죽은 조상을 기념하는 듯 하지만 실상은 자기를 의로운 사람들의 대열에 세워둠으로써 종교적인 이득을 보고자 한다. 따라서 어리석은 자들은 종교성이 가득한 저들의 주장과 위선적인 행위를 보고 속아 넘어가게 된다.

그러나 저들이 하나님의 말씀을 의존하는 지혜로운 성도들의 눈을 속일 수는 없었다. 예수께서는 그들에게 저들의 조상이 하나님의 선지자들을 박해하고 죽였듯이 그 남은 악행을 마저 채우라고 말씀하셨다. 그런 자들은 겉모양으로 나타나는 종교적인 양상에도 불구하고 독사의 자식 곧 사탄의 자식이다. 사람들이 아무리 저들을 칭찬하고 스스로 최상의 명예를 얻는다고 여길지라도 하나님 앞에서는 전혀 그렇지 않다. 그들은 무서운 지옥의 심판을 피할 수 없다.

오늘날 우리의 신앙자세는 과연 어떤가? 혹시라도 예수님 당시의 어리석은 지도자들의 종교적 행태를 그대로 본받으려 하지는 않는가? 우리는 구약시대의 선지자들과 신약시대의 사도들의 편에 서 있는 것처럼 말하면서 유명한 조상들의 행적을 기념하기에 열중하지만 실상은 자기의 종교적인 욕망에 충실한 삶을 살고 있지는 않은지 깊이 반성해 보아야 한다.

3. 악한 자들의 박해와 하나님의 심판

(1) 하나님께 저항하는 가인의 후예(34-36)

예수께서는 악한 유대인들을 향해 강한 경고의 말씀을 하셨다. 하나님의 말씀을 온전히 알고 순종하는 지혜로운 사들을 환영하기는커녕 채찍질하거나 구박하였으며 심지어는 십자가에 못박아 죽이기까지 하는 저들의 행동에 관한 것이었다. 그들은 하나님을 믿는 무리들을 괴롭혔으며 여러 지역을 두루 다니면서 그들을 적극적으로 박해했다.

그와 같은 악한 행위는 급작스럽게 발생한 것이 아니라 저들의 조상 때부터 줄곧 있어온 일이었다. 그들의 조상 가인(Cain)은 의인 아벨(Abel)을 죽였으며, 나중에도 배도자들은 바라갸의 아들 의인 사가랴(Zacharias)를 죽였다. 하나님을 저항하는 저들의 악행은 인간의 전 역사와 연관되어 있는 문제이다. 따라서 의인들의 피를 흘린 그 모든 악행은 저들의 세대가 책임져야 할 수밖에 없다.

그러므로 예수께서는 여기서 이제 곧 닥치게 될 자신의 십자가 사역을 통해 저들에게 하나님의 무서운 심판이 임하게 되리라는 사실을 시사하셨다(36). 하나님의 아들을 박해하여 죽이기까지 하는 세상이 그에게 속한 성도들을 온전히 대할 리 만무하다. 따라서 이 세상에 살아가는 하나님의 자녀들은 세상으로부터 환영을 받지 못한다. 예수께서는 앞에서 이미 제자들에게 그에 관한 언급을 하셨다.

> "나를 인하여 너희를 욕하고 핍박하고 거짓으로 너희를 거스려 모든 악한 말을 할 때에는 너희에게 복이 있나니 기뻐하고 즐거워하라 하늘에서 너희의 상이 큼이라 너희 전에 있던 선지자들을 이같이 핍박하였느니라" (마 5:11,12)

하나님의 자녀들은 타락한 세상의 가치를 온전한 것으로 인정하지 않는다. 따라서 이 세상으로부터 인정받아 모든 것들을 누리며 살아가려 하는 것은 하나님의 뜻과는 거리가 멀다. 하나님을 올바르게 알고 믿는다면 그것이 허용될 수 없다. 예수님을 핍박하고 죽이기까지 한 세상이 그를 따르는 백성들에게 관대할 이유가 없기 때문이다.

따라서 성도들의 기쁨은 세상으로부터 칭찬을 듣고 만족스런 삶이 허용되기 때문이 아니다. 도리어 세상에서 욕을 듣고 박해를 받으면서 기쁨과 즐거움을 가져야 한다. 이는 우리의 삶의 본질이 영원한 천국에 연결되어 있다는 것과 앞으로 있게 될 참된 보상으로 말미암는 것이다.

(2) 하나님의 사랑과 종말에 관한 예언(37-39)

예수께서는 십자가 사역을 앞두고 종말에 연관된 선포를 하셨다. 언약의 도성 예루살렘을 통한 약속을 이루기 위한 하나님의 인내는 이루 말할 수 없었다. 예루살렘에 거하는 배도자들이 하나님의 이름을 앞세워 선지자들을 잔인하게 죽일 때조차도 하나님께서는 예루살렘에서 저들의 자녀들을 모아 언약하신 뜻을 이루어 가고자 하셨다. 그러나 악한 배도자들은 하나님의 뜻을 버리고 더러운 사탄의 뜻을 따라갔다. 그들에게는 궁극적인 하나님의 심판이 임하게 될 따름이다.

예루살렘에 대한 하나님의 심판과 패망은 매우 중요한 의미를 지니고 있다. BC 586년 바벨론 제국에 의해 예루살렘 성전이 파괴될 때도 배도에 빠진 자들은 그럴 리 없다고 장담했다. 그들은 헛된 믿음으로 위장된 평화를 선포하며 교만에 빠져 있었다. 그들은 하나님의 뜻이 아니라 종교적인 욕망에 가득 차 있었던 것이다.

이제 또 다시 예루살렘은 하나님의 심판으로 인해 멸망당할 처지에 놓였다. 이는 예수님의 십자가 사역을 통해 드러나게 된다. 그리고 이에 관한 예언은 AD 70년 예루살렘 성전이 로마제국에 의해 완전히 파괴되는 역사적인 사건에 연관되어 있다. 이에 대해서는 요한계시록에 잘 기록되어 있다. 계시록에는 하나님을 배반한 예루살렘을 '음녀 바벨론' 으로 묘사하고 있다. 겉보기에 화려한 것과 달리 음행으로 인해 배도에 빠진 그 도성은 하나님의 무서운 심판을 받게 된다.

> "또 일곱 대접을 가진 일곱 천사 중 하나가 와서 내게 말하여 가로되 이리 오라 많은 물위에 앉은 큰 음녀의 받을 심판을 네게 보이리라 임금들도 그로 더불어 음행하였고 땅에 거하는 자들도 그 음행의 포도주에 취하였다 하고 곧 성령으로 나를 데리고 광야로 가니라 내가 보니 여자가 붉은 빛 짐승을 탔는데 그 짐승의 몸에 참람된 이름들이 가득하고 일곱 머리와 열 뿔이 있으며 그 여자는 자주 빛과 붉은 빛 옷을 입고 금과 보석과 진주로 꾸미고 손에 금잔을 가졌는데 가증한 물건과 그의 음행의 더러운 것들이 가득하더라 그 이마에 이름이 기록되었으니 비밀이라, 큰 바벨론이라, 땅의 음녀들과 가증한 것들의 어미라 하였더라" (계 17:1-5)

하나님의 언약을 소유한 예루살렘이 더러운 음행에 빠져 하나님을 배반한 것은 하나님의 심판을 초래하는 것과 마찬가지다. 그러므로 예수께서는 십자가 사건이 있기 전 제자들에게 예루살렘을 향해 통탄하셨다. 하나님의 특별한 언약의 장소로 선택된 그곳이 제 역할을 버리고 오히려 하나님께 저항하는 일에 앞장선 것은 통탄할 일이 아닐 수 없었다. 거기서는 입술로 하나님의 이름과 모세의 율법을 부르짖으면서 실상은 선지자들을 죽이고 돌로 치는 일들이 빈번하게 일어났다.

그런 가운데 예수께서는 언약 백성들을 부르시기를 되풀이 하셨다. 암탉이 제 새끼를 날개 아래 모으는 것처럼 보호하기 위해 예루살렘 거민들을 부르셨다. 그러나 저들은 예수님의 말씀에 귀를 기울이지 않았다. 배도에 빠진 자들은 하나님의 사랑을 강하게 거부한 채 그에 대한 온당한 반응을 하지 않았던 것이다.

결국 예수께서는 그들의 집인 예루살렘이 황폐하여 버린 바 되리라는 사실을 예언하셨다. 그것은 예루살렘의 종말을 고하는 것이었다. 그럼에도 불구하고 귀가 먼 어리석은 자들은 그의 음성을 제대로 듣지 못했다. 저들은 지금까지 그랬던 것처럼 선지자들을 박해하며 세력을 행사하는 일이 앞으로도 지속될 것이라 믿었던 것이다.

그렇지만 이제 곧 하나님의 무서운 심판이 임하게 되면 모든 것이 종료된다. 예수께서는 "찬송하리로다 주의 이름으로 오시는 이여" 하는 선포가 있을 때까지 사람들이 자신을 보지 못하게 되리라는 말씀을 하셨다. 이는 악한 유대인들과 타락한 예루살렘 성에 천상의 왕으로 오신 메시아에 의한 준엄한 심판이 임하게 되리라는 사실을 선포하는 의미를 지니고 있다. 그때가 되면 사람들이 놀라움에 가득차게 될 것이다.

제9부

종말론적 교훈과 감람산 강화

제47장
예루살렘 성전 파괴에 대한 예언과 종말

(마 24:1-22)

1. 예루살렘 성전파괴와 제자들의 종말에 대한 관심(1-3)

예수께서 성전에 계시다가 바깥으로 나오셨다. 제자들은 성 밖으로 가는 노상에서 예수님께 예루살렘 성전 건물을 가리켜 보이고자 했다. 당시는 유대인들이 성전 공사를 열심히 진행하고 있을 때였다. 그런데 제자들은 무엇 때문에 예수님께 그 성전 건물을 가리켜 보이며 대화를 이어가려고 했을까? 아마도 아직 유대인으로서 민족적 자부심을 가지고 있던 제자들이 성전에 대한 긍지를 나타내 보이고자 한 것이 아니었을까 싶다.

그렇지만 예수께서는 제자들의 의도와는 전혀 다른 의외의 반응을 보이셨다. 예수께서 성전을 보며 흐뭇해하시거나 긍정적인 반응을 보이시는 것이 자연스러웠을지 모른다. 하지만 그는 제자들이 전혀 예기치 못했던 말씀을 하셨다. 그것은 예루살렘 성전이 조만간 완전히 파괴될 것이라는 예언이었다. 이는 성전 공사를 위한 유대인들의 모든 노력이 허사가 될 것이라는 의미를 내포하고 있다.

모든 유대인들이 긍지로 삼던 예루살렘 성전이 돌 위에 돌 하나도 남지 않을 만큼 철저히 파괴되리라는 예언은 여간 충격적이지 않았을 것이 분명하다. 당시 이스라엘 백성들은 예루살렘 성전에 연관된 뼈아픈 역사적 사건들을 잊지 않고 있었다. 수백 년 전, 바벨론 제국에 의한 예루살렘 성전의 파괴와 그후 있었던 헬라인들에 의한 성전 훼파사건은 상상을 초월하는 민족적 고통으로 기억되었던 것이다.

바벨론 제국은 예루살렘 성전을 파괴하기 전인 BC 605년과 597년 두 차례에 걸쳐 예루살렘의 유력인사들을 포로로 잡아갔다. 또한 예루살렘 성전에 보관되어 있던 성물들은 바벨론의 이방신을 섬기는 더러운 신당에 내동댕이쳐졌다. 그리고 BC 586년 유다 왕국의 마지막 왕이었던 시드기야는 자신의 눈앞에서 비참하게 처형되는 자식들의 모습을 목격해야 했으며, 두 눈알이 뽑힌 채 쇠사슬에 결박되어 이방지역으로 끌려갔다.

> "느부갓네살이 또 여호와의 전 기구들을 바벨론으로 가져다가 바벨론에 있는 자기 신당에 두었더라" (대하 36:7);
>
> "시드기야의 아들들을 저의 목전에서 죽이고 시드기야의 두 눈을 빼고 사슬로 결박하여 바벨론으로 끌어갔더라" (왕하 25:7)

하나님의 선민이라 자부심을 가지고 살던 이스라엘 민족의 패망 과정은 그보다 더 처참할 수 없을 정도였다. 다윗왕국의 멸망은 세계 역사상 유래를 찾아볼 수 없을 만큼 비참한 상태로 막을 내렸다. 예수님 당시의 모든 이스라엘 백성들은 그러한 과거 역사에 대해 잘 알고 있었다. 그런 상황 중에 예수께서 제자들에게 예루살렘 성전이 다시금 비참하게 파괴되리라는 사실을 예언하셨다. 그것은 제자들로 하여금 뼈아픈 과거를 떠올리게 하는 언급이 아닐 수 없었다.

우리가 여기서 주의 깊게 생각해야 할 일은 당시 예수님의 제자들도 거룩한 성전의 파괴를 원치 않고 있었을 것이라는 사실이다. 따라서 예수님의 말씀은 저들에게 청천벽력과 같은 소리로 들렸을 것이 틀림없다. 솔로몬이 건축한 첫 번째 성전이 파괴된 후 하나님의 은혜로 말미암아 페르시아 시대에 두 번째 건축된 성전이 또다시 완전히 파괴된다는 것은 바짝 긴장하지 않을 수 없는 상황을 초래하게 된다. 따라서 제자들은 그 말을 듣고 여간 당황스럽지 않았을 것이 분명하다.

예수님으로부터 갑작스런 예언의 말씀을 들은 제자들은 감람산에 도착해 자리를 마련해 앉았을 때야 비로소 정신을 가다듬어 그에 대한 질문을 했다. 언제 그런 끔찍한 일이 발생하게 될지 그때를 알려 달라는 것이었다. 그리고 주님의 임하심과 세상 끝에는 어떤 징조가 있을지 질문했다.

제자들의 질문에는 두 가지의 의미가 동시에 내포되어 있었다. 하나는 예루살렘 성전이 파괴될 시기에 관한 문제였으며, 또 다른 하나는 주님의 임하심과 세상 끝에 있을 징조에 관한 것이었다. 거기에는 곧 닥치게 될 예루살렘 성전 파괴와 더불어 인간 역사의 끄트머리에 있게 될 예수님의 재림을 앞둔 최후 종말에 관한 내용이 원근 통시적으로 중첩되어 있었다.

2. 거짓 그리스도의 등장과 세상의 혼란(4-9)

예수께서는 때와 징조에 연관된 제자들의 질문을 받고 나서 우선 사람들의 미혹을 받지 않도록 주의하라는 말씀을 하셨다. 많은 사람들이 자신을 그리스도라 주장하며 어리석은 자들을 미혹케 된다는 것이었다. 이는 배도에 빠진 악한 자들이 마치 위기의 사태에 대한 종교적인 해결사라도 되는 듯 자신을 선전하며 순진한 백성들에게 거짓 평화를 외치며 안심시키려 하는 행위와 연관되어 있다.

또한 예수께서는 때가 이르면 여러 곳에서 난리와 전쟁이 일어나게 되리라는 말씀을 하셨다. 뿐만 아니라 그때는 민족이 민족을, 나라가 나라를 대적하게 된다. 이는 국제 정치적으로 엄청난 혼란이 발생하게 되리라는 사실을 시사해주고 있다. 또한 심한 기근이 발생하고 도처에 지진이 발생하게 된다. 그렇게 되면 자연재해로 인해 식량의 부족을 겪는 사람들은 불안해질 수밖에 없다.

이로 인해 세상에서 평화와 만족을 갈구하는 사람들은 크게 당황하게 된다. 그러나 하나님을 알지 못하는 자들과 달리 교회에 속한 성도들은 그럴 필요가 없다. 그런 일들은 종말을 앞두고 당연히 있어야만 할 과정이다. 역사적 종말을 앞 둔 상태에서 발생하는 문제들은 우연한 일들이 아니라 하나님의 심판과 사탄의 발악에 연관되어 있다. 그러나 그것은 궁극적인 종말을 앞둔 재난의 시작에 불과할 따름이다.

예수님의 제자들은 앞으로 있게 될 성전파괴에 관한 말씀을 들으며 과거 수백 년 전 예루살렘 성전이 파괴되고 훼파되던 때를 떠올렸을 것이 분명하다. 솔로몬이 건축한 첫 번째 성전이 파괴될 당시 선지자 예레미야는 하나님의 말씀을 예언했다. 그러나 배도에 빠진 유대인들은 거룩한 하나님의 이름을 팔면서 예루살렘 성전의 고유한 기능을 마비시켜 버렸다. 하나님께서는 그에 대한 실상을 만방에 드러내며 배도자들과 예루살렘 성전을 심판하고자 하셨으나 악한 자들은 도리어 그에 강하게 저항했다.

> "너희는 이것이 여호와의 전이라, 여호와의 전이라, 여호와의 전이라 하는 거짓말을 믿지 말라" (렘 7:4);
>
> "보라 내가 보내어 북방 모든 족속과 내 종 바벨론 왕 느부갓네살을 불러다가 이 땅과 그 거민과 사방 모든 나라를 쳐서 진멸하여 그들로 놀램과 치소거리가 되게 하며 땅으로 영영한 황무지가 되게 할 것이라" (렘 25:9);
>
> "예레미야가 여호와께서 명하신 말씀을 모든 백성에게 고하기를 마치매 제사장들과 선지자들과 모든 백성이 그를 붙잡고 이르되 네가 반드시 죽으리라 어찌하여 네가 여호와의 이름을 의탁하고 예언하여 이르기를 이 집이 실로의 성막 같이 되겠고 이 성이 황무하여 거민이 없으리라 하느뇨 하며 그 모든 백성이 여호와의 집에서 예레미야에게로 모여드니라" (렘 26:8,9)

당시 예레미야 선지자는 하나님께서 바벨론의 느부갓네살 왕을 불러 성전의 기능을 마비시킨 유대인들을 진멸하시리라는 사실을 예언했다. 그러나 배도에 빠진 제사장들과 거짓 선지자들은 도리어 의인행세를 하며 믿음이 없는 예레미야가 거룩한 성전을 '훼파된 실로의 성막'에 비유하며 모독하는 것으로 여기며 분개했다. 뿐만 아니라 그가 백성들로 하여금 하나님의 능력을 믿지 않고 불안에 떨도록 하고 있는 것이라 주장했다.

그들은 예레미야를 핍박하며 죽이고자 했다. 즉 선지자 예레미야는 하나님으로부터 받은 참된 예언을 전달했다는 이유만으로 살해의 위기에 처하게 되었다. 그들에게는 하나님의 계획과 뜻이 아니라 이스라엘 민족 가운데서 펼쳐가는 저들의 욕망에 관심을 두고 있었던 것이다.

예루살렘 성전 안에 있던 성물들을 바벨론 제국에 빼앗기고 많은 유대인들이 이방의 포로로 잡혀가 있는 동안 시드기야가 유다 왕국의 왕으로 즉위했다. 그가 통치하던 시기에 거짓 선지자들은 어리석은 백성들의 귀에 듣기 좋은 말들을 쏟아냈다. 하나냐(Hananiah)라는 사람은 하나님의 이름을 빗대어 이스라엘 백성이 듣기 좋아하는 거짓 예언을 했다. 그는 예레미야와 정반대 되는 주장을 했던 것이다.

> "이 해, 유다 왕 시드기야의 즉위한 지 오래지 않은 해 곧 사년 오월에 기브온 앗술의 아들 선지자 하나냐가 여호와의 집에서 제사장들과 모든 백성 앞에서 내게 말하여 가로되 만군의 여호와 이스라엘의 하나님이 이같이 말씀하여 가라사대 내가 바벨론 왕의 멍에를 꺾었느니라 내가 바벨론 왕 느부갓네살의 이곳에서 바벨론으로 옮겨간 여호와의 집 모든 기구를 두 해가 차기 전에 다시 이곳으로 가져 오게 하겠고 내가 또 유다 왕 여호야김의 아들 여고니야와 바벨론으로 간 유다 모든 포로를 다시 이곳으로 돌아오게 하리니 이는 내가 바벨론 왕의 멍에를 꺾을 것임이니라 여호와의 말이니라 하셨다 하는지라" (렘 28:1-4)

하나냐의 거짓 예언은 절망에 빠진 이스라엘 백성들에게 엄청난 희망이 될 만 했다. 따라서 역사적 실상을 감지하지 못하는 순진한 사람들은 거짓 예언을 듣고 위로를 받으며 좋아했을 것이 틀림없다. 선지자 예레미야의 예언이 비관적인 내용을 담고 있었다면 하나냐는 희망적인 예언을 했기 때문이다. 그러나 하나냐의 예언은 하나님의 뜻과는 아무런 상관이 없는 거짓말로서 민심을 얻으려는 욕망에 지나지 않았다. 그것은 하나님의 이름을 빗댄 악한 주장이었던 것이다.

예레미야는 하나냐의 예언이 거짓이며 하나님께서 예루살렘 성전이 파괴되도록 하실 것이라고 말했다. 하지만 하나님의 능력을 앞세우며 긍정적인 말을 떠벌리는 자들은 저들의 뜻을 굽히지 않고 '평화' 를 외치면서 참 선지자를 박해하고 능욕하기를 멈추지 않았다. 전능하신 하나님으로 인해 다윗왕국은 결코 멸망하지 않을 것이며 반드시 원래의 세력을 회복한다는 것이었다.

그렇게 되자 하나님의 말씀을 전달하는 참 선지자는 오히려 믿음 없는 자로 낙인 찍혀 민족을 해롭게 하는 자로 인식되었다. 배도자들의 감언이설에 넘어간 어리석은 자들은 하나님의 말씀을 버리고 거짓 선지자들의 엉터리 예언을 따랐다. 그것은 일시적인 안도감을 제공했을지 모르지만 심각한 해악을 끼쳤다.

이와 유사한 일은 페르시아 제국 시대에 다시 건축된 두 번째 예루살렘 성전이 훼손될 때도 일어났다. 그때는 성전 건물이 파괴되지는 않았지만 이스라엘 백성들은 큰 핍박을 받았다. 셀류코스 왕국이 유대지역을 통치하던 시기였던 BC 167년 안티오쿠스 4세 때도 성전과 연관하여 많은 사람들이 박해받고 죽는 사건이 발생했던 것이다.

예수께서는 제자들에게 그와 같은 사건이 예루살렘 성전에서 조만간 다시 일어나게 되리라고 예언하셨다. 그때는 혼란스런 난국이 닥쳐 난리와 난리가 일어나며 그에 대한 소문이 온 세상에 퍼져나가게 된다. 그리고 민족과 나라들이 서로 대적하여 크고 작은 전쟁들이 발발하게 된다. 나아가 처처에 기근과 지진이 일어나게 된다. 그러나 이런 것들은 종말을 앞 둔 재난의 시작에 지나지 않는다. 요한계시록에는 각종 재앙과 더불어 적그리스도들의 등장과 전쟁, 기근과 지진 등의 발생에 대해 전체적으로 예언되어 있다.

3. 거짓 선지자들의 미혹(10-13)

종말의 때가 되면 하나님을 모르는 자들과 배도에 빠진 자들이 크게 득세하게 된다. 그들은 무서운 세력을 가지고 지상의 교회와 성도들을 핍박한다. 하나님의 자녀들은 마치 아무런 보호를 받지 못하는 자들처럼 환난을 당하게 되며 악한 자들은 자기 세상을 만난 듯이 기세등등하게 활동한다.

그런 현상을 누리는 불신자들은 하나님을 믿는 자들을 멸시하며 더욱 심한 악을 행하게 된다. 그들은 성도들을 박해할 뿐 아니라 심지어 죽이기까지 한다. 그런 상황 가운데서 기독교는 사람들에 의해 미움을 당하며 교인들 사이에서도 사랑이 식어 각박한 이기심으로 인해 서로간 경계심을 가지게 된다. 따라서 신앙이 어린 자들은 혼란에 빠져 커다란 실망에 빠질 수밖에 없다.

또한 하나님의 이름을 빙자한 거짓 선지자들이 많이 일어나 어리석은 교인들을 미혹하기 위해 온갖 방법들을 다 동원한다. 형식상 기독교의 경험을 익혔으나 예수님을 올바르게 알지 못하는 자들이 사람들에게 거짓 종교사상을 전파하며 미혹하게 된다. 그들은 하나님의 계명을 무시하고 인간들의 구미에 맞는 법을 만들기에 급급해 한다. 그리하여 불법이 성행하게 되고 사람들의 마음은 점차 메말라져 가게 된다.

그러므로 예수께서는 그 환난의 시기를 끝까지 견뎌내는 자는 구원을 얻게 된다고 말씀하셨다. 이는 그 상황이 견디기에 심히 어렵다는 의미를 내포하고 있다. 하지만 성숙한 성도들은 그런 현실을 두려워하지 말고 더욱 담대한 마음으로 대처해 나가지 않으면 안 된다. 구약시대 바벨론에 의해 예루살렘 성이 파괴되기 전에도 하나님께서는 예레미야를 통해 그와 같은 희망과 경고의 말씀을 주신 바 있다.

> "그러므로 나 여호와가 말하노라 내 종 야곱아 두려워 말라 이스라엘아 놀라지 말라 내가 너를 원방에서 구원하고 네 자손을 포로된 땅에서 구원하리니 야곱이 돌아와서 태평과 안락을 얻을 것이라 너를 두렵게 할 자 없으리라 나 여호와가 말하노라 내가 너와 함께하여 너를 구원할 것이라 내가 너를 흩었던 그 열방은 진멸한다 할지라도 너는 진멸하지 아니하리라 그러나 내가 공도로 너를 징책할 것이요 결코 무죄한 자로 여기지 아니하리라"(렘 30:11,12)

어리석은 인간들은 항상 천상의 참된 것을 버리고 세상의 달콤한 거짓을 택하게 된다. 하나님께서는 그 가운데서 공의의 채찍을 내리치시며 자기 백성들을 구원하신다. 구약시대 예루살렘 성전의 파괴를 예언하던 예레미야를 못마땅하게 여겨 그를 죽이려 하던 유대인들처럼 신약시대에도 그와 유사한 자들이 많이 등장한다.

하나님의 자녀들은 정신을 여간 바짝 차리지 않으면 거짓 선지자와 참된 선지자 사이를 구별하기 어렵다. 악한 자들은 항상 양의 탈을 쓰고 더욱 고매한 종교인의 모습으로 나타날 것이기 때문이다. 이를 올바르게 분별하기 위해서는 하나님의 말씀에 온전히 의존하는 수밖에 없다.

우리가 명심해야 할 바는 하나님의 자녀들은 사람들의 칭찬과 인정을 받는 것이 아니라 도리어 미움을 받게 된다는 사실이다. 참과 거짓이 혼란스럽게 뒤섞여 나타나는 다양한 주장들로 인해 기독교를 믿는다고 하는 사람들조차 냉소적이 된다. 불법이 난무함으로 인해 진정한 사랑이 식어 점차 이기적인 상황이 되어가는 것이다.

그러나 참된 성도들은 그 환난의 과정을 끝까지 견뎌야 한다. 그들에게는 하나님의 궁극적인 구원이 임할 것이기 때문이다. 예수 그리스도의 영원한 구원을 믿는 성도들은 하나님의 은혜를 전적으로 의지하게 된다. 예수께서 하신 이 말씀은 구약시대 예레미야에게 임했던 예언과 동일한 성격을 지닌다.

계시된 말씀에 따라 하나님을 진정으로 경외하는 성도들을 핍박하는 이러한 상황은 오늘날 우리 시대에도 그대로 나타나고 있다. 참된 교회를 대적하는 자들은 단순한 이방 종교인들이 아니라 기독교를 빙자하는 배도자들이다. 사도 요한은 그의 서신에서 이에 관한 종말론적인 교훈을 주고 있다.

> "어린 자녀들아 이것이 마지막 때라 적그리스도가 이르겠다 함을 너희가 들은 것과 같이 지금도 많은 적그리스도가 일어났으니 이러므로 우리가 마지막 때인 줄 아노라 저희가 우리에게서 나갔으나 우리에게 속하지 아니하였나니 만일 우리에게 속하였더면 우리와 함께 거하였으려니와 저희가 나간 것은 다 우리에게 속하지 아니함을 나타내려 함이니라" (요일 2:18,19)

우리가 이 본문에서 볼 수 있는 것은 교회의 생리에 관해 어느 정도 잘 알고 있는 자들이 배도에 빠지게 된다는 사실이다. 그들은 교회에 슬며시 들어와 종교적으로 익힌 지식과 경험을 배경으로 어린 성도들을 미혹하게 된다. 어리석은 자들은 저들이 익숙하게 사용하는 기독교적인 용어로 인해 쉽게 속아 넘어갈 우려가 있다.

배도에 빠져 적그리스도가 된 악한 자들은 도리어 대단한 신앙을 가진 듯이 행세하며 여러 사람들 앞에서 온갖 종교적인 열성을 다할 것이 분명하다. 신앙이 어린 어리석은 교인들은 저들의 겉모습을 보고 마치 하나님으로부터 크게 쓰임을 받는 훌륭한 자들인 양 착각하게 된다. 따라서 그들은 그것을 이용해 자신의 배도 행위를 비판하거나 종교적인 취향에 맞지 않는 자들을 억압하며 박해하기도 한다.

역사적 종말을 향해 나아가고 있는 현대에는 그와 같은 경향이 더욱 두드러지고 있다. 그렇지만 참된 구원을 소유한 성숙한 성도들은 말씀에 의한 분별력을 가지고 자신이 처한 시대적인 상황을 정확하게 파악해야만 한다. 그렇게 해야만 악한 자들의 불의와 속임수에 맞서 싸우며 끝까지 견딜 수 있게 된다.

4. 종말의 때에 관한 예언(14-22)

하나님의 복음은 온 천하에 증거되어야 한다. 그것이 하나님께서 계획하신 뜻이기 때문이다. 이는 진리의 말씀이 유대인 세계를 넘어 이방 세계에까지 증거되어야 한다는 사실을 말해주고 있다. 그 모든 과정을 거쳐 최후의 종말이 임하게 되는 것이다.

예수께서는 그것이 구약의 예언과 밀접하게 연관되어 있음을 말씀하셨다. 이는 다니엘이 예언했던 '멸망의 가증한 것' 과 관련이 있다. 즉 선지자 다니엘이 말한 바 멸망의 가증한 것이 거룩한 성전에 선 것을 보거든 세상의 종말이 가까웠음을 알라는 것이었다. 그러나 그에 대한 지식은 하나님의 부르심을 받은 성도들에게만 허락된 특별한 은혜이다.

다니엘서에는 멸망의 가증한 것이 거룩한 산 예루살렘에 서게 될 것이 예언되어 있다. 이는 다니엘서 곳곳에 나타나는데 11장 31절의 내용은 BC 166년 안티오쿠스 4세 에피파네스가 행한 악행에 연관된 것으로 보인다.[70] 이에 반해 다니엘서 9장 마지막 부분에 기록된 말씀과 12장 11절은 AD 70년 로마제국에 의한 예루살렘 성전의 최종파괴와 연관된 것으로 이

70) 이광호, 다니엘서, 서울: 칼빈 아카데미, 2011, pp.234.235 참조.

해된다.[71)]

> "육십이 이레 후에 기름부음을 받은 자가 끊어져 없어질 것이며 장차 한 왕의 백성이 와서 그 성읍과 성소를 훼파하려니와 그의 종말은 홍수에 엄몰됨 같을 것이며 또 끝까지 전쟁이 있으리니 황폐할 것이 작정되었느니라 그가 장차 많은 사람으로 더불어 한 이레 동안의 언약을 굳게 정하겠고 그가 그 이레의 절반에 제사와 예물을 금지할 것이며 또 잔포하여 미운 물건이 날개를 의지하여 설 것이며 또 이미 정한 종말까지 진노가 황폐케 하는 자에게 쏟아지리라 하였느니라" (단 9:26-27)

다니엘이 예언한 이 내용은 역사 가운데 성취되어야 할 사건이다. 예수께서는 십자가 사역을 눈앞에 두고 제자들에게 그에 관한 말씀을 하셨다. 우리가 성경을 통해 알 수 있는 점은 '멸망의 가증한 것' 은 우상을 가리키고, '거룩한 곳' 은 예루살렘 성전을 가리킨다는 사실이다(마 24:15). 육십이 이레 후에 발생하게 될 사건에 연관된 다니엘서의 예언은 메시아 강림 이후에 일어나게 될 예루살렘 성전 파괴를 향하고 있는 것으로 이해하는 것이 자연스럽다. 이는 로마제국에 의한 성전 파괴와 직접적으로 연관되어 있다.

예수님으로부터 다니엘이 예언한 바 '멸망의 가증한 것' 이 거룩한 성전에 서게 될 것이란 말씀을 들은 제자들은 과거에 있었던 BC 586년의 예루살렘 성전 파괴와 BC 167년 성전이 모독당하고 훼파당하던 때를 떠올리지 않을 수 없었을 것이다. 그 두 경우 모두 유대인들에게는 잔혹한 박해가 동반되었다. 그것은 이스라엘 민족의 역사적인 일이기도 했지만 개인 성도들에게도 견디기 힘든 고통을 가져왔다.

예수께서 예언하신 것처럼 AD 66년 로마제국의 군대가 예루살렘을 침

---

71) 이광호, 다니엘서, pp.200,270,271 참조.

공하기 시작하여 70년에 이르러서는 성전을 파괴함으로써 '매일 드리는 제사' 를 완전히 폐해버렸다. 그런데 종말에 있을 주님의 재림 직전에도 언약적인 관점에서 볼 때 이와 연관된 사건이 일어나게 된다. 사도 바울은 데살로니가 교회에 쓴 편지에서 예수님의 재림과 연관하여 그점을 밝히고 있다.

> "형제들아 우리가 너희에게 구하는 것은 우리 주 예수 그리스도의 강림하심과 우리가 그 앞에 모임에 관하여 혹 영으로나 혹 말로나 혹 우리에게서 받았다 하는 편지로나 주의 날이 이르렀다고 쉬 동심하거나 두려워하거나 하지 아니할 그것이라 누가 아무렇게 하여도 너희가 미혹하지 말라 먼저 배도하는 일이 있고 저 불법의 사람 곧 멸망의 아들이 나타나기 전에는 이르지 아니하리니 저는 대적하는 자라 범사에 일컫는 하나님이나 숭배함을 받는 자 위에 뛰어나 자존하여 하나님 성전에 앉아 자기를 보여 하나님이라 하느니라 ... 그때에 불법한 자가 나타나리니 주 예수께서 그 입의 기운으로 저를 죽이시고 강림하여 나타나심으로 폐하시리라" (살후 2:1-8)

사도 바울은 편지 가운데서 예수님의 재림과 최종적인 심판에 관한 내용을 언급하고 있다. 예수님의 재림과 함께 있게 될 마지막 심판날이 이르기 전에 반드시 '죄의 사람 곧 멸망의 아들' 이 나타나게 된다. 그는 하나님을 대적하며 스스로 하나님의 영화로운 자리를 차지하고 자기를 하나님처럼 높인다. 이는 지상교회와 연관되며 그 악한 자가 막강한 권세를 수반하게 됨을 의미하고 있다.

사탄의 지배를 받는 저들의 세력은 다양한 방법으로 어린 교인들을 미혹한다. 그들은 성령의 감동을 받았다거나 하나님으로부터 특별한 계시를 받았다고 주장하면서 주님의 재림을 들먹이며 사람들을 미혹한다. 그러나 하나님의 자녀들은 저들의 속임수에 빠지지 말아야 하지만 그 대신 저들로부터 상당한 환난과 고통을 당할 수밖에 없다.

따라서 예수께서는 앞으로 닥치게 될 위기의 상황을 언급하시면서 그것을 지혜롭게 모면하라고 말씀하셨다. 이는 AD 70년 예루살렘 성전 파괴와 더불어 최종적인 심판의 때에 연관되어 있다. 우리는 그와 같은 상황을 만나면, 유대에 있던 자들이 급히 산으로 도망치듯이 피하는 지혜를 배워야 한다. 그때가 되면 과거 예루살렘이 바벨론에 의해 패망당할 때와 같은 긴박한 상황이 전개된다.

그러므로 예수께서는 지붕 위에 있는 자들은 집 안의 물건을 가지러 내려가지 말고 그곳을 속히 피하라고 하셨다. 방 안에는 귀중품들과 중요한 것들이 있을 터인데 그것들에 대해 아무런 미련을 갖지 말라는 것이었다. 또한 밭에 있는 자는 겉옷을 가지러 뒤로 돌이키지 말라고 하셨다. 몇 발자국만 돌아가면 될 텐데 그것마저 버려야 할 만큼 긴박한 상황이 전개되리라는 사실을 말해준다. 따라서 지혜로운 자들에게 중요한 것은 집 안에 있는 물건이나 겉옷 같은 것들이 아니라 영원한 생명이라는 사실을 분명히 깨닫지 않으면 안 된다.

예수께서는 그 날에 아이 밴 자들과 젖먹이는 자들에게 화가 있을 것이라고 말씀하셨다. 이는 뒤에 미련이 남거나 행동에 자유롭지 못한 사람들에 관한 언급이다. 따라서 도망하는 일이 발생하는 종말의 때가 추운 겨울에나 안식일에 일어나지 않도록 기도하라고 당부하셨다. 이 말은 긴박한 상황이 발생했는데도 자유롭게 움직이기 어려운 형편이 되면 그 만큼 더 고통스러울 것이란 사실을 말해준다.

이는 AD 70년 있었던 성전 파괴와 예루살렘 멸망과 같은 실제적인 상황이 도래하게 됨을 의미하고 있다. 나아가 전무후무前無後無한 역사적인 큰 환난을 동반한 최종적인 세상의 종말이 반드시 이르게 되리라는 점을 시사하고 있다. 예루살렘 성전 파괴와 함께 임하게 될 환난은 인간들이 견디기 어려울 정도로 심각하다. 이는 성전 파괴와 종말의 때가 상징적으로 연결되어 있음을 말해준다.

이와 동시에 예수께서는 택하신 자기 백성들을 위한 특별한 배려를 약속하셨다. 그것은 성도들을 위해 고통의 때를 감해 주시겠다는 것이다. 하나님의 백성이 환난과 고통을 참고 견딜 수 있는 것은 장래에 있을 영원한 천국에 대한 소망 때문이다.

오늘날 우리는 말세지말末世之末의 시대에 살아가고 있다. 여기저기에서 거짓 선지자들에 의해 거짓 그리스도들이 유포되고 있다. 성경에 계시된 그리스도가 아니면 모두 가짜 그리스도로서 우상적인 존재일 따름이다. 그와 같은 악한 사상은 지금도 우리 주변에서 강력하게 주장되고 있으며 이미 온 세상에 누룩처럼 퍼져 있다.

우리가 여기서 극히 유념하여 경계해야 할 대상은 타락한 현대 기독교에서 발생한 종교다원주의(Christ-pluralism) 사상이다. 그것은 기독교에만 그리스도가 있는 것이 아니라 다른 여러 종교들에도 인간을 구원할 만한 그리스도 사상이 존재하며 나름대로의 그리스도가 있다는 것이다. 그런 악한 자들은 기독교 바깥이 아니라 내부에서 활동하고 있으며, 그들은 다른 사람들이 아니라 어린 기독교인들을 미혹하고 있다. 이는 세상의 최후 종말의 때가 눈앞에 바짝 도래했음을 엿보게 되는 대목이다.

제48장
종말의 징조와 성도의 자세

(마 24:23-51)

1. 거짓 된 선지자들의 큰 표적과 기사(23-28)

종말의 때에 나타나는 특징적 현상 가운데 하나는 거짓 그리스도와 거짓 선지자들이 많이 나타난다는 사실이다. 악한 자들은 그리스도가 여기 있다 혹은 저기 있다고 주장하며 어리석은 사람들을 현혹하게 된다. 그들은 그리스도의 이름을 앞세우지만 실상은 하나님이 아니라 사탄의 세력에 속한 자들이다. 따라서 성숙한 교회는 항상 깨어 있어야 하며 어린 성도들을 어두움의 세력으로부터 보호해야만 한다.

우리가 각별히 염두에 두어야 할 점은 거짓을 행하는 자들이 다양한 기적들을 농반하게 된다는 사실이다. 하나님의 사너들은 결코 그에 속아 넘어가서는 안 되며 그런 것들에 불필요한 관심을 가질 필요가 없다. 우리에게는 오직 성경에 계시된 말씀에 따라 온전히 순종하는 자세가 중요하다.

그러므로 예수께서는 그리스도가 광야에 있다 해도 나가지 말고 골방에 있다 해도 믿지 말라고 하셨다. 십자가에 달려 돌아가셨다가 부활하신 주님은 자기 백성들을 위해 그런 식으로 나타나시지 않는다. 그의 모든 사역은 성경에 계시되어 있으며 마지막 종말이 되면 번개가 동편에서 나서 서편까지 번쩍이는 것과 같이 그가 모든 사람들이 볼 수 있게 천상으로부터 재림하시게 된다.

우리는 예수 그리스도의 이름을 팔아 종교적인 장사를 하는 자들이 엄청난 표적과 기사를 행하며 그것이 하나님이 살아있는 증거라고 선전하는 것을 극히 경계해야 한다. 이는 하나님을 경외하는 참 선지자들이 기록된 말씀에 의존할 뿐 그렇게 하지 않는 것과 대조적이다. 그와 같은 모든 기적들은 이미 성경에 기록되어 있는 내용으로서 더 이상 그렇게 할 필요가 없다. 구약시대 모세는 출애굽한 이스라엘 백성이 가나안 땅에 들어가기 직전 거짓 선지자들의 말과 행동을 경계하도록 분명한 교훈을 주었다.

> "너희 중에 선지자나 꿈꾸는 자가 일어나서 이적과 기사를 네게 보이고 그가 네게 말한 그 이적과 기사가 이루어지고 너희가 알지 못하던 다른 신들을 우리가 따라 섬기자고 말할지라도 너는 그 선지자나 꿈꾸는 자의 말을 청종하지 말라 이는 너희의 하나님 여호와께서 너희가 마음을 다하고 뜻을 다하여 너희의 하나님 여호와를 사랑하는 여부를 알려 하사 너희를 시험하심이니라 너희는 너희 하나님 여호와를 순종하며 그를 경외하며 그 명령을 지키며 그 목소리를 청종하며 그를 섬기며 그에게 부종하고 그 선지자나 꿈꾸는 자는 죽이라 이는 그가 너희로 너희를 애굽 땅에서 인도하여 내시며 종 되었던 집에서 속량하여 취하신 너희 하나님 여호와를 배반케 하려하며 너희 하나님 여호와께서 네게 행하라 명하신 도에서 너를 꾀어내려고 말하였음이라 너는 이같이 하여 너희 중에서 악을 제할지니라" (신 13:1-3)

모세는 가나안 땅에 들어가는 이스라엘 자손에게 하나님의 말씀보다 눈앞에 나타나는 현상에 미혹되지 말도록 당부했다. 악한 종교인들은 다양한 꿈을 제시하며 기적을 베푸는 가운데 여호와 하나님에 대한 본질적인 신앙에 혼선을 부추기고자 한다. 모세는, 하나님께서 이스라엘 가운데 그런 일이 일어나도록 허용하신 것은 자기 백성들을 강하게 단련시키기 위한 방편이라는 사실을 언급했다.

만일 그런 자들이 득세하여 다양한 형태의 기적들을 통해 이스라엘 백성으로 하여금 하나님의 법도에서 멀어지게 한다면 방관하지 말고 그들을 죽이도록 했다. 그렇게 함으로써 저들 가운데 진리를 왜곡하는 악의 뿌리를 제거하라는 것이었다.

하지만 사탄은 끊임없이 인간들의 구미에 맞는 온갖 방법들을 동원해 어리석은 자들을 미혹하고자 한다. 우리 시대에도 악한 자들은 종교적인 구실을 앞세워 무섭게 설쳐댄다. 그들은 구원받은 성숙한 성도들마저 혼선에 빠뜨리고자 한다. 최종적인 심판이 가까워오면 그와 같은 일이 더욱 크게 일어나게 될 것이다. 요한계시록에서는 용으로부터 권세를 받은 짐승에 관한 내용(계 13:4)과 더불어 그에 관한 분명한 예언을 하고 있다.

> "저가 먼저 나온 짐승의 모든 권세를 그 앞에서 행하고 땅과 땅에 거하는 자들로 처음 짐승에게 경배하게 하니 곧 죽게 되었던 상처가 나은 자니라 큰 이적을 행하되 심지어 사람들 앞에서 불이 하늘로부터 땅에 내려오게 하고 짐승 앞에서 받은바 이적을 행함으로 땅에 거하는 자들을 미혹하며 땅에 거하는 자들에게 이르기를 칼에 상하였다가 살아난 짐승을 위하여 우상을 만들라 하더라" (계 13:12-14)

최종적인 심판을 앞둔 시대가 되면 엄청닌 혼린이 디욱 기승을 부린디. 그것은 점차 일반적인 상상을 초월하는 엄청난 기적들을 동반하는 양상으로 나타난다. 이는 사탄의 조직적인 활동에 연관되어 있다. 그럼에도 불구하고 하나님의 뜻을 멀리하는 어리석은 자들은 그런 이적을 행하는 종교인들의 주변에 몰려든다.

인간적인 욕망과 이기적인 목적에 사로잡힌 자들은 신기한 기적과 거짓 가르침이 있는 곳에 모여들 수밖에 없다. 예수께서 '죽은 시체가 있는 곳에 독수리들이 모여든다' (28)고 하신 말씀의 의미는 그에 대한 지적이다. 따라서 하나님을 떠난 어리석은 자들은 그것을 통해 무서운 독배毒杯를 마실 수밖에 없게 된다. 마지막 배도의 시대에 살고 있는 우리는 이에 연관된 주님의 예언에 민감한 관심을 기울이지 않을 수 없다.

2. 하나님의 심판에 연관된 우주적 사건(29-31)

하나님을 경외하는 성도들이 타락한 세상에서 당하는 모든 환난은 최후 심판에 대한 전주곡前奏曲과 같다. 세상의 속성상 그것은 필연적인 과정이다. 마지막 때가 이르게 되면 타락한 인간들뿐 아니라 우주 만물이 심판을 받게 된다. 아담으로 말미암아 오염된 온 세상이 하나님의 심판의 대상이 되는 것이다.

환난의 기간이 끝난 마지막 심판 날에는 온 우주와 더불어 해와 달과 별들의 기능에 변화가 생긴다. 해가 어두워지며 달이 원래의 빛을 상실할 뿐 아니라 하늘의 별들이 떨어져 모든 법칙이 무너져 내리게 되는 것이다.[72] 그때 초림하여 승천하신 예수 그리스도의 재림의 징조가 하늘에 보이게 된다.

그렇게 되면 이땅에 유일한 소망을 두고 살아가던 모든 족속들은 통곡하는 가운데 예수 그리스도가 구름을 타고 큰 권능과 영광으로 오는 것을 바라볼 수밖에 없다. 그때는 지상의 모든 인간들이 그 놀라운 광경을 지켜보게 된다. 그것은 오래 전 십자가에 달리신 예수께서 부활하신 후 승천하실 때 이미 약속된 바다.

"가로되 갈릴리 사람들아 어찌하여 서서 하늘을 쳐다보느냐 너희 가운데

72) 사도 베드로는 오순절 강림 후 설교하면서, 요엘서에 예언된 "여호와의 크고 두려운 날이 이르기 전에 해가 어두워지고 달이 핏빛 같이 변하리라"(욜 2:31)는 말씀을 예수 그리스도의 승천 이후 도래한 성령강림 사건에 적용했다(행 2:20). 이는 또한 예수께서 재림하실 때 구체적으로 적용되어야 할 내용임을 복음서가 증거하고 있다.

서 하늘로 올리우신 이 예수는 하늘로 가심을 본 그대로 오시리라 하였느니라" (행 1:11);

"볼지어다 구름을 타고 오시리라 각인의 눈이 그를 보겠고 그를 찌른 자들도 볼터이요 땅에 있는 모든 족속이 그를 인하여 애곡하리니 그러하리라 아멘" (계 1:7)

예수께서는 창세전에 선택하신 자기 백성들의 영원한 구원을 이루기 위해 끝까지 사역하신다. 그리고 악한 세력에 대한 심판을 하시고자 이땅에 재림하신다. 그때 온 우주를 뒤흔드는 큰 나팔소리와 더불어 새로운 세계가 도래하고 있음이 선포된다.

그 놀라운 사건이 일어나게 되면 예수 그리스도와 더불어 보냄을 받은 천사들이 선택받은 성도들을 온 세상으로부터 끌어모으는 일을 감당하게 된다. 하나님께서는 조금의 오차도 없이 자신의 모든 구원계획을 이루어 가신다. 사도 바울은 여러 교회에 편지하면서 그에 연관된 분명한 언급을 하고 있다.

"보라 내가 너희에게 비밀을 말하노니 우리가 다 잠잘 것이 아니요 마지막 나팔에 순식간에 홀연히 다 변화하리니 나팔 소리가 나매 죽은 자들이 썩지 아니할 것으로 다시 살고 우리도 변화하리라" (고전 15:51,52);

"주께서 호령과 천사장의 소리와 하나님의 나팔로 친히 하늘로 좇아 강림하시리니 그리스도 안에서 죽은 자들이 먼저 일어나고 그 후에 우리 살아남은 자도 저희와 함께 구름 속으로 끌어 올려 공중에서 주를 영접하게 하시리니 그리하여 우리가 항상 주와 함께 있으리라" (살전 4:16,17)

진리를 알지 못하는 어리석은 인간들은 죽음이 모든 것을 끝낼 것이라 착각하고 있다. 그러나 인간은 스스로 자신의 생명에 관한 모든 것을 결정할 수 있는 존재가 아니다. 하나님의 뜻에 의해 영원한 복락을 누리든지 아니면 영원한 파멸에 빠지든지 할 수밖에 없다.

그 일을 완성하기 위해 예수께서 구름을 타고 이땅에 재림하신다. 인간들은 모든 광경을 지켜본 후에서야 자신이 직면하고 있는 실상을 알아차리게 된다. 그때는 죽은 자들이 무덤에서 일어나게 되며 세상에 살아있던 자들도 구름 속으로 끌려올라가 공중에서 주님을 영접한다.

이는 '신부인 교회' 가 지상과 분리된 영역에서 '신랑이신 예수 그리스도' 를 맞이하게 된다는 사실을 말해주고 있다. 그렇게 됨으로써 하나님의 자녀들은 주님과 함께 새로운 삶을 누리게 된다. 그것을 통해 새 하늘과 새 땅에서 예비된 인간 본연의 영원한 삶이 전개되는 것이다.

3. 종말에 대한 인식(32-36)

마지막 심판을 앞둔 최후 종말이 임박했음에도 불구하고 세상에 살아가는 인간들은 그에 대해 둔감하기 그지없다. 불신자들은 아예 그 사실을 받아들이지 않으며 하나님의 백성들조차도 민감하지 못하다. 그러므로 하나님께서는 하나님의 자녀들에게 그때를 앞두고 민감한 자세를 가지도록 당부하셨다.

예수께서는 본문에서 '무화과나무의 비유' 를 배우라고 말씀하셨다. 이에 대한 의미는 세대주의적인 관점에서 설명할 것이 아니라 일반적인 측면에서 자연스럽게 이해하면 된다.[73] 즉 무화과나무의 가지가 연하여지고 잎사귀를 내면 여름이 가까운 줄 아는 것처럼, 종말의 징조를 보면서 주님의 심판이 임박했다는 사실을 깨달으라는 것이다.

사람들은 무화과나무의 가지가 연하여지고 잎사귀를 내는 것을 보면 여

73) 세대주의자들은 1948년 이스라엘의 독립을 무화과나무 비유와 연결짓는다. 그러나 그것을 어느 정도 염두에 둔다 할지라도 굳이 그런 식으로 해석할 필요가 없다. 하나님의 자녀들은 성숙한 자세로 말세의 전체적인 정황을 파악할 수 있어야 한다.

름이 가까웠음을 알게 된다. 그것은 자연적인 이치이다. 그런 변화를 보고도 눈앞에 닥친 여름을 감지하지 못한다면 지극히 어리석은 자가 아닐 수 없다. 이처럼 하나님의 자녀들은 종말에 일어나는 다양한 징조들을 보면서 예수 그리스도의 재림이 눈앞에 바짝 이르렀다는 사실을 깨달아야 한다.

우리가 살고 있는 21세기는 이전의 전통사회와는 달리 극도로 혼란한 시대가 되어 있다. 첨단과학 문명은 과거 인간들이 상상조차 하지 못하던 것들로 가득 차 있다. 교통, 통신, 의술 등 모든 분야에서 그렇다. 이런 것들 역시 일종의 기적에 해당된다. 우리는 특히 하나님을 밀쳐내고 그 자리를 차지하려는 극도로 오만해진 인간들을 눈여겨보아야 한다. 유전공학이나 우주과학의 분야에서는 그점이 더욱 두드러진다.

주님께서는 이 세대가 지나가기 전에 모든 것을 이루시겠다는 말씀을 하셨다. 이는 여름이 오기 전의 무화과나무의 변화하는 상태에 연관되어 있다. 그 약속은 역사 가운데 반드시 시행될 수밖에 없다. 처음 창조되었던 오염된 우주만물은 하나님의 최종 심판을 받아 완전히 사라진다(계 21:1). 그러나 주님의 말씀과 그의 사역은 영원토록 사라지지 않는다.

그럼에도 불구하고 주님께서 재림하시게 될 그 날과 때를 알 수 있는 자는 아무도 없다. 그에 대해서는 하늘의 천사는 물론 성자이신 예수께서도 모른다고 하셨다. 예수께서 이 말씀을 하신 것은 제자들이 현재의 신실한 삶을 뒤로하고 종말의 현상에 대해서만 관심을 치중하는 것을 막기 위해서였다. 우리는 예수 그리스도의 재림 때에 대해서는 오직 하나님만 알고 계신다는 사실을 기억해야 한다.

4. 시대와 징조(37-39)

하나님을 알지 못하는 자들은 세상의 현실에 집착해 살아갈 수밖에 없다. 그들은 모든 가치를 이땅에 두고 살아가고 있기 때문이다. 그런 자들은 이 세상의 것들을 전부라고 생각하여 모든 판단의 기초로 삼게 된다.

예수께서는 제자들에게 마지막 심판 날을 설명하시면서 노아홍수를 예로 들어 설명하고 계신다. 예수님의 재림을 앞둔 시점에도 그와 같은 상황이 전개된다는 것이다. 즉 노아홍수 때 미련한 태도를 보이던 자들처럼 최종 심판의 목전에 이를 때도 그와 동일한 상황이 전개된다.

> "노아의 때와 같이 인자의 임함도 그러하리라 홍수전에 노아가 방주에 들어가던 날까지 사람들이 먹고 마시고 장가들고 시집가고 있으면서 홍수가 나서 저희를 다 멸하기까지 깨닫지 못하였으니 인자의 임함도 이와 같으리라" (마 24:37-39)

노아시대 세상에 소망을 두고 살아가던 사람들은 대홍수를 앞두고 그에 대한 아무런 감각이 없었다. 하나님께서 노아에게 산 중턱에 방주를 짓게 하며 강력한 경고의 메시지를 보냈지만 어리석은 인간들은 그 사실을 받아들이지 않았다. 그들은 홍수가 나기 전까지 하늘이 쾌청하고 특별한 자연현상이 일어나지 않았기 때문에 지구 위의 모든 것들을 급속하게 앗아가는 그런 무서운 상황이 벌어질 것으로 생각지 않았던 것이다.

그러므로 인간들은 홍수가 나기까지 먹고 마시고 장가들고 시집가면서 저들의 욕망을 추구했다. 이 말은 일반적으로 생각하듯이 타락한 자들의 부도덕한 윤리적 양상을 묘사하고 있지 않다. 즉 과도한 음주문화나 남녀간의 성적인 문란을 지적하는 것이 아니다. 도리어 이 세상의 만족을 위해 살아가는 인간들의 무지한 모습을 보여주고 있다.

예수 그리스도의 재림을 앞두고 있는 때도 그와 같은 양상을 보이게 된다. 그런 삶을 살아가는 자들은 세상에서 성공하여 만족스럽게 살아가는 것이 마치 최상의 덕목인 양 여긴다. 어리석은 인간들은 세상에서 나그네와 같은 인생을 살아가면서 자신의 욕망을 채우며 잘 먹고 잘 살기 위해 최선의 노력을 기울이고 있는 것이다.

21세기의 첨단과학 문명을 누리며 살아가는 우리도 그 교훈을 확실히 깨달아야 한다. 이미 세상에는 종말이 임한 상태이며 여러 정황이 그에 대한 다양한 징조들을 보여주고 있다. 그 끝이 되면 예수께서 재림해 온 세상을 선악간 심판하시게 된다.

그럼에도 불구하고 세속적인 지식에 빠진 어리석은 인간들은 그에 대해 철저히 무감각한 상태가 되어 있다. 그들은 세상에서의 목적 달성이 최상의 가치라 여기지만 실상은 그렇지 않다. 그러므로 성숙한 교회와 그에 속한 성도들은 종말에 대한 올바른 인식을 하고 있지 않으면 안 된다.

5. 심판과 분리에 대한 예견(40-44)

마지막 때가 이르게 되면 예수 그리스도의 심판에 의해 선악간에 완전한 분리가 이루어진다. 사람들은 겉보기에 아무런 차이가 없는 제각각의 모습을 띠고 있지만 실제로는 그렇지 않다. 두 사람이 밭에서 함께 일하다가 하나는 주님 품으로 가게 되지만 다른 한 사람은 아니다. 또한 두 여자가 한 곳에서 같이 맷돌을 갈다가 하나는 주님께로 가고 하나는 다른 곳으로 가게 된다.

모든 인간들이 세상에서 연명하기 위해 온갖 노력을 하지만 그 결과는 전혀 다르다. 겉보기에 달라 보이지 않는 아담의 후손들이지만 본질상 모두가 동일한 것은 아니다. 주님의 재림으로 말미암아 하나님의 자녀들은 생명의 부활을 하게 되며 하나님을 알지 못하는 자들은 사망의 부활을 하게 된다. 예수께서는 그에 관한 분명한 교훈을 주셨다.

> "선한 일을 행한 자는 생명의 부활로, 악한 일을 행한 자는 심판의 부활로 나오리라" (요 5:29)

이는 '알곡과 쭉정이' (마 3:12; 눅 3:17)를 구분하는 비유와 '양과 염소' (마 25:32)를 분리하는 비유의 실체라 할 수 있다. 이와 같은 일은 주님의 재림과 더불어 일어나게 되며 하나님의 선택을 받은 백성들은 영원한 복락에 들어가게 된다. 그러나 하나님을 알지 못하는 자들은 정반대의 상황에 처해질 수밖에 없다. 따라서 신자들과는 달리 불신자들은 무서운 심판주로 오시는 예수 그리스도의 재림을 목격하며 통곡할 수밖에 없는 것이다.

지상에 살아가는 하나님의 자녀들은 이에 대한 분명한 인식을 하지 않으면 안 된다. 하지만 주님이 재림하실 구체적인 날짜를 아는 사람은 아무도 없다. 따라서 하나님의 백성들은 항상 깨어 있어야만 한다. 집 주인이 언제 도둑이 들어올지 대비하고 있다면 자기 집을 침범당하지 않는다.

이와 같이 하나님의 자녀들은 이 세상을 살아가는 가운데 항상 주님의 재림을 대비하고 있어야 한다. 예수께서는 대다수 사람들이 생각지도 않은 때 재림하시게 된다. 많은 사람들이 주님의 재림을 거부하며 부인할 때 이땅에 심판주로 오시게 되는 것이다.

6. 종말적 심판의 도래(45-51)

주님의 재림과 더불어 그의 자녀들에게 약속된 영원한 상속이 이루어지게 된다. 그래서 예수께서는 충성되고 지혜 있는 종이 되어 주인이 맡기신 자들에게 적절한 생명의 양식을 나눠줄 자가 누구냐고 말씀하셨다. 이는 새 하늘과 새 땅에서 허락되는 영원한 생명에 연관되어 있다.

하나님의 사역자들은 주님께서 맡기신 성도들을 위해 때에 따라 천상의 양식을 나누어 주어야 한다. 예수님은 자기가 재림할 때 그의 뜻에 온전히 순종하는 자들이 진정으로 복 있는 자들이라 말씀하셨다. 하나님께서는 그런 자들에게 새 하늘과 새 땅의 모든 것들을 맡기실 것이다. 이는 처음 피조 세계가 아담과 하와에게 맡겨진 사실에 연관되어 있다. 창세기에는 하나님께서 창조하신 모든 것들이 인간들에게 맡겨진 사실이 기록되어 있다.

> "하나님이 그들에게 복을 주시며 하나님이 그들에게 이르시되 생육하고 번성하여 땅에 충만하라, 땅을 정복하라, 바다의 물고기와 하늘의 새와 땅에 움직이는 모든 생물을 다스리라 하시니라" (창 1:28)

처음 사람 아담은 사탄의 유혹에 빠져 하나님께서 맡기신 그 사명을 제대로 감당하지 못했다. 그러나 예수 그리스도로 인해 새로운 피조물이 된 인간들은 그 일을 능히 감당하게 된다. 그것을 통해 하나님께서 인간과 만물을 지으신 거룩한 창조 의도를 완성하신다.

그렇지만 하나님의 뜻을 멸시하는 악한 자들은 주인이 더디 올 것이라는 어리석은 판단으로 인해 제멋대로 행동한다. 그들은 하나님의 참된 종들에게 횡포를 부릴 뿐 아니라 심한 폭행을 가하면서 세상의 즐거움을 추구하는 자들과 함께 먹고 마시며 즐기는 삶을 누린다. 타락한 세상에 편승한 그들의 오만함은 하나님의 무서운 심판의 대상이 될 따름이다.

예수께서는 사람들이 예기치 않은 때 우주만물의 주인이신 자신의 재림이 있게 되리라고 말씀하셨다. 그는 자신의 뜻을 외면하고 멸시하는 배도자들을 엄격한 율법에 따라 형벌에 처하시게 된다. 그렇게 되면 그들은 끔찍한 지옥에 던져져 슬피 울며 이를 갈게 되는 애처로운 상황에 빠질 수밖에 없다.

제49장
주님의 재림에 연관된 두 가지 비유

(마 25:1-30)

1. 두 비유가 보여주는 메시지

예수께서는 악한 자들에게 팔려 가시기 전 제자들을 위해 두 가지 비유의 말씀을 주셨다. 그것은 '열 처녀 비유' (1-13)와 '달란트 비유' (14-30)이다. 내용상의 차이에도 불구하고 그것들은 주님의 재림에 연관된 동일한 성격을 지니고 있다.

두 가지 비유에서 나타나는 공통적인 점은 신랑과 주인의 '오심' 과 그들에 의한 '심판' 이다. 이는 장래에 일어나게 될 사건으로서 예수님의 재림과 그의 심판에 직접 연관되어 있다. 여기에는 십자가 사역 이후 부활하시게 될 주님의 승천이 전제되어 있다.

우리가 이 두 가지 비유들에서 각별히 관심을 기울여야 할 바는 예수님의 승천과 재림 사이에 '상당한 기간' 이 끼어 있다는 점이다. 물론 그것은 실제적인 사건과 더불어 인식에 연관된 문제이다. 따라서 교회와 그에 속한 성도들이 그 기간 동안 어떤 자세를 취하느냐 하는 것은 매우 중요한 의미를 지닌다.

두 비유들에 나타나는 '신랑' 과 '주인' 은 때가 되면 자신의 뜻에 따라 반드시 오게 된다. 사람들은 심판이 동반되는 그때를 대비해 마땅히 행해야 할 임무들을 수행해야 한다. 그것을 위해 최선의 삶을 살지 않으면 안 된다. 그 뜻에 순종하는 자들은 칭찬과 즐거움에 참여하게 되지만 그렇지 않는 자들은 심판을 받아 영원한 고통에 빠질 수밖에 없다.

2. 열 처녀 비유(1-13)

(1) 신랑을 맞으러 나간 열 처녀의 자세(1-4)

성경은 그리스도와 교회를 신랑과 신부로 묘사하고 있다. 이는 서로간의 완벽한 사랑과 신뢰 관계를 보여준다. 사도 바울은 고린도 교회에 편지하면서 그에 관한 기록을 하고 있으며, 요한계시록에서는 예수 그리스도의 교회를 위한 언약의 최종적인 성취가 신랑 신부의 혼인관계로 설명하고 있다.

> "내가 하나님의 열심으로 너희를 위하여 열심 내노니 내가 너희를 정결한 처녀로 한 남편인 그리스도께 드리려고 중매함이로다" (고후 11:12);
> "우리가 즐거워하고 크게 기뻐하여 그에게 영광을 돌리세 어린 양의 혼인 기약이 이르렀고 그 아내가 예비하였으니" (계 19:7)

교회의 신랑이 되시는 예수께서는 십자가를 지기 위해 체포되기 전 제자들에게 장래 설립될 교회와 종말을 설명하시기 위해 혼인잔치에 연관된 비유의 말씀을 주셨다. 그 내용은 신랑을 맞이하러 나간 열 처녀에 연관된 것이었다. 천국은 마치 밤중에 등을 들고 신랑을 맞으러 간 열 처녀와 같다고 말씀하셨던 것이다.

이는 당시 이스라엘 백성들의 혼인 풍습을 배경으로 하고 있다. 신랑은 혼인을 위해 밤에 신부의 집으로 오게 된다. 신부의 집에서는 잔치를 준비하고 일종의 들러리로서 등불을 든 처녀들을 보내 신랑을 마중하게 된다. 그런데 그 신랑이 언제 올지 시간이 정해져 있지 않았다. 따라서 처녀들은 신랑을 맞이하기 위해 등불을 들고 나가 밖에서 기다려야 한다.

우리가 여기서 유념해야 할 바는 이 비유에서 의미상의 주인공이 혼인을 하는 신랑이나 신부가 아니라 밤중에 신랑을 맞이하기 위해 나간 '처녀들' 이라는 사실이다. 그들은 신랑과 신부를 위한 들러리를 맡은 자들로서 혼인잔치를 위해 매우 중요한 역할을 담당하고 있었다. 따라서 그 처녀들은 혼인잔치를 위해 특별한 선택을 받았으므로 매우 들떠 있었을 것이 분명하다.

예수께서는 이 비유 가운데 그와 같은 정황을 배경으로 하여 열 명의 처녀들을 등장시키고 계신다. 그런데 그 처녀들의 외형상의 역할은 같았지만 내면적으로 동일한 본성을 지니고 있었던 것은 아니다. 즉 그 처녀들 중 다섯 명은 미련한 자들이었는데 반해 나머지 다섯은 슬기로운 자들이었다.

미련한 처녀들은 분위기에 들떠 등불을 밝히고 나가면서 나중을 위한 충분한 기름을 준비하지 않았다. 그에 반해 슬기로운 처녀들은 다른 통에 기름을 준비하여 등불을 들고 나갔다. 하지만 겉보기에는 열 처녀들의 등불에 아무런 차이가 나지 않았다. 밤중에 신랑이 오고 있다는 신호가 있기 전까지는 모두가 동일해 보였기 때문이다.

신랑을 맞이하기 위해 나간 열 처녀들의 임무는 매우 중요했다. 신랑을 소홀하게 영접하는 것은 결코 있을 수 없는 일이다. 따라서 기름을 준비한 슬기로운 다섯 처녀들은 신랑을 맞음으로써 혼인잔치를 위한 임무를 감당할 준비를 갖추고 있었다. 이에 반해 기름을 준비하지 않은 미련한 다섯 처녀들은 자기 자신의 기분에 들떠 있었을 따름이다.

(2) 신랑의 도착(5-9)

열 처녀들은 나름대로 신랑이 오게 될 시간을 예측하고 간절히 기다렸을 것이다. 그러나 신랑은 저들이 생각하는 시간에 맞추어 오지 않았다. 그러다보니 신랑을 기다리던 처녀들은 졸거나 잠에 취해 있었다. 물론 그 시간 신부의 집에서는 신랑을 기다리는 사람들이 음식을 준비하며 분주하게 일하고 있었을 것이 분명하다.

처녀들이 잠든 상황에 처해 있을 때 갑자기 신랑이 오고 있다는 전갈이 왔다. 모든 사람들이 잠자는 시간인 밤중에 '신랑이 왔으니 맞으러 나오라' 는 외침이 있었던 것이다. 그러자 졸며 잠에 취해 있던 처녀들은 급히 일어나 제각각 자신의 등불을 준비했다.

그런데 그들 가운데는 등잔에 담긴 기름 이외에 충분한 여분의 기름을 예비한 처녀들이 있었던가 하면, 더 이상 아무런 기름을 준비하지 않은 처녀들도 있었다. 기름을 준비한 처녀들은 슬기로운 자들이었지만 그렇지 않은 자들은 미련한 자들이었다. 등잔에 있는 기름 이외에 더 많은 기름이 필요할지 모른다는 판단을 하고 있던 슬기로운 처녀들은 모든 상황을 미리 준비하고 있었던데 반해 나머지 미련한 처녀들은 그런 상황을 예측하고 있지 않았던 것이다.

신랑이 온다는 전갈을 듣고 나서 등불을 준비하다보니 미련한 처녀들의 등에는 기름이 다 떨어져 불이 꺼져가고 있었다. 그들은 오고 있는 신랑을 눈앞에 두고 낭패를 당할 위기에 처하게 되었다. 그러자 그들은 여분의 기름을 준비한 슬기로운 처녀들에게 기름을 좀 나눠줄 것을 간청했다.

하지만 미리 기름을 준비했던 다섯 처녀들은 그렇게 할 수 없었다. 그들이 준비한 기름은 자기의 등불을 위해 충분할 따름이었지 옆의 처녀들에게 나눠줄 만한 형편이 되지 못했기 때문이다. 저들에게 기름을 나눠 주었다가는 자기들마저 신랑을 위해 등불을 밝히기에 부족할 수 있었다.

그래서 슬기로운 처녀들은 기름이 부족한 처녀들에게 가게에 가서 기름을 사와서 등불을 밝히도록 권면했다. 미련한 처녀들은 달리 어떻게 할 수 있는 방법이 없었다. 불이 꺼진 등잔을 들고 신랑을 맞이할 수 없었던 그들은 결국 기름을 사기 위해 가게로 갈 수밖에 없었다. 그러나 시간은 그들을 기다려 주지 않았다.

(3) 신랑과 혼인잔치(19-12)

신랑이 자기를 맞이하기 위해 등불을 들고 나온 처녀들과 함께 신부의 집에 도착하자 혼인잔치가 시작되었다. 잔칫집에는 많은 하객들이 모여 즐거움에 참여했다. 그런데 그 자리에는 등불을 들고 신랑을 맞으러 나갔던 미련한 다섯 처녀들이 없었다. 신랑이 혼인 잔칫집에 들어가자 문이 닫혀버렸기 때문이다.

불과 얼마 전까지만 해도 미련한 다섯 처녀들은 신랑을 맞으러 나갈 자부심에 들떠 즐거워하는 마음을 가지고 있었을 것이 분명하다. 그러나 그들은 등불에 사용할 기름을 충분히 준비하지 않았으므로 결국 즐거운 혼인잔치에 참여할 수 없었다. 그 처녀들은 혼인 집 주인으로부터 모른다고 외면당했을 따름이다.

신랑을 맞이하기 위해 등불을 들고 나가는 대열에 선택된 열 처녀들은 평상시 저들의 겉모습이 인정받고 있었음을 말해준다. 아마도 많은 사람들이 그들을 신랑을 맞이하기에 가장 적합한 처녀들로 생각했을 것이다. 그럼에도 불구하고 기름을 준비하지 못한 미련한 다섯 처녀들은 혼인잔치에 참여하지 못하고 내침을 당하게 되었다.

밤중에 신랑이 도착했을 때 등의 기름이 떨어지자 황급히 기름을 사러 간 처녀들은 뒤늦게 잔칫집의 문을 열어줄 것을 간청했지만 이미 시간이 늦었다. 그들은 자신을 변명하며 문을 열어달라고 졸랐지만 그 문은 결코 다시 열리지 않았다. 도리어 그들에게 들려오는 소리는 절망적이었다. '진실로 너희에게 이르노니 내가 너희를 알지 못하노라' (12)는 주인의 냉정한 말만 되돌아 왔기 때문이다.

(4) 신랑을 맞는 열 처녀 비유에서 얻어야 할 교훈(13)

예수께서는 이 비유를 통해 제자들에게 매우 중요한 당부를 하셨다. 거기에는 예수님의 십자가 사역 이후 이루어지게 될 승천과 재림에 대한 예언이 포함되어 있다. 나아가 지상교회에 속한 성도들이 소유해야 할 신앙적인 자세에 연관되어 있다.

우리는 이 비유에서 열 처녀 모두가 신랑이 오기 전까지는 많은 사람들의 인정을 받고 있었다는 사실을 기억해야 한다. 그들이 평상시 외형상 어떤 모습을 보였을지 넉넉히 짐작할 수 있다. 그러므로 그들이 자랑스러운 특별한 임무를 부여받을 수 있었다.

그렇지만 보람 있는 임무를 부여받은 사실 자체가 중요한 것이 아님이 결과적으로 드러나고 있다. 우리가 반드시 기억해야 할 점은 맡겨진 직책으로 인해 즐거워할 것이 아니라 주인의 뜻을 잘 기억해야 한다는 사실이다. 즉 등불을 들고 신랑을 맞으러 나가게 된 사실 자체보다 혼인잔치에 참여해 신랑신부와 함께 즐거움을 나누는 것이 중요하다.

예수님의 이 비유는 지상교회를 위해 주신 교훈이다. 오늘날 교회에 속해 살아가는 우리 역시 그와 동일한 형편에 처해 있다. 교회 안에는 겉보기에 유사한 모습을 띠고 있으나 실상은 모두가 슬기로운 성도들인 것은 아니다. 즉 그들 가운데는 하나님 보시기에 슬기로운 자들이 있는가 하면 하나님의 뜻을 멸시하는 미련한 자들도 있다.

지상교회에 속한 대다수 교인들은 주님의 재림을 기다리고 있다는 말을 한다. 그런데 주님의 재림이 속히 이루어지지 않음으로 인해 아무런 대비 없이 잠자고 있는 자들이 많다. 따라서 지혜로운 성도들은, 미련한 처녀들이 아니라 슬기로운 다섯 처녀들처럼 항상 기름을 준비하고 있어야 한다.

예수께서는 이 비유를 통해 교회와 성도들로 하여금 재림하실 주님을 기다리는 마음을 잠시도 늦추지 말라는 요구를 하고 계신다. 우리는 과연 사람들의 눈에 비치는 현실적인 종교 활동에 만족할 것인가, 아니면 언제 오실지 모르는 예수 그리스도의 재림을 위해 깨어 대비하고 있을 것인가? 성숙한 성도들은 "그런즉 깨어 있으라 너희는 그 날과 그 시를 알지 못하느니라"(13)는 주님의 음성을 잠시도 잊어서는 안 된다.

3. 종들에게 달란트를 맡긴 주인에 관한 비유(14-30)

(1) 자신의 소유를 종들에게 맡긴 주인(14,15)

예수께서는 '열 처녀 비유'에 뒤이어 천국에 대한 또 다른 비유의 말씀을 주셨다. 어떤 사람이 타국에 가면서 자기 종들에게 거금의 금 달란트를 맡겼다.[74] 그는 세 명의 종들을 불러 제각각 다른 액수의 달란트를 맡겼던 것이다.

주인은 자신이 판단한 종들의 재능에 따라 한 종에게는 금 다섯 달란트를 맡기고 다른 한 종에게는 두 달란트, 또 다른 한 종에게는 한 달란트를 맡겼다. 그리고는 멀리 타국으로 떠났다. 그 사람은 종들이 저들에게 맡겨진 달란트를 가지고 성실하게 운용해 상당한 이익을 남기기를 원했다.

여기서 우리의 관심을 끄는 사실은 주인이 모든 종들에게 동일한 액수의 달란트를 맡긴 것이 아니라는 사실이다. 또한 주인이 종들에게 차등적으로 돈을 맡겼지만 그 액수로 인해 불평하는 자들은 없었다. 그것은 전적으로 주인의 뜻에 의한 것이라는 사실을 종들이 잘 알고 있었기 때문이다.

---

74) 달란트는 일반적으로 질량과 화폐의 단위로 쓰였다. 학자들은 보통 한 달란트를 33kg정도로 추정한다. 그러므로 금 한 달란트를 대략적인 현대의 시세로 볼 때 수십억 원에 이르는 거금에 해당된다.

(2) 맡은 재물에 대한 종들의 상이한 자세(16-18)

주인으로부터 금 다섯 달란트, 두 달란트, 한 달란트를 각기 받은 종들은 그것을 가만히 가지고 있었던 것이 아니라 올바르게 운용해 이익을 남겨야만 했다. 즉 주인은 단순히 그것을 보관하고 있도록 맡긴 것이 아니었다. 그것을 올바르게 활용하여 적절한 이익을 남기는 것이 주인의 뜻이었다.

그래서 다섯 달란트를 받은 종은 주인의 뜻을 알아차리고 곧 바로 가서 그것을 밑천으로 장사를 시작했다. 두 달란트를 받은 사람도 그와 같이 장사를 했다. 그 두 사람은 각각 최선을 다해 일한 끝에 제각각 이익을 남기게 되었다.

이에 반해 한 달란트 받은 종은 그것을 가지고 장사한 것이 아니라 땅을 파고 그 속에 감추어 두었다. 그는 그 달란트로 모험을 하거나 힘들게 일하고자 하는 마음이 없었을 뿐 아니라 게으름을 피웠으므로 주인이 원하는 아무런 이익을 남길 수 없었다. 그것은 주인의 뜻을 전혀 헤아리지 못한 안일한 처사에 지나지 않았다.

(3) 돌아온 주인의 종들에 대한 평가(19-27)

오랜 세월이 지나 타국에 갔던 주인이 되돌아왔다. 그는 달란트를 맡긴 종들과 각각 결산하려고 했다. 그러자 금 다섯 달란트를 받았던 종은 다섯 달란트를 더 가지고 나아왔다. 그는 자신이 주인의 뜻을 알고 장사를 하여 다섯 달란트를 더 남겼다는 말을 고했다. 그러자 주인은 그 종을 진심으로 칭찬했다.

“잘 하였도다 착하고 충성된 종아 네가 작은 일에 충성하였으매 내가 많

은 것으로 네게 맡기리니 네 주인의 즐거움에 참예할지어다"(마 25:21)

주인이 그를 '착하고 충성된 종'이라 인정한 것은 그가 큰 일을 했기 때문이 아니었다. 사실은 금 다섯 달란트라는 엄청나게 큰 액수의 돈을 운용했음에도 불구하고 주인은 그 종이 작은 일에 충성한 것이라 언급했다. 하지만 주인은 작은 일을 위해 충성을 다한 그 종에게 앞으로 훨씬 더 큰 것을 맡기리라는 약속을 했다. 나아가 그 종은 주인의 즐거움에 참여하는 특권을 누리게 되었다.

그리고 두 달란트를 받았던 종도 주인에게 나아와 장사를 해서 두 달란트를 더 남겼음을 말씀드렸다. 그러자 주인은 그에게도 다섯 달란트를 받은 종에게 말씀하셨듯이 동일한 칭찬을 하셨다. 그는 다섯 달란트를 맡은 사람보다는 적게 받아 적게 남겼지만 그와 동일한 인정과 약속을 받을 수 있었다(23).

그런데 한 달란트를 받았던 종은 주인에게 한 달란트 그대로 가지고 나아왔다. 그는 돈을 남기지 못한 것이 자기의 무지와 게으름 때문이 아니라 주인을 생각했기 때문이었다는 식으로 핑계를 댔다. 주인은 심지 않은 데서 거두고 뿌리지 않은 데서 모으는 대단한 능력을 가진 분으로 알고 있으므로 두려운 마음을 가져 손실을 보지 않기 위해 받은 달란트를 땅 속에 감추어 두었다고 변명했다.

그 종은 마치 주인의 능력을 절대적으로 인정하는 듯 하는 태도를 보이고 있다. 그의 말 가운데는 엄청난 부자이자 유능한 주인에 비해 턱없이 부족한 자기가 그 돈을 운용하는 것은 위험부담만 따를 뿐이라고 말하는 듯했다. 즉 주인의 뜻에 관심을 가지지 않았던 자신의 오만함과 게으름에 대해서는 아무런 반성의 기미도 보이지 않았다. 따라서 주인은 매우 진노하여 그에게 엄한 책망을 했다.

> "악하고 게으른 종아 나는 심지 않은 데서 거두고 헤치지 않은데서 모으는 줄로 네가 알았느냐 그러면 네가 마땅히 내 돈을 취리하는 자들에게나 두었다가 나로 돌아 와서 내 본전과 변리를 받게 할 것이니라" (마 25:26,27)

주인은 분노하여 그 종을 향해 '악하고 게으른 종' 이라며 크게 호통을 쳤다. 그가 주인의 뜻을 근본적으로 잘못 알고 있었다는 것이다. 성실한 자세를 버리고 게으르게 놀면서 아무 일도 하지 않을 것 같았으면 차라리 다른 사람에게 그 돈을 빌려주었다가 원금과 더불어 이자라도 받게 해야 할 것 아니냐는 것이었다. 그가 악한 종으로 책망받았던 까닭은 주인이 타국에 가고 없는 사이 제멋대로 게으르게 살면서 자기 인생을 누렸기 때문이다.

(4) 하나님의 심판(29,30)

주인은 다섯 달란트 맡긴 종과 두 달란트 맡긴 종에게 '착하고 충성된 종' 이라 칭찬했던 것에 반해 한 달란트를 맡겼던 종에게는 '악하고 게으른 종' 이라며 크게 진노했다. 한 달란트 받은 종은 주인이 멀리 타국에 가고 없는 사이 다른 종들이 성실하게 일하는 모습을 보며 속으로 비웃었을지도 모른다.

그의 논리에 의하면 엄청난 부자인 주인을 능가할 수 없는 종들이 애쓰는 것은 아무것도 아니었다. 그의 게으르고 오만한 태도가 주인의 뜻을 멸시하는 결과를 가져왔다. 따라서 주인은 그 악한 종이 가지고 있던 한 달란트를 빼앗아 열 달란트 가진 자에게 주도록 명령했다. 그가 심판을 받았던 것은 자기에게 맡겨진 주인의 달란트를 땅에 묻어 둠으로써 아무런 일도 하지 않았기 때문이다.

이 비유가 보여주는 것은 성실하게 일해 상당한 이익을 남긴 종들은 더욱 풍족하게 될 것이지만 아무것도 남기지 않은 게으른 종은 그 있는 것마저 빼앗기게 되리라는 사실이다. 나아가 분노한 주인은 그 '무익한 종'을 바깥 어두운 데로 내쫓아버리도록 명령하셨다. 그렇게 되면 그는 거기서 슬피 울며 이를 갈며 고통스럽게 살아갈 수밖에 없다.

(5) 달란트 비유에서 얻을 교훈

달란트 비유는 앞의 열 처녀 비유와 마찬가지로 지상의 교회와 그에 속한 성도들에게 밀접하게 연관되어 있다. 이는 예수께서 부활하신 후 천상의 나라로 승천하게 될 사실과 더불어 제자들에게 복음 사역을 맡길 것에 대한 내용에 연관된 것으로 이해해야 한다. 예수께서는 십자가에 달려 돌아가셨다가 부활하신 후 승천하시면서 지상에 남기게 될 교회의 사명을 염두에 두고 이 비유의 말씀을 주셨던 것이다.

예수께서는 제자들에게 아무 것도 남기지 않고 그냥 승천하신 것이 아니라 중요한 사명을 남기고 승천하셨다. 따라서 지상교회는 주님으로부터 엄청난 규모의 달란트를 받아두고 있다. 이는 물론 세상의 재물이 아니라 은사와 직분에 연관되어 있으며 모든 성도들 각자에게 맡겨진 내용이기도 하다. 사도 바울은 로마에 있는 교회에 편지하면서 그에 관한 언급을 했다.

> "오직 하나님께서 각 사람에게 나눠주신 믿음의 분량대로 지혜롭게 생각하라 ... 우리에게 주신 은혜대로 받은 은사가 각각 다르니 혹 예언이면 믿음의 분수대로, 혹 섬기는 일이면 섬기는 일로, 혹 가르치는 자면 가르치는 일로, 혹 권위하는 자면 권위하는 일로, 구제하는 자는 성실함으로, 다스리는 자는 부지런함으로, 긍휼을 베푸는 자는 즐거움으로 할 것이니라" (롬 12:3-8)

바울은 여기서 하나님이 각 성도들에게 나누어 주신 은사에 관해 말하고 있다. 이처럼 우리에게는 각자 받은 나름대로의 달란트가 있다. 교회에 허락된 달란트는 어떤 것이라 할지라도 매우 소중한 것들이다. 이는 성도들에게 허락된 다양한 은사들과 직분에 밀접하게 연관되어 있음을 말해준다.

따라서 모든 성도들은 자기에게 맡겨진 사명을 올바르게 잘 감당해야 한다. 하나님의 자녀들은 자신의 달란트를 소중히 여기며 충성을 다하지 않으면 안 된다. 누구든지 하나님의 뜻을 벗어나 게으른 삶을 살게 된다면 주님으로부터 무서운 책망을 받을 수밖에 없다.

우리가 또한 여기서 분명히 생각해야 할 바는 달란트를 받은 성도들 사이에 서로간 크고 작음이나 많고 적음을 비교할 필요가 없다는 사실이다. 주님께서 맡기신 사명을 감당해 가는 동안 그것이 설령 커 보인다고 할지라도 주님 보시기에는 지극히 작은 것에 지나지 않는다. 우리는 주님께서 우리에게 무슨 일을 맡기셨는지 올바르게 깨달아 그에 충성을 다할 따름이다.

멀지 않은 장래에 하나님께서는 우리와도 결산하시게 된다. 주님께서 교회와 성도들에게 맡기신 복음사역은 결코 소모적이지 않으며 생산적인 성격을 지니고 있다. 따라서 성도들은 신실한 삶을 통해 선한 열매를 맺어야만 한다. 예수께서 재림하시게 되면 승천하실 때 교회와 성도들에게 맡기신 달란트에 대해 정확한 결산을 하실 것이다.

물론 달란트 비유는 성도의 행위에 연관된 궁극적인 구원에 대해 말하지 않는다. 이는 하나님의 자녀들이 맡겨진 일에 충성을 다하지 않으면 안 된다는 사실을 교훈하고 있다. 사도 바울은 로마에 있는 성도들을 향해 부지런하여 열심을 품고 주님을 섬기도록 요구했다. 그리고 자신의 제자 디도에게도 선한 열매를 맺기 위해 최선의 삶을 살도록 당부했다.

"형제를 사랑하여 서로 우애하고 존경하기를 서로 먼저 하며 부지런하여 게으르지 말고 열심을 품고 주를 섬기라"(롬 12:10,11);

"또 우리 사람들도 열매 없는 자가 되지 않게 하기 위하여 필요한 것을 예비하는 좋은 일에 힘쓰기를 배우게 하라"(딛3:14)

오늘날 우리는 예수님의 달란트 비유를 기억하는 가운데 열매를 요구하는 사도 바울의 엄중한 권면을 마음속 깊이 받아들여야 한다. 즉 세상에 살아가는 모든 성도들은 선한 열매를 사모하면서 자신에게 맡겨진 사명을 충성스럽게 감당하지 않으면 안 된다. 두렵고 떨리는 마음으로 그와 같은 경주를 다하지 않는다면 진정한 하나님의 자녀라 말할 수 없을 것이다.

제50장
주님의 재림과 최종 심판
(마 25:31-46)

1. 주님의 재림과 심판(31-33)

예수께서는 앞의 두 비유를 말씀하신 뒤 '인자' (31)이신 자기가 '영화로운 왕' (34)으로 오시리라는 사실을 말씀하셨다. 그는 하늘의 천군천사들을 대동하고 위엄을 갖춘 모습으로 이땅에 강림하셔서 '영광의 보좌' 에 앉게 되신다. 그때 심판주로 오신 그에 의해 모든 인간들에 대한 무서운 심판이 이루어진다.

예수님의 이 말씀은 단순한 비유가 아니라 장래 있게 될 실제적인 상황을 묘사하고 있다. 앞에서 주어진 두 가지 비유와는 달리 이 말씀은 앞으로 일어날 사실에 대한 설명인 것이다. 이 가운네는 예수께서 연약한 인간의 몸을 입고 처음 이 세상에 오셨을 때와 대비되는 모습이 드러나고 있다.

그가 심판을 위한 보좌에 앉게 되리라는 사실은 구약시대부터 이미 예언되어 왔다. 여호와 하나님께서 온 세계와 그 안에 거하는 모든 인간들을 추호도 편파됨이 없이 공의로 심판하시게 되리라는 것이었다. 시편 기자는 그에 대한 노래를 하고 있다.

"여호와께서 영영히 앉으심이여 심판을 위하여 보좌를 예비하셨도다 공

의로 세계를 심판하심이여 정직으로 만민에게 판단을 행하시리로다"(시 9:7,8)

시편에 기록된 말씀처럼, 예수께서는 자기가 재림하게 되면 모든 민족을 심판대 앞으로 불러 모으시리라는 사실을 예언하셨다. 이는 전지전능하신 왕 앞에 서지 않을 자가 없음을 말해주고 있다. 그러므로 산 자와 죽은 자를 포함한 모든 인간들이 하나님의 무서운 심판을 받게 된다.

심판주로 재림하신 예수께서는 모든 인간들을 엄하게 심판하여 선악에 따라 완전히 분리하신다. 자신의 뜻을 멸시한 죄인들에게는 영원한 형벌을 내리실 것이며 자신에게 순종한 의인들에게는 영원한 구원을 베푸신다. 십자가 위에서 흘리신 예수 그리스도의 보혈이 하나님의 심판과 공의를 충족하는 유일한 근거가 된다.

그때 이 세상에 살았던 모든 인간들은, 마치 목자가 양과 염소를 분별하듯이 구별되어 나누어진다. 하나님께서는 순종하는 양 같은 자기 백성들은 오른편에 두게 되지만 불순종하는 염소 같은 자들은 자기의 왼편에 세우신다. 인간들은 예수 그리스도를 중심으로 하여 서로 반대편에 세워지게 되는 것이다. 거기에는 어떠한 오차와 오류도 용납되지 않는다.

하나님의 심판은 임기응변적이 아니라 이미 정해진 법 규정에 따라 행해진다. 창세전에 작성된 생명책은 판결의 중요한 기준이 된다. 하나님의 뜻에 따라 예수 그리스도께 속한 자들은 영생을 얻게 되지만 그렇지 않은 자들은 영원한 멸망을 당할 수밖에 없다. 요한은 계시록에서 그에 대한 생생한 기록을 남기고 있다.

"또 내가 보니 죽은 자들이 무론 대소하고 그 보좌 앞에 섰는데 책들이 펴있고 또 다른 책이 펴졌으니 곧 생명책이라 죽은 자들이 자기 행위를 따라 책들에 기록된 대로 심판을 받으니 바다가 그 가운데서 죽은 자들을 내어주

> 고 또 사망과 음부도 그 가운데서 죽은 자들을 내어주매 각 사람이 자기의 행위대로 심판을 받고 사망과 음부도 불 못에 던지우니 이것은 둘째 사망 곧 불 못이라 누구든지 생명책에 기록되지 못한 자는 불 못에 던지우더라”(계 20:12-15)

요한계시록에서 각 사람이 하나님의 보좌 앞에서 ‘자기 행위를 따라’ ‘자기의 행위대로’ 심판을 받는다는 말은 우리가 일반적으로 생각하는 것과는 의미가 다르다. 그 말은 예수 그리스도 안에 산 자들의 삶과 그와 상관없는 자들의 삶에 대한 것을 말하고 있다. 따라서 그것은 인간들의 일반적인 선행여부와 연관지어 생각해서는 안 된다.

재림하신 예수님의 심판은 모든 인간들을 위한 최종적인 판결이 된다. 그것을 통해 하나님의 자녀들과 그와 상관없는 자들은 영원히 분리될 수 밖에 없다. 그 이후에는 구원을 위한 어떤 기회도 주어지지 않는다. 생명책에 이름이 기록된 성도들만이 십자가를 통한 예수 그리스도의 은혜를 누리게 되는 것이다.

2. 주님의 최종 판결과 교인들의 삶

(1) 의인들에 대한 주님의 판결(34-40)

이 세상은 선악에 상관없이 모든 인간들이 함께 어우러져 살아가는 영역이다. 하지만 저들의 마지막 길은 전혀 다르다. 겉보기에는 서로간 아무런 구별이 되지 않지만 그들의 본질적인 실상은 도저히 만날 수 없는 극과 극에 처해 있다.

예수께서는 본문 가운데서 나중에 다시 오시게 될 ‘인자’(the Son of Man) 이신 자기가 곧 ‘심판의 왕’이라는 사실을 밝히고 계신다. 그 왕은 오른편에 있는 양 같은 자들에게 말씀하시기를, “내 아버지께 복 받을 자들이여 나아와 창세로부터 너희를 위하여 예비된 나라를 상속받으라”(마 25:34)고 말씀하셨다.

여기서 ‘아버지께 복 받을 자’란 과연 무슨 의미를 지니고 있는가? 이는 창세기 1장 28절에 기록된 ‘복’과 밀접하게 연관되어 있다. 즉 이 복은 우리가 이 세상에서 경험하고 기대하는 그런 식의 복과는 아무런 상관이 없다. 그것은 도리어 하나님께서 자기 형상을 닮은 인간들을 자신과의 영원한 관계속에 두는 것을 의미한다.

그러므로 하나님께서는 ‘창세로부터 저들을 위해 예비된 나라를 상속받으라’고 말씀하신다. 이는 하나님의 백성들을 위해 창세전부터 계획된 나라로서 창조와 재창조에 연관된 의미를 지니고 있다. 하나님께서 자신의 불변하는 사랑으로 말미암아 창세전에 택하신 자녀들을 위해 이미 영원한 나라를 작정해 두고 계셨던 것이다. 따라서 그 예비된 나라는 곧 새 하늘과 새 땅에 연관되어 있다.

그런데 재림하신 예수께서는 자기 백성인 의인들에게 예상치 못한 의외의 말씀을 하셨다. 그것은 그가 굶주릴 때 저들이 먹을 것을 주었고 목마를 때에 마실 것을 주었다는 것이다. 그리고 그가 나그네가 되어 있을 때 영접했으며 헐벗고 병들었을 때 옷을 입히고 돌아보았으며 감옥에 갇혔을 때 돌봐 주었다는 것이다.

그러나 의인들이 생각할 때 그들 스스로는 주님을 위해 그렇게 한 적이 한 번도 없었다. 그들은 굶주리고 목말라하는 예수님을 본적이 없으며 나그네가 되거나 헐벗고 병든 예수님은 물론 감옥에 갇힌 그를 만난 적이 없다. 그럼에도 불구하고 예수께서는 저들이 자신을 위해 그렇게 했다고 말씀하셨다. 이는 과연 무슨 의미를 지니고 있는가? 구약 성경 잠언서 기자는 가난하고 어려운 형편에 처한 자들에게 행해야 할 사실과 그 의미에 대한 중요한 언급을 하고 있다.

> "가난한 자를 불쌍히 여기는 것은 여호와께 꾸이는 것이니 그 선행을 갚아 주시리라" (잠 19:17)

잠언서에는 하나님의 자녀들이 가난한 자를 불쌍히 여겨 저들에게 도움을 주는 것은 곧 여호와 하나님께 꾸어주는 것과 같다는 말을 하고 있다. 따라서 하나님께서 친히 그 선행에 대한 대가를 갚아주신다고 했다. 즉 가난하고 어려운 사람들을 위해 자신의 것으로 베푸는 자들에 대해서는 하나님께서 나중에 갚아주신다는 것이다.

이는 과연 일반적인 상황을 말하고 있는 것인가? 하나님께서는 보통 사람들이 가난한 자들을 위해 구제하는 모든 것을 기뻐하시는가? 우리는 이 말씀이 교회와 상관없이 모든 인간들에게 보편적으로 적용될 수 있는가 하는 점을 냉철하게 생각해 보아야 한다. 즉 하나님을 알지 못하는 사람들이 주변의 가난한 이웃에게 자비를 베풀어 구제하는 것에 대해서도 하나님이 갚아주신다는 말인가에 대해서는 신중하게 생각해 보지 않으면 안 된다.

그렇지만 우리는 그것이 결코 그렇지 않다는 사실을 잘 알고 있다. 잠언서 기자의 말은 언약 백성인 이스라엘 민족 가운데 제한적으로 적용되어야 할 내용이다. 그와 같은 상황을 기억케 하는 성경의 기록 가운데는 예수님의 말씀도 있다. 사도 바울은 에베소 교회 장로들을 향해 그와 연관된 말을 하고 있다. 사도행전에는 그 내용이 기록되어 있다.

> "범사에 너희에게 모본을 보였노니 곧 이같이 수고하여 약한 사람들을 돕고 또 주 예수의 친히 말씀하신 바 주는 것이 받는 것보다 복이 있다 하심을 기억하여야 할지니라" (행 20:35)

사도 바울은 여기서 예수님의 말씀을 직접 인용하고 있다. 예수께서는

"주는 것이 받는 것보다 복이 있다"는 말씀을 하셨다. 그리하여 바울은 예수님의 교훈에 따라 에베소 교회에 속한 성도들에게 친히 모본을 보였노라고 했다. 주님의 말씀에 순종한 바울은 성실하게 수고하여 일하는 가운데 연약한 형제들을 돕는 일을 게을리하지 않았던 것이다.

이는 물론 단순한 윤리적인 행동을 의미하지 않는다. 이 말씀은 교회와 직접적으로 연관되어 있다. 예수께서는 언약 백성들 가운데 있는 제자들에게 그에 대한 말씀을 하셨으며 바울은 교회 가운데서의 자신의 삶을 고백하고 있기 때문이다. 그래서 예수께서는 '내 형제 중에 지극히 작은 자 하나에게 한 것이 곧 자기에게 한 것'(40)이라 강조해 말씀하셨던 것이다.

(2) 악인들에 대한 주님의 판결(41-45)

하나님을 알지 못하는 악한 인간들은 주님의 심판을 통해 무서운 저주를 받게 된다. 그 심판으로 말미암아 불순종한 염소처럼 분류되어 심판주의 왼 편에 선 사람들은 마귀와 그 졸개들을 위해 예비된 영영한 불 속으로 던져지게 된다. 예수께서는 저들이 심한 어려움에 처한 자신을 도와주지 않고 멸시했음을 말씀하셨다.

그들은 예수님이 굶주릴 때 먹을 양식을 주지 않았으며 목마를 때에 마실 것을 주지 않았다. 또한 그가 나그네 되고 헐벗었을 때 영접하지 않았으며 입을 만한 옷을 입혀주지도 않았다. 그리고 그가 병들어 있을 때나 감옥에 갇혔을 때 돌봐주지 않았다.

예수님으로부터 그와 같은 말씀을 들은 악한 자들은 결코 그렇지 않다며 강하게 항변했다. 그들은 예수님이 굶주리고 목말라 하는 것을 본적이 없으며 나그네 되거나 헐벗은 모습을 보지 못했다는 것이다. 또한 그가 병들거나 감옥에 갇힌 것을 본적이 한 번도 없었다는 것이다.

이 말 가운데는 만일 예수님이 그렇게 어려움을 당하는 것을 그들이 보았다면 당연히 도와드렸을 것이라는 의미가 내포되어 있다. 그럼에도 불구하고 예수님은 그들이 그렇게 하지 않았음을 분명히 지적하셨다. 그는 '이 지극히 작은 자 하나에게 하지 아니한 것이 곧 내게 하지 아니한 것이라' (45)고 말씀하셨다.

이에 대해서는 언약 공동체인 구약시대 교회와 연관하여 성경에 분명히 기록되어 있다. 하나님의 백성들이 이웃을 위해 어떤 삶을 살아야 할지 가르치고 있는 것이다. 모세는 이스라엘 백성이 출애굽한 후 그들에게 그에 관한 명령을 하고 있다. 시내광야에서 새로운 삶을 살아가는 언약 백성들은 그에 대한 분명한 교훈을 들어야만 했다.

> "너는 이방 나그네를 압제하지 말며 그들을 학대하지 말라 너희도 애굽 땅에서 나그네이었었음이니라 너는 과부나 고아를 해롭게 하지 말라 네가 만일 그들을 해롭게 하므로 그들이 내게 부르짖으면 내가 반드시 그 부르짖음을 들을지라" (출 22:21-23)

우리는 이 말씀이 오늘날 우리에게도 해당되지만, 일차적으로는 출애굽한 이스라엘 백성들에게 적용시켜 이해해야 된다는 사실을 기억할 필요가 있다. 이스라엘 백성들이 출애굽할 때 애굽으로부터 이방인들이 섞여 나왔다(출 12:38 참조). 이전까지는 이스라엘 백성이 애굽의 나그네였지만 이제는 그들이 도리어 나그네가 되었다. 따라서 하나님께서는 언약 백성이 되어 함께 나온 이방인들을 압제하거나 학대하지 못하도록 명령하셨다.

그리고 힘없고 외로운 과부나 고아를 해롭게 해서는 안 된다. 이 말씀은 하나님의 언약 공동체에 연관된 교훈이다. 즉 이는 이방인들에게 보편적으로 적용되는 것이 아니다. 따라서 그들이 여호와 하나님께 부르짖으면 반드시 그들의 기도를 들으시겠다는 말씀을 하셨던 것이다.

하나님께서 이 세상에 궁극적인 심판주로 임하시게 되면 남을 속이고 이기적으로 살았던 사람들과 자신의 힘을 과시하며 약자들을 괴롭힌 악한 자들을 심판하시게 된다. 이는 메시아 강림과 직접 연관되어 있는 말씀이다. 말라기 선지자는 이와 연관하여 그것이 곧 심판의 근거가 된다는 사실을 말했다.

> "내가 심판하러 너희에게 임할 것이라 술수하는 자에게와 간음하는 자에게와 거짓 맹세하는 자에게와 품군의 삯에 대하여 억울케 하며 과부와 고아를 압제하며 나그네를 억울케 하며 나를 경외치 아니하는 자들에게 속히 증거하리라 만군의 여호와가 말하였느니라"(말 3:5)

말라기 선지자의 이 말은 메시아 언약과 직접적인 연관성이 있다. 그가 오시게 되면 세상을 심판하시게 된다. 그런데 문제는 그때가 되면 엄청난 반전이 일어나게 된다는 사실이다. 자신의 욕망과 만족을 추구하며 살던 사람들은 심한 낭패를 당하게 될 것이며 다른 사람들을 억울하게 한 자들도 무서운 심판을 받게 된다. 그리고 자신의 힘을 과시하며 연약한 자들을 압제하며 나그네를 멸시한 자들도 심판을 받는다. 그들은 하나님을 경외하지 않고 세상에서의 욕망에 따라 산 자들이기 때문이다.

(3) 마태복음 25장 34-45절이 주는 의미와 교훈

우리가 다시금 분명히 기억해야 할 바는, 마태복음에 기록된 이 말씀이 일반적인 의미로 해석되어서는 안 된다는 사실이다. 이는 교회와 그에 속한 성도들에게 제한된 내용이기 때문이다. 즉 이 말씀은 하나님의 언약과 무관한 교회 밖의 사람들이나 그들 중에 발생하는 행위에 대해 말하는 것이 아니라 교회 가운데서 행해지는 성도의 삶에 관련되어 있다.

지상에 존재하는 참된 교회는 예수 그리스도의 거룩한 몸이다. 그리고 그 몸에 붙어있는 모든 성도들은 그의 지체들로서 그리스도의 몸의 일부분을 구성하고 있다. 그러므로 교회에 속한 성도들 한 사람 한 사람에게 대하는 사람들의 태도와 행동은 곧 예수님께 하는 것과 동일한 성격을 지닌다.

따라서 우리는 모든 성도들을 그리스도께 대하듯 해야 한다. 이는 물론 매우 중요한 상징적인 의미를 지닌다. 즉 일반적인 면에서 무조건 그런 식으로 하라는 뜻이 아니라 교회의 진리와 순결을 위해 그와 더불어 행동해야 한다는 사실을 말해준다. 이는 그리스도의 몸에 붙어있는 성도들의 삶에 대해 적극적인 관심을 보임으로써 서로간 지체가 된 사실을 확인하게 된다. 따라서 모든 성도들의 삶은 예수님의 몸과 직접 연관이 있는 것이다.

하지만 자유주의 신학자들은 이 말씀을 두고 근본적으로 잘못된 해석을 하고 있다. 그들은 이 말씀을 교회적인 관점이 아니라 세상의 모든 경우에 일반화시키려는 심각한 오류를 범하고 있다. 그리하여 어려운 형편에 처한 모든 인간들에게 하는 행위가 곧 주님을 위해서 한 것이라는 잘못된 주장을 한다.

그러므로 그런 자들은 소위 행동신학(Doing Theology)을 기초로 한 신앙을 강조하고 있다. 그들은 교회와 상관없이 가난하고 소외받는 계층과 억눌린 자들에게 적극적인 관심을 기울인다. 그렇게 되면 복음을 벗어나 사회운동을 추구하게 되며 잘못된 국가체제에 대한 저항운동을 동반하게 되기도 한다. 그렇게 함으로써 우리 시대에는 해방신학, 민중신학, 정치신학, 흑인신학, 여성신학 등 기독교적인 사회참여 운동이 발흥하게 된 것이다.

그러나 성경이 가르치고 있는 바는 그런 것이 아니다. 주님의 말씀은 사회운동을 요구하는 것이 아니라 교회를 온전히 세우는 것에 연관이 되어 있기 때문이다. 우리가 그리스도의 몸인 교회에 붙어있는 모든 지체들에게 대하는 것이 곧 그리스도께 대하는 것이라는 사실을 이해하는 것은 매우 중요하다.

3. 영원한 분리(46)

예수께서 재림하시게 되면 인간들은 영생과 영벌의 세계로 완전히 분리된다. 하나님의 자녀들은 영원한 천국으로 인도되지만 그렇지 않은 사람들은 결코 그곳으로 들어갈 수 없다. 성경은 그에 대해 분명한 증거를 하고 있다.

구약시대부터 하나님께서는 새 하늘과 새 땅을 창조하실 것을 이미 약속하셨다. 오염된 옛 세상을 심판하고 순결한 새로운 세계를 예비하신다는 것이었다. 그곳은 하나님의 자녀들이 영원히 거하게 될 아름다운 영역이다. 이에 대해서는 예수께서 부활승천하신 후 신약성경에서도 되풀이하여 언급되었다.

> "보라 내가 새 하늘과 새 땅을 창조하나니 이전 것은 기억되거나 마음에 생각나지 아니할 것이라 너희는 나의 창조하는 것을 인하여 영원히 기뻐하며 즐거워할지니라" (사 65:17,18);
>
> "하나님의 날이 임하기를 바라보고 간절히 사모하라 그 날에 하늘이 불에 타서 풀어지고 체질이 뜨거운 불에 녹아지려니와 우리는 그의 약속대로 의의 거하는바 새 하늘과 새 땅을 바라보도다" (벧후 3:12,13);
>
> "또 내가 새 하늘과 새 땅을 보니 처음 하늘과 처음 땅이 없어졌고 바다도 다시 있지 않더라" (계 22:1)

우리가 살고 있는 이 세상은 아담의 범죄로 인해 부패하고 오염된 공간이 되어 있다. 따라서 교회에 속한 성도들은 하나님께서 약속하신 새 하늘과 새 땅을 바라보며 살아가게 된다. 하나님의 자녀들은 그곳을 상속받아 그곳에서 영원한 삶을 누리게 되기 때문이다.

그에 반해 하나님을 알지 못하는 자들은 영멸에 빠지게 될 수밖에 없다. 나아가 입술과 생각으로 하나님을 안다고 주장하면서 실상은 하나님을 멸시한 배도자들의 결말 또한 그와 동일하다. 예수께서는 그에 관한 실상을 설명하면서 진리를 말씀하셨다. 따라서 교회는 항상 그점을 강조하지 않을 수 없다.

> "만일 네 손이 너를 범죄케 하거든 찍어버리라 불구자로 영생에 들어가는 것이 두 손을 가지고 지옥 꺼지지 않는 불에 들어가는 것보다 나으니라 만일 네 발이 너를 범죄케 하거든 찍어 버리라 절뚝발이로 영생에 들어가는 것이 두 발을 가지고 지옥에 던지우는 것보다 나으니라 만일 네 눈이 너를 범죄케 하거든 빼어버리라 한 눈으로 하나님의 나라에 들어가는 것이 두 눈을 가지고 지옥에 던지우는 것보다 나으니라 거기는 구더기도 죽지 않고 불도 꺼지지 아니하느니라 사람마다 불로서 소금 치듯 함을 받으리라" (막 9:43-49)

어리석은 인간들은 이 세상에서의 삶이 전부인 것으로 생각한다. 형식상 교회에 출석하는 자들 가운데도 그런 자들이 없지 않다. 그들은 종교의 이름을 빗내어 세상에서의 행복을 추구하며 그것을 목적으로 살아간다. 하지만 저들이 지향하는 바는 지극히 어리석은 판단에 근거하고 있다.

그러므로 세상의 모든 것을 잃어버리는 한이 있더라도 하나님의 영원한 복락을 소유하는 편이 수천수만 배 낫다. 사실 그것은 단순히 비교할 수 있는 것이 아니라 궁극적인 성격을 지니고 있다. 만일 하나님을 경외하지 않음으로써 손과 발이 범죄한다면 그것을 찍어버리고 눈이 범죄한다면 그것을 빼버린 상태에서 몸과 영혼이 영원한 천국에 들어가는 것이 훨씬 낫다.

지옥이 얼마나 끔찍스런 영역인가 하는 것을 알고 있는 자라면 그 사실을 받아들이지 않을 수 없다. 그곳은 구더기도 죽지 않는 꺼지지 않는 뜨거운 불구덩이일 뿐 아니라 악한 자들이 불로서 소금치듯함을 받게 되는 무서운 곳이다. 그곳에 대한 진정한 두려움을 가진다면 이 세상의 복락과 영화는 거의 아무것도 아니다. 예수께서는 성도들에게 그에 대한 진정한 의미를 깨닫도록 강력하게 요구하고 계신다. 우리는 예수께서 재림하시게 되면 그와 같은 놀라운 일이 구체화 된다는 사실을 분명히 기억해야 한다.

제10부

예수 그리스도의 고난과 십자가 사역

제51장
문둥병자의 집에서 일어난 향유사건
(마 26:1-16)

1. 유월절(Pass-Over)을 앞 둔 예수님의 예언(1-2)

예수께서는 마지막 유월절을 앞두고 제자들에게 하나님의 어린 양인 자신이 완벽한 제물이 되어 하나님께 바쳐지리라는 사실을 시사해 말씀하셨다. 맨 처음 유월절은 이스라엘 민족이 출애굽하기 직전에 있었다. 그것은 이스라엘 백성들이 창안한 종교적 의례가 아니라 하나님께서 허락하신 특별한 은혜의 절기였다.

구약시대의 유월절은 '생명' 에 밀접하게 연관되어 있었다. 하나님께서는 이스라엘 백성들이 애굽에 억류되어 있을 때 그들을 구원하시기 위해 '양을 잡는 의식' 을 통해 저들의 생명을 구출해 내셨다. 이스라엘 백성은 하나님의 명령대로 양을 잡아 그 피를 집의 문설주에 발랐다. 물론 집 안에서는 온 가족이 모여 규례에 따라 양고기를 먹었다.

하나님은 자기 백성들을 압박하는 자들을 심판하시면서 문설주에 양의 피가 묻어있는 사람들의 집은 피해가셨다. 반면 양의 피와 아무런 상관이 없는 집에 대해서는 인간들의 장자長子는 물론 동물의 처음 난 것들도 모조리 심판하여 죽이셨다. 문설주에 발려있는 양의 피의 존재 여부에 따라 죽기도 하고 살기도 했던 것이다.

우리가 여기서 분명히 깨달아야 할 바는 유월절은 하나님의 심판과 직접 연관된 절기라는 사실이다. 그러므로 하나님께서 요구하는 양의 피가 생명과 사망을 가르는 절대적인 기준이 되었던 것이다. 즉 양의 피가 어떤 사람들에게는 심판의 근거가 된 반면 다른 어떤 사람들에게는 생명의 근거가 되었다. 물론 그것은 장래 임하게 될 실체를 위한 그림자로서 상징적인 의미를 지니고 있었다.

유대인의 왕으로 예루살렘에 입성하신 예수께서는 제자들에게 이제 자기가 완벽한 하나님의 양으로서 피를 흘리고 죽어 실체적인 제물로 바쳐지리라는 사실을 밝히셨다. 즉 십자가에 못박혀 죽기 위해 자신이 원수들에게 팔릴 수밖에 없음을 말씀하셨던 것이다. 예수님은 바로 그 일을 위해 인간의 몸을 입고 이 세상에 오시게 되었다.

2. 예수님에 대한 음모(3-5)

조만간에 이루어질 십자가 사역에 연관된 예수님의 말씀이 제자들에게 주어지고 있을 때, 산헤드린 공회원들은 예수님을 어떻게 처리해야 할지 고심하며 의논하고 있었다. 대제사장들과 백성의 장로들이 대제사장 가야바(Caiaphas)의 관저官邸에 모였다. 당시 대제사장이었던 가야바는 예수님을 믿지 않으면서도 그의 죽음이 지니는 의미에 대한 예언을 했다. 그는 자신의 개인적인 의도가 아니었을지라도 이스라엘 민족 가운데 행해질 그리스도의 사역에 대한 예언을 했던 것이다(요 11:47-52).

하여튼 배도에 빠진 유대인들의 궁극적인 목표는 흉계를 꾸며 예수님을 궁지로 몰아 잡아 죽이는 것이었다. 그렇지만 유대인들은 예수님을 체포하는 그 일을 쉽게 결행할 수 없었다. 당시 이스라엘 백성들 가운데는 이미 예수님을 메시아로 알고 따르는 자들이 많이 있었다. 그들은 예수께서 기적을 베푸시며 천국복음을 증거하는 현장을 직접 목격하거나 그에 관한 많은 소문을 들었다. 또한 예루살렘에는 유월절 명절을 지키기 위해 세계

곳곳으로부터 수많은 사람들이 몰려와 있던 것도 커다란 부담이 되었다.

나아가 당시 일반 백성들은 유대인 지도계층에 대해 심한 불만을 가지고 있었다. 그들은 로마제국과 결탁하는 지도자들의 역겨운 모습을 못마땅하게 여겼다. 또한 질병과 식량문제를 비롯한 사회적인 문제로 인해 심각한 고통에 시달리는 사람들도 많았다. 그런 자들 가운데는 절망이 가득한 살기 힘든 세상이 지나가고 희망이 넘치는 새로운 세상이 오기를 간절히 바라는 자들이 많을 수밖에 없었다.

그런 상황에서 무리한 방법으로 예수님을 체포했다가는 자칫 민란이 일어날 가능성마저 없지 않았다. 유대 지도자들은 그점을 의식하지 않을 수 없었다. 그러므로 다수의 유대 지도자들은 명절을 피해 다른 적절한 때를 보아 예수를 체포해 사형에 처하는 것이 나을 것이라 판단했다. 물론 그 판단은 오래가지 않아 뒤바뀌게 된다.

3. 예수님의 안식처(6)

예수께서는 그날 제자들과 함께 베나니에 있는 문둥병자 시몬의 집에 들어가셨다. 그 집은 그전에 예수께서 무덤으로부터 불러내 살리셨던 죽은 나사로와 연관이 있었다(요 12:1). 예수님이 부정한 문둥병자의 집에 들어가는 것은 당시 의견으로 보아 결코 평범하지 않은 특이한 일이라 할 수 있다. 따라서 예수님이 그 집에 들어가셨다는 사실은 매우 중요한 의미들을 내포하고 있음이 틀림없다. 우선 그와 같은 예수님의 행동은 구약의 율법을 넘어서고 있다는 사실을 보여준다. 구약성경 레위기에는 문둥병자를 부정한 자로 규정하고 있다(레 13장 참조). 따라서 건강한 사람들은 저들과 가까이 하는 것을 꺼렸다. 그런 자와 가까이 지내다가 피부가 맞닿게 되기라도 하면 그 사람도 부정하게 될 것이었기 때문이다.

그러므로 일반 유대인들 가운데 문둥병자와 가까이 하기를 원하는 자는 아무도 없었다. 나아가 제사장들이나 레위인 등 종교적인 일에 종사하는 자들은 더욱 그러했다. 예수님도 랍비로서 당시 보통 사람들이 보기에 종교적인 활동을 하는 인물이었다. 그럼에도 불구하고 그가 문둥병자 시몬의 집에 들어가셨다는 것은 율법의 교훈을 성취해가는 자신의 모습을 보여준다. 이와 동시에 우리가 기억해야 할 점은 문둥병자의 집이 당시 예수님을 위한 가장 훌륭한 피신처가 될 수 있었다는 사실이다. 그곳은 예수님과 그의 제자들을 위한 안전한 보호처가 되었다. 그러므로 배도에 빠진 유대 종교지도자들을 피하기 위해서는 그 집보다 나은 곳이 없었다.

설령 악한 유대인들이 예수께서 그곳에 머물고 있다는 사실을 알게 된다고 할지라도 쉽게 접근할 수 없었다. 만일 그를 체포하기 위해 무리한 시도를 하다가 저들의 몸이 문둥병으로 인해 부정하게 된다면 예삿일이 아니었기 때문이다. 아마도 예수께서는 이와 같은 복합적인 의도를 가지고 문둥병자 시몬의 집에 들어가셨을 것이다.

4. 한 여성에 의해 예수님의 머리에 부어진 향유(7) [75]

예수께서 문둥병자 시몬의 집에 계실 때 한 여성이 매우 귀한 향유 한

---

75) 성경에는 향유를 붓는 일에 연관된 두 번의 사건이 기록되어 있다. 하나는 예수님의 공 사역 초기에 갈릴리 지역의 한 동네에서 일어난 사건이다. 이에 반해 마태복음과 마가복음, 요한복음에 기록된 사건은 공 사역 말기인 십자가 사역 직전에 일어난 사건이었다. 누가복음 7:36-50에는 예수께서 한 바리새인의 집에 들어갔을 때 죄인인 어떤 여인이 옥합을 가지고 그 집에 찾아와 예수님의 뒤로 가서 발에 향유를 붓고 눈물을 흘리며 머리털로 그의 발을 씻긴 사건이 나타난다. 그때 예수께서는 그 여인의 죄를 용서해 주셨다. 이는 그녀가 예수님이 하나님의 아들이라는 사실을 잘 알고 있었음을 말해준다. 이 사건 역시 예수님이 하나님께 바쳐지게 될 '하나님의 어린 양'이라는 사실을 바리새인들 가운데 부지중에 드러내 보여주는 묵시적 사건으로 이해해야 한다. 처음 향유사건이 있었을 때는 예수님의 제자들 가운데 누가 함께 있었는지 밝혀지지 않았으며 향유의 가격에 대해서도 알 수 없다. 아마도 많은 사람들이 모이지 않은 자리에서 비밀리에 그 일이 발생했을 가능성이 많다.

옥합을 가지고 예수님 앞으로 나아왔다. 그녀는 나사로의 누이이자 마르다의 동생 마리아였다(요 11:2). 그들 자매는 예수님을 메시아로 알고 진정으로 믿는 사람들이었다. 그 여성들 역시 예수님과 그의 제자들이 유대인 당국으로 말미암아 심한 곤경에 처해 있다는 사실을 잘 알고 있었을 것이 분명하다.

그런 중에 마리아가 갑자기 향유가 든 옥합을 가지고 나아와 예수님의 머리에 그것을 부었다. 주변에 함께 있던 다른 사람들이 전혀 예측할 수 없었던 급작스럽게 발생한 사건이었다. 그에 대한 진정한 의미를 알지 못하는 자들에게 있어서 그것은 여간 황당한 사건이 아닐 수 없었을 것이 분명하다.

그런데 마리아는 단순히 향유를 예수님의 머리에 붓는 것에 그치지 않았다. 그녀는 많은 사람들이 보는 앞에서 자신의 긴 머리털로 향유 기름으로써 예수님의 발을 씻겼다. 그렇게 되자 향유 냄새가 온 집에 진동하게 되었다.

> "유월절 엿새 전에 예수께서 베다니에 이르시니 이곳은 예수께서 죽은 자 가운데서 살리신 나사로의 있는 곳이라 ... 마리아는 지극히 비싼 향유 곧 순전한 나드 한 근을 가져다가 예수의 발에 붓고 자기 머리털로 그의 발을 씻으니 향유 냄새가 집에 가득하더라" (요 12:1-3)

마리아의 행동은 결코 보통일이 아니었다. 값비싼 향유를 그런 식으로 허비한다는 것만 해도 이해할 수 없는 노릇이었다. 그런데 그보다 훨씬 더 심각한 문제는 그 여인이 자신의 긴 머리털로 예수님의 발을 씻긴 사실이었다. 그것을 보고 있던 제자들은 매우 당황했을 것이 틀림없다.

그런 행위는 당시 사회적인 통념이나 일반 상식적으로 볼 때 도저히 받아들여질 수 없는 일이었다. 남녀의 활동구분이 뚜렷하고 이성간에는 자유로운 교제조차 쉽지 않던 시대였으므로 그런 상황은 상상조차 할 수 없었다. 그러나 예수께서 그 모든 과정을 직접 겪으시면서 아무런 부정적인 말씀도 하지 않고 계시는 터에 제자들은 그냥 가만히 보고만 있을 수밖에 없었을 것이다.

5. 예수님께 향유가 부어진 것은 구속사적 사건(8-13)

제자들은 갑자기 발생한 그 사건의 과정을 가까이서 지켜보고 있었지만 그에 대한 진정한 의미를 알지 못했다. 그래서 몇몇은 상식으로부터 벗어난 어리석은 행동을 하는 마리아에게 분노하는 마음을 가졌다. 무슨 판단으로 그 귀중한 향유를 가난한 이웃에게 나눠주지 않고 그런 식으로 일순간에 허비해 버리느냐는 것이었다.

그런데 예수님의 반응은 그와 전혀 달랐다. 그는 마리아가 자신의 십자가 사역을 위해 좋은 일을 한 것이라고 공개적으로 말씀하셨다. 그러므로 다른 사람들로 하여금 그녀를 책망하지 못하도록 제지하셨다. 가난한 사람들을 위한 구제는 언제든지 항상 할 수 있지만 그 여인이 자신에게 향유를 붓는 것은 십자가 사역을 위한 구속사적인 일이라는 것이었다.

> "너희가 어찌하여 이 여자를 괴롭게 하느냐 저가 내게 좋은 일을 하였느니라 ... 이 여자가 내 몸에 이 향유를 부은 것은 내 장사를 위하여 함이니라" (마 26:10-12)

예수님의 그에 관한 구체적인 설명이 없는 상태에서는 어느 누구도 그 진정한 의미를 깨달을 수 없었다. 사람들은 그것을 단순한 우발적인 사건으로 보았지만 실상은 하나님의 섭리 가운데 진행된 일이었기 때문이다. 그 사건은 예수 그리스도의 죽음을 앞두고 필연적으로 따라야만 하는 중요한 일이었던 것이다.

따라서 예수님의 머리에 향유를 붓는 마리아의 그 행위는 당연히 있어야만 할 매우 중요한 구속사적 사역이었다. 그에 대해서는 마리아 자신도 알지 못하는 일이었을 것이 분명하다. 즉 그 일은 마리아가 미리부터 작정하고 있었던 것이 아니라 성령 하나님의 이끌림에 의해 발생한 것이었다. 따라서 그 여자가 행한 일이 후대에 전해져 지상의 모든 교회는 그녀가 한 일을 기억하게 된다.

> "내가 진실로 너희에게 이르노니 온 천하에 어디서든지 이 복음이 전파되는 곳에는 이 여자의 행한 일도 말하여 저를 기념하리라" (마 26:13)

우리는 마리아가 예수님께 향유를 붓는 사건은 유일무이한 구속사적인 특별한 일이었다는 사실을 기억해야 한다. 그것은 인간들의 이성적인 판단에 의해 해석될 문제가 아니다. 그럼에도 불구하고 역사 가운데는 그에 대해 근본적으로 오해하는 자들이 많았다. 그런 자들은 그 여인이 자기가 가장 아끼는 것을 조금도 아까워하지 않고 예수님께 드린 것으로 강조하며 주장한다. 즉 그것을 일반적인 연보와 헌신에 연관짓고 있는 것이다.

그러나 마리아가 예수님께 향유를 붓는 사건은 결코 그런 식으로 해석되어서는 안 된다. 그 본문을 예수님께 연보를 많이 바치라는 말로 이해하는 것은 본문에 대한 이해가 전혀 없기 때문에 발생하는 문제이다. 마리아는 자기 스스로의 판단에 의해서가 아니라 성령께 이끌려 하나님의 구속사역에 직접 참여하게 된 것으로 이해해야 한다.

마리아는 값비싼 향유를 예수님께 갖다 바친 것이 아니라 직접 옥합을 깨뜨려 그것을 그의 머리에 붓고 자기 머리털로 예수님의 발을 씻겼다. 즉 그녀는 예수님의 손에 값비싼 향유를 갖다 드린 것이 아니었다. 우리는 그 사건이 예수님의 죽음과 장례를 준비하는 매우 중요한 구속사적인 사건이라는 사실을 기억하지 않으면 안 된다.

5. 가룟 유다의 배반(14:16)

그 진행되는 모든 과정을 바로 옆에서 지켜보고 있던 다수의 제자들은 당황스런 가운데 묵묵히 침묵하거나 일부는 그 여인에게 분노하기도 했다. 아무리 자기 개인의 소유라 할지라도 그 값비싼 향유를 그런 식으로 허비하는 것이 못마땅하게 여겨졌기 때문이다. 그들 가운데 가장 심하게 격분했던 자는 가룟 유다였다. 그는 나름대로 사회적 정의감을 가지고 있었을지도 모른다.

한 여성이 엄청난 거액의 향유를 어처구니없는 방법으로 일순간에 허비해 버리는데도 그녀를 책망하기는커녕 도리어 흐뭇해하는 예수님은 결코 가룟 유다가 기대하던 정의로운 메시아가 아니었다. 유다는 지금까지 그의 제자가 되어 열심히 따라다녔지만 이제야 그 실상을 보게 된 것으로 여겼다. 외형상 그가 원하던 메시아는 적어도 소외되고 가난한 계층의 사람들의 편에 선 정의로운 개혁가여야만 했다.

그런 상황은 예수님의 제자들뿐 아니라 당시 일반 이스라엘 백성들 사이에서도 결코 용납될 수 없었다. 더구나 분노하던 사람들의 눈에는 그 시기가 적진敵陣 앞에서 긴장해야 할 위기에 처한 시간이었으므로 그렇게 희희낙락喜喜樂樂할 때가 아니었다. 따라서 이스라엘 민족의 상식을 갖춘 어느 누가 봐도 그것이 쉽게 용납될 수 없었다. 그러나 예수님은 자신의 머리에 값비싼 향유를 붓는 여인에게 아무런 책망도 하시지 않았다.

당시 이스라엘 백성들 중에는 먹을 양식이 없어 굶주리는 사람들이 많았으며 아파도 돈이 없어 병원에 가지 못하는 자들이 많았다. 그 정도 양의 순전한 향유 같으면 삼백 데나리온은 족히 될 수 있는 큰 액수였다. 그 당시 건장한 한 사람의 일당이 한 데나리온 정도 되었던 점을 감안하면 젊은 남성의 일 년 연봉에 해당하는 액수가 된다.

그것을 가난한 자들에게 나눠주었다면 많은 사람들이 고통을 극복하여 위안을 받을 수도 있었다. 그런데도 예수님은 어처구니없는 행위를 한 마리아에게 질책은커녕 싫어하거나 곤란한 기색조차 보이지 않았다. 예수님은 그녀를 나무라지 않고 도리어 쉽게 이해할 수 없는 반응을 보였다.

젊은 여성이 길게 늘어뜨린 머리카락을 풀어 자신의 발을 씻기는데도 예수께서는 당연한 듯이 가만히 앉아 계셨다. 도리어 그 여인을 칭찬하며 그가 중요한 일을 하고 있으니 책망함으로써 그녀를 괴롭히지 말도록 요구하셨다. 가룟 유다로서는 결코 그것을 받아들일 수 없었다. 따라서 그는 그 여인을 공개적으로 책망하기를 주저하지 않았다.

> "제자 중 하나로서 예수를 잡아 줄 가룟 유다가 말하되 이 향유를 어찌하여 삼백 데나리온에 팔아 가난한 자들에게 주지 아니하였느냐 하니 이렇게 말함은 가난한 자들을 생각함이 아니요 저는 도적이라 돈 궤를 맡고 거기 넣는 것을 훔쳐감이러라" (요 12:4-6)

가룟 유다는 삼 년간이나 예수님을 열심히 따라다녔던 제자들 가운데 한 사람이었다. 그렇지만 그는 계시된 하나님의 말씀과 언약에 의존했던 것이 아니라 이성에 근거한 자기 판단에 의거했다. 즉 그는 하나님의 영원한 구원사역에 관심이 있었던 것이 아니라 세상의 현실적인 문제에 깊은 관심을 두고 있었던 것이다. 우리는 여기서 가룟 유다와 예수님의 그에 대한 해석이 전혀 달랐던 점을 주시해야 한다.

요한복음에서는 유다를 도적(thief)이라 표현하고 있다(요 12:6). 물론 그는 악한 도둑이었다. 하지만 그 말이 돈을 훔치는 것과 연관되어 있음에도 불구하고 일반적으로 생각하듯 문자적으로 '도둑'이라는 말과는 다소간 달리 이해하는 것이 타당하다. 그는 이스라엘 민족의 일반적인 삶의 회복을 꿈꾸는 민족주의 운동에 배경을 두고 있던 인물이었을 것으로 보인다.

당시 많은 사람들은 이스라엘 민족이 로마제국의 압제와 유대 지도자들의 횡포에서 벗어난 새로운 나라가 임하기를 갈망했다. 그들은 기득권자들의 억압에서 해방되어 자유로운 삶을 누리기를 원했다. 가룟 유다도 그들 가운데 한 사람이었을 것이며 당시 그들을 암묵적으로 지원하고 있었을 것이 분명하다.[76] 따라서 그동안 그는 자신이 관리하던 재정 가운데 일부를 다른 제자들 몰래 자기가 원하는 목적을 위해 유용했을 수도 있다.

결국 예수님으로부터 실망하게 된 가룟 유다는 산헤드린 공회로부터 은화銀貨 서른 개를 받고 예수님을 팔아넘겼다. 그는 예수님의 모든 계획과 그가 제자들과 함께 머무는 장소를 잘 알고 있었다. 또한 당시 체포에 가담한 유대인 하수인들은 예수님의 얼굴을 확실하게 몰랐을 수도 있다. 따라서 여러 사람들 가운데 어떤 인물이 예수인지 정확하게 알아낼 수 있어야만 했다.

가룟 유다는 그 모든 정황을 가장 확실하게 알고 있었으므로 저들에게 직접적인 도움을 줄 수 있는 적절한 인물이었다. 그때부터 유다는 예수님을 저들에게 넘겨줄 기회를 찾았다. 그는 예수님이 자기가 원하던 소외되고 약한 자들 편에 선 그리스도가 아니었으므로 유대당국에 팔아넘기기로 작심했던 것이다.

76) 예수께서 십자가에 달리실 때 한편 강도(thief) 역시 마찬가지다. 그는 단순한 잡범으로서 강도가 아니라 로마제국에 항거하는 민족 독립운동에 가담했던 인물로 보인다. 그가 십자가 처형을 당했다는 사실은 그의 죄 몫이 정치적인 성격을 지니고 있었음을 드러내고 있음이 분명하기 때문이다.

제52장
유월절 음식의 실체와 성찬식 제정
(마 26:17-29)

1. 무교절의 시작과 유월절 준비(17-19)

마리아의 향유부음 사건에 관한 예수님의 대응 행위를 못마땅하게 여긴 가룟 유다가 그를 팔아넘기기로 작정했을 때, 함께 있던 다른 제자들은 그 사실을 전혀 감지하지 못했다. 물론 예수께서는 그의 무모한 생각을 알고 계셨을 것이 분명하다. 사악한 본성을 드러낸 유다의 활동은 하나님과 배도에 빠진 원수들 사이에 본격적인 싸움이 시작되었음을 말해주고 있다.

그러는 사이 드디어 이스라엘 민속의 마지막 무교절이 시작되고 있었다. 그 절기는 유월절을 기념하며 양고기를 먹음으로써 한 주간 동안 이어졌다. 무교절 절기는 모든 이스라엘 백성들에게 매우 특별한 의미를 지니고 있었다.

구약 율법은 유월절과 무교절을 엄격하게 지키라는 명령을 내리고 있다. 그것은 선택적인 사항이 아니라 반드시 순종하지 않으면 안 되었다. 이는 이 절기가 메시아를 소망하는 이스라엘 백성들이 소유한 신앙의 근간이 되었기 때문이다. 따라서 이스라엘 백성들 가운데 그 절기를 소홀히 할 사람은 아무도 없었다. 모세는 율법을 통해 그 절기의 구속사적인 의미와 함께 그것을 지키는 방법에 대해 명시하고 있다.

"너희는 무교절을 지키라 이 날에 내가 너희 군대를 애굽 땅에서 인도하여 내었음이니라 그러므로 너희가 영원한 규례를 삼아 이 날을 대대로 지킬지니라 정월에 그 달 십사일 저녁부터 이십일일 저녁까지 너희는 무교병을 먹을 것이요 칠일 동안은 누룩을 너희 집에 있지 않게 하라 무릇 유교물을 먹는 자는 타국인이든지 본국에서 난 자든지 무론하고 이스라엘 회중에서 끊쳐지리니 너희는 아무 유교물이든지 먹지 말고 너희 모든 유하는 곳에서 무교병을 먹을지니라" (출 12:17-20);

"정월 십사일 저녁은 여호와의 유월절이요 이 달 십오일은 여호와의 무교절이니 칠일 동안 너희는 무교병을 먹을 것이요 그 첫날에는 너희가 성회로 모이고 아무 노동도 하지 말지며 너희는 칠일 동안 여호와께 화제(火祭)를 드릴 것이요 제 칠일에도 성회로 모이고 아무 노동도 하지 말지니라" (레 23:5-8)

역사 가운데 존재한 이스라엘 민족의 중심에는 항상 유월절이 자리잡고 있었다. 물론 그 가운데 존재하는 핵심은 양고기였다. 그 절기는 유대력 정월 십사일 저녁부터 시작되는 일 년 한 차례 행해지는 절기지만 단순한 통과의례가 아니었다. 이는 일 년 열두 달이 그 절기에 연관되어 있으며 모든 백성들의 삶은 그에 지배되고 있었음을 말해주고 있다.

유월절과 무교절은 애굽에서의 첫 유월절 사건과 더불어 하나님께서 이스라엘 민족을 애굽으로부터 구출한 사건에 관련되어 있다. 따라서 출애굽한 날을 기준으로 그 절기를 지키도록 율법이 명시하고 있는 것이다. 그 기간 동안 백성들은 긴박한 상황을 염두에 두고 누룩 없는 음식을 먹어야 했으며 노동이 금지되었다. 그리고 무교절 기간에는 날마다 화제를 드렸을 뿐 아니라 첫날과 마지막 날에는 성회聖會로 모였다.

이 절기의 의미 가운데는 예수 그리스도의 십자가 사역을 통해 하나님의 자녀들이 세상으로부터 탈출하게 되는 구속사적인 의미가 내포되어 있다. 하나님께서 이스라엘 백성들이 애굽에서 탈출했던 아빕월 곧 유대력 정월에 무교절을 지키도록 명령하신 것은 그런 뜻을 담고 있다(출 34:18).[77] 따라서 그들은 아무 날이나 임의대로 적절한 날을 정해 유월절과 무교절 절기를 지킬 수 없었다.

예수님의 제자들은 이스라엘의 모든 백성들이 유월절을 지킨다는 사실을 알고 있었으므로 저들도 그렇게 해야 한다고 여겼다. 유월절 저녁에는 모든 백성들이 집집마다 유월절 양고기를 먹으며 구원에 연관된 감사의 축제를 벌였다. 따라서 제자들의 그런 생각은 지극히 자연스럽고 당연한 것이었다.

하지만 그들은 이번 유월절이 구속사 가운데 마지막 유월절이 되리라는 사실에 대한 정확한 인식을 하지 못하고 있었다. 아마도 제자들은 예수님의 십자가 사역에 연관된 진정한 유월절에 대한 이해가 부족했던 것으로 보인다. 그런 상황 가운데서 제자들은 유월절 음식을 어디서 먹어야 할지 예수님께 물었다. 당시는 이미 예수께서 자기가 이제 유월절 어린 양의 실체로서 십자가에 못박혀 죽게 되리라는 사실을 선포한 상태였다.

예수께서는 유월절에 관한 제자들의 말을 듣고 유월절 음식을 먹도록 하자는 말씀을 하셨다. 그러나 그 장소는 특별하게 지정하시고자 했다. 예루살렘 성으로 들어가 어떤 한 사람을 만나게 되면 그가 들어가는 집으로 따라가서 주인에게, '선생님 말씀이 내 때가 가까웠으니 내 제자들과 함께 유월절을 네 집에서 지키겠다' 는 말을 전하라고 하셨다. 그러면 그가 자기 집으로 안내해 유월절을 지킬 수 있는 방을 내어 주리라는 것이었다. 누가복음에는 이에 대해 좀 더 구체적으로 기록되어 있다.

> "예수께서 베드로와 요한을 보내시며 가라사대 가서 우리를 위하여 유월절을 예비하여 우리로 먹게 하라 여짜오되 어디서 예비하기를 원하시나이

---

77) '아빕월' 은 '니산월' 과 유대력의 정월에 해당되는 동일한 달로서 보리를 추수하는 계절에 연관되어 있다(에 3:7 참조).

> 까 이르시되 보라 너희가 성내로 들어가면 물 한 동이를 가지고 가는 사람을 만나리니 그의 들어가는 집으로 따라 들어가서 그 집 주인에게 이르되 선생님이 네게 하는 말씀이 내가 내 제자들과 함께 유월절을 먹을 객실이 어디 있느뇨 하시더라 하라 그리하면 저가 자리를 베푼 큰 다락방을 보이리니 거기서 예비하라 하신대 저희가 나가 그 하시던 말씀대로 만나 유월절을 예비하니라" (눅 22:8-13)

예수께서 유월절 준비를 위해 두 제자들을 예루살렘 성으로 보내셨다. 그들이 물동이를 가진 사람을 만나게 되면 그가 들어가는 집으로 따라 들어가 주인에게 자신의 뜻을 전하라는 것이었다. 그때 주님으로부터 특별히 보냄을 받은 제자는 베드로와 요한이었다. 그들은 예루살렘 성 안으로 들어가 예수께서 시키는 대로 순종했다.

사실 이와 유사한 방법은 그 전에도 있었다. 예수께서는 얼마 전 유대인의 왕으로서 어린 나귀 새끼를 타고 예루살렘에 입성하시고자 할 때도 그런 방법을 사용하셨는데 그때도 그와 유사한 명령을 내리셨다. 이 가운데는 자기가 만유의 주인이라는 사실을 선포하는 의미가 담겨있다.

베드로와 요한이 주님의 말씀에 따라 예루살렘 성내로 들어갔을 때 물동이를 가지고 지나가는 한 사람을 만났다. 그가 들어가는 집의 주인에게 유월절 음식 먹을 것에 대한 예수님의 말씀을 전하자 흔쾌히 이층의 큰 다락방을 보여주었다. 그 사람이 예수님과 제자들의 유월절 음식을 먹을 수 있도록 자신의 커다란 방을 내주었던 것이다. 그리하여 제자들은 그곳에서 유월절을 지킬 수 있게 되었다.

2. 마지막 유월절을 위한 특별한 다락방(20-25)

유월절 저녁에 예수님과 제자들이 예루살렘 성 안에 있는 한 집의 다락방에 둘러앉았다. 대다수 이스라엘 백성들은 가족 단위로 유월절 음식을 먹었지만 거기 모인 사람들은 가족이 아니라 앞으로 세워지게 될 교회의 기초가 되는 매우 특별한 공동체를 형성하고 있었다. 그 날 밤은 정치적으로 긴박하게 돌아가는 상황 가운데서 매우 중요하고 특별한 의미를 지니고 있었던 것이다.

출애굽과 더불어 유월절이 시행된 이래 이스라엘 백성들은 양의 피와 고기가 없는 상태에서 유월절을 지킨 적이 없다. 그리고 역사상 맨 마지막 유월절을 지킬 때도 백성들의 집집에는 유월절 양고기가 준비되어 있었다. 그런데 유독 예수님과 제자들이 모인 그 다락방에는 유월절 음식을 먹기 위해 모인 특별한 자리임에도 불구하고 양고기가 없었다. 그 대신 구약시대부터 그때까지 시행되던 유월절 어린 양의 실체이신 참된 하나님의 어린 양이 그 자리에 계셨던 것이다.

산헤드린 공회는 그 시각에 예수님을 체포하기 위해 작전에 돌입한 상태였다. 그리고 그 방에는 예수님을 팔게 될 가룟 유다가 다른 제자들과 함께 태연스럽게 앉아 있었다. 예수님은 안팎에서 심각한 위기에 처해 있었던 것이다. 그럼에도 불구하고 다른 제자들은 그에 대한 상황을 제대로 파악하지 못하고 있었다.

열두 제자들과 함께 유월절 음식을 먹기 위해 모인 그 자리에서 예수께서는 느닷없이 이해할 수 없는 말씀을 하셨다. 열두 제자들 가운데 자신을 원수들에게 팔 사람이 있다는 것이었다. 이는 구체적인 내막을 알지 못하는 제자들에게 여간 충격적이지 않은 말이었을 것이 분명하다.

그들은 예수님의 말씀을 듣고 근심이 되지 않을 수 없었다. 따라서 제자들은 혹시 그 사람이 자기인지 예수님께 물어보는 자들도 있었다. 그때 가룟 유다도 예수님을 팔게 될 사람이 자기냐고 뻔뻔스럽게 물어보았다. 예수께서는 그에게 그렇다는 답변을 하셨으나 다른 제자들은 그 말을 알아듣지 못했다.

즉 당사자인 가룟 유다를 제외한 다른 제자들은 예수님의 그 말씀을 사실적으로 받아들이지 않았던 것으로 보인다. 만일 그것을 실제로 받아들였다면 예수님을 원수에게 팔게 될 사람이 누군지 찾아내기 위해 다각도의 노력을 했을 것이 분명하기 때문이다. 다른 제자들이 가룟 유다가 바로 그 사람이라는 사실을 알았다면 과연 어떤 문제가 발생했을까? 그는 결코 살아남지 못했을지도 모른다.

그럼에도 불구하고 저들 가운데 별다른 일이 발생하지 않았다는 사실은 아무도 누가 예수님을 팔 자인지 알지 못했다는 사실을 말해주고 있다. 어쩌면 다른 제자들은 예수님의 말씀을 상징적인 의미로 해석했을 가능성도 있다. 제자들 중에 실제로 예수님을 팔 사람이 있다는 사실은 상상조차 할 수 없는 일이었다.

그렇지만 예수께서는 자기와 함께 그릇에 손을 넣는 자가 곧 자신을 팔 사람이라는 사실을 언급하심으로써 그에 대한 사실을 다시금 확인하셨다. 이는 음식을 함께 나누어 먹는 행동에 관한 언급이다. 요한복음에는 예수께서 떡을 찍어다가 주는 그 사람이 곧 스승을 팔게 될 자라는 사실이 기록되어 있다.

> "예수께서 대답하시되 내가 한 조각을 찍어다가(dipped) 주는 자가 그니라 하시고 곧 한 조각을 찍으셔다가 가룟 시몬의 아들 유다를 주시니 조각을 받은 후 곧 사단이 그 속에 들어간지라 이에 예수께서 유다에게 이르시되 네 하는 일을 속히 하라 하시니 이 말씀을 무슨 뜻으로 하셨는지 그 앉은 자 중에 아는 이가 없고 어떤 이들은 유다가 돈 궤를 맡았으므로 명절에 우리의 쓸 물건을 사라 하시는지 혹 가난한 자들에게 무엇을 주라 하시는 줄로 생각하더라 유다가 그 조각을 받고 곧 나가니 밤이러라" (요 13:26-30)

예수께서 떡 한 조각을 찍어 가룟 유다에게 주니 그것을 먹고는 자기 계획을 실행하기 시작했다. 그러나 다른 제자들 가운데 예수님의 말뜻을 정확하게 알아들은 자는 아무도 없었다. 요한복음 본문에서 유다가 예수님으로부터 떡을 받아먹은 후 사탄이 그 속에 들어갔다고 한 말의 의미는 예수님이 그에게 사탄을 집어 넣으셨다는 뜻이 아니다. 그 말은 그것을 신호로 하여 사탄이 예수님을 죽음에 내어주기 위해 유다를 구체적으로 이용하게 됨을 말해주고 있다.

예수께서는 가룟 유다가 자기를 팔게 되리라는 말씀을 하시면서 인자人子는 성경에 기록된 대로 구속사역을 감당하게 되겠지만 자신을 파는 그 사람은 저주를 받은 자라는 사실을 언급하셨다. 그렇게 하는 자는 이 세상에 태어나지 않은 것이 훨씬 낫다고 말씀하셨다. 그는 하나님의 아들을 죽음에 내어준 자로서 인간들 가운데 가장 저주받은 인간이 될 것이기 때문이었다.

그 말씀을 하신 후 예수께서는 유다에게 속히 원하는 바를 결행하라고 요구하셨다. 물론 유다는 예수님의 말귀를 정확하게 알아들었다. 예수님과 가룟 유다 사이에는 암묵적인 부정적 교감이 이루어지고 있었다. 유다는 벌써 예수님을 향해 "당신은 내가 기대하던 그리스도가 아니오"라는 오만방자함을 드러내고 있었던 것이다.

그러나 그 자리에 함께 앉아 있던 제자들은 그 진정한 의미를 알아채지 못했다. 단지 가룟 유다가 재정을 담당하고 있었으므로 예수께서 명절에 쓸 물건을 사거나 가난한 사들을 위해 구제할 준비를 하라는 말씀으로 이해했다. 그렇지만 가룟 유다는 예수님의 말씀을 들은 후 유대인들을 데려오기 위해 밤중에 밖으로 나갔다. 이렇게 해서 예수님은 더욱 절박한 형편에 놓이게 된 것이다.

3. 참된 유월절 음식과 성찬의식 제정(26-29)

유월절 이후에 무교절이 뒤따르는 것은 매우 중요한 의미를 지니고 있다. 무교절 기간에는 모든 백성들이 누룩 없는 무교병과 쓴 나물을 먹어야만 했다(출 12:8). 그리고 허리에 띠를 두르고 발에는 신을 신고 손에 지팡이를 잡고 급히 먹어야 했다(출 12:11). 이는 음식을 맛있게 즐기며 먹을 여유가 없다는 사실을 의미하고 있다.

이스라엘의 유월절과 무교절은 육신적으로 본다면 결코 즐거운 일이 아니라 도리어 괴로운 일로 여겨질 수도 있었다. 즉 괴로움 중에 참된 즐거움이 존재하는 것이다. 유월절은 역사적인 출애굽 사건과 직접적인 연관성이 있다. 이는 예수 그리스도의 십자가 사역을 통해 하나님의 자녀들이 타락한 세상으로부터 탈출하게 되는 의미를 지니고 있다.

예수님과 제자들이 특별한 유월절 음식을 나눌 때 가룟 유다도 그 자리에 앉아 있었다. 그 또한 예수께서 나누어 주신 음식을 형식적으로 받아먹었지만 그에게는 아무런 영적인 의미가 발생하지 않았다. 사탄에게 속한 그가 영원한 유월절 음식의 실체인 그리스도의 피와 살을 통한 은혜를 누릴 자격이 없었기 때문이다.

예루살렘의 그 다락방에는 양고기 대신 하나님께 영원한 제물로 바쳐지게 될 어린 양 자신이 계셨다. 예수께서는 제자들에게 앞으로 교회에 속한 성도들이 나누게 될 완성된 유월절 음식인 자신의 몸에 연관된 특별한 의미를 설명하시고자 했다. 우리는 여기서 아브라함이 독자 이삭을 하나님께 바치던 때를 기억하게 된다.

하나님께서는 믿음의 조상 아브라함에게 약속에 따라 허락하신 독자 이삭을 모리아 산에서 제물로 바칠 것을 요구하셨다. 그것은 이삭의 몸뚱이를 하나님이 탐했기 때문이 아니었다. 이삭을 번제로 바칠 것을 요구하신 것은 그것을 통한 자기 백성에 대한 하나님의 구원 의지를 보여주신 것이다.

우리가 분명히 이해해야 할 바는 믿음의 아버지 아브라함이 제사장이 되어야만 한다는 사실과 약속의 자식 이삭이 제물이 되어야 한다는 점이다. 하나님께서는 아브라함이 아닌 다른 사람으로 하여금 이삭을 바치도록 요구하지 않으셨다. 그것은 구속사 가운데 특별한 위치에 있었던 약속의 대상인 아브라함에게 요구하신 것이었다.

그리고 그 제물은 아브라함의 독자 이삭이어야만 했다. 이삭이 아닌 다른 어떤 인간도 하나님께서 원하시는 제물이 될 수 없으며 하나님께서 요구하시지도 않는다. 하나님은 인간의 노력이나 의도가 전혀 가미되지 않은 약속의 자녀를 원하셨다.[78] 아브라함은 하나님의 말씀에 순종해 독자 이삭을 데리고 사흘 길을 걸어 모리아 산으로 갔다. 산 밑에 이른 이삭이 하나님께 바칠 제물이 어디 있는지 묻자 아브라함은 하나님께서 자기를 위해 친히 준비하시리라고 답변했다.

> "불과 나무는 있거니와 번제할 어린 양은 어디 있나이까" (창 22:7);
> "아들아 번제할 어린 양은 하나님이 자기를 위하여 친히 준비하시리라" (창 22:8)

하나님께서 아브라함에게 독자 이삭의 몸을 제물로 원하신 것은 나중 인간의 몸을 입고 이 세상에 오셔서 자신의 몸을 제물로 바치게 될 그리스도의 사역을 보여주고 있다. 하나님께서는 그때 이삭 대신 다른 동물을 번제물로 허락하셨는데, 아브라함이 그곳을 '여호와이레' (Jehovahjireh)라고 칭했다. 여기에는 예루살렘에서 바쳐지게 될 영원한 어린 양에 연관된 하나님의 언약이 드러나고 있다.

예수께서 마지막 유월절 밤 제자들과 함께 예루살렘의 한 집 다락방에 모여 있을 때 그 방 안에 유월절 음식인 양고기가 없었다는 사실은 매우 중요한 의미를 지니고 있다. 제자들 가운데 아무도 예수님께 왜 양고기가 없느냐고 질문하는 자가 없었다. 예수님은 무언중에 자신의 몸이 곧 아브라함에게 요구했던 이삭의 몸에 대한 실체이자 모세시대 시작된 유월절 어

---

78) 이광호, 창세기, 서울: 도서출판 깔뱅, 2007. pp.205-206.

린 양의 완벽한 실체적인 제물이라는 사실을 선포하고 계셨던 것이다.

예수님은 유월절 음식을 먹기 위해 모인 제자들에게 양고기 대신 떡을 가지고 축복하신 후 떼어 나누어 주며 그것이 자신의 몸이니 받아먹으라고 말씀하셨다(28).[79] 그리고는 잔을 가지고 감사를 드린 후 저들에게 포도주를 나누어 주며 그것이 많은 사람을 위해 흘리게 될 자신의 언약의 피니 받아 마시라고 하셨다(29). 그것을 통해 아담으로 말미암아 들어온 죄가 사해지게 된다는 것이었다.

이는 약속의 자녀 이삭에 연관된 아브라함 언약과 애굽에서의 첫 유월절에 연관된 모세 언약의 성취에 관한 의미를 보여준다. 예수님의 피를 상징하는 포도주는 출애굽하기 전 이스라엘 백성이 문설주에 발랐던 어린 양의 피에 대한 실체적인 의미를 지니고 있었다. 제자들에게 자신의 피를 상징하는 포도주를 나누어 주신 예수께서는, 이제부터 '아버지의 나라' 에서 새것으로 마시는 날까지 포도주를 마시지 않으리라는 말씀을 하셨다.

> "내가 포도나무에서 난 것을 이제부터 내 아버지의 나라(my Father' s Kingdom)에서 새것으로 너희와 함께 마시는 날까지 마시지 아니하리라" (마 26:29)

이 말은 과연 무슨 의미인가? 분명한 사실은 예수께서 나중 그가 재림하신 후 영원한 왕국에 이르고 나면 그때 포도주를 마시겠다고 말씀하신 것이 아니라는 점이다. 여기 나타나는 진정한 의미는 교회와 성찬에 밀접하게 연관되어 있다. 즉 '아버지의 나라' 는 지상에 세워질 그의 교회를 가리

79) 이는 예수님과 제자들이 예루살렘 성 안에서 마지막 유월절 음식을 먹을 때 그 방 안에 양고기가 없었을 것이라는 근거로 이해될 수 있다. 만일 그 자리에 양고기가 있었더라면 예수께서는 그것을 떼서 제자들에게 나누어 주며 자신의 몸이라고 말씀하셨을 것이다. 식탁 위에 양고기를 둔 상태에서 그 옆에 놓여있는 떡을 들고 그것을 자신의 몸이라고 말씀하시는 것은 자연스럽지 않다.

키고 있는 것이다.

그러므로 예수께서 십자가 사역을 완성하신 후 오순절 성령을 통해 교회가 세워지면 그 가운데서 모든 성도들이 그리스도의 피를 상징하는 포도주를 마시게 될 것을 말씀하셨다. 위의 본문에서 새 것으로 마시겠노라고 한 '새 것' 이란 교회의 성찬에서 나누어지게 될 예수 그리스도의 언약의 피를 의미하고 있음이 틀림없다.

따라서 예수님의 십자가 사역 이후에는 그의 몸된 교회에 속한 성도들이 그의 재림 때까지 예수 그리스도의 살과 피를 통해 참된 유월절 음식을 먹게 된다. 그것은 지상에 세워지게 될 교회 가운데서 본질적인 기능을 한다. 사도 바울은 고린도교회에 편지하면서 교회 중에 마땅히 시행되어야 할 성찬에 연관된 의미를 분명히 밝히고 있다.

> "내가 너희에게 전한 것은 주께 받은 것이니 곧 주 예수께서 잡히시던 밤에 떡을 가지사 축사하시고 떼어 가라사대 이것은 너희를 위하는 내 몸이니 이것을 행하여 나를 기념하라 하시고 식후에 또한 이와 같이 잔을 가지시고 가라사대 이 잔은 내 피로 세운 새 언약이니 이것을 행하여 마실 때마다 나를 기념하라 하셨으니 너희가 이 떡을 먹으며 이 잔을 마실 때마다 주의 죽으심을 오실 때까지 전하는 것이니라" (고전11:23-26)

사도 바울은 지상교회에서 행해지는 성찬이 주님께서 직접 명령하고 요구하신 거룩한 의례라는 사실을 증거했다. 여기서 그가 성찬의례를 주님으로부터 받았다고 한 말의 의미는 교회적 상속과 밀접하게 연관되어 있다. 따라서 교회에는 항상 그리스도로부터 상속받은 성례가 존재해야만 한다.

그러므로 개혁주의 교회에서는 말씀선포와 성찬이 있는 곳에 교회가 존재함을 말한다. 즉 그 두 가지 요소가 없다면 참된 교회라 말할 수 없는 것이다. 흔히 선교에 있어서 목사가 있는 곳에 교회가 존재한다고 말하는 것은 바로 이런 의미를 지니고 있다. 즉 교회로부터 말씀 사역자로 세움을 받은 목사가 공 예배를 통해 말씀선포와 성찬을 시행하게 될 때 비로소 교회의 존재를 확인할 수 있다는 것이다.

예수께서 십자가에 달려 돌아가심으로써 유월절의 의미를 완성하신 후 교회는 주님의 재림 때까지 무교절과 같은 긴 기간을 보내고 있다고 해도 과언이 아니다. 즉 이스라엘 백성들이 주님 오실 때까지 유월절 음식을 먹었듯이 오늘날 우리도 그의 재림 때까지 그 유월절 음식을 통한 무교절 음식을 먹게 된다.

지상교회는 주님의 요구에 따라 매주일 공예배시에 그리스도의 살과 피를 상징하는 성찬을 나누어야 한다. 그때 사용되는 떡과 포도주는 간식間食의 성격이 아니라 주식主食의 성격을 지니고 있다. 이 음식은 손과 입을 통해 우리의 육신이 실제로 먹음으로써 제공되는 신령한 영적인 식량이다.

성찬에 관해서는 잘못된 다양한 이론들이 있다. 그 가운데는 떡과 포도주가 그리스도의 몸으로 변한다는 화체설, 떡과 잔 주변에 그리스도의 몸이 존재한다는 공제설, 그것은 단순한 상징일 뿐 그 이상은 아니라는 기념설 등이 있다. 로마가톨릭, 루터, 쯔빙글리 등이 각각 그렇게 주장했다. 그러나 우리는 성찬의 의미를 올바르게 깨달아야 하며 그것을 신학적인 이론으로 다루는 것으로써 만족해서는 안 된다. 왜냐하면 그것은 교회 가운데 마땅히 존재해야 할 신앙의 본질에 해당되기 때문이다.

성경이 말하고 있는 성찬은 성도들에게 허락된 구체적인 삶의 원동력이 된다. 즉 성도들에게 예수 그리스도의 몸을 통해 참된 양식을 제공함으로써 영혼의 영양을 공급하게 되는 것이다. 이에 대해 올바른 정리를 한 사람이 존 칼빈이다. 신학자들은 편의상 이를 '영적 임재설'이라 부른다.[80]

교회에 속한 모든 성도들이 그에 대해 올바른 이해를 하는 것은 매우 중

80) 성찬에 대한 신학적 이론들에 대해서는 이광호, 개혁조직신학, 서울: 도서출판 칼빈아카데미, 2012. pp.279-280을 참고하라.

요하다. 성찬은 단순한 상징적 의례가 아니라 실체적인 영적 음식의 공급원이다. 따라서 그 양식을 섭취하지 않고는 영혼이 자라날 수 없다. 성도들이 공 예배 시간에 선포되는 말씀과 더불어 믿음으로 떡과 포도주를 먹고 마실 때 그 영혼은 성찬을 통해 그리스도의 살과 피를 실제적으로 섭취한다. 즉 우리의 육신이 떡과 포도주를 먹을 때 우리의 영혼은 천상에 계시는 예수 그리스도의 살과 피를 섭취하게 되는 것이다.

여기서 우리가 유념해야 할 바는 그 성찬의례는 개별적인 의미를 넘어 공동체적으로 이루어진다는 사실이다. 세례를 받은 각 성도들은 거룩한 음식을 직접 먹게 되지만 아직 세례를 받지 않은 어린 성도들은 그렇지 않다. 그러나 그들 역시 그 본질적 의미와 더불어 실제적으로 그에 참여하게 된다. 즉 그들은 직접 떡과 포도주를 먹지 않지만 장성한 성도들의 성찬을 통해 간접적으로 그리스도의 살과 피를 섭취하게 되는 것이다.

이는 마치 태중에 있는 아기나 아직 모유를 먹는 영아와도 같이 설명될 수 있다. 그 아기들은 직접 음식을 씹어 먹을 수 없지만 그 어미가 음식을 먹음으로써 태중에 있는 아기와 영아에게 영양을 간접적인 방법으로 공급하는 것과 유사하다. 이처럼 교회에 속한 어린 성도들도 간접적인 성도를 통해 예수 그리스도의 살과 피를 섭취하게 된다.

교회는 예수께서 십자가에 달리시기 전 마지막 유월절날 밤에 제자들에게 자신의 몸을 상징하는 떡과 포도주를 나누어 주시면서, 교회 가운데 있게 될 성찬의례의 제정과 더불어 그에 대한 의미를 설명하신 것을 똑똑하게 기억하지 않으면 안 된다. 그러므로 주님의 재림을 기다리는 모든 성도들은 세상 마지막 날까지 항상 떡과 포도주를 통한 성례를 지속적으로 나누어야만 한다.

제53장 고뇌에 찬 인간 예수님과 제자들의 인간적 한계
(마 26:30-56)

1. 감람산 예언과 제자들의 인본적인 다짐(30-35)

예수께서는 특별한 유월절 음식과 더불어 앞으로 교회 가운데 행해질 성찬의례에 관한 교훈을 마치신 후 다른 곳으로 가시고자 했다. 하나님의 어린 양으로서 자신의 존재를 제자들에게 확실히 밝히셨으므로 결전決戰의 자리로 옮기고자 하셨던 것이다. 그들이 하나님을 찬미하고 함께 간 곳은 예루살렘 성전 맞은편에 위치한 감람산이었다.

그때 예수님은 제자들에게 조만간 실현될 사태에 대한 예언을 하셨다. 그날 밤 자기가 원수들의 손에 의해 체포되면 모든 제자들이 자신을 버리고 도망치게 되리라는 것이었다. 즉 예수님 앞에서 충성을 다하는 것처럼 말하지만 결정적인 순간이 닥치면 한 사람도 예외 없이 제 목숨을 부지하기 위해 그를 버리고 달아나게 될 것이다.

이는 예수께서 제자들 가운데 한 사람이 자기를 팔리라고 하셨던 조금 전의 말씀과 대조적이다. 이번에는 한 사람이 아니라 모든 제자들이 다 예수님을 버리게 된다. 이는 제자들에게 매우 충격적인 말이었을 것이 분명하다. 물론 '예수님을 원수들에게 판다' 는 말과 '그를 버리고 도망간다' 는 말 사이에는 상당한 차이가 난다.

성경에 예언된 그와 같은 일은 반드시 발생할 수밖에 없다. 하나님께서는 그것을 통해 구약의 예언이 성취되어 가는 과정을 증거하실 것이기 때문이다. 그것으로써 구약시대부터 하나님 자신이 구속사역에 친히 관여하고 계심을 제자들에게 알려주시고자 했다. 따라서 성경의 예언은 기필코 이루어지게 된다.

> "만군의 여호와가 말하노라 칼아 깨어서 내 목자, 내 짝된 자를 치라 목자를 치면 양이 흩어지려니와 작은 자들 위에는 내가 내 손을 드리우리라"(슥 13:7)

이 말씀은 메시아 예언에 연한 내용으로 겸손한 자들에게 하나님의 은혜가 임하리라는 사실에 대한 기록을 하고 있다. 예수께서는 스가랴서의 예언대로 원수들이 그 목자를 칠 때 일어날 사태와 더불어 제자들이 흩어지게 될 것을 언급하셨다. 그후 자신이 죽음에서 부활하게 되리라는 사실을 말씀하셨다.

당시 제자들은 오직 예수님 한 분만을 의지하고 있었다. 절대적인 지위에 있던 지도자를 일순간에 잃어버릴 경우 그들은 더 이상 예루살렘에 머물 필요가 없어지게 된다. 사실 예수님이 계시지 않은 상태에서 제자들이 머물 만한 장소도 없었다.

만일 그런 사태가 벌어진다면 그들은 고향인 갈릴리 지역으로 돌아갈 수밖에 달리 방법이 없다. 따라서 예수님은 그에 관해 말씀하시면서 자기가 저들보다 먼저 갈릴리로 가시겠다고 하셨다. 당시에는 그것을 쉽게 받아들일 수 없었지만 제자들은 나중에 예수께서 하신 그 말씀을 기억하게 된다.

하지만 긴박한 상황에 처한 제자들은 구약에 예언된 말씀에 별 관심을 두지 않았다. 단지 자신의 종교적인 의도와 심정을 예수님 앞에 드러내고

자 했을 따름이다. 베드로는 모든 제자들이 다 주님을 버릴지라도 자기는 끝까지 주님 곁에 있을 것이라며 다짐했다. 물론 다른 제자들도 그와 동일한 마음이었다.

베드로의 다짐을 들으신 예수께서는 그 날 밤 닭이 울기 전에 그가 세 번 자기를 부인하리라는 사실을 말씀하셨다. 한두 번도 아니고 세 번씩이나 예수님을 부인한다는 것이었다. 하지만 그 말씀을 들은 베드로는 함께 죽는 한이 있을지라도 결코 주님을 부인하지 않으리라 공언했다. 그 자리에 함께 있던 다른 제자들도 베드로의 말에 동의하며 저들은 절대 주님을 부인하지 않으리라고 말했다.

2. 십자가 사역을 앞둔 인간 예수님의 고뇌(36-46)

예수님과 제자들은 밤중에 겟세마네 동산의 한적한 곳에 이르렀다. 거기서 예수님은 여러 제자들에게 자기는 조금 떨어진 장소로 가서 성부 하나님께 기도하고자 하니 그 자리에 머물러 있으라고 하셨다. 그리고는 베드로, 요한, 야고보 세 명을 데리고 조금 더 멀리 이동하셨다.

그때 예수님은 제자들 앞에서 매우 힘들고 괴로워하는 모습을 보이셨다. 그러면서 괴로운 심정으로 말미암아 죽을 지경이라는 자신의 심정을 언급하시면서 세 명의 제자들에게 거기서 자기와 함께 깨어 있으라는 당부를 하셨다. 그리고 난 후 홀로 조금 더 나아가서 얼굴을 땅에 대고 엎드려 성부 하나님께 기도하셨다. 그의 기도 내용은 이제 곧 닥치게 될 고통스런 십자가 사역에 연관된 것이었다.

예수님은 자신이 당하게 될 고통이 얼마나 끔찍한 일인지 잘 알고 계셨다. 그래서 할 수만 있다면 그 잔이 자기에게서 지나가기를 원했다. 그러나 자기 뜻이 아니라 아버지가 원하시는 대로 이루어지기를 기도했다. 누가복음에는 그가 무릎을 꿇고 기도할 때 땀이 핏방울같이 떨어질 만큼 애써 간절히 기도하셨음을 증거하고 있다(눅 22:44). 또한 히브리서에서는 주님께서 얼마나 간절하게 기도하셨는지에 대한 증거가 나타난다.

> "그는 육체에 계실 때에 자기를 죽음에서 능히 구원하실 이에게 심한 통곡과 눈물로 간구와 소원을 올렸고 그의 경외하심을 인하여 들으심을 얻었느니라" (히 5:7)

히브리서에 기록된 이 말씀은 예수님의 십자가 사역에 연관된 것으로 이해된다. 예수께서 그때 성부 하나님께 기도한 것은 우리의 일반적인 기도와는 다르다. 그것은 완벽한 인간의 몸을 입으신 성자 하나님과 성부 하나님 사이에 이루어지는 완벽한 교제였다. 그는 여기서 인간의 죄를 짊어지게 될 자신의 고통을 피하겠다는 것이 아니라 대속의 대상이 되는 인간들을 위한 완벽한 하나님의 형상을 지닌 인간으로서의 모습을 보여주고 있다.

예수께서 그런 괴로운 심정으로 기도하고 있을 동안 옆에 떨어진 제자들은 자고 있는 상태였다. 기도를 마치고 돌아오신 예수님은 그 상황을 보시고 제자들에게 잠시도 자기와 함께 깨어있을 수 없느냐며 책망하듯 말씀하셨다. 그러면서 유혹(temptation)에 빠지지 않도록 깨어 기도하라고 하시면서 '마음(spirit)에는 원이로되 육신이 약하다' (40)는 말씀을 하셨다.

여기서 말하는 '유혹' 이란 하나님의 뜻을 벗어난 인간적인 소원이나 기대를 의미한다. 이는 일반적인 관점에서 일컫는 것과는 달리 이해되어야 한다. 잠에 취해 있는 제자들에게 유혹에 빠지지 않도록 기도하라고 하신 주님의 말씀은 당시의 상황에서 구체적으로 적용될 사실에 대한 언급이다.

예수님은 그 말씀을 마치신 다음 다시 기도하기 위해 한쪽으로 가서는 첫 번째와 동일한 내용의 기도를 하셨다. 그후 돌아와 보니 또다시 제자들은 잠들어 있었다. 이는 저들의 육신이 매우 피곤했기 때문이라고 했다. 주님이 오신 사실을 깨달은 제자들은 그를 보고 아무런 변명도 하지 않았다(막 14:40).

예수님은 또다시 세 번째 가서 동일한 내용으로 하나님께 기도하셨다. 그리고 난 후 제자들에게 돌아와서 그전과는 전혀 다른 말씀을 하셨다. 그것은 앞서 요구하셨던 내용과는 정반대의 의미를 지니고 있었다.

> "이제는 자고 쉬라 보라 때가 가까왔으니 인자가 죄인의 손에 팔리우느니라"(45)

예수께서는 제자들에게 앞에서와 달리 '이제는 자고 쉬라' 고 말씀하셨다. 자신이 죄인의 손에 의해 팔릴 때가 가까웠다는 것이다. 이 말씀은 무슨 의미를 지니고 있는가? 더 이상 깨어 있으면서 하나님께 간구할 필요가 없음을 말씀하신 것일까? 아니면 자포자기自暴自棄할 수밖에 없는 형편을 시사하고 있는가? 만일 그렇다면 예수께서 정말 그 고통스런 국면을 피할 수도 있다고 생각하셨다는 말인가?

분명한 점은 그것이 결코 그런 의미가 아니라는 사실이다. 제자들은 앞에서 예수께서 언급하신 유혹에 빠질 만한 상황을 이제 정면으로 부딪쳐 이겨야 한다. 이 말씀은 영적인 관점에서 모든 사건을 이해하는 것이 바람직스런 것으로 보인다. 즉 예수님은 제자들에게 완전한 인간이자 완전한 하나님인 자신의 구체적인 모습을 보여주시고자 하셨다.

예수님의 겟세마네 기도는 우리에게 매우 중요한 교훈을 주고 있다. 나약한 인간이신 예수님은 그 고통스런 과정을 피하고 싶었을 것이며, 하나님의 아들이신 예수님은 말씀에 따라 그것을 감내하기 위한 모든 준비를 갖추고 계셨다. 제자들은 겟세마네에서 있었던 예수님의 기도와 저들에게 주신 교훈을 통해 그점을 깨달아야만 했다. 물론 그들은 오순절 성령께서 오시고 난 후에야 모든 것을 깨닫게 되었을 것이며, 오늘날 우리도 그 모든 사역을 통해 하나님의 그 놀라운 사랑을 깨달을 수 있어야 한다.

3. 산헤드린 공의회의 앞잡이가 된 가룟 유다(47-50)

조금 전까지만 해도 제자들에게 유혹에 빠지지 않도록 깨어 기도하라고 요구하시던 예수께서 '이제는 자고 쉬라' 고 말씀하신 까닭은 그가 악한 자들의 손에 팔리게 될 때가 임박했음을 알리는 의미를 지니고 있다. 따라서 '이제는 자고 쉬라' 고 하신 주님의 말씀은 지금부터 눈을 감고 깊은 잠에 빠져도 좋다는 뜻이 아니다.

예수님을 체포하기 위해 병기를 든 원수들의 무리가 공격하며 들이닥치는 그 위기중에 잠이 올 리 만무하다. 그런 긴장된 상황에서는 결코 잠을 잘 수 없을 뿐더러 잠이 오지도 않는다. 그런 분위기에서 잠을 청해 자라고 이야기한다면 그것은 누가 들어도 상식적인 요구라 할 수 없다.

그렇다면 본문에서 말하는 '잔다' (asleep)라는 단어는 육체적으로 잠을 잔다는 문자적인 의미가 아니라 상황을 정확하게 판단하지 못한 채 방심하고 있는 제자들의 마음 상태를 지적하고 있는 것이 아닐까? 예수께서 기도하는 중에 바싹 긴장하고 있었어야 할 제자들은 최악의 상황에 대한 실질적인 예측을 하지 못하고 있었다. 설마 그런 상황이 닥치게 되리라고는 미처 생각지 못했을 가능성이 큰 것이다.

그러므로 예수께서는 원수들이 자기를 체포하기 위해 몰려오는 임박한 상황을 아시고 제자들에게 '이제는 자고 쉬라' 는 말씀을 하셨다. 이는 그들이 더 이상 긴장하고 마음 졸일 필요 없이 눈앞에 닥친 상황을 그대로 받아들이라는 의미를 지니고 있다. 그것이 저들에게 최선의 방편이었기 때문이다.

그런 중에 가룟 유다가 산헤드린 공회의 앞잡이가 되어 저들 앞에 나타났다. 대제사장들과 장로들로부터 파송받은 '큰 무리'는 불을 환하게 밝힌 채 손에 칼과 몽치를 들고 밀어닥쳤다. 가룟 유다는 예수님을 체포하기 위해 데리고 온 무리와 미리 군호軍號를 짜두고 있었다. 자기가 입 맞추는 자가 곧 예수니 그를 잡으면 된다는 것이었다.

이 말은 당시 거기 몰려 온 자들은 예수님을 체포하기 위해 왔지만 그의 얼굴을 확실하게 알지 못했음을 말해주고 있다. 더구나 밤이었으므로 예수가 누구인지 정확하게 인식하는 것은 쉽지 않았을 것이 틀림없다. 그러므로 가룟 유다는 그들이 보는 앞에서 예수님 앞으로 나아왔다. 그는 예수님께 "랍비여, 안녕하시옵니까?"라는 형식상의 인사를 하며 입을 맞추었다.

이는 경악할 만한 위선이 아닐 수 없었다. 뺨에 입을 맞추며 인사를 나누는 것은 분명한 신뢰관계가 있을 때만 그렇게 할 수 있다. 그렇지 않은 경우에는 그런 식으로 인사하지 않는다. 그럼에도 불구하고 가룟 유다는 예수님을 악한 원수들에게 팔아넘기기 위해 상상을 초월하는 치졸한 방법을 사용하고 있다. 예수께서는 그에게 "무엇을 하려고 하는지 행하라"고 말씀하셨다.

요한복음에는 그에 관해 좀 더 구체적인 묘사가 나타나고 있다. 예수님은 악한 유대인들에게 자신이 곧 저들이 체포하려는 당사자라는 사실을 공개적으로 밝히셨다. 그 사람들은 예수님의 말씀을 듣자 곧장 그 자리에 엎드러졌다(요 18:6). 이는 저들이 예수님의 초자연적인 능력을 익히 알고 있었으므로 그가 어떤 대응을 할지 몰랐기 때문이었던 것으로 보인다. 그들은 아마도 예수님이 엄청난 기적을 행해 역공격해 올지도 모른다는 판단을 하고 있었던 것 같다.

하지만 예수님은 저들에게 달리 아무런 저항을 하지 않으셨다. 그 대신 자기와 함께 있는 다른 제자들은 체포하지 말고 그냥 돌려 보내주라는 요구를 하셨다. 요한은 그것이 구약성경에 예언된 말씀의 성취라는 사실을 말하고 있다(요 18:9). 어쩌면 산헤드린 공회는 그의 제자들도 함께 체포하고자 했을지도 모른다.

그러나 예수님께 정면으로 부딪쳐 무모한 행동을 하다가 자칫 그가 돌발적인 기적이라도 행한다면 낭패가 아닐 수 없었다. 따라서 괴수魁首인 예수님 한 사람이라도 무난히 체포하기 위해서는 그의 말을 듣고 신중하게 행동할 수밖에 없었을 것이다. 산헤드린 공회가 보낸 무리가 예수님을 체포하려고 덤벼들자 제자들은 비로소 사태를 파악할 수 있게 되었다.

4. 제자들의 저항(51-54)

제자들은 눈앞에 펼쳐진 안타까운 상황을 그전에 전혀 예측할 수 없었던 것은 아니지만 예수님에 대한 체포는 갑작스럽게 이루어졌다. 그러나 제자들은 미처 그에 대처할 만한 충분한 방안을 강구하지 못하고 있었다. 그렇다고 해서 제자들이 아무런 저항 없이 그 광경을 가만히 지켜보고만 있을 수도 없는 노릇이었다.

그리하여 베드로가 예수님을 체포하려는 원수들을 향해 칼을 빼들었다(요 18:10). 그리고는 제사장이 파송한 자들 가운데 한 사람인 '말고'(Malchus)의 오른편 귀를 베었다. 이는 베드로가 그의 귀를 베려고 한 것이 아니라 그를 죽이려고 머리위에 검을 내리친 것으로 이해해야 한다. 그러나 예수께서는 그런 자세는 온당한 것이 아니라고 말씀하시면서 잘린 말고의 귀를 다시 붙여주셨다(눅 22:51).

그런데 우리가 여기서 기억해야 할 바는 베드로의 인간적인 용기이다. 예수님을 체포하기 위해 온 사람들은 고도의 무술훈련을 받은 자들이었을 것이 틀림없다. 그들은 검을 쓸 줄 알았으며 군사작전을 펼치고 있는 중이다. 그에 반해 베드로는 갈릴리 호수에서 물고기를 잡던 평범한 인물이었다. 그럼에도 불구하고 그가 큰 검이 아니라 조그만 칼을 들고 적군에게 덤벼들었다는 사실은 그의 용기를 보여주고 있다.

물론 베드로는 자기가 그렇게 하는 동안 주님께서 가만히 있지 않고 무서운 기적을 행하시리라고 기대했을 수도 있다. 하지만 예수께서는 베드로의 용기를 칭찬하기는커녕 도리어 책망하셨다. 칼을 도로 집에 꽂으라고 말씀하시면서 '검을 가지는 자는 검으로 망한다'는 사실을 말씀하셨다. 만일 저들의 악한 행위를 막아야 한다면 성부 하나님께 간구해 열두 군단도 더 되는 천군천사를 동원해 저들을 응징할 수 있다는 것이었다.

하지만 예수께서는 자기를 체포하려는 원수들에게 그런 식으로 반응하시지 않았다. 그렇게 되면 자신의 십자가 사역에 대한 성경의 예언이 이루어질 수 없게 되기 때문이다. 예수님께 일어나는 모든 일들은 구약이 이루어져 가는 구속사적인 과정이다. 예수께서 원하시던 바는 자신의 고통을 통해 택한 백성들을 위한 하나님의 구원이 이루어지는 것이었다. 그 일을 위해 그가 친히 인간의 몸을 입고 이 세상에 오셨던 것이다.

5. 예언의 성취(55,56)

예수께서는 자기를 체포하기 위해 산헤드린 공회의 파송을 받은 자들에게 왜 강도를 잡듯이 칼과 몽치를 가지고 왔느냐며 꾸짖으셨다. 그가 지난 며칠 동안 날마다 성전에 앉아 공개적으로 사람들을 만나 가르쳤는데 그때는 가만히 있다가 하필 밤중에 병기를 가지고 나아온 것에 대해 책망하셨던 것이다. 이는 자기가 체포되는 것이 힘이 없어 저들의 완력이나 군사력에 굴복하는 것이 아니라 성경에 기록된 예언을 이루기 위해 스스로 자기 몸을 내어주신다는 사실에 대한 선언이다.

그후 예수께서는 유대인들에게 순순히 자신의 몸을 내어주셨으며 그들은 감히 하나님의 아들을 체포했다. 그 광경을 지켜보고 있던 모든 제자들은 체포된 예수님을 버리고 도망쳤다. 그때 한 청년은 벗은 몸에 홑이불을 두르고 예수님을 뒤따르다가 유대인들에게 잡히자 이불을 벗어버리고 벌거벗은 몸으로 도망치기도 했다(막 14:51,52).

그들은 조금 전까지만 해도 결단코 주님을 버리지 않겠다고 고백하며 장담하던 자들이었다(33,35). 그러나 순수하게 다짐했던 저들의 마음은 다급한 상황 앞에서 아무런 역할을 하지 못했다. 그들은 산헤드린 공회에 체포될 위기를 피하고자 전부 예수님을 버리고 도망쳐 버렸다. 그들의 태도는 비겁했던 것이 분명하지만 오늘날 우리도 저들의 상황과 전혀 다르지 않다.

우리는 예수님에 대한 충성을 입술로 다짐하고 맹세하지만 결정적인 상황이 발생하면 언제든지 주님을 버릴 준비가 되어있는 자들처럼 이 세상을 살아가고 있다. 따라서 교회와 그에 속한 성도들은 인간의 결심과 다짐이 진정한 효력을 발휘할 수 없다는 사실을 분명히 기억해야 한다. 단지 하나님의 긍휼하신 은혜만이 자기 백성들을 위해 효력을 발휘할 수 있을 따름이다.

모든 제자들이 예수님을 버리고 도망친 것은 구약성경 스가랴서에 기록된 예언이 그대로 성취되고 있음을 보여주고 있다(슥 13:7). 예수께서는 앞에서 그와 같은 상황을 통해 구약성경이 성취되어 가고 있음을 말씀하셨다. 우리는 이를 통해 하나님의 섭리와 경륜이 어떻게 진행되어 가는지 올바르게 깨달을 수 있어야 한다.

제54장
철저히 버림받고 심문당하신 예수님
(마 26:57-75)

1. 산헤드린 공회의 심문(57-62)

산헤드린 공회가 보낸 자들에 의해 예수님이 체포되자 모든 제자들은 도망쳤다. 조금 전까지 큰소리치며 충성을 맹세했을 뿐 아니라 적을 향해 칼을 빼들고 상대의 귀를 잘라버렸던 베드로도 예외가 아니었다. 베드로는 도망을 치기는 했지만 제 목숨을 부지하고자 스승을 버린 상태에서 마음이 편하지 않았을 것이 분명하다.

예수님을 체포한 무리는 그를 끌고 가야바의 장인인 안나스를 거쳐 대제사장 관저로 데리고 갔다(요 18:13 참조). 거기에는 서기관과 장로들 등 산헤드린 공회원들이 모여 있었다. 그들은 밤중에 급히 예수님을 심문하여 사형으로 몰아가고자 했다. 배도자들은 사실 심문을 시작하기 전에 이미 그를 사형에 처해 죽이고자 하는 결론을 내려두고 있었다.

그런 상황 가운데서 베드로는 다른 한 제자와 함께 대제사장의 관저로 들어갔다. 그가 뜰 안으로 들어갈 수 있었던 것은 대제사장을 잘 아는 그 제자가 문지기에게 부탁했기 때문이었다(요 18:15,16).[81] 베드로는 멀찍이

81) 베드로는 대제사장의 뜰에서 자기와 함께 들어온 제자와 따로 떨어져 있었던 것으로 보인다. 둘이 한 자리에 있으면 더 위험한 문제에 봉착할지도 모를 일이었기 때문이다. 베드로와 같이 들어간 다른 제자에게 아무런 일이 발생하지 않은 것을 볼 때 그는 예수님이 심문당하는 광경을 보고 피신했을 것이 분명하다.

떨어진 곳에서 불을 피워 쬐고 있는 다른 경비원들 틈에 끼어 앉아 있으면서 예수님의 동향을 지켜보고 있었다(눅 22:55). 대다수의 제자들은 겁을 집어먹고 이리저리 흩어진 상태였다.

산헤드린 공회는 이제 공적인 재판을 시작했다. 대제사장을 비롯한 유대인 지도자들은 예수님을 사형에 처할 만한 죄의 증거를 찾기 위해 온갖 노력을 아끼지 않았다. 그들은 거짓 증거를 만들어 내고자 했다. 간사한 유대인들 가운데 산헤드린 공회원들의 환심을 사고자 거짓 증언을 하는 자들이 많이 나타났지만 저들의 발언은 예수님을 사형에 처할 수 있는 결정적인 단서를 제공하지 못했다.

그러던 중 두 사람의 악한 증인이 나서게 되었다. 그들은 "예수가 하나님의 성전을 헐고 사흘 만에 지을 수 있다"(61)고 하는 말을 들었다는 증언을 했다. 예수께서는 그 전에 유대인들에게 그런 말씀을 하신 적이 있었다. 그러나 그가 파괴된 성전을 사흘 만에 다시 짓겠다고 말씀하신 것은 십자가에 달려 돌아가셨다가 부활하시게 될 자신의 몸에 대한 예언이었다. 요한복음에는 표적을 구하는 유대인들에게 그에 연관된 답변을 하신 예수님의 말씀이 구체적으로 기록되어 있다.

> "이에 유대인들이 대답하여 예수께 말하기를 네가 이런 일을 행하니 무슨 표적을 우리에게 보이겠느뇨 예수께서 대답하여 가라사대 너희가 이 성전을 헐라 내가 사흘 동안에 일으키리라 유대인들이 가로되 이 성전은 사십 육 년 동안에 지었거늘 네가 삼 일 동안에 일으키겠느뇨 하더라 그러나 예수는 성전된 자기 육체를 가리켜 말씀하신 것이라" (요 2:18-21)

예수께서 그 전에 하셨던 이 말씀은 유대인들에게 있어서 중대한 죄가 되는 것이 사실이다. 따라서 그 증거가 채택이 된다면 그는 사형에 처해질 수 있는 중범죄자가 된다. 이는 그것이 하나님과 그의 성전을 모독하는 성격을 지니고 있기 때문이다.

하나님께서 거하시는 거룩한 성전을 부순다는 말 자체가 불경한 용어로써 하나님에 대한 모독으로 간주될 수 있다. 나아가 그것은 하나님의 언약 백성인 이스라엘 민족을 어지럽히는 유언비어流言蜚語로 허위사실 유포죄가 적용될 수도 있었다. 당시 사십 육년이 넘도록 성전 공사를 했어도 아직 완성되지 못했는데 그것을 사흘 만에 완공한다는 것은 말이 되지 않는다.

구약의 율법에 의하면 하나님을 모독한 어떤 사람에 대해 두 명 이상의 증언이 있으면 효력을 발생해 죽일 수 있었다(신 17:6). 한 사람의 증언이라면 효력이 없었지만 두세 사람이 죄를 입증한다면 그것이 증거로 채택될 수 있었던 것이다.

그래서 대제사장이 일어나 피고인 예수께 그 두 사람의 증언이 사실인지 확인하고자 했다. 예수의 죄를 입증하는 그들의 증거에 대해 인정하든지 변호하든지 답변을 하라는 것이었다. 그러나 예수님은 증인들의 주장과 대제사장의 심문에 대해 아무런 반응을 보이지 않으셨다.

2. "네가 하나님의 아들 그리스도냐?" (63,64)

성전을 허물고 사흘 만에 다시 짓겠다고 한 말이 사실인지 심문하는 대제사장에게 예수께서 아무런 대꾸도 하시지 않자, 제사장은 "네가 하나님의 아들 그리스도인지 말하라" 고 다그쳤다. 이는 나중 로마 법정에서 그가 '왕' 인지에 대한 심문을 하는 것과 상당한 대조를 이룬다(마 27:31 참조).

대제사장은 살아계신 하나님께 맹세를 강요하며 공개적인 답변을 하도록 요구했다. 그의 심문을 당한 예수께서는 '그렇다' 고 답변하셨다. 자기가 하나님의 아들 그리스도라는 사실을 선포하셨던 것이다. 이는 이스라엘 민족의 산헤드린 공회 앞에서 정식으로 자신의 신분을 선포하는 매우 중요한 의미를 지니고 있다.

그러면서 장래 임하게 될 놀라운 사실에 대한 예언을 하셨다. 그것은 인자로 오신 자기가 하나님의 권능의 우편에 앉게 될 사실과 만민이 보는 가운데 하늘 구름을 타고 재림하게 될 사건에 관한 것이었다. 이 말씀 가운데는 그가 십자가에 달려 죽었다가 부활하게 되리라는 사실이 내포되어 있었다.

인자가 천상의 왕좌에 앉게 될 사실과 그가 구름을 타고 재림하는 사건은 구약성경에 예언되어 있는 내용이다. 예수께서는 대제사장과 산헤드린 공회원들 앞에서 자기를 통해 그 모든 예언이 성취되리라고 선포하셨던 것이다. 구약의 시편에는 인자가 하나님 우편에 앉아 계시는 사실에 관한 내용이 기록되어 있다.

> "주의 우편에 있는 자 곧 주를 위하여 힘 있게 하신 인자의 위에 주의 손을 얹으소서"(시 80:17);
>
> "여호와께서 내 주에게 말씀하시기를 내가 네 원수로 네 발등상 되게 하기까지 너는 내 우편에 앉으라 하셨도다"(시 110:1)

인간의 몸을 입고 이 세상에 오신 예수 그리스도께서는 하나님 우편에 앉으실 분이다. 하나님께서는 그에게 모든 권세를 위임하게 되며, 그가 하나님을 욕되게 한 악인들을 심판하여 발로 짓밟게 된다. 이는 창세기 3장 15절에 기록된 '여자의 후손이 사탄의 머리를 부수게 될 예언' 이 성취된다는 사실에 대한 말씀이다. 예수께서는 심문하는 대제사장에게 자기가 구약에 예언된 바로 그 인자로 온 존재임을 선포하고 있는 것이다.

그와 동시에 예수께서는 자기가 구름을 타고 이 세상에 다시 오시리라는 사실을 말씀하셨다. 이 가운데는 그가 십자가를 지고 사형에 처해지지만 그것으로 모든 것이 끝나는 것이 아니라는 점이 나타나고 있다. 그는 구약성경에 예언된 대로 구름을 타고 천상의 나라에 올라가셨다가 다시 오시리라는 사실을 선포하셨다. 다니엘서에 예언된 이 말씀은 하나님의 심판에 연관되어 있다.

> "내가 또 밤 이상 중에 보았는데 인자 같은 이가 하늘 구름을 타고 와서 옛적부터 항상 계신 자에게 나아와 그 앞에 인도되매 그에게 권세와 영광과 나라를 주고 모든 백성과 나라들과 각 방언하는 자로 그를 섬기게 하였으니 그 권세는 영원한 권세라 옮기지 아니할 것이요 그 나라는 폐하지 아니할 것이니라" (단 7:13,14)

예수께서는 산헤드린 공회 앞에서 구약의 예언을 상기시키시며, 지금은 대제사장이 사악한 재판관이 되어있고 죄 없는 자기가 마치 극악한 죄인처럼 되어있지만 나중에는 상황이 완전히 뒤바뀌리라는 사실을 말씀하셨다. 즉 인자가 재림하게 되면 하나님의 아들인 자기가 심판주가 될 것이며 배도에 빠진 저들이 하나님의 무서운 심판을 받게 될 것을 선포하신 것이다.

구약성경에 기록된 예언을 인용한 예수님의 말씀은 유대인들을 격분케 했을 것이 틀림없다. 저들의 눈에는 예수님의 언사가 마음에 들지 않았다. 자기의 죄를 뉘우치거나 좀 너그럽게 봐달라고 하든지 최소한 주변의 분위기를 보고 위축된 자세를 가져야 하는데 전혀 그렇지 않았기 때문이다.

3. 사형 죄로 결의 후 조롱(65-68)

구약성경의 성취와 연관된 예수님의 구체적인 답변을 들은 대제사장과 산헤드린 공회원들은 심하게 격분했다. 그 사람들은 예수님이 하나님과 율법을 모독하는 것은 물론 예루살렘 성전을 폄하貶下한 것으로 판단하고 있었다. 그리하여 예수님을 사형에 해당하는 형벌에 처하는 것이 마땅하다고 여겼다.

그들은 그렇게 하는 것이 하나님을 위한 정의로운 태도라 생각했을 것이 틀림없다. 이는 가룟 유다가 예수님을 팔 때와 유사한 맥락에서 이해될 수 있다. 하나님을 배도하는 무서운 악을 행하면서도 스스로 정의로운 자인 양 착각하는 것이 하나님의 말씀을 떠난 어리석은 인간들의 왜곡된 심성이다.

그러므로 대제사장은 자기 옷을 찢으며 슬프고 괴로운 기색을 드러내 보였다. 아마 그의 심정은 거짓이 아니라 진심이었을 것이다. 하지만 아무리 진심이라 할지라도 하나님의 말씀을 떠난 상태에서 그것은 참람한 행위에 지나지 않는다. 그럼에도 불구하고 눈먼 장님이 된 대제사장과 민족 지도자들은 도리어 예수님이 참람한 말을 한 것으로 간주했다.

대제사장은 예수님이 본인의 입으로 직접 그렇게 말했으니 더 이상의 증인이 필요하지 않다는 사실을 밝혔다. 그리고는 다른 산헤드린 공회원들의 생각은 어떤지 물었다. 그러자 거기 모인 유대인들은 그를 사형에 넘겨주어야 할 죄인이라고 판정했다.

모세의 율법을 빙자하여 예수님을 사형수로 판결하게 되자 그때부터 유대인들은 그에게 최소한의 예의도 갖추지 않았다. 죄에 빠진 인간들이 감히 하나님이신 메시아를 고문하며 그의 얼굴에 침을 뱉었다. 주먹으로 치기도 하고 손바닥으로 때리기도 했다. 그 인간들은 자기들이 무슨 짓을 하고 있는 지도 모른 채 그 악행을 저질렀다.

뿐만 아니라 그들은 예수님을 말로써 조롱하기를 그치지 않았다. 만일 그가 정말 그리스도라면 그런 식으로 당하지 말고 자기를 치고 때리는 자가 누군지 알아 맞춰 보라는 것이었다. 하나님이신 메시아를 조롱하며 그의 얼굴에 손찌검하던 그 인간들은 당시 종교인들을 신뢰했을 것이 분명하다. 이는 배도에 빠진 종교지도자들을 무조건 믿고 따르는 것이 얼마나 끔찍한 결과를 가져오는지 잘 보여준다.

우리는 여기서 매우 중요한 교훈을 배우지 않을 수 없다. 그것은 하나님과 그의 자녀들이 옷을 찢으며 통곡해야 할 형편인데도 대제사장을 비롯한 악을 행하는 자들이 오히려 저들의 옷을 찢고 있다는 점이다. 그들은 그렇게 하면서 자기가 하나님을 잘 섬기는 것으로 착각하고 있었을 것이 틀림없다.

또한 우리는 거짓 종교지도자들의 외양을 보고 저들의 말을 맹목적으로 믿고 따랐던 유대인들의 어리석음을 기억해야 한다. 그들은 악한 지도자들을 분별하지 못한 채 그것을 보며 자신의 종교심을 드러냈던 것이다. 오늘날 우리도 이와 같은 상황을 주의 깊게 분별하여 경계하지 않으면 안 된다. 겉으로는 기독교 지도자 행세를 하지만 실상은 거짓된 자들을 분별할 수 있어야 한다. 이를 위해서는 계시된 말씀에 깊은 관심을 가지고 성령의 인도하심을 민감하게 따르지 않으면 안 된다.

4. 베드로의 부인(69-75)

베드로는 산헤드린 공회가 예수님을 사형에 처해야 할 범법자로 몰아가는 과정을 가까이서 지켜보았다. 그리고 그는 하나님의 아들이신 예수께서 더럽고 악한 인간들로부터 이루 형언할 수 없는 심한 모독을 당하는 현장에 있었다. 그렇지만 그로서 할 수 있는 일이라고는 아무것도 없었다.

불과 얼마 전까지 예수님에 대한 충성을 다짐했던 베드로였지만 이제는 상황이 완전히 달라졌다. 더 이상 그들 앞에 나아가 용감하게 싸울 만한 용기마저 사라져 버렸다. 베드로의 마음이 심란했을 것은 분명하다. 어쩌면 하나님께서 예수님을 그 힘든 상황에서 구출해 주시도록 마음속으로 기도했을지도 모른다.

그런데 다른 사람들 틈에 끼어 예수께서 당하시는 모든 과정을 지켜보던 베드로에게 위기가 찾아왔다. 그 사람들 중에 베드로의 얼굴을 알아보는 자가 있었기 때문이다. 옆에 있던 여자 하인 하나가 베드로를 보고 그가 사형에 처해질 자로 밝혀진 나사렛 출신의 예수님과 같이 있는 것을 보았다는 것이다.

그 말을 들은 베드로는 즉시 그 사실을 부인했다. 그 여자가 하는 말이 무엇을 의미하는지 알아듣지 못하겠다는 것이다. 이는 예수님을 부인하는 말이었다. 그리고는 그 자리를 떠나 가까이 있는 정문쪽으로 옮겨갔다. 그에게는 눈앞에 닥친 위기를 피하고자 하는 마음밖에 없었을 것이 분명하다.

그런데 문제는 거기서 끝나지 않았다. 그쪽으로 자리를 옮겼을 때 또 다른 여자 하인 하나가 그를 보고는 주변에 있는 다른 사람들에게 그도 나사렛 예수와 함께 다니던 인물이라는 사실을 말했다. 이는 문제가 좀 더 커질 가능성이 있었다. 거기에 모여 있는 많은 사람들이 그 사실을 알게 된다면 여간 큰일이 아니었기 때문이다.

그러므로 베드로는 맹세를 하면서 그 사실에 대해 강하게 부인했다. 자기는 범죄자 예수를 전혀 알지 못한다는 것이었다. 앞서보다 더욱 강하게 부인하지 않으면 주변의 사람들에게 자신의 신분이 발각될 우려가 있음을 그가 잘 알고 있었다. 자칫 잘못하면 자기도 현장에서 붙잡혀 심문과 고통을 당하게 될지도 모를 일이었다. 베드로는 그 자리가 매우 불안하게 느껴졌을 것이 틀림없다.

그런 중 옆에 있던 다른 사람들이 베드로를 향해 그가 예수와 같은 패거리에 속한 자라고 말했다. 그 사람들 가운데는 베드로의 공격을 받아 귀가 떨어졌던 말고(Malchus)의 친척도 끼어 있었다(요 18:26). 베드로의 억양이 예루살렘 표준어가 아니라 갈릴리 지방의 사투리인 것을 보면 예수의 추종자임이 틀림없다는 것이었다.

그러자 베드로는 앞서 예수님을 부인했던 것보다 훨씬 강력하게 반응했다. 그는 맹세를 하면서 부인했을 뿐 아니라 만일 자기가 예수를 안다면 저주를 받을 것이라는 극단적인 용어를 동원해가면서 결단코 그를 모른다고 주장했다. 이와 같이 예수님을 모른다고 부인하는 그 정도는 점차 심해져 갔다. 그가 예수님을 세 번 부인한 것은 원수들 앞에서 자기는 예수님과 전혀 상관이 없는 자임을 확실하게 선포하는 의미를 지니고 있다.

베드로가 세 번째 예수님을 부인하는 말을 했을 때 새벽닭이 울었다. 그제야 베드로는 불과 몇 시간 전에 예수께서 그날 밤 닭이 울기 전에 자기를 세 번 부인하리라고 하셨던 주님의 말씀이 기억났다. 누가복음에는 그 닭 울음 소리가 들릴 때 배도자들에 의해 고문을 당하시던 예수께서 베드로를 향해 뒤돌아보셨음이 기록되어 있다.

> "주께서 돌이켜 베드로를 보시니 베드로가 주의 말씀 곧 오늘 닭 울기 전에 네가 세 번 나를 부인하리라 하심이 생각나서 밖에 나가서 심히 통곡하니라" (눅 22:61,62)

베드로는 예수님을 부인함으로써 일시적이나마 자신의 목숨을 부지할 수 있었다. 예수님을 거부한 것이 이땅에서의 생명을 일시적으로 보존할 수 있게 해 주었다. 즉 그는 예수님을 부인한 결과 위기를 면하고 살아날 수 있었던 것이다. 그러나 베드로는 자신의 행동과 주님의 말씀을 기억하고 심히 통곡했다. 그것은 회개의 눈물이었을 것이 분명하다.

우리가 여기서 명확하게 기억해야 할 바는 이 세상에서 베드로보다 나은 신앙을 가진 자가 없다는 사실이다. 이땅에 살아간 자들 가운데 가장 신앙이 좋은 베드로조차 예수님을 그런 식으로 부인했다는 점은 단 한 사람도 자신의 의지로 예수님을 부인하지 않을 자가 없다는 사실을 말해준다.

오늘날 우리도 자신의 신앙을 자랑하지만 시시때때로 주님을 부인하며 살아가고 있다. 자신의 인간적인 욕망과 판단여부에 따라 그냥 부인하기도 하고, 맹세하며 부인하기도 한다. 나아가 자기의 욕망을 채우기 위해서라면 단순한 맹세뿐 아니라 저주를 받아도 좋다는 듯이 주님을 강하게 부인하기도 한다. 물론 그것은 마음속에서 발생하게 된다.

세상에 살아가면서 예수님과 무관한 척 행세하며 자신의 유익과 욕망을 추구하고자 하는 것은 인간의 부패한 심성에서 나온다. 인간은 하나님의 절대적인 도우심이 없다면 누구나 그렇게 살 수밖에 없을 만큼 연약하다. 그러나 우리는 성령 하나님의 도우심에 의해 그런 부족한 자신의 모습을 되돌아볼 수 있게 된다. 그것은 전적인 하나님의 놀라운 사랑과 은혜가 아닐 수 없다.

제55장
로마제국에 의한 십자가형 언도
(마 27:1-26)

1. 로마법정에 넘겨진 예수님(1,2)

산헤드린 공회는 예수님을 사형에 처해져야 할 죄인으로 단정지었다. 그들은 감정에 치우친 종교적인 관점에서 예수님을 정죄했다. 하지만 그들의 저의는 로마 총독부의 법정에서 예수님을 정치적인 반란죄를 적용해 몰아가는 것이다. 그래야만 예수님을 메시아로 알고 추종하는 많은 사람들로 하여금 더 이상 그의 사상을 따르지 못하도록 하는 효과를 볼 수 있기 때문이다.

그러므로 산헤드린 공회원들은 예수님을 결박한 채 로마 총독부로 끌고 갔다. 당시 총독이었던 본디오 빌라도에게 죄수를 인도했던 것이다. 그것은 유대인들이 부정하다고 여기던 이방인들과 결탁하는 사악한 행위였다. 그동안 그들은 하나님의 언약 민족인 이스라엘을 압제하는 로마제국을 적대세력으로 간주해왔다.

그러나 예수님을 처형하는 문제에 있어서는 유대인들과 로마인들이 합세했다. 여기에는 사실 하나님의 놀라운 경륜이 작용하고 있었다. 하나님의 아들이신 예수께서는 언약을 맡은 유대인들뿐 아니라 이방인들을 대표하는 로마제국의 본성을 드러내고 심판해야만 했기 때문이다.

산헤드린 공회가 예수님을 로마제국의 법정에 고소할 때의 죄목罪目은 국가모반죄였다. 그가 순진한 백성들을 선동해 로마황제에게 저항하도록 획책하고 있다는 것이었다. 따라서 그들은 예수가 스스로 자기를 유대인의 왕이라 주장하며, 황제가 아니라 자기를 따르도록 선전하고 있다며 고소했다.

> "예수를 빌라도에게 끌고 가서 고소하여 가로되 우리가 이 사람을 보매 우리 백성을 미혹하고 가이사에게 세 바치는 것을 금하며 자칭 왕 그리스도라 하더이다" (눅 23:1,2)

그러나 유대인들이 고소의 근거로 삼은 이 말은 거짓이었다. 예수님은 가이사에게 세금을 바치지 못하도록 말씀하신 적이 없다. 그는 도리어 가이사의 것은 가이사에게 하나님의 것은 하나님께 바치라고 말씀하셨다(마 22:21; 막 12:17; 눅 20:25). 나아가 예수님 스스로 자신을 정치적인 왕이라고 주장한 적도 없다. 그가 오병이어의 기적을 행하셨을 때 사람들이 억지로 자기를 왕으로 옹립하고자 하는 것을 보고 자리를 피하셨다(요 6:14,15). 그럼에도 불구하고 산헤드린 공회는 총독부의 법정에 거짓 고소장을 제출했다.

예수님은 이 모든 과정을 통해 자신이 타락한 세상을 심판하러 오신 '왕' 이라는 사실이 선포되어야 했다. 그는 하나님의 피조세계에 죄를 끌어들인 사탄의 세력을 심판하게 될 영원한 왕이었다. 산헤드린 공회는 그에 대한 진정한 의미도 알지 못한 채 저들의 악한 일을 자행하고 있었다. 인간들은 더러운 악행을 저질렀지만, 그 가운데서 하나님의 사역이 진행되고 있었던 것이다.

2. 가룟 유다의 후회(3-5)

예수님이 심문을 당하시는 과정에서 가장 당황스러워했던 사람들 가운데 하나는 가룟 유다였다. 그는 예수님의 법정심문 과정에서 그를 산헤드린 공회에 팔아넘긴 것을 후회했다. 원래 그의 의도는 그런 것이 아니었다. 따라서 유다는 자기가 저들로부터 받은 은화 서른 개를 대제사장들과 장로들에게 도로 갖다 주었다. 그는 자기가 무죄한 피를 팔고 죄를 범했다는 언뜻 이해하기 어려운 말을 했다. 하지만 산헤드린 공회는 가룟 유다가 되돌려주는 돈을 받지 않았다.

우리는 여기서 몇 가지 중요한 사실을 생각해 보아야 한다. 무엇 때문에 가룟 유다가 예수님을 판 것을 후회했을까? 유다가 예수님이 사형에 처해질 줄 모르고 산헤드린 공회에 넘겨준 것으로 볼 수는 없다. 그가 후회했던 까닭은 예수님이 로마제국의 총독 빌라도의 법정에 넘겨졌기 때문이었던 것으로 보인다. 그는 예수님이 유대민족에 의해 처벌받기를 원했다. 이스라엘 민족주의자들에게는 로마제국이 철천지원수徹天之怨讐일 수밖에 없었으므로 예수님이 저들의 손에 넘겨지기를 원치 않았을 것이 분명하다.

유다는 민족주의자로서 산헤드린 공회가 예수님을 처형하기 위해 로마 총독부와 타협할 것에 대해서 미처 생각지 못했던 것 같다. 예수님이 로마제국에 의해 처형당한다는 것은 유다 자신이 예수님을 로마제국에 넘긴 자로 되어버리기 때문에 민족주의자로서는 결코 용납될 수 없는 일이었다. 따라서 예수님을 로마제국에 넘기는 산헤드린 공회는 원수들과 야합하는 것에 지니지 않았다. 그가 후회했던 것은 진정한 회개가 아니라 민족적이며 정치적인 이유가 있었다.

또한 가룟 유다의 후회 가운데는 매우 중요한 또 다른 의미가 내포되어 있다. 그것은 가장 악한 배신자인 유다마저도 예수님의 죄성을 인정할 수 없었다는 점이다. 산헤드린 공회와 로마제국의 법정이 예수님을 죄인으로 정죄해 십자가에 못박게 될 것이지만 실상은 어느 누구도 예수님의 죄를 입증하지는 못했다. 따라서 거기에는 아무도 진정한 죄를 규정하지 않은 상태에서 예수님을 죽이게 된다는 사실이 드러나고 있는 것이다.

가룟 유다의 후회는 우리로 하여금 아담의 아들 가인의 후회를 기억나게 한다. 가인은 하나님께서 메시아를 보내시는 통로가 되는 아벨을 죽이고 나서 후회하는 모습을 보였다. 그러나 그의 후회는 하나님 앞에서 행해진 진심어린 회개가 아니었다. 가룟 유다와 가인의 뉘우침은 무가치한 감정적인 후회에 지나지 않았다. 결국 가룟 유다는 산헤드린 공회로부터 받은 은화 서른 개를 성소에 던져 넣고는 스스로 목매 자살했다.

3. 가룟 유다에 대한 예언 성취(6-10)

가룟 유다의 자살은 산헤드린 공회의 입장에서는 여간 골치 아픈 일이 아니었을 것이 틀림없다. 그는 사형에 해당되는 중죄를 지은 예수의 악행을 가장 잘 입증할 수 있는 확실한 증인이 될 수 있었기 때문이다. 그런데 그가 심경의 변화를 일으켜 유대 지도자들로부터 받은 돈을 성소에 던져 넣고는 갑자기 자살해 버렸다. 그의 몸은 곤두박질치며 배가 터져 창자가 흘러나오는 처참한 말로를 보여줬다.

> "이 사람이 본래 우리 수 가운데 참예하여 이 직무의 한 부분을 맡았던 자라 이 사람이 불의의 삯으로 밭을 사고 후에 몸이 곤두박질하여 배가 터져 창자가 다 흘러나온지라 이 일이 예루살렘에 사는 모든 사람에게 알게 되어 본 방언에 그 밭을 이르되 아겔다마라 하니 이는 피밭이라는 뜻이라" (행 1:17-19)

제사장들은 가룟 유다가 성전에 던져둔 돈을 거두고는 그것을 불의한 돈으로 간주해 거룩한 성전에 둘 수 없다는 판단을 내렸다. 하지만 우리는 그 돈이 저들의 더러운 주머니에서 나간 것이라는 사실을 또렷이 기억한다. 나아가 그들은 하나님의 아들을 고문하며 죽이려고 하면서도 여전히 형식적인 율법에 얽매여 있었다. 그 사람들은 그렇게 하는 것이 마치 하나님을 위한 것인 양 착각하고 있었던 것이다.

산헤드린 공회원들은 논의 끝에 그 돈으로 예루살렘 인근에 있는 토기장이의 밭을 사서 나그네 곧 주인 없는 시체를 위한 공동묘지로 삼기로 결정했다. 이는 그 전에 이미 하나님께서 예레미야 선지자를 통해 예언하신 바였다. 즉 그것은 유대인들을 통해 이루어졌지만 하나님의 경륜 가운데 진행되는 일이었다.

> "이에 선지자 예레미야로 하신 말씀이 이루었나니 일렀으되 저희가 그 정가 된 자 곧 이스라엘 자손 중에서 정가한 자의 가격 곧 은 삼십을 가지고 토기장이의 밭 값으로 주었으니 이는 주께서 내게 명하신 바와 같으니라"(마 27:9,10)

예수님을 따라다니던 제자들 가운데 한 사람이었던 가룟 유다가 스승을 판 것을 뉘우치고 그 대가로 받은 은화 서른 개를 성전에 던져 놓고 자살했다는 소문이 온 세상에 퍼져나갔을 것이 분명하다. 그리고 산헤드린 공회가 그 돈으로 토기장이의 밭을 사서 공동묘지로 삼았다는 것도 사람들에게 알려졌다. 이스라엘 백성들은 그 밭을 '피의 땅' 곧 아겔다마(Akeldama)라 불렀다.[82]

이처럼 하나님께서는 선지자의 예언이 성취되는 것을 통해 역사를 주관해 가셨다. 따라서 하나님과 그의 메시아를 올바르게 믿고 있던 자들은 가룟 유다의 자살과 부정한 돈인 은 서른 개로 토기장이의 밭을 산 것으로 인

82) '무덤의 명예' 라는 말이 있다. 그것은 선조와 후손의 명예를 결집하는 의미를 지닌다. 그런 관점에서 본다면 주인 없는 시체들이 묻히는 나그네의 공동묘지가 된 토기장이의 밭은 저주받은 가룟 유다의 더러움을 뿜어내는 상징적인 역할을 한다.

해 그 모든 것이 구약의 성취라는 사실을 선명하게 깨달을 수 있었다. 인간들의 악행에도 불구하고 그 가운데서 역사하시는 하나님의 뜻이 드러나고 있었던 것이다.

4. "유대인의 왕" (11-14)

천상의 왕이신 거룩하신 하나님의 아드님께서 타락한 세상을 지배하는 불의한 왕국의 총독 앞에 죄인으로 섰다. 로마총독 본디오 빌라도는 처음부터 예수님의 정치적인 혐의를 받아들이지 않았다. 그는 예수님에게 로마제국의 황제에 대한 반란의사가 전혀 없다는 사실을 잘 알고 있었던 것이다. 그렇지만 산헤드린 공회가 정식으로 저를 고소한 상태에서 기본적인 심문을 하지 않을 수 없었다. 그래서 총독이 유대인들이 고소한 죄목을 근거로 예수님을 심문했다.

> "네가 유대인의 왕이냐" (마 27:11)

본디오 빌라도가 심문했던 이 질문은 산헤드린 공회가 앞서 예수님께 그가 하나님의 아들인지 심문했던 것과는 동떨어진 내용이었다(마 26:63 참조). 유대인들은 실상 그것을 문제 삼고 있으면서 엉뚱한 혐의를 뒤집어씌워 로마제국에는 황제에게 저항하는 죄로 고소했던 것이다. 하지만 인간들의 악행에도 불구하고 그 가운데는 예수님이 '유대인의 왕' 으로 선포되는 하나님의 경륜이 나타나고 있었다.

예수께서는 그런 모든 과정을 통해 자신이 구약성경에 예언되어 오던 바로 그 왕이라는 사실을 법정에서 증언하셨다. 우리는 그것이 일반 대화가 아니라 예수님의 '법정 증언' 이라는 사실에 관심을 기울여야 한다. 이는 세상의 인간들에게 예수님 자신의 신분이 법적으로 어떻게 증언되고 있는지 공표하는 의미를 지니고 있었다.

하나님의 아들이 인간의 몸을 입고 이 세상에 출생했을 때 그에 대한 사실은 이미 선언된 상태였다. 당시 동방에서 온 박사들이 예루살렘의 헤롯 왕궁을 찾아가 "유대인의 왕으로 오신 이가 어디 계시뇨?"(마 2:2)라고 물었다. 이는 예수님의 출생지를 몰라서 질의한 것이 아니라 찬탈 왕이었던 헤롯에게 참된 왕의 강림을 선언하는 의미를 지니고 있었다. 그때 헤롯왕이 서기관들을 비롯한 여러 종교인들을 모아 성경을 확인한 것은 그가 구약의 예언을 성취하신 분이라는 사실을 선포하는 역할을 했다.

예수께서 자신의 신분에 연관된 왕에 관한 총독의 심문을 그대로 인정하시자 도리어 본디오 빌라도가 이상하게 여겼다. 유대인들이 예수님을 국가 반란죄로 몰아갈 때 그에 대한 부인을 하거나 변호할 수도 있었다. 그러나 그는 저들의 주장에 대해 아무런 변명이나 구차한 답변을 하시지 않았다. 그 대신 예수께서는 자신의 왕국이 어떤 성격을 지니고 있는지 분명히 말씀하셨다. 요한복음에는 그에 관한 기록이 나타난다.

> "예수께서 대답하시되 내 나라는 이 세상에 속한 것이 아니라 만일 내 나라가 이 세상에 속한 것이었더면 내 종들이 싸워 나로 유대인들에게 넘기우지 않게 하였으리라 이제 내 나라는 여기에 속한 것이 아니니라"(요 18:36)

예수님은 이 말씀을 통해 로마인들과 유대인들에게 천상의 왕으로서 자신의 존재에 대한 선포를 하셨다. 이는 그가 세상의 왕국에서 정치적으로 통치자가 되겠다거나 로마제국에 저항하는 세력을 결집하고자 할 의사가 전혀 없음을 말해주고 있다. 유대인들이 자신의 말을 받아들이지 않으리라는 사실을 잘 알면서 예수께서 그와 같은 말씀을 하신 것은 그것을 통해 자기가 영원한 천국의 왕이라는 사실을 선포하시기 위해서였다.

5. 본디오 빌라도와 로마제국의 관례(15-19)

본디오 빌라도는 예수님이 로마제국에 연관된 정치범이 아니라 유대인들의 종교적인 문제로 말미암아 시기를 당하고 있음을 간파하고 있었다. 그래서 그는 예수님을 무죄방면하려고 마음먹었다. 예수님을 사형에 처할 만한 실정법적인 근거를 찾을 수 없었기 때문이다. 당시 로마제국에서는 피지배국의 명절을 당하면 일반 백성들이 원하는 자를 석방해주는 특별사면特別赦免 제도가 있었다. 본디오 빌라도는 그것을 이용해 예수님을 풀어주고자 했다. 그래서 그는 직접 거기 모인 사람들의 의사를 물어보았다.

예수님이 체포되어 심문을 당하고 있을 시기에 감옥에는 바라바(Barabbas)라고 하는 유명한 죄수가 갇혀 있었다. 성경에는 그가 살인을 저지른 강도였던 것으로 묘사되어 있다(막 15:7; 요 18:40). 그렇지만 그는 단순한 일반 잡범이 아니라 민족 저항운동을 하던 인물이었다. 그가 백성들을 선동해 민란을 주동한 인물이었음이 증거되고 있기 때문이다(막 15:7). 그 과정에서 바라바는 살인을 저지르게 되어 형을 살고 있었던 것이다.

본디오 빌라도는 바로 그 바라바와 그리스도라 하는 예수 둘 가운데 누구를 석방해주기를 원하느냐고 백성들에게 물었다. 그는 일반 백성들이 예수의 석방을 원할지언정 살인의 전력이 있는 바라바를 석방해 주기를 원치 않을 것으로 생각하고 있었다. 하지만 본디오 빌라도에게는 그것이 대단한 정치적 결단이 아닐 수 없었다. 무죄한 예수님을 석방하기 위해 진짜 반란죄에 가담한 바라바를 석방 대상으로 내세운다는 것은 적잖은 부담이 될 수밖에 없었을 것이다.

총독 빌라도가 예수님을 심문하고 있을 때 그의 아내가 사람을 보내 예수님을 처형하는 판결을 내리지 말도록 당부했다. 그녀는 예수님에게 아무런 범죄혐의가 없다는 사실을 잘 알고 있던 인물이었다. 죄 없는 사람에게 극형을 언도한다는 것은 빌라도의 아내에게도 적잖은 부담이 되었을 것이 틀림없다. 그러므로 밤에 잠을 자면서도 예수님으로 인해 꿈을 꾸며 많은 애를 쓰게 되었던 것이다.

6. 유대인들의 저항과 예수님의 사형판결(20-26)

예수님을 무죄 석방하려는 본디오 빌라도의 의도를 간파한 산헤드린 공회의 대제사장들과 장로들은 거기 모인 무리를 선동하기 시작했다. 자기들은 예수가 아니라 바라바를 석방해 주기를 바란다고 외치라는 것이었다. 그것은 산헤드린 공회가 악한 여론을 조성하면서 사람들을 매수했다는 증거가 된다. 그리하여 어리석은 백성들은 민족 지도자로 행세하고 있던 저들의 말을 따랐다.

예수가 아니라 바라바를 석방해 주기를 원한다는 예상 밖의 말을 들은 총독은 달리 어찌할 방법이 없었다. 그러므로 바라바를 풀어준다면 법정에 서있는 그리스도라고 주장하는 예수는 어떻게 해야 할지 물었다. 총독의 말을 들은 백성들은 아무런 망설임도 없이 그를 십자가에 못박아 죽여야 한다고 외쳤다. 본디오 빌라도는 예수님이 십자가 처형을 당해야만 할 반란죄를 짓지 않았다는 사실을 명확히 알고 있었다. 그래서 백성들에게 그가 무슨 악한 범죄를 저질렀기에 십자가에 못박아 죽여야 한다는 주장을 하는지 되물었다. 그 자리에 모여 있던 백성들은 아무런 구체적인 이유를 대지 못했다. 단지 산헤드린 공회의 사주를 받아 그를 죽여야 한다는 말만 되풀이했다.

급기야는 산헤드린 공회의 지도자들은 본디오 빌라도를 은근히 협박하며 압박했다. 만일 그가 예수를 석방한다면 더 이상 로마황제의 충신으로 볼 수 없다며 떠들어댔다. 자기 스스로 왕이라고 주장하며 반란을 일으킨 자를 풀어준다면 그것은 황제에 대한 반역이 된다는 것이었다. 요한복음에는 그에 관한 기록이 나타난다.

"빌라도가 예수를 놓으려고 힘썼으나 유대인들이 소리 질러 가로되 이 사람을 놓으면 가이사의 충신이 아니니이다 무릇 자기를 왕이라 하는 자는 가이사를 반역하는 것이니이다 빌라도가 이 말을 듣고 예수를 끌고 나와서 박석(히브리말로 가바다)이란 곳에서 재판석에 앉았더라" (요 19:12,13)

본디오 빌라도는 유대인들의 적극적인 반응을 보며 예수를 석방하려는 자신의 뜻을 관철시킬 수 없다는 사실을 깨달았다. 나아가 그것으로 말미암아 백성들 가운데 민란이 나려는 분위기를 보고는 두려운 생각이 들었다. 만일 예수에 대한 자신의 판결에 불만을 품고 소요라도 일어나게 된다면 큰일이 아닐 수 없다.

유대인 지도자들이 본디오 빌라도를 압박하는 방법은 교묘하기 이를 데 없었다. 자기들은 로마황제에게 충성을 다하는 터에 황제의 직계 신하인 총독이 도리어 반역자를 풀어준다면 도저히 묵과할 수 없다는 것이었다. 만일 그런 이유를 명분으로 내세워 민란을 일으킨다면 매우 골치 아픈 일이 될 것이 분명하다.

그러므로 대의大義를 위해서는 한 사람정도 희생시키는 것이 나은 방법이라 판단하기에 이르렀다. 따라서 정황상 어쩔 수 없다는 생각을 하면서 예수님에게 사형을 언도하고자 마음먹었다. 하지만 그는 물을 가져다가 백성들 앞에서 손을 씻어 보이면서 그에게 사형을 언도하는 것은 순전히 유대인들 때문이라는 사실을 분명히 했다.[83] 그 판결은 자기 의사와 상관

83) 예수님을 십자가에 못박은 주체적인 세력은 유대인들의 대의기관인 산헤드린 공회였다. 그에 반해 로마총독 본디오 빌라도는 예수님의 무죄를 알고 도리어 그를 석방하려는 노력을 했다. 그가 예수님에게 사형을 언도했던 것은 유대인들 때문이었다. 그럼에도 불구하고 사도신경에는 '예수님이 본디오 빌라도에게 고난을 받으신 것' 으로 고백하는 것은 무슨 이유인가? 어떤 사람들은 왜 유대인이 아니라 본디오 빌라도를 전면에 내세우는지 의아하게 생각하기도 한다. 그러나 거기에는 매우 중요한 의미가 담겨 있다. 즉 그가 법정에서 최종적으로 예수님을 죄인으로 정했기 때문이다. 즉 법적인 문제와 연관되어 있는 것이다.

이 없다는 것이었다. 즉 예수의 피에 대해 자기는 잘못이 없으니 유대인들이 그에 대한 모든 책임을 지라는 것이었다.

그러자 어리석은 유대인들은 예수의 피를 저들과 자손에게 돌려도 좋다며 당당하게 외쳤다. 그것은 하나님으로부터 저주받은 자들의 당연한 반응이기도 하다. 그리하여 본디오 빌라도는 바라바를 석방해주고, 예수님께는 채찍질을 가하며 십자가에 못박아 죽이도록 사형을 언도했다. 이렇게 해서 예수님은 본디오 빌라도에 의해 최종적인 사형선고를 받게 되었던 것이다.

제56장
십자가에 달리신 예수 그리스도

(마 27:27-49)

1. 사형수가 된 왕의 수난(27-31)

로마 총독 본디오 빌라도가 예수님께 사형을 언도하자 유대인들은 환호歡呼했다. 빌라도는 백성들을 의식하여 내린 부당한 판결로 말미암아 소기의 목적 달성에 성공했다. 배도에 빠진 유대인들은 마음을 찢고 괴로워해야 할 자리와 기뻐해야 할 자리에 대한 아무런 개념이 없었다.

그러는 사이 거기에 대기하고 있던 로마 군병들은 즉각 사형 집행을 위한 준비에 착수했다. 그들은 우선 예수님을 브라이도리온(Praetorium)이라고 하는 총독의 뜰 안으로 데리고 들어갔다(막 15:16). 그리고는 온 군대를 모으고 사형수가 된 예수님에게 다른 옷으로 갈아입혔다.

로마 병정들은 예수님이 입고 계시던 평상복을 벗기고 대신 왕의 복식을 상징하는 홍포, 즉 자색 옷을 입혔다. 그리고 그의 머리에는 가시 면류관을 씌우고 그 오른손에 갈대를 들게 했다. 이는 왕의 모습을 띠게 하는 것이었다. 사형수가 된 예수님께 죽기 전에 마지막으로 자기가 그토록 해보고 싶은 왕을 한번 해보고 죽으라는 조롱이었다.

사형수가 되어 남루한 홍포를 입는다는 것은 수치를 당하는 것 이상이 아니다. 그리고 그에게 가시 면류관을 씌우는 것은 화려한 금 면류관 대신에 머리에 가하는 고문이었다. 그때부터 하나님의 아들이신 예수님의 머리는 뾰족한 가시에 찔려 피가 흘러내릴 수밖에 없었다. 그런 중에 예수님의 오른편 손에 들려진 갈대는 왕이 홀을 잡고 있는 것에 대한 비유적 상징으로서 비웃음거리로 만들었다.

그들은 심지어 예수님 앞에 무릎을 꿇고 얼굴을 빤히 쳐다보며 조롱하기도 했다. 그러면서 '유대인의 왕이여 평안할지어다' 라며 그를 괴롭혔다. 그리고는 그의 얼굴에 침을 뱉고 손에 들린 갈대를 빼앗아 그의 머리를 쳤다. 그 갈대는 다듬어지지 않은 막대기로서 고문의 도구로 사용되었다. 로마 군병들과 산헤드린 공회원들은 그런 식으로 하나님의 아들을 고문하며 조롱했던 것이다.

그후 로마 병정들은 예수님에게 입혔던 홍포를 벗기고 그의 옷을 다시 입혔다. 그리고는 십자가형을 집행하기 위해 예루살렘 성 밖으로 끌고 나갔다. 그는 마치 어린 양이 도살장으로 끌려가듯 십자가 위에서 죽기 위해 악한 인간들에 의해 끌려가셨던 것이다.

2. 골고다에서 못박히신 유대인의 왕(32-37)

예수님은 본디오 빌라도의 재판정에서 자신이 처형될 장소인 골고다 언덕으로 갔다. 예루살렘 성 안에서는 사형에 처할 수 없었으므로 성 밖에 있는 형장刑場으로 끌려가게 되었다. 그때 그는 그 길을 가시면서 자신이 못박힐 무거운 나무 십자가를 지셨다(요 19:17). 잠시 후 로마 군인들은 마침 옆을 지나가던 시골에서 올라온 구레네 출신의 시몬에게 예수님의 십자가를 지도록 했다. 그것은 시몬의 자발적인 판단이 아니라 로마 군인들이 억지로 시킨 일이었다.

연도에는 많은 사람들이 그 광경을 지켜보고 있었다. 그들 중에는 죄 없는 예수님을 보며 안타까워하는 윤리주의자들도 있었을 것이며, 산헤드린 공회와 로마 총독부가 하는 일을 잘하고 있다는 판단을 하는 자들도 있었을 것이다. 또한 그 가운데는 예수님이 하나님의 아들 메시아라는 사실을 알고 마음 아파하는 성도들도 섞여 있었을 것이 분명하다.

형장에 이르자 로마 군인들은 사형을 언도받은 예수님을 십자가형에 처했다. 그들은 예수님의 손과 발에 대못을 박으면서도 아무런 거리낌이 없었다. 아마도 그들은 로마제국에 충성하고 있다는 생각을 했을 것이며 그 광경을 지켜보는 다수의 유대인들은 그것을 하나님을 위한 길이라 착각했을 것이다.

죄에 빠진 무지한 인간들은 그 주변에 둘러서서 하나님의 아들을 조롱하고 있었다. 예수님을 대적하는 자들은 부정하고 더러운 개들이었다. 예수님은 십자가 위에 여섯 시간동안 달려 있으면서 우리로서는 상상조차 할 수 없는 큰 고통을 당하셨다.[84] 거기 모인 개들은 감히 하나님의 아들을 십자가에 못박고 조롱하며 더러운 자신의 욕망에 빠져 있었다. 시편기자는 메시아 예언을 하며 그에 대한 노래를 하고 있다.

> "개들이 나를 에워쌌으며 악한 무리가 나를 둘러 내 수족을 찔렀나이다 내가 내 모든 뼈를 셀 수 있나이다 저희가 나를 주목하여 보고 내 겉옷을 나누며 속옷을 제비뽑나이다" (시 22:16-18)

---

84) 예수님은 현대 우리의 시간으로 오전 6시에 빌라도에게서 사형 판결을 받고 오전 9시부터 오후 3시까지 여섯 시간 동안 십자가에 달려 고통을 당하셨다. 유대인의 시간은 현대 시간으로 오전 6시부터 0시가 시작된다. 그래서 제 삼시는 현대 시간으로 오전 9시, 제 구시는 오후 3시이다. 그런데 요한복음에는 빌라도가 예수님을 십자가형을 언도한 시간을 제6시라고 했다(요 19:14). 유대인의 시간 계산법은 현대 시각으로 오전 6시부터 0시로 시작되는 반면, 로마의 시간 계산법은 현대 시각과 똑같이 자정부터 0시로 시작된다. 따라서 요한복음의 6시는 유대인의 시간으로 6시가 아니라 현대 시간으로 6시이다. 그러므로 빌라도가 예수님에게 사형을 언도한 오전 6시부터 9시까지는 예수께서 채찍질을 당하고 십자가를 지고 골고다로 가서 못박히기까지 걸린 시간이었다.

악한 인간들은 죄 없는 한 인간의 처절한 고통에 대해서는 아무런 관심도 없는 듯하다. 그들은 손과 발에 대못이 박히고 머리를 비롯한 온 몸에 상처투성이가 된 사람을 앞에 두고 자기 이익 챙기기에 급급했다. 그 인간들은 아무런 감정도 없는 자들처럼 십자가에 달린 예수님을 쳐다보며 그의 겉옷을 나누고 속옷을 제비뽑아 차지하고자 했다.

이는 매우 특이한 일로서 결코 상식이지 않은 일이었다. 대다수 사람들은 사형수의 옷을 가지기를 꺼림직하게 여겨 싫어한다. 더구나 예수님의 옷은 값비싼 좋은 옷이 아니었을 뿐더러 땀 냄새가 배어있는 불쾌하게 여겨질 수밖에 없는 것이었다. 그런 옷은 아무나 가지라고 해도 아무도 가지려 하지 않을 것이다.

그럼에도 불구하고 사람들이 서로 그 사형수의 옷을 가지고자 하는 이상한 상황이 벌어졌다. 그것은 순전히 구약성경에 계시된 예언이 성취되고 있음을 여실히 보여주고자 하는 하나님의 경륜과 연관되어 있다. 전혀 상식적이지 않은 여건에서 그와 같은 일이 발생했다는 사실 자체가 기적으로서 구약의 예언을 믿는 성도들에게는 매우 의미 깊은 메시지를 주게 된다.

또한 주변에 모여 있던 그 개들은 십자가에 달리신 예수님의 뼈를 상하도록 하지 않았다. 이는 저들의 자비심 때문이 아니라 구약의 성취를 보여준다. 그와 더불어 사람들이 예수님께 쓸개 탄 포도주를 마시도록 한 행동 또한 구약성경에 기록된 말씀의 성취였다. 그것이 단순히 진통제 역할을 했을 것이란 생각은 그다지 타당성이 있어 보이지 않는다. 메시아 예언시인 시편 69편의 내용 가운데는 능욕당하시는 주님께서 받게 되는 쓸개와 연관된 노래가 나타나고 있다.

> "주께서 나의 훼방과 수치와 능욕을 아시나이다 내 대적이 다 주의 앞에 있나이다 훼방이 내 마음을 상하여 근심이 충만하니 긍휼히 여길 자를 바라

> 나 없고 안위할 자를 바라나 찾지 못하였나이다 저희가 쓸개를 나의 식물로 주며 갈할 때에 초로 마시웠사오니 저희 앞에 밥상이 올무가 되게 하시며 저희 평안이 덫이 되게 하소서" (시 69:19-22)

사람들이 십자가에 달린 예수님께 쓸개 탄 포도주를 준 것은 고통을 감하는 진통효과를 위한 것이라 말하기 어렵다. 약간의 상처에는 그것이 어느 정도 효과가 있을지 모르지만 십자가 위에서 고통당하는 예수님께는 그것이 진통의 효과를 낼 수 없었다. 예수께서는 그 쓸개 탄 포도주를 맛보신 후 마시고자 하지 않으셨다. 우리는 그것이 구약의 성취를 보여주고 있다는 사실에 관심을 기울여야 한다.

본디오 빌라도는 예수께서 달려있는 십자가 위에 '나사렛 예수 유대인의 왕' 이라는 특별한 죄패를 붙였다. 하지만 배도에 빠진 유대인들은 로마 총독이 그 패를 붙인데 대해 강한 불만을 표시했다. 그래서 산헤드린의 제사장들은 그에게 '자칭 유대인의 왕' 이라 고쳐 달도록 요구했다(요 19:21). 하지만 그들의 요구는 받아들여지지 않은 채 그 죄패에는 히브리어, 로마어, 헬라어로 기록되어 부착되었다.

> "빌라도가 패를 써서 십자가 위에 붙이니 나사렛 예수 유대인의 왕이라 기록되었더라 예수의 못박히신 곳이 성에서 가까운고로 많은 유대인이 이 패를 읽는데 히브리와 로마와 헬라 말로 기록되었더라" (요 19:19,20)

예수님을 십자가 위에서 처형하도록 넘겨준 본디오 빌라도는 무의식중에 예수님을 '유대인의 왕' 으로 묘사해 선포하고 있다. 이는 그가 유대인의 왕일 뿐 아니라 실상은 온 세상의 왕이라는 사실을 드러낸 것이다. 따라서 당시 히브리어를 아는 흩어진 유대인들뿐 아니라 로마와 헬라어를 아는 세상의 모든 사람들이 그 글을 읽을 수 있었다.

이 가운데 로마어로 기록된 'IESUS NAZARENUS REX IUDAEORUM'는 후일 로마제국의 국교가 된 기독교에서, 그 머리글자인 〈INRI〉로 표시되어 예수님의 십자가 사역의 상징적인 용어로 사용되었다. 당시 로마어가 세계적인 언어였다는 사실을 감안할 때 그것은 매우 중요한 의미를 지니고 있다.

예수님이 십자가에 달린 채 왕으로 묘사된 사실은 그가 이땅에 탄생하셨을 때 동방박사들에 의해 선포된 "유대인의 왕"(마 2:2)과 예루살렘 성에 나귀 새끼를 타고 "유대인의 왕"으로 입성하신 사건(마 21:5-9)에 대한 보증이 되어 온 세상에 선포하는 의미를 지니고 있다. 우리는 예수님의 전 생애가 그의 왕 되심을 보여주고 있다는 사실을 이해해야 한다.

3. 연민을 버린 인간들의 조롱(38-44)

예수께서 달리신 십자가 옆에는 다른 두 명의 강도가 함께 처형되었다. 본문의 문맥만으로는 그들의 손발에도 대못이 박히는 것과 같은 끔찍한 고문이 가해졌는지 구체적인 정황을 알 수 없다. 즉 그들의 심문절차와 생명이 끊어진 과정에 대해서 알기 어렵다. 분명한 사실은 그들 역시 로마법에 따라 십자가 위에서 최후를 맞았다는 사실이다.

그 두 명의 강도들이 십자가형에 처해졌다는 것은 그들이 일반 잡범雜犯이 아니라 로마제국에 저항한 정치범이었음을 말해주고 있다. 그 강도들은 특별한 죄목으로 처형당하는 예수님에 대해 어느 정도 알고 있었을 것이 분명하다. 죽음을 앞둔 사람들의 마음은 평상심을 유지하기 어렵다.

마태복음에는 두 강도들이 예수님을 욕한 것으로 기록되어 있다. 그런데 누가복음에서는 한 강도가 예수님께 욕을 퍼부은 반면 다른 한 강도는 최후에 그를 메시아로 알고 의지한 사실을 밝히고 있다. 아마도 처음에는 양쪽 강도가 같이 욕하는 태도를 보이다가 점차 시간이 경과하면서 한편 강도는 자기의 신앙을 고백했던 것으로 보인다.

그 사람은 나중에 공개적으로 예수님을 하나님의 아들로 고백했다. 그가 그런 고백을 할 수 있었던 것은 십자가 위에서의 예수님의 모든 행적과 말씀을 보고 들었기 때문일 것이며 하나님의 특별한 은혜가 그에게 임했기 때문이었을 것이다. 그 역시 이스라엘 민족에 속한 자로서 메시아에 대한 관심을 가지고 있었을 것이 틀림없다. 그 강도의 예수님을 향한 고백과 간구는 분명했다.

> "우리는 우리의 행한 일에 상당한 보응을 받는 것이니 이에 당연하거니와 이 사람의 행한 것은 옳지 않은 것이 없느니라 하고 가로되 예수여 당신의 나라에 임하실 때에 나를 생각하소서 하니 예수께서 이르시되 내가 진실로 네게 이르노니 오늘 네가 나와 함께 낙원에 있으리라 하시니라" (눅 23:41-43)

예수께서는 그 사람의 고백과 간구를 받아들이셨다. 그는 세상에 살아가면서 하나님을 위해 한 일이 아무것도 없었던 것이 분명하다. 그는 한평생 신앙을 오해하며 잘못된 삶을 살았었다. 그러나 그는 인생 마지막에 하나님의 아들을 주님으로 고백하게 되었다. 그는 자기 옆에서 모진 십자가의 고통을 당하는 예수님께 자신의 인생을 전적으로 맡겼다. 영원한 천국에서 자기를 기억해 달라는 것이었다.

그러므로 예수께서는 잠시 후에 그 사람이 자기와 함께 낙원에 있으리라는 말씀을 하셨다. 우리는 여기서 매우 중요한 이해를 해야만 한다. 그 강도가 예수님을 하나님의 아들 메시아로 고백했던 것은 자신의 지혜 때문이 아니었다. 그의 구원은 창세전에 작정하신 하나님의 선택과 예정에 연관되어 있었다.

예수님 옆에서 십자가 처형을 받았던 그 강도는 복된 사람이었다. 많은 인간들이 그에 대한 다양한 평가를 했겠지만 당시 그에게 중요한 것은 십자가에 달리신 예수 그리스도와 하나님의 복음이었다. 그 강도의 최후는 고통스러웠을지 모르나 그의 마음 가운데는 이제껏 맛보지 못한 감사와 희열이 있었을 것이 틀림없다.

하지만 그 십자가 앞에서 뻔뻔한 얼굴과 거만한 자세로 어슬렁거리며 지나다니던 많은 인간들은 그와 정반대였다. 그들은 스스로 안전한 의인인 양 착각하면서, 예수님은 물론 그와 함께 십자가에 달려 있는 두 강도들을 보며 혀를 차는 태도를 보였다. 그런 끔찍한 자리에 처하지 않은 자신의 우월한 상황에 대해 안도감을 느꼈을 것이다.

배도에 빠진 유대인들은 예수님을 모욕하기를 주저하지 않았다. 예루살렘 성전을 헐고 사흘 만에 다시 짓겠다고 했으니 정말 그만한 능력을 갖춘 하나님의 아들이라면 십자가에서 뛰어 내려와 자기 자신을 구원해 보라는 것이었다. 그 자리에 있던 제사장들과 서기관들과 장로들도 예수님을 희롱하기를 멈추지 않았다. 그가 남은 구원한다고 큰소리치면서 자기를 구원하지 못한다는 것이었다.

그런 사람이 이스라엘의 왕으로 자처하는 것이 아니꼽다며, 만일 그가 십자가 위에서 뛰어 내린다면 저들도 믿겠다고 떠들어댔다. 그동안 예수님이 주장한 대로 그가 정말 하나님의 아들이라면 하나님께서 과연 그냥 두시겠느냐는 것이었다. 이스라엘의 종교인들은 그렇게 떠들면서 산헤드린 공회의 판단이 옳았다는 것을 백성들 앞에 입증해 보이고 있는 듯이 말했다.

엄청난 고통을 당하고 있는 사형수에게 그런 식으로 조롱한다는 것은 일반적인 관점에서 본다고 할지라도 도저히 있을 수 없는 일이었다. 저들은 그것을 통해 연민은커녕 가장 기본적인 인간성마저 상실한 자들임을 스스로 드러내 보여주고 있다. 유대인이라는 자긍심을 가지고 있던 그들이었지만 사탄의 지배를 받지 않고는 결코 그럴 수 없었던 것이다.

4. 장시간 고통당하신 하나님의 아들(45-49)

하나님의 아들이자 영원한 왕이신 예수께서는 십자가 위에서 모진 고통을 당하셨다. 그는 무려 여섯 시간이라는 긴 시간 동안 저주의 나무에 달려 있으면서 많은 말씀을 하셨다. 그 가운데 성경에 계시되어 알려진 말씀은 일곱 구절이다. 그것은 대개 가상칠언架上七言으로 일컬어진다.

그런데 우리는 예수님의 가상칠언의 분명한 순서를 정하기는 쉽지 않다. 중요한 점은 고통중에 선포된 그의 말씀은 매우 중요한 의미를 지니고 있다는 사실이다. 그것들은 여러 복음서에 분산되어 기록되어 있는데 그 내용은 다음과 같다.

① "아버지여 저희를 사하여 주옵소서" (눅 23:34)
② "내가 진실로 네게 이르노니 오늘 네가 나와 함께 낙원에 있으리라" (눅 23:43)
③ "여자여 보소서 아들이니이다" (요 19:26,27)
④ "엘리 엘리 라마 사박다니" (나의 하나님 나의 하나님 어찌하여 나를 버리셨나이까?)(마 27:46)
⑤ "내가 목마르다" (요 19:28)
⑥ "다 이루었다" (요 19:30)
⑦ "내 영혼을 아버지 손에 부탁하나이다" (눅 23:46)

예수께서는 성경에 기록된 이 일곱 마디보다 더 많은 말씀들을 하셨을지도 모른다. 즉 십자가 위에서 예수께서 하신 말씀들이 많았겠지만 그 모든 내용들이 다 기록되지 않았을 수 있다. 그것들 가운데 지상의 교회와 성도들이 분명히 알아야 할 말씀들만 복음서에 기록되었을 것이다.

예수께서는 현대 우리의 시간으로 보아 오전 아홉시부터 오후 세시까지 십자가에 달려 고통을 당하셨다. 그는 양손과 발에 대못이 박힌 채 이루 형언할 수 없는 고통을 겪으셨다. 뿐만 아니라 그 안타까운 상황 가운데서 죄에 빠진 인간들은 거룩하신 하나님이신 그를 조롱하기를 계속했다.

그런 중 정오부터 오후 세시까지 온 땅에 어둠이 임했다. 이는 우주적인 변화를 의미한다. 즉 예수님의 십자가 사역은 단순한 일반적인 처형이 아니라 모든 피조세계에 연관된 우주적인 사건이 동반되고 있음을 말해주고 있다. 그 어둠이 지속된 세 시간의 막바지에 예수께서 운명하셨다.

> "제 육시가 되매 온 땅에 어두움이 임하여 제 구시까지 계속하더니 ... 예수께서 큰 소리를 지르시고 운명하시다" (막 15:33-37).

마태복음에는 그때 예수께서 "엘리 엘리 라마 사박다니" (나의 하나님, 나의 하나님, 어찌하여 나를 버리셨나이까)라고 조용히 외친 사실이 기록되어 있다. 그것은 하나님을 향한 단순한 한탄조의 말씀이 아니었다. 그 가운데는 하나님의 구속사역이 완성되어가는 의미가 선포되는 의미가 나타나고 있었다. 여기에는 완벽한 인간이 되신 메시아의 십자가 사역의 절정이 드러난다.

그러나 주변에 있던 많은 사람들은 혼잣말처럼 하시는 예수님의 그 말씀을 듣고 '그가 엘리야를 부른다' 고 했으며, 그들 가운데는 '엘리야가 저를 구하러 오는지 보자' 고 말하는 자들도 있었다. 그들은 실제로 그런 일이 발생하리라고 기대했던 것이 아니라 예수님을 조롱했던 것이다.

이 모든 일은 하나님의 아들이 아니라 마땅히 그 이상의 형벌을 받아야 할 보통 인간들도 감당하기 어려운 일이었다. 주님께서 친히 그 고통을 담당하셨던 것은 자기 자녀들의 형벌을 대신 받기 위해서였다. 따라서 히브리서 기자는 예수께서 고난으로 순종하신 것에 대한 의미를 기록하고 있다.

> "그가 아들이시라도 받으신 고난으로 순종함을 배워서 온전하게 되었은

즉 자기를 순종하는 모든 자에게 영원한 구원의 근원이 되시고 하나님께 멜기세덱의 반차를 좇은 대제사장이라 칭하심을 받았느니라" (히 5:8-10)

예수님의 십자가 사역은 자기 백성들을 구원하시기 위한 제사의 순종을 보여준다. 그와 더불어 예수께서 그 고통스런 아픔을 이겨냄으로써 우리 대신 징계를 받으셨다. 그것이 곧 창세전에 선택하신 하나님의 자녀들을 위한 구원의 근간이 되었다. 이를 통해 그가 하나님 앞에서 멜기세덱의 반차를 좇은 대제사장으로 세워졌음이 드러나고 있다.

오늘날 우리는 주님의 고통을 어떻게 받아들여야 하는가? 자기 자녀들의 구원을 위해 친히 십자가에서 고통당하시고 조롱당하신 주님의 사랑을 진정으로 깨닫는다면 우리의 삶의 의미는 분명해져야 한다. 참 성도들은 그에게 진실로 감사하는 마음과 더불어 그의 뜻에 온전히 순종하고자 하는 삶을 결코 멈추지 못할 것이다.

제57장 영원한 제물로 바쳐진 하나님의 어린 양

(마 27:50-66)

1. 어린 양의 바쳐짐(50)

예수께서는 오랜 시간 동안 십자가 위에서 모진 고통을 당하신 끝에 "다 이루었다"(요 19:30)고 하신 후, "내 영혼을 아버지 손에 부탁하나이다"(눅 23:46)는 말씀과 더불어 운명하셨다. 그가 나무 십자가 위에서 하나님의 거룩한 양이신 자신의 생명을 거두셨던 것이다.

당시 로마제국의 십자가형을 집행하는 일반적인 관행에 따르면 처형의 막바지에 죄수의 다리뼈를 꺾어야 했다. 그렇게 함으로써 최종적인 죽음을 확인했다. 따라서 로마 군인들은 예수님 양 옆의 두 명의 죄수들의 다리를 꺾었다. 그러나 예수님의 십자가 앞에 와서는 죄수가 완전히 죽은 것을 확인하고 다리를 꺾는 대신 창으로 옆구리를 찔렀다. 그러자 허리에서 피와 물이 흘러내렸다(요 19:33,34).

그것은 구약성경의 예언을 성취하기 위한 하나님의 특별한 경륜 때문에 일어난 일이었다. 그 의미는 유월절 규례에 해당되는 것으로서 이스라엘 백성들은 양을 잡을 때 그 뼈를 하나도 꺾지 말아야 했다. 모세 오경뿐 아니라 시편기자는 율법을 근거로 하여 하나님의 어린 양인 메시아의 죽음을 예언하며 그에 관한 언급을 분명히 했다.

> "여호와 앞에 마땅히 유월절을 지키되 이월 십사일 해 질 때에 그것을 지켜서 어린 양에 무교병과 쓴 나물을 아울러 먹을 것이요 아침까지 그것을 조금도 남겨 두지 말며 그 뼈를 하나도 꺾지 말아서 유월절 모든 율례대로 지

킬 것이니라" (민 9:10-12);

"의인은 고난이 많으나 여호와께서 그 모든 고난에서 건지시는도다 그 모든 뼈를 보호하심이여 그 중에 하나도 꺾이지 아니하도다" (시 34:19,20)

당시의 상황에 비추어 볼 때 십자가 처형을 당하여 죽음을 맞게 된 사형수의 뼈가 부러지지 않은 것 자체가 놀라운 기적에 속하는 일이었다. 그것은 일반적인 관행을 뛰어넘는 일이었기 때문이다. 그러므로 그가 메시아인 것을 깨닫고 있으면서 진행되는 모든 광경을 지켜본 성도들은 구약에 기록된 성경의 율법과 하나님의 예언을 떠올렸을 것이다.

세례자 요한이 말한 것처럼 십자가에 달려 돌아가신 예수님은 '세상 죄를 지고 가는 하나님의 어린 양' 으로서 이 세상에 오셨다(요 1:29). 이는 처음부터 그가 하나님께 바쳐질 완벽한 제물이었음을 말해주고 있다. 따라서 예수께서 십자가에 달려 죽어 영원한 하나님의 제물이 되심으로써 자기 백성들의 죄를 대신 담당하시게 되었다.

구약시대 이스라엘 백성들이 예루살렘 성전에서 동물을 바쳤던 의미 가운데는 앞으로 이땅에 오셔서 하나님의 어린 양으로 바쳐지게 될 메시아를 그 중심에 두고 있었다. 그 제사는 애굽에서 시행되었던 유월절 어린 양과 밀접하게 연관되어 있다. 그러므로 성전에서 바쳐지는 제물은 속죄제물이자 화목제물로서의 의미를 지니고 있었던 것이다.

예수께서 십자가 위에서 마지막 숨을 거두신 것은 영원한 어린 양이 거룩하신 하나님께 제물로 바쳐졌음을 의미한다. 그것은 단순한 죽음이 아니라 구약성경에 예언된 언약의 제사가 완성된 사건이었다. 그것을 통해 하나님과 자기 백성 사이에 온전한 화목이 이루어지게 되었다.

2. 구약의 성취와 하나님의 용납(51-54)

예수님의 죽음은 눈에 보이는 십자가 위에서만 일어난 일로 해석되어서는 안 된다. 즉 그 사건은 땅 위에서만 의미가 발생한 것이 아니었다. 그것은 불가시적인 우주적 사건으로서, 예수님의 생명이 끊어질 때 예루살렘 성전 내부의 지성소 휘장이 위로부터 아래로 찢어진 사실은 매우 중요한 의미를 지니고 있다.

> "우리가 이 소망이 있는 것은 영혼의 닻 같아서 튼튼하고 견고하여 휘장 안에 들어가나니 그리로 앞서 가신 예수께서 멜기세덱의 반차를 좇아 영원히 대제사장이 되어 우리를 위하여 들어가셨느니라" (히 6:19,20)

성전 내부의 휘장이 찢어진 것은 인간들의 종교적인 행위로 말미암는 것이 아니었다. 십자가와 더불어 성전에 연관되어 일어난 사건은 전적으로 하나님의 놀라운 경륜 가운데 발생한 일이다. 예수께서 대제사장인 것은 그가 친히 성소와 지성소 사이에 가로막힌 휘장을 찢음으로써 지성소를 완전히 여신 분이기 때문이다. 히브리서 기자는 그로 말미암아 하나님의 성도들도 그 휘장 안으로 들어가게 되었음을 말하고 있다.

모세이후 이스라엘의 대제사장들은 일 년에 한 차례씩 성전 휘장을 열고 법궤가 놓인 지성소 안으로 들어갔다. 그들은 휘장을 찢었던 것이 아니라 열고 닫았다. 이는 완벽한 제물이 그곳에 바쳐질 때까지는 해마다 되풀이 되어야 할 일이었기 때문이다. 예수께서는 십자가 사건을 통해 친히 자신의 몸을 지상의 성소에 바침으로써 거룩한 하늘 성소에 들어가셨던 것이다.

> "그리스도께서는 참 것의 그림자인 손으로 만든 성소에 들어가지 아니하시고 오직 참 하늘에 들어가사 이제 우리를 위하여 하나님 앞에 나타나시고 대제사장이 해마다 다른 것의 피로써 성소에 들어가는 것같이 자주 자기를 드리려고 아니하실지니 그리하면 그가 세상을 창조할 때부터 자주 고난을 받았어야 할 것이로되 이제 자기를 단번에 제사로 드려 죄를 없게 하시려고 세상 끝에 나타나셨느니라" (히 9:24-26)

하나님의 어린 양이신 예수 그리스도께서는 우리의 죄를 도말하시기 위해 단번에 성소에 바쳐졌다. 그런데 복음서에는 성전 휘장이 위로부터 아래까지 완전히 분리되어 찢어질 때 땅이 진동하며 바위가 터진 사실이 기록되어 있다. 이는 그의 죽음이 땅위의 한 지역에 국한되어 일어난 것이 아니라 우주적인 사건이었음을 입증하는 역할을 하고 있다. 그것을 통해 세상의 모든 인간들이 하나님의 심판을 받게 된다.

성전 휘장이 찢어짐으로써 예수님이 지성소에 바쳐진 사건과 더불어 발생한 더욱 놀라운 점은 그와 더불어 그전에 죽었던 성도들 가운데 다시 살아난 자들이 많이 있었다는 사실이다. 성경은 그들이 살아난 시점을 예수님이 십자가에서 생명이 끊어지는 순간이었음을 말해준다. 그리고 무덤으로부터 나온 것은 예수께서 죽음에서 부활하셨을 때였다. 따라서 그들은 예수님의 부활 이후 저들의 무덤에서 나와 예루살렘 성 안으로 들어가 많은 사람들에게 보였다.

우리는 여기서 그에 연관된 문제들을 매우 신중하게 이해하지 않으면 안 된다. 우선 죽었다가 다시 살아난 성도들은 예루살렘 성 안에 있는 자기의 부모형제의 집으로 되돌아간 것은 아니었다. 만일 그렇게 했다면 여러 집안이 발칵 뒤집혀짐으로써 훨씬 복잡한 일들이 발생했을 것이 분명하다. 일찍 죽은 아버지가 살아났을 때 그의 자식보다 훨씬 젊은 나이로 나타날 수도 있지 않았을까? 또한 남편을 잃은 부인이 다른 사람들과 혼인해 살고 있을 때 다시 나타난다면 여간 난감한 일이 아닐 수 없을 것이다.

그러므로 우리가 분명히 알 수 있는 사실은 그들이 무덤에서 나와 예루살렘 성 안을 다녔지만 다른 사람들은 과거의 얼굴로 알아보지 못했다는 점이다. 그들은 또한 무언가 이상한 영적인 존재로 보였던 것이 아니라 평범한 이웃 사람처럼 보였을 따름이다. 우리는 예수님의 제자들이 엠마오로 가는 도상에서 부활하신 주님을 만났지만 그를 전혀 알아보지 못했던 사실을 기억하고 있다. 다시 살아나신 그의 말과 행동은 사람들이 보기에 전혀 특별하지 않은 일반적인 모습이었다.

예수께서 십자가 위에서 생명이 끊어질 때 다시 살아난 성도들도 그러했을 것이 틀림없다. 그런데 그 사람들이 무엇 때문에 살아났으며 예루살렘 성에 들어가서 무엇을 했을까? 우리는 여기서 몇 가지 생각을 해볼 수 있다. 우선 죽은 자들이 살아나 무덤에서 나왔던 것은 왕이신 예수님의 부활에 함께 참여하는 사자使者들로서의 직무를 감당했던 것으로 보인다. 즉 그들은 영원한 왕의 부활사역을 확증하기 위해 마치 들러리처럼 그 사건에 동원되었던 것이다.

그리고 그들은 예루살렘 성 안에서 주님의 부활을 직접 증거하는 역할을 했을 것으로 생각된다. 다른 모든 제자들이 예수님의 부활을 의심하는 터에 죽음에서 살아난 성도들은 예수님의 사역과 그의 부활에 대한 일시적인 증인의 역할을 했을 것으로 보인다. 즉 그런 것들이 저들이 살아나야 했던 분명한 목적이었던 것이다.

하지만 죽음에서 일어난 그 성도들이 세상에 며칠 동안 머물며 그 사역을 감당했는지에 대해서는 명확하게 알 수 없다. 그러나 부활하신 주님께서 지상에 계실 동안 그와 더불어 활동하지 않았을까 짐작해 볼 수 있다. 물론 우리는 그 이상의 정확한 정보를 알 수 있는 방법이 없다. 우리는 단지 인간의 일반적인 경험을 초월한 그에 대한 성경의 증거를 통해 하나님의 놀라운 섭리와 경륜을 기억하게 될 따름이다.

한편 예수께서 십자가 위에서 운명하실 때, 땅에서 지진이 일어나며 바위가 터지는 것을 목격한 로마 군인들은 두려움에 떨지 않을 수 없었다. 군대를 지휘하던 장교인 백부장을 비롯해 그 주변을 지키던 자들은 모두 두려움에 빠졌다. 그들 가운데는 그 과정을 지켜보며 그가 진실로 하나님의 아들이었을 것이라 말하는 자들도 있었다. 이는 그것이 저들의 진정한 신앙고백이었는가 하는 점은 알 수 없지만 악한 유대인들보다 차라리 그들의 심성이 더 부드러웠다는 점을 말해주고 있다.

3. 신비의 침묵(55-56)

예수께서 십자가에 달려 심한 고통을 당하고 계실 동안 그를 메시아로 알고 따르던 여러 성도들도 그 부근에 있었다. 적어도 갈릴리에서 예수님을 따라온 많은 여인들은 줄곧 그 자리를 지켰다. 그곳에는 막달라 마리아와 야고보와 요셉의 어머니 마리아 그리고 세배대의 아내도 있었다.

그런데 여기에는 우리가 쉽게 이해하기 어려운 점이 있다. 그것은 하나님의 아들로서 사랑하는 예수님이 십자가에 달려 심한 고통을 당하고 계시는데도 저들은 아무런 저항 행동을 취하지 않았다. 과연 그런 형편에서 그 자리에 우두커니 서 있는 것이 가능할까? 일반적인 관점에서 본다면 그것은 결코 있을 수 없는 일이다.

진정으로 사랑하는 사람이 아무런 죄 없이 그런 끔찍한 고통을 당하게 된다면 격렬하게 저항하는 것이 일반적이다. 성격이 급한 사람이라면 생명을 내놓고 원수들에게 덤벼들지도 모른다. 적어도 남의 집 불행을 보듯이 가만히 서있지는 못할 것이다. 어쩌면 예수님의 다른 제자들도 멀찍이서 그 광경을 지켜보고 있었을지도 모른다.

그럼에도 불구하고 예수께서 십자가에 못박히시고 난 다음 그 긴 시간 동안 형언할 수 없는 고통을 당하고 계실 때 그를 따르던 모든 제자들은 아무런 반항도 하지 않았다. 우리는 여기서 매우 중요한 교훈을 배우지 않을 수 없다. 그것은 하나님의 자녀들은 어떤 경우에도 세상에 대해 폭력이나 무력을 동원한 저항을 하지 않는다는 사실이다.

그 전에 세례자 요한이 아무런 죄 없이 억울하게 감옥에 갇히고 부당한 사형을 당했을 때도 그의 제자들은 어떠한 저항도 하지 않았다. 그리고 예수님과 그의 제자들도 세례자 요한의 투옥과 처형을 알고도 침묵했다. 세상의 세력에 대한 이런 무저항은 나중에도 그대로 이어졌다. 스데반이 억울하게 돌에 맞아죽고 야고보가 칼에 맞아 죽었을 때도 성도들은 아무런 무력적인 대응을 하지 않았다. 또한 베드로와 바울 같은 사도들이 억울하게 체포되어 고문을 받을 때도 교회는 침묵했다.

오늘날 우리는 이에 관한 원리를 잘 이해할 수 있어야 한다. 교회는 세속 국가의 권력에 대해 절대로 힘과 무력으로 맞서지 않는다. 설령 부당한 대우를 받고, 심지어 믿음의 형제들 가운데 억울하게 죽는 한이 있다고 하더라도 폭력으로 맞대응해서는 안 된다. 이는 교회 내부에 하나님을 대적하는 부정과 비리가 있을 때 단호하게 맞서 싸워야 한다는 사실과 크게 대비된다.

4. '새 무덤'에 장사됨(57-61)

유대인들의 바위 굴 무덤은 가족묘 형태로 되어 있다. 유대인들은 가족이 죽으면 먼저 죽은 자의 시체를 동굴 안에 놓아둔다. 그러면 시간이 흐르면서 서서히 시체가 썩게 된다. 시체가 완전히 썩어 뼈만 남으면 그것을 옆에 있는 땅 속으로 깊게 파진 구멍 안으로 쓸어내린다. 그리고 나중 가족 중에 다른 사람이 죽게 되면 또 다시 그 무덤 안에 눕혀 두었다가 썩으면 구멍 속으로 쓸어넣는다. 따라서 바위 무덤 안에는 일반적으로 시체를 눕힐 수 있는 곳이 두 군데 이상 있다.

예수께서 십자가 위에서 생명이 끊어진 후 날이 저물어갈 때 아리마대 출신의 부자였던 요셉이 형장刑場으로 나아왔다. 그는 산헤드린 공회원이면서 예수님을 처형해야 한다는 공회의 결의에 찬동하지 않았던 인물이다(눅 23:51). 아리마대 요셉은 그동안 예수님을 메시아로 알고 따르면서도 유대인들의 눈을 두려워하여 겉으로 드러내지 않았다. 그렇지만 이제 총독 본디오 빌라도 앞에 자기의 모습을 드러냈다.

> "아리마대 사람 요셉이 와서 당돌히 빌라도에게 들어가 예수의 시체를 달라 하니 이 사람은 존귀한 공회원이요 하나님의 나라를 기다리는 자라"(막

15:43);

"아리마대 사람 요셉이 예수의 제자나 유대인을 두려워하여 은휘하더니 이 일 후에 빌라도더러 예수의 시체를 가져가기를 구하매 빌라도가 허락하는지라 이에 가서 예수의 시체를 가져가니라" (요 19:38)

아리마대 요셉은 로마 총독 빌라도를 찾아가서 예수님의 시체를 자기에게 달라고 요구했다. 이는 피지배국의 정치인으로서 상당히 당돌하게 비쳐질 수도 있었다. 나아가 산헤드린 공회원으로서 매우 부담스러웠을 수도 있다. 그럼에도 불구하고 요셉이 그렇게 할 수 있었던 것은 예수께서 고난당하시는 모든 과정을 지켜보며 담대한 마음을 가지게 된 것으로 보인다.

본디오 빌라도는 아리마대 요셉의 요청을 받고 예수님의 시체를 그에게 내어주도록 허락했다. 요셉은 그 시체를 가져다가 정한 세마포로 쌌다. 그리고는 바위 속에 파둔 자신의 '새 무덤' 에 장사했다. 당시 유대인 사회에서는 사형당한 자의 시체를 장사지낸다는 것은 결코 평범한 일이 아니었다.

당시 유대인들에게는 저주를 받아 사형에 처해진 자의 시체에 손을 대는 것 자체가 부정한 일이었다. 하지만 요셉은 예수님의 시체에 손을 대어 깨끗한 세마포로 쌌다. 그리고는 자기의 새 무덤에 시신을 넣고는 큰 돌을 굴려 바위 무덤의 문 입구를 막았다. 막달라 마리아를 비롯한 여러 여인들은 그 광경을 지켜본 후 그 무덤을 향해 앉았다.

"예수의 십자가에 못 박히신 곳에 동산이 있고 동산 안에 아직 사람을 장사한 일이 없는 새 무덤이 있는지라" (요 19:41);

"요셉이 시체를 가져다가 정한 세마포로 싸서 바위 속에 판 자기 새 무덤에 넣어 두고 큰 돌을 굴려 무덤 문에 놓고 가니" (마 27:59,60)

우리는 여기서 '새 무덤' 에 연관된 중요한 상징적인 의미를 발견하게 된다. 새 무덤이란 아직 아무도 묻히지 않은 무덤을 의미한다. 그 무덤에 맨 처음 묻히는 사람은 죽은 자로서는 그 무덤에서 가장 앞선 조상이 된다는 의미를 지니고 있다. 즉 나중에 죽어 그 무덤에 묻히게 될 숱한 사람들은 그의 뒤를 따르게 되는 셈이다.

따라서 맨 처음 그 새 무덤에 묻힌 예수님은 상징적인 의미에서 나중 그곳에 묻히게 될 모든 사람들의 조상이 된다. 따라서 그 새 무덤에 묻힌 예수께서 부활하신 것은 그후에 그곳에 묻힐 모든 사람들 역시 그를 뒤따르게 되리라는 사실을 시사하고 있다. 상징적인 의미에서 볼 때 모든 하나님의 자녀들은 그 무덤에 묻히게 되는 것과 마찬가지다.

이처럼 예수께서 묻히신 '새 무덤' 은 매우 중요한 의미를 지닌다. 그 이후에 그와 더불어 묻히는 자들은 그곳에 처음 묻힌 자가 살아났기 때문에 그와 더불어 다시 살아나게 된다. 우리는 그 상징성에 대해 주의 깊은 생각을 해볼 필요가 있다.

우리는 구약시대 헤브론의 막벨라 굴에 있던 아브라함과 이삭과 야곱의 무덤을 기억한다. 애굽에 있던 모든 이스라엘 백성들은 약속의 땅 가나안에 있는 그 무덤을 바라보면서 본향으로 돌아갈 것을 기대하며 신앙생활을 했다. 이스라엘의 새로운 장자長子가 된 요셉(대상 5:1)은 이방 땅 애굽에서 살아갈 백성들에게 그에 관한 유언을 했다. 그리하여 자기가 죽으면 애굽 땅에 가매장假埋葬해 두었다가 하나님께서 이스라엘 백성을 약속의 땅으로 인도하실 때 자신의 유골을 함께 가지고 가도록 유언했던 것이다(창 50:25).

우리는 물론 예수님의 무덤에 대해 상징적인 의미를 새겨볼 뿐 그 이상의 의미를 찾으려 하지는 않는다. 그럼에도 불구하고 우리는 그가 묻혔던 새 무덤을 기억하며 우리의 죽음도 같이 생각하게 된다. 아무도 묻히지 않은 그 새 무덤에 묻혔던 맨 처음 조상 예수 그리스도께서 부활하셨으므로 우리 역시 죽음을 이기고 그와 더불어 부활하게 되는 것이다.

5. 유대인들의 경계와 무덤 속의 예수님(62-66)

십자가에 달려 돌아가신 예수님의 시체를 동굴 무덤에 묻고 큰 바위로 그 입구를 막아 두었지만 산헤드린 공회원들의 마음은 불안했다. 만일 그의 말대로 죽음에서 부활하게 된다면 엄청난 문제가 야기될 것이 분명했기 때문이다. 그래서 그들은 본디오 빌라도를 공적으로 방문했다. 예수가 살아있을 때 자기가 죽으면 사흘 후에 다시 살아나리라고 주장했는데 그의 제자들이 시체를 훔쳐갈지도 모른다는 것을 말하기 위해서였다.

그러므로 대제사장들과 바리새인들은 로마군대가 안식일 날을 포함해 사흘 동안 그 무덤 앞에서 경비를 굳게 서 달라는 요청을 했다. 유대인들은 그 이튿날이 안식일이기 때문에 그와 같은 일을 할 수 없었다. 만일 예수의 제자들이 그동안 시체를 무덤으로부터 도적질해가고 나서 백성들에게 그가 죽은 자 가운데 다시 살아났다고 선전하면 그 전보다 더욱 심한 미혹이 일어나게 되리라는 것이었다.

산헤드린 공회의 공적인 요청을 받은 빌라도는 그렇게 하도록 허락했다. 경비병을 동원해 최선을 다해 지키라는 것이었다. 그리하여 산헤드린 공회원들은 경비병들과 함께 가서 무덤을 막고 있는 커다란 돌 위에 인봉한 후 무덤을 굳게 지키도록 했다. 그리하여 예수께서는 사흘 동안 무덤에 묻혀계셨다. 베드로는 그때 예수께서 옥(prison)에 있는 영들에게 가서 선포하셨음을 기록하고 있다.

> "그리스도께서도 한번 죄를 위하여 죽으사 의인으로서 불의한 자를 대신하셨으니 이는 우리를 하나님 앞으로 인도하려 하심이라 육체로는 죽임을 당하시고 영으로는 살리심을 받으셨으니 저가 또한 영으로 옥에 있는 영들에게 전파하시니라" (벧전 3:18,19)

어리석은 자들은 예수께서 죽은 자들의 영혼을 구원하기 위해 지옥에 가서 전도했다는 식으로 말한다. 그러나 이 말씀은 예수님이 지옥에 있는 영들에게 복음을 전파하셨다는 의미가 아니다.[85] 오히려 그는 그렇게 함으로써 세상에 존재했던 모든 인간들에게 십자가 사역으로 말미암는 자신의 궁극적인 승리를 선포하셨다. 우리는 사도신경에서 그에 대한 고백을 하고 있다는 사실을 눈여겨보아야 한다.[86]

우리는 예수께서 사흘 동안 무덤에 계셨던 사실을 구속사적 의미와 더불어 이해할 필요가 있다. 여기서 사흘이란 24시간 곱하기 3, 즉 72시간의 만 사흘이라는 의미가 아니다. 시간의 길이로 본다면 무덤에 묻히시던 날 늦은 오후부터 자정까지와 부활하신 날 이른 새벽까지를 뺀다면 그 사이에 통째로 만 하루가 끼어 있다.

이는 천지창조 후 마지막 날 안식하신 그 날과 연관이 되며(창 2:2) 이는 그것을 통해 하나님의 영광을 회복하게 되었음을 의미하고 있다. 우리는 이에 대한 깨달음을 가지지 않으면 안 된다. 이 날은 곧 신약시대 교회의 '주일' (Lord' s Day)에 밀접하게 연관되어 있기 때문이다.

---

85) 연옥설을 주장하는 로마가톨릭에서는 그 때 예수님이 옥에 갇힌 영혼들에게 복음을 전파한 것으로 주장한다. 공동번역 성경과 현대인의 성경은 이 본문을 "이리하여 그리스도께서는 갇혀 있는 영혼들에게도 가셔서 기쁜 소식을 선포하셨습니다"라고 잘못 번역하고 있다.

86) 원래 사도신경에는 예수님의 지옥강하에 대한 고백이 포함되어 있다. 그리고 아타나시우스 신경에서도 동일한 고백을 하고 있으며 하이델베르크 요리문답 44문과 웨스트민스터 대요리문답 50문에서도 그에 대한 명시적인 기록을 하고 있다. 그런데 현재 한국교회에서 사용하는 사도신경에는 "예수님이 음부에 내려가셨으며"라는 구절이 빠져 있다.

제11부

그리스도의 부활과 교회의 설립 예고(28:1-20)

第58장
부활하신 예수님
(마 28:1-15)

1. 장례를 마무리하기 위해 무덤을 찾은 여인들(1-5)

예수께서 십자가 사역을 이룩하신 다음 첫 안식일이 지나갔다. 갈릴리에서 예수님을 따라왔던 막달라 마리아와 야고보의 어머니 마리아, 그리고 살로메는 중요한 계획을 세워두고 있었다. 그것은 죽은 예수님의 시신에 향품을 바름으로써 장례를 마무리짓는 일이었다. 그것은 당시 유대인들의 중요한 장례풍습이었다.

그러므로 안식일 후 첫날 이른 새벽에 그 여인들이 예수님의 시신에 바를 향품을 준비해 그가 묻혀있는 무덤으로 갔다(막 16:1,2). 당시 여인들이 그곳을 찾았던 까닭은 부활에 대한 믿음이나 소망이 있었기 때문이 아니라 도리어 그런 믿음과 소망이 없었기 때문이었다. 그들은 예수님의 시신에 향품을 발라줌으로써 모든 장례를 끝내고 고향인 갈릴리로 돌아갈 생각이었다. 누가는 복음서에서 그 여인들이 예수님의 무덤을 찾아간 이유에 관한 기록을 남기고 있다.

> "안식 후 첫날 새벽에 이 여자들이 그 예비한 향품을 가지고 무덤에 가서 돌이 무덤에서 굴려 옮기운 것을 보고 들어가니 주 예수의 시체가 뵈지 아니하더라" (눅 24:1-3)

우리가 누가의 기록을 통해 분명히 알 수 있는 사실은 그 여인들이 예수님의 부활을 전혀 기대하지 않았다는 사실이다. 즉 예수께서는 그전에 자신의 죽음과 부활에 대해 분명히 말씀하셨음에도 불구하고 그것을 믿는 제자들은 아무도 없었다. 그들은 무덤으로 가는 동안 그 무덤 입구를 막고 있는 커다란 바위를 과연 누가 옮겨줄 것인지에 대해 염려하며 대화를 나누었다.

그런데 그 여인들이 무덤 가까이 이르렀을 때 갑자기 큰 지진이 나며 무덤 문이 열렸다. 그와 동시에 하나님의 천사가 하늘로부터 내려와 인봉한 돌을 굴려내고 그 위에 앉았다. 그 천사는 마치 번개와 같은 형상을 지니고 있었으며 그의 옷은 눈 같이 흰 색이었다. 그 광경은 갈릴리 여성들뿐 아니라 거기 있던 모든 사람들의 눈으로 볼 수 있었다.

그러므로 예수님이 묻힌 무덤을 지키고 있던 경비병들은 그 상황을 지켜보면서 두려워 떨지 않을 수 없었다. 최고의 용맹을 자랑하던 로마병정들이었지만 그 놀라운 사건 앞에서는 죽은 사람처럼 사색死色이 되었다. 감히 상상조차 할 수 없는 놀라운 사건이 저들의 눈앞에서 발생했기 때문이다.

그때 저들 가운데 있던 천사가 놀라서 두려움에 떨고 서있는 여인들에게 무서워하지 않아도 된다는 말을 하며 안심시켰다. 천사는 그 여인들이 십자가에 못박혀 죽은 예수님의 시신을 찾고 있다는 사실을 잘 알고 있었다. 천사의 말은 여인들에게 위안이 되어야 했지만 그것이 저들의 두려움을 말끔히 해소할 수는 없었다.

2. 부활하신 예수님과 제자들(6-10)

하늘로부터 내려온 천사는 무덤 가운데 뉘어져 있을 예수님의 시신을 찾고자 하는 여인들에게 그가 무덤에 계시지 않고 그 전에 말씀하신 대로 다시 살아나셨음을 전했다. 그 증거로 예수님의 시신이 놓여있던 무덤 안에 있는 텅 빈 자리를 보여주었다. 거기에는 죽은 예수님을 감쌌던 세마포로 된 수의壽衣만 남아 있었을 뿐 그의 시신은 어디에도 보이지 않았다.

그 천사는 여인들에게 이제 빨리 돌아가서 예수님이 죽은 자들 가운데서 다시 살아나셨음을 제자들에게 전하라고 했다. 하지만 거기 서있던 여인들은 예수님의 부활소식을 처음 들었을 때 감사와 즐거운 마음으로 가득 찼던 것이 아니다. 그들은 죽은 자가 다시 살아났다는 천사의 말을 듣고 기쁜 마음을 가지면서도 한편 극심한 두려움에 휩싸였다. 부활하신 예수님이 제자들보다 먼저 갈릴리 지역으로 가게 될 것과 그곳에서 그를 뵙게 되리라는 천사의 말을 듣고는 혼비백산魂飛魄散하지 않을 수 없었던 것이다. 마가는 그에 관한 분명한 기록을 남기고 있다.

> "여자들이 심히 놀라 떨며 나와 무덤에서 도망하고 무서워하여 아무에게 아무 말도 하지 못하더라"(막 16:8)

예수님의 무덤을 찾았던 갈릴리 여인들은 맨 처음 계획했던 일을 시행할 수 없었다. 그의 시신이 제자리에 있지 않았기 때문이다. 그가 부활했다는 사실을 확인한 여인들은 도리어 두려워 떠는 마음으로 그곳에서 도망쳐 나왔다. 여인들이 제자들에게 예수님의 부활 사실을 알리기 위해 가는 동안 부활하신 예수께서 친히 저들에게 나타나셨다. 예수님이 여인들에게 인사를 건네자 저들은 그의 발 앞에 꿇어 엎드려 경배했다.

갈릴리 출신의 여인들이 부활하신 주님을 알아보았던 것은 하나님께서 저들의 영적인 눈을 뜨게 해주셨기 때문이었다. 만일 하나님의 은혜가 임하지 않았다면 그 여인들은 부활하신 주님을 알아보지 못했을 것이 분명하다. 성경은 부활하신 예수님의 얼굴은 십자가 사건이 있기 전과 동일한 모습이 아니었음을 말해주고 있다.

요한복음에는 마리아가 부활하신 주님을 알아보고 그를 붙잡으려 하자 예수께서는 자기를 붙들지 말라고 하신 내용이 나타난다. 이는 일반적인 관점에서 볼 때 매우 특이한 말씀이 아닐 수 없다. 그나마 믿음을 가진 마리아가 손으로 예수님을 잡으려 한 것은 자연스런 일로 볼 수 있을 것이기 때문이다.

> "예수께서 마리아야 하시거늘 마리아가 돌이켜 히브리말로 랍오니여 하니 (이는 선생님이라는 말이라) 예수께서 이르시되 나를 붙들지 말라 내가 아직 아버지께로 올라가지 아니하였노라 너는 내 형제들에게 가서 이르되 내가 내 아버지 곧 너희 아버지, 내 하나님 곧 너희 하나님께로 올라간다 하라 하시니" (요 20:16,17)

예수께서는 과연 무엇 때문에 마리아로 하여금 자신을 붙들지 말라고 명령하셨을까? 나중 도마에게는 직접 자신의 못자국이 있는 손을 만져보게 하셨으며 허리에도 손을 넣어 확인하도록 하셨다. 도마는 다른 제자들과 함께 예수님을 만났을 때 얼굴로서는 그를 알아보지 못한 채 의심스러워하고 있었다. 그러자 예수께서 그에게 십자가 사역을 통해 생긴 손의 못자국을 만져보게 하셨으며 자기의 허리에 손을 넣어 창자국을 확인할 수 있도록 허락하셨다. 도마는 그것들을 확인한 후에야 그가 부활하신 예수님이신 줄 확신하게 되었다(요 20:25-27).

그럼에도 불구하고 마리아에게 자신을 붙들지 못하도록 하신 데는 그만한 이유가 있었을 것이 틀림없다. 예수께서 마리아에게 자신의 몸에 손을 대지 못하도록 하셨던 것은 마리아가 그를 부활하기 전의 예수님과 동일하게 인식하고 있었기 때문이었을 것이다. 즉 부활을 통해 영화로움을 성취하신 예수님은 그전처럼 자기를 따르는 제자들과 함께 거하며 생활하시지 않는다. 아마도 마리아는 그에 대한 인식이 없는 상태에서 예수님에 대해 옛날 생각만 하고 있었던 것으로 보인다.

그후 여인들로부터 부활하신 하나님의 아들로서 경배를 받으신 예수께서는 저들에게 무서워하지 말라고 하셨다. 그리고는 속히 제자들에게 가서 죽음을 이기고 살아나신 주님께서 먼저 갈릴리로 가신다고 말씀하셨다는 사실을 전하도록 했다. 제자들이 갈릴리에 가면 거기서 자기를 보게 되리라는 것이었다. 여인들은 예수님의 말씀을 듣고 즉시 제자들이 있는 곳으로 달려갔다.

짧은 시간에 엄청난 일들을 겪은 여인들은 제자들에게 가서 정신을 가다듬고 저들이 직접 보고 들은 모든 상황을 전했다. 그러나 평소에 그를 따르던 제자들 가운데 여인들의 말을 사실 그대로 믿는 사람은 아무도 없었다. 그가 죽음에서 다시 살아나리라고 기대했던 사람은 없었던 것이다. 도리어 제자들은 여인들이 말도 안 되는 허탄한 말을 하는 것으로 간주했다. 마가와 누가는 그에 관한 사실을 분명한 기록으로 남기고 있다.

> "마리아가 가서 예수와 함께하던 사람들의 슬퍼하며 울고 있는 중에 이 일을 고하매 그들은 예수의 살으셨다는 것과 마리아에게 보이셨다는 것을 듣고도 믿지 아니하니라 그 후에 저희 중 두 사람이 걸어서 시골로 갈 때에 예수께서 다른 모양으로 저희에게 나타나시니 두 사람이 가서 남은 제자들에게 고하였으되 역시 믿지 아니하니라" (막 16:10-13);
>
> "저희가 예수의 말씀을 기억하고 무덤에서 돌아가 이 모든 것을 열한 사도와 모든 다른 이에게 알리니 ... 사도들은 저들의 말이 허탄한 듯이 들려 믿지 않았더라" (눅 24:8-11)

예수님을 삼 년 동안 따라다니며 살아계신 하나님의 아들로 고백했던 제자들이었음에도 불구하고 성령 하나님의 도우심이 없이는 그 사실을 도저히 믿을 수 없었다. 빈 무덤을 방문했다가 돌아오는 길에 부활하신 예수님을 만난 여인들이 주님께서 먼저 갈릴리로 갈 것이니 거기서 뵙게 되리라는 예수님의 말씀을 전했지만 받아들이지 않았다. 그러나 워낙 확신에 찬 여인들의 말을 들으며 현장을 확인해 보지 않을 수도 없었다.

따라서 예수님의 처참한 죽음으로 인해 슬픔에 가득 차 있던 제자들이 동일한 신앙을 가진 여인들로부터 예기치 않은 말을 전해 듣고 나서 그들 가운데 몇 명이 곧바로 무덤으로 달려갔다. 당시 제자들은 십자가 위에서 처형당한 예수님이 다시 살아났다는 사실을 믿었기 때문에 그곳으로 간 것이 아니었다. 그들로서는 그렇게 하는 방법 이외에 달리 취할 수 있는 행동이 없었다.

예수님이 묻혔던 무덤 앞에 도착한 제자들 가운데 베드로가 먼저 열린 무덤 안으로 뛰어 들어갔다. 무덤에 들어가서 보니 예수님의 시신을 감쌌던 세마포가 놓여있었고 머리를 쌌던 수건은 가까운 곳에 개킨 채로 따로 놓여있었다(요 20:5,6). 빈 무덤의 현장을 확인하고 나서야 비로소 제자들은 예수께서 죽음에서 부활하신 사실을 알 수 있었다.

우리는 무덤을 찾아갔던 제자들의 행동이 불필요한 것이었음을 잘 알고 있다. 즉 예수님의 시신이 없는 빈 무덤이라면 굳이 그곳을 다시 찾아갈 이유가 없었다. 그렇지만 제자들은 그 무덤의 현장을 눈으로 확인함으로써 십자가에 달리시기 전 죽음을 이기고 다시 살아나리라고 하셨던 예수님의 말씀을 기억할 수 있었다.

부활하신 예수님의 얼굴은 모든 사람들이 알아볼 수 있었던 그 전의 모습과 전혀 달랐다. 따라서 예수께서 먼저 자신을 알도록 허락하시지 않는다면 어느 누구도 인간의 이성적인 판단에 따라 그를 만날 수 있는 사람은 없었다. 즉 인간의 기억과 경험을 통해 부활하신 예수님을 알아볼 수 있는 가능성은 완전히 사라져 버린 것이다.

누가복음에는 예수님의 두 제자가 엠마오로 가는 도상에서 부활하신 주님을 만난 내용이 기록되어 있다. 그들은 예수님과 함께 오랫동안 길을 걸어가면서 많은 대화를 나누었다. 그럼에도 불구하고 제자들은 그를 알아보지 못했다. 이는 예수님의 얼굴이 변화한 상태라는 사실을 말해준다. 하지만 그의 얼굴이 무언가 신기한 모습을 띠고 있었던 것으로 생각해서는 안 된다.

예수님과 함께 길을 가면서도 제자들이 그를 알아보지 못했던 까닭은 저들의 '눈이 가려져' 있었기 때문이다. 그렇지만 나중에 하나님의 은혜로 말미암아 저들의 '눈이 밝아졌을 때' 비로소 그를 알아볼 수 있게 되었다(눅 24:16,31). 그들이 부활하신 주님을 알아볼 수 있었던 것은 전적인 하나님의 은혜로 말미암는 것이었다.

또한 나중에 부활하신 예수께서 이른 아침 갈릴리 해변에 나타나셨을 때도 제자들은 처음에 그를 정확하게 알아보지 못했다. 이는 부활하신 주님의 얼굴이 일반적인 관점에서 볼 때 정형화된 모습이 아니었음을 말해준다. 즉 제자들이 수차례 예수님을 만났지만 그때마다 그 전의 얼굴과 동일하지 않았다. 이는 신비하면서도 일반적인 부활하신 주님의 특별한 모습을 연상케 해주고 있다.

예수님의 제자들은 갈릴리 호수에서 물고기를 잡기 위해 밤새도록 애썼으나 성공하지 못했다. 부활하신 주님께서는 실의에 빠져있는 저들에게 물고기가 많이 있는 곳을 알려주시며 그쪽으로 그물을 던져보라고 하셨다. 그리하여 많은 물고기를 잡은 제자들과 함께 호숫가에 둘러앉아 구운 생선을 먹기도 하셨다(눅 24:42). 제자들은 부활하신 주님과 한자리에 있으면서도 그의 얼굴을 보고 예수님을 인식했던 것이 아니라 하나님께서 허락하신 영안을 통해 그를 알아보았던 것이다.

> "날이 새어갈 때에 예수께서 바닷가에 서셨으나 제자들이 예수신줄 알지 못하는지라" (요 21:4);
>
> "예수께서 가라사대 와서 조반을 먹으라 하시니 제자들이 주신 줄 아는

고로 당신이 누구냐 감히 묻는 자가 없더라" (요 21:12)

우리가 이 말씀을 통해 분명히 알 수 있는 점은 예수님의 제자들조차도 육신적인 안목으로는 부활하신 주님을 알아보지 못했다는 사실이다. 그 대신 하나님께서 저들의 영안을 뜨게 해 주셨을 때 비로소 예수님을 알아볼 수 있었다.

이에 대해서는 오늘날 우리 시대 역시 그와 동일한 관점에서 이해해야 한다. 명목상의 기독교인들은 부활 이전의 예수님만 알고 있을 뿐 부활하신 주님을 모른다. 그들은 예루살렘과 갈릴리에서 활동하시던 예수님만 기억하면서 그를 잘 알고 있는 것처럼 장담하기도 한다. 그러나 영안을 뜨게 하시는 하나님의 은혜가 없다면 육안을 통한 인간 예수에 대한 지식만 가지게 될 따름이다.

따라서 우리는 부활하신 주님을 인간들의 단순한 지식으로 알 수 없음을 기억해야 한다. 세상의 지혜나 지식을 통해서는 결코 부활하신 주님을 인식하지 못한다. 그에 대한 올바른 깨달음은 하나님의 성령께서 영안을 뜨게 해주실 경우에만 가능하다. 따라서 오늘날 하나님의 자녀들은 그 놀라운 사실을 깨달아 알고 있으므로 인해 진정으로 복된 자들이다.

3. 유대인들의 악한 반응(11-15)

예수께서 죽음을 이기고 무덤에서 부활하셨을 때 그 현장에 있던 로마 군인들과 유대인들은 발칵 뒤집혀질 수밖에 없었다. 십자가에 못박아 처형한 죄수였던 예수가 다시 살아났기 때문이다. 어쩌면 십자가 위에서 다리를 꺾어 최종적인 죽음을 확인하지 않은 데 대한 아쉬움이 섞여 있었을지도 모를 일이다(요 19:33 참조).

어쨌거나 보통 사람들의 상식과는 달리 죽어 장사되었던 사형수가 살아나 무덤에서 없어져 버렸다. 그것은 결코 발생할 수 없는 일이었다. 하나님을 알지 못하는 사람들 가운데 예수님의 부활 사실을 가장 먼저 알게 된 자들은 무덤을 지키던 경비병들이었다. 그 사실을 직접 목격한 그 사람들은 심한 충격을 받지 않을 수 없었다. 그들로서는 도저히 믿을 수 없는 놀라운 사건이 발생했기 때문이다.

나아가 예수님의 부활로 말미암아 시신을 분실한 저들에게 어떤 엄격한 문책이 돌아가게 될지 모른다. 무덤에 대한 경비를 소홀히 한 결과 저들이 사형수의 시신을 지키지 못했다고 하면 그것은 예삿일이 아니었다. 군인으로서 자기에게 맡겨진 특수 임무를 소홀히 한다는 것은 결코 있을 수 없는 일이었다. 하지만 그것은 경비병들의 인간적인 대응을 넘어서는 영역이었다.

그렇지만 경비병들은 그에 대한 응분의 책임을 지지 않을 수 없다는 사실을 잘 알고 있었다. 따라서 그들은 먼저 그 사실을 산헤드린 공회에 알렸다. 우리가 여기서 볼 수 있는 것은 저들이 로마 총독부가 아니라 산헤드린 공회에 그에 대한 사실을 먼저 알렸다는 점이다. 그들은 산헤드린 공회가 죽은 사형수의 부활을 알게 되면 어떤 반응이 돌아오게 될지 짐작하고 있었을 것이 분명하다.

일반적인 관점에서 볼 때 경비병들로부터 예수님의 부활소식을 전해들은 산헤드린 공회는 선혀 의외의 반응을 했다. 그들은 십자가에 달려 죽었던 사형수가 다시 살아났다는 경비병들의 이야기를 듣고는 그 사실을 믿을 수도 없고 믿지 않을 수도 없는 처지에 놓였다. 그러나 경비병으로부터 그 발생한 사건에 대한 사실을 구체적으로 전해들은 형편에서 받아들일 수밖에 없었다.

하지만 유대인들은 예수님이 죽음에서 부활했다는 사실에 대한 심증을 가지면서도 저들의 죄악을 뉘우치거나 반성하는 기미가 전혀 없었다. 통상적인 경우라면 무서워서라도 다시 살아난 그분에게 용서를 빌며 믿어야 할 것 같은데 그렇지 않았다. 도리어 예수님의 부활에 관한 보고를 받은 유대인 지도자들은 더욱 완악해져 갔다.

그래서 산헤드린 공회는 무덤을 지키던 경비병들과 짜고 거짓을 획책했다. 입으로는 하나님을 알고 섬긴다고 주장하는 그들이었지만 살아있는 하나님에 대한 진정한 관심은 전혀 없었다. 그들에게 중요한 것은 오로지 현실적 기득권을 유지하는 일이었다.

산헤드린 공회원들은 그것을 위해 경비병들에게 뇌물을 주면서 총독에게 가서 거짓으로 보고하도록 요구했다. 그들이 무덤을 경비하는 동안 잠시 잠이 들었는데 그 사이 예수의 제자들이 와서 그 시체를 도둑질해 갔다고 말하라는 것이었다. 그렇게 하면 유대인의 산헤드린 공회가 총독에게 건의해 저들의 경비책임을 면하게 해주겠다는 약속을 했다.

무덤을 지키던 경비병들은 위기에 처할 형편이었지만 그것을 통해 일거양득一擧兩得의 효과를 거둘 수 있는 기회를 가지게 되었다. 그들은 우선 인봉한 무덤에서 사형수의 시체를 잃어버림으로서 경비책임을 져야할지도 모르는 상황에서 그것을 면할 수 있는 기회를 얻을 수 있었다. 거기다가 생각하지도 않았던 상당한 액수의 돈을 유대인들로부터 받을 수 있었기 때문이다.

그래서 경비병들은 산헤드린 공회의 요구에 따라 로마총독에게 가서 거짓 보고를 하게 되었다. 총독 본디오 빌라도는 경비병들의 조작된 보고를 받고 그대로 받아들일 수밖에 없었다. 앞뒤 정황을 볼 때 그 경비병들은 총독부로부터의 문책을 면한 것으로 보인다. 그것을 위해 산헤드린 공회의 상당한 정치적인 로비가 있었을 것이 틀림없다.

그러므로 예수님의 제자들이 무덤에서 시신을 훔쳐갔다는 소문이 온 땅에 퍼지게 되었다. 물론 로마제국의 당국은 사형수의 시신을 훔쳐간 범인을 체포하기 위해 나름대로 수사를 했겠지만 존재하지 않는 범인을 찾아낼 수 없었다. 배도에 빠진 유대인들이 역사적인 사실을 조작함으로써 거짓으로 몰아가는 데 반해 하나님을 모르는 로마인들이 차라리 더 합리적이었을 것으로 보인다.

따라서 이와 같은 거짓 소문은 수십 년이 지난 후에도 유대인들 가운데 소문으로 널리 퍼져 남아 있었다. 사실 그 소문은 인간의 긴 역사 가운데 끊임없이 나돌았으며 2천년이 지난 우리 시대까지도 그대로 남아 있다. 이는 예수님을 고난에 빠뜨린 사탄의 계략이 지금도 여전히 활동하고 있음을 보여주고 있는 대목이다.

제59장
부활하신 예수님의 마지막 유언
(마 28:16-20)

1. 마태복음에 나타나는 예수님의 요구와 약속(16-20)

십자가 위에서 죽어 사흘간 무덤에 묻혔다가 부활하신 예수께서는 사십일 동안 제자들을 만나는 가운데 마지막 지상 사역을 마무리하셨다. 그때 예루살렘과 갈릴리에서 제자들에게 천국에 관한 교훈과 함께 다양한 명령과 약속을 주셨다. 승천하시기 전에 주어진 예수님의 유언은 신약성경 여러 곳에 나타나 있다.

우리는 복음서와 사도행전에 기록된 내용들을 통해 부활하신 예수님의 유언을 종합적으로 생각해 볼 필요가 있다. 성경을 계시받은 사도들은 나름대로 의미 있는 중요한 내용들을 기술하고 있다. 마태복음의 기록에는 갈릴리 지역에 있는 '한 산' 에서 제자들에게 주신 예수님의 유언이 나타난다.

그 산은 아마도 예수님의 공 사역 초기에 산상수훈을 주셨던 바로 그 산이었을 것으로 여겨진다. 맨 처음 열두 제자들을 한 곳에 모아 두고 산상수훈을 주실 때 예수께서는 예루살렘의 배도한 지도계층의 무리에 대해 강한 질책과 경고의 말씀을 하셨다. 그로부터 삼년 정도의 세월이 흐른 후 부활하신 예수께서 가룟 유다가 빠진 열한 제자들에게 장래의 약속과 더불어 새로운 요구를 하셨다.

> "열한 제자가 갈릴리에 가서 예수의 명하시던 산에 이르러 예수를 뵈옵고 경배하나 오히려 의심하는 자도 있더라 예수께서 나아와 일러 가라사대 하늘과 땅의 모든 권세를 내게 주셨으니 그러므로 너희는 가서 모든 족속으로 제자를 삼아 아버지와 아들과 성령의 이름으로 세례를 주고 내가 너희에게 분부한 모든 것을 가르쳐 지키게 하라 볼지어다 내가 세상 끝날까지 너희와 항상 함께 있으리라 하시니라" (마 28:16-20)

갈릴리의 '한 산' 에서 주어진 부활하신 예수님의 말씀 가운데는 궁극적인 승리선언이 내포되어 있다. 공 사역 초기에 산상수훈을 주시면서 제자들에게 하셨던 말씀이 승리로 성취되었던 것이다. 따라서 부활하신 주님의 말씀을 듣는 제자들의 자세는 약 삼년 전과 비교해 볼 때 상당히 달라져 있었다.

공 사역 초기에는 제자들에게 예수님을 하나님의 아들로 믿는 믿음이 부족했던 데 반해, 주님의 모든 공 사역들을 줄곧 지켜보고 그의 부활을 확인한 상태에서는 그 상황이 전혀 달라졌다. 그러므로 이제 제자들은 하나님의 아들이신 부활의 주님을 진실로 경배할 수 있었다. 당시 제자들 가운데는 잠시 의심하는 자도 있었지만 곧장 주님을 알아보았을 것이 틀림없다.

예수께서는 그 산 위에서 하나님으로부터 자기에게 부여된 하늘과 땅의 모든 권세에 대해 말씀하셨다. 그것은 인간의 몸을 입고 이 세상에 오신 하나님의 아들로서 성취하신 십자가 사역과 부활로 말미암아 성취된 것이었다. 이는 곧 자기 백성들을 사망으로부터 구원하시고자 한 하나님의 뜻이 이루어진 결과였다.

부활하신 예수께서 소유하시게 된 하늘과 땅의 모든 권세는 지상에 남겨진 제자들에게 그대로 계승되는 성격을 지니고 있었다. 따라서 제자들은 그것을 통해 하나님 나라를 위한 지상사역을 진행시킬 수 있게 된다.

이는 앞으로 성령강림과 더불어 세워지게 될 교회와 밀접하게 연관되는 내용이었다.

따라서 예수님의 제자들은 이제부터 세상으로 나가 모든 족속들 가운데서 제자를 삼는 사명을 감당해야 했다. 그것은 제자들 개인의 인간적인 능력이 아니라 예수님의 권세에 기초하는 것이었다. 따라서 그들이 앞으로 이방 족속들 가운데서 얻게 될 새로운 제자들은 예수 그리스도와 그의 몸된 교회에 속하게 될 성도들이다.

본문 가운데 표현된 '모든 족속'(all nations)이란 특별히 선택된 유대 민족에게 허락되었던 구약의 언약이 세상에 흩어진 모든 이방 민족들에게 개방되는 의미를 지니고 있다. 이제부터는 선민選民으로서 유대인들이 가졌던 언약적인 특권 같은 것은 더 이상 남아 있지 않게 되었다. 유대민족이 소유했던 구약의 구속사적 역할이 예수 그리스도의 십자가와 부활 사역을 통해 완성된 것이다.

예수께서는 제자들에게 세상의 모든 족속으로부터 부르심을 받아 새로 제자가 될 성도들에게 행해야 할 구체적인 임무를 주셨다. 그것은 먼저 저들에게 성부와 성자와 성령의 이름으로 세례를 주라는 것이었다. 여기서 삼위일체 하나님의 이름으로 세례를 주도록 명령하신 것은 인간들의 이름으로 세례를 베풀어서는 안 된다는 의미가 내포되어 있다. 이는 세상의 여러 족속들 가운데 하나님의 복음을 깨닫게 될 성도들은 천상의 나라에 곧바로 연결된다는 사실을 말해주고 있다.

그러므로 예수님의 열두 제자들을 기초로 하여 설립될 지상교회는 성도들에게 하나님으로부터 허락된 영원한 천상의 진리를 가르쳐야 한다. 거기에는 예수께서 '분부한 모든 것들'과 조화된다. 따라서 인간들이 구상한 다른 것들을 저들에게 가르치는 것은 금지되어야 한다. 하나님의 말씀에 대해서는 인간들이 임의로 더하거나 뺄 수 없다. 사도 요한은 계시록에서 그에 관한 매우 엄한 교훈을 주고 있다.

> "내가 이 책의 예언의 말씀을 듣는 각인에게 증거하노니 만일 누구든지 이것들 외에 더하면 하나님이 이 책에 기록된 재앙들을 그에게 더하실 터이요 만일 누구든지 이 책의 예언의 말씀에서 제하여 버리면 하나님이 이 책에 기록된 생명나무와 및 거룩한 성에 참예함을 제하여 버리시리라" (계 22:18,19)

하나님께서는 여기서 계시된 말씀 가운데 인본적인 사상을 보태거나 인간의 이성과 경험으로써 그 말씀을 제하는 자들에게 임할 무서운 재앙에 대해 말씀하셨다. 요한을 통해 주어진 이 본문은 요한계시록에만 국한되어 적용되는 말씀으로 보아서는 안 된다. 이 말씀은 신약성경의 맨 마지막 책의 마지막 부분에 기록된 것으로서 전체 성경을 포괄하고 있는 것으로 이해되어야 한다.

그리고 단순히 성도들에게 주님의 계명을 지식적으로 가르쳐 전달하는 것에 그쳐서는 안 된다. 대신 삶 가운데 그 내용을 구체적으로 순종하여 지키도록 해야 한다. 그렇게 함으로써 교회에 속한 성도들이 그리스도의 참된 제자로 자라갈 수 있는 것이다.

하지만 지상에 남게 될 제자들과 장래의 교회가 그 사명을 온전히 감당하는 일은 결코 쉽지 않다. 왜냐하면 하나님과 그의 교회에 저항하는 악한 무리들이 많이 생겨날 것이기 때문이다. 그것은 지상교회가 환난과 핍박을 동반할 수밖에 없다는 사실을 시사해주고 있다. 따라서 예수께서는, 자기가 다시 재림하시게 될 세상 끝 날까지 항상 저들과 함께 계시리라는 약속을 하셨던 것이다.

2. 마가복음에 나타나는 명령과 약속(막 16:15-18)

마가복음에 기록된 예수님의 유언에서도 제자들에게 온 천하에 다니며 만민에게 복음을 전파하라는 명령이 드러나고 있다. 예수 그리스도의 죽음과 부활은 세상에 존재하는 모든 택한 백성들을 위한 것이었다. 즉 그 복음은 가나안 지역의 유대인들에게 갇혀 있어야 할 내용이 아니었다. 따라서 예수께서는 제자들에게 그에 연관된 명령과 약속을 하셨던 것이다.

> "또 가라사대 너희는 온 천하에 다니며 만민에게 복음을 전파하라 믿고 세례를 받는 사람은 구원을 얻을 것이요 믿지 않는 사람은 정죄를 받으리라 믿는 자들에게는 이런 표적이 따르리니 곧 저희가 내 이름으로 귀신을 쫓아내며 새 방언을 말하며 뱀을 집으며 무슨 독을 마실지라도 해를 받지 아니하며 병든 사람에게 손을 얹은즉 나으리라 하시더라" (막 16:15-18)

이 말씀 가운데는 예수 그리스도를 기준으로 하는 구원과 정죄의 문제가 동시에 언급되고 있다. 하나님의 복음을 듣고 믿음으로써 세례를 받는 자들은 영원한 구원을 얻게 될 것이며 그렇지 않는 자들은 무서운 정죄를 받게 되리라는 것이었다. 그것은 세상에 살아가는 모든 인간들에게 선포되어야 할 내용이다.

본문에 묘사된 '온 천하'와 '만민'은 마태복음에 기록된 '모든 민족'이라는 말과 조화를 이루고 있다. 예수께서는 이 말씀을 통해 앞으로 다가오는 역사와 온 세상 가운데 주님의 몸 된 교회가 설립되리라는 사실을 드러내셨다. 제자들과 그 이후에 설립되는 교회와 성도들은 이에 대한 주님의 약속을 장래 이어지는 모든 세대에 전해야만 했다.

예수님은 이 말씀과 더불어 새로운 사실을 약속하셨다. 그것은 일반 상식을 초월하는 놀라운 표적이 저들에게 따른다는 것이었다. 그것은 예수님의 이름으로 더러운 귀신을 쫓아내며 '새 방언'(new tongues)으로 말하게 되는 내용이 포함되어 있다. 그리고 하나님의 자녀들은 맨손으로 뱀을 집어도 괜찮을 뿐 아니라 어떤 독을 마신다고 할지라도 아무런 해를 받지 않을 것이라고 하셨다. 또한 그들이 질병에 걸린 사람에게 손을 얹으면 낫게 되리라는 말씀을 하셨다. 이러한 현상이 발생한다는 것은 보통 사람들로서는 도저히 상상할 수 없는 놀라운 일이 아닐 수 없다.

그렇다면 과연 오늘날 예수를 믿는 우리에게도 그와 같은 일이 발생하고 있는가? 과연 성도들은 뱀을 손으로 잡고 독을 마셔도 죽지 않는가? 이는 물론 일반화 된 상황이 아니라 복음을 전파할 때 기존의 상황과는 전혀 다른 일이 발생하게 된다는 의미를 지니고 있다. 그런데 복음서는 그들에게 주님께서 말씀하신 그와 같은 표적들이 따랐으므로 말씀을 확실히 증거하게 되었음을 증언하고 있다(막 16:20).

예수님의 이 말씀은 주님의 자녀가 된 성도들은 세상의 보통 사람들과 본질상 다르다는 사실을 강조하는 의미를 지닌다. 성도들이 귀신을 쫓아낸다는 말은 하나님의 자녀들과 귀신에게 속한 자들이 동일한 영역에 속해 있을 수 없다는 점을 말해주고 있다. 물론 그 가운데는 실제로 귀신을 쫓아내는 사건이 발생하기도 한다. 또한 '새 방언' 으로 말하게 된다는 것은 교회에 속한 하나님의 자녀들은 세상의 언어가 아니라 기록된 말씀을 통해 천상의 언어를 사용하게 된다는 사실을 말해준다.

여기서 말하는 '새 방언' 이란 오늘날 교인들이 흔히 생각하는 방언(tongue)을 뜻하지 않는다. 모든 참된 성도들은 천상으로부터 완성되어 계시된 하나님의 말씀을 통해 새로운 방언을 사용하고 있다. 하나님을 알지 못하는 불신자들은 교회에 속한 성도들이 사용하는 천국 언어를 결코 알아듣지 못한다.

또한 오늘날 예수를 믿는 성도들은 과연 맨손으로 뱀을 잡고 독이 가득 들어있는 음식을 먹는다 해도 아무런 문제가 없는가? 물론 신약시대 교회에 속한 성도들은 이 말씀을 일반적으로 적용할 수 있는 가르침으로 받아들여서는 안 된다. 즉 구속사적 특별한 관점에서 이 말씀을 이해해야만 한다.

우리는 사도 바울이 배를 타고 로마로 호송되어 가는 과정에서 이태리

반도 남단의 멜리데(Malta) 섬에 머무는 동안 독이 있는 뱀에게 손이 물린 사건이 발생했던 것을 기억한다(행 28:1-5). 그것을 본 원주민들은 독사에게 물린 바울이 곧 죽게 되리라 생각했지만 그에게는 아무 일도 일어나지 않았다. 그것을 통해 그 지역에 하나님의 복음을 받아들인 사람들이 많이 있었다. 독뱀으로부터 손이 물리고 위험한 독을 마실지라도 해를 받지 않게 된다고 한 복음서의 기록은 이처럼 구속사적인 관점에서 특별히 이해되어야 한다.

3. 누가복음에 나타나는 명령과 약속(눅 24:49-53)

누가복음에는 죽음에서 살아나신 예수께서 제자들에게 예루살렘 성에 머물며 성부 하나님으로부터 약속된 성령을 기다리라고 하신 말씀이 기록되어 있다. 그가 교회 가운데 오시게 되면 천상으로부터 오는 놀라운 능력을 힘입게 된다는 것이었다. 이는 제자들을 기초로 하여 세워지게 될 지상교회 가운데 그것이 구체적으로 적용되어야 한다는 사실에 밀접하게 연관되어 있다.

> "볼지어다 내가 내 아버지의 약속하신 것을 너희에게 보내리니 너희는 위로부터 능력을 입히울 때까지 이 성에 유하라 하시니라 예수께서 저희를 데리고 베다니 앞까지 나가사 손을 들어 저희에게 축복하시더니 축복하실 때에 저희를 떠나 하늘로 올리우시니 저희가 그에게 경배하고 큰 기쁨으로 예루살렘에 돌아가 늘 성전에 있어 하나님을 찬송하니라" (눅 24:49-53)

부활하신 예수께서는 제자들에게 예루살렘에서 성령을 기다리라고 말씀하신 후 베다니 동네의 앞쪽으로 가서 손을 들어 저들에게 축복하셨다. 그런 다음 많은 사람들이 지켜보는 가운데 부활의 몸으로 천상을 향해 올라가셨다. 그 광경을 지켜 본 모든 제자들은 하나님의 아들이신 그에게 경배했다.

예수님의 승천을 눈앞에서 확인했던 제자들은 곧장 예루살렘 성전으로 갔다. 그들은 그곳에서 살아계신 하나님을 찬송했다. 우리는 이 말씀 가운데서 삼위일체 하나님에 관한 중요한 의미를 깨닫게 된다. 즉 부활하신 예수님께 경배한 제자들이 성전에서 하나님을 찬송했다는 사실은 예수 그리스도가 곧 하나님이라는 사실을 직접 고백하고 있는 것과 동일한 성격을 지니고 있기 때문이다.

우리는 예수님의 승천을 지켜본 제자들이 곧장 성전을 찾아간 점을 잘 생각해 보아야 한다. 우리는 이 말씀을 통해 유대 민족을 넘어 이방인들과 더불어 지상에 세워질 교회가 예루살렘 성전에 기초하고 있음을 알게 된다. 제자들이 성자 하나님께 경배한 후 성전에서 삼위일체 하나님을 찬송한 것은 언약의 중심 역할을 했던 성전의 의미가 천상의 나라와 연관되어 성취된 사실을 보여준다. 오순절 성령께서 강림함으로써 그 바탕 위에 지상의 교회가 세워지게 되는 것이다.

4. 사도행전에 나타난 예수님의 유언(행 1:3-5)

사도행전에는 예수께서 십자가 사역을 완성하신 후 무덤에 묻혔다가 사흘 만에 다시 살아나신 사실이 기록되어 있다. 부활하신 주님은 그후 사십일 동안 제자들에게 자신의 존재와 더불어 하나님의 나라를 증거하셨다. 그에 대한 사실이 누가를 통해 구체적으로 기록되어 있다. 예수께서는 그의 공 사역 중에 이미 말씀하신 대로 제자들에게 예루살렘을 떠나지 말고 약속된 성령을 기다리라고 명령하셨다.

"해 받으신 후에 또한 저희에게 확실한 많은 증거로 친히 사심을 나타내

사 사십 일 동안 저희에게 보이시며 하나님 나라의 일을 말씀하시니라 사도와 같이 모이사 저희에게 분부하여 가라사대 예루살렘을 떠나지 말고 내게 들은 바 아버지의 약속하신 것을 기다리라 요한은 물로 세례를 베풀었으나 너희는 몇 날이 못 되어 성령으로 세례를 받으리라 하셨느니라" (행 1:3-5)

예수께서는 그들이 기다려야 할 분이 '내게 들은 바 아버지의 약속하신 것' 이라 언급하셨다. 이는 그가 오래 전에 제자들에게 성령 하나님에 대해 언급하셨던 요한복음에 기록된 내용을 염두에 두고 하신 말씀인 것이 분명하다. 그는 자기가 떠나가게 되면 보혜사 성령을 '저들' 곧 교회 가운데 보내주겠다는 약속을 하신 적이 있다.

"내가 너희에게 실상을 말하노니 내가 떠나가는 것이 너희에게 유익이라 내가 떠나가지 아니하면 보혜사가 너희에게로 오시지 아니할 것이요 가면 내가 그를 너희에게로 보내리니" (요 16:7)

이처럼 예수께서는 공 사역 기간 중에 제자들에게 자신이 떠나감으로써 보혜사 성령을 보내주시리라는 사실에 관해 말씀하셨다. 그가 제자들에게 하신 이 말씀은 인간 역사 가운데 반드시 일어나야만 할 실체적인 사건이었다. 이 놀라운 사건이 십자가 사역을 마친 예수님의 부활 승천에 이어 발생하게 되었다.

부활하신 주님의 승천으로 말미암아 지상교회 가운데 이루어지게 될 성령 하나님의 강림은 세례자 요한이 물로 세례를 베푼 사실과 비교될 수 있는 사건이다. 요한은 물로 이스라엘 백성에게 세례를 베풀면서 죄로부터의 회개를 촉구했다. 그런데 예수 그리스도의 사역과 더불어 역사하시는 성령께서 오시게 되면 불로써 죄와 악을 태워버리는 것과 같은 상황이 전개 된다. 세례자 요한은 예수님의 공 사역이 시작되기 전에 이미 그에 관한 내용을 언급한 바 있다.

> "요한이 모든 사람에게 대답하여 가로되 나는 물로 너희에게 세례를 주거니와 나보다 능력이 많으신 이가 오시나니 나는 그 신들메를 풀기도 감당치 못하겠노라 그는 성령과 불로 너희에게 세례를 주실 것이요 손에 키를 들고 자기의 타작마당을 정하게 하사 알곡은 모아 곡간에 들이고 쭉정이는 꺼지지 않는 불에 태우시리라" (눅 3:16,17)

당시 이스라엘 민족으로부터 하나님의 선지자로 인정받고 있던 요한은, 자기 뒤에 오실 예수님은 그의 신발 끈조차 풀지 못할 만큼 존귀한 분으로서 자기처럼 미천한 자와 결코 비교될 수 없는 분이라는 사실을 증거했다. 또한 요한 자신은 물로 세례를 주지만 뒤에 오실 하나님의 아들은 성령과 불로써 세례를 베풀게 되리라는 사실을 언급했다. 그것은 하나님의 궁극적인 심판을 전제로 하고 있다.

그러므로 그의 사역은 손에 키를 들고 알곡은 곡간으로 모으고 쭉정이는 꺼지지 않는 불에 태우시듯이 타작마당을 정하게 하시는 것과 같다. 따라서 모든 인간들은 그의 손에 들려진 키 안에 든 존재일 수밖에 없다. 이는 종말론적인 심판에 연관되는 의미를 지니고 있음이 분명하다.

부활하신 예수께서 그점을 염두에 두고 자기가 승천함으로써 보내실 성령을 기다리도록 제자들에게 명령하신 것은 이와 직접 연관되어 있다. 그가 천상으로 이끌려 올라가게 되면 지상에 존재하는 교회와 성도들에게 도움을 주게 될 보혜사 성령께서 오순절 날 강림하시게 되리라는 것이었다. 성령 하나님께서 임하시게 되면 그가 지상에 존재하는 교회를 통해 궁극적인 구원과 심판을 선포하시게 된다.

예수께서는 모든 유언을 남기신 채 여러 제자들이 지켜보는 가운데서 천상의 나라로 올라가셨다. 그곳은 삼위일체 하나님과 천군 천사들을 비롯한 거룩한 성도들이 모여 있는 곳이다. 사도 요한은 그가 기록한 계시록 4장에서 '하늘 문' 너머에 있는 영광이 가득 찬 그 나라의 일부에 대한 기록을 하고 있다. 거기는 거룩한 하나님을 경배하는 일이 지속적으로 이어지는 영역이다.

천상에서 하나님의 영광이 드러나고 있는 동안 타락한 이 세상 가운데는 성령을 통해 하나님의 구원과 심판이 선포되며 이루어진다. 즉 예수 그리스도를 따르는 제자들은 이 놀라운 임무를 수행하기 위해 예루살렘과 유대와 사마리아뿐 아니라 땅끝에 이르기까지 온 세계를 향해 주님의 증인 역할을 감당하게 된다(행 1:8). 그들의 입술을 통해 선포되는 복음을 영접하는 자들은 영원한 구원에 참여하게 되겠지만 그것을 배척하는 자들은 영원한 멸망을 피할 수 없게 된다.